DIREITO DAS COMUNIDADES EUROPEIAS
E
DIREITO INTERNACIONAL PÚBLICO

Contributo para o estudo da natureza jurídica
do Direito Comunitário Europeu

FAUSTO DE QUADROS

PROFESSOR CATEDRÁTICO JUBILADO DA FACULDADE DE DIREITO DA UNIVERSIDADE DE LISBOA

DIREITO DAS COMUNIDADES EUROPEIAS E DIREITO INTERNACIONAL PÚBLICO

Contributo para o estudo da natureza jurídica do Direito Comunitário Europeu

– 2.ª REIMPRESSÃO –

ALMEDINA

2018

DIREITO DAS COMUNIDADES EUROPEIAS
E DIREITO INTERNACIONAL PÚBLICO
1.ª reimpressão, 1991
2.ª reimpressão, 2018

AUTOR
FAUSTO DE QUADROS

EDITOR
EDIÇÕES ALMEDINA, SA
Rua Fernandes Tomás, n.os 76, 78 e 79
3000-167 Coimbra
Tel.: 239 851 904 · Fax: 239 851 901
www.almedina.net · editora@almedina.net

DESIGN DE CAPA
FBA

PRÉ-IMPRESSÃO
EDIÇÕES ALMEDINA, SA

IMPRESSÃO | ACABAMENTO
PAPELMUNDE

Outubro de 2018

DEPÓSITO LEGAL
447093/18

DISSERTAÇÃO DE DOUTORAMENTO EM DIREITO (CIÊNCIAS JURÍDICO-POLÍTICAS) APRESENTADA NA FACULDADE DE DIREITO DA UNIVERSIDADE DE LISBOA

À TERESA

À NOSSA FILHA, MARIA INÊS

NOTA PRÉVIA

Este livro corresponde, sem alterações, à dissertação de doutoramento apresentada pelo autor em 1984 na Faculdade de Direito da Universidade de Lisboa e defendida em 1985, ou seja, ainda antes da adesão de Portugal às então Comunidades Europeias.

O facto de o livro se ter mais uma vez esgotado, mesmo após já ter sido uma vez reimpresso, e de continuar a ser procurado no mercado livreiro, por nacionais e estrangeiros, leva a editora e o autor a decidirem-se por uma sua nova reimpressão.

Compreende-se que o livro continue a despertar interesse da parte de estudantes e investigadores porque, apesar de terem decorrido já mais de trinta anos sobre a sua publicação, ele mantém atualidade. De facto, sobretudo depois do fracasso do Tratado Constitucional Europeu, de 2004, e da entrada em vigor do Tratado de Lisboa, em 2009, a questão da evolução da União Europeia e, com ela, do seu sistema jurídico (conhecido agora por Direito da União Europeia), passou a estar na primeira linha das preocupações dos estudiosos da Ciência Política, do Direito Público, neste último caso, em particular do Direito Constitucional e do Direito Internacional Público, e, obviamente, do próprio Direito da União Europeia. A prová-lo está o facto de cada vez mais se multiplicarem os projetos de investigação e as monografias académicas sobre o aprofundamento da integração e a aplicação do método federal à União Europeia. Ora, como se verá pelas matérias deste livro, essa evolução era estudada nele com profundidade, inclusive numa visão prospetiva.

Por outro lado, o Tribunal de Justiça tem sido chamado de modo crescente a pronunciar-se sobre as relações entre o Direito da União e o Direito da Internacional, reativando uma querela que já era analisada nesta dissertação entre as duas Ordens Jurídicas.

Foram todas essas razões que levaram, repete-se, a editora e o autor a acordarem na reimpressão, uma vez mais, desta dissertação. Espera-se que, como tem acontecido desde a edição deste livro, ele possa ajudar a dar um impulso à curiosidade de estudantes e investigadores pelas matérias nele tratadas.

Fausto de Quadros

Colares, Sintra, Setembro de 2018

ABREVIATURAS UTILIZADAS

A. = autor
Ac. Doutr. = Acórdãos Doutrinais do Supremo Tribunal Administrativo
Adm. Publ. = Administration Publique (Bélgica)
AFDI = Annuaire français de Droit International
AFDL = Annales de la Faculté de Droit, d'Économie et de Sciences Sociales de Liège
AHLADI = Anuario Hispano-Luso-Americano de Derecho Internacional
AIDI = Annuaire de l'Institut de Droit International (Lausana)
AJCL = American Journal of Comparative Law
AJ-DA = Actualité Juridique — Droit Administratif
AJIL = American Journal of International Law
AmULRev. = The American University Law Review
Ann. Eur. = Annuaire européen/European Yearbook
AöR = Archiv des öffentlichen Rechts
APD = Archives de Philosophie du Droit
As. = autores
AV = Archiv des Völkerrechts
AWD = Aussenwirtschaftsdienst des Betriebs-Beraters
B.-DR. = Bundestags-Drucksache
BDGV = Berichte der Deutschen Gesellschaft für Völkerrecht
BGBl = Bundesgesetzblatt
Bibl. = bibliografia
Bol. CE = Boletim das Comunidades Europeias
Bull. CE = Bulletin des Communautés européennes
Bull. CEE = Bulletin de la Communauté économique européenne

BVerfGE = Entscheidungen des Bundesverfassungsgerichts (colectânea de acórdãos do Tribunal Constitucional federal alemão)
BYIL = The British Year Book of International Law
Cap. = Capítulo
CDE = Cahiers de droit européen
CE = Comunidades Europeias
CECA = Comunidade Europeia do Carvão e do Aço. A seguir a um preceito indica o respectivo Tratado institutivo
CED = Comunidade Europeia de Defesa
CEDH = Convenção Europeia dos Direitos do Homem
CEE = Comunidade Económica Europeia. A seguir a um preceito indica o respectivo Tratado institutivo
CEEA = Comunidade Europeia da Energia Atómica. A seguir a um preceito indica o respectivo Tratado institutivo
Cfr. = Confrontar
CI = La Comunità Internazionale
CJTL = Columbia Journal of Transnational Law
CLP = Current Legal Problems (E.U.A.)
CMLR = Common Market Law Repports
CMLRev. = Common Market Law Review
COC = Convenção relativa a certos órgãos comuns às Comunidades Europeias, de 25-3-57
Col. = coluna
Colóquio Antuérpia = L'effet direct en droit belge des traités internationaux en général et des instruments internationaux relatifs aux droits de l'homme en particulier, Actas do Colóquio realizado em Antuérpia em 7-11-80 pela Societé Belge de Droit International, Bruxelas, 1981
Colóquio Bruxelas = Les recours des individus devant les instances nationales eu cas de violation du droit européen, Actas do Colóquio organizado em Bruxelas em 24/25-5-75 pela Université Libre de Bruxelles — Institut d'études européens, Bruxelas, 1978
Colóquio Haia = Deuxième Colloque International de Droit Européen, Haia, 24/26-10-63, Haia, 1966
Colóquio Liège = Les aspects juridiques et politiques du Marché Commun, Actas do Colóquio da Faculdade de Direito de Liège, 1958
Colóquio Sarre = Souveränitätsverständnis in den Europäischen Gemeinschaften, Actas do Colóquio Internacional do Europa-Institut da Universidade do Sarre de 2/3-12-78, Baden-Baden, 1980

Cols. = colunas
Comentário CECA = Rolando Quadri, Riccardo Monaco e Alberto Trabucchi — Trattato istitutivo della CECA, Commentario, 3 vols., Milão, 1970
Comentário Goodrich = L. Goodrich, E. Hambro e A. P. Simons — Charter of the United Nations, Commentary and Documents, 3.ª ed., Nova Iorque, 1969
Comentário Groeben = Hans Von Der Groeben, Hans Von Boeckh e Jochen Thiesing — Kommentar zum EWG--Vertrag, 2 vols., 2.ª ed., Baden-Baden, 1974
Comentário Mégret = Jacques Mégret, Jean-Victor Louis, Daniel Vignes e Michel Waelbrock — Le droit de la Communauté économique européenne, 12 vols. já publicados, Bruxelas, 1970-83.
Comentário Quadri = Rolando Quadri, Riccardo Monaco e Alberto Trabucchi — Trattato istitutivo della Comunità Economica Europea, Commentario, 3 vols., Milão, 1965
Comentário Wohlfarth = Ernst Wohlfarth, Ulrich Everling, Hans-Joachim Glaesner e Rudolf Sprung — Die Europäische Wirtschaftsgemeinschaft, Kommentar zum Vertrag, Francoforte, 1960
ComPE = Comunidade Política Europeia
Conferência Inteuropa = Portugal e o alargamento das Comunidades Europeias, Actas da Conferência Internacional promovida pela Inteuropa (Associação Portuguesa para o estudo da integração europeia) em Janeiro de 1980, Lisboa, 1981
Congresso Stresa = Actes officiels du Congrès International d'études sur la CECA, Milão-Stresa, 31-5/9-6-57, 2 vols., Milão, 1957
COREPER = Comité de Representantes Permanentes
CPE = Cooperação Política Europeia
CS = Comunicazioni e Studi
CV = Convenção de Viena sobre o Direito dos Tratados, de 23-5-69
CYIL = The Canadian Yearbook of International Law/ /Annuaire Canadien de Droit International
D = Digesto
DAP = Deutsche Aussenpolitik
DCSI = Diritto comunitario e degli scambi internazionali
Dem. Lib. = Democracia e Liberdade
DerI = Derecho de la Integración
DI = Diritto Internazionale
Dicionário Basdevant = Jules Basdevant — Dictionnaire de la terminologie du droit international, Paris, 1960

Dicionário Jurídico Creifelds = Carl Creifelds — Rechtswörterburch, 5.ª ed., Munique, 1978

Dicionário Paxton = John Paxton — A Dictionary of the European Economic Community, Somerset, 1977

Dicionário Strupp-Schlochauer = Karl Strupp e Hans-Jürgen Schlochauer — Wörterbuch des Völkerrechts, 2.ª ed., 3 tomos, Berlim, 1960-62

Doc. = Documento

Doc. Adm. = Documentación administrativa

DöV = Die öffentliche Verwaltung

DV = Die Verwaltung

DVBl = Deutsches Verwaltungsblatt

EA = Europa-Archiv

ed. = edição ou editado(a) ou editor(a)

eds. = edições ou editado(a)s ou editore(a)s

EGRZ = Europäische Grundrechte Zeitschrift

EI = Estudios Internacionales (Chile)

ELR = European Law Review

Enciclopedia del Diritto = Enciclopedia del Diritto, dirigida e coordenada por Francesco Calasso, 29 tomos já publicados, Milão, 1958-1979

e o. = e outros (autores ou editores)

Estudios Luna = Estudios de Derecho Internacional — Homenaje a D. Antonio de Luna, Madrid, 1968

Estudios Miaja de la Muela = Estudios de Derecho Internacional — Homenaje al Profesor Miaja de la Muela, 2 tomos, Madrid, 1979

ET = Études et Travaux

Études Guggenheim = Recueil d'études en hommage à Paul Guggenheim, Genebra, 1968

Études Scelle = La Technique et les Principes du Droit Public — Études en honneur de Georges Scelle, 2 tomos, Paris, 1950

EuR = Europarecht

FA = Foreign Affairs

Festgabe Müller-Armack = Wirtschaft, Gesellschaft und Kultur — Festgabe für Alfred Müller-Armack zum Vollendung seines 60. Lebensjahres am 28. Juni 1961, Berlim, 1961

Festschrift Aubin = Liber Amicorum B. C. H. Aubin — Festschrift für Bernhard C. H. Aubin zum 65. Geburtstag, Kehl am Rhein, 1979

Festschrift Bindschedler = Festschrift für Rudolf Bindschedler zum 65. Geburtstag am 18. Juli 1980, Berna, 1980

Festschrift Forsthoff = Festschrift für Ernst Forsthoff zum 70. Geburtstag, 2.ª ed., Munique, 1974

Festschrift Hallstein = Probleme des europäischen Rechts — Festschrift für Walter Hallstein zu seinem 65. Geburtstag, Francoforte, 1966

Festschrift Heymanns = Recht im Wandel — Festschrift 150. Jahre Carl Heymanns Verlag KG, Colónia, 1965

Festschrift Ipsen = Hamburg, Deutschland, Europa — Festschrift für Hans Peter Ipsen zum 70. Geburtstag, Tübingen, 1977

Festschrift Kutscher = Europäische Gerichtsbarkeit und nationale Verfassungsgerichtsbarkeit — Festschrift zum 70. Geburtstag von Hans Kutscher, Baden-Baden, 1981

Festschrift Mosler = Völkerrecht als Rechtsordnung, Internationale Gerichtsbarkeit, Menschenrechte — Festschrift für Hermann Mosler, Berlim, 1983

Festschrift Ophüls = Zur Integration Europas — Festschrift für Carl Friedrich Ophüls aus Anlass seines 70. Geburtstages, Karlsruhe, 1965

Festschrift Schätzel = Internationalrechtliche und staatsrechtliche Abhandlungen — Festschrift für Walter Schätzel zu seinem 70. Geburtstag, Düsseldorf, 1960

Festschrift Scheuner = Festschrift für Ulrich Scheuner zum 70. Geburtstag, Berlim, 1973

Festschrift Schlochauer = Staatsrecht, Völkerrecht, Europarecht — Festschrift für Hans-Jürgen Schlochauer, Berlim, 1981

Festschrift Smend = Rechtsprobleme in Staat und Kirche — Festschrift für Rudolf Smend zum 70. Geburtstag am 15 Januar 1952, Göttingen, 1952

Festschrift Spiropoulos = Grundprobleme des Internationalem Rechts — Festschrift für Jean Spiropoulos, Bona, 1957

Festschrift Verdross 1960 = Völkerrecht und rechtliches Weltbild — Festschrift für Alfred Verdross, Viena, 1960

Festschrift Verdross 1980 = Ius Humanitatis — Festschrift zum 90. Geburtstag von Alfred Verdross, Berlim, 1980

Festschrift Wehberg = Rechtsfragen der Internationalen Organisation — Festschrift für Hans Wehberg zu zeinem 70. Geburtstag, Francoforte, 1956

Festschrift Wengler = Multitudo Legum, Ius Unum — Festschrift für Wilhelm Wengler zu seinem 65. Geburtstag, Berlim, 1973

For. it. = Il foro italiano
Gedächtnisschrift Sasse = Das Europa der Zweiten Generation — Gedächtnisschrift für Christoph Sasse, 2 vols., Baden-Baden, 1981
GYIL = German Yearbook of International Law
HILJ = Harvard International Law Journal
HRIR = Hellenic Review of International Relations
IA = International Associations/Associations Internationales (Bélgica)
ICE = Información Comercial española
ICJ Reports = International Court of Justice, Reports
ICLQ = The International and Comparative Law Quarterly
Incl. = inclusive
IO = International Organization
JB = Juristische Blätter (Áustria)
JCMS = Journal of Common Market Studies
JDI = Journal du Droit International
JG = Jus Gentium
JIR = Jahrbuch für Internationales Recht
JJ = Juristen-Jahrbuch
JO = Journal officiel des Communautés Européennes
JöR = Jahrbuch des öffentlichen Rechts
JT = Journal des Tribunaux
Jur. = Juridica (México)
JuS = Juristische Schulung
JWTL = Journal of World Trade Law
JZ = Juristenzeitung
Les novelles = Droit des Communautés européennes, Les novelles, obra dirigida por W. J. Ganshof van der Meersch, Bruxelas, 1969
LIEI = Legal Issues of European Integration
LQR = Law Quarterly Review
Manual Sœrensen = Max Sœrensen (ed.), Manual of Public International Law, Londres, 1968
ME = Mezzogiorno d'Europa
Mélanges Carré de Malberg = Mélanges R. Carré de Malberg, Paris, 1933
Mélanges Couzinet = Mélanges offerts à Paul Couzinet, Toulouse, 1974
Mélanges Dehousse = Mélanges Fernand Dehousse, 2 vols., Paris, 1979
Mélanges Gilbert Gidel = Mélanges en l'honneur de Gilbert Gidel, Paris, 1961
Mélanges Marcel Waline = Mélanges offerts à Marcel Waline — Le juge et le Droit Public, 2 vols., Paris, 1974

Mélanges Reuter = Mélanges offerts à Paul Reuter — Le droit international: unité et diversité, Paris, 1981
Mélanges Rolin = Mélanges offerts à Henri Rolin — Problèmes de droit des Gens, Paris, 1964
Mélanges Rousseau = Mélanges offerts à Charles Rousseau — La Communauté Internationale, Paris, 1974
Mélanges Séfériadès = Mélanges Symmikti Séfériadès, Atenas, 1961
Mélanges M.Waline = Mélanges offerts à Marcel Walinc — Le juje et le Droit Public, 2 vols., Paris, 1974.
Miscellanea Ganshof V. D. Meersch = Miscellanea W. J. Ganshof Van Der Meersch, 3 tomos, Bruxelas, 1972
Miscellany Fragistas = The Year Book of the School of Law and Economic Science, Aristotelian University of Thessaloniki — Miscellany in honour of Charalambos N. Fragistas, Salónica, 1968
MLJ = Manitoba Law Journal
MLR = Minnesota Law Review
n. = nota de fundo de página ou nota
NedTIR = Nederlands Tijdschrift voor International Ret
NILR = Netherlands International Law Review
NJW = Neue juristische Wochenschrift
NLJ = The New Law Journal
No m. sent. = no mesmo sentido
NTIR = Nordisk Tidsskrift for International Ret
NvssDI = Novissimo Digesto Italiano
OIT = Organização Internacional do Trabalho
op. cit. = obra citada
op. e loc. cits. = obra e local citados
ÖZöR = Österreichische Zeitschrift für öffentliches Recht
P. ex. = por exemplo
Par. = parágrafo
PCIJ Reports = Permanent Court of International Justice, Reports
PE = Política externa
Pólis = Pólis, Enciclopédia Verbo da Sociedade e do Estado
PPE = Partido Popular Europeu
Prs. aps. = processos apensos
Quaderni Ferrara = Quaderni del Centro di Documentazione e Studi sulle Comunità Europee, Università di Ferrara
RA = La Revue administrative
RabelsZ = Rabels Zeitschrift für ausländisches und internationales Privatrecht
RAlg = Revue algérienne des sciences juridiques, économiques et politiques

Rass. Dir. Pub. = Rassegna di diritto pubblico
RBDI = Revue belge de droit international
RC = Recueil des Cours de l'Académie de Droit International
RDI = Revue de Droit International, de Sciences Diplomatiques et Politiques
RDP = Revue du Droit Public et de la Science Politique
Rec. = Recueil de la jurisprudence de la Cour de Justice des Communautés européennes
REDA = Revista española de Derecho Administrativo
REDI = Revue egyptienne de Droit International
RFDUL = Revista da Faculdade de Direito da Universidade de Lisboa
RGDIP = Revue générale de Droit International Public
RHDI = Revue hellénique de Droit International
RIDC = Revue internationale de Droit Comparé
RIE = Revista de instituciones europeias
RIntegrE = Revue d'Intégration Européenne/Journal of European Integration (Canadá)
RISA = Revue Internationale des Sciences Administratives
RivDI = Rivista di diritto internazionale
Riv. dir. eur. = Rivista di diritto europeo
RivTDP = Rivista trimestrale di diritto pubblico
RIW = Recht der internationalen Wirtschaft
RLR = Rutgers Law Review (E.U.A.)
RMC = Revue du Marché Commun
RSPI = Rivista di studi politici internazionali
RTDE = Revue trimestrielle de Droit Européen
RUDI = Revista Uruguaya de Derecho Internacional
Scritti di diritto europeo = Riccardo Monaco — Scritti di Diritto Europeo, Milão, 1972
Scritti Orlando = Scritti giuridici in memoria di V. E. Orlando, vol. II, Pádua, 1957
Scritti Raselli = Scritti dedicati ad Alessandro Raselli, 2 vols., Pádua, 1971
SEW = Sociaal-Economische Wetgeving
SJIR = Schweizerisches Jahrbuch für internationales Recht/Annuaire Suisse de Droit International
SIA = Studies on International Affairs (Polónia)
Slg. = Gericht der europäischen Gemeinschaften, Sammlung der Rechtsprechung des Gerichtshofes (colectânea alemã da jurisprudência do Tribunal das Comunidades Europeias)
SME = Sistema Monetário Europeu
ss. = e seguintes

STA-P = Supremo Tribunal Administrativo funcionando em Pleno
STA-1.ª = Supremo Tribunal Administrativo, 1.ª Secção
Staatslexikon = Staatslexikon Recht, Wirtschaft, Gesellschaft, ed. pela Von der Görres-Geselschaft, 11 vols., 6.ª ed., Friburgo, 1957-1970
Studi Riccardo Monaco = Studi di Diritto Europeo in onore di Riccardo Monaco, Milão, 1977
Sup. = suplemento
Suppl. = supplément
T. = tomo
TC = Tribunal das Comunidades Europeias
TCECA = Tratado que instituiu a Comunidade Europeia do Carvão e do Aço
TCEE = Tratado que instituiu a Comunidade Económica Europeia
TCEEA = Tratado que instituiu a Comunidade Europeia da Energia Atómica
TEDH = Tribunal Europeu dos Direitos do Homem
TF = Tratado que instituiu um Conselho único e uma Comissão única das Comunidades Europeias, de 8-4-65, mais conhecido por Tratado de fusão
TIJ = Tribunal Internacional de Justiça
TILJ = Texas International Law Journal
TLR = Texas Law Review
TPJI = Tribunal Permanente de Justiça Internacional
Trad. = tradução
30 ans = Trente ans de droit communautaire, ed. da Comissão das Comunidades Europeias, Luxemburgo, 1982
Ts. = tomos
UILR = University of Illinois Law Review
UPLR = University of Pittsburgh Law Review
V. = ver
VN = Vereinte Nationen (revista)
Vol. = volume
Vols. = volumes
VVDStRL = Veröffentlichungen der Vereinigung der Deutschen Staatsrechtslehrer
WP = World Politics (E.U.A.)
YBWA = The Year Book of World Affairs
YILC = The Yearbook of the International Law Commission
YLJ = The Yale Law Journal

ZaöRV = Zeitschrift für ausländisches öffentliches Recht und Völkerrecht
ZHR = Zeitschrift für das gesamte Handelsrecht und Wirtschaftsrecht
ZParl = Zeitschrift für Parlamentsfragen

MODO DE CITAÇÃO DOS TRATADOS COMUNITÁRIOS

Não há razão alguma para que os tratados comunitários não sejam citados em língua portuguesa de modo idêntico ao que tem sido desde sempre utilizado entre nós para se citar as disposições do Direito interno ou dos tratados internacionais clássicos.

Por isso citaremos cada parcela numerada dum artigo, tomando como exemplo o art. 4.º do Tratado CEE, com a indicação de art. 4.º n.º 1, art. 4.º n.º 2, etc.; para especificarmos o parágrafo literário de uma disposição utilizaremos a abreviatura par. *— assim, por exemplo, falaremos em art. 5.º par. 2 para nos referirmos à parte do art. 5.º do Tratado CEE que começa por «Eles abstêm-se de todas as medidas (...)».*

Só nos referiremos a alíneas *quando, como também é tradicional na terminologia jurídica portuguesa, pretendermos designar fracções de uma dada disposição legal individualizadas no próprio texto pelo recurso a letras do alfabeto — assim, por exemplo, diremos art. 3.º* a) *ou al.* a) *CEE para nos referirmos ao preceito do Tratado CEE que dispõe: «*a) *a eliminação, entre todos os Estados membros (...)».*

INTRODUÇÃO

1. *Observações de natureza terminológica*

Não existe ainda uma doutrina de Direito Comunitário Europeu (DC) em Portugal. Por isso, não admira que no domínio das questões jurídicas concernentes à integração europeia esteja ainda por se definir entre nós uma terminologia precisa e rigorosa, que na tradução de palavras e expressões jurídicas estrangeiras não só se atenha ao seu exacto sentido etimológico como também respeite o vocabulário jurídico, podemos considerá-lo rico, que o Direito Público português de há muito conhece. E a acuidade deste problema aumenta se tivermos em atenção que a simples diversidade das famílias donde provêm os sistemas jurídicos dos Estados membros das Comunidades é já de per si suficiente para criar um desfasamento linguístico entre a terminologia jurídica utilizada nas respectivas línguas nacionais.

Porque entendemos que a exactidão terminológica deve constituir uma das primeiras exigências do trabalho do jurista, daremos muita importância ao longo desta dissertação, e tanto quanto a natureza desta obra no-lo consentir, à criação duma terminologia rigorosa do DC em Portugal.

Para já, vamos esclarecer alguns aspectos que se prendem com a própria terminologia utilizada na epígrafe desta dissertação.

Quando falarmos de *Direito das Comunidades Europeias*, *Direito Comunitário Europeu* ou simplesmente *Direito Comunitário* — expressões que tardaram a entrar no vocabulário da integração europeia (¹) — queremos referir-nos à ordem jurídica própria das Comunidades Europeias, embora, como na devida altura teremos oportunidade de mostrar, no estado actual da evolução da integração europeia o Direito Comunitário não abrace as ordens jurídicas dos Estados membros e se componha apenas do Direito gerado pelos tratados que instituíram as três Comunidades e por aqueles que os completaram e modificaram, ou seja, o Direito Comunitário originário (²), e pelos actos jurídicos provindos dos órgãos comunitários (³), que desenvol-

---

(¹) De facto, nos primeiros estudos que foram dedicados aos aspectos jurídicos da integração europeia, dados à luz logo a seguir à criação da primeira Comunidade, a CECA, quer se tratasse de obras de carácter geral quer de monografias especializadas, não encontramos qualquer referência ao «Direito Comunitário» ou à «ordem jurídica comunitária» — cfr., p. ex., SCHLOCHAUER, *Übernationale Charakter;* JERUSALEM; RACINE; e REUTER, CECA, embora fale dum vago e indefinido «Direito da Comunidade», 38 ss. (O modo de citação da bibliografia ao longo desta dissertação está explicado a final, a anteceder o rol da bibliografia consultada).

(²) Este é composto, portanto, pelo *Tratado de Paris,* de 18-4-51, que instituiu a CECA, pelos dois *Tratados de Roma,* de 25-3-57, que criaram respectivamente a CEE e a CEEA, pela *Convenção relativa a certos órgãos comuns às Comunidades Europeias* (COC), também de 25-3-57, pelo *Tratado de fusão* (TF), de 8-4-65, pela *Decisão do Conselho* e pelo *Tratado orçamental,* de 22-4-70, pela *Decisão do Conselho* e pelo *Tratado de adesão concluído com a Dinamarca, a Irlanda, a Noruega e o Reino Unido,* de 22-1-72, pelo *Tratado sobre matéria financeira,* de 22-7-75, pela *Decisão* e pelo *Acordo do Conselho sobre a eleição dos deputados ao Parlamento Europeu por sufrágio directo e universal,* de 20-9-76, e pela *Decisão do Conselho,* de 24-5-79, e pelo *Tratado de adesão concluído com a Grécia* em 28-5-79. Cfr., muito recentemente, BERNHARDT, *Sources,* 75-76.

(³) *Órgãos comunitários* e não, como vulgarmente se tem escrito, *instituições comunitárias.* Nós próprios já incorremos nesse erro — *Impacto,* título e *passim* —, que mais tarde corrigimos — *Sumários,* 51 ss. É que a palavra *instituição* tem em Direito, na esteira do entendimento que lhe deu HAURIOU na sua *Théorie de l'institution,* um sentido muito mais vasto e amplo que o de órgão duma pessoa colectiva — v., p. ex., a recente obra de BOWETT. Por isso, é um exemplo a seguir o maior rigor adoptado pela versão alemã dos tratados institutivos, que falam apenas em «órgãos da Comunidade» *(«Die Organe der Gemeinschaft»):* Título II do Tratado CECA; Parte V do Tratado CEE; e Parte II do Tratado CEEA. Os demais tratados que compõem o Direito Comunitário primário, na sua versão alemã, conservam essa terminologia. Aliás, em Portugal tem-se falado

vem e aplicam os tratados, quer dizer, o Direito Comunitário derivado (4).

Esse Direito das Comunidades Europeias tem vindo, de modo crescente, a ser designado simplesmente de *Direito Europeu* (5). Esta identificação, que está fortemente eivada de significado político (6), não é porém correcta, e por mais que um motivo: porque, sobretudo na doutrina germânica, a expressão Direito Europeu foi marcadamente associada no século passado ao Direito Internacional, com significados muito específicos (7);

---

sempre em *órgãos* na tradução oficial dos tratados institutivos de organizações internacionais de que ele é membro.

(4) Falaremos em DC *originário* e *derivado* e não em DC *primário* e *secundário*, por duas razões: primeiro, porque a própria terminologia do DC designa os tratados que instituíram as Comunidades de tratados «originários» (arts. 1.º, 2.º, 4.º, 6.º e 9.º da *Acta relativa às condições de adesão e às adaptações dos tratados* anexa ao Tratado de adesão da Dinamarca, da Irlanda, da Noruega e do Reino Unido à CEE e à CEEA, e que, segundo o art. 1.º n.º 2 deste Tratado, faz parte integrante dele); segundo, porque na classificação DC primário-secundário o adjectivo *secundário* pode dar a entender uma menor importância do DC como tal qualificado, o que não corresponde de modo algum à verdade, já que ele tem contribuído de forma determinante para a elaboração e o desenvolvimento da ordem jurídica comunitária. Nem mesmo as directivas podem ser aí subestimadas, devido ao seu papel decisivo para a harmonização das ordens jurídicas nacionais com o DC. Há contudo quem utilize indistintamente as duas classificações: p. ex., IPSEN, *Europäisches Gemeinschaftsrecht*, 63; DIEZ DE VELASCO, II, 321.

(5) Mais expressivamente, OPHÜLS, *Zwischen*, subepígrafe, 137, 149, 157; DAHM, II, Parte III, Cap. I, epígrafe da Secção 2.ª (que fala em «Direito Económico Europeu»); BRINKHORST, *European Law*, 7 ss.; MÁDL, 34 ss.; e as epígrafes das obras de SEGRELLES CHILLIDA; CEREXHE, *Droit Européen*; SCHWEITZER/HUMMER; BLECKMANN, *Europarecht*.

(6) P. ex., o título da revista *Europarecht* foi escolhido com o intuito específico de opor uma nova ideia europeia e comunitária ao triunfo dos sentimentos nacionalistas nos *Acordos de Luxemburgo*, de 29-1-66, e ao enfraquecimento no *élan* comunitário que se lhes seguiu — cfr. MÁDL, 52. Nos demais casos, por Direito Europeu quere-se muito mais prospectivar a federação dos Estados europeus do que retratar o estado objectivo da evolução actual da integração europeia.

(7) Ou como *jus Gentium Europaearum*, na tradição do *Mare clausum* de JOHN SELDEN (1636, I, 24 — cit. por SCHWARZENBERGER, *Dynamics*, 93) — cfr. as obras clássicas de SAALFELD, SCHMALZ, KLUEBER, NEUMANN e HEFFTER/GEFFCKEN —, ou como *Direito Público Europeu*, isto é, como expressão jurídica do *concerto europeu*, como o demonstraram

porque hoje em dia se tem vindo a acentuar a sua equivocidade, designadamente quando relacionada com o Direito Público ([8]) ou com o Direito Comparado ([9]); e sobretudo porque o Direito das Comunidades Europeias não cobre a Europa toda, nem mesmo toda a Europa Ocidental, já que no espaço jurídico-político abrangido por esta encontramos também os ordenamentos jurídicos próprios do Conselho da Europa, da União da Europa Ocidental e da EFTA, para não falarmos da OCDE e da OTAN, que, embora vejam situado fundamentalmente na Europa Ocidental o domínio material das suas atribuições, todavia têm também como membros Estados não europeus ([10]).

Do mesmo modo, evitaremos falar de *Comunidade Europeia* no singular para designar o conjunto das três Comunidades existentes, a CECA, a CEE e a CEEA ([11]).

É certo que o próprio Parlamento Europeu aprovou já, em 16 de Fevereiro de 1978, uma «resolução sobre uma designação única para a Comunidade» ([12]), onde, sem embargo de

---

GUGGENHEIM, *Droit international général*, 9 ss.; e MOSLER, *Ordre public*, 383. Cfr. também IPSEN, *op. cit.* (n. 4), 4 ss. e 13 ss.

([8]) Falam hoje em *Direito Público Europeu*, p. ex., DE VALK, para significar o conjunto do Direito das Comunidades Europeias, do Conselho da Europa e da OIT (que seria um Direito Internacional «moderno», «novo», «comunitário», «constitucional», «da integração») — 15 ss., 40 ss., 54 ss., 66 ss., 95 ss.; e MONACO, para exprimir a harmonização, quando não a uniformização, dos Direitos nacionais no quadro das Comunidades Europeias e do Conselho da Europa — *Lineamenti*, caps. I e II.

([9]) Cfr. SCHWARZENBERGER, num dos sentidos em que emprega a expressão «European Common Law»: como *Direito Consuetudinário Internacional* — *op. cit.* (n. 7), 94 ss.; e COING (*Gemeines Recht*, 116 ss.) e, mais recentemente, GORLA (Parte III, especialmente Caps. 21 e 27), que tentam uma interessante aproximação entre o novo «Direito Europeu», como DC, e o velho «Ius Commune», como «Direito comum do continente europeu», um pouco na linha do que já fora ensaiado por PESCATORE, *Aspects fonctionnells*, 74-75. V. também a obra ed. por MAURO CAPPELLETTI, com excelentes contributos sobre as «novas perspectivas de um Direito Comum da Europa», inclusivamente no domínio do Direito Público, onde se destaca o artigo de JEAN RIVERO, *Droit Commun*, 389 ss.

([10]) Em sentido aproximado, AGUILAR NAVARRO, *Integracion*, 115; e LECHELER, 7 n. 1.

([11]) Retrocedemos, portanto, quanto à posição que adoptámos em anterior trabalho — *Impacto*, n. 1.

([12]) *JO* n.º C 63 de 13-3-78, pg. 36.

se reconhecer a existência de três Comunidades autónomas, se invoca «a interdependência dos três tratados comunitários» e «a circunstância de, no dia-a-dia, os cidadãos dos Estados membros considerarem as três Comunidades Europeias no seu conjunto». Partindo daí, o Parlamento foi da opinião de que por Comunidade Europeia se poderia designar o todo formado pelos órgãos comunitários e pelos Estados membros. Todavia, como aliás foi observado no relatório do projecto daquela resolução, aprovado na Comissão Política do Parlamento ([13]), esse caminho não pode ser aceite pelo jurista.

Na realidade, a expressão *Comunidade Europeia* pode ter a vantagem de exprimir a vocação política das três Comunidades económicas, estruturadas através do método funcional, para cederem o seu lugar a uma só Comunidade global, o que, como a seu tempo veremos ([14]), teria sido tentado pelo projecto da Comunidade Política Europeia caso não tivesse ocorrido o fracasso da Comunidade Europeia de Defesa (CED) ([15]); e pode também querer retratar a fusão orgânica ou administrativa das Comunidades, iniciada pela *Convenção relativa a certos órgãos comuns às Comunidades Europeias* (COC), de 1957, e concluída pelo chamado *Tratado de fusão* (TF), de 1965 ([16]). Mas em contrapartida deturpa a questão de fundo, enquanto dá a entender que se terá verificado uma fusão material ou substantiva das três Comunidades e dos seus tratados institutivos. Ora isso não corresponde à verdade: teremos oportunidade de demonstrar ao longo desta dissertação que as três Comunidades são três pessoas distintas, cada uma delas gerada pelo seu próprio tratado institutivo, onde encontra o seu específico fundamento, cada uma delas com o seu peculiar domínio material e, inclusi-

---

([13]) *Parlement européen, Débats,* 15-2-78, pg. 217.

([14]) *Infra,* Cap. II, § 2.º, n.º 8.

([15]) É esta a razão de falarem em *Comunidade Europeia,* p. ex., RIKLIN, 1; PINTO, 255 ss.; SIDJANSKI, *Dimensions,* 8; KOVAR, *Contribution,* epígrafe; CHEN, 46-47.

([16]) Por esta razão passou a utilizar a expressão *Comunidade Europeia,* imediatamente a seguir ao TF, OPHÜLS, para quem «na sua essência as Comunidades Europeias são agora (após o TF) manifestações de uma e única Comunidade e de uma e única ordem jurídica» — *Herkunft,* 387, e *Staatshoheit,* 540. No m. sent., p. ex., SCHEUNER, *Future,* 32 n. 1.

vamente, cada uma delas com a sua ordem jurídica própria (17). De facto, quando se fala globalmente no Direito das Comunidades Europeias não se deve querer afirmar que exista uma ordem jurídica uniforme para as três Comunidades, mas sim que ao lado de normas jurídicas comuns a todas elas, que exprimem desde logo uma unidade de princípios que são básicos às três Comunidades, como já foi reconhecido pelo próprio Tribunal (18), existe uma vastidão de regras específicas a cada uma delas, ditadas antes de mais pela natureza funcional e, portanto, pela especialização das atribuições (obviamente maior na CECA e na CEEA do que na CEE) de cada Comunidade isoladamente considerada. É este conjunto polivalente e heterogéneo que forma o Direito Comunitário (19).

Pelo que fica dito, nós falaremos em Comunidades Europeias no plural para designarmos o conjunto das três Comunidades. A referência à Comunidade no singular deverá ser entendida como dirigindo-se ou a uma delas concretamente, ou, em abstracto, à CEE, que será, compreensivelmente, a Comunidade à qual mais nos referiremos ao longo desta dissertação.

Note-se que o que acabámos de dizer, e cujo único intuito, como afirmámos, foi o de esclarecer a terminologia que adoptámos logo na epígrafe desta obra, não exige que nos debrucemos aqui sobre a origem da palavra *Comunidade* na história da integração europeia (20), ou que discutamos neste lugar

---

(17) No m. sent., bibliografia cit. *infra,* n. 745. Por isso, decerto que apenas por lapso um A. com o prestígio do Professor MEDINA afirma que «a Comunidade Europeia (...) unifica hoje as três antigas Comunidades (...)» — *Organizaciones,* 152.

(18) Ac. de 13-6-58, caso *Meroni,* 27 (os casos jurisprudenciais citados ao longo desta dissertação encontram-se arrolados no final). A referência pura e simples ao «Tribunal» quererá significar que estamos a pensar no Tribunal das Comunidades Europeias (TC).

(19) Pode-se dizer que se encontra praticamente generalizada a opinião de que «não obstante a divisão em três Comunidades existe apenas um Direito Comunitário» — por todos, BLECKMANN, *Grundgesetz,* 1969, *op. cit.* (n. 5), 10, e *Einheit,* 95 ss. Desenvolveremos estes nossos pontos de vista *infra,* Parte II, Cap. I, n.º 11, 5, III.

(20) Sobre o modo como na preparação do TCECA surgiu o vocábulo «Comunidade», por proposta do representante alemão no Comité Jurídico que negociou e redigiu aquele tratado, o Professor e Embaixador OPHÜLS, e sobre o alcance que se quis dar a essa qualificação,

o seu próprio conceito, que os autores dos tratados foram conscientemente extrair, com rigor, à célebre classificação de *Tönnies* entre *comunidade* e *sociedade* (21).

Por outro lado, fica subentendido que a referência pura e simples a Comunidades ou a Direito Comunitário quer sempre reportar-se à integração europeia dos Dez. Esta prevenção não deixa de ser necessária se levarmos em conta não apenas que, *com esse vocabulário*, a integração económica tem vindo a progredir na América Latina (22), como também que tanto a Cons-

---

v., por todos, o excelente relato de MOSLER, *Entstehung*, 382. Especialmente sobre as razões por que a designação de «Mercado Comum», prevista para a CEE, foi substituída, na fase da elaboração do respectivo tratado, pela de «Comunidade», v. HAY, *Federalism*, 38 ss.

(21) TÖNNIES, sobretudo 25 ss., 65 ss., 301 ss. No m. sent. da nossa interpretação, SCHWARZENBERGER, *op. cit.* (n. 7), 397 n. 2; MONACO, *Comunità sopranazionale*, 73; JULIET LODGE, 13 e bibl. aí seleccionada. Sobre o conteúdo jurídico do conceito de Comunidade, v. especialmente L. CONSTANTINESCO, *Spécificité*, 14 ss. Também não precisamos de discutir nesta dissertação a noção de integração, reflexa da de Comunidade. Trata-se de uma palavra ainda equívoca no campo da Ciência, em parte devido à multiplicidade de sentidos com que tem sido utilizada — político, jurídico, económico, sociológico, matemático, psicológico, cultural e até médico —, e que metodologicamente pode ser concebida como *processo* ou como *estado* ou *situação* (WESSELS, 346 ss., louvando-se em DEUTSCH e HAAS). O Direito Constitucional, a Teoria do Estado e o Direito Internacional Público servem-se ainda basicamente do conceito para ela proposto por SMEND, que a definiu como «princípio estrutural» da noção de Estado e que, mais uma vez na esteira de TÖNNIES, a concebia como uma *situação* resultante da existência de uma *Comunidade, distinção entre governantes e governados* e *poder político* (*Staatslexikon*, vocábulos *Integration*, IV, 341 ss., *Staat*, VII, 520 ss., e *Gemeinschaft*, III, 727 ss., especialmente 730; *International Encyclopedia*, vocábulos *Community*, III, 156 ss., *Society*, XIV, 577 ss.; *Novissimo Digesto Italiano*, vocábulo *Stato*, XVIII, 243 ss.; e BERBER, III, 188 ss.). Foi este o conceito de integração, visto como *processo*, de que os fundadores das Comunidades lançaram mão (*Comentário Groeben*, I, 45; EVERLING, *Possibilities*, 217 ss.; PELKMANS, 333 ss.; BERBER, *loc. cit.*; bibl. cit. por LODGE, 16 ss.; e, entre nós, SOUSA FRANCO, 147 ss.), para oporem a integração à «organização intergovernamental» (MOSLER, *op. e loc. cits.*).

(22) V. as obras seleccionadas de ALBUQUERQUE MELLO, II, 492 ss.; MARTIN-MARCHESINI, 9 ss.; GARCIA AMADOR, *passim;* LUPINACCI, 32 ss.; HUMMER, *Entwicklungen*, 527 ss.; VICUÑA, 428 ss.; BOWETT, 215 ss.; TUSSIE, 399 ss.; CEREXHE, *Perspectivas, passim*; e o exaustivo rela-

tituição belga como a Constituição canadiana criam colectividades políticas com a designação de *comunidades* (23).

Por fim, o Direito Internacional Público (DIP) será muitas vezes referido por nós somente por Direito Internacional. Fá-lo-emos, porém, apenas *brevitatis causa,* e sem cuidar de discutir, o que nesta obra seria de todo descabido, se ou em que condições também o Direito Internacional Privado é Direito Internacional (24).

2. *Objecto do estudo e razões determinantes da escolha do tema*

2.1. *Incipiente elaboração dogmática das questões básicas do Direito das Comunidades Europeias*

À doutrina e à jurisprudência do Direito Comunitário não faltarão humildade e sentido de realismo em dose necessária para reconhecer que, decorridos já mais de trinta anos sobre a assinatura do tratado que instituiu a primeira Comunidade, continua ainda a verificar-se uma carência na elaboração das questões que são básicas à construção da ordem jurídica comunitária. E se a jurisprudência terá a desculpa de, por natureza, só lhe ser dada oportunidade de proceder a um tratamento dogmático das matérias a propósito dos casos concretos que lhe são submetidos a apreciação (sobretudo através do mecanismo da questão prejudicial de interpretação, previsto no art. 177.º CEE) e de, mesmo assim, ser a ela que se deve em grande parte o desenvolvimento dos tratados e a elaboração doutrinária do Direito Comunitário, a doutrina, essa, não poderá escapar à crítica de haver descurado a fixação dos conceitos

---

tório do Banco Interamericano para o Desenvolvimento *Economic and Social Progress in Latin America* (1978), 102 ss.

(23) Concretamente quanto à Bélgica, onde o problema ganha maior importância, o art. 3.º *ter* n.º 1 da Constituição reza: «La Belgique comprend trois communautés: la communauté française, la communauté flamande et la communauté germanophone». Sobre isso, v. DELPÉRÉE, 330 ss. e 398 ss.; e LEJEUNE, 53 ss.

(24) Cfr., p. ex., QUADRI, *Diritto internazionale,* 4.ª ed., 22, e bibl. cit.; MIAJA DE LA MUELA, *Introducción,* 38.

de base e o preenchimento do conteúdo de princípios fundamentais do novo sistema jurídico — em suma, de pouco se ter preocupado, logo no início da integração europeia, com o tratamento sistemático da própria caracterização da ordem jurídica das Comunidades (25).

Todavia, o jurista de Direito Público tem de começar por fixar, antes de mais, o objecto do seu estudo. No que concerne à integração europeia o esforço orientado nesse sentido é tanto mais necessário quanto é certo que desde a primeira hora se tem pretendido afirmar o Direito Comunitário como um ordenamento jurídico novo e original, *pas comme les autres*. Se a isso acrescentarmos a recordação de que na fase da criação das Comunidades as opções jurídico-políticas de base resultaram quase sempre de compromissos entre correntes muito divergentes entre si, de que, consequentemente, daí se transmitiu para os tratados institutivos das três Comunidades, em parte intencionalmente, uma grande imprecisão no domínio das definições fundamentais, e de que, por fim, a ausência, também desejada, de trabalhos preparatórios daqueles tratados já de si constitui um grande óbice à caracterização das grandes linhas orientadoras do sistema jurídico das Comunidades, teremos apreendido as razões por que, em nosso entender, era obrigação da doutrina do Direito Comunitário ter começado muito cedo a preocupar-se com a elaboração dogmática dos conceitos de base da ordem jurídica das Comunidades Europeias.

Não quer isto dizer que pretendamos ignorar o indesmentível progresso alcançado na elaboração jurídica de muitas das áreas abrangidas pela integração europeia; mas uma investigação profunda e desapaixonada, levada a cabo de forma sistemática, ao longo do Direito Comunitário mostra-nos, já nesta década de 80, que grande parte das noções-chave de que ele se socorre, e que se traduzem nas traves-mestras de todo o vasto e complexo edifício jurídico das Comunidades Europeias, e até algumas das questões que lhes são prévias e que

---

(25) Assim, MIAJA DE LA MUELA, *Nuevo mundo jurídico*, 518-519. O que dizemos no texto não significa qualquer tomada de posição da nossa parte perante uma questão conexa e importante, mas irrelevante para esta dissertação, que é a de saber se o DC possui ou não autonomia científica.

condicionam o seu próprio conteúdo, continuam, ainda hoje, à espera, se não de uma solução definitiva (que as não há no trabalho do jurista), pelo menos dum esclarecimento convincente do seu alcance e dos seus limites. E é necessário ter consciência de que a incipiente elaboração das questões básicas e dos princípios fundamentais da ordem jurídica comunitária não pode deixar de se reflectir negativamente no tratamento de muitos dos seus corolários e, dum modo geral, na elaboração de todas as matérias que, dum ponto de vista lógico, lhes são posteriores. Esta prevenção é tanto mais importante quanto é certo que uma das características essenciais do Direito Comunitário consiste no seu carácter dinâmico ou evolutivo ou, o que é o mesmo, na sua progressividade (26), fruto natural da circunstância de, pelo menos na vontade dos fundadores das Comunidades e na letra e no espírito dos tratados, ele não ser em si mesmo um fim, mas apenas um meio de se alcançar a união económica e política da Europa.

2.2. *As grandes linhas de evolução da doutrina do Direito Comunitário*

É certo que este fenómeno tem uma explicação histórica.

De facto, o trabalho de elaboração do Direito Comunitário por via doutrinária não foi conduzido com autonomia, segundo uma metodologia que visasse a abordagem sistemática pelos juspublicistas das matérias abrangidas, antes de mais, pelos tratados comunitários, mas guiado, duma forma empírica e pragmática, é certo, mas também sem disciplina metodológica, pelas solicitações da jurisprudência e pelas exigências da Política.

---

(26) A progressividade do DC é conatural ao carácter evolutivo do fenómeno da integração, que quanto às Comunidades Europeias ficou retratado na lapidar frase do Professor WALTER HALLSTEIN, que quer como universitário quer como Ministro dos Negócios Estrangeiros da Alemanha quer como primeiro Presidente da Comissão da CEE deixou o seu nome profundamente ligado à integração europeia: «Die Gemeinschaft ist ein Werden, nicht ein Sein» («A Comunidade é um processo dinâmico, não uma realidade estática» ou, talvez melhor, «A Comunidade é uma criação contínua, não uma realidade acabada») — *Wirtschaftliche Integration*, 277.

Dir-se-á porventura que assim não acontece com as obras gerais, designadamente as que prosseguem objectivos de índole didáctica. Mas não se pode esperar dessas obras, pela sua própria natureza, um tratamento monográfico e exaustivo dos vários temas em que se divide a ordem jurídica comunitária.

Era necessário, em função do próprio elemento de subordinação que se situa no âmago do conceito de integração, explicar na fase inicial da vida das Comunidades as relações entre o DC e os Direitos estaduais? E impunha-se simultaneamente — em consequência das dúvidas que, em parte intencionalmente, os autores dos tratados haviam deixado subsistir — esclarecer se as Comunidades eram expressões do princípio federalista ou apenas manifestações dum modelo confederal? Pois ir-se-ia assistir nos anos 50 e praticamente durante toda a década de 60 a uma larga predominância desses dois temas (aliás interdependentes entre si), através das suas várias facetas, nas preocupações da doutrina comunitária, e com ela, da doutrina do Direito Constitucional e do Direito Administrativo dos Estados membros, estimuladas aliás pelas dúvidas expressas pelo Tribunal em dois dos mais célebres processos em que interveio, os casos *Van Gend* e *Enel* (27). Do muito que então se escreveu sobre esses pontos não resultou, porém, o esclarecimento completo da questão, e pode dizer-se que essa matéria continua ainda hoje, quer na doutrina quer na jurisprudência dos Estados membros das Comunidades, a apresentar-se-nos como das mais controversas (e não apenas difíceis) do Direito Comunitário. Num dos Estados membros, a Itália, o problema das relações do DC com a respectiva ordem jurídica interna tornou-se mesmo num problema crónico do Direito Público, dadas as específicas dificuldades que a respectiva Constituição coloca à aplicação do DC na ordem estadual (28).

Quando se aproximava o início da década de 70, impunha-se estudar o impacto do primeiro alargamento das Comunidades sobre o estado do desenvolvimento institucional que à data as Comunidades apresentavam, e exigia-se que se defi-

---

(27) No m. sent., o Juiz Everling, *Zweckverband*, 596.

(28) V., por todos, dois trabalhos recentes: Sperduti, *Ordinamento*; e o comentário à Constituição italiana de Agrò e o., sobretudo 352 ss.

nissem os contornos do adquirido comunitário (tradução, à falta de melhor, de «acquis communautaire»), como sendo o mínimo inegociável com os candidatos à adesão? Pois ver-se-ia essa questão projectada para a primeira linha das preocupações da doutrina na transição da década de 60 para a de 70, logo seguida da polémica suscitada em torno da conclusão dos Acordos de Luxemburgo e do seu efeito negativo sobre o progresso da integração, do relançamento da integração tentado pela Cimeira de Haia de 1969, e, já dentro da década de 1970, do significado que para a integração assumia a figura, então nascente, da cooperação política europeia, dentro do quadro geral do incremento das relações externas das Comunidades ([29]).

Já na segunda metade da década de 70 não era verdade que as sequelas da crise institucional aberta no final dos anos 60 se mantinham? E que novos e sucessivos projectos eram apresentados para se relançar a União Europeia, o mais conhecido dos quais, embora sem melhor destino que os outros, ficou a ser o *Plano Tindemans*? Que ainda maior dimensão era dada à projecção das Comunidades no Mundo e à sua participação numa política de desenvolvimento à escala mundial com a conclusão da Convenção da Lomé, em 1975, depois renovada em termos ainda mais ambiciosos em 1979? E não é verdade também que seriam formulados por essa altura os pedidos de adesão da Grécia, de Portugal e da Espanha, que viriam a colocar desde logo a interrogação sobre o modo de compatibilizar os progressos da integração no domínio do alargamento com as exigências que daí resultavam para as Comunidades em vários domínios de índole orgânica e institucional? Ou a questão de saber (tanto quanto ela se projecta no campo do Direito Público, já que em princípio a ultrapassa) se o alargamento das Comunidades a três Estados com um nível de desenvolvimento económico e social bastante atrasado em relação à média comunitária não

---

([29]) O desenvolvimento das relações externas das Comunidades, de que foi um factor importante o nascimento da política comercial comum no fim do período de transição, esteve neste período na base de dois processos muito importantes no Tribunal, os casos *AETR* e *International Fruit III*.

poderia levar à diluição ou, pelo menos, ao atraso, se não ao retrocesso, da integração? Pois seria nesses pontos que a doutrina colocaria a tónica nos últimos sete, oito anos, talvez com excepção apenas do período imediatamente a seguir ao Acórdão proferido pelo Tribunal no caso *Simmenthal*, que iria fazer ressuscitar, de forma nova e mais exigente, a velha querela sobre as relações entre o DC e as ordens jurídicas dos Estados membros, e dos tempos muito actuais, ou seja, já dos anos 80, em que a essas questões se juntariam o chamado «problema das pescas», suscitado, também ele, pela jurisprudência do Tribunal, e a matéria da reforma institucional das Comunidades, dinamizada agora através da «iniciativa Genscher-Colombo» e de alguns projectos nascidos no quadro do Parlamento Europeu.

2.3. *Quase esquecimento das relações entre o Direito Comunitário e o Direito Internacional*

Foram essas, como dissemos, as linhas dominantes na evolução da doutrina do Direito Comunitário. Presidiu-lhe, afirmámo-lo já, mais a necessidade de dar resposta aos desafios da jurisprudência e às exigências da Política do que a vontade de fornecer à ordem jurídica comunitária uma elaboração sistematizada e planificada. Por isso, foram menosprezadas, quando não ignoradas, muitas questões que são essenciais à própria caracterização de base do novo sistema jurídico.

Começa-se por se sentir isso logo no domínio que corresponde à primeira interrogação que o DC coloca ao investigador, que é o da sua génese.

Parece evidente que o DC provém historicamente do DIP, não apenas porque as três Comunidades foram geradas dentro dos esquemas tradicionais da diplomacia e da concertação internacional, como também, e sobretudo, porque a sua fundação ficou materializada em tratados internacionais, concluídos com respeito pelas regras clássicas do Direito das Gentes. Do mesmo modo, é inegável a tendência para, designadamente no plano didáctico, se afirmar *a priori* uma aproximação entre aquele e este, pelo simples facto de o DC ter como primeira fonte os tratados internacionais que instituíram as Comunidades e regular, antes de mais, relações interestaduais (30). Não obstante isso, porém, o estudo das relações entre o DC e o DIP, e nomeadamente a caracterização daquele por confronto com este, têm sido muito negligenciados pela doutrina e pela jurisprudência. Como veremos, muitos autores só iriam tomar consciência do problema depois de reclamados a comentar o Acórdão proferido pelo Tribunal em 1963 no caso *Van Gend,* cujo conteúdo, como mostraremos, é contudo, *neste ponto concreto,* por muitos adulterado. E o próprio Tribunal levaria tempo a fixar a sua posição nesta matéria.

A subestimação desse problema provoca, antes de mais, um retrato incorrecto da própria origem histórica do DC, que, já o dissemos, tem como primeira fonte os tratados internacionais que instituíram as Comunidades, mas gera sobretudo uma consequência altamente nociva para a construção do sistema jurídico das Comunidades Europeias: é que é a própria natureza jurídica do DC e o lugar que lhe cabe no firmamento da Ciência Jurídica que ficam deficientemente explicados.

É certo que o simples facto de as Comunidades e a sua ordem jurídica terem sido criadas por tratados clássicos de Direito Internacional não compromete, de modo algum, só por si, a sua natureza jurídica. Pensemos, por exemplo, no *Deutsches Reich* e no Estado austríaco após o *Staatsvertrag* de 1955: apesar de instituídos por tratados internacionais, um e outro, e os respectivos ordenamentos jurídicos, possuíam inequivocamente natureza estadual. Todavia, como tentaremos demonstrar ao longo desta dissertação, a natureza do DC, pelo menos no estádio actual da sua evolução, só pode ser convenientemente apreendida a partir da sua referência ao DIP. Talvez seduzidos pelo maior impacto que no fenómeno da integração ganham, por imposição dos próprios conceitos de integração e de Comunidade, as relações entre o DC e as ordens jurídicas nacionais dos Estados membros, muitos autores adoptam como ponto de

(30) Assim se explica que, sobretudo nos Estados latinos da Europa Ocidental, o DC seja tradicionalmente leccionado nas disciplinas de DIP, sempre que — o que já vai sendo raro — não constitua objecto autónomo de ensino. É o que acontece também predominantemente entre nós, dentro da muito pequena dimensão que, lamentavelmente, ainda possuem nos planos de estudos jurídicos as matérias jurídico-internacionais.

referência para o esclarecimento da natureza jurídica do DC a ordem jurídica estadual. Esta orientação, que na prática se traduz num preconceito de índole metodológica, não nos fornece o melhor caminho para se descobrir a exacta natureza jurídica do DC. E a definição da natureza jurídica do DC constitui dos primeiros encargos do estudioso do Direito Público no domínio da integração europeia.

Mas o estudo da natureza jurídica do DC não se resume a uma mera questão académica, não se esgota num simples exercício teórico. Mesmo se o fosse, não via com isso diminuída a sua importância, porque daí resultaria o esclarecimento duma questão fundamental, repetimo-lo, para a própria caracterização da ordem jurídica comunitária. Mas acontece que não o é.

Há pelo menos um domínio importante para a elaboração do DC para o qual é, a nosso ver, indispensável o prévio estudo da sua natureza jurídica face ao Direito Internacional: é o da aplicação do DIP na ordem jurídica comunitária (31), quer no que toca à fixação do domínio de aplicação quer à forma por que ela poderá ter lugar. A aplicação do DIP na *ordem externa* das Comunidades não suscita grandes dificuldades e resulta naturalmente da sua personalidade jurídico-internacional, nomeadamente do seu *ius contrahendi* e do seu normal enquadramento na Comunidade Internacional, tendo assumido um maior relevo justamente a partir do momento em que elas viram desenvolver as suas relações externas, o que já dissemos ter acontecido a partir dos anos 70. Mas já é fonte de problemas mais complexos a aplicação do DIP na *ordem interna* das Comunidades.

O conceito de ordem interna das Comunidades Europeias deve o seu desenvolvimento a reflexões recentes do Professor *Pierre Pescatore* (32) mas não tem sido devidamente aproveitado pela doutrina. A sua grande vantagem, como mostraremos, é justamente a de revelar a importância que assume a questão da

---

(31) Contra, p. ex., Reuter, que entra no estudo da aplicação do DIP na ordem jurídica comunitária sem explicar antes as relações entre um e outra, o que, como dizemos no texto e mostraremos ao longo desta dissertação, é insustentável do ponto de vista metodológico — *Organisations européennes,* 276 ss.

(32) Prefácio a Jacot-Guillarmod.

aplicação do Direito Internacional às Comunidades Europeias. E a fixação do campo objectivo ou material de aplicação do DIP na ordem jurídica comunitária não pode ser menosprezada porque dela depende, reflexamente, a própria definição do domínio de aplicação do DC. E, como acontece com qualquer ramo de Direito, também o Direito Comunitário coloca, antes de mais, o problema do domínio material da sua aplicação. Essa questão é suscitada logo nas suas disposições básicas: por exemplo, o art. 7.º CEE, um dos preceitos-chave no sistema dos tratados, estipula que a proibição de qualquer discriminação em razão da nacionalidade vale apenas «*no domínio da aplicação*» (33) daquele tratado e, portanto, no domínio da aplicação do DC.

O problema da natureza jurídica do DC, com este significado e com esta relevância, tem sido subestimado pela doutrina, quer internacionalista quer comunitária, na linha de uma certa aversão que existe, como se verá, pelo estudo profundo da natureza jurídica do DC em confronto com a importância que é dada à natureza jurídica das próprias Comunidades Europeias, onde não é imperioso que se chegue a resultado idêntico ao da questão anterior. Para além de referências vagas e quase sempre genéricas que a essa matéria são feitas em obras de carácter geral, e mesmo assim não em todas (34), encontramos quase apenas artigos de revista, que se especializam em aspectos muito concretos e específicos, mas nem sempre dos mais importantes da problemática que está em causa. Uma única obra de fundo procura aparentemente dar uma visão mais profunda e sistematizada do problema: trata-se do recente livro do suíço Jacot-Guillarmod, *Droit communautaire et droit international public.* Todavia, uma leitura atenta dessa obra mostra-nos que o objecto pelo menos imediato do estudo não é a descoberta da natureza jurídica do DC tomando-se como ponto de referência o DIP, e no quadro do problema mais amplo das relações entre as

---

(33) O itálico é nosso.

(34) Tomemos como exemplo um grande nome da doutrina do DIP e do CD, NICOLA CATALANO, e a sua mais conhecida obra, o *Manuale*: acerca das relações entre o DC e o DIP o A. limita-se aí a dizer que o DC tem «vínculos e interferências com o DI», sem sequer explicar o que entende por isso, enquanto que logo de seguida dedica várias páginas ao clássico problema das relações entre o DC e o Direito estadual — 2.

duas ordens jurídicas, mas tão-só a análise da questão, aliás, e como dissemos já, também muito importante, da aplicação do DIP nas relações «intracomunitárias» e nas «relações externas» das Comunidades (35). O pensamento do Autor acerca da questão da natureza jurídica do DC, que, repetimos, é logicamente anterior em relação àquela, só se extrai indirectamente da obra, nomeadamente quando ele tenta passar «da análise à síntese» (36).

Foram estas, pois, as razões que nos motivaram à escolha do tema desta dissertação. Temos a consciência do que significa escolhermos um tema que constitui quase uma lacuna na doutrina do DC, e sobretudo tratarmo-lo segundo o método que adoptamos e que, como logo de seguida mostraremos, não vemos consagrado em qualquer outra obra. Mesmo assim, e talvez exactamente por isso mesmo, ou seja, pelas dificuldades suplementares que daí nos advieram, não temos a pretensão, que seria estulta, de esgotar um problema tão complexo, porque arrasta consigo uma miríade de questões, e tão difícil, justamente porque não tem merecido até agora os favores da doutrina. Já ficaremos contentes se conseguirmos, como esperamos, alcançar dois outros objectivos, bem mais modestos: demonstrar que a matéria é fundamental para o estudo do DC, porque condiciona a sua própria formação e o seu tratamento sistemático, e, por essa via, constitui um dos pilares da estruturação jurídica da integração europeia; e dar um contributo forte para o esclarecimento daquilo que constitui o objecto nuclear deste estudo, ou seja, a natureza jurídica do DC. Não se nos peça mais, designadamente que encontremos para essa interrogação uma resposta definitiva, mesmo que ela fosse possível no campo da investigação científica: se nomes do primeiro plano da doutrina juspublicista europeia há trinta anos que a não encontram, que obrigação tem de a descobrir um jurista comum de um Estado que nem sequer é ainda membro das Comunidades?

---

(35) Respectivamente Partes I e II da obra.
(36) Parte III.

3. *Método da investigação e plano da obra*

Uma vez definido qual vai ser o objecto do nosso estudo nesta dissertação, é altura de em breves palavras expormos o método que vamos adoptar na investigação e de assentarmos no plano desta obra.

Começaremos por um levantamento, a título exemplificativo, do estado actual da doutrina e da jurisprudência sobre as relações entre o DC e o DIP e, concretamente, sobre a natureza jurídica daquele face a este. Essa pesquisa, que, com a amplitude que lhe damos, só se tornou possível graças ao facto de para o efeito termos tido acesso àquela que é hoje talvez a melhor biblioteca de Direito Público em todo o mundo — a Biblioteca do Instituto Max-Planck para o Direito Público e o Direito Internacional, de Heidelberga —, permitir-nos-á confirmar o que ainda há pouco salientámos: que, sobretudo da parte da doutrina, encontramos um misto de insensibilidade para o problema e de ligeireza no seu tratamento, donde resultará que, quando encontrarmos tomadas de posição sobre a matéria, elas serão muito díspares entre si e aparecer-nos-ão quase sempre sem fundamentação e sem desenvolvimento.

Procuraremos, por isso, logo de seguida, arrumar e classificar as grandes correntes que se extraem da doutrina e da jurisprudência e afastar todas aquelas que, em nossa opinião, não procedem.

Porque para nós, no estado actual da integração europeia, o DC não quebrou, na dicotomia Direito Internacional — Direito interno, as suas amarras com o DIP, nem se justifica a criação de um *tertium genus* para explicar a sua natureza jurídica, tentaremos depois examinar frontalmente os argumentos que têm sido aduzidos para se afirmar uma antinomia entre ele e o DIP. Esses argumentos fazem apelo de princípios de ordem *estrutural* (talvez fosse mais exacto falar-se em princípios de natureza *constitucional,* mas este adjectivo pode prestar-se, como veremos, a equívocos), ainda que alguns deles apresentem também facetas de índole institucional. A partir duma sistemática apreciação crítica desses argumentos, e através de uma tentativa de arrumação global de ideias na matéria, construiremos a nossa própria posição face ao problema. Será nesse domínio que se situará o centro desta dissertação, porque, em nosso entender, será justamente duma profunda discussão desses princípios que resultará esclarecida a natureza jurídica do DC.

A nossa investigação poderia terminar aí, porque, sobretudo se fosse bem sucedida, teria contribuído para fazer luz sobre uma das questões fundamentais para a elaboração do DC e que, insistimos, tem sido ignorada pela doutrina — a da sua natureza jurídica e, consequentemente, a do seu lugar no firmamento jurídico. Mas, mesmo assim, iremos um pouco mais longe: tentaremos mostrar que a questão da natureza jurídica do Direito das Comunidades Europeias não consiste numa mera questão teórica despida de relevância prática, e por isso debruçar-nos-emos sobre a matéria que mais está dependente da fixação da natureza jurídica do DC, e que é a da aplicação do DIP na ordem jurídica comunitária. Fá-lo-emos, porém, na estrita medida em que isso for necessário à prossecução do objectivo visado, não apenas porque essa matéria não foi pensada como o cerne do objecto da nossa investigação, como também porque os seus aspectos mais importantes encontram tratamento desenvolvido na já citada obra de *Jacot-Guillarmod*.

O plano concreto desta dissertação encontra-se desenvolvido no índice.

PARTE I

A CARACTERIZAÇÃO DO DIREITO DAS COMUNIDADES EUROPEIAS FACE AO DIREITO INTERNACIONAL NA DOUTRINA E NA JURISPRUDÊNCIA

CAPÍTULO I

A natureza jurídica do Direito Comunitário Europeu na doutrina e na jurisprudência: o estado actual da questão

1. *Razão de ordem*

Como já atrás dissemos, o estudo da natureza jurídica do DC face ao DIP aconselha a que, antes de tudo, passemos uma vista de olhos pela forma como a doutrina e a jurisprudência têm vindo a encarar esta questão. Essa pesquisa mostrar-nos-á duas coisas muito importantes para a própria justificação da escolha do tema desta dissertação: primeiro, que, como já afirmámos, a questão da natureza jurídica do Direito Comunitário, vista dum modo geral, e especialmente nas suas relações com o DIP, tem sido esquecida ou negligenciada pela doutrina e pela jurisprudência; segundo, que, mesmo quando tomam posição sobre o assunto, ou quando essa posição possa ser indirectamente presumida, a doutrina e a jurisprudência estão muito longe de chegar a conclusões pacíficas e harmónicas sobre a matéria.

Aliás, prende-se com isso uma prevenção importante que queremos aqui fazer.

O estudo da natureza jurídica do DC e, concretamente, a caracterização do DC por confronto com o DIP, já o escrevemos atrás, não têm sido dos temas preferidos pela doutrina e pela jurisprudência. Por isso, são poucos os autores e escassas as sentenças que se debruçam *ex professo* sobre essa questão. Chega-se ao ponto de, como também já dissemos, por força da necessidade de se explicar algumas decisões de tribunais nacionais ou do Tribunal das Comunidades sobre a aplicação do DIP no ordenamento jurídico comunitário se estudar essa aplicação sem se explicar previamente o critério que deve presidir à definição da natureza jurídica do DC em relação ao DIP, e que necessariamente irá condicionar a aplicação deste às Comunidades Europeias.

Por isso, no levantamento da doutrina e da jurisprudência a que a título exemplificativo vamos de seguida proceder levaremos em conta não só os ensinamentos da doutrina e os arestos jurisprudenciais que abordam directamente a questão da natureza do DC por referência ao DIP mas também aqueles que só marginalmente a isso se dedicam, a propósito do exame de dois temas clássicos do DC: as relações entre a ordem jurídica comunitária e o Direito interno dos Estados membros e a natureza jurídica das Comunidades Europeias. São duas questões diferentes daquela que nos propomos estudar aqui. mas que, por serem por vezes analisadas em ligação com ela, têm levado a que na sua abordagem seja por vezes também considerado o aspecto da caracterização do DC perante o DIP. Também essas contribuições serão, pois, trazidas por nós à colação, no intuito de darmos uma visão tão vasta e diversificada quanto possível do estado actual da doutrina e da jurisprudência na matéria que constitui objecto deste livro.

§ 1.º

Na doutrina

2. *Introdução*

Para darmos uma ideia geral do estado actual da doutrina acerca da definição da natureza jurídica do DC e, especificamente, da caracterização do DC em relação ao DIP, começaremos obviamente por examinar a doutrina dos seus dez Estados membros e dos dois actuais candidatos à adesão.

De seguida, veremos como é que essa questão é abordada pela doutrina de quatro Estados não membros onde, todavia, o ensino e a investigação no domínio do Direito Comunitário Europeu atingiram já um progresso muito acentuado: referimo-nos à Suíça, à Áustria, aos Estados Unidos da América e ao Canadá.

Por fim, será útil verificarmos o que pensam do assunto autores provenientes de diversos quadrantes do globo, nomeadamente de países de especial situação geográfica ou política.

O critério que presidiu à escolha dos autores foi o de se atender, a título de exemplo, à doutrina mais significativa de cada país, e de, simultaneamente, se abranger o leque mais diversificado possível de opiniões.

3. a) *Doutrina alemã*

A caracterização do Direito Comunitário, nomeadamente em relação ao Direito Internacional, tem merecido na Alemanha a atenção de especialistas de vários domínios do Direito Público, designadamente do Direito Constitucional, do Direito Administrativo, do Direito Internacional e, claro, do Direito Comunitário. Se poucas vezes essa questão é objecto de estudo directo, em muitos outros casos, também aqui, a posição da doutrina acerca dela extrai-se de trabalhos consagrados ao exame das relações do Direito Comunitário com os Direitos nacionais dos Estados membros ou à descoberta da natureza jurídica das Comunidades.

Decorrido que era apenas um mês sobre a assinatura do Tratado de Paris, já *Schlochauer* fazia notar que a CECA era algo de «completamente novo» e que aquele tratado instituía a Comunidade «sobre fundamentos de Direito interno, não de Direito Internacional». O Direito Comunitário não era para o autor Direito Internacional, nem mesmo Direito Internacional particular: muito diferentemente, ele tinha de ser visto como uma miscelânea do «Direito Constitucional, Direito Administrativo e Direito Económico» dos Estados membros (37). Contudo, volvidos doze anos, o autor alteraria significativamente essa sua opinião: o Direito Comunitário, qualificado agora de «Direito supranacional», sofreria no seu conteúdo a «influência» de princípios extraídos das ordens jurídicas internas dos Estados membros, nomeadamente do Direito Constitucional, do Direito Administrativo e do Direito Económico, e continuava a ser visto como distinto tanto do Direito nacional como do Direito Internacional, mas passava agora a ser situado pelo Autor «como um conjunto autónomo de normas» que ficava «perto do Direito Internacional» (38).

Logo após a criação das outras duas Comunidades, *Steindorff* seria de opinião divergente, ao escrever no Dicionário de Direito Internacional de Strupp e Schlochauer que o Direito Comunitário se afastava tanto do Direito Internacional como do Direito estadual (39).

Para *Hallstein*, que sobre esta matéria se pronuncia repetidamente, a Comunidade Europeia é «um tipo novo» de associação de Estados, cujos órgãos criam uma «ordem jurídica própria» (40). Essa ordem jurídica constitui «algo de novo por confronto com a tradição do Direito Internacional clássico» (41). É certo que o Direito Comunitário nasce de tratados internacionais, mas não podemos resumi-lo a um conjunto de tratados,

---

(37) *Op. cit.* (n. 1), 289-290.

(38) *Verhältnis,* 1 ss., sobretudo 6 e 7.

(39) *CECA,* 463, e *CEE,* 483.

(40) *EWG,* 341 e 343.

(41) *Einheit,* 489-490.

embora também seja errado ver nele apenas uma parte ou um apêndice do Direito estadual (42).

A este pensamento de Hallstein não são alheias as concepções sustentadas por *Ophüls*, que teve papel importante nas delegações alemãs que negociaram os três tratados institutivos, e, mais recentemente, por *Bernhardt*: para um e para outro o DC situa-se «entre o DIP e o Direito estadual», embora para Ophüls a transferência de poderes soberanos pelos Estados membros em benefício das Comunidades lhes dê «uma imagem semelhante à do Estado» e, consequentemente, as situe «mais próximo do modelo do Direito estadual do que da organização internacional de tipo clássico» (43). Para Bernhardt, o DIP, o Direito interno e o DC não são estanques entre si, mostrando possuir interpenetrações e conexões recíprocas; de qualquer modo, o DC tem as suas «raízes» no DIP e as Comunidades Europeias não são Estados embora agrupem Estados (44).

É outro o entendimento do Professor *Scheuner*. Para ele, «não convence» a qualificação do Direito Comunitário como algo que se situa entre o Direito Internacional e o Direito interno dos Estados. Por isso classifica o Direito Comunitário de «*internes Gemeinschaftsrecht*», categoria que, como veremos, foi criada por *Alfred Verdross*, em 1929, e que ele então traduziu para «*droit interne créé par un organe international*» (45), e que, como mostraremos, corresponde modernamente ao conceito de *Direito interno das organizações internacionais*. Para Scheuner, tal como para Verdross, esse «*internes Gemeinschaftsrecht*» constitui «uma parte» do Direito Internacional, ainda que possa apresentar especialidades (46). A caracterização do Direito Comunitário como

---

(42) *Comunidad*, 274.

(43) Ophüls, *op. cit.* (n. 5), epígrafe, 142 ss. e 151 ss.; Bernhardt, *Recht*, 220 ss., 239.

(44) *Op. e loc. cits.*

(45) *Règles générales*, 311.

(46) *Rechtsetzungsbefugnis*, 230, 231 e 235. O acordo entre Verdross e Scheuner nesta matéria pára, todavia, aí, porque as suas opiniões divergem acerca do conteúdo desse «*internes Gemeinschaftsrecht*» — v. Scheuner, *op. cit.*, 230 n. 7.

Direito Internacional resulta, para Scheuner, do simples facto de o fundamento das relações intracomunitárias residir nos tratados institutivos das Comunidades, que são vulgares fontes de Direito Internacional. Tirando todas as consequências dessa caracterização do Direito Comunitário, o Autor entende ser absolutamente natural a aplicação às relações do DC com os Direitos nacionais dos Estados membros dos mesmos princípios que presidem às relações entre o Direito Internacional e o Direito interno (47).

Parece não andar longe dessa posição *Wilhelm Wengler,* no seu Tratado. As Comunidades Europeias são aí estudadas como «organizações regionais *(regionale Organisationen)* com finalidades específicas» (48), que se situam «no domínio do Direito Internacional». Consequentemente, o Direito Comunitário é incluído dentro das «ordens jurídicas *internas* próprias de organismos e organizações internacionais» *(«eigene* innere *Rechtsordnungen internationaler Organen bzw. Organisationen»),* que são partes componentes do Direito Internacional (49), ainda que, um tanto ou quanto contraditoriamente, o «direito interno» da CECA seja visto pelo Autor como uma ordem «especial», quer perante o Direito Internacional quer perante o Direito Interno (50).

Para o Professor *Léontin Constantinesco,* o Direito Comunitário é uma ordem jurídica com «marcada autonomia» (51). Ao estudar com profundidade as suas relações com o Direito interno, chama a atenção para a «especificidade» do Direito Comunitário, essa «nova categoria jurídica híbrida, porque compreende simultaneamente elementos do Direito Internacional e do Direito

---

(47) *Op. cit.,* 235.

(48) *Völkerrecht,* 1351, 1355 ss. Note-se que este Autor distingue entre *«internationale Organisationen»* («organizações internacionais»), *«internationale Organen»* («organismos internacionais») e *«Staatsverbände»* («associações de Estados»).

(49) *Op. cit.,* 1276-1277. Parece ser evidente aqui a influência do já referido pensamento de VERDROSS, embora o Autor não cite o Professor austríaco.

(50) *Op. cit.,* 1279 n. 4.

(51) *Eigentümlichkeiten,* 290.

interno». A causa desse hibridismo residiria, acrescenta o Autor, no facto de o Direito Comunitário nos oferecer a imagem de uma ordem jurídica em transição para um mundo novo, «no qual os princípios e as formas do passado não se encontram ainda definitivamente mortos, mas os do futuro também ainda não nasceram por completo» (52). Mais recentemente, e no que toca concretamente à CEE, viria a reforçar esse seu pensamento com a ideia de que ela assenta em «fundamentos teóricos contraditórios», pois visa simultaneamente a criação de um mercado comum (e, nessa medida, é a «emanação da ideia de solidariedade entre os Estados membros») e a aproximação das suas políticas económicas (e então, ao contrário, «exprime a ideia de uma mera cooperação, baseada, ao menos implicitamente, no conceito de soberania» (53). No seu Manual, que constitui uma das mais preciosas obras gerais sobre o Direito das Comunidades Europeias, o Autor viria a desenvolver este último ponto de vista, ao falar da «bivalência das Comunidades Europeias» (54).

Na sua essência, esta posição está próxima da de *Nicolaysen, Ossenbühl* e *Ipsen*.

Para Nicolaysen as relações entre o Direito Comunitário e as ordens jurídicas estaduais têm de ser estudadas a partir da ideia de que aquele constitui uma «ordem jurídica específica e autónoma, com um próprio poder de autoridade *(«Hoheitsgewalt»)*» (55). Partindo do mesmo ponto, e fundamentando-se na jurisprudência dos Supremos Tribunais Constitucional e Administrativo do seu país, que mais adiante analisaremos, Ossenbühl chega à conclusão de que o Direito Comunitário e o Direito interno são duas ordens jurídicas «autónomas» e «diferentes» entre si, mas aproveita a oportunidade para deixar bem claro que as Comunidades não formam um Estado federal, um

(52) *Spécificité,* 2-4.

(53) *Contribution,* 255 ss., especialmente 259.

(54) *Recht,* 332 ss., 573 ss. Na *op. cit.* (n. 52), o A. falava já, para designar o mesmo, na «Constituição dualista» das Comunidades Europeias e da sua ordem jurídica — 5 ss.

(55) *Gemeinschaftsrecht,* 7-8.

são organizações internacionais «em sentido clássico» (56). Enquanto que para Ipsen as Comunidades, apesar de terem sido criadas por instrumentos de Direito Internacional convencional, possuírem personalidade de Direito Internacional e serem consideradas organizações internacionais, são entidades dotadas de um «poder público» (*«öffentliche Gewalt»)* próprio, o que lhes confere especialidade em relação ao comum das organizações internacionais. Consequentemente, o Direito Comunitário «não pode ser considerado Direito Internacional», e não é indicado criar-se um conceito lato de Direito Internacional para se incluir nele o Direito Comunitário. Este gera «relações jurídicas novas», diferentes das que o Direito Internacional e o Direito interno haviam até então criado. Pelo menos no estado actual da evolução das Comunidades, o Direito Comunitário «não é nem Direito Internacional nem Direito interno», é um ramo de Direito «novo» e «específico», tal como as Comunidades são organizações internacionais «novas» e «específicas» (57).

À essa mesma conclusão, ainda que expressa talvez de forma mais geométrica, muito próxima aliás da utilizada por Ophüls e Bernhardt, como há pouco vimos, chega *Sasse*. Para ele, o Direito Comunitário situa-se «entre» o Direito Internacional e o Direito nacional, a «meio termo» entre um e outro: possui características dum e doutro, e por isso não se pode dizer que pertença exclusivamente a um ou a outro campo. E o Autor remata com esta nota de optimismo: «Daí a dificuldade, mas também o fascínio do problema» (58).

Mas a autonomização do Direito Comunitário em relação ao Direito Internacional e ao Direito interno é levada muito mais longe por *Badura*. Este Autor caracteriza o Direito Comunitário por confronto predominantemente com o DIP. Para ele, todo o Direito Comunitário, «tanto o primário, como o secun-

(56) 108.

(57) *Op. cit.* (n. 4), 6 ss. Este pensamento do Autor aparece desenvolvido a pgs. 62 ss., 107 ss. e 120 ss.

(58) Título do artigo e sobretudo 752.

dário», não é Direito Internacional nem uma variante do Direito Internacional». Por isso, as regras que disciplinam as relações entre o DIP e o Direito interno, por exemplo a teoria da transformação, não podem ser aplicadas à ordem jurídica das Comunidades, nem mesmo ao Direito Comunitário primário. Mas o Professor Badura não deixa de observar que o Direito Comunitário também não é Direito estadual, ao qual se sobrepõe hierarquicamente. Ele constitui, pois, uma ordem jurídica autónoma, «de natureza especial», quase — embora ele não utilize a expressão — um Direito *sui generis* (59).

Bastante diferente é o caminho seguido pelo Professor *Bleckmann* no estudo desta matéria. Num livro publicado em 1975 e consagrado às relações entre a Lei Fundamental alemã e o Direito Internacional, qualifica as Comunidades Europeias de organizações internacionais «de um tipo especial», que «decorrem muito mais de tratados internacionais do que da sua Constituição». Essa especialidade das Comunidades resume-se para o Autor num adjectivo: «supranacional». Todavia, após se debruçar sobre os três elementos que, em seu entender, compõem o conceito de supranacionalidade, Bleckmann recusa esse atributo às Comunidades Europeias. Como consequência natural disso, qualifica o Direito Comunitário de Direito Internacional especial, em pé de igualdade com a ordem jurídica de qualquer outra organização internacional (60).

Três anos mais tarde, aquele Professor desenvolveria essas suas ideias num artigo de revista, equacionando as relações do Direito Comunitário com o Direito Internacional em bases muito diferentes das que vimos serem adoptadas pela generalidade da doutrina alemã. Para Bleckmann, o Direito Comunitário é Direito Internacional especial, ainda que essa especialidade se manifeste em dois graus: num primeiro grau, o Direito Comunitário seria Direito Internacional tão especial como o é, por exemplo, a ordem jurídica de qualquer outra organização internacional em relação ao Direito Internacional geral ou comum; num segundo grau, o Direito Comunitário seria especial em

(59) 59 ss., 93.
(60) *Grundgesetz*, 199.

relação ao próprio Direito das Organizações Internacionais, devido ao «poder de autoridade» (*«Hoheitsgewalt»*) das Comunidades e à aplicabilidade directa de alguns actos dos órgãos comunitários a pessoas singulares e colectivas dos Estados membros. Essas características peculiares do Direito Comunitário dão-lhe natureza especial dentro do Direito Internacional, mas não são suficientes para o autonomizar ou afastar deste (61). E, em síntese, é esta a posição que o Autor defende hoje no seu Manual (62).

Esta construção de Bleckmann é mais elaborada e vai para além da afirmação já antes proferida pelo Professor *Mosler*, de que o Direito Comunitário assentava em «fundamentos de Direito Internacional», embora «somente numa pequena parte» pudesse ser considerado Direito Internacional em sentido clássico (63), e sobretudo do pensamento defendido por *Günther Jaenicke* (64), *Heinz Wagner* (65) e *Friedrich Berber* (66), para os quais o qualificativo de «supranacional», atribuído às Comunidades Europeias, não quer exprimir qualquer peculiaridade do Direito Comunitário em relação ao Direito Internacional, que na realidade se não verifica, devendo-se, ao contrário, no pensamento de Berber, assentar «de forma absolutamente clara e consequente» na sua caracterização, pura e simples, como Direito Internacional (67).

A conclusão quase idêntica chegara, aliás, já nos inícios da década de 60, *Schwantes*, numa dissertação universitária exclusivamente consagrada ao estudo da supranacionalidade. Para este Autor, as Comunidades são «organizações supranacionais» e, como tais, representam «uma nova categoria de organizações internacionais». A supranacionalidade consiste numa «nova descoberta do Direito Internacional», embora com «natureza especial» e com «especificidades». Daí que o Direito Comunitário,

---

(61) *Rechtsnatur*, 391 ss., especialmente 392.

(62) *Op. cit.* (n. 5), 277.

(63) *Europarecht*, sobretudo 437.

(64) *Verhältnis*, 484 ss.

(65) 56-57.

(66) III, 318 ss.

(67) 321.

sobre cuja natureza jurídica o Autor se debruça, pareça ser para ele um sector do Direito Internacional Público (68).

Numa linha de orientação não muito distante dessa deve ser enquadrada a obra, já muito mais recente, de *Meng*. Para ele, o Direito Comunitário, com todas as especificidades que se lhe reconhecem, reconduz-se a uma modalidade particular do Direito das Organizações Internacionais, e este, por sua vez, tem de ser considerado «um estádio do desenvolvimento» do Direito Internacional (69).

4. b) *Doutrina francesa*

A definição da natureza jurídica do Direito Comunitário só começa praticamente a preocupar a doutrina francesa na década de 60. Antes disso encontramos já boas obras sobre a natureza jurídica das Comunidades, mas quase nada sobre a construção do conceito de Direito Comunitário, e designadamente sobre as suas relações quer com o Direito Internacional quer com os Direitos nacionais dos Estados membros.

Um exemplo paradigmático é-nos oferecido por aquela que foi das primeiras obras a conter um estudo profundo dos aspectos jurídicos e políticos da integração europeia: o livro de *Paul Reuter* sobre a CECA (70). Embora subordine algumas páginas ao título «O Direito da Comunidade», Reuter evita ter de o definir, limitando-se a notar que ele engloba princípios e regras de Direito nacional e de Direito Internacional (71). E a própria caracterização da CECA é efectuada com o recurso a uma só palavra: «supranacional», que, para o Autor, agrupa «um conjunto de caracteres» que espelham a «originalidade»

---

(68) Dizemos *pareça ser*, porque quanto ao Direito Comunitário essa qualificação não é expressamente afirmada, embora resulte com naturalidade da linha de raciocínio seguida pelo Autor — 7 ss. e 196 ss., especialmente 208-213.

(69) Título da obra e, sobretudo, 209 ss.

(70) *Op. cit.* (n. 1).

(71) *Op. cit.*, 38 ss., especialmente 40.

daquela Comunidade (72). Reuter já se pronunciara, porém, um ano antes, perante a Academia de Direito Internacional, pela primeira vez sobre a CECA. E então afirmara algo de diferente, pelo menos na aparência; o ordenamento jurídico daquela Comunidade não pertencia ao DIP mas ao «Direito interno comum aos Estados membros». Todavia, as matérias abrangidas pela CECA eram «matérias federais», pelo que, nessa medida, a CECA era um «Estado federal parcial» (73).

Já no prefácio à primeira das obras referidas, *Robert Schuman* insistia em que «nenhuma outra palavra seria capaz de exprimir melhor (do que o adjectivo «supranacional») a ideia nova que (com a CECA) se pretende exprimir, distinguindo-a de todas as categorias tradicionalmente admitidas». E, numa frase que ficou célebre, acrescentava que o supranacional se situava «a meio caminho entre, por um lado, o individualismo internacional (...) e, por outro lado, o federalismo dos Estados», pois a CECA «não possui as características de um Estado; mas possui e exerce certos poderes soberanos» (74).

Mais de dez anos volvidos, Reuter insistia no carácter «misto» do Direito Comunitário, agora obviamente referido a todas as três Comunidades, e definia-o como reunindo elementos tanto do Direito Internacional como do Direito interno, embora prevenisse, desta vez, que «seria muito excessivo (...) situar numa perspectiva federal as relações da Organização com os Estados membros» (75). Mas já mais perto de nós, aquele Professor dava mostras de ter entretanto arrepiado caminho, porque no seu Manual de Direito Internacional Público, sem se ocupar expressamente das Comunidades Europeias e do Direito Comunitário, deixa entender que este deve ser estudado dentro do Direito das Organizações Internacionais, visto por ele como

(72) *Op. cit.*, 138 ss., especialmente 140. Note-se, porém, que o A. quase não fala em supranacionalidade, substituindo este termo pela referência às «autoridades supranacionais» da CECA — *loc. cit.*

(73) *Plan Schuman*, 550-551.

(74) *Op. cit.* de Reuter (n. 1), 7. Não raro esta última afirmação aparece atribuída indevidamente ao próprio Reuter — p. ex., em Cavaré, I, 647.

(75) *Recours*, 280 ss., especialmente 283.

um ramo particular do Direito Internacional ([76]). Todavia, a sua anterior concepção do Direito Comunitário como uma ordem jurídica de composição mista não deixaria de fazer escola: a essa tese adeririam *Chaumont* ([77]) e *Cavaré,* este aliás louvando-se expressamente em Reuter ([78]).

Posição muito curiosa é a que assume na matéria *Louis Cartou,* que afasta totalmente o Direito Comunitário do Direito Internacional. Num estudo consagrado à aplicação do Direito Comunitário pelo Tribunal das Comunidades Europeias, este Autor parte do princípio de que tem de caracterizar tanto o Tribunal como o Direito que ele aplica dentro do binómio internacional-nacional, não sendo admissíveis soluções intermédias. E, metendo-se por esse caminho, o Tribunal é, para ele, «tribunal interno» das Comunidades, possuindo «todas as características» dos tribunais nacionais, «na sua competência, no processo, e na forma de se provocar a sua intervenção». Quanto ao DC, ele apresenta-se como «Direito interno» das Comunidades e «não Direito Internacional» ([79]).

Ainda mais incisivo é Cartou, na defesa desta tese, no seu Manual das Comunidades Europeias. Aí sustenta ele que, «pelos seus objectivos e pelo seu conteúdo», o Direito das Comunidades é «um verdadeiro Direito interno». Aliás isso não admira, acrescenta o Autor: «para criar um mercado interno, um espaço económico unificado», o sistema jurídico comunitário tinha necessariamente de se identificar com o Direito estadual, «possuindo as suas características e a sua complexidade». Daí que se verifique nas Comunidades aquilo que o Professor Cartou designa de «paradoxo jurídico»: a criação de um verdadeiro Direito interno através de tratados internacionais — e os tratados institutivos das Comunidades são «normais e vulgares» tratados internacionais ([80]).

Teitgen pensa de modo diferente. O Direito Comunitário é, em sua opinião, «autónomo» e «distinto» tanto do Direito

---

(76) *Droit International,* 46 ss.

(77) *Signification,* 55 ss.

(78) *Loc. cit.*

(79) *Cour,* 163, 164 e 171.

(80) *Communautés,* sobretudo 77, 130-131, 143 ss.

Internacional como do Direito interno (81). O afastamento do Direito Comunitário em relação ao Direito Internacional resulta de vários factores, o mais importante dos quais é a sua natureza de «ordem de *subordinação*», enquanto que o Direito Internacional se nos apresenta como uma «ordem jurídica de simples *coordenação*» (82). Embora baseando-se em razões mais complexas, desenvolvidas num estudo consagrado expressamente ao comentário do Acórdão proferido pelo Tribunal das Comunidades no já referido caso *Simmenthal*, é idêntico o ponto de chegada do raciocínio de *Dominique Carreau*, ao falar na «especificidade» e na «originalidade profunda» da ordem jurídica comunitária (83).

Ao contrário, *Rousseau* adere à tese do belga *Ganshof Van Der Meersch*, de que o Direito Comunitário «pertence à categoria jurídica e sociológica do Direito Internacional» (84). É dos muito poucos autores a estudar como fontes do Direito Internacional Público (através da sua inclusão dentro dos «actos normativos» das organizações internacionais, que são considerados «fontes subsidiárias» desse ramo de Direito) os regulamentos das Comunidades Europeias, ainda que chame a atenção para a sua «particularidade», que parece traduzir-se no facto de eles andarem «a cavalo» sobre o Direito Internacional e sobre o Direito interno (85). Apesar disso, não integra as Comunidades Europeias nas organizações internacionais, nem mesmo nas organizações regionais, tão-pouco nas organizações regionais «posteriores à criação das Nações Unidas», embora também as não inclua dentro das Confederações de Estados nem dos Estados federais nem das «formações «*sui generis*»» (86).

---

(81) *Droit administratif*, 65-66; *Droit institutionnel*, 129 ss.

(82) *Droit institutionnel*, 130.

(83) *Droit communautaire*, 395, 399.

(84) ROUSSEAU, *Droit* (ed. da Sirey), I, 447; GANSHOF VAN DER MEERSCH, *Droit*, 45.

(85) *Op. cit.*, I, 364 ss., 433 ss., 442-443, 447. Note-se, porém, que na obra ed. com idêntico título pela Dalloz, e onde o A. condensa o pensamento exposto na op. cit., ed. pela Sirey, Rousseau não mantém essa orientação: dentro das fontes de Direito Internacional, mesmo dentro das suas fontes subsidiárias, não há qualquer palavra para os actos das organizações internacionais, e, portanto, para os regulamentos comunitários — *Droit* (ed. da Dalloz), 17 ss., 86 ss.

(86) *Op. cit.* (Sirey), II, 138 ss., 453 ss., 653 ss., 660 ss.

Pode-se afirmar que *Suzanne Bastid* não se afasta da essência do pensamento de Rousseau, ainda que dê à matéria um tratamento formal diferente, e apesar de o seu pensamento ter evoluído com o tempo. Em 1972, aquela Professora não se preocupava em caracterizar o Direito Comunitário, mas integrava as Comunidades Europeias dentro das organizações internacionais, sem lhes apontar quaisquer especificidades. Todavia, o conceito de organização internacional que adoptava exigia que os seus Estados membros conservassem «a natureza de Estados soberanos» (87). Cinco anos volvidos, a Autora continua a não definir o DC, mas as Comunidades Europeias já nos aparecem caracterizadas como «organizações internacionais muito particulares», nas quais o «poder de decisão» deixa de pertencer exclusivamente aos Estados para ser «repartido» por eles com os órgãos comunitários. Contudo, os actos jurídicos das Comunidades são estudados, sem quaisquer especialidades, no seio dos «actos provindos de uma organização internacional» (88).

Colliard, curiosamente, nas suas lições sobre Organizações Europeias, afirma a autonomia do Direito Comunitário apenas perante os Direitos nacionais dos Estados membros, sem se pronunciar sobre as relações entre aquele e o Direito Internacional (89). Seria numa obra dedicada ao «Direito Administrativo Europeu» que aquele Professor notaria as «particularidades» do sistema jurídico comunitário por confronto com o Direito Internacional. Todavia, as diferenças entre um e outro «não são de natureza», mas apenas «de grau», «pelo menos no estádio em que nos encontramos». «O comunitário mais não é do que o internacional, tratado de modo diferente, ou seja, possuindo meios de coerção mais apertados» (90).

Para *Robert Kovar,* que dessa forma manifestaria o seu apoio à doutrina consagrada na matéria pelo Tribunal das Comunidades no caso *Van Gend en Loos,* a que mais adiante nos referiremos, o Direito Comunitário é uma «específica», uma «nova ordem jurídica internacional», mas que, *como tal,* se

---

(87) *Problèmes,* 41-43, 494 ss.
(88) *Cours,* 135 ss., 149-152.
(89) *Organisations Européennes,* 315 ss.
(90) *Droit administratif,* 165 ss., especialmente 167-168.

encontra subordinada às «regras gerais do Direito Internacional» (91).

Por fim, para *Quoc Dinh, Dailler* e *Pellet,* o Direito Comunitário é Direito Internacional, não sendo necessário, para o caracterizar dentro do Direito Internacional, construir o conceito especial de «Direito interno das organizações internacionais», já que este reúne os elementos necessários e suficientes para ser considerado Direito Internacional geral (92). Uma posição ainda mais avançada do que esta, situada num extremo oposto àquele em que se coloca, por exemplo, como há pouco vimos, Louis Cartou, tem como lídimo representante *Korowicz,* que recusa qualquer peculiaridade ao sistema jurídico das Comunidades, pondo mesmo em causa a própria noção de supranacionalidade: para ele, o Direito Comunitário é, com toda a naturalidade, puro e simples Direito Internacional (93).

5. c) *Doutrina italiana*

Como já demos a entender na Introdução desta dissertação, todo o esforço de caracterização do sistema jurídico das Comunidades Europeias é dominado na Itália pela circunstância de a sua Constituição adoptar o dualismo nas relações entre o Direito Internacional e o Direito interno, o que, como se calcula, causa embaraços à aplicação do Direito Comunitário na ordem interna italiana. Por isso, os estudiosos do Direito Comunitário canalizam as suas energias, no plano dos princípios fundamentais, sobretudo para a definição das regras que devem presidir às relações entre o Direito Comunitário e os Direitos nacionais, e para uma questão que lhe é prévia, e que se traduz no esclarecimento da própria natureza jurídica das Comunidades.

Por conseguinte, a Itália vai-nos fornecer o exemplo paradigmático daquele comportamento que apontámos à doutrina comunitária, que consiste em subestimar a caracterização da

---

(91) *Op. cit.* (n. 15), sobretudo 527 e 553.
(92) 474-476.
(93) Sobretudo 286.

ordem jurídica das Comunidades por confronto com o Direito Internacional, e de, em grande parte dos casos, só tomar posição sobre essa questão de passagem, a propósito do estudo, esse sim aprofundado, da natureza jurídica das Comunidades ou do teor das relações que intercedem entre o ordenamento comunitário e as ordens jurídicas estaduais. Mas isso não vai ser obstáculo para que fiquemos com uma ideia das grandes linhas de pensamento da doutrina italiana acerca do tema desta nossa dissertação.

Ainda não haviam nascido a CEE e a CEEA e já *Morelli* sustentava, no seu curso dado em 1956 à Academia de Direito Internacional, de Haia, que o Direito da CECA não se reconduzia ao Direito interno, mas também não se confundia com o Direito Internacional, nem mesmo era uma «ordem derivada do Direito Internacional», porque se nos apresentava como uma «ordem originária» (94). No ano seguinte, escrevendo em homenagem a Orlando, repetiria a mesma ideia *ipsis verbis* (95).

Num estudo dedicado também à CECA, e que foi considerado uma réplica à tese de Morelli, *Sperduti* aparecia, logo a seguir, à liça, afirmando, ao contrário daquele, que a ordem jurídica comunitária tinha ligações tanto com o Direito Internacional como com os Direitos nacionais: ela era, «ao mesmo tempo, derivada do Direito Internacional e garantida pelo Direito interno dos Estados membros» (96). Este entendimento de Sperduti seria anos mais tarde retomado parcialmente por *Cansacchi*, para quem o Direito Comunitário tem «natureza derivada face à ordem jurídica internacional», e regula «organizações internacionais peculiares no sector económico» (97).

Para *Sereni* o Direito Comunitário seria, simplesmente, uma «nova ordem jurídica» face ao Direito interno e ao Direito Internacional (98). E é um pouco dentro desta perspectiva que a questão é estudada por *Rolando Quadri*. Confirmando uma prevenção que ainda há pouco fizemos, a única referência que este

(94) *Cours*, 578.
(95) *Appunti* (1957), 101-102.
(96) *Natura*, sobretudo 463.
(97) 93-95.
(98) II, 112.

Autor dedica à natureza do Direito Comunitário aparece integrada no estudo da «adaptação do Direito interno ao Direito Internacional». E aí o Direito Comunitário é qualificado de «Direito supranacional», aproveitando Quadri a oportunidade para recordar que fora ele o primeiro autor a utilizar essa expressão, para designar experiências que, em seu entender, já mereciam o qualificativo de supranacionais mesmo antes de iniciada a integração europeia ([99]). Mas o que seja ou onde se situe esse «Direito supranacional» é o que o Professor Quadri não nos esclarece, embora dê a entender veladamente que ele possui autonomia quer em relação ao Direito Internacional quer por confronto com os Direitos nacionais ([100]).

A igual conclusão chegam, mais recentemente, *Luigi Citarella* ([101]) e *Fausto Capelli* ([102]).

Não anda muito longe desta perspectiva *Nicola Catalano*, que, todavia, é mais prolixo ao abordar esta questão. O Direito Comunitário, essa «realidade sob certos aspectos verdadeiramente revolucionária», é «um novo ramo de Direito», «separado e distinto das outras disciplinas jurídicas», e, concretamente, dotado de «autonomia» e «independência» face não só ao Direito Internacional como também aos Direitos nacionais, não obstante manter «laços e interferências» com os dois, «talvez mais fortes» com os Direitos nacionais. Por conseguinte, quanto mais não seja por razões de ordem sistemática — dado que na realidade não existe uma «cortina de ferro» entre os vários ramos de Direito —, o Direito das Comunidades Europeias deve ser considerado, segundo o Autor, à margem do Direito Internacional e do Direito interno ([103]).

Pensa de modo muito diferente *Balladore Pallieri*. Em três trabalhos publicados no início da década de 60, e dedicados exclusivamente às relações do Direito Comunitário com as ordens jurídicas dos Estados membros, bem como no seu Manual, aquele Professor, sem deixar de notar que as Comunidades surgi-

---

(99) *Op. cit.* (n. 24), 56 ss., especialmente 61-62; 1.ª ed., 247.

(100) *Op. cit.*, 61-62.

(101) 138.

(102) 32.

(103) *Op. cit.* (n. 34), 1-3.

ram como uma «novidade», e que os respectivos tratados institutivos impõem aos Estados membros obrigações, «algumas das quais têm um conteúdo peculiar e insólito no Direito Internacional», não hesita na caracterização do Direito Comunitário como Direito Internacional: «A situação de base continua a ser a mesma: há os Estados membros e as suas relações recíprocas, que são regidas exclusivamente pelo Direito Internacional; e há, como Direito interno, apenas o Direito nacional de cada um dos Estados membros». Por isso, o Autor não vê grande interesse em qualificar as Comunidades de supranacionais, porque o supranacional perde, segundo ele, autonomia perante o internacional, não obstante algumas novidades que trouxe para o Direito Internacional (104).

Também para o Professor *Monaco* o Direito Comunitário se reconduz ao Direito Internacional, mas o seu raciocínio é mais flexível do que o de Balladore Pallieri. Monaco foi o autor italiano que mais escreveu sobre a natureza jurídica das Comunidades Europeias e, particularmente, sobre as relações entre o sistema jurídico comunitário e a ordem jurídica italiana, não se furtando, por vezes, a pronunciar-se também sobre a natureza jurídica do Direito Comunitário.

Para lá chegar, abraça a tese da «pluralidade dos sistemas jurídicos» de *Santi Romano,* o que o leva a considerar, como ponto de partida da sua construção, que o Direito Comunitário é «apenas um dos diferentes sistemas jurídicos que vigoram na Comunidade Internacional» (105). Ele possui, todavia, autonomia e características próprias, o que o impede de ser integrado no Direito Internacional geral, não obstante se basear em tratados internacionais. Como o Autor afirma na *Enciclopedia del diritto,* essas particularidades do sistema jurídico das Comunidades face ao ordenamento jurídico internacional decorrem *ratione materiae,* do facto de ele prosseguir uma integração política, económica e social, «particularmente intensa» (106). Por

(104) *Comunità,* 3 ss.; *Diritto,* 588 ss., especialmente 597-599, 605-606; *Pouvoirs,* 473 ss., sobretudo 484.

(105) *Op. cit.* (n. 21), 71 e n. 4; *Observations,* 1, 3-4; e, sobretudo, *Limits,* especialmente 269-272.

(106) *CEE,* 319 ss.

isso, as próprias Comunidades, que Monaco adjectiva sempre de «supranacionais» (embora nunca fale, como Quadri, em «Direito supranacional»), têm de ser vistas como uma categoria «particular» ou «especial» entre as organizações internacionais, e o seu Direito como um Direito Internacional especial. Em contrapartida, o Direito Comunitário «não é comparável» com a ordem jurídica estadual, e os dois sistemas jurídicos «contrastam», porque ao Direito Comunitário «falta o *imperium*», «o elemento da soberania» (107).

Conforti chega a uma conclusão aproximada. Para ele, as Comunidades continuam «pelo menos até ao momento» a ser organizações internacionais. As diferenças que apresentam em relação ao comum das organizações internacionais são mais de ordem «quantitativa» do que «qualitativa». Daqui decorre, para o Autor, a inserção do Direito Comunitário dentro do Direito Internacional, ainda que com autonomia (108). É idêntica a posição de *Vitta* (109) e *Mario Miele* (110).

Merece, por fim, referência especial a opinião sustentada por *Fausto Pocar* sobre esta matéria.

Visando de modo particular Catalano e a jurisprudência do Tribunal das Comunidades, o Autor insurge-se contra o que chama um «equívoco» e um erro «de perspectiva» e «de concepção», que consiste em se considerar o Direito Comunitário como um direito «novo» e «autónomo», não reconduzível a qualquer das disciplinas jurídicas preexistentes, concretamente nem ao Direito Internacional nem ao Direito interno. Esse erro decorre, segundo o Autor, do facto de se pretender ver na ordem jurídica comunitária um sistema jurídico homogéneo, criando-se à força, para o englobar, um *tertium genus*, que não se confunde nem com o Direito Internacional nem com o Direito interno. Por isso, o Autor propõe uma perspectiva diferente. O Direito Comunitário não se traduz num conjunto normativo homogéneo, susceptível de ser reconduzido *em globo*

---

(107) *Op. cit.* (n. 21), 67 ss.; *Observations, loc. cit.; op. cit.* (n. 106), 335-337; *Diritto,* 3 ss.; *Manuale,* especialmente 316-317; *Limits, loc. cit.*

(108) *Natura,* 565-566; *Appunti,* 64 ss., 76 ss., sobretudo 77-78.

(109) 119.

(110) 243-244.

à ordem jurídica internacional ou ao Direito dos Estados; mas também nem é necessária nem é correcta a sua autonomização face aos dois: basta para tanto que se reconheça que ele consiste num somatório de normas de «natureza diferente» ou «heterogénea» entre si, que pertencem, umas, ao Direito Internacional e «só ao Direito Internacional» — as disposições constantes dos tratados institutivos —, e, outras, que «se assemelham ao Direito interno» — as que emanam dos órgãos comunitários e visam disciplinar a estrutura interna e o funcionamento das três Comunidades (111).

6. *d) Doutrina britânica*

Se na Itália são razões específicas do seu sistema constitucional que projectam para o primeiro plano das preocupações dos seus publicistas o esclarecimento das relações entre o Direito Comunitário e o Direito interno, no Reino Unido, e especialmente na Inglaterra, razões similares, ligadas nomeadamente à preservação das prerrogativas da Coroa Britânica, vão determinar uma concentração da doutrina do Direito Público sobre o problema das relações entre o sistema comunitário e formas jurídico-políticas limitativas da soberania dos Estados membros, designadamente o federalismo. Também aqui, por conseguinte, a definição *ex professo* da natureza jurídica do Direito Comunitário passará para plano secundário.

Por outro lado, o interesse dos estudiosos britânicos do Direito Público pela integração europeia só se desenvolveu com a proximidade da adesão do Reino Unido às Comunidades, sendo vulgar encontrarmos já na década de 60 obras de Direito Internacional que deixam totalmente no esquecimento o fenómeno comunitário: é o caso, por exemplo, dos trabalhos de *Waldock* (112), *Brierly* (113) e *Fawcett* (114).

---

(111) *Lezioni,* especialmente 1-5. Note-se que na 2.ª ed. desta obra o A. retirou a referência expressa ao nome de CATALANO, mas o texto não sofreu alteração.

(112) *General course.*

(113) *Law.*

(114) *Law.*

Como se isso não bastasse, alguns dos manuais expressamente consagrados ao Direito Comunitário optam por um método casuístico e descritivo no estudo das questões jurídicas das Comunidades Europeias, ignorando quase por completo os conceitos, mesmo os mais elementares: poder-se-á tomar como protótipo desse estilo a obra colectiva de *Parry* e *Hardy* e o livro de *Lipstein*. Parry e Hardy não se preocupam absolutamente nada com a definição da natureza jurídica não só do Direito Comunitário como das próprias Comunidades Europeias, não obstante um dos seus capítulos introdutórios ter como título a «natureza geral» das Comunidades Europeias (115). Quanto ao Manual de Lipstein, o melhor que se consegue arrancar-lhe é a afirmação de que o Direito Comunitário é uma ordem «autónoma», e mesmo isso em fugaz comentário à jurisprudência do Tribunal das Comunidades, à qual dedicaremos adiante alguns momentos (116).

Não obstante a vastidão e a excelência da sua obra, *Oppenheim* e *Lauterpacht* não têm uma palavra para o Direito Comunitário. Por sua vez, as Comunidades Europeias são estudadas dentro das «federações imperfeitas e funcionais e associações de Estados», que são para os Autores «pessoas colectivas internacionais» (*«composite international persons»*). Às Comunidades Europeias são aí apontadas «características do sistema federal», tal como aliás também ao Conselho da Europa e à Organização Internacional do Trabalho (117).

Também para *O'Connell* o Direito Comunitário não conta. E mesmo a natureza das Comunidades Europeias merece-lhe na sua volumosa obra apenas uma referência de passagem, para a CEE ser qualificada, dentro das organizações internacionais, como «união económica», com a particularidade de «tender para uma política federal» (118). Não se afastam desta orientação *Bowett, Greig* e *Brownlie,* que também se esquecem de caracterizar o Direito Comunitário e se limitam a definir as Comunidades Europeias como «organizações internacionais

(115) 3 ss., especialmente 9-16.
(116) 25.
(117) I, 169 ss., 182 ss., sobretudo 184-187.
(118) 94 ss., 293 ss., especialmente 294-295.

regionais», que «foram para além da simples cooperação», que caracteriza as organizações internacionais clássicas (119), ou que «possuem algumas características que usualmente se encontram num Estado federal» (120), ou a CEE como «organização internacional com um esbatido elemento federal» (121).

Para *Campbell*, o Direito Comunitário é um sistema jurídico «novo», que se serve de conceitos que lhe são próprios e que «não podem ser descritos apenas como conceitos do Direito Internacional ou do Direito dos Estados». No que concretatamente concerne ao Direito Internacional, o Direito Comunitário é visto por este Autor como «separado e distinto do Direito Internacional geral», o que decorre da «natureza especial e original dos objectivos» da Comunidade, e da sua característica específica da aplicabilidade directa de alguns actos comunitários. Também desta vez a caracterização da ordem jurídica comunitária é efectuada sobretudo a propósito da jurisprudência nacional e comunitária que tem recaído sobre a matéria (122). Não andam distante desse pensamento nem *Akehurst*, que qualifica o sistema jurídico das Comunidades como «uma realidade híbrida entre o Direito Internacional e o Direito federal», apesar de situar as Comunidades Europeias dentro das «organizações regionais» (123); nem *Hartley*, para quem o Direito Comunitário é uma ordem jurídica «separada», quer face ao Direito Internacional quer perante o Direito interno, já que, embora engendrado pelo Direito Internacional, não comunga de todas as suas características, e, apesar de ter algo em comum com o Direito Constitucional e o Direito Administrativo estaduais, não se confunde com o Direito interno (124).

É curiosa a forma como *Lasok* e *Bridge* caracterizam a ordem jurídica comunitária na obra britânica que contém o mais desenvolvido estudo daquilo que estes Autores designam de «natureza e desafio do Direito Comunitário» («*Nature and*

(119) Bowett, 161 ss., sobretudo 202.
(120) Greig, *International*, 835-836.
(121) Brownlie, *Principles*, 79-80.
(122) I, 1-2, 39, 60-62; III, 30.
(123) *Modern introduction*, 14 ss., 74.
(124) 67 ss.

challenge of Community Law»). Para eles, o Direito Comunitário «desafia as classificações aceites de Direito», porque «é simultaneamente Direito Internacional e estadual, Direito Público e Privado». Por conseguinte, «constitui um Direito *sui generis* e tem de ser tratado como tal». Não tem dois «ramos», mas possui «duas dimensões», ou seja, resulta de um somatório de dois grupos distintos de normas: por um lado, normas de Direito Internacional, que têm por objecto os tratados comunitários e as relações entre os órgãos comunitários, e que provêm daqueles tratados e seus anexos; por outro lado, normas de Direito interno dos Estados membros, «que estes estão obrigados a criar no cumprimento das suas obrigações» e que, portanto, têm como fontes os órgãos nacionais. Esta construção do Direito Comunitário não impede, porém, Lasok e Bridge de sustentarem a sujeição da CEE ao Direito das Organizações Internacionais, que é um mero «derivado *(«offshoot»)* do Direito Internacional», apesar de ela «à luz do Tratado de Roma» se enquadrar «melhor numa forma federal do que confederal», mesmo sendo «claro» que «não é um Estado» (125).

Referiremos depois a forma quase original como o Professor *Schwarzenberger* aborda este problema.

Só numa obra muito recente é que este Autor utiliza, aliás, a expressão Direito das Comunidades Europeias *(«Law of the European Communities»)* (126), embora continue a omitir qualquer referência a ele na contemporânea sexta edição do seu Manual (127). Até então, sempre que falava em *«European Law»*, queria com isso significar, na esteira de Grócio, que expressamente cita, o *«European Law of Nations»* (128).

Schwarzenberger parte para o estudo dos aspectos jurídico-políticos das Comunidades Europeias da sua caracterização como um «contraponto funcional *(«functional counterpart»)* do federalismo político». As Comunidades Europeias são, assim, a expressão do «supranacionalismo ou federalismo funcional»,

---

(125) 22 ss., 40 ss., especialmente 40-43.
(126) *Op. cit.* (n. 7), 96-97.
(127) *Manual,* sobretudo 288 ss.
(128) V. sobretudo *Frontiers,* 51-52.

expressões que o Autor repetidamente emprega em sinonímia entre si (129) e, no glossário anexo ao Manual, em sinonímia com o termo integração (130). Em sintonia com este pensamento, Schwarzenberger considera o Direito Comunitário um dos quatro «tipos» do vastíssimo e inédito conceito de «*European Common Law*», que tem como primeira versão o Direito Romano do século II, e que, no seu sentido mais amplo, abrange o próprio Direito Canónico da Igreja Católica. Enquadrado dessa forma, o Direito Comunitário é definido pelo Autor como «na sua substância, um ramo sofisticado do Direito Económico Internacional», um tipo bem «distinto» dentro desse «*European Common Law*», porque significa «uma experiência de federalismo funcional» (131). Ora, a passagem de uma confederação para uma federação representa para aquele Professor de Londres a «transformação das relações de Direito Internacional em relações de Direito interno», com a consequente «assimilação» do Direito Internacional pelo Direito estadual. Daí que, com o fenómeno da integração comunitária «o Direito Internacional tenda a aproximar-se do Direito interno», o que encontra eco na classificação das «organizações supranacionais» como «organizações híbridas» (132).

Todavia, dentro da classificação tripartida, que lhe é muito cara, do Direito Internacional em «*International Law of Power*», «*International Law of Reciprocity*» e «*International Law of Co-ordination*» — expressões que entre nós já foram traduzidas por Direito Internacional da subordinação, Direito Internacional da reciprocidade e Direito Internacional da coordenação (133) —, Schwarzenberger inclui sem reservas, não concretamente, o Direito Comunitário Europeu, ao qual aí não se refere expressa-

(129) *Power Politics*, 80-81, 441-442; *ops. e loc. cits.* (ns. 7 e 127) e *op. cit.* (n. 128), 206-207.

(130) *Op. cit.* (n. 127), 558.

(131) *Op. cit.* (n. 7), 93 ss., especialmente 94 (inclusive n. 3) a 98,

(132) *Op. cit.* (n. 128), 206-207, 312; e *op. cit.* (n. 127), 261 ss.. 288 ss.

(133) André Gonçalves Pereira, *Curso*, 24 ss. Em rigor, o Professor Gonçalves Pereira fala em *relações de subordinação, relações de reciprocidade* e *relações de coordenação*. Também nós utilizámos já no nosso ensino essa terminologia — *Relações*, 5-6.

mente, mas o Direito de uma abstracta comunidade integrada, no «*Law of Power*» (134).

Por fim, há que referir a recentíssima tomada de posição de *Wyatt* sobre a matéria.

Este Autor coloca a si próprio a interrogação sobre se o DC é uma ordem jurídica «nova ou velha», partindo da crítica à jurisprudência do TC que tem tentado afastar o sistema jurídico comunitário do Direito Internacional. Todavia, atendendo sobretudo aos sujeitos das duas ordens jurídicas, às relações entre elas e os tribunais estaduais e ao contencioso perante o Tribunal das Comunidades, Wyatt conclui que o Direito Comunitário pertence «ao domínio do Direito Internacional Público» e que «a prática internacional pode dar uma boa ajuda para a resolução dos problemas da ordem jurídica comunitária» (135).

7. e) *Doutrina belga*

Na Bélgica vamos encontrar um leque menos diversificado de opiniões em matéria de caracterização da ordem jurídica comunitária.

Logo numa das primeiras grandes reuniões científicas dedicadas ao estudo das Comunidades Europeias, no caso concreto à CECA, o Professor *Paul de Visscher* sustentava que esta Comunidade quase não apresentava qualquer inovação *qualitativa* em relação às organizações internacionais clássicas, o que lhe permitia afirmar que a CECA se situava «na linha da evolução contínua do Direito Internacional». O Autor servia-se desse facto e da circunstância de todo o Direito da CECA ter como fundamento o tratado internacional que a criou para caracterizar aquele Direito como «derivado» do Direito Internacional, aproveitando a oportunidade para rejeitar qualquer tentativa de o enquadrar, como uma categoria *sui generis*, «entre o Direito Internacional e o Direito interno» (136).

---

(134) *Op. cit.* (n. 129), 198 ss., sobretudo 199-203; e *op. cit.* (n. 127), 9-12, especialmente 9-10.

(135) 147 e 164 ss.

(136) *CECA*, 10 ss., especialmente 32-35 e 36-37.

Poucos anos volvidos, encontramos em *Waelbroek* uma posição muito semelhante. Para este Autor, parece ser decisivo, quer para definir a natureza jurídica das Comunidades quer para caracterizar o DC, o facto de os tratados comunitários serem fontes clássicas de Direito Internacional, encontrando-se designadamente sujeitos à teoria geral dos tratados no que concerne à cessação da sua vigência e à sua revisão. Resulta daí que, sem se ignorar que as normas que compõem o sistema jurídico das Comunidades apresentam «certas particularidades técnicas», algumas das quais o aproximam «incontestavelmente do modelo federal», o Direito Comunitário deva ser visto como um corpo de normas pertencentes ao Direito Internacional geral. Aquelas diferenças de natureza «técnica» não são suficientes para autonomizar a ordem jurídica comunitária face ao DIP, a partir do momento em que ela nasce de tratados clássicos de Direito Internacional (137).

Ao contrário, *Mégret* acentua a «especificidade» e a «autonomia» da ordem jurídica das Comunidades Europeias quer perante o Direito Internacional quer em relação ao Direito estadual (138). No Comentário que publicou conjuntamente com *Louis, Vignes* e *Waelbroek,* não obstante a vastidão e a profundidade da obra, escapa-lhe a definição expressa da natureza jurídica do Direito Comunitário, embora a tese da sua autonomia perante o Direito Internacional clássico pareça estar implícita na caracterização do Tratado de Roma como um tratado diferente dos tratados internacionais clássicos, porque cria «um sistema económico directamente aplicável aos indivíduos» (139).

Também defendem a autonomia do ordenamento jurídico comunitário *Vandersanden* (numa obra escrita com *Barav*) e *Étienne Cerexhe.*

Quanto a Vandersanden, é difícil apreender quanto essa autonomização afasta o DC do Direito Internacional, porque, se por um lado a acentuação dos traços «específicos» da ordem jurídica comunitária parece ser destinada, no pensamento do Autor, a mantê-la longe dos contornos da ordem jurídica internacional, por outro lado ele fundamenta o seu raciocínio na

---

(137) *Contribution,* 506 ss., sobretudo 506-509 e 515-516.

(138) *Spécificité,* 565-566.

(139) *Droit,* I, 8-9.

caracterização do Direito Comunitário pelo Tribunal das Comunidades como «uma nova ordem jurídica *de Direito Internacional*» ([140]), levada a cabo no caso *Van Gend en Loos*, como a seu tempo veremos ([141]).

Para Cerexhe, o Direito Comunitário é «autónomo» e «distinto» tanto do DIP como do Direito estadual. A autonomia face ao Direito Internacional decorre do facto de este se fundar essencialmente «na ideia de cooperação», enquanto que o Direito Comunitário procura «desenvolver um processo de integração». É esta «finalidade diferente» dos dois sistemas jurídicos que marca a «especificidade» da ordem jurídica das Comunidades Europeias. Todavia, também este Autor cita, em apoio do seu pensamento, a passagem há pouco transcrita do Acórdão proferido pelo Tribunal das Comunidades no caso *Van Gend en Loos*, o que também aqui faz nascer em nós a dúvida sobre se a autonomia do Direito Comunitário face ao Direito Internacional quer significar para aquele Professor o aparecimento de um *tertium genus* entre os Direitos Internacional e estadual ou se ela exprime apenas a especialização de um conjunto de normas *dentro* do Direito Internacional ([142]).

Não anda longe desta posição *Ganshof Van Der Meersch*. Com as Comunidades Europeias nasce para este Professor «uma doutrina jurídica nova no Direito Internacional» ([143]). As Comunidades são organizações internacionais, e o Direito Comunitário pertence, na opinião do Autor, «à categoria jurídica e sociológica do Direito Internacional» ([144]). Em 1966, o Autor ainda se deixava seduzir pelas fórmulas que aproximavam o Direito Comunitário do «pré-federalismo» ([145]). Mas num Curso dado à Academia de Direito Internacional, de Haia, em 1975, reconheceria que a referência nesta matéria ao federalismo ou mesmo

---

(140) O itálico é nosso.

(141) *Vandersanden/Barav*, 3 ss., sobretudo 4-6.

(142) *Droit*, 219 ss., especialmente 221-222. Este pensamento já o A. o expusera sumariamente antes, *Los aspectos*, 107-108.

(143) *Organisations*, 16-17.

(144) *Op. cit.* (n. 84), sobretudo 45. Já nos havíamos referido a este passo do pensamento do A., *supra*, n. 84. No m. sent., *Organisations*, título da obra e 17 ss.

(145) *Op. cit.* (n. 143), 22-23.

apenas ao pré-federalismo exprime «uma orientação política», mas «não responde à necessária objectividade jurídica», e contentar-se-ia, por isso, em qualificar a CEE de «organização internacional regional» ou, utilizando uma fórmula menos vulgar, «organização internacional de integração». Isso não impediria, porém, o Autor de conceber a ordem jurídica comunitária, assente na «integração» e na «solidariedade» entre os Estados, como «em larga medida incompatível» com o Direito Internacional, que se socorre do conceito da soberania dos Estados e se estrutura de harmonia com o critério da «cooperação» (146).

O Professor *Jean-Victor Louis* parece, em princípio, subestimar a definição do Direito Comunitário em relação ao Direito Internacional, pois enquanto dedica um capítulo autónomo às relações da ordem jurídica comunitária com as ordens jurídicas estaduais, estuda o Direito Internacional apenas como «fonte» do Direito Comunitário, e ao lado de outras fontes (147). Mas nem por isso o Autor deixa de se pronunciar com muita clareza sobre a questão de que nos ocupamos: o sistema jurídico comunitário denota uma «especificidade» perante o Direito Internacional, mas constitui «uma manifestação», ainda que «muito avançada», do «Direito das Organizações Internacionais», visto como sector especial do Direito Internacional, não obstante apresentar também «importantes analogias» com a ordem jurídica dos Estados (148).

8. f) *Doutrina holandesa*

Também na doutrina holandesa encontramos a preocupação de definir a natureza jurídica do Direito Comunitário.

Logo em 1958, e numa obra de fundo dedicada ainda exclusivamente ao Direito da CECA, sob a perspectiva das suas fontes, o Professor *Pierre Mathijsen* enunciava as três vias que teoricamente eram admissíveis para a caracterização jurídica daquele Direito: a recondução pura e simples deste ao Direito Interna-

(146) *Ordre,* sobretudo 92, 199 e 206.
(147) *Ordre,* 58 ss., 71 ss.
(148) *Op. cit.,* 58, 125.

cional; o estabelecimento de uma sua «analogia com o Direito interno»; ou a sua qualificação como «um Direito federal em estado embrionário». Todavia, o Autor, após detectar na ordem jurídica comunitária afinidades, maiores ou menores, com todos esses três possíveis termos de comparação, foge à opção, refugiando-se na caracterização da CECA como uma Comunidade simplesmente «supranacional», para o que cita expressamente Robert Schuman (149), e extraindo daí a definição do Direito da CECA unicamente como uma «ordem jurídica nova, comummente designada pela expressão «supranacional»» (150). Mais de vinte anos decorridos, o Autor não vai muito mais longe: fala na «autonomia» do sistema jurídico comunitário, por confronto quer com o Direito Internacional quer com o Direito nacional, e limita-se, no que concerne ao primeiro, a estudar as características que fazem dos tratados institutivos «mais do que simples tratados internacionais clássicos» (151).

Van Panhuys toca na caracterização do Direito Comunitário a pretexto de estudar os conflitos entre normas comunitárias e regras de Direito Internacional. Ele recusa-se a aplicar a esse caso as regras que presidem às relações entre normas de Direito Comunitário e normas de Direito interno dos Estados, porque vê na primeira hipótese um conflito entre duas fontes diferentes *de Direito Internacional*. Ora isso pressupõe, no espírito do Autor, a qualificação da regra de Direito Comunitário como norma de Direito Internacional (152).

Numa perspectiva diferente, mas igualmente pouco vulgar, *Schermers* aborda este problema acerca da relevância do Direito Internacional na ordem jurídica das Comunidades. Esta encontra-se «estreitamente ligada» tanto ao Direito Internacional como aos Direitos nacionais, e o primeiro caso decorre da circunstância de o sistema jurídico comunitário ter a sua origem num tratado internacional, sendo essa ligação comprovável pelo facto de os acordos internacionais concluídos pela CEE com terceiros Estados vincularem os órgãos comunitários e os Estados mem-

---

(149) Prefácio cit. à *op. cit.* de Reuter, *loc. cit.* (n. 74).
(150) Mathijsen, *Droit,* 144 ss., sobretudo 150-156.
(151) *Guide,* 1 ss. e 226 ss.
(152) 420 ss.

bros sem necessidade de transformação expressa no Direito Comunitário, de harmonia com o disposto no art. 228.º n.º 2 CEE, e também pela circunstância de serem ilegais os actos comunitários que violem as regras de Direito Internacional com as quais se têm de conformar, como já decidiu o Tribunal das Comunidades, nos termos a que adiante nos referiremos. Não obstante isso, e apesar de o Autor numa obra essencial ao conhecimento dos problemas institucionais da Comunidade Internacional considerar as três Comunidades Europeias, sem reservas, como organizações internacionais (153), o Direito Comunitário não é para ele propriamente um «ramo» do Direito Internacional, o que, segundo o Autor, permite que os Estados membros adoptem um sistema de incorporação do Direito Comunitário no Direito interno diferente do sistema utilizado para a incorporação do Direito Internacional na ordem jurídica estadual (154).

Ao contrário, *Verzijl* não se ocupa expressamente do Direito Comunitário. As «assim chamadas comunidades funcionais supranacionais» são por ele estudadas separadamente, como «instituições novas», dentro das «associações de Estados», que constituem uma categoria autónoma de sujeitos de Direito Internacional. Mas a natureza do Direito Comunitário fica no esquecimento, não obstante a vastidão da sua obra, embora haja um indício de que o Autor o pretende erguer como um ordenamento jurídico autónomo, dado que fala numa tríplice personalidade jurídica das Comunidades: de Direito interno, de Direito Internacional e de Direito Comunitário (155).

Brinkhorst era da opinião, no início da década de 70, que o Direito Comunitário constituía uma ordem afastada tanto do Direito Internacional como do Direito interno, embora as diferenças com o Direito Internacional geral não significassem que se tivessem quebrado as fortes amarras que a ele prendem o Direito Comunitário, sobretudo através dos tratados internacionais institutivos das Comunidades (156). Todavia, numa obra

---

(153) *International*, II, 677.
(154) *Judicial protection*, 7-8, 154-155.
(155) I, 283 ss., e II, 58 ss., 132 ss., 199 ss., especialmente 205-207.
(156) *Op. cit.* (n. 5), 24-25.

mais recente, esta dedicada ao contencioso comunitário, e que escreveu com *Schermers*, justifica a função de contencioso de Direito Administrativo desempenhada pelo Tribunal das Comunidades a partir da ideia de que «muitas das soluções adoptadas nas Comunidades Europeias podem ser consideradas como o resultado de uma longa evolução do Direito Administrativo». Não advém daqui, porém, a qualificação do Direito Comunitário como Direito interno: ele representa para aqueles Professores um «novo ramo de Direito», com fortes ligações tanto com o Direito Internacional como com o Direito interno, designadamente com o Direito Administrativo (157).

Não se pode, neste lugar, deixar de tomar em conta também a tese quase original de *Kapteyn* e *Verloren van Themaat*. A natureza da ordem jurídica comunitária é estudada por estes Autores em dois planos distintos, ou, se preferirmos, sob duas ópticas diferentes: do ponto de vista formal, o Direito Comunitário «pertence ao Direito Internacional», porque tem como base tratados concluídos entre Estados soberanos; mas do ponto de vista do seu «conteúdo», ele apresenta-se-nos «mais como um Direito interno *dos* Estados membros («*in* the Member States») do que como um Direito *entre* Estados («*between* these States»)». Por outras palavras: o mercado comum aos Estados membros, que substitui os até então separados e distintos mercados nacionais, tem o seu próprio Direito interno, comum a todos aqueles Estados *(«internal Law common to the Member States»)*, e é nisso que consiste o chamado Direito das Comunidades Europeias (158).

Por fim, merece atenção muito especial o pensamento de *De Valk*, que nos aparece quase desacompanhado, mas cuja importância para esta nossa dissertação teremos que realçar na devida altura.

Num estudo que tem já vinte anos, o Autor dedica-se à caracterização da ordem jurídica das Comunidades Europeias

---

(157) *Judicial remedies*, 1-3, 34 ss.

(158) *Introduction*, 25-27, especialmente 25, sendo o itálico nosso. Em reforço da sua posição os As. invocam o Procurador-Geral junto do Tribunal das Comunidades, que no caso da *Fédération Charbonnière de Belgique* falara num «Direito interno» da Comunidade (no caso, a CECA) *(«le droit interne de cette Communauté»)*. Mas disso trataremos mais tarde.

a partir da distinção entre o Direito Internacional «clássico», «antigo», que «pertence ao passado» e que se nos apresentava como um mero Direito Internacional «de coordenação» dos interesses divergentes dos Estados e assentava no «individualismo internacional», e o Direito Internacional «novo», «moderno», que é um Direito Internacional «comunitário», «supranacional» e «constitucional», o mesmo é dizer, um «Direito Internacional da integração», assente na «solidariedade internacional» e na «interdependência social». Um e outro apresentam-se, porém, como duas fases de *um mesmo* Direito Internacional: um Direito Internacional *uno* mas não *uniforme*. O Direito Comunitário (expressão que o Autor nunca emprega, substituindo-a por um mais vasto e vago «Direito Público Europeu»), como ordem jurídica de subordinação, reconduz-se a esse Direito Internacional moderno. Mais: foi a integração europeia que em grande medida criou esse novo Direito Internacional. Aliás, as Comunidades Europeias assinalam, segundo o Autor, o início, a fase primeira da integração a nível mundial, que terá como sua ordem jurídica o Direito Internacional «comunitário» ou «supranacional» (159).

9. g) *Doutrina luxemburguesa*

A posição da doutrina do Luxemburgo sobre o tema que é objecto desta dissertação pode ser bem apreendida através do pensamento do Professor *Pierre Pescatore*. Na realidade, pela abundância e profundidade da sua obra e pelo prestígio que empresta há já muitos anos à sua função de Juiz do Tribunal das Comunidades, Pescatore tem marcado acentuadamente a formação da doutrina nesta matéria, mesmo para além das fron-

(159) 11 ss., especialmente 15-24, 54 ss. Esta construção de De Valk representa o desenvolvimento e a cristalização das ideias pouco antes expressas por Dupuy, *Organisation internationale,* 551 ss., e sobretudo Alejandro Alvarez, *Droit International nouveau,* 409 ss. Encontraria eco logo a seguir na doutrina de vários quadrantes, e particularmente nos Estados Unidos, através sobretudo de W. Friedmann, *Droit de la coexistence,* 1 ss., quando procura demonstrar a «mudança de estruturas» do Direito Internacional. V, *infra,* Parte II, Cap. II, n.os 5 ss.

teiras do seu pequeno país. Pegando, a título exemplificativo — como aliás tem vindo a ser o espírito desta investigação que estamos a fazer pela doutrina e pela jurisprudência —, nos passos mais significativos dos seus trabalhos, vamos procurar compreender os seus traços mais relevantes sobre a matéria em exame.

No início dos anos 70, Pescatore procedia a uma «análise comparativa» entre o Direito Internacional e o Direito Comunitário. A ideia-chave deste estudo era a de que existe uma «incompatibilidade» entre os dois sistemas jurídicos, resultante do facto de o Direito Internacional se traduzir num «Direito de cooperação entre Estados», enquanto que o Direito Comunitário deveria ser visto como um «Direito de solidariedade e integração», a roçar as «fronteiras do federalismo». Essa incompatibilidade não excluía a existência de «semelhanças», ao lado de «divergências», entre as duas ordens jurídicas, e que «não eram meramente teóricas». Todavia, era indisfarçável uma «originalidade» do Direito Comunitário, que se traduzia na sua «estrutura institucional», nas suas «fontes» e no seu «sistema judicial». Mas nada disso impedia que se reconhecesse o papel importante do Direito Internacional como «suporte» do Direito Comunitário (160).

Em dois outros estudos publicados no mesmo ano, Pescatore completaria algumas dessas ideias. As «incompatibilidades» entre a ordem jurídica internacional e o Direito Comunitário teriam fundamento, na perspectiva do Autor, nas «premissas divergentes» em que um e outro repousam no tocante à «soberania nacional»: o Direito Internacional, «pelo menos na sua expressão tradicional e clássica», ergueu-se sobre o «dogma» da «intangibilidade» da soberania estadual, enquanto que a ordem jurídica comunitária «transportou para o domínio das relações internacionais uma concepção que já há dois séculos era corrente no Direito Público», após o aparecimento do moderno «Estado democrático constitucional», e que surge como consequência da negação do carácter absoluto e indivisível da soberania dos Estados: a ideia da divisão e separação de poderes (161).

---

(160) *International Law,* 167 ss., especialmente 169, 170-178, 181-182.

(161) *Apport,* sobretudo 502-504.

Pouco tempo decorrido, Pescatore tentaria a construção jurídica, e às vezes também filosófica, daquilo que ele exprime por uma expressão pela qual nutre especial simpatia: «o Direito da integração». O Autor apresenta-o como o «nascimento de um fenómeno novo nas relações internacionais», ainda que «não inteiramente novo». Mas, para ele, é necessário não esconder que o Direito da integração se situa à margem das «categorias tradicionais» do Direito e que, concretamente, existe uma «diferença qualitativa» entre ele e a ordem jurídica representada pelo Direito Internacional (162), diferença essa que, segundo explicaria meses depois, se traduz no facto de o Direito Comunitário consagrar a «atribuição de poderes soberanos aos órgãos comunitários». A separação entre as duas ordens jurídicas é tão acentuada — embora o Autor já não fale agora em «incompatibilidade» mas apenas em «inadaptação» — que «a introdução no sistema comunitário de critérios de apreciação extraídos do Direito Internacional pode traduzir-se num factor de desintegração». Isso, porém, não o impede de transpor para as relações entre o Direito Internacional e o Direito Comunitário a concepção monista que defende para as relações entre a ordem jurídica comunitária e os Direitos nacionais dos Estados membros (163).

Mais recentemente, no já citado prefácio ao livro do suíço Jacot-Guillarmod, Pescatore viria a chamar a atenção para a «ambiguidade» das relações entre o Direito Internacional e o Direito Comunitário, as quais criariam, entre os dois, factores tanto de «afinidade» como de «distanciamento»: entre os primeiros destaca-se a natureza jurídico-internacional dos actos institutivos das Comunidades; os segundos são todos aqueles que já referira em obras anteriores, e que marcam a «especificidade» e a «autonomia» do sistema jurídico das Comunidades face ao Direito Internacional clássico (164).

---

(162) *Droit de l'intégration,* sobretudo subtítulo da obra (*«Émergence d'un phénomène nouveau dans les relations internationales selon l'expérience des Communautés Européennes»*) e 7, 9-10.

(163) *Ordre juridique,* 151, 163 ss., sobretudo 164.

(164) *Op. cit.* (n. 32), XXIII-XXIV.

10. h) *Doutrina dinamarquesa*

Dos actuais membros das Comunidades Europeias, a Dinamarca, a Irlanda e a Grécia são os Estados com mais incipiente doutrina de Direito Comunitário. Isso explica-se em grande parte pelo facto de praticamente só com a sua adesão às Comunidades, ou na fase da preparação da adesão, as questões da ordem jurídica comunitária terem passado a despertar a curiosidade dos seus juristas. Por isso são muito escassos os elementos que a investigação a que neste lugar estamos a proceder nos consegue fornecer quanto àqueles três Estados.

No que directamente respeita à Dinamarca e à Grécia, acresce a tudo o que se disse a dificuldade que resulta dos seus idiomas.

Mesmo assim, porém, e dentro do espírito exemplificativo que preside à pesquisa a que estamos a proceder em todo este capítulo, é-nos possível destacar na Dinamarca dois estudos relativamente recentes onde é focada, embora em termos muito simples, a natureza jurídica das Comunidades Europeias, ainda que não da sua ordem jurídica.

Assim, para *Erling Bjœl,* as Comunidades Europeias são «organizações internacionais supranacionais». O Autor não se preocupa em fundamentar essa afirmação ([165]).

Não temos melhor sorte quando folheamos as obras daquele que é talvez o nome mais sonante da doutrina juspublicista dinamarquesa: o Professor *Max Sœrensen.* Conseguimos apurar apenas que, para este Autor, as Comunidades Europeias são «organizações supranacionais», baseadas na transferência de poderes soberanos dos Estados membros para as Comunidades ([166]).

11. i) *Doutrina irlandesa*

Como dissemos, a Irlanda não possui ainda uma vasta e evoluída doutrina de Direito Comunitário. Todavia, dos poucos estudos, sobretudo de índole geral, que nesse domínio

(165) 25 ss.
(166) 33 ss.

se escreveram, ressalta a existência de fortes afinidades com a doutrina britânica: se é certo que a Irlanda não é uma Monarquia, e portanto, não enfrenta os mesmos problemas que o Reino Unido no domínio das relações entre o DC e o Direito estadual, e que atrás expusemos, o seu sistema jurídico é, porém, o do *Common Law*, derivado do sistema inglês, embora, ao contrário deste, assente numa Constituição escrita (167).

Com interesse directo para esta investigação pouco mais há do que o pensamento de *Temple Lang*, expresso aliás em algumas obras, e que qualifica as Comunidades Europeias de «manifestações do supranacionalismo», cuja especificidade residiria na transferência de poderes soberanos dos Estados para as Comunidades (168).

12. j) *Doutrina grega*

Também no mais novo membro das Comunidades não abundam, repetimos, as obras dedicadas às questões jurídicas da integração europeia — o que é compreensível.

Sobre a caracterização do DC, *Erades* é da opinião que «cada uma das Comunidades possui a sua própria ordem jurídica, que se distingue tanto da ordem jurídica internacional como dos Direitos nacionais» dos Estados membros. No que concerne ao Direito Internacional, se é certo que os tratados comunitários se não distinguem «substancialmente» dos outros tratados internacionais, inclusive na sua relevância na ordem interna de muitos dos Estados membros, não se pode esquecer, diz o Autor, que os actos emanados dos órgãos comunitários e que possuem «natureza legislativa» ou «administrativa» (produto dos poderes «legislativo» e «administrativo» das Comunidades) são dotados de «efeito directo» nas ordens jurídicas nacionais — ainda que porventura não nos mesmos moldes em todos os Estados membros —, o que os separa do Direito Internacional (169).

---

(167) Temple Lang, *Application*, 47; L. Constantinesco, *op. cit.* (n. 54), 786.
(168) *Implications*, 167 ss.
(169) 118 ss., especialmente 127-132.

Calogeropoulos-Stratis não se debruça sobre a natureza jurídica da ordem jurídica comunitária, embora as Comunidades sejam por ele definidas claramente como expoente duma «forma nova» de «cooperação europeia», forma dita «supranacional» ([170]).

13. k) *Doutrina portuguesa*

Já há algum tempo que a problemática jurídico-política das Comunidades Europeias desperta a atenção, aqui e acolá, da doutrina nacional de Direito Público. Todavia, também aqui têm faltado obras dedicadas à caracterização do Direito Comunitário, embora se nos deparem algumas tentativas de definição da natureza jurídica das Comunidades.

As mais extensas páginas consagradas a essa matéria encontramo-las no Manual de *André Gonçalves Pereira*. O Autor recusa aí expressamente às Comunidades quer a natureza federal quer a qualificação como entidades *sui generis*, situadas entre as organizações internacionais e os Estados, designadamente os Estados federais, para as integrar dentro de um conceito amplo de organizações internacionais. Em consequência disso, as Comunidades Europeias são nessa obra objecto de estudo em sede de organizações internacionais, como sujeitos de Direito Internacional, dentro das quais são caracterizadas como «organizações supranacionais» ([171]).

Armando Marques Guedes refere-se à CEE dentro do estudo das organizações internacionais. Parece que podemos concluir daí que, para o Autor, pelo menos aquela Comunidade é uma organização internacional ([172]).

É diferente o ponto de vista de *Pitta e Cunha* numa obra que o Autor escreveu há vinte anos. As «comunidades supranacionais» são por ele definidas como «elementos de transição dos sistemas de cooperação intergovernamental para o federalismo». Em consequência de se situarem a meio termo entre

---

(170) 336, especialmente 341 ss.

(171) *Op. cit.* (n. 133), 227 ss., 311 ss., 424 ss., 441 ss., sobretudo 452-454.

(172) 241 n. 2.

esses dois pólos, elas «não são simples organizações internacionais, nem verdadeiros Estados», constituindo antes «uma forma híbrida» ([173]).

Também *Silva Cunha* não qualifica o Direito Comunitário e limita-se a estudar a natureza jurídica das Comunidades Europeias. Dentro das «organizações parciais ou regionais» elas são definidas como «organizações supranacionais» ([174]).

Para *Mota Campos,* que para o efeito se louva em jurisprudência do TC e de tribunais nacionais, o Direito Comunitário consiste numa «nova ordem jurídica». As Comunidades, essas, são «organizações interestaduais não soberanas», cujo poder político (que não é soberano) resulta de mera «delegação de competências estatais» ([175]).

Isabel Jalles atribui às Comunidades «carácter supranacional». O DC apresenta em relação ao DIP clássico «características específicas», não podendo nem os tratados institutivos das Comunidades nem o seu Direito derivado ser assimilados respectivamente ao Direito originário ou derivado de qualquer organização internacional ([176]).

Também nós tivemos já oportunidade de, no nosso ensino, e há mais de uma década, estudar a natureza jurídica das Comunidades Europeias. Qualificámo-las então de «organizações supranacionais», integrando-as, por conseguinte, dentro das organizações internacionais ([177]).

14. l) *Doutrina espanhola*

Também na Espanha a problemática jurídico-política das Comunidades Europeias há muito que vem preocupando a doutrina.

---

(173) *Movimento Político Europeu,* 100-101.

(174) 107 ss., 123 ss., especialmente 128, 157.

(175) 451 ss.

(176) 45, 96-97, 100 ss., 104, 107.

(177) *Relações,* 19 ss., sobretudo 21-22; 69 ss., especialmente 69-70. O mesmo pensamento extrai-se dos nossos recentes *Sumários,* embora aí, por respeito pela elaboração desta dissertação, tivéssemos deixado a questão em aberto — pgs. 29-30.

Num seu livro integralmente dedicado à integração europeia, *Truyol y Serra* não se pronuncia sobre a natureza da ordem jurídica das Comunidades. Todavia, estas aparecem, ainda que apenas fugazmente, caracterizadas como sendo governadas por órgãos comuns «de carácter federal». Truyol explica logo a seguir o que quer dizer com isso: existe uma «superioridade» do Direito Comunitário sobre a ordem jurídica interna de cada Estado membro «à maneira do que sucede no Estado federal», onde o Direito federal prima sobre o Direito dos Estados da Federação por força do aforismo *Bundesrecht bricht Landesrecht* ([178]).

Também *Manuel Medina* se esquece da questão da definição da natureza jurídica do Direito Comunitário, mesmo quando se ocupa das relações entre ele e o Direito Internacional. Com interesse para esse problema apenas se contém aí a afirmação da «incidência contínua» do Direito Internacional sobre o Direito Comunitário, levada a cabo através das normas do Direito Comunitário primário, dado que os tratados institutivos das Comunidades são puros tratados de Direito Internacional. Medina é, porém, para não fugir à regra, mais prolixo na explicação da natureza jurídica das Comunidades Europeias. Elas são, para o Autor, «apenas organizações internacionais», de natureza «intergovernamental», compostas por «Estados independentes e soberanos», «salvo nos sectores onde se produziram transferências expressas de faculdades soberanas». Apresentam-se, porém, como organizações internacionais «especiais», provindo essa especialidade da supranacionalidade, que se traduz na sua característica distintiva em relação às organizações internacionais clássicas ([179]). Mais recentemente, o Autor afirmaria que as Comunidades se traduzem num «novo tipo de organização internacional», que deve ser qualificado de «supranacional», porque elas têm a faculdade de dirigir normas gerais e decisões particulares obrigatórias para os súbditos dos Estados membros ([180]).

([178]) *Integracion,* sobretudo 39-40.

([179]) *Comunidad,* 80 ss., sobretudo 91-92; 105 ss., especialmente 111-113; 146 ss.

([180]) *Op. cit.* (n. 17), 153.

Já o Manual de *Diez de Velasco* contém uma definição do Direito Comunitário por confronto com o Direito Internacional. Após qualificar as Comunidades Europeias de organizações internacionais de âmbito regional com «características específicas», extrai daí a consequência de a sua ordem jurídica se traduzir num «Direito Internacional particular», «cujos caracteres não são determinados por esta qualificação, mas sim pelo seu conteúdo», que, aliás, é um conteúdo «heterogéneo». As peculiaridades que detectamos no Direito Comunitário quando o comparamos com o Direito Internacional clássico não são, porém, suficientes, no entender do Autor, para o afastarem da área do Direito Internacional (181).

Mais reservado é *Miaja de la Muela,* que se limita a definir o DC como «uma realidade nova», caracterizada pela «supranacionalidade». As Comunidades Europeias são por ele qualificadas directamente de «supranacionais», configurando uma «solução intermédia», um «*tertium genus*» entre o Estado federal e as organizações internacionais, e apresentando-se como expressão do «federalismo funcional, por integração, ou supranacional» (182). Já antes aquele Professor definira o Direito Comunitário Europeu como «um novo mundo jurídico», utilizando praticamente os mesmos argumentos que acabámos de referir (183).

Mas *Iglesias Buigues* é mais extenso no estudo da natureza jurídica do Direito Comunitário. Este Autor critica aqueles que pretendem reconduzi-lo exclusivamente ao Direito Internacional, ou só ao Direito interno, ou ver nele apenas um *tertium genus.* Para Iglesias Buigues, o Direito Comunitário é simultaneamente um pouco de tudo: é Direito interno, Direito Internacional, Direito federal e Direito supranacional. Por isso, acaba por defini-lo numa outra perspectiva, apenas como o «Direito de uma *Comunidade em período de gestação*». Ele será, portanto, uma «categoria jurídica nova que vem regular uma situação nova» (184).

---

(181) II, 31 ss., 245 ss., 294 ss., sobretudo 333-335.
(182) *Op. cit.* (n. 24), 212, 643-644.
(183) *Nuevo mundo juridico,* 511 ss.
(184) 501 ss., sobretudo 527-531.

15. m) *Doutrina suíça*

Não obstante a Suíça não ser membro das Comunidades Europeias, ela possui já uma boa doutrina de Direito Comunitário.

Poucos anos volvidos sobre a criação da CECA, e numa obra dedicada ao estudo de um conceito muito vasto de «união europeia», *Bindschedler* não definia o Direito Comunitário: limitava-se nesse domínio a demonstrar que o projecto do tratado institutivo da CEE, ainda não criada à data da obra, se configurava como um tratado clássico de Direito Internacional, pois nenhuma das suas especificidades constituía já novidade para o Direito e para a prática internacionais. Todavia, Bindschedler manifestava-se um pouco menos reservado quanto à definição da natureza jurídica da CEE, que, para ele, louvando-se no *Relatório von Brentano* (185), não podia ser vista «nem como Estado federal nem como Confederação de Estados»; tratava-se de uma vulgar associação de Estados, como tantas outras que são sujeitos de Direito Internacional, sendo os seus elementos peculiares já conhecidos do Direito Público. Não escondia, porém, que aquela Comunidade poderia evoluir para uma Confederação de Estados, ainda que se afastasse dos exemplos clássicos de Confederações (186).

Para *Paul Guggenheim*, a ordem jurídica comunitária «é regulada por normas que se aproximam mais das regras do Direito nacional do que das do Direito Internacional» (187). Apesar disso, não deixa de ser de surpresa a reacção do intérprete quando verifica que no seu Tratado é omitida toda e qualquer palavra sobre a natureza do Direito Comunitário. Todavia, o Autor qualifica aí as três Comunidades Europeias de «organizações supranacionais», embora não procure explicar o que entende

---

(185) Designação vulgar do *Rapport introductif et exposé des motifs de la Assemblée ad hoc*, de 26-2-53, elaborado pela Comissão Constitucional da Assembleia *ad hoc*, a que presidiu o alemão VON BRENTANO. A referência do texto consta da pg. 11 desse Relatório. Sobre a importância e o conteúdo desse documento, v. GENZER, 5654 ss.

(186) *Rechtsfragen*, 332-333.

(187) *Op. cit.* (n. 7), 27-28.

por supranacionalidade, o que seria legítimo esperar-se de uma obra de carácter geral e com as ambições dessa (188).

Sidjanski fala apenas na «originalidade» das Comunidades Europeias e do seu sistema jurídico (189). Essa posição coincide, aliás, com a de *Müller* e *Wildhaber*, que, numa obra recente, ainda que esquecendo-se da ordem jurídica comunitária, estudam as Comunidades Europeias dentro das organizações internacionais, embora lhes atribuam traços especiais (190).

Dentro da mesma linha de orientação, *Jacot-Guillarmod* refere-se à «natureza original» do Direito Comunitário. Mas, para este Autor, essa natureza original traduz-se no facto de a ordem jurídica comunitária possuir um duplo carácter: tanto é «Direito interno», composto por regras de «grau constitucional» (o Direito Comunitário «primário») e por regras de «grau legislativo ou administrativo» (o Direito Comunitário «derivado»), como é «Direito de integração», que cria um «novo tipo de relações internacionais» entre os vários Estados e os órgãos comunitários (191).

Este método de se separar o Direito Comunitário primário do Direito Comunitário secundário a fim de se estudar a natureza da ordem jurídica das Comunidades já antes fora adoptado na Suíça por *Riklin*, ainda que numa perspectiva diferente. Para este Professor, os tratados comunitários pertencem ao Direito Internacional, e não apresentam particularidades nem mesmo quanto à sua modificação ou ab-rogação. Diferentemente, o Direito Comunitário secundário compõe-se, não de tratados internacionais, mas de «actos normativos unilaterais» dos órgãos comunitários, embora a causa remota da sua validade acabe sempre por residir em tratados internacionais, os tratados institutivos das Comunidades. E isso porque o poder normativo dos órgãos comunitários é um «poder normativo derivado», melhor: um «poder legislativo derivado» (192).

---

(188) *Traité*, II, sobretudo 289 ss.

(189) *Originalité*, título da obra e 48-49.

(190) 186 ss., especialmente 196.

(191) XXVII.

(192) 158 ss., especialmente 159-160. Ao falar no «poder legislativo derivado» (*«eine abgeleitete Rechtsetzungsbefugnis»*) dos órgãos das Comunidades, o A. louva-se em SCHEUNER, *op. cit.* (n. 46), 229.

Posição muito original, dentro da doutrina helvética, é a de *Philippe Cahier,* para quem a ordem jurídica das Comunidades Europeias se reconduz ao conceito, que desenvolvidamente estuda, de «Direito interno das organizações internacionais», aproveitando-se para o efeito da elaboração dogmática que Verdross deu a esse conceito, como daqui a pouco veremos em pormenor. Para Cahier, porém, e diferentemente do que mostraremos ser a opinião de Verdross, o «Direito interno das organizações internacionais» não é Direito Internacional, e é por ele descrito como um *tertium genus* perante o binómio DIP — Direito interno (193).

16. n) *Doutrina austríaca*

O exame da doutrina austríaca em matéria de definição da natureza jurídica do Direito das Comunidades Europeias encontra-se praticamente condicionado pela construção por *Alfred Verdross* do seu conceito de *Direito interno das organizações internacionais.*

Seria em 1926, no prefácio da sua obra clássica sobre os fundamentos do Direito Internacional e da Comunidade Internacional, obra essa que projectaria definitivamente o seu nome para o primeiro plano da doutrina do Direito Público, que Verdross exprimiria pela primeira vez o desajustamento do conceito clássico de Direito Internacional Público com o fenómeno da «aplicação directa» a indivíduos, e não apenas a Estados, de algumas normas de Direito Internacional. As suas reflexões sobre a matéria eram, porém, à data ainda muito incipientes, pelo que o Autor se limitava a sugerir a necessidade de alargar o conceito clássico de DIP para englobar essas normas (194).

Só três anos mais tarde, portanto em 1929, aquele Professor de Viena lançaria os alicerces da noção de Direito interno das organizações internacionais, ao proferir na Academia de Direito Internacional um Curso sobre o Direito Internacional

(193) *Droit interne,* 563 ss.
(194) *Verfassung,* 80.

da Paz (195). Falou ele aí em «*droit interne créé par un organe international*» (196). Encontra-se fácil explicação para o facto de Verdross empregar a expressão «*organe international*» em vez de *organização internacional*: antes de mais, o conceito de organização internacional estava ao tempo muito pouco elaborado, sendo por isso que aquilo que hoje designamos de organizações internacionais se via tratado por Verdross nesse estudo sob a epígrafe «órgãos (ou organismos) internacionais» («*organes internationaux*») (197) ou «associações de Estados» («*unions d'États*») (198); por outro lado, é duvidoso que se pudessem enquadrar na definição actual de organização internacional as diversas entidades que Verdross tinha em vista com a criação daquele conceito — entre outras, a Comissão do Governo da Bacia do Sarre, a Comissão Europeia do Danúbio marítimo, a Comissão Internacional do Danúbio fluvial, as Comissões Internacionais do Elba e do Oder, a Comissão Central do Reno, a Comissão dos Estreitos (199).

Com efeito, Verdross sentiu a necessidade de construir o novo conceito de *Direito interno criado por um órgão internacional* justamente para abranger os actos jurídicos emanados dessas entidades, que eram «directamente aplicáveis» a indivíduos. Até então os actos jurídicos que produziam directamente efeitos na esfera jurídica de indivíduos constituíam monopólio do Estado. Havia, pois, que fornecer uma explicação jurídica para o aparecimento desse fenómeno na Comunidade Internacional: daí a criação do novo conceito (200).

O seu desenvolvimento, porém, só surgiria vinte anos mais tarde, num artigo publicado por Verdross numa revista americana (201). Aí o Autor defende a ideia de que se, por exemplo, as Nações Unidas administrarem um território sob o regime de

(195) *Règles générales*.
(196) 311.
(197) 307 ss.
(198) 339 ss. Por exemplo, a Sociedade das Nações é tratada pelo A. dentro das «confederações de Estados», possuindo entre estas «natureza especial» — 340-341.
(199) 309-310.
(200) 309-311.
(201) *Concept*.

tutela as normas emanadas da Organização que tiverem como destinatários os habitantes do território «serão do mesmo tipo» que as normas provindas de órgãos estaduais. Essas normas têm de comum com o «velho conceito» de Direito Internacional o seu processo internacional de produção; mas possuem uma «estrutura» idêntica às normas estaduais, porque a sua infracção acarreta a aplicação de sanções *individuais*, em vez das sanções *colectivas* que garantem normalmente o cumprimento das normas «interestaduais» do Direito Internacional clássico. Por isso, Verdross defende a conveniência em autonomizar esse conjunto especial de normas. E «porque essas normas são sempre criadas por uma comunidade de Estados» (*«community of States»*), o Autor chamou-lhe *«internal law of the community of States (internes Staatengemeinschaftsrecht)»*, estando aqui as expressões *community of States* e *Staatengemeinschaft* utilizadas em sentido muito aproximado ao da expressão *organização internacional*.

Para Verdross, esse Direito interno «directamente aplicável» aos indivíduos — e composto por normas de Direito Privado, Direito Criminal, Direito Administrativo e Direito Disciplinar — não se deve confundir com as regras que, embora vigorando também no seio da organização, disciplinam apenas relações intergovernamentais, entre os Estados membros da respectiva organização, e que o Autor designa de «Direito Constitucional» da respectiva organização; mas só «os dois somados» compõem a ordem jurídica de cada organização internacional.

Não obstante essa sua «natureza particularmente híbrida», o Direito interno das organizações internacionais cabe dentro do Direito Internacional, ainda que seja necessário, para o efeito, alargar as fronteiras do conceito tradicional de Direito Internacional, o que mais não representa do que o fruto do «desenvolvimento histórico» desse conceito (202).

Verdross retomaria mais tarde a expressão *«internes Staatengemeinschaftsrecht»* no seu Manual, mantendo os traços essenciais da sua construção, já dados a conhecer, com a única novidade de agora aceitar que mesmo fora das organizações internacionais, inclusive no Direito dos Tratados, se encontram normas

---

(202) *Op. cit.*, sobretudo 437-438.

de Direito Internacional susceptíveis de «aplicação directa» a indivíduos. Todavia, será especialmente para englobar as normas criadas por organizações internacionais (203), e que sejam susceptíveis de «aplicação directa» a indivíduos, que o conceito de «*internes Staatengemeinschaftsrecht*» se revela necessário e útil. Ele faz parte de uma definição lata de Direito Internacional, que ultrapassa o seu velho e estreito conceito, que englobava apenas normas que disciplinavam relações entre Estados soberanos «e outras comunidades soberanas» (204).

Verdross nunca se refere ao Direito das Comunidades quando fala no Direito interno das organizações internacionais, nem mesmo quando no Manual estuda as três Comunidades como entidades «supranacionais» (205). Mas o conteúdo que lhe dá faz o intérprete presumir que é a esse conceito que aquele Autor reconduz a ordem jurídica das Comunidades (206) — raciocínio esse que é reforçado pela circunstância de o Autor caracterizar as Comunidades Europeias como «associações de Estados de Direito Internacional» (207) —, não obstante contra essa tese se possa invocar o argumento de que nunca, a partir da criação das Comunidades, o Autor estabeleceu nas suas sucessivas obras qualquer ligação expressa entre o conceito de Direito interno das organizações internacionais e o Direito Comunitário Europeu.

Este conceito criado por Verdross, e que marcou de maneira acentuada um sector importante da doutrina austríaca, alemã e

---

(203) Note-se que falta precisão à terminologia utilizada por VERDROSS para designar as organizações internacionais: tanto fala em *internationale Organisationen*, como em *organisierte Staatengemeinschaften*, ou apenas em *Staatengemeinschaften*, ou ainda em *Staatenverbindungen* (muito embora este termo também queira significar uma qualquer associação de Estados) — *Völkerrecht*, sobretudo 2 ss., 90 ss., 355-356, 594-597.

(204) *Op. cit.*, 5.

(205) *Op. cit.*, 355 ss., 594 ss.

(206) Alguma doutrina dá, a nosso ver precipitadamente, como indiscutível essa interpretação do pensamento de VERDROSS: p. ex., CONSTANTINESCO, *op. cit.* (n. 52), 2-3; D. CARREAU, *op. cit.* (n. 83), 400; SCHEUNER, *op. cit.* (n. 46), 230 ss.; IPSEN, *op. cit.* (n. 4), 8 ss.; SCHLOCHAUER, *op. cit.* (n. 38), 5-6; REUTER, *op. cit.* (n. 75), 280 ss.; HAY, *op. cit.* (n. 20), 43-44; RIKLIN, 160-163 e n. 39; OPHÜLS, *Quellen*, 1697.

(207) *Op. cit.*, 356.

suíça ([208]), mesmo quando ela não seguiu integralmente a construção daquele Professor ([209]), viria a ser adoptado na sua globalidade em trabalhos de *Karl Zemanek* ([210]), e retomado mais recentemente na obra colectiva de *Verdross* e *Simma,* agora com a designação, que sem dúvida lhe quadra melhor, de *«internes Organisationsrecht»* (*«Direito interno da organização»*) ([211]). Também em nenhum destes estudos, porém, se caracteriza de modo expresso o Direito Comunitário, mesmo quando no Manual de Verdross e Simma se acentua que as normas emanadas dos órgãos das Comunidades, incluindo as que gozam de «efeito directo», «assentam em tratados de Direito Internacional», para logo a seguir se qualificar as «organizações supranacionais» de «organizações internacionais» ([212]).

O Autor que hoje mais desenvolve na Áustria o pensamento de Verdross nesta matéria, embora porventura divergindo dele ligeiramente em aspectos formais, é o Professor *Seidl-Hohenveldern,* que durante muitos anos ensinou na Universidade alemã de Colónia, mas que regressou à Universidade de Viena após o falecimento do Professor Verdross, em 1980.

No seu Manual dedicado às organizações internacionais, Seidl-Hohenveldern inclui, logo na epígrafe, as «comunidades supranacionais» dentro das «organizações internacionais». Coerentemente com isso, ele observa, na apresentação dessa obra, que «o Direito das Organizações Internacionais, às quais pertencem as Comunidades Europeias, é Direito Internacional no seu mais amplo sentido» ([213]). O Autor desenvolve nessa obra o conceito de *Direito interno das organizações internacionais («internes Staatengemeinschaftsrecht»),* tendo o cuidado de salientar que o vocábulo *Gemeinschaft* não está utilizado aqui no sentido

---

([208]) Especialmente SCHEUNER, *loc. cit.* (n. 47); ZEMANEK (v. n. seguinte); SEIDL-HOHENVELDERN (*infra,* ns. 213 e 215); e RIKLIN, 160 n. 39. Complementarmente, v. as *ops. cits.* por CONSTANTINESCO, *op. cit.,* n. 9.

([209]) Por ora, isso é irrelevante para esta dissertação. V. *infra,* Cap. II, n.º 15.2.

([210]) *Vertragsrecht,* 4; *Supranationale Institutionen,* 896-897.

([211]) Especialmente 325-326.

([212]) *Op. cit.,* sobretudo 26, 261, 476.

([213]) *Recht,* pg. V. No m. sent., 7.

técnico-jurídico de *Comunidade*, dentro da escola de Tönnies, mas apenas com o significado de *organização*, muito à semelhança do que há pouco vimos ser feito na obra de Verdross e Simma. Esse Direito faz parte, para o Autor, do Direito Internacional, melhor, de «um Direito Internacional em sentido lato». Todavia, contra o que a lógica do seu próprio pensamento parece impor, quando tem de se pronunciar sobre a natureza jurídica do Direito Comunitário integra-o, não naquele conceito de Direito interno das organizações internacionais, onde o ignora, mas na categoria de um Direito *sui generis*, embora na descrição que faz das características da ordem jurídica comunitária se sinta que a está a aproximar bastante do Direito Internacional (214).

Noutra obra básica, o seu Manual de Direito Internacional, que nos fornece uma investigação muito profunda pelas questões gerais deste ramo de Direito, o Autor volta a colocar as «organizações supranacionais» sob a alçada do Direito Internacional e, mais uma vez, omite qualquer referência ao Direito Comunitário ao definir o «Direito interno das organizações internacionais» *(«internes Staatengemeinschaftsrecht»)*, que, também aqui, integra no Direito Internacional (215).

Kelsen não segue o caminho de Verdross e também se esquece da caracterização do Direito Comunitário. E mesmo quanto às Comunidades Europeias é muito reservado, limitando-se a observar que elas não podem ser definidas como federações (216).

17. o) *Doutrina norte-americana*

Também nos Estados Unidos da América a doutrina publicista se tem preocupado com as Comunidades Europeias, embora, para não fugir à regra, só excepcionalmente se nos depare a tentativa de caracterizar o Direito Comunitário por confronto com o Direito Internacional.

---

(214) *Op. cit.*, 219 ss., 256.
(215) *Völkerrecht*, 1, 13-14.
(216) *Principles*, 262 ss., especialmente 263-265.

Por outro lado, e muito compreensivelmente, uma e outra questão vão ser predominantemente estudadas, ainda mais do que no Reino Unido, nas suas relações com o federalismo.

Numa das primeiras obras publicadas nos Estados Unidos sobre os aspectos jurídico-políticos da integração europeia, *Diebold* ignora o Direito Comunitário, embora não deixe de qualificar as Comunidades, de harmonia com um critério mais económico do que jurídico, como uma realidade «diferente» tanto da «economia nacional» como da «clássica cooperação económica internacional» (217).

Peter Hay é, sem dúvida, apesar de quase ignorado pela doutrina europeia, um dos autores que mais profundamente têm marcado, sobretudo pela vastidão e pelo pormenor das suas obras, a doutrina jurídica e a Ciência Política norte-americanas em matéria de integração europeia. E, não obstante isso, não é ousado afirmar-se que o Autor descura por vezes o rigor e a precisão de alguns conceitos básicos de que parte, como é o caso das noções de federalismo e supranacionalismo, o que o vai fazer chegar a conclusões infixas e até de coerência duvidosa entre si.

Hay estuda especialmente a natureza das Comunidades sob duas ópticas distintas, que ele mostra possuírem critérios próprios de análise da questão: uma óptica jurídica e uma óptica política. Do ponto de vista puramente jurídico, o Autor não hesita em recusar a caracterização das Comunidades como Estado Federal, porque «sem dúvida não são Estados». Mas, quando entra no domínio da Ciência Política, torna-se um inflamado defensor da natureza federal das Comunidades Europeias, que ele extrai sobretudo da «jurisdição federal» do Tribunal das Comunidades e da «relação federal» entre o Direito Comunitário e o Direito interno dos Estados membros. Essa «relação federal» é fruto do «nascimento duma hierarquia federal», expressão que o Autor utiliza para caracterizar o «poder» das Comunidades sobre os Estados membros (218). Nas poucas

---

(217) 592.

(218) *Op. cit.* (n. 20), sobretudo 4-5, 79 ss., muito especialmente 86-87, 102 ss., 152 ss., 299 ss.

linhas que dedica ao estudo da natureza jurídica do Direito Comunitário revela-se, porém, mais moderado, e qualifica-o de «Direito *sui generis*». Mas esta expressão não espelha com fidelidade a posição do Autor nesta matéria, e que uma compreensão mais profunda do seu pensamento nos mostra ser de quase total adesão ao conceito de «*internes Staatengemeinschaftsrecht*» de Verdross. Dizemos *quase* total adesão, porque o Autor hesita entre reconduzir o Direito Comunitário a esse conceito ou a um outro, que ele próprio anos antes dera a conhecer, de «*internal constitutional law*» (219). Hay reconhece, porém, que não existem diferenças substanciais entre o seu conceito e o de Verdross, tendo o primeiro, em seu entender, apenas a vantagem de exprimir a limitação da soberania dos Estados membros em favor das Comunidades, que considera um traço característico do Direito Comunitário (220).

Diferente é a posição de *Werner Feld*. Para este Professor, as relações jurídicas entre as Comunidades e os Estados membros são de «Direito interno», e assemelham-se às relações entre o governo federal e os Estados membros de uma federação (221).

Das obras mais recentes merece destaque, pela sua originalidade, a de *Samuel Chen*. Não tem uma palavra para o Direito Comunitário, mas estuda a Comunidade Europeia como «organização regional», acrescentando, porém, logo a seguir: «Ela não é só internacional, mas também supranacional, com carácter infranacional e transnacional» (222). Não se fica, porém, a saber o que significam para o Autor todos estes adjectivos.

18. p) *Doutrina canadiana*

O Canadá já possui uma boa doutrina de Direito Comunitário. Isso não impede, porém, que já nos nossos dias surjam importantes e vastíssimas obras gerais de Direito Internacional onde não se contém uma única palavra sobre as Comunidades Europeias e a sua ordem jurídica.

---

(219) *Federal Jurisdiction*, 22 ss.
(220) *Op, cit.* (n. 218), 43-44.
(221) 893.
(222) 46-47.

É exemplo feliz do que dizemos o Manual de *Castel*. Numa obra de mais de mil páginas, o Autor não fala das Comunidades Europeias, nem mesmo quando estuda «os outros sujeitos de Direito Internacional para além dos Estados»; esquece-se do Direito Comunitário mesmo na parte dedicada às «fontes modernas de Direito Internacional»; e não contempla o Tribunal das Comunidades mesmo quando estuda o «acesso do indivíduo a tribunais internacionais», não obstante se referir aí ao Tribunal Europeu dos Direitos do Homem (223).

Já *Williams* e *De Mestral* definem, ainda que sucintamente, as Comunidades Europeias, que apresentam como «organizações internacionais regionais», que se distinguem do comum das organizações internacionais sobretudo pela «vinculação automática dos cidadãos dos Estados membros por efeito dos actos comunitários» (224).

Mas também tem havido alguns estudos de âmbito menor onde também é tentada a caracterização do DC. É o caso de um artigo recente de *Matas*. Aí, o Autor defende que o Tratado de Roma instituiu para a CEE a sua ordem jurídica própria, que se distingue dos Direitos nacionais, mas também se não confunde com o Direito Internacional clássico, porque aquele tratado, ao contrário do comum dos tratados internacionais, criou «órgãos legislativos». Todavia, a ordem jurídica da CEE «progrediu rapidamente» e passou a exprimir um «crescente federalismo» (*«a creeping federalism»*) (225).

19. q) *Doutrina de outros países*

Para concluir, convirá passar uma vista de olhos sobre o modo como o problema é tratado na doutrina de alguns outros países, de diferente situação geográfica e até de especiais características político-económicas, mas onde as Comunidades Europeias não são esquecidas, ainda que apenas episodicamente.

Nos Estados membros do *COMECON*, encontramos uma tentativa recente de abarcar no seu conjunto o Direito Comu-

(223) 78 ss., 10 ss., 521 ss., 551 ss.
(224) 50 ss., sobretudo 57-59.
(225) 259 ss.

nitário Europeu: referimo-nos ao Manual do Professor de Budapeste *Ferenc Mádl.* Todavia, o Autor, como o dá a entender no subtítulo da sua obra, preocupa-se sobretudo com os problemas práticos da concorrência e do papel do Estado no processo da integração. Ficam por isso sem resposta muitas das questões básicas do Direito Comunitário, inclusive a definição dos seus conceitos fundamentais. Mesmo assim, consegue-se arrancar ao Autor a afirmação de que o Direito Comunitário é uma ordem jurídica «em permanente evolução», «com fontes especiais» ou «peculiares», e «normas directamente vinculantes» para os Estados membros ([226]). E, apesar disso, o Autor vai aí mais longe do que numa monografia anterior, onde o Direito da CEE nada mais era do que «um novo tipo de resposta à contradição entre o desenvolvimento das relações de produção e o das forças de produção» ([227]).

Não descobrimos nenhuma obra que na União Soviética se pronuncie sobre a natureza do Direito Comunitário. Mesmo as Comunidades Europeias são aí praticamente ignoradas pela doutrina, inclusive nas obras gerais de Direito Internacional Público. Dos raríssimos estudos que encontrámos sobre a matéria destacaremos o que nos parece ser o mais expressivo, o de *Blischtschenko.* Para este jurista de Moscovo, as «Comunidades da Europa Ocidental» enquadram-se no conceito que o Autor adopta de «Comunidade integrada», que é uma normal «organização intergovernamental de Direito Internacional». Esta posição do Autor prende-se com a clássica doutrina soviética sobre a soberania, que ele perfilha integralmente: a soberania constitui atributo exclusivo do Estado, pelo que o problema da soberania ou dos poderes soberanos, seja qual for a sua fonte, não pode ser colocado em relação a qualquer sujeito diferente do Estado, inclusive uma organização internacional. Complementarmente, a soberania estadual não é susceptível de ser

---

(226) Sobretudo 35-36.

(227) Obra escrita em húngaro, cujo título traduzido para francês é *Les entreprises, les investissements, le marché du capital dans la réglementation d'intégration de la concurrence et du rôle économique de l'État,* Budapeste, 1974, cit. e recenseada em francês por Nizsalovszky na *Acta Juridica Academiae Scientiarum Hungaricae* 1977, 207 ss.

limitada, quer na ordem interna quer na ordem externa. Por isso, o princípio da soberania estadual é, como o da igualdade soberana dos Estados, um princípio de Direito Internacional imperativo, pelo que toda a norma convencional que de alguma forma limite a soberania do Estado é nula, por força do art. 53.° CV (228).

Na *Europa do Norte,* a natureza do Direito Comunitário merece algumas reflexões a *Joutsamo,* numa obra dedicada concretamente ao estudo da decisão da questão prejudicial, suscitada perante o Tribunal das Comunidades ao abrigo do art. 177.° CEE.

Para este Autor, o Direito Comunitário apresenta uma «natureza especial», que se reflecte nas «regras teleológicas de interpretação». Aquele Tribunal é qualificado pelo Autor de «órgão supranacional», mas, com uma certa infixidez terminológica, atribui-lhe «competência intergovernamental» *(«intergovernmental jurisdiction»),* diferente da «competência quer nacional quer internacional». Todavia, concretamente no que toca ao Direito Comunitário primário, ele encontra-se sujeito, segundo Joutsamo, às regras e aos princípios do Direito Internacional geral, existindo em relação a este uma diferença meramente quantitativa, mas não qualitativa (229).

Também em *África* encontramos já referências ao Direito das Comunidades Europeias, sobretudo nos Estados que mantêm com os Dez laços mais fortes de índole económica ou cultural.

Assim, se, por exemplo, no Uganda ainda é possível estudar-se os sujeitos do Direito Internacional contemporâneo com total ignorância das Comunidades Europeias (230), na Argélia e no Egipto, também a mero título de exemplo, a doutrina não ignora o Direito Comunitário Europeu.

Na Argélia, *Anna Georgiadou* defende a «autonomia» do Direito Comunitário face quer ao Direito Internacional quer ao Direito estadual, em consequência da sua «especificidade». Isso não briga, porém, com o reconhecimento da sua natureza

(228) 84 ss.
(229) *Preliminary rulings,* 210 ss., 223, 310.
(230) MUGERWA.

«híbrida», que resulta do facto de ele conter simultaneamente elementos do Direito Internacional e do Direito interno, situando-se, portanto, «entre os dois». Concretamente no que toca ao Direito Internacional, a autonomia da ordem jurídica das Comunidades é fruto das concepções diferentes dum e doutra quanto à «soberania internacional», e é sensível no campo «estrutural», no domínio do «modo de produção do Direito» e «em matéria jurisprudencial». E particularmente quanto aos tratados institutivos das Comunidades, entende a Autora que, se do ponto de vista «formal» eles são «tratados internacionais», do ponto de vista «de fundo» mantêm em relação a eles distância e «autonomia» (231).

Por sua vez, no Egipto *El Erian*, invocando o que já vimos ser o pensamento de Nicola Catalano (232), defende que o Direito Comunitário Europeu constitui «uma categoria especial, situada algures entre o Direito geral das organizações internacionais e o Direito de um Estado Federal». Para o Autor, essa conclusão decorre do facto de as Comunidades representarem «um tipo de estrutura constitucional que se encontra mais desenvolvido do que qualquer outra organização internacional» (233).

Também na *América Latina*, tocados talvez pela importância de experiências similares iniciadas naquela área, os especialistas de Direito Público não têm ignorado as Comunidades Europeias e, embora menos, o Direito Comunitário.

Não é esse, infelizmente, o caso do Brasil, onde as últimas edições de obras básicas, que pretendem dar uma visão de conjunto do Direito Internacional, como é o caso dos Manuais clássicos de *Accioly* e *Albuquerque Mello*, se esquecem completamente da definição da natureza jurídica das Comunidades Europeias ou do Direito Comunitário (234).

---

(231) 589 ss., especialmente 589-591.

(232) *Supra*, n. 34. O A. cita, porém, a trad. francesa do *Manuale* de CATALANO, 5-6.

(233) 110.

(234) ACCIOLY, *Manual;* ALBUQUERQUE MELLO, *Curso*. Note-se que, se o segundo ainda se preocupa com a descrição dos aspectos institucionais e organizativos das três Comunidades — I, 481 ss. —, Accioly

Mas, por exemplo, na distante Argentina encontramos referências, ainda que sumárias, ao Direito Comunitário Europeu numa obra de *Martin-Marchesini*. Para este Autor, a ordem jurídica das Comunidades Europeias é «uma espécie mais evoluída» do «Direito da integração», que teria como manifestação mais rudimentar o sistema jurídico da Comunidade Económica Latino-americana. Ele possui «autonomia» e «independência» em relação ao Direito Internacional, o que resulta logo dos tratados institutivos, que criaram «um novo ramo de Direito» ([235]).

No Chile, *Aravena Jimenez*, louvando-se em Hallstein ([236]), limita-se a ver no sistema jurídico das Comunidades Europeias «uma ordem jurídica nova», embora vá mais longe na caracterização da CEE, que para ele consiste numa organização «supranacional», «ainda não de natureza federal», mas «uma organização internacional que actua como um Estado perante os sujeitos de Direito Internacional» ([237]).

Não anda muito distante desta posição o mexicano *Sepúlveda*. A sua obra é omissa quanto à ordem jurídica das Comunidades Europeias, mas contém uma breve análise dos aspectos jurídico-políticos do fenómeno da integração económica europeia, que o Autor vê como «uma evidente marcha rumo à federação», na qual, porém, «se ficou por um interessante estado intermédio». Em seu entender, essa evolução «foi travada por se ter atingido o limite possível na subordinação das soberanias nacionais à acção da organização regional». Por isso, a CEE representa «uma experiência de integração com tendência federal» ([238]).

---

não se lhes refere mesmo quando demoradamente se debruça sobre os sujeitos de Direito Internacional — 176. Aliás, uma lacuna importante na sua obra consiste na ausência de uma teoria geral das organizações internacionais.

(235) Sobretudo 20-22.

(236) *Op. e loc. cits.* (n. 42).

(237) 17 ss.

(238) 371 ss.

§ 2.º

Na jurisprudência

20. *Introdução*

A natureza jurídica do Direito das Comunidades Europeias por confronto com o Direito Internacional também tem sido objecto de reflexão, embora obviamente com menor frequência, da parte da jurisprudência do Tribunal das Comunidades (TC) e de tribunais de alguns dos Estados membros, designadamente tribunais constitucionais e administrativos. Tanto aquele como estes têm aproveitado por vezes, no julgamento de casos concretos que perante eles têm sido suscitados, a oportunidade para exprimirem o seu pensamento quanto às relações entre as duas ordens jurídicas.

Num certo paralelismo com o que vimos acontecer com a doutrina, são muito escassos os processos em que os tribunais abordam *ex professo* o confronto conceptual entre a ordem jurídica comunitária e a ordem jurídica internacional. Praticamente sempre, eles têm-se limitado a pronunciar-se sobre essa questão à margem do problema das relações entre o Direito Comunitário e os Direitos nacionais dos Estados membros, que, esse sim, tal como vimos acontecer com a doutrina, tem vindo a constituir uma das maiores preocupações da jurisprudência nacional e comunitária.

Vejamos, também aqui a título exemplificativo, as conclusões mais significativas dessa jurisprudência.

21. a) *Jurisprudência nacional*

A *Alemanha* deve ser o Estado membro das Comunidades onde mais jurisprudência se descobre com interesse para a questão das relações entre o Direito Comunitário e o Direito Internacional. Quase sempre — ao que conseguimos apurar ao longo da nossa investigação podemos afirmar mesmo que sempre —, não são as relações entre essas duas ordens jurídicas que estão em causa, mas sim as relações entre o sistema jurídico das Comunidades e o Direito interno alemão, sobretudo o Direito Constitucional. Existe uma explicação para esse facto: os tribunais constitucionais e os tribunais administrativos da Alemanha são muito frequentemente solicitados a pronunciar-se sobre a constitucionalidade de actos de Direito Comunitário derivado, sobretudo regulamentos, com o fundamento de infringirem os direitos fundamentais consagrados na Lei Fundamental alemã. Não tem sido fácil a tarefa dos tribunais alemães nessa matéria, dada a complexidade dos problemas que essa questão cria, e que em grande parte se resumem ao esclarecimento do âmbito da transferência de poderes soberanos operada a favor das Comunidades a coberto do art. 24.º n.º 1 da Lei Fundamental.

Mas debrucemo-nos sobre os arestos que constituem os grandes marcos da jurisprudência alemã na matéria que nos interessa. Num caso decidido em 18 de Outubro de 1967, o Tribunal Constitucional Federal *(«Bundesverfassungsgericht»)* sustentava que o DC e o Direito interno alemão eram «duas ordens jurídicas autónomas e diferentes entre si», porque «o Direito criado pelo Tratado CEE provinha de fontes jurídicas autónomas»: e isso porque a CEE (a Comunidade em questão neste processo) «não é um Estado, muito menos um Estado federal», mas apenas «uma Comunidade de natureza especial, em curso de integração gradual», uma «organização interestadual» (*«eine «zwischenstaatliche Einrichtung»»*, no dizer do art. 24.º n.º 1 da Lei Fundamental), «um novo poder público», resultante da «transferência» de poderes soberanos dos Estados membros para as Comunidades. E, aproveitando a deixa, acrescentaria que o Direito Comunitário derivado (estavam em causa dois regulamentos, um do Conselho, outro da Comissão, que os recorrentes tinham impugnado directamente para o Tribunal Constitucional Federal) «constitui uma ordem jurídica específica, cujas normas não são de Direito Internacional nem pertencem ao Direito interno dos Estados membros». De tudo isso extrai o Tribunal a doutrina de que, não sendo os actos de Direito Comunitário derivado actos de Direito interno, não podiam eles ser directamente impugnados para ele (239).

Pouco tempo depois, em 1969, o Tribunal Fiscal *(«Finanz-*

---

(239) Sobretudo 293 e 296-297.

gericht») de Hamburgo, no caso das *maçãs chilenas,* ao discutir os termos em que o GATT vigorava na ordem interna das Comunidades, separava nitidamente o DC do Direito Internacional para o efeito concreto de sustentar que o Tribunal das Comunidades só tinha competência para interpretar e aplicar o Direito Comunitário, por força do art. 164.º CEE, e portanto não o Direito do GATT, que era Direito Internacional (240).

Num outro caso, julgado em 1970, e que ficou célebre na jurisprudência alemã e na do Tribunal das Comunidades (ao qual subiu como questão prejudicial, nos termos do art. 177.º CEE), o caso da *Internationale Handelsgesellschaft,* o Tribunal Administrativo de Francoforte, confrontado com a mesma matéria de direito do citado Acórdão do Tribunal Constitucional Federal, de 18 de Outubro de 1967, julgaria de forma idêntica, fixando a doutrina de que os regulamentos da CEE «não eram leis nacionais», mas «actos comunitários especiais», que «não faziam parte nem do Direito Internacional Público nem do Direito interno de qualquer Estado membro» (241).

Um dos mais importantes acórdãos proferidos pelo Tribunal Constitucional Federal alemão na última década, e que se reveste de enorme significado quer para o Direito Constitucional alemão quer para o Direito Comunitário, foi o do caso *Solange,* de 29 de Maio de 1974. A importância do Acórdão advém do facto de ele ser o melhor expoente da doutrina que aquele Tribunal tem defendido num ponto concreto das relações entre o DC e o Direito interno da Alemanha, concretamente o seu Direito Constitucional, e, portanto, do princípio do primado da ordem jurídica comunitária sobre o Direito estadual: a doutrina de harmonia com a qual o Direito Comunitário derivado não prevalece sobre as normas sobre *direitos fundamentais («Grundrechte»)* constantes das Constituições dos Estados membros, quando elas reconheçam aos cidadãos direitos e liberdades que as normas comunitárias ignorem.

Mas não é por isso que este Acórdão nos interessa neste lugar; a sua importância aqui decorre do facto de nele o Tribunal ter renovado, praticamente pelas mesmas palavras,

(240) 91-92.
(241) 294-296.

mas sem dúvida num contexto que revela mais sólida convicção, a tese que sustentara no Acórdão acima referido, de 18 de Outubro de 1967, designadamente que a CEE «não é um Estado nem um Estado federal» e que a sua ordem jurídica nem pertence ao Direito Internacional nem se reconduz ao Direito estadual (242).

Também na *Itália,* como se imagina em face das dificuldades que o Direito Constitucional coloca à relevância das normas internacionais na ordem interna, o Tribunal Constitucional tem sido frequentemente chamado a pronunciar-se sobre as relações entre o Direito Comunitário e o Direito estadual. E uma e outra vez, ainda que muito mais raramente do que na Alemanha, aquele Tribunal tem deixado conhecer, mesmo se implicitamente, a sua posição sobre as relações entre o DC e o Direito Internacional. Foi o que fez, por exemplo, no caso *Italian Frontini,* julgado em 27 de Dezembro de 1973. Aí o Tribunal deixaria claro que, em seu entender, o Direito Comunitário e o Direito interno dos Estados membros «são ordens jurídicas autónomas e distintas». O Tribunal não se pronuncia expressamente sobre as relações da ordem jurídica comunitária com o Direito Internacional, nem mesmo à margem da questão que se discutia no processo, como o fizeram os tribunais alemães nos processos acima indicados; mas da leitura do acórdão retira-se a sensação de que o Tribunal não tem dúvidas em afastar o Direito Comunitário do Direito Internacional tradicional (243).

Na *Bélgica* o processo que se tornou mais conhecido nesta matéria foi o caso *Le Ski,* julgado em 1971 pelo Tribunal de Cassação. Este tribunal diria aí que «os tratados que criaram o Direito Comunitário instituíram uma nova ordem jurídica, em benefício da qual os Estados membros limitaram o exercício dos seus poderes soberanos nos domínios fixados por esses tratados» (243-A).

---

(242) 271 ss. No m. sent. da nossa interpretação, recentemente, BODO BÖRNER, 44.

(243) 383, 385-387. Um apanhado de arestos de tribunais inferiores orientando-se no m. sent. desse Ac. pode ver-se em PESCATORE, *op. cit.* (n. 161), 510.

(243-A) 471.

22. b) *Jurisprudência do Tribunal das Comunidades Europeias*

Na rica e vasta jurisprudência do Tribunal das Comunidades Europeias não encontramos qualquer acórdão em que os juízes abordem de forma sistemática e exaustiva a questão da natureza jurídica do Direito Comunitário ou mesmo das próprias Comunidades. Compreende-se que assim seja, já que não é essa a função do Tribunal. Mas não se pode deixar de reconhecer que perante casos concretos que lhe têm sido submetidos ele não tem fugido à questão, não ignorando as considerações de índole política que em alguns aspectos lhe estão subjacentes, e aproveitando as diversas oportunidades que se lhe têm deparado para afirmar as características específicas e próprias do Direito Comunitário. Tem sido principalmente através de acórdãos lavrados sobre as questões prejudiciais de interpretação ou de validade de normas do DC, suscitadas nos termos do art. 177.º CEE (244) por tribunais dos Estados membros, que o TC tem vindo a pronunciar-se sobre a caracterização da ordem jurídica comunitária.

A utilização crescente, pelos tribunais nacionais, sobretudo do mecanismo da questão prejudicial de interpretação (muito mais do que a questão prejudicial de validade), previsto naquele preceito — que faz com que desde o início da vigência do Tratado CEE o número de processos entrados no Tribunal por essa via seja muito superior à metade do total absoluto de processos em que ele teve de intervir (245) —, deu lugar, em pouco tempo, a um conjunto de acórdãos interpretativos que encerram das melhores e das mais densas páginas da constru-

---

(244) O Tratado CEEA contém uma disposição idêntica à do art. 177.º CEE, o art. 150.º, mas não se conhecem acórdãos proferidos na matéria ao abrigo deste preceito.

(245) Segundo as estatísticas, num total de 1540 processos em que o TC interveio no quadro do Tratado CEE desde a criação desta e até 31 de Dezembro de 1981, 906 foram de questões prejudiciais, dos quais 841 da questão prejudicial de interpretação de normas do Direito originário ou derivado; 165 tiveram origem nos arts. 169.º, 93.º e 171.º; 2 provieram do art. 170.º; 268 correram ao abrigo do art. 173.º; 16 nasceram à sombra do art. 175.º; 160 fundaram-se no art. 215.º; e 32 disseram

ção dogmática do DC, e só por si vieram abrir caminho à elaboração doutrinária de muitas das questões importantes duma teoria geral do Direito das Comunidades Europeias. Este facto ilustra bem o carácter construtivo e inovador da jurisprudência comunitária e o muito que a contínua criação e o permanente desenvolvimento da ordem jurídica comunitária, dentro das limitações a que nos referimos nas primeiras páginas desta dissertação, ficam a dever à actuação do Tribunal das Comunidades.

Concretamente sobre a matéria de que nos ocupamos nesta dissertação, o Tribunal cedo começou a defender que o DC constituía uma «nova ordem jurídica». Todavia, o significado e o alcance dessa *novidade* trazida pelo Direito das Comunidades Europeias viriam a ser lenta e progressivamente esclarecidas pelo Tribunal, e de forma a podermos concluir que nem sempre foi igual a sua posição neste assunto.

Quase unanimemente a doutrina costuma indicar o caso *Van Gend en Loos* como tendo sido o primeiro processo em que naquele Tribunal se discutiu a natureza jurídica do DC (246). Com base na nossa investigação, estamos porém em condições de afirmar que pelo menos em cinco processos anteriores essa questão fora já levantada perante o Tribunal, e que nos dois últimos dessa série de cinco foi o próprio Tribunal que quis pronunciar-se expressamente sobre o problema: o caso do *Governo francês contra a Alta Autoridade* (Proc. 1/54), o caso da *Fédération Charbonnière de Belgique* (também conhecido abreviadamente por *Fédéchar*), e os casos *Nold, Humblet* e *Bosch.*

O processo 1/54 foi o primeiro caso submetido ao TC onde se abordou a questão da natureza jurídica da ordem jurídica comunitária. Quase nenhum contributo se deu, porém, neste processo para o esclarecimento da questão, já que o Procurador-Geral, *Maurice Lagrange,* se limitou a sustentar, nas

---

respeito a protocolos às convenções previstas no art. 220.º (Fonte: *15 th. General Report of the Activities of the EC in 1981*, ed. do Serviço de Publicações Oficiais das Comunidades Europeias, Luxemburgo, 1982). Um tratamento mais profundo desses dados pode ver-se no estudo publicado há meses por FREESTONE, 46.

(246) A título de exemplo, GANSHOF VAN DER MEERSCH, *op. cit.* (n. 146), 197; HARTLEY, 67.

suas conclusões, esta coisa extremamente vaga e imprecisa: que o Tratado CECA possuía a natureza de «legislação de Direito Público» (*«une législation de Droit Public»)* (247).

Pouco tempo volvido, no caso *Fédéchar,* decidido em 1956, viria a ser também o Procurador-Geral, o mesmo Maurice Lagrange, a afirmar, nas suas conclusões, que as normas que decorriam do Tratado CECA compunham *«o Direito interno desta Comunidade»* (248), procurando por aí aproximá-las das normas do Direito estadual. O próprio Tribunal das Comunidades era para Lagrange não «um tribunal internacional mas o tribunal duma Comunidade criada por seis Estados segundo um modelo que se aproximava mais de uma organização federal do que de uma organização internacional» (249).

No caso *Nold,* julgado em 1959, seria a vez de outro Procurador-Geral, *Karl Roemer,* defender, nas suas conclusões, e ainda dentro do mesmo espírito, que «as disposições de natureza comercial» do Tratado CECA «pertencem ao Direito Público Económico» (250).

Até aqui, como se está a ver, o Tribunal, como tal, furtou-se a caracterizar o Direito Comunitário, e foram os seus Procuradores-Gerais que, um pouco improvisadamente, ensaiaram a sua caracterização. Seria só em 1960, no Acórdão proferido a 16 de Dezembro, no caso *Humblet,* que o Tribunal, ele próprio, pela primeira vez se abalançaria a tomar uma posição de fundo sobre a natureza jurídica do Direito das Comunidades. Fá-lo-ia, porém, por confronto exclusivamente com o Direito interno, e, neste caso concreto, visando sobretudo afirmar a autonomia dos «órgãos comunitários» perante os «órgãos dos Estados membros» (251). Todavia, a separação entre as ordens jurídicas comunitária e estadual só seria efectuada de forma nítida pouco depois, no Acórdão proferido em 6 de Abril de

---

(247) 60.

(248) 263.

(249) Esta interpretação das conclusões de LAGRANGE neste processo é adoptada também por REUTER, *op. cit.* (n. 75), 281, e WYATT, 159--160. Contra, BREDIMAS, que atribui indevidamente essas afirmações ao próprio Tribunal — 15.

(250) 141.

(251) 1145.

1962, no caso *Bosch,* onde o Tribunal concluiu serem elas «duas ordens jurídicas distintas e diferentes» (252).

Ter-se-ia de aguardar pelo Acórdão proferido no caso *Van Gend* (um dos mais célebres casos da jurisprudência comunitária, sobretudo pela riqueza de conteúdo e pelo carácter em muitos aspectos inovador da doutrina defendida no acórdão do Tribunal, e considerado por isso, justamente, com o caso *Enel,* os pilares fundamentais de toda a jurisprudência comunitária) para encontrarmos a primeira tomada de posição expressa do Tribunal sobre as relações do Direito das Comunidades Europeias com o Direito Internacional. Nesse acórdão, que traz a data de 5 de Fevereiro de 1963, o DC seria definido pelos juízes das Comunidades como «uma nova ordem jurídica de Direito Internacional, a favor da qual os Estados limitaram, ainda que em domínios restritos, os seus direitos soberanos (...)» (253). Muitos autores, ao transcreverem esta passagem do acórdão omitem ou descuram a expressão «*de Direito Internacional*», donde resulta atribuir-se ao Tribunal o haver, já neste processo, qualificado o DC como «uma ordem jurídica separada», e autónoma e distinta, de modo igual, *tanto do Direito Internacional como do Direito interno* (254). Todavia, a nossa pesquisa mostrou-nos que em todas as línguas oficiais das Comunidades à data do acórdão em apreço, portanto em todos os idiomas em que o acórdão foi objecto de publicação oficial pelo próprio Tribunal, se contém com clareza a afirmação dos juízes de que o DC é «uma nova ordem jurídica *de Direito Internacional*» (255),

---

(252) 101. Para SCHLOCHAUER, este Ac. pretenderia não apenas afirmar a autonomia e a distinção entre o DC e o Direito estadual como também, e sobretudo, propor uma solução dualista para as relações entre ambos, proposta essa que seria retomada mais tarde no caso *Van Gend* (*Gerichtshof,* 435 e ns. 20 e 21).

(253) 23.

(254) Por todos, VANDERSANDEN/BARAV, 4; CEREXHE, *op. cit.* (n. 5), 221; MATHIJSEN, *op. cit* (n. 151), 2; KAPTEYN/VAN THEMAAT, 26; LIPSTEIN, 25; HARTLEY, 67.

(255) O itálico é nosso.

o que, reconhecendo-lhe embora especificidade, o situa *dentro* da área do Direito Internacional ([256]).

Nunca mais, porém, o Tribunal voltaria a exprimir-se nesta matéria no mesmo sentido do caso *Van Gend.* E nos casos seguintes, *Dairy Products* e *Costa/Enel,* já separaria o DC do Direito Internacional, ao decidir que «o Tratado (CEE) não se limita a gerar obrigações recíprocas entre os diferentes sujeitos aos quais se aplica, mas cria uma ordem jurídica nova (...)» ([257]), e que «diferentemente dos tratados internacionais clássicos, o Tratado da CEE criou uma ordem jurídica própria, integrada no sistema jurídico dos Estados membros (...)» ([258]).

Foram estes os primeiros processos em que no Tribunal se tentou a autonomização completa do Direito das Comunidades quer em relação ao Direito Internacional quer por confronto com o Direito interno dos Estados membros. Todavia, em ambos os casos ainda se tomou como principal referência, mesmo se remota, o Direito Internacional, designadamente o clássico Direito dos Tratados. De então para diante essa referência desapareceria, procurando o Tribunal, através de uma jurisprudência que agora ganharia uma notória constância, afirmar a separação do Direito Comunitário tanto em relação ao Direito Internacional como ao Direito estadual, adoptando como contraponto os Direitos nacionais dos Estados membros, o que se deve à circunstância de nos processos em questão estarem em causa apenas as relações entre a ordem jurídica comunitária e os sistemas jurídicos nacionais: é o que se apreende, para apenas falarmos de processos paradigmáticos, dos Acórdãos proferidos nos casos *Neumann* ([259]), *Walt Wilhelm* ([260]), *Internationale Handelsgesellschaft* ([261]), *Nederlandse Spoorwegen* ([262]) e *Sim-*

---

(256) Expressamente no sentido da nossa interpretação, Kovar, *op. cit.* (n. 15), 527; Pescatore, *op. cit.* (n. 160), 167-168; Ganshof Van Der Meersch, *op. cit.* (n. 146), 197; Schlochauer, *op. cit.* (n. 252), 435-436.

(257) Caso *Dairy Products,* 1232.

(258) Caso *Enel,* 1159-1160.

(259) 572.

(260) 15.

(261) 1135.

(262) 1450.

menthal (263). Pode-se dizer que essa orientação jurisprudencial não tem sofrido desvios, mesmo quando num caso célebre, o caso *International Fruit III*, o TC parece ter querido fazer regressar o Direito Comunitário ao domínio do Direito Internacional, ao falar no «Direito Internacional que não o Direito Comunitário» (*«Droit International autre que le Droit Communautaire»*) (264). Fora isso, a corrente jurisprudencial a que nos referimos tem-se mantido até aos nossos dias, como se pode verificar por aquele que julgamos ter sido o último acórdão proferido pelo Tribunal sobre a matéria: o Acórdão de 26 de Abril de 1983, e aliás ainda não publicado, lavrado no caso *Office national de commercialisation des produits vitivinicoles (Alger)*. Aí, o Tribunal, ao invocar o art. 177.º CEE para separar a sua competência da dos tribunais dos Estados membros, volta a afirmar, ainda que de forma não expressa (talvez porque isso não interessasse directamente à questão *sub judice*), a autonomia da ordem jurídica comunitária perante quer o Direito Internacional quer o Direito estadual (265).

(263) 629 ss.
(264) 1232 e 1234.
(265) 4.

CAPÍTULO II

Apreciação das qualificações propostas

1. *Razão de ordem*

As posições tão díspares adoptadas pela doutrina e pela jurisprudência acerca da natureza jurídica do Direito Comunitário, e que se extraem da análise a que, a título exemplificativo, procedemos no capítulo anterior, podem ser classificadas nos seguintes grandes grupos:

1.º — o Direito Comunitário é Direito estadual;
2.º — o Direito Comunitário é Direito federal;
3.º — o Direito Comunitário é Direito supranacional;
4.º — o Direito Comunitário é Direito *sui generis;*
5.º — o Direito Comunitário é Direito Internacional Público clássico.

Vamos verificar da procedência de cada uma destas propostas.

§ 1.º

O Direito Comunitário não é Direito estadual

2. *Colocação do problema*

Encontram-se quase isoladas, como acabámos de ver, as posições doutrinais e jurisprudenciais que reconduzem o Direito das Comunidades Europeias ao Direito estadual, ou pelo menos estabelecem uma identificação entre as características essenciais da ordem jurídica comunitária e as que marcam a natureza intrínseca do Direito interno dum Estado.

Menos raros são, porém, os autores e os arestos jurisprudenciais que procuram situar o DC algures «entre» o Direito Internacional e o Direito interno. Uns procedem assim sem terem a intenção de encontrar no DC os traços característicos duma ou doutra dessas duas ordens jurídicas, mas tão-somente com o objectivo de fugir à sua definição dentro da rigidez com que a si próprios colocam o binómio Direito Internacional — Direito interno (266); mas outros pretendem com essa posição ver simultaneamente cumulados no Direito Comunitário alguns dos traços essenciais que caracterizam, por um lado, a ordem jurídica internacional e, por outro, a ordem jurídica estadual (267).

3. *Motivação pragmática da corrente para a qual o Direito Comunitário é Direito estadual*

Mas um exame atento de todas essas teses mostra-nos que o seu objectivo último não é tanto, ou não é mesmo de todo, salvo casos excepcionais (268), a definição do Direito Comunitário como um Direito de natureza estadual, mas apenas a procura de resposta para razões de ordem pragmática.

Com efeito, a aproximação, maior ou menor, do Direito Comunitário em relação à ordem jurídica estadual, por um lado permite aligeirar a complexa problemática das relações entre a ordem jurídica comunitária e os Direitos nacionais, designadamente subtraindo-as às dificuldades que classicamente presidem às relações entre o Direito Internacional e o Direito interno; mas, por outro, vem de encontro à dificuldade que alguns sectores da doutrina e da jurisprudência continuam a sentir em

---

(266) Tomemos como exemplo BERNHARDT, *op. cit.* (n. 43), 229 ss.

(267) O caso paradigmático parece-nos ser o de OPHÜLS, sobretudo *op. cit.* (n. 5), 137 ss.

(268) Como se passa com CARTOU, *ops. e locs. cits.* (ns. 79 e 80).

ultrapassar a distinção clássica, aliás de facto já há muito posta de lado, entre Direito Internacional e Direito interno em termos tais que reserve para aquele a disciplina apenas das relações entre Estados soberanos e outras entidades «soberanas» (269), ficando para o Direito interno todas as relações que tenham como sujeitos indivíduos. Nesta última hipótese, como se não consegue iludir que o indivíduo é sujeito de Direito Comunitário, a única forma de enquadrar este naquela classificação consiste em o aproximar ou o reconduzir ao Direito estadual.

4. *Razões por que o Direito Comunitário não é Direito estadual*

Todavia, não é necessário demorarmo-nos muito na demonstração de que a ordem jurídica das Comunidades Europeias não pode ser equiparada ao Direito interno de um Estado.

Para que o DC fosse reconduzível ao Direito estadual seria necessário que as Comunidades Europeias pudessem ser qualificadas juridicamente como Estado. Não porque, como temos vindo a prevenir desde o início desta dissertação, seja indispensável chegar-se a conclusões absolutamente idênticas em matéria de natureza jurídica das Comunidades Europeias e de natureza jurídica da sua ordem jurídica; mas porque, sendo o Direito estadual o ordenamento jurídico da colectividade Estado, aquele tem como pressuposto a existência dum Estado.

Ora, dentro desta linha de raciocínio, podemos dizer que não há praticamente nenhum jurista que se atreva a ir tão longe que afirme, de modo expresso e absoluto, a natureza estadual das Comunidades no estado actual da integração europeia, pelo menos mantendo-se dentro dum raciocínio jurídico. E isso porque é grande a distância que separa o estatuto jurídico das Comunidades do conceito jurídico de Estado.

Não será demais prevenir que o confronto entre um e outro terá de ser levado a cabo em função de um critério *substantivo*, e não de uma mera comparação entre aspectos formais

(269) Na expressão de VERDROSS, sem que todavia ele possa ser visto como representante desta corrente — *op. cit.* (n. 203), 5.

das Comunidades e dos Estados. Na verdade, a atribuição às Comunidades de uma «imagem semelhante à do Estado» apenas porque elas beneficiam duma «transferência de poderes soberanos» (*«Hoheitsrechte»*) da parte dos Estados, como o faz por exemplo o Professor *Ophüls* (270), ou porque a sua «estrutura orgânica» se aproxima da dos Estados, como sustenta, entre outros, *Monaco* (271) (não cabendo discutir neste lugar da procedência destes argumentos), não resolve o fundo da questão, que, repetimos, deverá ser enfrentada à luz de um critério que atenda à natureza e ao conteúdo substantivos dos dois conceitos.

Dentro desta orientação, podemos dizer, para encurtar por ora razões — já que teremos de voltar a este assunto, e mais desenvolvidamente, no local apropriado (272) —, que falta às Comunidades a primeira característica de qualquer Estado, soberano ou não: o *poder de auto-organização,* pelo qual ele elabora a sua própria Constituição e, portanto, define as suas atribuições, cria os seus órgãos e fixa-lhes a competência (273). Esta característica é expressa pela doutrina de língua alemã através da *Kompetenz-Kompetenz* (que poderemos traduzir para *competência das competências,* à falta de melhor tradução (274)), e desde *Jellinek.* Não é claro se para este grande jurista a *Kompetenz-Kompetenz* era um corolário apenas da soberania estadual (*«Souveränität»*) ou já do poder político estadual não soberano (*«Staatsgewalt»*) (275). Mas para a doutrina que neste ponto se louva em Jellinek pode-se dizer que a *Kompetenz-Kompetenz*

---

(270) *Op. cit.* (n. 5), 143-144.

(271) *Op. cit.* (n. 8), 77-78.

(272) *Infra,* Parte II, Cap. I, n.º 4. III.

(273) Desenvolvemos este ponto num trabalho escolar que escrevemos há vinte anos — *Descentralização,* 45.

(274) De facto, parece-nos inconveniente o emprego, na terminologia do Direito Público português, do plural *competências,* como generalizadamente se tem vindo ultimamente a fazer entre nós, pois *competência* é, por definição, um singular, que engloba um complexo de poderes funcionais (estes, sim, no plural), que a lei confere a um órgão da pessoa colectiva para que esta satisfaça as suas atribuições — neste sentido, MARCELLO CAETANO/FREITAS DO AMARAL, I, 223.

(275) JELLINEK, 427 ss. e 435 ss.

é encarada no segundo dos dois sentidos, ou seja, é concebida como uma característica de todo o Estado, soberano ou não (276).

Ora as Comunidades não possuem, repetimos, o poder de auto-organização ou a competência das competências. Para que o possuíssem seria necessário, antes de tudo, que fossem elas os titulares do poder constituinte. Mas não o são.

A Constituição das Comunidades (expressão que, como demonstraremos, não pode ser utilizada no sentido de uma Constituição estadual (277)) engloba os tratados que as instituíram (e que podemos designar de tratados *institutivos* ou *básicos*) e os que os modificaram e completaram (ou tratados *complementares*) (278): isto é, reconduz-se ao Direito Comunitário *originário*. Ora todos esses tratados foram concluídos pelos Estados membros, como sujeitos de Direito Internacional, e não pelas próprias Comunidades. Do mesmo modo, são os Estados, como tais, que detêm o poder de modificar esses tratados (quanto aos tratados institutivos, arts. 96.º CECA, 236.º CEE e 204.º CEEA), o que obviamente inclui, como na devida altura veremos, a faculdade de dissolver as Comunidades. Tudo isto é apenas um corolário, mas o corolário mais importante, do princípio de que nas Comunidades os Estados membros continuam a ser os «donos dos tratados» (*«Herren der Verträge», «maîtres des traités»*).

Daqui se vê que as Comunidades não têm o poder de auto-organização: foram os Estados que as criaram e são só os Estados que têm o poder de modificar os respectivos tratados institutivos e mesmo de os ab-rogar. A *Kompetenz-Kompetenz* pertence, pois, não às Comunidades, mas apenas aos Estados membros (279). Aliás, pelo menos neste aspecto as Comunidades não

---

(276) Expoentes máximos dessa corrente são ERLER, *Grundgesetz*, 7 e 21 ss.; e, na sua esteira, HAY, *op. cit.* (n. 20), 71-73. No m. sent., p. ex., BLECKMANN, *op. cit.* (n. 5), 274.

(277) *Infra*, Parte II, Cap. I, n.º 4 III.

(278) Todavia, quando *brevitatis causa* falarmos daqui em diante em tratados comunitários, estaremos a referir-nos, salvo indicação em contrário, apenas aos tratados institutivos, na sua redacção actual.

(279) Expressamente nesse sentido, sobretudo IPSEN, *op. cit.* (n. 4), 103, 434-435, especialmente 189 e 221; L. CONSTANTINESCO, *op. cit.* (n. 54), 315-316, 322, 325-326, 360; BÖRNER, 43-44, com a afirmação

apresentam especialidades em relação ao comum das organizações internacionais, de tipo confederal, enquanto que se afastam das federações, onde a *Kompetenz-Kompetenz* compete à Federação e não aos Estados federados (280).

Como consequência do facto de elas não serem titulares da competência das competências, duas outras características afastam as Comunidades da natureza estadual: elas não dispõem do poder de alargar o âmbito da sua competência, o que só podem realizar através dos Estados (281); e, enquanto os Estados têm, do ponto de vista da definição das suas atribuições, uma «vocação universal», as Comunidades encontram-se limitadas pelo princípio da especialidade (282).

Que as Comunidades não são Estados já era a opinião de sector importante da doutrina logo a seguir ao aparecimento da CECA. Um dos autores que maior contributo deram à criação desta Comunidade escrevia então que ela não reunia «qualquer característica essencial de um Estado» (283).

Aliás, na fase preparatória da Convenção de Viena sobre sucessão de Estados em matéria de tratados, de 1978, um documento importante da Comissão de Direito Internacional das Nações Unidas recusou-se de forma expressa a qualificar as Comunidades como Estados (284).

Também a jurisprudência já teve oportunidade de se pronunciar sobre este assunto, afastando as Comunidades do conceito de Estado. Fê-lo, por exemplo, de modo formal e categórico, o Tribunal Constitucional federal alemão, primeiro no já citado Acórdão de 18 de Outubro de 1967 (285), que mereceu

---

enfática de que as Comunidades não têm a *Kompetenz-Kompetenz* mas apenas os poderes que os tratados lhes «emprestam» («*verliehen*») expressa ou tacitamente; Kaiser, *Grenzen*, 97 ss., 118 n. 75.

(280) L. Constantinesco, *op. cit.*, 322, 325-327; mas sobretudo Bothe, na sua excelente obra de Direito Comparado sobre a estrutura da repartição de competência no Estado federal moderno — *Kompetenzstruktur*, 128 ss. e 279 ss.

(281) Cerexhe, *op. cit.* (n. 5), 118; Louis, *Réflexions*, 357.

(282) Por todos, Krück, 22, e bibl. cit.; Ipsen, *op. cit.* (n. 4), 427 ss.; e Bleckmann, *op. cit.* (n, 5), 274.

(283) Schlochauer, *Rechtsformen*, 74-75; *Frage*, 371, e bibl. cit.

(284) Sup. n.º 10 ao doc. A/8710/Rev. 1, 65-66.

(285) 296.

neste ponto a plena concordância de *Lipstein* (286), e, mais recentemente, no também já citado Acórdão de 29 de Maio de 1974, proferido no caso *Solange* (287) (288).

De tudo isto resulta que, não sendo as Comunidades Europeias reconduzíveis ao fenómeno estadual, é infrutífera toda a tentativa de ver na sua ordem jurídica um novo Direito estadual, ao lado dos ordenamentos jurídicos dos Estados membros (289).

§ 2.º

O Direito Comunitário não é Direito federal

5. *Colocação do problema*

Um pouco por toda a parte tem-se procurado aproximar o fenómeno jurídico comunitário do sistema jurídico dos Estados federais, como atrás se demonstrou. Essa orientação tem sido mesmo a dominante na doutrina britânica e muito vulgar na doutrina norte-americana, pelas razões que na devida altura expusemos.

---

(286) 22 ss.

(287) *Loc. cit.* (n. 242).

(288) Importa não confundir duas questões bem diferentes, e que nem sempre nos aparecem claramente destrinçadas quer na doutrina quer na jurisprudência: uma, a de saber se a ordem jurídica comunitária reúne ou não os traços característicos de um Direito estadual; outra, a de saber se o DC e as ordens jurídicas internas dos Estados membros são ou não autónomos e independentes entre si. Sobre esta última matéria encontramos vasta jurisprudência, aliás nem sempre coincidente, enquanto que sobre a primeira questão, que está aqui em causa no texto, escasseiam as tomadas de posição pelos tribunais, talvez devido ao seu carácter mais teórico, embora, como já dissemos, seja inegável a sua grande relevância prática. Vimos atrás alguns acórdãos sobre este ponto concreto.

(289) No sentido desta mesma conclusão, v., por todos, Ipsen, *op. cit.* (n. 4), 63 ss., e *Verfassungsperspektiven*, 1 ss.; Bleckmann, *op. cit.* (n. 5), 274 ss.; Lasok/Bridge, *loc. cit.* (n. 125); Louis, *op. cit.* (n. 147), 126; Balladore Pallieri, *Pouvoirs*, 484; Erler, *Krise*, 12 ss.; Schwantes, 39; Börner, *loc. cit.* (n. 279); Friedmann, *Droit de la coexistence*, 18; Houbdine/Vergès, 3 ss.

Também neste domínio, porém, e para não fugir à regra, a investigação tem sido conduzida a pensar muito mais na natureza jurídica das próprias Comunidades do que na do Direito Comunitário.

Mas, como vimos, são várias as fórmulas que os autores utilizam para aproximar o sistema comunitário do fenómeno federal.

Só um ou outro definem o Direito Comunitário, de forma expressa e directa, como Direito federal. Mesmo então, porém, nem sempre se pode interpretar muito à letra o enunciado formal do pensamento desses autores, porque muitas vezes encontramos mesclados entre si díspares critérios jurídicos e políticos na apreciação da matéria.

Já são em maior número os que vêem no Direito Comunitário uma ordem jurídica «quase-federal», ou «pré-federal» ou meramente «com traços de federalismo». Mas a forma extremamente fluida deste tipo de caracterização torna, quase sempre, muito difícil ao intérprete determinar o seu verdadeiro alcance e conteúdo.

6. *Dificuldade da questão*

Para se poder pronunciar sobre o confronto entre o Direito Comunitário e o Direito federal, ao estudioso deparam-se, pois, dois obstáculos.

Em primeiro lugar, não é o mesmo o conceito de federalismo ou de Estado federal de que os autores partem quando se abalançam ao estudo desta questão. A maior diferença decorre do facto de muitos deles se servirem mais de um conceito político de federalismo do que dum conceito jurídico-constitucional de Estado federal ou de Direito federal. Mas mesmo o jurista, desejoso de precisão e clareza, irá sofrer bastante com o facto de ser praticamente impossível a formulação de uma teoria jurídica geral do Estado federal.

Com efeito, a simples variedade dos sistemas federais conduz à imprecisão, se não à quase indeterminação, do seu menor denominador comum e torna bastante aleatória a descoberta de um critério comum para a sua definição. A doutrina vê-se aqui obrigada a adoptar um método puramente indutivo, que procure descobrir nas variadas experiências federalistas que se espalham por este mundo fora o pouco que as une e que elas têm de comum no plano jurídico. Nessa matéria é insubstituível o precioso estudo comparativo dos muitos Estados federais da actualidade, publicado não há muito pelo Professor *Bothe*, e ao qual nos referimos já (290).

Acresce a isso que, para muitos autores, o federalismo não é um valor *qualitativo* absoluto, mas, ao contrário, comporta uma graduação *quantitativa*, maior ou menor, o que vem dar ao conceito ainda maior infixidez. Pensemos, por exemplo, num *Georges Burdeau*, para quem o federalismo é um conceito tão amplo que abarca tudo o que fica para além do Estado unitário regional (ou seja, a forma mais descentralizada do Estado unitário), isto é, desde o Estado Federal até à Confederação, inclusive (291).

Mas, por outro lado, também não deve passar sem reparo que muitos dos autores que pretendem enquadrar o fenómeno comunitário num arquétipo federal se preocupam pouco com a indicação dos concretos traços federais das Comunidades ou da sua ordem jurídica. Quase sempre essa atitude tem uma das duas seguintes explicações, quando não as duas simultaneamente: por um lado, confunde-se o que constitui o objectivo último, fixado pelos fundadores das Comunidades, com a realidade objectiva actual, tal como ela decorre efectivamente *de iure condito*, quer dizer, do Direito originário e derivado *efectivamente em vigor* (obviamente, não concebido como uma realidade jurídica estática, através do recurso sobretudo ao método teleológico de interpretação), que, ele e só ele, pode servir de base ao trabalho do jurista; por outro, e ainda ligado a isso, parte significativa da doutrina do DC, partindo erradamente da concepção do Direito como um fenómeno estático, que não acompanha a evolução natural da vida social que tem por objecto, sente muitas vezes dificuldade em explicar o sistema jurídico comunitário à luz de critérios que não sejam exclusiva ou predominantemente de índole política, devido ao facto de considerarem incompatíveis com o Direito o carácter «dinâmico»

---

(290) *Op. cit.* (n. 280), sobretudo 8 ss.

(291) Sobretudo 474 ss. Cfr. o nosso estudo já *cit.* (n. 273), 44.

da integração europeia ou a consequente «progressividade» do Direito Comunitário, à qual nos referimos já (292) (293).

7. *Razões por que o Direito Comunitário não é Direito federal*

Não tem, porém, cabimento nesta dissertação embrenharmo-nos pelas matérias a que nos referimos no número anterior, ou tão-pouco procedermos aqui a uma teoria geral do Estado federal ou à caracterização do seu ordenamento jurídico. Além disso, tal torna-se desnecessário perante o objectivo que nesse lugar é visado pela nossa investigação.

De facto, seja qual for a noção de Estado federal e de Direito federal que se adopte como ponto de partida, o Direito Comunitário jamais poderá ser confundido com o ordenamento jurídico dum Estado federal. Este tem como pressuposto isso mesmo: a existência de um Estado federal. Ora o Direito Comunitário não pode ser qualificado de Direito federal porque as Comunidades não são um Estado federal, já que, para o serem, teriam, antes de tudo, de possuir natureza estadual. Ora, ainda há pouco demonstrámos, julgamos que convincentemente, que as Comu-

---

(292) *Supra*, Introdução, n.º 2.1.

(293) O «dinamismo» da integração europeia e a «progressividade» ou o «carácter evolutivo» da sua ordem jurídica são expressões muito caras sobretudo aos autores alemães: para além de HALLSTEIN, já *cit.* (n. 26), e que noutra obra fala também na «natureza dinâmica» das Comunidades Europeias (*Probleme*, 6), v. OPHÜLS, *op. cit.* (n. 15), 405 e 412; SCHLOCHAUER, *op. e loc. cits.* (n. 252); KAISER, *Modi*, 267, e *Grenzen*, 97, louvando-se no Ac. do Tribunal das Comunidades de 10-10-78 no caso *Hansen*, 1808 ss.; e SCHEUNER, *op. cit.* (n. 15), 53. Fora da Alemanha, no m. sent., especialmente CATALANO, *op. cit.* (n. 34), 2; BALLADORE PALLIERI, *Diritto*, 594; UBERTAZZI, 786 ss.; e BENTIVOGLIO, em anotação ao art. 240.º do *Comentário Quadri*, III, 1743. Note-se, porém, que esse carácter dinâmico ou progressivo fora definido como característica essencial do processo de integração europeia logo na Declaração de ROBERT SCHUMAN perante a Assembleia Nacional francesa, em 9-5-50, designadamente através das seguintes expressões: «A Europa não se fará dum jacto (...)» e a CECA constituirá a «primeira etapa da Federação europeia».

nidades não se reconduzem ao conceito jurídico e constitucional de Estado (294).

Ao jurista, isto é, a todo aquele que no tratamento desta matéria utiliza o método jurídico, próprio de toda a Ciência do Direito, terá, pois, de se exigir que, após recusar a natureza estadual às Comunidades e, por conseguinte, à sua ordem jurídica, não ceda à tentação de, por razões de qualquer outro tipo, designadamente formal ou político, confundir as Comunidades com o Estado federal ou a ordem jurídica comunitária com o Direito federal (295). E dado que, como já dissemos, praticamente ninguém sustenta o carácter estadual das Comunidades, pelo menos tirando todas as consequências que adviriam dessa qualificação, não se revela difícil ao jurista afastar o Direito Comunitário do sistema jurídico dos Estados federais.

Isso significa que, em nossa opinião, a referência, na caracterização do Direito Comunitário, ao «federalismo», ou ao «pré-

---

(294) Arrumam a questão da natureza pretensamente federal das Comunidades com o argumento de que, desde logo, elas não são Estados, IPSEN, *op. cit.* (n. 4), 189, com invocação dos ensinamentos de TOCQUEVILLE, WAITZ e NAWIASKY; BLECKMANN, que desenvolve bastante esta ideia, *op. cit.* (n. 5), 274 ss.; HÉRAUD, *Inter-étatique*, 186 ss., para quem a «ordem federal» é, antes de mais, uma «ordem estadual»; ERLER, *op. e loc. cits.* (n. 289); WAGNER, 73 ss., para quem o Estado federal é somente um «subconceito» do conceito de Estado; SCHEUNER (n. 46), 233; KELSEN, *op. cit.* (n. 216), 263-264 e n. 89; HAY, *op. cit.* (n. 20), 86-87 (com as reservas, porém, por nós expressa *supra*, Cap. I, n.º 17); e MÜNCH, *Föderalismus*, 649. É também essa a grande conclusão da importante obra de HALLSTEIN, *Bundesstaat, passim*.

(295) No m. sent., WAGNER, *loc. cit.*, que, apesar de descobrir um *simile* entre a orgânica das Comunidades e a do Estado federal, designadamente pela observância da *lei de participação* através do Conselho e pela natureza de alguns dos poderes do Tribunal, renuncia à qualificação das Comunidades como Estado federal só porque elas não cabem no conceito de Estado. Quer dizer: para o A. não deverá ser um critério orgânico a determinar a natureza do DC face ao Direito federal, mas um critério *substantivo*, que atenda à *natureza material* dos poderes que competem às Comunidades e aos Estados. Em sentido contrário, ou seja, no sentido de que o facto de os órgãos comunitários se encontrarem estruturados segundo o modelo federal é um dos factores determinantes da aproximação das Comunidades Europeias em relação ao Estado federal, muito especialmente OPHÜLS, *op. cit.* (n. 16), 540 ss. e 588 n. 192, além dos As. cits. em HAY, *op. cit.* (n. 20), 78 n. 4.

-federalismo», ou ao «quase-federalismo», pode ser motivada por razões de vária ordem, designadamente de carácter prospectivo (ligadas à prevista evolução política das Comunidades), mas, como nota *Ganshof Van Der Meersch*, «não responde à necessária objectividade jurídica» (296). Só assim se compreende que, por exemplo, *Lasok* e *Bridge*, não obstante reconhecerem que é «claro» que a CEE não é um Estado, concluam ser «melhor» enquadrá-la «numa forma federal do que confederal» (297); e só assim se aceita que, por exemplo, *Schwarzenberger*, mesmo em obras jurídicas, tenha de entrar pelo mundo da Politologia para identificar o fenómeno comunitário com o federalismo (298).

Portanto, à negação da natureza federal do Direito Comunitário chega-se pela simples recusa às Comunidades da sua recondução ao conceito jurídico-constitucional de Estado. Poderíamos, por isso, encerrar aqui a demonstração de que o Direito Comunitário não é ordem jurídica dum Estado federal e, por via disso, dar por finda a investigação sobre a natureza federal do ordenamento jurídico das Comunidades. E em pura lógica teríamos procedido assim.

Achamos, contudo, que a investigação deve ir mais longe e deve tentar esclarecer se, independentemente da não verificação no DC dos requisitos do conceito de ordem jurídica estadual, pelo facto de as Comunidades não serem Estados, o sistema jurídico das Comunidades reúne ou não as características jurídicas do ordenamento jurídico federal. A nosso ver, esta pesquisa impõe-se porque, como vimos no capítulo anterior, é grande a insistência com que tradicionalmente a doutrina procura encontrar no DC, e sobretudo nas Comunidades, traços federalistas. Mas acontece também que os elementos que por essa via formos juntando ser-nos-ão de grande utilidade para a ulterior marcha desta dissertação.

E, dentro desta linha de orientação, podemos desde já afirmar que a ordem jurídica comunitária não se traduz numa manifestação do federalismo.

---

(296) *Supra*, n. 146.
(297) *Supra*, n. 125.
(298) *Supra*, ns. 129 e sobretudo 130.

É certo que, dum ponto de vista puramente *orgânico* ou *formal,* a organização das Comunidades se aproxima da do Estado federal, sobretudo porque o Conselho foi imaginado como órgão federal, por forma a traduzir a participação da vontade dos Estados membros na formação da vontade das Comunidades, em «diálogo» com a Comissão, que é o representante da vontade ou do interesse comunitário. E este argumento, como já vimos, impressiona muitos autores.

Mas, em nossa opinião, o que deve contar não é o princípio da organização formal das Comunidades mas sim a *concepção estrutural* da sua ordem jurídica, sobretudo das relações desta com as ordens jurídicas estaduais, que foi pensada para as Comunidades em termos totalmente diferentes da concepção que preside à estrutura da ordem jurídica federal.

E, seguindo por esse caminho, o que desde logo constatamos é que, como corolário do facto de o Direito Comunitário não ser Direito estadual, não encontramos nas Comunidades apenas uma única ordem jurídica intra-estadual, uma ordem jurídica integrada, tal como sucede em todos os Estados federais, onde a relação entre as várias ordens jurídicas dos Estados membros da Federação e a ordem jurídica do Estado composto é apenas uma relação de especialidade (299). Por isso, quando se fala por exemplo do *Direito norte-americano* ou do *Direito alemão ocidental* quere-se designar o conjunto da ordem jurídica que vigora no território respectivamente dos Estados Unidos ou da República Federal da Alemanha, onde o Direito provindo dos órgãos federais e o emanado dos órgãos dos Estados federados formam entre si um todo coerente, ainda que porventura não uniforme, e mesmo se separado por uma relação de hierarquia, que faz com que o Direito dos Estados federados esteja sujeito a um contencioso de constitucionalidade e de legalidade da parte dos tribunais federais.

Com o Direito Comunitário as coisas passam-se de modo muito diferente.

O Direito Comunitário não abarca as ordens jurídicas dos vários Estados membros. Ele é composto apenas pelos tratados

(299) Burdeau, 452 e 481.

comunitários e pelos actos e normas emanados dos órgãos das Comunidades. A tentativa isolada de poucos autores, como foi o caso de *Mosler*, há já muitos anos (300), de integrarem no conteúdo do Direito Comunitário as normas de Direito interno dos Estados membros, portanto, provindas dos órgãos destes, que desenvolviam e aplicavam o Direito Comunitário originário e derivado, não teve êxito e, de facto, era indefensável.

A relação que do ponto de vista *estrutural* se estabelece entre o Direito Comunitário e as ordens jurídicas nacionais é, pois, de um teor tal que aquele e estas nos aparecem como ordens jurídicas separadas e estanques entre si, sem embargo de o DC ir penetrando no Direito interno dos Estados membros ou, o que é o mesmo, de estes se irem deixando impregnar pelo DC, o que é da essência da integração, e acontece por duas vias: em primeiro lugar, através da simples aplicação do Direito Comunitário, originário e derivado, na ordem jurídica nacional, sobretudo dos preceitos dos tratados ou dos actos jurídicos comunitários que gozam de aplicabilidade directa ou de efeito directo na esfera interna dos Estados (301); depois, pela progressiva harmonização (302) das ordens jurídicas dos Estados membros com a ordem jurídica comunitária. Esses dois caminhos traduzem-se em pressupostos necessários, ainda que não a esgotem, da integração jurídica das Comunidades, que mais não será do que o

---

(300) *Op. cit.* (n. 63), 419-420.

(301) É aquilo a que MONACO, *Note*, 593 ss., e GANSHOF VAN DER MEERSCH, *op. cit.* (n. 146), 205 e 247, chamam «integração normativa», mas que não se deve confundir com o que nós adiante designamos de *integração jurídica*. Para mais pormenores, MONACO, *op. cit.* (n. 8), 130 ss. Mais adiante diremos por que é que, a nosso ver, *aplicabilidade directa* e *efeito directo* são dois conceitos distintos no Direito Comunitário — cfr., aliás, os nossos *Sumários*, 97 ss.

(302) *Harmonização* (de que são tradução *«harmonisation», «adeguamento», «Rechtsangleichung», «Harmonisierung»*) é a nosso ver a palavra mais indicada para se descrever o fenómeno que aqui se tem em vista, sendo mais exacta do que *adaptação («adaptation»)* ou *aproximação («rapprochement», «ravvicinamento»)* ou *assimilação («assimilation»*, em inglês). No m. sent., p. ex., MONACO, *Méthode*, 249 ss., e *Riflessioni*, 3 ss. (onde o A. fala em «harmonização normativa»), e bibl. aí cit.; SCHWARTZ, 474 ss.; sobretudo CONSTANTINESCO, *op. cit.* (n. 54), 342 e 573 ss.; e, mais recentemente, a excelente monografia de SCHMEDER, sobretudo 5 ss.

corolário, no plano do Direito, da integração económica e política que as Comunidades se propõem atingir. A integração jurídica determinará o aparecimento de uma Comunidade também no campo jurídico (uma «*Rechtsgemeinschaft*», para a doutrina alemã ([303])) e dela será expressão as Comunidades (incluindo nela, portanto, os Estados membros) possuírem uma ordem jurídica comum ([304]). Só então se poderá em rigor falar de um *Direito Comunitário*, como ordenamento jurídico de *toda* a Comunidade Europeia, envolvendo não só os tratados comunitários e o Direito criado pelos órgãos das Comunidades como também as ordens jurídicas dos Estados membros, do mesmo modo como só após se ter alcançado a integração económica e política se poderá falar em *Comunidade*, em toda a acepção jurídica da palavra ([305]).

Não obstante essa penetração do DC nas ordens jurídicas nacionais e a harmonização destas com aquele, o DC e as ordens jurídicas dos Estados membros não formam, como dissemos, uma única ordem jurídica integrada, cuja manifestação essencial consistiria na *subordinação jurídica* das ordens jurídicas estaduais à ordem jurídica comunitária, com reflexos directos no controle da sua conformidade com esta.

De facto, não vigora no DC o princípio *Gemeinschaftsrecht bricht Landesrecht* ([306]), com o sentido e o alcance que no Direito

---

([303]) V., por todos, KARL CARSTENS, *Von der Europäischen Wirtschaftsgemeinschaft*, 1724.

([304]) DE VALK propõe para ela a designação de «Direito Comum Europeu» — 107. Esta expressão é, porém, equívoca, como mostrámos (*supra*, n. 7), e tem sido utilizada com sentidos muito díspares desde que JOHN SELDEN a empregou em 1636 na sua obra *Mare Clausum*, I, 24 («... *iure Gentium Europaearum* ...»), *cit.* por SCHWARZENBERGER, *op. cit.* (n. 7), 93.

([305]) Sobre a importância da harmonização das ordens jurídicas nacionais com o Direito das Comunidades como «meio» ou «instrumento» da integração económica e política europeias, inclusive sobre os métodos a utilizar para o efeito, v., por todos, as *ops. cits.* de Schmeder, especialmente 63 ss., e Schwartz, 474 ss.; e ainda FICKER, 7 ss.; VERLOREN VAN THEMAAT, *Rechtsangleichung*, 243 ss., e bibl. cit.; BOUZA VIDAL, 397 ss.; VAN DER ELST, *Instruments*, 3 ss.; e os nossos *Sumários*, 107 ss.

([306]) Contra, GRABITZ, sem nos convencer, como mostraremos em lugar mais oportuno — *infra*, n. 1107.

federal se atribui ao aforismo *Bundesrecht bricht Landesrecht,* tal como ele foi consagrado no art. 13.º da Constituição de Weimar e mais tarde reproduzido no art. 31.º da Lei Fundamental de Bona, de 1949. Esse princípio postula que uma norma estadual que contrarie uma norma federal, anterior ou posterior, obviamente em matérias que a Constituição federal não reserva à competência exclusiva dos Estados, é nula (*«nichtig»*) (306-A). É certo que o princípio *Bundesrecht bricht Landesrecht* não consiste numa característica do federalismo de aceitação universal, porque há pelo menos um Estado federal que, aliás por razões específicas, o não adopta: a Áustria (307). Mas não se pode atribuir a esse facto importância maior do que a que ele merece, se não nos esquecermos de que, como ainda há pouco advertíamos, o princípio federalista tem vindo a assumir díspares concretizações e é muito pequeno o menor denominador comum que se consegue formular à base das várias experiências por que ele se exteriorizou. Talvez por isso veja o seu significado aumentado a circunstância de um estudo comparativo dos Estados federais da actualidade nos mostrar que o princípio *o Direito federal prima sobre o Direito estadual* (com a interpretação que decorre da sua versão alemã) consiste na mais constante característica do Estado federal e é considerado como um elemento constitutivo do

(306-A) Neste sent., MAUNZ-DÜRIG, anotação ao art. 31.º da Lei Fundamental de Bona; e DURAND, 187. Os grandes marcos da jurisprudência constitucional alemã que confirmam esta doutrina são os Acs. do Tribunal Constitucional federal de 4-7-69, 135; 9-6-70, 17; 9-6-71, 145; e 29-1-74, 358 e 365.

(307) No m. sent., JAENICKE, *op. cit.* (n. 64), 526-527; ALDER, 32-33; IPSEN, *op. cit.* (n. 4), 287; e sobretudo DOUIN, 46 ss., que nos explica por que é que neste país esse princípio cedeu lugar à regra *lex posterior derogat priori* nas relações entre o Direito federal e o Direito dos *Länder*. Note-se, porém, que numa norma excepcional da Constituição austríaca se consagra o princípio *Bundesrecht bricht Landesrecht:* o art. 99.º n.º 1, onde se atribui ao Direito Constitucional federal superioridade sobre o Direito Constitucional dos *Länder* — DOUIN, *loc. cit.* As especificidades do Direito Constitucional austríaco nesta matéria foram ainda há pouco confirmadas numa conferência proferida em Lisboa, na Universidade Católica, em Abril de 1983, pelo Professor de Salzburgo FRIEDRICH KOJA sob o tema *L'Autriche-État fédéral* (cujo texto nos foi gentilmente cedido pelo Professor Doutor Jorge Miranda). Note-se, todavia, que o A. aceita, no puro plano dos princípios, o princípio *Bundesrecht bricht Landesrecht.*

próprio conceito de Estado federal e do seu «Direito comum» (308).

Como consequência de não vigorar no DC a regra *Gemeinschaftsrecht bricht Landesrecht*, o TC não tem competência para anular ou declarar a nulidade de uma norma estadual que contrarie uma disposição do Direito Comunitário: nenhuma norma dos tratados comunitários lhe confere essa competência, nem mesmo, para nos circunscrevermos ao TCEE, o seu art. 177.º, de harmonia com o qual o Tribunal só pode pronunciar-se (a título prejudicial) sobre a validade dos *actos comunitários de Direito derivado* (al. *b*)).

Que o TC não tem competência para se pronunciar sobre a validade duma norma estadual e nem mesmo para interpretar o Direito nacional, em expressa desconformidade com o que acontece com o Tribunal Constitucional dum Estado federal (ou, nos Estados federais que não possuem tribunais constitucionais, com os tribunais que são titulares da sua competência), é algo que face aos tratados parece indiscutível (309). O próprio Tribunal já assim se expressou, e repetidamente (310). E não

(308) Também aqui é conclusivo o estudo de Direito Comparado de BOTHE, *op. cit.* (n. 280), 46 ss., 128 ss. Complementarmente, BURDEAU, 527.

(309) Por todos, SCHLOCHAUER, *op. cit.* (n. 252), 434-435; SCHERMERS, *op. cit.* (n. 154), 224-226; IPSEN, *op. cit.* (n. 4), 287; MASHAW, 266; DAIG, 88; e BEBR, *Development of Judicial Control*, das mais exaustivas obras sobre a matéria, sobretudo 391 ss. Cfr. também os nossos *Sumários*, 28-29 e 104-105.

(310) Os grandes arestos iniciais nesse sentido foram os Acs. de 4-2-59, caso *Stork*, 64; 16-12-60, caso *Humblet*, 1145-1146; 15-7-60, caso *Nold*, 890; 19-3-64, caso *Unger*, 365; 2-12-64, caso *Dingemans*, 1265 ss.; 15-7-64, caso *Van der Veen*, 1221. Mas nem mesmo nos Acs. proferidos em 18-12-70, caso *Bollman*, 69 ss., e 9-3-78, caso *Simmenthal* (v., sobre este último, as excelentes, ainda que não coincidentes, anotações de BOULOIS, in *AJ-DA* 1978, 324 ss.; CATALANO, in *Giustizia Civile* 1978, 816 ss.; e IPSEN, in *EuR* 1979, 223 ss.), o TC se afastou desta doutrina, apesar da maior ousadia que aí demonstrou (v. os nossos *Sumários*, 95, e bibl. aí cit.), ousadia que, aliás, abandonou posteriormente, nos Acs. de 14-10-80, caso *Burgoa*, 2804, considerando 13, de 7-7-81, caso *Rewe*, sobretudo considerando 44, e de 26-4-83, caso da *Office national*, ainda não publicado (*loc. cit.*, *supra*, n. 265). Na jurisprudência nacional, destaca-se, no m. sent., a sentença do Tribunal Fiscal de Hamburgo no caso das *maçãs chilenas* (*cit. supra*, n. 240).

pode deixar de merecer especial destaque o facto de em processo algum, dos muitos em que teve de se pronunciar, à sombra do art. 177.º, sobre as relações entre o DC e o Direito estadual, o TC ter invocado o federalismo ou, concretamente, o princípio *Bundesrecht bricht Landesrecht*, para nesse sentido orientar a sua actuação.

Mas não foi por acaso que os autores dos tratados, após não terem incluído neles qualquer disposição que conferisse ao Tribunal, quanto às ordens jurídicas dos Estados membros, a função de contencioso de anulação, similar à que lhe é atribuída pelos arts. 173.º e 174.º CEE em relação aos actos do Direito Comunitário derivado, também não atribuíram ao Tribunal, no art. 177.º CEE, o poder de se pronunciar, ainda que apenas a título prejudicial, sobre a validade das normas de Direito interno dos Estados, e nem mesmo o poder de as interpretar e aplicar. De facto, o princípio que está subjacente ao art. 177.º CEE no tocante às relações entre as duas ordens jurídicas, a comunitária e a estadual, não é o da integração, mas o da *separação estrutural*, na medida em que é exclusiva dos juízes nacionais a competência para interpretar e aplicar o Direito nacional bem como para julgar da sua validade (311). Daí que a relação definida naquele preceito entre o TC e os tribunais dos Estados membros seja uma relação de mera *cooperação horizontal*, não de *subordinação vertical* ou *hierárquica* (312). Ainda há pouco sustentava-o o último Presidente do Tribunal, o Professor *Mertens de Wilmars* (313). Mas desde sempre foi essa a posição da dou-

---

(311) No m. sent., ANNETTE MATHIAS, 107, mas sobretudo, e recentemente, BEBR, que fundamenta todas as suas reflexões na matéria, coincidentes com o que sustentamos no texto, sobre o princípio da «clara separação de funções entre os tribunais nacionais e o TC» — *op. e loc. cits.* OTC esteve perto desta ideia sobretudo no caso *Bosch*, 101, considerando 3.

(312) Esta ideia de cooperação vai tão longe que o TC só pode intervir no quadro do art. 177.º CEE *depois de* nesse sentido ter sido solicitado pelo juiz nacional, e não há qualquer «*Community appeal*» contra a recusa do tribunal estadual em suscitar a decisão prejudicial do TC no âmbito do art. 177.º

(313) *Rôle*, 115. O A. tinha em vista repudiar as expressões «*Richterstaat*» ou «*gouvernement des juges*», com que se tem querido por vezes criticar o papel preponderante que o TC tem assumido na elaboração do DC, expressões essas que pouco antes haviam sido utilizadas, com

trina ([314]). Ora só isso seria, já de per si, suficiente para afastar o sistema jurídico das Comunidades do ordenamento jurídico dum Estado federal ([315]).

Mais adiante teremos de retomar algumas destas considerações que nos mostram que o DC não se confunde com o Direito federal ([316]).

8. *Equivale a integração pelo método funcional a uma renúncia ao federalismo?* Federalismo ou funcionalismo — *um falso dilema*

8.1. *Enquadramento do problema*

Para alguns autores haverá uma outra razão, esta de índole histórica, para que as Comunidades Europeias e, portanto, também o Direito Comunitário, não possam ser aproximados do federalismo. Recordam eles que a integração europeia tem vindo a processar-se de harmonia com o método *funcional*, o que teria o significado de uma rejeição do método federal, já que os dois métodos se excluem. Os melhores representantes desta corrente são *Fritz Münch* ([317]), *Burdeau* ([318]), *Iglesias Buigues* ([319]), *Ganshof Van Der Meersch* ([320]), *Pescatore* ([321]),

---

esse alcance, por MAURICE DUVERGER — artigo publicado em *Le Monde*, de 20-9-80, pg. 10, sob o título *Le gouvernement des juges européens.*

([314]) Por todos, GAUDET, que fala expressamente na «cooperação judiciária» entre o TC e o conjunto dos tribunais estaduais dos Estados membros — 312 ss.; MASHAW, 437; BARAV, em anotação ao Acórdão do TC no caso *Foglia Imbroglio,* 431 e n. 1; HAY, *loc. cit.* (n. 218); e BEBR, *op. e loc. cits.*. Ver também os nossos *Sumários,* 29 e 105.

([315]) Nossos *Sumários,* 105.

([316]) Sobretudo, Parte II, Cap. II, n. 11, *d,* inclusive n. 1107.

([317]) *Sources,* 6 ss.

([318]) 652 ss. A pgs. 657, o A. exterioriza o seu pensamento pela ideia de que a Europa, para possuir uma estrutura federal, terá de criar «um poder político global e único».

([319]) 522.

([320]) *Op. cit.* (n. 146), 89.

([321]) *Fédéralisme,* 8.

Conforti [322] e, sobretudo, *Léontin Constantinesco,* que foi o Autor que, em trabalho recente, mais aprofundou a defesa desta tese [323] [324].

Todos estes Autores assentam a sua construção na ideia de que até agora a integração tem sido levada a cabo pelas Comunidades, inclusive pela CEE, através da especialização de cada uma delas em sectores bem definidos. Com efeito, a CECA ocupa-se apenas do sector carbo-siderúrgico, a CEEA apenas da energia atómica, e a CEE, embora prossiga uma integração económica global, está circunscrita ao domínio *económico.*

Daí que seja correcto afirmar-se que a integração que as Comunidades concretizam é, para empregar palavras desses Autores, meramente *parcial, sectorial,* ou, numa expressão mais técnica, *funcional.* A evidência deste fenómeno cedo seria reconhecida pelo próprio Tribunal das Comunidades, ao definir no caso *Van Gend* a ordem comunitária como uma ordem jurídica «a favor da qual os Estados limitaram, embora apenas em *domínios restritos,* os seus poderes soberanos» [325].

Ora, para a corrente que estamos a descrever, a especialização sectorial das três Comunidades distingui-las-ia do conceito de Estado federal, porque este, em seu entender, prossegue, por definição, fins de carácter geral ou global, abrangendo todos os sectores de actividade, incluindo o domínio político. *Constantinesco* vai mesmo mais longe: às Comunidades deparava-se a necessidade de optar entre uma integração *global,* apoiada no «federalismo-constitucionalismo», isto é, identificada com o conceito de Estado federal, e assente na respectiva Constituição, ou uma integração *parcial,* talhada pelo método funcional, e fundada num esquema confederal do tipo clássico, de simples cooperação intergovernamental entre Estados, e respeitador da sua soberania. Não podia haver concessões recíprocas ou interpenetrações entre estes dois métodos [326].

---

(322) *Appunti,* 78.

(323) *Fédéralisme-constitutionalisme,* sobretudo 21 ss.

(324) Note-se que os pioneiros desta posição, então ainda não muito convencidos dela, parece terem sido, logo após a criação da CECA, MOSLER, *Vertrag,* 44, e KRAUS, 202.

(325) *Loc. cit.* (n. 253). O itálico é nosso.

(326) *Op. cit.* (n. 323), 19 ss.

8.2. Federalismo-constitucionalismo e funcionalismo — *dois métodos propostos aos iniciadores da integração europeia. A opção inicial pelo método federal*

Foi logo a seguir ao termo da 2.ª Grande Guerra, quando se começou a fazer planos para a união da Europa, aproveitando inclusivamente os contributos que para essa ideia vinham há séculos a ser reunidos, que se sentiu que a primeira escolha a fazer nessa matéria era de natureza metodológica: a reconstrução política e económica da Europa, e a sua união, deveriam ser obtidas segundo um modelo federal ou funcional? No binómio federal-funcional, identificado nalguns casos, como vimos, com o binómio federal-confederal, fácil foi escolher o federalismo (327). Com efeito, mais uma vez a História era a grande mestra: ela mostrava que uma Europa solidária, coesa e unida não podia assentar numa solução de tipo confederal, fundada na soberania dos Estados. Um rol impressionante de lutas sangrentas entre eles e o declínio do prestígio da Europa no Mundo avisava os Estados de que o futuro político seu e da Europa tinha de ser procurado fora desses moldes clássicos da cooperação internacional. E, a nível mundial, o estrondoso fracasso da Sociedade das Nações, que também assentara na intangibilidade da soberania dos Estados, aí estava a confirmá-lo.

Fora por isso que já em 1 de Maio de 1930 *Aristides de Briand* propusera aos Estados europeus a conclusão de um pacto que os vinculasse à construção de uma Europa federal (328). Mais tarde, também os vários projectos elaborados pelos diversos movimentos de resistência, ainda durante a segunda guerra, apontavam no mesmo sentido, ou seja, da necessidade da criação de uma Federação Europeia. Não, porém, uma Federação Europeia no sentido meramente «externo» do tipo do federalismo de *Hamilton* (329), mas, mais do que isso, uma Europa moldada

---

(327) A obra que talvez melhor o explique são as *Mémoires* de JEAN MONNET.

(328) Um resumo do enquadramento histórico da proposta de Briand pode ver-se na nossa nótula *A união da Europa*, in *Dem. Lib.* n.º 9, 8.

(329) HAMILTON, que se tornou célebre a partir da Convenção de Filadélfia de 1787, bebeu as suas ideias em grande parte em MON-

pelo figurino do federalismo «interno» ou, melhor, «integral», de *Proudhon* (330). Essa era, aliás, expressamente, a proposta apresentada pela União europeia dos Federalistas (331).

Este método federal, unanimemente sugerido então para a integração europeia, defendia que esta devia ser conduzida por forma global e coerente, desdobrando-se numa série de medidas e acções sucessivas que visassem a obtenção, a prazo mais ou menos curto, da união política da Europa, que devia ter o seu fundamento numa Constituição europeia. Fora, aliás, a opção feita nessa altura a favor do método federal que determinara a escolha do próprio termo *Comunidade*.

Com efeito, quando no Comité jurídico encarregado das negociações do Tratado CECA, o representante alemão, o Professor e Embaixador *Ophüls*, propôs para a nova entidade a designação de *Comunidade*, no exacto sentido de *Tönnies*, tinha em vista, como o próprio o reconhece, o «modelo federal» (332).

Foi dentro do mesmo espírito que nas negociações do Tratado CEE a designação de «Mercado Comum», prevista para a nova entidade no projecto do respectivo tratado, foi relegada para o art. 2.º do Tratado, subordinada ao conceito de Comunidade, que se tornou na designação oficial da nova organização (333).

8.3. *Razões do insucesso do método federal*

Adoptado o método federal, havia que convocar uma Assembleia Constituinte que desse uma Constituição à Federação europeia.

TESQUIEU, de quem se confessava discípulo. V., sobre o assunto, MONTANÉ DE LA ROQUE, 596.

(330) Mas os grandes teóricos do federalismo integral foram RAYMOND ARON e ALEXANDRE MARC. Um excelente estudo sobre as premissas filosóficas do federalismo proudhoniano foi dado à luz recentemente por DELVAUX.

(331) Cfr. L. CONSTANTINESCO, *op. cit.* (n. 323), 22.

(332) *Op. cit.* (n. 5), 154; e *op. cit.* (n. 15), 391-392. A afirmação de OPHÜLS é confirmada por um dos seus colegas nas referidas negociações, GANSHOF VAN DER MEERSCH, *op. cit.* (n. 143), 17.

(333) Neste sent., HAY, *Federalism*, 39; e *Comentário Wohlfahrt*, 3.

A primeira tentativa nesse sentido traduziu-se numa resolução do Congresso Europeu, reunido em Haia em Abril de 1948, que encarregou o Movimento Europeu de apresentar propostas no sentido da criação de uma Assembleia Constituinte. Enquanto decorriam as conversações preparatórias, o ministro britânico dos Negócios Estrangeiros, *Bevan*, colocava reticências à convocação de uma Constituinte e à elaboração de uma Constituição Europeia. Na sequência disso, o Reino Unido, apoiado pelos países escandinavos, apresentou um projecto de instituição de um Conselho Europeu, que devia ser uma simples organização intergovernamental de tipo clássico. Começavam assim a manifestar-se as divergências entre o Reino Unido e outros Estados europeus sobre a construção europeia.

A União Ocidental não teve outro remédio se não aceitar o projecto britânico, e, nessa conformidade, em 5 de Maio de 1948 era assinado em Londres o Estatuto do Conselho da Europa.

Mas, falhada a primeira tentativa de imprimir uma dinâmica federal à integração europeia, os seus sequazes não esmoreceram.

E foi assim que logo nas duas primeiras sessões da Assembleia Consultiva do Conselho da Europa, que tiveram lugar em 1949 e 1950, a maioria dos Estados membros do Conselho da Europa propôs a constituição daquela Assembleia em Assembleia Constituinte europeia, tomando como base dos seus trabalhos o «Pacto federal» que a União Europeia dos Federalistas dera a conhecer em Outubro de 1949.

A reacção dos britânicos e escandinavos não se fez, porém, esperar: ameaçaram imediatamente abandonar o Conselho da Europa caso fosse tomada qualquer resolução nesse sentido. E conseguiram, por essa forma, fazer abortar pela segunda vez o projecto da criação de uma Federação europeia (334).

8.4. *O refúgio no método funcional*

O insucesso das sucessivas tentativas de iniciar a integração europeia pelo método federal-constitucional, que englobasse o

(334) Sobre a matéria deste número, L. CONSTANTINESCO, *op. cit.*, 21 ss.

conjunto da actividade dos Estados, obriga-os, para não perderem mais tempo, a mudarem-se para o método *funcional* ou *parcial* (335).

Tal como era apresentado, este método tinha dois traços característicos: promovia a integração europeia *parcialmente* ou *por sectores,* e já não em termos *globais,* como o pretendia o método federal, e diferia no tempo o objectivo da Federação europeia (336). *Robert Schuman,* à data Ministro dos Negócios Estrangeiros francês, foi o precursor da aplicação deste método à integração europeia, por ter sido o primeiro a propô-lo, quando da sua Declaração perante o Parlamento de Paris, em 9 de Maio de 1950, que ficou conhecida pela expressão *Plano Schuman* (337). Aí Schuman defenderia, em nome do Governo francês, a criação de um *pool* franco-alemão restrito ao carvão e ao aço, subordinado a uma Alta Autoridade comum, e aberto a outros Estados ocidentais (338).

---

(335) «Integração parcial» (*«Teilintegration»*) é a expressão que certa doutrina germânica prefere — MOSLER, *op. cit.* (n. 20), 370, e EVERLING, *op. cit.* (n. 27), 597.

(336) O método federal não propunha necessariamente a obtenção imediata de uma Comunidade federal, mas era evidente que a questão do tempo o preocupava mais do que aos sequazes do método funcional. A construção dogmática do princípio do *funcionalismo,* tal como o descrevemos em síntese no texto, encontra-se hoje realizada de modo profundo na obra de SATTLER. Mas v. também as lúcidas observações de IPSEN, *op. cit.* (n. 4), 196 ss.

(337) Todavia, os historiadores são unânimes em fazer a JEAN MONNET a justiça de reconhecer que o Plano Schuman nasceu do *Plano de modernização e de equipamento* francês, por ele apresentado em 1945, tendo na sua concepção tido também forte influência a resolução aprovada em 25 de Abril de 1949 na Conferência do Movimento Europeu (onde se propusera um plano de coordenação das indústrias de base europeias através da criação de três organizações diferentes para as indústrias consideradas: carvão e aço, electricidade e meios de transporte — v. texto dessa resolução in *ET* n.º 21, 56 ss.) e a recomendação relativa à organização intra-europeia da indústria siderúrgica e às indústrias consumidoras do aço, aprovada pela Comissão para os Assuntos Económicos da Assembleia Constituinte do Conselho da Europa em 19 de Dezembro de 1949. Cfr. RACINE, 28. Esta obra contém também um excelente e detalhado estudo do Plano Schuman, para além das reacções que ele mereceu doutros governos.

(338) «Le Gouvernement français propose de placer l'ensemble

O carácter *funcional* do método adoptado ficava claramente demonstrado na Declaração de Schuman. De facto, ao afirmar que «a Europa não se fará de um momento para o outro (...)», Schuman atrasava no tempo a união política da Europa; e, ao acrescentar «(...) nem numa construção global: ela far-se-á através de realizações concretas criando, antes de mais, uma solidariedade de facto» (339), justificava a escolha do sistema da integração sectorial em detrimento do método da integração global, que era comummente entendido como constituindo uma imposição do federalismo (340).

8.5. *A adopção do método funcional pela CECA não significou a rejeição do federalismo para a integração europeia*

A estruturação da CECA pelo método da integração parcial significou a recusa *para essa Comunidade* do método federal, dissemo-lo há pouco. Ora isso tem, como vimos, uma explicação histórica: os sucessivos reveses dos federalistas, devido à oposição vinda até aí sobretudo dos britânicos, determinaram que os teóricos e práticos da integração europeia, por razões de realismo ligadas à necessidade de se evitar maior perda de tempo, decidissem avançar pela via do funcionalismo (341). Mas não há razões nem políticas nem jurídicas, ao contrário do que pre-

---

de la production franco-allemande de charbon et d'acier, sous une Haute Autorité Commune, dans une organisation ouverte à la participation des autres pays d'Europe».

(339) Texto original desta célebre frase de SCHUMAN: «L'Europe ne se fera pas d'un coup; elle se fera par des réalisations concrètes, créant d'abord une solidarité de fait».

(340) Sobre a dimensão da escolha por SCHUMAN do método da «integração parcial», v. o excelente estudo publicado nos Estados Unidos por DIEBOLD, 622 ss., e 651 ss.; REUTER, *op. cit.* (n. 73), 519 ss., e *Origines*, 65 ss. Os pormenores da oposição entre os «funcionalistas» e os «institucionalistas» nos trabalhos preparatórios da CECA encontram-se descritos por outro activo negociador daquele Tratado, o Professor MOSLER, *op. cit.* (n. 20), 361.

(341) Esta opção teve repercussões na própria estrutura jurídica da CECA, como a seu tempo demonstraremos.

tendem os Autores a que há pouco aludimos (342), designadamente o Professor *Léontin Constantinesco,* para se ver nessa recusa a rejeição, pelos funcionalistas, do federalismo para a ulterior marcha da integração europeia.

Antes pelo contrário. Mais uma vez vai ser a própria História que nos vai demonstrar que, no pragmatismo que rodeou a sua escolha, o método funcional foi adoptado na CECA justamente como um impulso necessário ao já descrente método federal.

Em primeiro lugar, o próprio *Schuman,* na sua Declaração de 9 de Maio de 1950, via na colocação da produção franco-alemã do carvão e do aço sob uma Alta Autoridade Comum a «primeira etapa concreta de uma Federação europeia», e considerava a sua proposta «o lançamento da primeira pedra duma Federação europeia indispensável à preservação da Paz» (343). Além disso, logo no segundo parágrafo da sua Declaração, ele situava-a na mesma linha histórica da proposta que vinte anos atrás, concretamente a 1 de Maio de 1930, fora apresentada por Briand, à qual já fizemos referência, e que apontava claramente para uma Federação europeia (344). Só assim se compreende, aliás, a reacção do governo britânico à Declaração de Schuman, quando, embora aceitando em princípio o plano daquele Ministro francês, se dessolidarizou do seu espírito federalista, por fidelidade à sua posição já anteriormente assumida sobre o assunto (345).

Em segundo lugar, e não obstante este ponto aparecer muito esquecido na doutrina juspublicista, há que dar a devida importância ao facto de a CECA ter sido instituída tendo como principal modelo o sistema federal norte-americano. Mais uma vez

---

(342) *Supra,* n.º 8.1.

(343) No m. sent. da interpretação que aqui damos do *Plano Schuman* v. o prefácio do próprio SCHUMAN à *op. cit.* (n. 1) de REUTER, 5 ss.; RACINE, especialmente 15 ss.; e OPHÜLS, com a importância que lhe advém do facto, já por nós referido, de ter sido o principal negociador do Tratado CECA — *Partieller Bundesstaat,* 25 ss.; e *Juristische Gedanken,* 191 ss.

(344) No texto original: «En se faisant depuis plus de vingt ans le champion d'une Europe Unie (...)».

(345) V. a troca de notas entre os governos francês e britânico em RACINE, 61 ss., especialmente 63.

são, desde logo, os próprios negociadores do respectivo Tratado a revelarem-no ([346]).

As razões por que os fundadores da CECA se inspiraram no federalismo consagrado na Constituição dos Estados Unidos reconduzem-se a duas.

A primeira foi que a Lei Fundamental de Bona, de 1949, cujo sistema federal pareceria em princípio estar mais destinado a servir de modelo à CECA, havia acabado de entrar em vigor quando se iniciaram as conversações para a instituição desta Comunidade. Daí advinha sobretudo o inconveniente de ainda não se ter formado em torno dela nem uma doutrina sólida nem uma prática esclarecedora ([347]).

A segunda razão, esta mais importante, foi que, das mais significativas experiências federalistas em vigor na época, a experiência dos Estados Unidos era a que melhor havia sabido casar o federalismo com o funcionalismo.

A natureza funcional, ou parcial, ou sectorial do federalismo dos Estados Unidos parece não deixar dúvidas, e já há século e meio era descrita por *Tocqueville* como a característica essencial do Estado federal norte-americano e que o distinguia de todas as demais experiências similares. Para aquele historiador francês, o federalismo norte-americano apresentava-se como «uma forma de sociedade na qual *vários povos se fundem realmente num só em relação a alguns interesses comuns, mantendo-se separados quanto a todos os outros*. No que concerne a esses *interesses comuns*, o poder central actua directamente sobre os governados, administrando-os e julgando-os ele próprio, como o fazem os governos estaduais, mas isso só se passa em relação a um *círculo restrito de matérias*» ([348]).

([346]) Por todos, Ophüls, *op. cit.* (n. 15), 394-395, e bibl. aí cit.

([347]) No m. sent., Ophüls, *op. e loc. cits.*

([348]) Cap. VIII: *De ce qui distingue la constitution fédérale des États-Unis*. Os itálicos são nossos. Esse carácter funcional do federalismo norte-americano pode, aliás, ser extraído sobretudo do 10.º aditamento à Constituição dos Estados Unidos, segundo o qual «os Estados ou o povo conservam os poderes que não foram delegados pela Constituição à União nem foram por ela recusados aos Estados» — v. André Tunc/Suzanne Tunc, 121.

Ora, para os paladinos da integração europeia dos finais dos anos 40 e início dos anos 50, que, como vimos, queriam socorrer-se do método da integração parcial a fim de ultrapassarem a situação de impasse provocada pelo fracasso das sucessivas tentativas de adopção do método federal, mas simultaneamente sem com isso renunciarem ao ideal duma Federação europeia, nenhuma outra experiência poderia constituir modelo mais feliz a imitar pela CECA do que a experiência norte-americana. Saber-se em que medida é que a conseguiram decalcar é uma outra questão, sobre a qual só mais para a frente nos teremos de debruçar, e mesmo então apenas dentro dos limites do objecto do nosso estudo.

Mas há ainda um outro indício seguro de que a opção pelo funcionalismo, quando da criação da CECA, não fechava as portas, só por si, ao método federal. Como bem nota *Georg Erler*, a metodologia dos funcionalistas consistia em, por «pequenos passos», se proceder a sucessivas «integrações parciais» dos diversos domínios de actividade, de modo a se alcançar o «*point of no return*» quanto à integração global das Comunidades (349).

8.6. *Tentativa malograda de recuperação do método federal e regresso ao funcionalismo*

Só concebendo a instituição da CECA como não equivalendo a um abandono definitivo do método federal-constitucional é que não causaria surpresa que nova tentativa viesse a ser feita no sentido de dar à Europa uma Constituição, que servisse de base à Federação europeia.

Mais uma vez, o processo seria desencadeado pela União Europeia dos Federalistas, que conseguiu que *De Gasperi* introduzisse no Tratado que criaria a Comunidade Europeia de Defesa o art. 38.º, pelo qual a uma Assembleia *ad hoc* da Assembleia da CECA (que para o efeito era designada de «Comissão Constitucional») eram conferidos poderes constituintes para elaborar o projecto de uma Comunidade Política Europeia (ComPE). Essa Assembleia apresentou, em Março de 1953, o

---

(349) *Op. cit.* (n. 289), 5.

projecto do Estatuto desta Comunidade, que consagrava o «Pacto federal» anteriormente elaborado, e devia absorver a CECA e a CED, criar um mercado comum e coordenar a política externa dos Estados membros.

Mas com a recusa pelo Parlamento francês, em 30 de Agosto de 1954, da ratificação do Tratado CED, que havia sido assinado em Paris em 27 de Maio de 1952, o projecto de criação da ComPE foi naturalmente abandonado, até porque aquela constituía pressuposto desta.

Era o terceiro e mais importante revés dos federalistas. Os funcionalistas iriam agora retomar a condução do processo de integração, e obteriam a assinatura, em 25 de Março de 1957, em Roma, de dois tratados que criavam um a CEE, e outro a CEEA.

Qualquer destas duas Comunidades procurava realizar uma integração meramente parcial, mesmo a CEE, que, como já dissemos, prossegue uma integração restrita ao domínio económico. Também aqui, porém, e uma vez mais, a adopção do funcionalismo não significou o repúdio do federalismo para a integração europeia. Com efeito, se o federalismo norte-americano tinha sido, como vimos, o grande inspirador dos criadores da CECA, a CEE viria a ser instituída sob grande influência do sistema federal criado pela Lei Fundamental de Bona, de 1949, que já tinha quase dez anos de vigência e de experiência positiva (350).

Esperar-se-ia talvez que os federalistas tentassem uma nova oportunidade, já nos anos 60, e mesmo após o fracasso do projecto da «União Política Europeia» contido no *Plano Fouchet*, de 1962 (350-A), para o que poderiam ter aproveitado a segunda fase da fusão formal ou orgânica das Comunidades (351), donde resultou ter passado a haver um só Conselho e uma só Comissão para as três Comunidades, para a fazer acompanhar da sua fusão material ou substantiva. Mas isso nem sequer foi ten-

(350) Mais uma vez é Ophüls quem no-lo revela, *op. cit.*, 404-405. No m. sent., Ipsen, *Bundesstaat*, 249 ss.

(350-A) V. *infra*, n. 750.

(351) *Segunda fase* porque o primeiro tratado de fusão foi a COC, de 25-3-57 — v. os nossos *Sumários*, 21-22.

tado. Só em 1967 se iniciariam esforços nesse sentido, mas de que nunca mais se ouviria falar (352).

8.7. *Conclusão*

Pode-se portanto concluir, do que acaba de ser dito, que não é correcto afastar-se as Comunidades e o seu ordenamento jurídico do sistema federal com o argumento de que, ao fundarem-se as três Comunidades segundo o método de integração funcional, se quis renunciar à união da Europa de harmonia com o modelo federal. Esta concepção, que logo após a criação da CECA encontrou forte sustentáculo no Professor *Schlochauer* (353), parte do princípio de que a dicotomia federalismo--funcionalismo, vistos estes como dois métodos distintos para a integração europeia, que atendem respectivamente ao conjunto global ou meramente parcelar dos interesses a integrar, coincide com o binómio Estado federal-Confederação, tal como há quase um século era exposto na clássica dissertação de doutoramento de *Le Fur* (354), isto é, como a *summa divisio* Direito interno-Direito Internacional, entendidos como duas formas jurídicas distintas de organização do poder político (355).

Ora, como vimos, este princípio é errado.

Embora possamos conceder aqui, mais por constatação histórica, do que por imposição conceptual, que na Confederação de Estados só uma parte dos interesses dos Estados se

(352) L. CONSTANTINESCO, *op. cit.* (n. 323), 25.

(353) *Rechtsformen*, 43; e *Rechtsnatur*, 372-373. Para o A., o método global ou *institucionalismo* conduz-nos à integração e é, por isso, matéria de Direito Constitucional; enquanto que o método parcial ou *funcionalismo* não nos retira do domínio do DIP e consente meras relações de coordenação.

(354) 9 ss.

(355) Em rigor, só existe *Comunidade*, no sentido de TÖNNIES (como há pouco vimos) e, correspondentemente, integração como *acto*, ou *estado*, ou *situação*, quando a organização do poder político obedece ao princípio da subordinação, ínsito no conceito de Estado federal, e não apenas da mera coordenação intergovernamental, que ressalva a soberania dos Estados, como é da essência do conceito de Confederação — cfr. *ops. cits.* na n. 21 e KELSEN, *Teoria*, 99.

torna comum e, portanto, é entregue aos órgãos da Confederação, não é verdade que o conceito de Estado federal imponha a integração de todos os interesses dos Estados que o compõem ou, o que é o mesmo, de todas as suas actividades. É natural que mais uma vez se faça sentir aqui a fluidez ou, pelo menos, a elasticidade do conceito de federalismo, que leva, por exemplo, *Fritz Münch* a sustentar, para defender a noção de *federalismo funcional* ou *federação parcial*, que a federação global «é o termo final e o objectivo último do federalismo, mas não a sua única manifestação» (356).

É precisamente por isso que não aceitamos a caracterização do método federal-constitucional feita por *L. Constantinesco* como método do «tudo ou nada» (357).

Ninguém nega que os Estados Unidos sejam um Estado federal por aí o federalismo ter sido construído com respeito pelo método da integração parcial ou funcional.

Daqui resulta que o funcionalismo, como método de integração dos interesses dos Estados europeus, é perfeitamente compatível com o federalismo, como forma desejada para a organização do poder político da Europa integrada.

Como vimos, esta conclusão é antes de mais confirmada pela História do movimento da integração europeia.

Por duas vezes se tentou, antes da criação da CECA, promover a integração europeia pelo método federal. Foi porque se não conseguiu aí um consenso que se instituiu a CECA à luz do funcionalismo. O carácter transitório do método então adoptado ficou bem claro quer na definição da CECA como o primeiro passo rumo à Federação europeia, quer na nova tentativa, feita logo a seguir, para se recuperar o federalismo pela criação de uma só Comunidade *global*, a ComPE, que desse corpo à Federação europeia, assente numa Constituição própria. Essa Comunidade deveria absorver a CECA e a CED, que se presumia que entretanto seria instituída, e teria chamado a si as funções que mais tarde viriam a ser atribuídas tanto à CEE como à CEEA. Foi fundamentalmente devido ao novo insucesso do método global que se persistiu no funcionalismo,

(356) *Op. e loc. cits.* (n. 317). No m. sent., SATTLER, 214 ss.
(357) *Op. e loc. cits.*

dando-se lugar à instituição da CEE e da CEEA. Mesmo então, porém, não se quis deixar de na criação da CEE se recolher inspiração no sistema político federal da Alemanha.

Em suma, os sucessivos insucessos do método da integração global ou institucional fizeram crer os teóricos e práticos da integração europeia que era ainda prematura a aplicação daquele método, e que o caminho indicado consistia em progredir pela integração sucessiva de actividades limitadas, mas suficientemente importantes para que mais tarde a Federação nascesse da aproximação dos sectores já integrados (358).

Portanto os autores (359) e os documentos oficiais (360) que, para caracterizarem as Comunidades ou a sua ordem jurídica, falam em «federação funcional», ou «federação parcial», ou «Estado federal parcial», utilizam uma definição teoricamente possível, porque — repetimos — o Estado federal e o método da integração funcional não se excluem nem se repelem; mas atribuem erradamente essa qualificação às Comunidades e ao DC porque, pelas razões que na devida altura expusemos (361), nem aquelas nem este se encontram moldados por respeito pelo princípio federalista. Mas isso é assim porque, logo para começar, as Comunidades não são susceptíveis de ser reconduzidas ao conceito de Estado federal e também porque o Direito Comunitário não se encontra estruturado como a ordem jurídica de qualquer Estado federal — só por isso, não por terem sido

---

(358) No m. sent., Burdeau, *loc. cit.* Não acredita na viabilidade desta metodologia L. Constantinesco, *op. cit.*, 20 ss.

(359) Por todos, Schwarzenberger, *ops. e locs. cits.* (ns. 127 e 129); Oppenheim/Lauterpacht, I, 182 e 187; Catalano, *op. cit.* (n. 34), 17; Van Kleffens, 121 ss.; Ophüls, sobretudo *Partieller Bundesstaat*, epígrafe e 25 ss., *Juristische Gedanken*, 289 ss., e *Quellen*, 1698; Ipsen, *op. cit.* (n. 350), 252-253 e bibl. aí cit.; Haas, 32-34; Hay, *ops. cits.* (ns. 219 e 20), respectivamente 21 e 89 ss.; Münch, *op. e loc. cits.* Hay e Münch rejeitam a qualificação *jurídica* das Comunidades como Estado federal porque lhes falta a «estadualidade», mas caracterizam-nas do ponto de vista *político* como expressões do *federalismo funcional* — *locs. cits.*

(360) Ao solicitar ao Parlamento a aprovação do Tratado CECA para ratificação, o Governo alemão designava esta, várias vezes, de «federação parcial» — *Amtliche Begründung der Bundesregierung zum Gesetzesentwurf über die Ratifizierung des Montanvertrages*, in *B.-DR.* 2401 (1. Legislaturperiode) (1951), 1, 4, 5 e 11.

(361) *Supra*, n.º 7.

organizadas por homenagem ao princípio da integração parcial (362) (362-A).

§ 3.º

O Direito Comunitário não é Direito supranacional

9. *Preponderância na doutrina da corrente que caracteriza as Comunidades Europeias com recurso ao adjectivo* supranacional

Quem percorra a doutrina jurídica e a doutrina política das Comunidades Europeias não levará tempo a concluir que nela predomina nitidamente a caracterização das Comunidades com recurso ao adjectivo *supranacional.* Os autores que assim procedem poucas vezes parecem preocupados em atribuir a este adjectivo um conteúdo rigoroso, e a adopção desta corrente com vista à definição da natureza das Comunidades Europeias nem mesmo evita, muitas vezes, que eles adoptem simulta-

---

(362) No m. sent., i.é, aceitando o conceito de *federalismo funcional* ou *federação parcial* mas recusando-o para as Comunidades e para o seu Direito, muito especialmente KELSEN, *op. cit.* (n. 216), 264-265 e n. 89 (onde o A. cria um conceito original, o de «Estado económico parcial», embora afastando dele as Comunidades por estas não se enquadrarem, segundo o A., no conceito de Estado).

(362-A) O Parlamento Europeu aceitou tacitamente que as Comunidades não são ainda Estado federal quando a *Resolução relativa ao projecto do Tratado que cria a União Europeia,* por ele aprovada em Fevereiro passado, embora não empregue as expressões «federalismo» ou «federação», se deixou inspirar pela ideia de que «a Comunidade dos Dez deve ser substituída por um Estado federal» — in *JO* de 19-3-84, n. C 77/33 ss. É essa a interpretação que daquele projecto de Tratado dá o Partido Popular Europeu, donde proveio a maior parte dos votos favoráveis àquela resolução — v. Parti Populaire Européen, *Le défi européen,* Luxemburgo, 251. E não era outro o alcance da *Declaração solene sobre a União Europeia,* aprovada pelo Conselho Europeu em Estugarda, em 19-6-83, quando os Dez, acolhendo os princípios políticos do *Plano Genscher — Colombo,* reafirmavam a sua «vontade da transformar o conjunto das relações entre os seus Estados numa União Europeia» (preâmbulo da Declaração) — *Bol. CE* 1983-6, 24 ss.

neamente qualquer das outras teses, que neste capítulo estamos a apreciar, quanto à caracterização das Comunidades ou da sua ordem jurídica.

De facto, raros são os autores que, ao estudarem a natureza jurídica das Comunidades Europeias, fogem à sua qualificação como *organizações supranacionais* ou *Comunidades supranacionais,* mesmo quando por detrás desse atributo se esconde, o que tantas vezes acontece, por exemplo, a aproximação do fenómeno comunitário com o fenómeno estadual ou com o Estado federal, ou a sua inserção pura e simples no Direito Internacional clássico. Alguns deles, como bem observa *Pescatore,* chegam a utilizar em sinonímia os adjectivos «comunitário» e «supranacional» (363) mas sem que necessariamente reconduzam a natureza jurídica das Comunidades ao conceito de supranacionalidade (364).

Cremos que esta confusão e a consequente imprecisão em torno da ideia de supranacionalidade ficaram bem demonstradas quando no capítulo anterior procedemos ao levantamento do estado da doutrina na matéria. Esse facto fica a dever-se essencialmente à indefinição e à incaracterização que desde sempre tem rodeado os vocábulos *supranacional* e *supranacionalidade,* pelo menos quando referidos às Comunidades Europeias, e à confusão que neste domínio sempre tem dominado os estudos quer jurídicos quer políticos.

Mas se é vulgar haver referência às Comunidades pela via da supranacionalidade, muito raramente se procura a construção do DC como uma ordem jurídica supranacional. Como vimos já, a paternidade da expressão *Direito supranacional,* com referência à ordem jurídica das Comunidades Europeias, é reivindicada, e parece que com razão, pelo Professor *Quadri,* que ainda nos anos 40 a empregou para designar experiências que ele apelidava de *supranacionais* mesmo antes do aparecimento das Comunidades Europeias (365). Mas poucas vezes seria reto-

---

(363) *Op. cit.* (n. 9), 75.

(364) Também Diez de Velasco protesta contra esta «equivocidade» da terminologia neste domínio — *op. cit.* (n. 4), II, 333.

(365) *Op. cit.* (n. 24), 1.ª ed., 5. O A. tinha então em vista concretamente o art. 90.º da Convenção de Chicago de 7-12-44, e a Organização Internacional da Aviação Civil.

mada [366], o que só confirma que, como já por mais de uma vez fizemos notar, o esforço de caracterização da natureza jurídica das Comunidades Europeias tem relegado para secundaríssimo plano o estudo da natureza jurídica da ordem jurídica comunitária.

10. *Dificuldade na elaboração dum conceito jurídico de supranacionalidade*

10.1. *O silêncio actual do Direito positivo*

Poucas vezes na Ciência Jurídica, e mesmo na Ciência Política, uma noção terá sido tão discutida como o tem sido a da supranacionalidade acerca da integração europeia. E apesar disso continua a reinar uma grande desorientação acerca do sentido e do conteúdo a atribuir-lhe: pode dizer-se que neste domínio tudo já foi dito e desdito, que poucos são os autores que ao longo destes trinta anos de integração não têm mudado de opinião nesta matéria, e não raro mais do que uma vez, e que a própria jurisprudência, nacional e comunitária, tem variado muito no entendimento a dar àquele princípio, sobretudo quando consegue descer das generalidades. Em suma: o recurso, quase sempre descuidado, à ideia da supranacionalidade vulgarizou-se e, enquanto tal, ela foi gradualmente perdendo um significado exacto e um conteúdo rigoroso.

E tudo isto por causa duma palavra que já nem sequer figura nos tratados em vigor.

Com efeito, a supranacionalidade entrou no vocabulário jurídico pela mão do art. 9.º CECA, na sua versão francesa, onde se continha duas vezes referência a ela: no par. 5 impunha-se aos membros da Alta Autoridade que no desempenho dos seus cargos se abstivessem de qualquer acto incompatível

(366) E mesmo então deparamos por vezes com estudos exaustivos consagrados aos aspectos jurídicos da integração europeia onde a definição do DC como Direito supranacional não nos surge minimamente explicada quanto ao seu conteúdo — por todos, Mathijsen, *op. cit.* (n. 150), 156.

com o «caractère supranational» das suas funções; e no par. 6 os Estados membros comprometiam-se a respeitar esse carácter ou essa natureza supranacional.

Note-se que aí não era sequer a CECA que era qualificada de supranacional, mas apenas a função dos membros de um dos seus órgãos, o que ainda mais atenuava o impacto da palavra (367). A primeira tentativa no sentido de se caracterizar de supranacional *toda uma Comunidade, qua tale,* não passaria disso, de um projecto: ela constava do Tratado que instituía a fracassada CED, que rezava que «Pelo presente tratado as Altas Partes Contratantes instituem entre elas uma Comunidade Europeia de Defesa *de carácter supranacional,* dotada de órgãos comuns, forças armadas comuns e orçamento comum» (368).

Quase contemporaneamente nova tentativa era realizada no mesmo sentido, que de igual modo seria votada ao insucesso.

Com efeito, o art. 1.º do Projecto do Estatuto da Comunidade Política Europeia dispunha: «É instituída pelo presente Tratado uma Comunidade Europeia *de carácter supranacional.* A Comunidade assenta na união dos povos e dos Estados, no respeito pela sua personalidade e na igualdade dos direitos e das obrigações. Ela é indissolúvel» (369).

Mais tarde, os Tratados CEE e CEEA omitiriam intencionalmente a palavra «supranacional», respectivamente nos seus arts. 157.º e 126.º, que correspondem ao referido art. 9.º CECA. Alguns anos volvidos, o Tratado de fusão (TF), no seu art. 19.º, revogaria o art. 9.º CECA (aliás, tal como os arts. 157.º CEE e 126.º CEEA), ficando as funções dos membros da Comissão única para as três Comunidades, criada pelo art. 9.º do novo Tratado (e que vinha substituir a Alta Autoridade da CECA

(367) Como bem notava Reuter logo em 1953, naquela que foi a primeira obra exaustiva sobre a CECA — *op. cit.* (n. 1) —, e onde o A. quase não utilizava o adjectivo *supranacional* para definir a CECA como tal, limitando-se a qualificar desse modo as «autoridades». Assim, sobretudo a pgs. 138 ss., o A. falava em «les autorités supranationales», discutindo se elas o eram ou não, mas não se preocupando com o facto de a CECA o ser ou não.

(368) O itálico é nosso.

(369) O itálico é nosso.

bem como a Comissão quer da CEE quer da CEEA), reguladas no seu art. 10.º n.º 2. Aí já não foi empregue o adjectivo «supranacional», que, dessa forma, desapareceu então definitivamente do Direito dos Tratados das Comunidades.

10.2. *A infixidez terminológica*

O silêncio total por que o Direito positivo optou, a partir do TF, quanto à supranacionalidade não impediria, porém, que ela se tornasse de utilização quase obrigatória na caracterização do fenómeno comunitário, e se viesse mesmo a situar no cerne da construção jurídico-política das Comunidades. Pode-se mesmo dizer, sem exagero, que a questão da supranacionalidade cedo se tornou na *famosissima questio* e, simultaneamente, na *vexata questio* da integração europeia.

Todavia a elaboração daquele conceito pela doutrina e pela jurisprudência, que, como dissemos, se mantém em aberto, viria a ser muito prejudicada, antes de mais, pela própria nebulosidade e infixidez da terminologia adoptada, o que dá um contributo para a necessária tomada de consciência das dificuldades que o problema linguístico coloca à elaboração dogmática do Direito Comunitário.

Fizemos questão em acentuar há pouco que o adjectivo «supranacional» apareceu na versão francesa do art. 9.º CECA. De facto, o texto alemão substituía-o pelo adjectivo *«überstaatlich»*, que se traduz facilmente por «sobreestadual» (em alemão, «über» traduz-se por «sobre»). Ora, o confronto do vocábulo *«supranational»*, do texto francês, com o termo *«überstaatlich»*, da versão alemã, longe de contribuir para uma clarificação do conceito, viria a reforçar ainda mais a indeterminação do seu conteúdo e dos seus contornos.

Com efeito, e independentemente do diferente significado material que parte da doutrina cedo atribuiu aos dois adjectivos, mesmo formalmente eles não podiam ser vistos como exprimindo uma sinonímia.

Antes de mais, um faz apelo do conceito de Nação e outro do de Estado. Ora, é conhecida a clara distinção que no Direito Constitucional e na Ciência Política se tem vindo a respeitar entre Nação e Estado, e a frequente não coincidência prática entre os dois conceitos.

Por outro lado, o vocábulo alemão é «*überstaatlich*» e não «*oberstaatlich*». *Über* e *ober* querem dizer *em cima de*, mas *über*, ao contrário de *ober*, que é o que em rigor corresponde em francês ou inglês ao prefixo *supra* (em «*supranationalité*» ou «*supranationality*»), exprime uma *superioridade hierárquica*. Daí que o vocábulo *überstaatlich* queira significar a existência de um poder *hierarquicamente superior* ao poder estadual, o que se não pretende dizer, pelo menos etimologicamente, com o vocábulo francês *supranational* (370).

Na França, na Bélgica, na Itália e, mais tarde, no Reino Unido, foi ainda possível esconder em parte os inconvenientes que resultavam dessa infixidez terminológica, através da generalização duma terminologia quase uniforme: *supranationalité*, *sopranazionalità*, *supranationality*. Mesmo assim, na França e na Bélgica um sector delimitado da doutrina estabelece uma antinomia entre «*supranational*» e «*superétatique*»: este último atributo aplicar-se-ia a toda a organização, instituída entre vários Estados, cujo poder de decisão vinculasse os mesmos Estados, *e só estes*, pelo que não andaria muito distante no seu significado, se é que se distinguiria, do «*international*»; enquanto que o adjectivo «*supranational*» caracterizaria a organização que tivesse um poder imediato e directo sobre as pessoas singulares ou colectivas da ordem interna dos Estados membros (371) (372).

É, todavia, na doutrina alemã que mais se faz notar o uso duma terminologia diversificada nesta matéria. Com efeito, se por um lado se fala, nem sempre em sinonímia, em «*Supranationalität*», «*supranational*», «*übernational*», por outro lado empregam-se as expressões «*Überstaatlichkeit*», «*überstaatlich*», sem con-

---

(370) No m. sent., VON LINDEINER-WILDAU, 43.

(371) Por todos, v. *Dicionário Basdevant*, 588-589; C. DE VISSCHER, *Théories*, 288 e bibl. aí cit.

(372) Preocupações similares invadem, porém, o espírito de largo sector da doutrina comunitária, que nalguns casos se socorre da expressão «*transnacional*», ou «*Direito transnacional*», ou para evitar compromissos com um qualquer sentido equívoco de supranacionalidade ou para não tomar posição perante a distinção entre o *internacional* e o *supranacional*. V. W. FRIEDMAN, *Changing Structure*, 37-38, e as obras de JESSUP, Mc

tar com «*Supranationalisierung*» (373). Por detrás desta variedade terminológica (374), designadamente da oposição entre *Supranationalität* e *Überstaatlichkeit*, apreende-se por vezes uma diferença sensível de conteúdo (375). Mas também encontramos autores que se servem simultaneamente desses dois vocábulos, embora seja difícil afirmar-se que os empregam sempre em total sinonímia: é, por exemplo, o caso de *Ipsen* (376).

Sem querermos entrar por ora na definição jurídica do conteúdo do princípio da supranacionalidade, entendemos, da nossa parte, que o termo *sobreestadualidade* é menos mau que *supranacionalidade*. Entre os variados sentidos que a doutrina dá às expressões «*überstaatlich*» ou «*superétatique*» parece haver, mais no primeiro caso do que no segundo, e ao menos etimologicamente, um denominador comum, que no fundo corresponde à essência mínima que *de facto se pretende* significar nesta matéria, ou seja, a existência de um poder político superior ao dos Esta-

---

DOUGAL e RAYMOND ARON aí cits. na n. 5 da pg. 37; SPEECKAERT, *passim*, que prefere falar em «*associações transnacionais*» a «*organizações internacionais não governamentais*»; e LANGEN, que estuda o «*Direito transnacional*» como sendo todo o Direito que está para além do Estado, seja ele «internacional» ou «supranacional» — cfr., nesse sentido, a recensão deste trabalho pelo Professor CARSTEN EBENROTH, in *NJW* 1981, 2626. Andaram próximos desta metodologia MONACO, *op. cit.* (n. 8), 61-62, e MENG, 150 n. 6.

(373) De «*Supranationalisierung*» só fala um A., mas de nomeada — BADURA, 54 ss.

(374) Mesmo quando a raiz da palavra é o adjectivo *national*, o seu sentido varia conforme se o faz preceder do prefixo «*supra*» (que corresponde a *ober*) ou do prefixo «*über*», dado que, como já mostrámos no texto, este tem em alemão um significado diferente do daquele. É nessas circunstâncias que preferem «*übernational*» a «*supranational*», entre outros, SCHLOCHAUER, *op. cit.* (n. 1), 289; SCHEUNER, *op. cit.* (p. 46), 233; COING e o., *Textsammlung*, epígrafe e *passim*. Também o Professor HALLSTEIN, então Secretário de Estado dos Negócios Estrangeiros, na Declaração proferida aos órgãos de Informação logo a seguir à assinatura do projecto do Tratado CECA, em 19 de Março de 1951, empregou muitas vezes o adjectivo «*übernational*» e nunca «*supranational*», parecendo que a opção foi consciente e intencional — v. texto dessa declaração em MOSLER, *op. cit.* (n. 20), 384-385.

(375) Para uma exaustiva indicação bibliográfica, v. SCHLOCHAUER, *op. cit.* (n. 38), 1 ss.; e ROSENSTIEL, *passim*.

(376) *Op. cit.* (n. 4), p. ex. 68, e *Supranationalität, passim*.

dos, e ao qual estes se encontram subordinados, sem cuidar aqui de saber se ele existe ou não na prática ([377]).

Ao contrário, o termo *supranacional*, que etimologicamente significa «o que está acima da Nação» ([378]), socorre-se, como se disse, do conceito de Nação, quando o que está aqui em causa é o conceito de Estado; e, enquanto invoca a ideia da nacionalidade, tem contra si o facto de que esta não tem sido objecto de tratamento jurídico profundo, e de aproximar demais o fenómeno comunitário da realidade estadual, na medida em que o conceito de nacionalidade continua a ser predominantemente um conceito de Direito interno dos Estados.

Apesar de tudo isso, foi o vocábulo *supranacionalidade* que há muito entrou no vocabulário jurídico e político, pelo que também nós, resignadamente, o adoptaremos. Fá-lo-emos, porém, com as reservas acima apontadas.

10.3. *A forte influência da Política na construção do princípio da supranacionalidade*

No estudo da problemática política e das questões jurídicas da integração europeia têm-se cometido muito vulgarmente dois graves erros metodológicos, que tantas vezes têm afectado os resultados da investigação.

Por um lado, os estudos de Política e de Ciência Política têm muito vulgarmente ignorado a componente jurídica da integração europeia, o que não raro os tem feito chegar a conclusões perfeitamente irrealistas e desajustadas ao quadro jurídico em que esta se desenvolve. Isso resulta do facto de se confundir amiúde os objectivos últimos da integração com os

---

([377]) Por conseguinte, não andamos longe do pensamento de De Valk, 15 ss.. Também preferem, sem hesitação, falar em *supraestadualidade* Monaco (que, por isso, não obstante o título enganador do seu artigo, opta por empregar a expressão «comunidades supraestaduais» e não «comunidades supranacionais»), *op. cit.* (n. 21), 70 e 75; e *Dicionário Jurídico Creifelds*, expressão *Supranationale Organisationen*. Contra, sobretudo Von Lindeiner-Wildau, que logo à partida recusa, mas sem razões convincentes, a própria ideia de sobreestadualidade — 42-43, 61.

([378]) Confirmam-no Robertson, *Legal Problems*, 143 ss., e Iglesias Buiges, *Supranacionalidad*, 76.

instrumentos que o sistema jurídico comunitário, *no seu actual estado objectivo de evolução*, está em condições de lhe fornecer.

Mas, no extremo oposto, é também vulgar acontecer que muitos juristas, sobretudo de entre os que provêm do Direito Privado, ou que por qualquer outra razão não se encontram familiarizados com o carácter por definição mais dinâmico e evolutivo do Direito Público e dos fenómenos políticos, sintam dificuldade em compreender que nas Comunidades Europeias o fenómeno jurídico não pode deixar de levar em conta o seu enquadramento político. Portanto, as disposições dos tratados ou os acórdãos do Tribunal das Comunidades não podem ser objecto duma interpretação seca e estática, desenraizada do circunstancialismo histórico em que nasceu e se tem desenvolvido a integração; alheia às opções que estão subjacentes aos tratados; e desconhecedora dos objectivos, mediatos e imediatos, que estão cometidos às Comunidades. O menosprezo, neste caso, pelo elemento político da integração europeia é tanto mais nocivo quanto é certo que, sobretudo nos primeiros anos da existência das Comunidades, anos esses que marcaram profundamente a construção jurídico-política da integração e condicionaram toda a sua evolução futura, muito do que foi acontecendo foi, bem ou mal, mais resultado de factores e imposições de ordem política do que expressão de conceitos ou da lógica jurídicos (379). Aliás, ainda há pouco mostrámos isso acerca de um importante domínio concreto (380). E é este o espírito que inspira a tese defendida pelo Juiz *Everling* num estudo recente, segundo a qual o próprio Direito Comunitário tem uma componente política (381).

---

(379) De opinião aproximada, embora colocando o problema numa perspectiva mais vasta, era ROBERTSON perante a Academia de Direito Internacional de Haia — *op. cit.*, 203.

(380) *Supra*, n.º 8.

(381) *Gemeinschaftsrecht*, 155 ss. Em rigor, o A. defende que o DC se situa «no campo de tensão entre a Política e a Economia», e que a Comunidade tem de ser vista numa tríplice dimensão: como «Comunidade política», como «Comunidade económica» e como «Comunidade jurídica» — 156 ss.

O primeiro dos dois erros metodológicos que acabámos de apontar é particularmente sensível no tratamento da supranacionalidade.

Como tentam demonstrar *Héraud* (382) e *Von Lindeiner-Wildau* (383), o princípio da supranacionalidade pertence àquele vasto conjunto de domínios do processo da integração europeia em que a Política e o Direito se entrecruzam e se interpenetram. Tentar estudá-los numa perspectiva exclusivamente política ou exclusivamente jurídica é, pois, distorcer a realidade, viciar os conceitos e, portanto, deformar o seu conhecimento — o que, infelizmente, não raro acontece. No que concretamente diz respeito à supranacionalidade, é manifesta a insuficiência da sua elaboração jurídica por confronto com o tratamento que lhe tem sido dado pela Ciência Política e até pela Sociologia Política (384). Infelizmente, continua a ter actualidade o lamento que ainda na década de 60 exprimia *Leibholz,* de que se estava ainda longe de se poder obter um conceito jurídico exacto e bem delimitado de supranacionalidade (385).

É certo que o uso indiscriminado das palavras *supranacionalidade* e *supranacional* em sentidos muito díspares, raras vezes precedido da indicação do entendimento que se lhes dá — como bem se viu no Capítulo I —, ao dificultar a fixação do conceito, tem contribuído de modo decisivo para realçar a sua componente política, levando quase ao esquecimento do seu significado jurídico (386); mas uma investigação, que se pretendeu exaustiva, mostra-nos também que a doutrina não tem dado quase nenhuma importância à elaboração jurídica do princípio da supranacionalidade. O jurista não pode, porém, dar-se por satisfeito com o simples emprego duma palavra nova, ou apresentada como nova, para exprimir uma realidade nova, ou

---

(382) *Op. cit.* (n. 294), *passim.*

(383) 11 ss.

(384) Um exemplo típico é-nos dada por ROSENSTIEL, que, como veremos, rejeita a noção de supranacionalidade e, por isso, conclui, na sua monografia, ser ela apenas «uma pura categoria da Sociologia Política» — 40 ss.. Cfr. LECHELER, 8.

(385) 814 ss. Mais tarde far-se-iam eco da mesma preocupação HUBER, 18 n. 36, e IPSEN, *op. cit.* (n. 376), 212-213.

(386) Expressamente neste sent., IPSEN, *op. cit.,* 213.

como tal considerada, para o mundo do Direito: mais do que isso, impõe-se-lhe que defina o sentido e o alcance do novo conceito, não apenas para ele se esclarecer acerca dele, como também porque só assim estará em condições de ajuizar da sua aplicação ou não à nova realidade. E se não se pode negar que a doutrina e a jurisprudência já obtiveram um sensível progresso na elaboração dogmática de três dos principais corolários atribuídos ao princípio da supranacionalidade — o primado da ordem jurídica comunitária sobre os Direitos estaduais, a sua aplicabilidade directa e o seu efeito directo na ordem jurídica dos Estados membros ([387]) —, há também que reconhecer que as dificuldades que subsistem nessa matéria, e que criam problemas à própria construção doutrinária do DC, ficam a dever-se em grande parte justamente ao incipiente tratamento do conceito jurídico da supranacionalidade. Bem vistas as coisas está-se a confirmar o que dizíamos logo na Introdução deste livro: mais de trinta anos decorridos sobre o início da integração europeia continua a fazer-se sentir a falta de elaboração dogmática de questões e conceitos que são fundamentais para a própria construção da ordem jurídica comunitária.

Note-se que, e regressando à supranacionalidade, durante muito tempo houve explicação para o facto de as coisas terem corrido assim.

Com efeito, na fase da concepção das Comunidades e da preparação dos tratados, os aspectos políticos e económicos da integração ocuparam o primeiro plano das preocupações da doutrina. E isto foi sensível de modo particular quanto à supranacionalidade e à questão complementar da limitação da soberania estadual: ambos os problemas começaram por ser apreciados antes de mais numa óptica política, designadamente a da resistência oferecida pela soberania dos Estados à integração. Mesmo nos primeiros anos de vida das Comunidades, o significado e o alcance jurídicos da integração eram ainda ignorados ou pelo menos subestimados, e muitos juristas ainda não mediam a importância de que os acontecimentos se revestiam para o Direito e para a Ciência Jurídica. É essa, aliás, a explicação que

([387]) Recordamos o que sobre a distinção entre *aplicabilidade directa* e *efeito directo* em Direito Comunitário dissemos *supra*, n. 301.

se encontra para o facto de os primeiros teorizadores das questões ligadas à elaboração doutrinária do sistema jurídico comunitário e os primeiros cultores dos aspectos científicos do novo ramo de Direito daí emergente (sem cuidar de discutir aqui, como já dissemos, se o DC tem autonomia científica) serem quase apenas aqueles que directa ou indirectamente haviam participado nas negociações preparatórias dos tratados comunitários, ou de algum modo contribuído para a criação das Comunidades ([388]).

Todavia, passado o período da instituição das Comunidades, constatado o facto de um documento jurídico básico para a integração europeia, como era o caso do Tratado CECA, se ter servido da ideia da supranacionalidade, e iniciada na doutrina a fase do recurso sistemático a esse conceito para a própria definição da natureza jurídica das Comunidades, deixou de fazer sentido que para a caracterização das Comunidades e da sua ordem jurídica se não partisse dum tratamento jurídico sólido e profundo do princípio da supranacionalidade.

Da nossa parte, entendemos que o estudo da natureza jurídica do DC impõe que previamente cheguemos a um claro e rigoroso conceito jurídico de supranacionalidade, para que possamos depois examinar se os elementos desse conceito encontram ou não concretização no sistema jurídico comunitário. Será esse o caminho que iremos seguir. E se a metodologia adoptada tivesse sido sempre essa decerto que estariam hoje mais esclarecidas algumas das questões nucleares que se prendem com a própria estruturação da ordem jurídica das Comunidades.

([388]) Entre esses nomes, aos quais o DC deve quase tudo, destacam-se, sem qualquer ordem de precedência, os de Ophüls, Hallstein, Monnet, Mosler, Pescatore, Ganshof V. D. Meersch, Reuter, Catalano, Monaco, Wohlfarth, V. D. Groeben, Bernhardt, Quadri, Steindorff, Lagrange, Dehousse, Mathijsen, Balladore Pallieri, Waelbroeck, Ipsen, Schlochauer, P. de Visscher, Bindschedler, Jerusalem, ... e tantos outros.

10.4. *O conteúdo indeterminado e o carácter compromissório do conceito: a História do conceito de supranacionalidade na integração europeia*

Mas a maior dificuldade em se chegar a uma definição jurídica do princípio da supranacionalidade provém da própria indeterminação do seu conteúdo.

Vimos já no Capítulo I que a doutrina lhe atribui os mais variados entendimentos, não sendo aliás difícil encontrarmos autores que, por vezes até nas mesmas obras, falam de supranacionalidade em mais do que um sentido. E acabámos de mostrar como é que essa desertificação jurídica do conceito provocou um empolamento da dimensão política da supranacionalidade em prejuízo da sua elaboração jurídica. Vamos agora ver como é que foi a própria História da integração europeia que ajudou a esse estado de confusão.

Um dos mais importantes documentos preparatórios das Comunidades Europeias, a resolução aprovada no já referido Congresso da Europa, reunido em Haia em Maio de 1948, e que foi subscrita por alguns dos mais prestigiados nomes já então comprometidos com a construção europeia, rezava: «(...) Considerando que a criação de um órgão *supranacional* como um Supremo Tribunal, com funções contenciosas, é indispensável à garantia dos direitos, o Congresso da Europa faz votos para que a *Federação Europeia* leve à criação de um Supremo Tribunal, instância superior aos Estados e ao qual tenham acesso pessoas singulares e colectivas (...)» (389).

Neste texto a supranacionalidade estava, como se vê, claramente identificada com a Federação europeia. Isso não surpreende, se nos recordarmos de que, como já tivemos oportunidade de observar nesta dissertação, o federalismo dominou os propósitos dos pais da integração europeia.

Todavia, bem diferente viria a ser a intenção com que se falaria em supranacionalidade no Tratado CECA, como ainda há pouco mostrámos.

---

(389) *Congrès de l'Europe, Verbatim Reports*, vol. IV, Haia, 1948, 62. Os itálicos são nossos.

Para além de aí se utilizar apenas o adjectivo «supranacional», e mesmo assim com referência somente às funções dos membros da Alta Autoridade daquela Comunidade, não fazia dúvida de que o recurso à supranacionalidade naquele Tratado representava uma solução de compromisso, com vista a evitar a palavra «federal», que de facto havia sido inicialmente pensada, mas sobre a qual não foi possível chegar-se a acordo na negociação do texto do Tratado (390). Quer dizer: o desentendimento entre os fundadores da CECA sobre o termo «federal» foi resolvido através do recurso a uma palavra obscura quer para a Ciência Jurídica quer para a Ciência Política, o que, talvez por isso mesmo (391), não dificultou o acordo.

Aqui, e ao contrário do que sucedera anteriormente, já o supranacional não coincidia com o federal, antes traduzia o refúgio dos que evitavam falar em federalismo. É certo que, pelas razões que no local próprio desenvolvemos, não é legítimo concluir-se daí que a criação da CECA tenha marcado uma formal rejeição do método federal para a integração europeia (392); mas é certamente seguro afirmar-se que não reinava a unanimidade entre os fundadores da CECA quanto ao emprego do vocábulo «federal» no art. 9.º CECA e que, pelo simples facto de ter obtido o consenso que a palavra «federal» não reuniu, o adjectivo «supranacional» não era entendido como sinónimo daquele vocábulo.

Talvez isso explique por que razão a referência à supranacionalidade não constava nem da Declaração de Schuman de 9 de Maio de 1950, nem do *memorandum* que, na sequência dela, o Governo francês enviou aos outros governos, especialmente aos governos alemão e britânico, em 25 do mesmo mês, nem

---

(390) No m. sent., p. ex., WAGNER, 81-82; SCHERMERS, *op. e loc. cits.* (n. 153); e MATHIJSEN, *op. cit.* (n. 150), 146.

(391) Conforme o relato de HAY, mesmo para muitos dos fundadores da CECA a supranacionalidade pouco queria dizer: quando muito, apenas que aquela Comunidade se distinguia das organizações intergovernamentais clássicas — *op. cit.* (n. 20), 29. Converge nesse sentido o depoimento dum dos mais importantes nomes que participaram na elaboração do Tratado CECA: o Professor MOSLER, *op. cit.* (n. 20), 382.

(392) *Supra*, n.º 8.6.

mesmo do projecto do Tratado CECA, inclusive da redacção proposta para esse mesmo art. 9.º (393).

Todavia, a nova palavra (394) não possuía autonomia nem conteúdo próprio no vocabulário jurídico. Pelo contrário: ela era marcada por um quase vazio, sendo caracterizada quase exclusivamente por exclusão de partes, ou seja, apenas por aquilo que *não queria* significar e não por aquilo que eventualmente trouxesse de novo com conteúdo *positivo*. Exemplo feliz do que acabámos de dizer encontramo-lo nalgumas expressões do célebre prefácio de *Schuman* à obra já aqui tão citada de Reuter sobre a CECA. Dizia aí Schuman, com a autoridade que lhe assistia na matéria, e ao procurar interpretar o termo utilizado pelo art. 9.º do Tratado CECA, que o novo vocábulo distinguia a «ideia nova que se pretende exprimir» «*de todas as categorias* tradicionalmente admitidas». E acrescentava: «o supranacional situa-se *a igual distância* entre, por um lado, o individualismo internacional, que considera como intangível a soberania nacional e só aceita a limitação de soberania proveniente de obrigações contratuais, provisórias e revogáveis; e, por outro lado, o federalismo de Estados, que se subordinam a um Super--Estado dotado duma soberania territorial própria (...)». Portanto, ele representava a criação de um «*escalão novo* na graduação de poderes» (395). Quer dizer que se sabia que o supranacional não se reconduzia nem ao internacional *nem ao federal*, e que se situava igualmente longe ou perto, «a igual distância», dum e doutro; não se sabia, porém, o que substancialmente o

(393) Concretamente quanto à Declaração de Schuman de 9 de Maio de 1950, não deixa de ser curioso notar que parece ter sido intencionalmente evitada aí a referência à supranacionalidade. Com efeito, por *quatro vezes* se defende nesse documento a colocação da produção franco--alemã do carvão e do aço sob uma «Alta Autoridade comum», sem nunca se lançar mão do adjectivo «supranacional». E, no entanto, embora sem qualificar o seu plano de «federal», SCHUMAN via nele a «primeira etapa concreta de uma Federação europeia». Note-se que, a seguir à sua Declaração, Schuman respondeu a algumas perguntas de jornalistas, e voltou a não fazer qualquer referência à supranacionalidade — v. o relato de RACINE, 27 ss.

(394) Nova no Direito positivo que não na doutrina — cfr. EYSINGA, 12-13.

(395) *Op. cit.* (n. 1), 7. Os itálicos são nossos.

distinguia *em termos positivos* por confronto com qualquer deles. Como iam longe os tempos do Congresso da Europa em que o supranacional e o federal apareciam identificados!

Não admira por isso que mesmo antes da entrada em vigor do Tratado CECA já se tivesse iniciado a discussão em torno do seu art. 9.º e, mais concretamente, do sentido a dar ao adjectivo «supranacional» ali utilizado.

Todas as tentativas dirigidas ao esclarecimento dessa questão cedo ficaram, porém, votadas ao insucesso, dado que logo a seguir, no Tratado CED e no projecto de Estatuto da ComPE, se abandonaria a separação conceptual entre a supranacionalidade e o federalismo, nos termos em que ela fora adoptada no Tratado CECA, para se voltar a estabelecer entre aqueles dois princípios uma sinonímia. Era neste quadro que tinha de ser interpretada a qualificação da CED e da ComPE, como Comunidades, de supranacionais, ao mesmo tempo que elas eram estruturadas segundo o modelo federal, tentando-se recuperar o tempo perdido com as hesitações e as ambiguidades que haviam rodeado a criação da CECA (396).

Esta permanente equivocidade em torno do princípio da supranacionalidade, fruto aliás da circunstância de ele carecer ainda de elaboração científica e de não possuir um conteúdo bem determinado, não podia deixar de suscitar na doutrina as maiores preocupações. De todos os lados surgiam propostas para a integração do conteúdo do novo conceito: já em 1957 *Verzijl* contabilizava entre quinze a vinte critérios, todos díspares entre si (397).

Todavia, como já referimos, nos artigos correspondentes nos Tratados CEE e CEEA ao art. 9.º CECA omitiu-se deliberadamente a referência à supranacionalidade. Por um lado, não se quis contribuir para alimentar ainda mais dúvidas e incertezas quanto ao seu sentido e alcance. Por outro, após o fracasso da CED e da ComPE a reaproximação entre a supranacionalidade e o federalismo, tentada a propósito da criação daquelas duas Comunidades, deixava, pelo menos temporariamente, de ter sentido, o que mais desacreditava os esforços diri-

(396) Cfr. *supra*, n.os 8.6. e 10.1.

(397) In *Congresso Stresa*, II, 398 ss.

gidos à atribuição ao princípio da supranacionalidade de um conteúdo fixo e determinado. Por fim, pretendeu-se combater a ideia, que começava a grassar entre os Estados membros, de que com «supranacional» se havia querido significar, no relato de *Hallstein*, «nós quisemos destruir as Nações» *(«wir wollten die Nationen zerstören»)* (398).

Não se julgue, porém, que com a eliminação do adjectivo «supranacional» nos Tratados CEE e CEEA se quis modificar a posição adoptada no art. 9.º CECA em relação à natureza da CECA ou dos poderes dos seus órgãos: quem acompanhou a preparação daqueles dois tratados garante-nos que a omissão neles desse vocábulo se deve apenas às razões que acima indicámos, sem que se tenha querido alterar fosse o que fosse quanto à natureza jurídica daquela Comunidade ou dos poderes que o TCECA conferia aos seus órgãos, concretamente à Alta Autoridade. Mais: não foi sequer intenção dos autores dos Tratados CEE e CEEA alterar a posição que no art. 9.º CECA se adoptava quanto ao carácter das funções dos membros da Alta Autoridade por confronto com os da Comissão de cada uma daquelas duas Comunidades (399). Isso sem embargo de se reconhecer que a supranacionalidade no TCECA não era a mesma dos Tratados CEE e CEEA e que, por sua vez, não era idêntica mesmo no confronto destes dois últimos entre si, dado que ela variava em função das relações diferentes que em cada uma dessas Comunidades, e por força dos respectivos tratados institutivos, se estabeleciam entre a Comissão (Alta Autoridade na CECA, até o Tratado de fusão) e o Conselho.

Como atrás se disse, o TF retirou do próprio art. 9.º CECA o adjectivo «supranacional».

Os tratados comunitários hesitavam permanentemente no alcance político a dar à palavra; a doutrina esgrimia-se encarniçadamente sobre a definição a atribuir-lhe; a jurisprudência, nacional e comunitária, não escondia as enormes dificuldades que se lhe deparavam para o esclarecimento da matéria; a uti-

---

(398) *Op. cit.* (n. 294), 40. No m. sent. do texto, especialmente OPHÜLS, *op. cit.* (n. 5), 143 n. 3; IPSEN, *op. cit.* (n. 4), 68; e HAY, *op. cit.* (n. 20), 30.

(399) Por todos, OPHÜLS, *op. e loc. cits.*; MATHIJSEN, *op. cit.* (n. 150), 148 n. 1.

lização do vocábulo no TCECA tornara-se, por conseguinte, mais inconveniente do que vantajosa — porquê insistir então em a manter?

Além disso, e para complicar ainda mais as coisas, acentuara-se mais, se possível, a indefinição acerca do destino da integração europeia, sobretudo após o Primeiro-Ministro francês *Michel Débré* ter defendido, em 15 de Janeiro de 1959, e por ocasião da apresentação do seu novo governo à Assembleia Nacional, a fórmula da «Europa das Pátrias» (400).

Mas o desaparecimento daquele adjectivo do Direito dos Tratados das Comunidades em nada afectou o hábito de se as caracterizar através do recurso ao princípio da supranacionalidade, e também em nada contribuiu para o esclarecimento do conceito. Portanto, a incerteza e a infixidez do conceito de supranacionalidade perduram e constituem hoje, sem dúvida, o maior escolho que se depara aos estudiosos da problemática jurídico-política das Comunidades Europeias (401).

---

(400) Quase unanimemente a autoria desta afirmação é atribuída ao General De Gaulle. A verdade, porém, é que ele nunca a utilizou, mesmo quando na conferência de imprensa de 5 de Setembro de 1960 apoiou a tese do seu Primeiro-Ministro. E como por todos os lados se teimasse erradamente em ver nele o pai da concepção francesa da «Europa das Pátrias» — para não se ir mais longe, é o que Burdeau ainda hoje sustenta, na 2.ª ed. do seu *Traité*, II, 653 —, De Gaulle convocou uma conferência de imprensa para o dia 15 de Maio de 1962, onde disse textualmente o seguinte: «(...) Pela minha parte, nunca, em nenhuma das minhas declarações, eu falei na «Europa das Pátrias», ainda que tenham sempre afirmado que fora eu a fazê-lo». Para mais pormenores, v. a mesma interpretação especialmente em Di Stefano, 522 ss.; Truyol, *op. cit.* (n. 178), 42-43; e Erler, *op. cit.* (n. 289), 3-4, ainda que erradamente indique a data de 13-10-60 em vez de 15-1-59.

(401) Note-se que neste número só nos preocupámos em fazer uma resenha dos significados que, com maior aceitabilidade lógica, foram propostos em documentos oficiais para o conceito de supranacionalidade. Não tivemos em conta, por isso, tantos outros que, de modo totalmente irreal, e contrariando nalguns casos até a etimologia da palavra, como já demonstrámos e ainda voltaremos a demonstrar, foram sugeridos ao longo destas décadas para a integração daquele conceito, mesmo a nível oficial. Daremos apenas dois exemplos, pela responsabilidade em que se encontravam investidas as personalidades envolvidas. Em 1949 o deputado socialista dinamarquês Van Naters, após prévia aprovação do Parlamento do seu Pais, defendia a criação de uma Comunidade supranacional

11. *Conceito de supranacionalidade de que se parte*

11.1. *Razão de ordem*

Como facilmente se compreende, não cabe nem no conteúdo do tema que nos propusemos tratar nem nos objectivos desta dissertação a abordagem exaustiva da problemática da supranacionalidade, com a discussão dos vários contributos que têm sido dados à sua definição e o exame das múltiplas facetas em que o seu conceito se desdobra. Ainda está por aparecer a obra que proceda a um levantamento actual e exaustivo do estado quase caótico em que se encontra a doutrina nesta matéria (nem sempre com ajuda positiva da jurisprudência nacional e comunitária, diga-se de passagem), mas esse objectivo passa totalmente à margem dos propósitos desta dissertação (402).

Da nossa parte limitar-nos-emos, partindo da situação hodierna do Direito positivo, da doutrina e da jurisprudência na matéria, a expor a nossa posição pessoal nesse domínio, com respeito pela orientação metodológica escolhida para esta dissertação, e dentro dos limites por ela consentidos. Procuraremos estruturar um conceito jurídico de supranacionalidade que nos torne possível a sua aplicação ao estudo da natureza jurídica do DC. Mesmo isso, porém, será levado a cabo com o intuito exclusivo de darmos uma resposta clara à questão de se saber se a ordem jurídica comunitária reúne os elementos necessários à sua definição como um Direito supranacional.

---

subordinada aos governos dos Estados membros («a *supranational* functional organization which would be *subordinated* to all the governments»); quase contemporaneamente, o conservador HAROLD MAC MILLAN, que mais tarde chefiaria o Governo britânico, sustentava que a Comunidade devia ser governada por um Conselho de Ministros, composto por representantes dos Estados, que seria «um governo europeu em embrião», dotado de «poderes supranacionais», o que se obteria sem se afectar de algum modo a soberania dos Estados membros («*without raising* the so-called problem of sovereignty») — cit. em ROBERTSON, *op. cit.* (n. 378), 144, sendo os itálicos nossos.

(402) Um apanhado das principais correntes pode, porém, ver-se em MEDINA, *op. cit.* (n. 179), 108 ss.

11.2. *Adopção dum conceito jurídico de supranacionalidade*

Não obstante todas as dificuldades sentidas no tratamento jurídico do princípio da supranacionalidade — dificuldades essas que, como mostrámos, radicam antes de mais no modo como foram criadas as Comunidades e no silêncio que acerca disso adoptam os tratados comunitários —, pensamos que a referência da natureza jurídica do Direito Comunitário à supranacionalidade tem de ser necessariamente levada a cabo através da adopção quanto a esta última de uma definição jurídica consistente e bem elaborada. De facto, seria um grave vício metodológico da investigação, que necessariamente afectaria o valor do seu resultado, o querer-se apurar um fenómeno jurídico (a natureza jurídica da ordem jurídica das Comunidades Europeias) à luz dum conceito puramente, ou mesmo só predominantemente político.

Dissemos logo a abrir esta dissertação que o *deficit* na elaboração doutrinária e dogmática do Direito Comunitário, sobretudo no que concerne às suas questões de base e aos seus princípios essenciais, tem prejudicado bastante a normal sedimentação da ordem jurídica comunitária e o seu harmonioso tratamento científico. Essa observação tinha em vista justamente, e antes de mais, o princípio da supranacionalidade.

Na realidade, já pusemos em relevo o facto de a generalidade da doutrina lançar mão da supranacionalidade no esforço de caracterização do fenómeno comunitário, mesmo quando acaba por recusar essa qualificação às Comunidades ou à sua ordem jurídica. E também já salientámos a circunstância de quase sempre os autores se dispensarem de definir a supranacionalidade, antes de a ela recorrerem ou de a utilizarem num sentido eminentemente político. Dessa indefinição acerca da natureza jurídica duma noção que, bem ou mal, se tornou num conceito-chave para a caracterização do sistema jurídico comunitário, haveria necessariamente de se ressentir não só a elaboração da própria figura da supranacionalidade, como também a construção dogmática de todo o DC.

Por tudo isso, consideramos indispensável proceder aqui, o que poucas vezes tem sido tentado, à definição ordenada e arrumada do conteúdo jurídico do princípio da supranacionalidade, ainda que, repetimos, dentro dos parâmetros impostos pelo estrito objectivo visado pela nossa investigação.

11.3. *Métodos propostos para a construção do conceito jurídico de supranacionalidade*

Antes de entrarmos, porém, na elaboração do conceito jurídico de supranacionalidade que nós próprios adoptamos queremos, com vista a uma melhor exposição da nossa posição pessoal nesta matéria, indicar qual o método jurídico que nos conduz à formulação desse conceito. Para começar, teremos, porém, que dizer por que razão rejeitamos dois métodos diferentes seguidos pela doutrina no mesmo domínio, e que por isso conduzem a definições diferentes das que nós vamos propor para a supranacionalidade.

I) *O método parcial. Crítica*

Em primeiro lugar, alguns autores têm procurado definir o conteúdo jurídico do princípio da supranacionalidade pondo-o em confronto exclusivo, ou predominante, com o Direito Internacional, por um lado, ou com a ordem jurídica estadual, por outro.

Paradigma da primeira corrente pode ser considerado o Professor *Badura*. Para ele, como já demonstrámos, o supranacional é uma realidade *sui generis* por confronto com o internacional e o estadual. Mas o supranacional, sendo um «conceito do sistema jurídico» *(«ein rechtssystematischer Begriff»)*, é, antes de mais, um «conceito classificativo da teoria do Direito Internacional», com as especificidades que enuncia. Daí que aquele Professor se preocupe muito mais com a demarcação da fronteira entre o supranacional e o internacional. Ele não ignora as incidências do aparecimento das Comunidades na ordem jurídica dos Estados membros, mas, para caracterizar a supranacionalidade, fá-lo nitidamente com recurso mais acentuado à sua autonomia em relação ao Direito Internacional, subestimando dessa forma o seu posicionamento em relação ao outro pólo clássico, o fenómeno estadual (403).

Num extremo oposto, ou seja, na segunda corrente acima enunciada, podemos considerar como protótipos dois acórdãos do Tribunal Constitucional federal alemão, que vêem a «especificidade» das Comunidades no facto de o seu «poder público supranacional» se distinguir «claramente do poder estadual dos Estados membros», do qual é «autónomo e independente». Talvez porque nos processos que tem sido chamado a julgar o Tribunal se tenha defrontado fundamentalmente com conflitos entre normas do DC e do Direito interno alemão, a caracterização da supranacionalidade, feita aliás sem grandes preocupações de índole doutrinária, surge-nos aqui condicionada pelo seu confronto quase exclusivo com a ordem jurídica estadual (404).

Em nossa opinião, a caracterização jurídica da supranacionalidade deve ser levada a cabo em termos *objectivos* e *globais* em função do lugar que ela deve ocupar entre os dois pólos clássicos — internacional e estadual —, e com igual referência a ambos, mesmo que porventura os resultados da investigação venham a concluir pela sua maior proximidade em relação a um desses dois pólos. A definição global da supranacionalidade por confronto simultaneamente com a ordem jurídica internacional e a ordem jurídica estadual, designadamente do Estado federal, terá ainda a vantagem de propiciar uma mais desapaixonada averiguação da sua natureza jurídica, na medida em que liberta o investigador da ideia preconcebida da maior afinidade da supranacionalidade com um dos termos clássicos da classificação.

II) *O método descritivo. Crítica*

Um outro grupo de autores, de entre os que reconhecem a necessidade de obter um conceito jurídico preciso de supra-

---

(403) 59 ss.

(404) Ac. *cit.* de 18-10-67 (n. 239), 296, e Ac. de 13-10-70, Proc. BvR 618/68, 210.

nacionalidade, ou, o que é o mesmo, de definir a natureza jurídica da supranacionalidade, procura alcançar esse objectivo através da via descritiva. Este método consiste em extrair dos tratados comunitários os traços característicos, ou os corolários, do princípio da supranacionalidade.

Foi *Reuter* o precursor desta orientação metodológica. Logo em 1952, na Academia de Direito Internacional, não obstante entender que «talvez fosse prematuro e com certeza inútil querer apresentar uma teoria jurídica muito estrita sobre o sentido desse vocábulo («supranacional»)», ensaiou ele o primeiro esboço do «significado jurídico» da supranacionalidade (405). Entretanto, um ano mais tarde, no prefácio à obra clássica desse Autor sobre a CECA, *Schuman*, no desenvolvimento da sua Declaração de 9 de Maio de 1950, tentaria pela primeira vez definir o lugar da supranacionalidade. Mas fá-lo-ia socorrendo-se apenas de um critério de índole geométrica: ela situava-se, para Schuman, como já vimos, «a meio caminho entre, por um lado, o individualismo internacional (...) e, por outro, o federalismo dos Estados» (406). Esta caracterização, que mesmo do ponto de vista geométrico era muito vaga, nada adiantava à definição jurídica da supranacionalidade. Foi esse facto que levou *Reuter* a tomar consciência da necessidade de dar mais exacto conteúdo jurídico à supranacionalidade. Para tal, ele defini-la-ia agora pelo recurso a três traços: independência dos órgãos comunitários perante os governos nacionais; transferência de poderes soberanos dos Estados para a Comunidade (ao tempo só estava em causa a CECA); e estabelecimento de relações directas entre os órgãos comunitários e os particulares (407). Esta tentativa, praticamente a primeira, de dar uma definição jurídica de supranacionalidade, foi muito bem recebida pela doutrina, que a seguiu pelo menos no essencial, tendo-lhe sobretudo *Ago* (408), *Schlochauer* (409), *Scheu-*

---

(405) *Op. cit.* (n. 73), 543 ss.
(406) *Loc. cit.* (n. 74).
(407) *Op. cit.* (n. 1), 139-140.
(408) 543 n. 26.
(409) *Rechtsnatur,* 361 ss.

ner (410) e *Guggenheim* (411), ainda que porventura nem sempre com citação expressa de Reuter, aditado alguns novos elementos. A partir daí, aceitar ou recusar o conceito de supranacionalidade passou a significar, na generalidade dos casos, aderir ou não ao essencial da proposta há trinta anos apresentada na matéria por aquele Professor francês (412).

Na segunda metade da década de 50 e nos inícios dos anos 60 este método cairia também no gosto dos juspublicistas alemães, como podemos verificar pela bibliografia seleccionada que *Schwantes* arrola. Aliás, este próprio Autor serve-se do método descritivo para definir a natureza jurídica da supranacionalidade, quando tenta como que uma síntese entre os diversos conceitos descritivos adoptados pelos Autores que cita (413).

Mais recentemente, seria este o método que viria a ser adoptado pelo Professor *Ipsen* para definir o «conteúdo jurídico» do

---

(410) *Op. cit.* (n. 46), 233.

(411) *Organisations,* 183 ss.

(412) Entre os negadores da própria noção de supranacionalidade o ex. mais feliz é o de Rosenstiel, embora a posição radical que o A. assume nesta matéria tenha a ver muito mais com razões de carácter puramente político. É o que Pescatore — *op. cit.* (n. 162), 35 n. 8 — qualifica, de modo muito feliz, de «exaltação mística da soberania absoluta», para sintetizar a concepção de soberania de que Rosenstiel, já em 1962, parte para rejeitar a supranacionalidade: a ideia da soberania «absoluta e indivisível», «superior ao Direito» e «que precede o jurídico», «não sujeita a qualquer hierarquia», «superlativa», «inalienável», «expressão do interesse e do arbítrio nacional, do qual é juiz único, máximo e absoluto o representante do soberano» — 29-31, 34, 40, 42 ss., 46-47. Não se deve confundir, porém, a posição de autores como Rosenstiel, que recusam *a priori* a própria noção de supranacionalidade, com a dos autores que, embora admitindo-a em princípio, negam-lhe qualquer peculiaridade perante o Direito Internacional e, portanto, nalguns casos põem em causa a própria utilidade daquela noção — como sabemos já, é o caso de Jaenicke, Wagner, Berber, Korowicz, Balladore Pallieri, *ops. e locs. cits.* (respectivamente ns. 64, 65, 67, 93 e 104).

(413) 7 ss. Note-se que é todavia evidente a influência do pensamento de Reuter em parte substancial da construção do que o A. designa de «conceito e natureza de supranacionalidade». Mas não se encontra na obra qualquer citação daquele Professor francês a este propósito, embora o livro de Reuter sobre a CECA figure na lista bibliográfica — pgs. VII e 7 ss.

princípio da supranacionalidade. Pretendia com isso travar a «utilização política do conceito» (414).

E também devem ser catalogados como seguidores do método descritivo todos aqueles autores que optam por definir a supranacionalidade através apenas de um ou mais traços jurídicos, designadamente através apenas da *imediatividade* de alguns actos que compõem o Direito Comunitário secundário: é o que fazem, por exemplo, *Waelbroeck* (415) e *Medina* (416).

Também em Portugal tem sido o método descritivo que tem merecido os favores da doutrina na caracterização jurídica da supranacionalidade. Utilizou-o, sob manifesta influência de Reuter, o Professor *André Gonçalves Pereira,* no seu Manual (417); depois também nós nos servimos dele (418).

Hoje, porém, pensamos que não é este o melhor caminho para se chegar à construção do conceito jurídico de supranacionalidade.

Em primeiro lugar, as definições descritivas, do género das que citámos, em rigor não nos permitem atingir o próprio conceito de supranacionalidade. De facto, elas enunciam as características do conceito (por isso *Manuel Medina* lhes chama definições «caracteriológicas» (419)), os corolários através dos quais o conceito se projecta, mas não dão a conhecer os próprios fundamentos jurídicos das características e dos corolários descritos, isto é, o próprio âmago, a própria estrutura jurídica do conceito a definir.

Mas há ainda uma outra razão pela qual rejeitamos o método descritivo na definição da supranacionalidade.

(414) *Op. cit.* (n. 376), 213.

(415) *Op. cit.* (n. 137), 506 ss.

(416) *Op. cit.* (n. 17), 153 ss.

(417) *Op. cit.* (n. 133), 322-323.

(418) *Op. cit.* (n. 177), 22. Mais tarde, seguimos muito de perto o conceito e o método de REUTER na definição de supranacionalidade que propusemos na exposição que apresentámos sobre o tema *A Constituição de 1976 e a adesão de Portugal às Comunidades Europeias* no Seminário para doutorandos em Direito Público, na Faculdade de Direito de Lisboa, no ano lectivo de 1977-78, orientado pelo Professor Doutor André Gonçalves Pereira.

(419) *Op. cit.* (n. 179), 108.

Com efeito, este método ou procura extrair os traços característicos da supranacionalidade dos preceitos dos tratados comunitários ou então pretende descobri-los através da pura e simples descrição do comportamento factual das Comunidades. Na primeira hipótese, o método parece apresentar uma evidente falibilidade, já que os preceitos dos tratados comunitários nunca deram qualquer resposta às interrogações sobre o conceito jurídico de supranacionalidade. Antes pelo contrário: a História do aparecimento dos tratados comunitários diz-nos que os fundadores das Comunidades não se entendiam minimamente sobre a acepção a dar à palavra supranacionalidade, tendo sido possível o consenso apenas numa questão de índole negativa e formal, ou seja, sabia-se somente que com o recurso ao «supranacional» se conseguia evitar falar no «federal» (420). E o posterior agravamento das dúvidas e das incertezas em torno da matéria levaram à extirpação completa do adjectivo «supranacional» do texto do único tratado que se servia da palavra, apesar de com ela nunca se ter querido caracterizar as Comunidades ou a sua ordem jurídica, mas tão-somente qualificar, muito concretamente, *as funções* dos membros dum órgão. E a prova da falibilidade do método que consiste em extrair das normas dos tratados comunitários as características jurídicas da supranacionalidade reside no facto de muitas das características que lhe são apontadas por essa via não serem verdadeiramente exigidas pelos tratados. Um exemplo apenas: não obstante tanto as definições de *Reuter* e de *Ipsen*, às quais há pouco nos referimos, apontarem à supranacionalidade, entre outras, a característica da «independência dos órgãos comunitários face aos Estados membros» ou aos «governos nacionais», vai-nos ser fácil demonstrar, na altura própria, não apenas que não resulta dos tratados comunitários a independência de *todos* os órgãos das Comunidades perante os Estados membros, como também que ela, nesses termos, não é sequer exigida nem por um conceito normativo de supranacionalidade nem pelo comum dos sistemas federais que o Direito Constitucional Comparado nos revela (421).

---

(420) Cfr. VON LINDEINER-WILDAU, 160 ss. V. *supra*, n.º 10.4.
(421) Cfr. BOTHE, *op. cit.* (n. 280). V. *infra*, Parte II, Cap. I, n.º 11, especialmente 11.3. e 11.5.

Mas se a hipótese é outra, isto é, se este método é utilizado de tal forma que se pretende atribuir à supranacionalidade o conteúdo que decorre da pura descrição do comportamento jurídico das Comunidades, porventura até em dissonância com o texto dos tratados, então a rejeição do método descritivo resulta duma razão muito mais de fundo, duma razão de princípio. É que o método utilizado nesses termos seria um método puramente empírico, e, como tal, nem sequer poderia ser qualificado de método jurídico, dado que lhe seriam totalmente alheias as exigências impostas pelo *dever ser,* pelo *Sollen* (422).

11.4. *A nossa posição: construção do conceito de supranacionalidade pelo método normativo*

Após termos rejeitado os dois métodos vulgarmente utilizados pela doutrina para se chegar ao conceito jurídico de supranacionalidade cabe-nos agora dizer qual é o método de que nós próprios nos vamos servir.

Ao criticarmos o método descritivo, de *Reuter* e *Ipsen,* defendemos que o conceito a adoptar deveria fornecer-nos a própria estrutura da supranacionalidade, a sua própria essência, e não apenas as características ou os corolários através dos quais ela se manifesta e se projecta, e que têm como pressuposto o próprio conceito já previamente definido.

Como ponto de partida para a construção do conceito temos que começar por assentar no lugar que a supranacionalidade ocupa na hierarquia das ordens normativas. Classicamente conhecem-se duas ordens normativas verticalmente sobrepostas: o Direito Internacional e o Direito estadual, correspondentes aos dois termos da tradicional *summa divisio* entre o nível da coordenação de soberanias — o internacional — e o nível da subordinação — o estadual. Se quisermos conceder autonomia ao instituto da supranacionalidade parece óbvio que o seu conceito se tem de situar necessariamente entre esses dois planos. Caso contrário, a supranacionalidade diluir-se-á ou no internacional ou no esta-

---

(422) No m. sent., perante uma situação paralela, Ress, *Colóquio Sarre,* 14.

dual e desaparecerá como noção autónoma, ainda que possa apresentar alguns traços particulares. Em tal caso não teria sentido perder-se tempo em querer encontrar-se para ela um conceito próprio.

A generalidade da doutrina concorda em que a supranacionalidade só se justifica como noção autónoma face ao internacional e ao estadual se para ela conseguirmos um espaço próprio entre esses dois termos, que lhe permita possuir um conteúdo autónomo e afirmar uma natureza jurídica própria face a ambos esses pólos. Não era outra a preocupação de *Schuman* ao escrever, como vimos, logo a seguir à criação da primeira Comunidade, no prefácio da já citada obra de Reuter sobre a CECA, que «o supranacional se situa a igual distância entre, de um lado, o individualismo internacional (...) e, por outro lado, o federalismo dos Estados (...)». Uma noção tão vaga e tão imprecisa de supranacionalidade não tem, aliás, outra vantagem que não seja a de demonstrar que os *founding fathers* das Comunidades (entre os quais, como é sabido, avultava o nome de Schuman) a concebiam como um instituto autónomo perante o binómio clássico internacional-estadual e que a situavam entre os dois pólos desse binómio.

Note-se que a investigação ficaria muito facilitada se agíssemos de modo diferente, isto é, se recusássemos autonomia à supranacionalidade perante o internacional ou o estadual. Neste caso, não interessaria ocuparmo-nos aqui da construção do seu conceito, e, consequentemente, também perderia significado debruçarmo-nos *ex professo* sobre a questão de saber se o DC pode ou não ser caracterizado especificamente como Direito supranacional.

Todavia, a circunstância de os relatos que ficaram em lugar dos trabalhos preparatórios, sobretudo de negociação do Tratado CECA, nos mostrarem que os fundadores das Comunidades se socorreram da supranacionalidade para evitarem falar de federalismo — ainda que sem pretenderem fugir dele, antes pelo contrário — mas também com o intuito de ultrapassarem o clássico individualismo internacional dos Estados; o facto de a Ciência do Direito Público se encontrar fortemente marcada, e até mesmo condicionada, pela quase necessidade de não dispensar o recurso ao adjectivo «supranacional» quando pretende caracterizar o fenómeno comunitário europeu, mesmo quando, como em regra acontece, permanecem na dúvida o sentido e o alcance que é dado àquele vocábulo; e a circunstância, que a experiência factual nos revela, de, não obstante o silêncio actual dos tratados na matéria, a doutrina persistir em autonomizar as Comunidades Europeias sob o rótulo de supranacionais, mesmo nos casos em que acaba por lhes atribuir natureza diferente — tudo isso são razões que nos impelem a salvar a autonomia da noção de supranacionalidade, procurando dar-lhe, nas circunstâncias que indicámos, uma definição jurídica própria.

Trata-se no fundo de procurar construir, como instrumento de trabalho, um conceito de supranacionalidade que a autonomize entre o internacional e o estadual, e que resulte do tratamento dogmático do conteúdo que os autores, com as profundas divergências que nesse domínio se lhes conhecem, lhe pretendem dar, quase sempre descurando a sua elaboração jurídica, e que leve em conta o circunstancialismo em que a noção entrou no vocabulário jurídico da integração europeia, logo desde os trabalhos preparatórios do Tratado CECA, e o sentido que então lhe foi emprestado pelos fundadores daquela Comunidade.

É um trabalho que a doutrina não tem tentado levar por diante, mas que nos parece fundamental, e por duas ordens de razões: por um lado, para, ao dar mais sólida substância jurídica à supranacionalidade, e ao arrumar e ordenar o seu conteúdo, permitir tornar menos infixa a própria noção, o que tanto tem prejudicado os estudos jurídicos nesta matéria; por outro, para possibilitar um melhor esclarecimento acerca do verdadeiro âmbito da supranacionalidade e do lugar que lhe cabe perante a divisão básica internacional-estadual, sobre o que continua a persistir uma grande incerteza no campo doutrinário.

É com este entendimento que chamamos de *normativo* o método que adoptamos para a construção do nosso conceito jurídico de supranacionalidade. Talvez fosse melhor falar aqui de *definição estipulativa* ou *construtiva*. Mas pensamos que, pelo menos para o opormos ao método descritivo que há pouco rejeitámos, será mais sugestivo apelidarmos o nosso método de *normativo*. Todavia, deixámos bem claro que o recurso a este adjectivo tem aqui um alcance exclusivamente metodológico, e nada tem a ver com considerações de índole ontológica, que, aliás, neste lugar e nesta dissertação seriam deslocadas.

11.5. *Conceito adoptado; seus elementos*

Dentro da orientação exposta, a supranacionalidade determinará, para nós, o nascimento de um poder político superior aos Estados, resultante da transferência definitiva por estes da esfera dos seus poderes soberanos relativos aos domínios abrangidos pela entidade supranacional, e em que designadamente o poder legislativo (como poder de criação de Direito *novo*) é exercido em função do interesse comum e não do interesse dos Estados. Só quando este conceito for respeitado na íntegra poderemos dizer que uma entidade (neste caso concreto, as Comunidades ou a sua ordem jurídica) é supranacional.

Para a sua plena compreensão esta definição precisa de ser analisada nas suas partes componentes. É o que passaremos a fazer de imediato.

a) *Superioridade hierárquica do poder supranacional sobre o poder estadual*

Antes de tudo, o poder supranacional consiste num poder hierarquicamente superior ao poder dos Estados. Três razões autorizam-nos a produzir esta afirmação.

Desde logo, a própria etimologia da palavra.

De harmonia com os dicionários, tanto *supra* como *sobre,* em qualquer das suas três funções (advérbio, preposição e prefixo verbal), querem significar *por cima de, em cima de, além de.* Mas sobretudo o vocábulo *sobre* (e já dissemos que, em nosso entender, é mais correcto falar-se em *sobreestadualidade* do que em *supranacionalidade*), como derivado do adjectivo latino *superus, - a, - um,* e designadamente se, como já mostrámos, o fizermos corresponder ao prefixo alemão *über,* exprime uma ideia de *superioridade,* de *hierarquia* (423).

---

(423) *Dictionnaire étymologique de la langue latine — Histoire des mots,* de A. ERNOUT e A. MEILLET, vocábulo *super;* e *The New Grolier Webster International Dictionary of the English Language,* II, vocábulo *super.*

Em segundo lugar, parece claro que foi com esse preciso entendimento que a supranacionalidade entrou no vocabulário jurídico-político da integração europeia. E a fonte de que nos vamos servir para o demonstrar vai ser mais uma vez *Robert Schuman*.

Com efeito, em 25 de Julho de 1950, ao explicar e desenvolver perante a Assembleia Nacional francesa, em nome do Governo, o Plano que apresentara em 9 de Maio desse ano, Schuman resumia nesta simples frase grande parte da sua proposta: «L'essentiel de notre proposition est de créer, *au délà des souverainetés nationales, une autorité supranationale*, une autorité commune aux pays participants, une autorité que soit l'expression de la solidarité entre ces pays et entre les mains de laquelle ils réalisent une fusion partielle de leurs souverainetés nationales.» (424). Estas palavras muito claras parece não deixarem dúvidas de que os fundadores da primeira Comunidade Europeia concebiam a «autoridade supranacional», *«acima»*, *«para além* das soberanias estaduais». Assim as interpretariam expressamente alguns autores, que passaram cedo a falar, embora em sentido por vezes equívoco, num «superestatismo das Comunidades» (425). E foi para referir esta subordinação hierárquica que *Héraud* veio reconduzir a supranacionalidade à «ordem das soberanias subordinadas normativamente» (426) e que, na sua esteira, *Ipsen*, sem embargo de, como dissemos, perfilhar o método descritivo na definição da supranacionalidade, a veio conceber como «a susceptibilidade de imposição *(«Durchsetzbarkeit»)* do poder público comunitário contra o poder estadual» (427).

Em terceiro lugar, a supremacia hierárquica do poder supranacional sobre o poder político dos Estados membros acaba por

---

(424) *Journal Officiel de la République Française, Débats Parlementaires, Assemblée Nationale, première session legislative*, sessão de 1950, 5943. Os itálicos são nossos.

(425) Chaumont, *Perspectives*, 123; e Molènes, 341 e bibl. cit.

(426) *Op. cit.* (n. 294), 179 ss.

(427) *Op. cit.* (n. 4), 67 ss. Anda perto Quadri quando vê no *supranacional* um «neologismo» contraposto ao *internacional* para indicar «o fenómeno de uma estrutura governativa situada num plano mais alto que o dos Estados membros» — *op. cit.* (n. 24), 61-62.

ser também expressa através da forma mais clássica e vulgarizada de que parte considerável da doutrina do Direito Público se serve ainda hoje para caracterizar o fenómeno comunitário, e que faz apelo da relação de subordinação em que nele se encontrariam os Estados e, na sua ordem interna, os indivíduos e as empresas, quanto ao poder político das Comunidades, por oposição à relação de mera coordenação que, no Direito Internacional clássico, se estabeleceria entre os Estados (428).

Esta ideia de subordinação dos Estados a um poder político que lhes é superior substitui a noção de coordenação de soberanias, que caracteriza classicamente o internacional e repousa no individualismo internacional dos Estados e, portanto, radica no conceito de *sociedade* de *Tönnies;* e, por seu lado, está na base do nascimento nas relações internacionais da noção de *integração,* que nos conduz, na célebre classificação daquele filósofo e sociólogo alemão, ao conceito de *comunidade,* fundada não no individualismo internacional mas na solidariedade entre os Estados (429).

Por isso, é legítimo caracterizar-se em abstracto a entidade supranacional como comunidade. No que concerne concretamente às Comunidades Europeias parece poder-se afirmar com segurança que foi esse o entendimento que presidiu à sua criação. Logo no Plano Schuman se propunha que a Alta Autoridade da CECA representasse a «expressão da solidariedade» entre os Estados membros (430).

---

(428) Embora esta orientação deva muito a SCHWARZENBERGER, como já demonstrámos — *ops. e locs. cits.,* n. 134 (mesmo a adopção desse critério em Portugal, a título quase excepcional, deve-se à influência do pensamento daquele Professor inglês, *op. e locs. cits.,* n. 133 —, a obra clássica no domínio da teorização do fenómeno da subordinação estadual ao poder comunitário como essência do «princípio jurídico» da integração continua a ser a de ALDER, sobretudo 10 ss., 311 e 339.

(429) Cfr. *supra,* ns. 21 e 355. Defendem também a «hierarquia» ou a «subordinação» entre a «vontade supranacional» (em cima) e a «vontade estadual» (em baixo) em moldes aproximados aos nossos IGLESIAS BUIGUES, *op. cit.* (n. 378), 76, e VON LINDEINER-WILDAU, 42 ss.

(430) *Loc. cit.* (n. 424). Cfr. também n. 20. Breve história deste princípio na integração europeia pode ver-se em VON LINDEINER-WILDAU, 1 ss.

b) *Génese do poder supranacional: a transferência definitiva de poderes soberanos dos Estados membros*

O segundo elemento do conceito de supranacionalidade de que partimos diz respeito à génese ou origem do poder supranacional. Este nasce de uma fusão parcial de poderes soberanos estaduais, que resulta da transferência definitiva pelos Estados membros dos seus poderes soberanos nos domínios abrangidos pelo acto institutivo da entidade supranacional.

Por via deste elemento do seu conceito, a supranacionalidade ultrapassa portanto o princípio da indivisibilidade da soberania estadual para provocar um reordenamento de poderes soberanos entre a entidade supranacional e os Estados membros. No que concerne às Comunidades Europeias este problema foi objecto de um estudo notabilíssimo e quase exaustivo da parte de *Pierre Pescatore* (431) (432).

Pode parecer redundante exigir-se que a transferência seja *definitiva*, quando é certo que a transferência *só por si* se traduz já na alienação ou cessão dos poderes que abrange. Mas não é assim: é que, por essa via, se quer concretamente afastar a figura da delegação moldada pela teoria da transferência de poderes, que, como demonstraremos, continua a preponderar no Direito de muitos países. Na delegação com transferência de poderes a raiz, a titularidade nua dos poderes conserva-se na entidade delegante que, com esse fundamento, pode a todo o tempo pôr termo à delegação e recuperar a plenitude do gozo e, nomeadamente, do exercício dos poderes delegados. Mas entendemos que não é nesses moldes que nasce o poder supranacional. Este resulta da cessão definitiva pelos Estados membros dos poderes transferidos, em termos tais que àqueles não seja permitido discricionariamente revogar a transferência e, por essa via, recuperar a titularidade dos poderes transferidos.

---

(431) *Op. cit.* (n. 162), 31 ss. Não se põe aqui o problema da nossa adesão a essa construção de PESCATORE.

(432) Ainda não há muito havia, porém, quem se debruçasse sobre esta matéria não aceitando a divisibilidade da soberania estadual — LEIBHOLZ, 820.

Por transferência definitiva não se quer, pois, necessariamente dizer que a renúncia aos poderes transferidos tenha de ser *eterna* e realizada para *todo o sempre* ou sequer por tempo ilimitado; pretende-se apenas significar que não fiquem na disponibilidade dos Estados nem a existência ou a sobrevivência da nova entidade, titular do poder supranacional, nem os próprios poderes transferidos. Porque, se os Estados puderem, por uma ou outra dessas duas vias, chamar a si e recuperar os poderes transferidos, discricionariamente e por sua exclusiva vontade, nesse caso não se poderá falar em transferência definitiva dos poderes soberanos.

São expressões ou corolários deste elemento do conceito de supranacionalidade, aplicados à ordem jurídica das Comunidades Europeias, o primado do Direito Comunitário sobre os Direitos nacionais, a sua aplicabilidade directa na ordem interna dos Estados membros e o consequente acesso directo de indivíduos ou grupos sociais ao Tribunal, a «integração da ordem jurídica comunitária» (para utilizarmos uma expressão do TC nos casos *Enel* e *Walt Wilhelm* ([433])) na ordem jurídica dos Estados membros, ou a «penetração» *(«Durchgriff»)* do DC no Direito estadual (para empregarmos uma palavra feliz de *Ipsen* ([434])), inclusive pelo mecanismo do efeito directo, o princípio da uniformidade de interpretação e aplicação do DC na ordem jurídica estadual, «sob pena de não ser Direito Comunitário» ([435]), e a regra da maioria como sistema de votação.

c) *Autonomia do poder supranacional em relação ao poder estadual*

Em terceiro lugar, constitui elemento essencial do conceito de supranacionalidade que propusemos a autonomia do poder supranacional em relação ao poder político dos Estados membros.

Note-se que já constitui uma exigência dessa autonomia o elemento que indicámos imediatamente antes: é para se afir-

---

(433) Respectivamente 1141 e 15.
(434) *Op. cit.* (n. 376), 213.
(435) CEREXHE, *op. cit.* (n. 5), 283.

mar a autonomia do poder supranacional face ao poder estadual que se impõe que não seja deixada aos Estados a faculdade de dissolverem a entidade supranacional e de reaverem os poderes transferidos e de, duma ou doutra forma, extinguirem o poder supranacional.

Mas quando defendemos a autonomia do poder supranacional por confronto com o poder estadual estamos a querer exprimir uma ideia muito mais ampla: queremos dizer também que o poder supranacional existe *de per si*, não se confunde com o poder político dos Estados, isolados ou em conjunto, não se encontra na titularidade destes, nem fica na sua exclusiva disponibilidade.

Este elemento do conceito de supranacionalidade exprime-se designadamente pela autonomia da entidade supranacional e da sua ordem jurídica em relação aos Estados e ao seu Direito.

d) *Independência no exercício do poder supranacional em relação ao poder estadual*

O quarto e último elemento da nossa definição de supranacionalidade postula que o exercício do poder supranacional seja exercido em termos de independência em relação ao poder político dos Estados membros.

Há algo de comum entre este requisito e o anterior, o da autonomia. Mas enquanto que a autonomia é exigida em função duma visão mais *estática* da *posição relativa* dos dois poderes, o supranacional e o estadual, a independência resulta duma concepção mais *dinâmica* acerca desse confronto, porquanto diz respeito fundamentalmente ao *exercício* e à *expressão* do poder supranacional.

Por independência do poder supranacional em relação ao poder estadual queremos dizer duas coisas distintas, ainda que complementares.

Desde logo, e para começar, que a formação e a manifestação da vontade comunitária, *qua tale* (como projecção da personalidade jurídica própria do ente supranacional), estejam entregues, exclusiva ou pelo menos predominantemente, a órgãos que representem o interesse comunitário e não os interesses dos Estados membros. Por formação e manifestação da vontade comunitária queremos significar aqui o poder legislativo, no sentido de poder de criação de Direito *novo* (436). Para podermos qualificar uma ordem jurídica de supranacional será necessário, pois, que o poder de a criar, modificar ou extinguir caiba, pelo menos preponderantemente, ou seja, decisivamente, a órgão ou órgãos que representem o interesse supranacional e não os interesses dos Estados. Por outras palavras, e aplicando o que estamos a dizer às Comunidades: a órgãos cujos membros estejam vinculados às Comunidades e sejam independentes em relação aos Estados membros.

Mas, por outro lado, e apenas com o intuito de completar a mesma ideia, é também necessário, para podermos assistir à expressão dum poder verdadeiramente supranacional, e portanto para se poder falar dum poder supranacional independente por confronto com o poder político dos Estados membros, que no processo de formação e expressão da vontade comunitária o poder supranacional se exerça em função exclusiva, ou ao menos predominante, do interesse supranacional, e não em função exclusiva, nem mesmo primordial, de critérios extraídos da vontade ou dos interesses nacionais dos Estados membros.

Este elemento do conceito de supranacionalidade faz ressaltar a importância que para ela assume a demarcação duma fronteira entre o interesse nacional dos Estados, isolados ou em conjunto, e o interesse comum supranacional.

Na criação da CECA estas ideias parece terem sido levadas em conta, pelo menos numa forma embrionária. De facto, na sua já referida comunicação à Assembleia Nacional francesa, em 25 de Junho de 1950, quando desenvolveu o Plano que dessa mesma tribuna apresentara em 9 de Maio do mesmo ano, *Schuman* afirmava expressamente que «a autoridade supranacional

---

(436) Veremos melhor adiante por que preferimos falar aqui em *poder legislativo* e não em *poder normativo,* como é corrente na doutrina de língua francesa, e muito menos em *poder de decisão, processo de decisão* ou *processo de tomada de decisões* (como tradução de *decision making process*), expressões que se encontram muito vulgarizadas, mas que, tal como a de *poder normativo,* englobam mais do que o poder legislativo. A ideia que pretendemos exprimir seria referida talvez de maneira mais feliz, em termos etimológicos, pela expressão *poder legiferante.* Mas ela não ganhou consagração no vocabulário do Direito Constitucional.

será independente nas suas decisões, tanto em relação aos governos como a interesses particulares» (437). Aqui, obviamente, só nos interessa a primeira parte desta afirmação.

Têm grande significado para o DC os corolários que se extraem deste elemento do conceito de supranacionalidade, quando aplicado às Comunidades Europeias.

O primeiro é que a supranacionalidade se contenta com que seja independente dos Estados membros e represente o interesse da Comunidade o órgão que detém a palavra decisiva, porventura não exclusiva, no exercício do poder legislativo; não exige pois que o sejam *todos* os órgãos da Comunidade. Compreende-se agora melhor por que razão há pouco dissemos (438) não ser imposto pelo conceito de supranacionalidade, ao contrário do que pretendem *Reuter* e *Ipsen* (439) com as definições descritivas que dela adoptam, que todos os órgãos das Comunidades Europeias sejam independentes em relação aos governos nacionais. Mais feliz, ainda que sem a melhor exteriorização formal, parece-nos ser a ideia de *Scheuner*, de harmonia com a qual é suficiente, mas também necessário, que sejam independentes das ordens ou instruções dos Estados membros os órgãos «dirigentes» (*«leitende Organe»*), parecendo querer com isso referir-se ao órgão ou órgãos com funções legiferantes (440) (441).

O outro corolário é o do reconhecimento da existência de interesses comuns, próprios das Comunidades como tais, distin-

(437) *Loc. cit.* (n. 424). Como já foi observado, quando falava em «autoridade supranacional» SCHUMAN pensava na Alta Autoridade projectada para a CECA.

(438) *Supra,* n.º 11.3, II.

(439) Note-se que IPSEN segue um raciocínio mais complicado do que REUTER, mas que, em nosso entender, e pelas razões expostas no texto, vai dar ao mesmo: aceita a dependência de um órgão das Comunidades, o Conselho, em relação aos Estados membros, mas pretende supri-la pela sua alegada actuação, não no interesse dos Estados, mas no interesse da Comunidade — *op. cit.* (n. 376), 218-219. Abordaremos esta questão na altura própria — *infra,* n.º 11.6.

(440) *Op. cit.* (n. 46), 233. No m. sent., EYSINGA, 130 ss.

(441) Numa posição intermédia entre a de REUTER e a que defendemos no texto situam-se SCHWANTES e os As. em quem se louva — 37.

tos dos interesses dos Estados, isolados ou em conjunto. Seria esse interesse comunitário o interesse directamente visado pelo processo de formação e manifestação da vontade supranacional, nos termos há pouco acabados de indicar. A ordem jurídica supranacional estrutura-se com respeito pelo princípio da subordinação hierárquica dos interesses nacionais ao interesse comunitário, o que aliás decorre logicamente do fenómeno jurídico da integração e da dependência hierárquica do poder estadual em relação ao poder supranacional. Podemos mesmo dizer que a aceitação dum interesse comunitário autónomo, resultante da «comunitarização» *(«Vergemeinschaftung»)* dos interesses estaduais nos domínios abrangidos pela transferência de poderes soberanos, constitui uma das pedras angulares do conceito jurídico de supranacionalidade (442).

11.6. *Distinção, face ao conceito adoptado, entre supranacionalidade e Estado federal*

O conceito que acabámos de propor para a supranacionalidade deixa uma distância muito nítida entre ela e o internacional. De facto, mesmo quando se reconheça que o Direito Internacional, no seu estado actual de evolução, *em princípio* não é insensível ao fenómeno da integração e, consequentemente, à regra da solidariedade e à comunitarização de interesses — debruçar-nos-emos sobre isso na altura própria —, há-de-se concluir sem dificuldade que, enquanto que ele continua a apresentar-se basicamente, na sua essência, como uma ordem jurídica assente no individualismo internacional, isto é, nos interesses singulares dos Estados, e portanto como uma ordem jurídica de mera coordenação de soberanias, a supranacionalidade, tal como a definimos, exprime a ultrapassagem do conceito de soberania estadual e a aceitação do princípio da divisibilidade da soberania dos Estados

(442) PESCATORE, *op. cit.* (n. 162), 50, que prefere falar de «valores comuns». No m. sent., SCHWANTES, *loc. cit.*, que se refere ao «interesse da Comunidade»; e, louvando-se em Pescatore, IPSEN, *op. cit.*, 216-218. Este último A. procura encontrar para o problema uma fundamentação extraída da Teoria da Constituição na Alemanha Federal.

pela sua sujeição a um poder que lhes é superior e que é deles autónomo e independente (no sentido que demos a estas expressões). Ao contrário duma *sociedade diversificada,* que consiste no substrato sociológico do DIP, a supranacionalidade faz, pois, nascer uma *comunidade integrada,* que está na origem do nascimento dum interesse *comunitário* (mais uma vez, no sentido que *Tönnies* deu a estas noções), perante o qual cedem os interesses individuais dos Estados.

Todavia, já pode parecer mais difícil a distinção entre a supranacionalidade, da forma como a definimos, e o Estado federal, de tal modo que pode haver a tentação de se afirmar que o conceito que adoptámos não permite marcar uma diferença intrínseca entre uma e outro, como prometêramos antes de nos abalançarmos à construção do conceito.

Mas não é legítima a confusão entre os dois conceitos.

É certo que a supranacionalidade se serve da «técnica jurídica federal» (443). E essa técnica consiste na subordinação dos Estados ao poder supranacional; no exercício desse poder por órgãos diferentes, dos quais pelo menos um é independente dos Estados; e, socorrendo-nos mais uma vez do carácter estipulativo do conceito de supranacionalidade que adoptámos e servindo-nos da sua aplicação às Comunidades, na existência de uma «segunda câmara» de «carácter federal» (444), a «Câmara dos Estados» da Federação (445). A aproximação, que não a identificação, entre a supranacionalidade e o Estado federal é vista nestes termos por *Catalano* (446), *Guggenheim* (447), *Dumon* (448), *Iglesias Buigues* (449) e *Rosenstiel* (450).

Estes factores de aproximação entre os dois conceitos explicam a identificação que vulgarmente a doutrina realiza entre eles, como se viu no Capítulo I; mas não permitem afirmar uma rigorosa sinonímia do ponto de vista científico.

---

(443) IGLESIAS BUIGUES, *op. cit.* (n. 378), 108 ss.
(444) REUTER, *op. cit.* (n. 73), 571; e os nossos *Sumários,* 53.
(445) BURDEAU, 502 ss.
(446) *Op. cit.* (n. 34), 24.
(447) *Op. cit.* (n. 411), 192.
(448) *Formation,* 172-173.
(449) *Op. e loc. cits.*
(450) 70-71.

De facto, a supranacionalidade, assim como a definimos, não leva à formação de um Estado e muito menos de um Estado soberano, como é o caso do Estado federal. O conceito que para ela propusemos revela a existência nela da técnica, do mecanismo federal, mas não postula que, dum ponto de vista institucional, ela tenha de se concretizar num Estado soberano. Falta, pois, na supranacionalidade a *organização estadual* da entidade titular do poder supranacional, o que não acontece no Estado federal, e falta também a soberania, que encontramos neste.

Mais uma vez socorrendo-nos do carácter estipulativo da definição e da intenção de salvar a autonomia do conceito, pelo menos como hipótese de trabalho, e tomando como base a elaboração que a doutrina lhe dá e o significado com que foi introduzida no vocabulário da integração europeia, podemos dizer que a supranacionalidade não consiste num poder de auto-organização, que é da essência do Estado, muito menos num poder estadual soberano. Com efeito, o poder supranacional não tem a faculdade de, *por si só* (portanto, independentemente dos Estados membros, isoladamente ou representados no Conselho), legislar e impor as normas que visam o interesse comum nem a possibilidade de impedir a sua dissolução por vontade exclusiva dos Estados (451). Era assim que já *Schuman* concebia o supranacional quando estabelecia a distinção entre este e o Estado federal através do facto de a supranacionalidade, que via preenchida na CECA, não consistir num «super-Estado dotado duma soberania territorial própria» (542).

A circunstância de a supranacionalidade se servir da técnica federal justifica-se pelo facto de ela ter surgido na teoria jurídica da integração europeia como uma solução de compromisso, em lugar do federalismo, e pela circunstância de ela ter sido pensada no início da integração europeia como uma antecâmara da união federal da Europa. A tudo isso fizemos já demorada referência nesta dissertação.

---

(451) No m. sent., Iglesias Buigues, *op. cit.*, 110-114 e bibl. cit.; Burdeau, 634 ss. e bibl. cit.

(452) *Loc. cit.* (n. 395).

12. *Razões por que o Direito Comunitário não é Direito supranacional: remissão*

Da posse de um conceito jurídico de supranacionalidade poderemos agora afirmar que o Direito Comunitário não pode ser qualificado de Direito supranacional. E isto porque ele não reúne os elementos que atrás exigimos para a definição daquele conceito. Por outras palavras: para que a ordem jurídica das Comunidades Europeias pudesse ser caracterizada como uma ordem jurídica supranacional seria necessário que se lhe aplicasse o conceito de supranacionalidade que atrás construímos, o que não acontece.

Esta conclusão constitui um corolário lógico do facto de, no estado actual da sua evolução, as Comunidades Europeias não poderem ser definidas como entidades supranacionais, sempre no sentido que demos acima à supranacionalidade, porque não encontramos hoje nelas um poder supranacional nascido e estruturado nos termos em que atrás o definimos.

Normalmente seria aqui que caberia a demonstração de que o DC não é Direito supranacional. Mas dado que ela vai fazer parte essencial da construção da nossa posição pessoal perante o objecto de estudo desta dissertação remetemos o leitor para o que nesse lugar viermos a escrever (453).

§ 4.º

O Direito Comunitário não é Direito «sui generis»

13. *Colocação do problema*

Como vimos no apanhado que fizemos, no Capítulo anterior, da doutrina e da jurisprudência, para alguns autores o DC é, ou em termos absolutos, ou relativamente ao DIP e ao Direito interno, uma ordem jurídica *sui generis*. E há, por-

(453) *Infra*, Parte II.

tanto, duas formas de se chegar a essa caracterização: ou optando directamente por ela, com ou sem utilização dessa expressão, para se definir a natureza jurídica do DC (454); ou colocando, de forma expressa, a ordem jurídica comunitária *geometricamente* ao meio, num lugar equidistante em relação, por um lado, ao DIP, e, por outro, ao Direito estadual (455).

14. *Razões por que o Direito Comunitário não é Direito* sui generis

Se com a caracterização do DC como uma ordem jurídica *sui generis* se pretende afirmar apenas a sua especificidade e a das Comunidades, então essa qualificação é correcta, mas nada acrescenta em relação aos pressupostos de que partem quase todas as correntes que aqui apreciamos.

Mas se, diferentemente, com aquela qualificação se quer ir mais longe, o que acontece em muitos casos, e se pretende através dela criar um *tertium genus* em relação ao binómio Direito Internacional — Direito interno, no sentido de se definir uma terceira categoria que *nada tem de comum* com aqueles dois pólos, nesse caso a caracterização do DC como realidade *sui generis* não procede, como resultará provado desta dissertação.

Por conseguinte, a tese sobre a qual agora nos debruçamos coloca antes de tudo o problema de saber o que é que se quer dizer aqui por *sui generis*, sendo, porém, de antemão certo que essa caracterização se apresenta, nesta matéria, como ou inútil ou improdutiva.

---

(454) P. ex. Badura, *op. e loc. cits.* (n. 59); Lasok/Bridge, 22 ss.; Catalano, *Sources*, 169; Sidjanski, *op. cit.* (n. 189), 40; Gaudenzi, 23 ss.; Van Hecke, 277. Nem todas estas obras constam do levantamento a que procedemos no Capítulo I, mas são as mais expressivas da corrente que se pretende demonstrar.

(455) P. ex., Sasse, *Common Market*, epígrafe e 696 ss. Parece ser também esse o entendimento que se extrai do célebre prefácio de Schuman à obra de Reuter, *cit.* (n. 1), quando situa a supranacionalidade, como característica específica das Comunidades (concretamente, da CECA), «a igual distância entre o individualismo internacional e o federalismo dos Estados» (*cit.*, n. 74). E não andam longe dessa orientação, pelo menos formalmente, Ophüls, num dos seus mais importantes escritos — *op. cit.* (n. 5), epígrafe, 143 ss. e 152 ss. (cfr. todavia *supra*, n. 270) —, e Bernhardt, *op. e loc. cits.* (n. 43).

§ 5.º

O Direito Comunitário não é Direito Internacional Público clássico

15. *Várias acepções em que o Direito Comunitário é reconduzido ao Direito Internacional Público clássico*

15.1. *A identificação do Direito Comunitário com o Direito Internacional Público clássico*

Para um sector restrito da doutrina, mas que não deixa, como vimos, de englobar nomes muito conhecidos (456), o Direito das Comunidades Europeias é apenas uma parte do Direito Internacional Público clássico ou tradicional. As especificidades que ele possa porventura apresentar em relação a este nem sequer justificam, para muitos desses autores, que se fale, para caracterizar o Direito Comunitário, num Direito Internacional especial ou particular.

15.2. *O Direito Comunitário como parte do Direito Internacional Público em sentido lato. O recurso ao conceito de «Direito interno das organizações internacionais» de* Verdross

Outros autores, ao contrário, sentem a necessidade de criar um conceito lato de DIP para integrarem o DC no DIP. Nem sempre o fazem, porém, de forma expressa, pelo que nalguns casos é com dificuldade que o intérprete extrai do pensamento desses autores a sua posição face ao problema das relações entre a ordem jurídica comunitária e o DIP.

Esse sector da doutrina pretende atingir esse resultado socorrendo-se do conceito de «Direito interno das organizações internacionais». Já explicámos como é que esse conceito foi

---

(456) P. ex., BERBER, *op. e loc. cits.* (ns. 66 e 67); BALLADORE PALLIERI, sobretudo *op. e loc. cits.* (n. 289); e P. DE VISSCHER, *op. e loc. cits.* (n. 136).

criado por *Alfred Verdross* ainda nos anos 20, e qual foi a evolução que ele sofreu no pensamento do Professor de Viena até à sua mais recente formulação na obra colectiva que publicou com o Professor *Simma* (457). Ora bem: nomes importantes da doutrina de vários países vão-se deixar influenciar directamente, na caracterização do Direito Comunitário, pela referida construção de Verdross, embora não raro a ela adiram sem grande convicção ou, pelo menos, sem suficiente fundamentação (458).

Todavia, a investigação mostra-nos aqui duas coisas importantes.

Em primeiro lugar, que, como aliás já notámos (459), Verdross em passo algum dos seus escritos se serviu do conceito de «Direito interno das organizações internacionais» para caracterizar, ele próprio, a ordem jurídica comunitária. E se o tivesse querido fazer não lhe teriam faltado oportunidades a partir da década de 50.

Depois, o conceito de Verdross nem sempre foi utilizado pelos seus seguidores com o mesmo entendimento que ele lhe emprestou.

De facto, uma vasta pesquisa pela doutrina, sobretudo de língua germânica, permite-nos concluir que àquele conceito têm sido atribuídos, ao longo do tempo, conforme o seu conteúdo, dois sentidos diferentes.

Numa primeira acepção, a do próprio Verdross, o Direito interno das organizações internacionais — nas três formulações que o Autor sucessivamente lhe atribuiu: *«droit interne créé par un organe international»*, *«internes Staatengemeinschaftsrecht»*, *«internes Organisationsrecht»* — é composto por normas emanadas de

---

(457) *Supra*, Cap. I, n.os 3, 15 e sobretudo 16.

(458) Muito especialmente, SCHEUNER, *op. e loc. cits.* (n. 46); CAHIER, *op. e loc. cits.* (n. 193); e HAY, *ops. e locs. cits.* (ns. 219 e 220). Um rol quase exaustivo dos autores que até aos inícios da década de 60 se serviram do conceito de «Direito interno das organizações internacionais» para explicarem a natureza do DC pode ver-se em Cahier, *op. cit.* (n. 193), n. 22. Posição contrária, ou seja, a defesa da «inexistência» do «Direito interno das organizações internacionais» encontramo-la em BALLADORE PALLIERI, *Droit interne,* sobretudo 32 ss.

(459) *Supra,* Cap. I, n.º 16.

uma organização internacional que têm o indivíduo como destinatário directo ([460]). São, portanto, dois os traços que caracterizam esse «Direito interno» para Verdross: o autor da norma (um ou mais órgãos duma organização internacional) e o círculo específico dos seus destinatários (os indivíduos) ([461]).

Num segundo sentido, mais amplo, que foi utilizado pela primeira vez no ensino do Professor *Scheuner,* na Alemanha, o «Direito interno das organizações internacionais» engloba, dentro das normas emanadas das organizações internacionais, não só, como pretende Verdross, as que se dirigem directamente a indivíduos, como também as que disciplinam as relações entre os Estados membros da respectiva organização ([462]). É sensível nesta corrente, como acertadamente nota *Riklin,* a intenção de fazer coincidir aquele «Direito interno» com o conjunto do Direito derivado da respectiva organização, isto é, o somatório de todas as normas criadas pelos seus órgãos ([463]).

É próximo desta orientação de Scheuner que, a nosso ver, deve ser situado o pensamento actual do Professor *Seidl-Hohenveldern.* Pelo menos nas edições actuais dos seus dois manuais, o «internes Staatengemeinschaftsrecht» abrange o Direito criado por uma organização internacional, que regula «a estrutura interna da respectiva organização e as relações dos indivíduos no âmbito da sua actividade» ([464]). Interpretando bem, a nosso ver, esse pensamento, *Bernhardt* observa que aquele Professor austríaco transplantou para a teoria geral das organizações internacionais a distinção criada especificamente para o Direito das Comunidades Europeias entre «Direito primário» e «Direito secundário» ([465]).

Neste segundo sentido da expressão «Direito interno das organizações internacionais», esbate-se, porque se estende con-

---

(460) *Loc. cit.* (n. anterior).

(461) No sent. da nossa interpretação, RIKLIN, 160 n. 39.

(462) *Op. cit.* (n. 46), 230 n. 7.

(463) *Loc. cit.*

(464) *Op. e loc. cits.* (ns. 213 a 215, especialmente n. 215).

(465) *Op. cit.* (n. 43), 10. Interpretação diferente da posição actual de Seidl-Hohenveldern nesta matéria é-nos dada por RIKLIN — *loc. cit.* —, a nosso ver sem razão, mesmo tomando como base as primeiras edições das duas obras em questão daquele Professor austríaco.

sideravelmente o âmbito dos seus destinatários, o segundo traço característico do conceito na formulação de *Verdross* e, por conseguinte, assume carácter determinante, como sua *diferentia specifica,* o primeiro dos traços da definição daquele Professor.

16. *Razões por que o Direito Comunitário não é Direito Internacional Público clássico*

Não tem cabimento aqui a discussão *ex professo* dos conceitos que estão em jogo, sobretudo porque isso não se torna necessário para afastarmos a ordem jurídica comunitária do DIP clássico, qualquer que seja a óptica pela qual o problema venha a ser colocado.

Por Direito Internacional Público clássico entendemos aqui a ordem jurídica que assenta na soberania indivisível dos Estados, no individualismo internacional dos Estados, e que, portanto, promove em relação às soberanias estaduais uma acção de mera coordenação. Trata-se, por conseguinte, de um Direito que só atribui direitos e impõe obrigações aos Estados. O DIP clássico parte, pois, do princípio de que a soberania e ele são simultaneamente simbióticos e antagónicos: a soberania cria o DIP e este, por sua vez, reconhece-a como seu fundamento e princípio básico ([466]). É certo que desse entendimento se pretende afastar, pelo menos formalmente, a noção de Direito interno das organizações internacionais, mas a isso voltaremos adiante.

Para começar, o Direito Comunitário não pode ser assimilado pura e simplesmente ao conceito clássico de DIP. Essa orientação não consegue explicar nem o fenómeno jurídico da transferência de poderes soberanos dos Estados para as Comunidades (sem se discutir ainda a natureza e o alcance dessa trans-

---

([466]) V., neste sent., e por todos, KOROWICZ, *Present aspects,* 7 ss.; SAUER, 148; SCHWARZENBERGER, *op. cit.* (p. 127), 1 ss. e VERDROSS, *op. cit.* (n. 203), 6 e bibl. cit. Esta definição de DIP clássico em nada prejudica a procura para ele de um conceito *substantivo,* para o que são propostos vários critérios, que, conforme se extrai do recente estudo publicado sobre a matéria por DOMINICÉ, 72 ss., continuam a estar arrolados de forma actualizada no *Curso* de ANDRÉ GONÇALVES PEREIRA, 18 ss.

ferência), nem, portanto, o primado do DC sobre o Direito estadual, nem a aplicabilidade directa daquele neste, nem a adopção pelos tratados comunitários da regra da maioria em lugar da da unanimidade, em suma, não fornece explicação para a subordinação em que o Direito interno dos Estados membros se encontra por confronto com a ordem jurídica comunitária e que decorre da essência do conceito de integração.

Mas também não procede a recondução do Direito Comunitário ao conceito de Direito interno das organizações internacionais.

E aqui faremos desde logo duas observações prévias.

Antes de tudo, é necessário deixar claro que a afirmação de que o DC é Direito interno das Comunidades Europeias nada adianta quanto à sua própria natureza jurídica.

Depois, há que sublinhar que o Direito interno das organizações internacionais é, em nossa opinião, Direito Internacional — o que, aliás, decorre do simples facto de nos ocuparmos dele neste lugar da nossa dissertação. Por um lado, e como teremos oportunidade de demonstrar desenvolvidamente ao longo deste livro, não constitui impedimento para essa qualificação o simples facto de as suas normas (todas, ou só algumas, conforme a acepção em que utilizarmos aquele conceito, de entre as acepções propostas pela doutrina, e às quais há pouco nos referimos) se aplicarem directamente a indivíduos e, por conseguinte, o sistema da sua coerção ser idêntico ao das normas de Direito estadual (467). Por outro lado, a circunstância de essas normas buscarem o seu fundamento jurídico no tratado institutivo da respectiva organização, que, esse (ninguém parece pô-lo em questão), é sem dúvida um acto jurídico de Direito Internacional, e de elas serem produzidas no exercício estrito dos poderes que esse tratado expressa ou implicitamente confere, fá-las integrarem-se no DIP (468). Não tem, por isso, razão

---

(467) SEIDL-HOHENVELDERN, *op. cit.* (n. 215), 14.

(468) Expressamente no m. sent., SEIDL-HOHENVELDERN, *op. cit.*, 10; VERDROSS, *op. cit.* (n. 201), 435 ss.; ZEMANEK, *Vertragsrecht*, 90 ss.; ERLER, *op. cit.* (n. 276), 47, embora aproxime o *conteúdo* desse Direito interno do do Direito estadual; SCHWANTES, 199; ECONOMIDES, 225 ss.; HAY, *op. cit.* (n. 20), 44 (com indicação de bibl. suplementar), que

Cahier quando, excessivamente influenciado pelo carácter inovador e pela originalidade das Comunidades Europeias, pretende estabelecer uma antinomia entre o Direito interno das organizações internacionais e o DIP. Se, como acertadamente nota (469), o conceito de Direito interno das organizações internacionais é em si mesmo uma manifestação da teoria da instituição de *Hauriou,* a sua posição nesta matéria traduz um exagerado empolamento do institucionalismo (470).

Retomando o fio do nosso raciocínio quando procurávamos demonstrar que o DC não podia ser reconduzido ao conceito de Direito interno das organizações internacionais, chamaremos uma vez mais a atenção para o facto de o criador daquele conceito, *Alfred Verdross,* nunca o ter utilizado para caracterizar de modo expresso a ordem jurídica das Comunidades Europeias, nem mesmo quando as definiu como organizações internacionais. E a esse facto não se pode deixar de atribuir o devido significado. Seriam outros autores que o fariam, servindo-se do seu conceito, é certo, mas dando-lhe quase sempre um entendimento diferente.

Para nós, o DC não pode ser reconduzido ao Direito interno das organizações internacionais por uma razão muito simples.

De facto, o Direito interno das organizações internacionais pode ser examinado sob duas ópticas diferentes.

Numa óptica mais estreita e menos ambiciosa, ele é apenas e rigorosamente isso, ou seja, Direito *interno* da organização. Neste caso, porém, na interpretação que lhe dá por exemplo

---

acrescenta uma outra razão: essas normas têm como «fonte» uma Comunidade de *Estados.* Também BERNHARDT, *op. cit.* (n. 43), 10 (com excelente recensão de FAUSTO POCAR em *CS* 1980, 1135); JENKS, *Proper Law,* 257 ss.; e MENG, sobretudo 209 ss. (com vasta bibl. nesse sentido, cit. a pgs. 150-153) são da nossa opinião, embora defendendo que o «Direito interno das organizações internacionais» pressupõe um Direito Internacional «mais evoluído» ou «em mutação». O próprio Tribunal Internacional de Justiça aderiu já a esse raciocínio para sustentar, no caso das *sentenças do Tribunal Administrativo da OIT,* que este tribunal é um tribunal internacional — 97.

(469) *Op. cit.* (n. 193), 567.

(470) No m. sent., MENG, 209.

Skubiszewski ([471]), esgota-se no conjunto de normas que, emanadas dos órgãos da organização, disciplinam a estrutura, o funcionamento e o processo interno da organização, designadamente a relação de função pública que se estabelece entre ela e os seus agentes e funcionários, inclusive os tribunais administrativos que algumas organizações internacionais (por exemplo, a ONU, a OIT e o grupo da Banca Mundial ([472])) possuem com funções de contencioso administrativo no domínio do estatuto desses agentes. Quer dizer que nesta perspectiva o Direito interno das organizações internacionais não se dirige directamente aos Estados membros da organização nem aos seus cidadãos, mas apenas aos órgãos e agentes da organização. Por conseguinte, ele apresenta-se-nos neste caso como simples Direito Administrativo da organização ([473]). Ora, é manifestamente evidente que o Direito das Comunidades Europeias é muito mais do que isso, quanto mais não seja porque regula também as relações das Comunidades com os Estados e com os seus cidadãos e grupos sociais, nomeadamente empresas. Não deixaremos, no entanto, de acrescentar que, mesmo com esse entendimento de Direito Administrativo da respectiva organização internacional, o Direito interno da organização internacional é Direito Internacional Público, pelas razões que há pouco sustentámos. Assim se pronunciou já o TIJ quando, no caso das *sentenças do Tribunal Administrativo da OIT*, aceitou, como dissemos já, que este tribunal fosse considerado um «tribunal internacional» ([474]).

Numa óptica mais lata, o Direito interno das organizações internacionais pretende abranger também, ou apenas, as normas que se dirigem directamente aos Estados membros e aos indivíduos, ou seja, normas com eficácia externa. Só que, como argutamente observa o Professor *Bernhardt* ([475]), não estamos

---

([471]) 226.

([472]) Sobre a composição do grupo da Banca Mundial, ver as nossas lições, *cit.* (n. 177), 89 ss.

([473]) Como é expressamente aceite por um partidário dessa orientação, CLEMENS, 25 ss.

([474]) *Loc. cit.* (n. 468). Concordantemente, REUTER, *Principes,* 528 n. 39.

([475]) *Op. cit.* (n. 43), 12-13.

então verdadeiramente e em rigor perante um Direito *interno* da organização internacional, já que a conduta duns e doutros se situa *fora* do âmbito restrito da organização. Além disso, se, não obstante a crítica apontada, se insistir em qualificar de Direito interno das organizações internacionais o conjunto das normas que disciplinam as relações da organização com os Estados membros e os indivíduos, não se vê por que razão se torna necessário atribuir autonomia àquele conceito, como um *tertium genus* entre o DIP e o Direito estadual: estaríamos aí perante meras normas de DIP, já que, como dissemos, todas elas encontram o seu fundamento no tratado institutivo da respectiva organização, que é um puro tratado de Direito Internacional.

O conceito de Direito interno das organizações internacionais teve porém o mérito de vir despertar a atenção, no ordenamento jurídico internacional, para as normas que têm como destinatários directos os indivíduos, e que até então se julgava deverem constituir necessariamente monopólio do Direito estadual. E aqui está um dado adquirido que nos vai ser muito útil para o desenvolvimento desta dissertação, mesmo se, pelas razões apontadas, não nos vamos servir do conceito de Direito interno das organizações internacionais para caracterizar a ordem jurídica das Comunidades Europeias.

PARTE II

POSIÇÃO ADOPTADA: O DIREITO DAS COMUNIDADES EUROPEIAS COMO UM ESTÁDIO SUPERIOR DA EVOLUÇÃO DO DIREITO INTERNACIONAL PÚBLICO

1. *Razão de ordem*

Após termos na Parte I procedido a um levantamento geral da situação da doutrina e da jurisprudência sobre a definição da natureza jurídica do Direito Comunitário (para demonstrarmos, repetimos, não apenas o estado actual do tratamento que uma e outra dão à matéria, como também a pouca importância que de um modo geral lhe tem sido até hoje votada), e, depois, sustentado as razões que em nosso entender levam à recusa da caracterização da ordem jurídica das Comunidades dentro das grandes categorias jurídicas às quais, de harmonia com os resultados da investigação conduzida no Capítulo I dessa Parte I, ela é reconduzida pela doutrina e pela jurisprudência, iremos agora expor a nossa posição pessoal sobre o assunto, o que nos obrigará a uma incursão por entre matérias difíceis não só, como é óbvio, do Direito Comunitário, como também do Direito Internacional, do Direito Administrativo e, por vezes, também do Direito Constitucional.

CAPÍTULO I

A afirmação duma antinomia entre o Direito Comunitário e o Direito Internacional Público: os argumentos utilizados e sua apreciação crítica

2. *Introdução*

Como vimos na Parte I, todas as correntes que se propõem (quando o fazem) definir a natureza jurídica do Direito Comunitário, com excepção naturalmente das que o reconduzem ao Direito Internacional, afirmam existir uma oposição, uma «incompatibilidade» (476), uma antinomia entre a ordem jurídica comunitária e o Direito Internacional. E fazem-no sem prejuízo de, não raro, incluírem as Comunidades Europeias na categoria das organizações internacionais, reguladas pelo Direito Internacional.

Mesmo a jurisprudência comunitária, como também mostrámos então, após na sua fase inicial, e dentro da infixidez que então a marcou na matéria, ter caracterizado o Direito Comunitário como «uma nova ordem jurídica *de Direito Internacional*», viria mais tarde, como também vimos, a afastá-lo deste, e cada

(476) A palavra, conscientemente empregue e várias vezes repetida, é de Pescatore numa dada fase do seu pensamento — *op. e loc. cits.* (n. 160).

vez com maior determinação, embora nem sempre com fundamentação convincente (477).

Podemos reconduzir a dois os argumentos jurídicos invocados, nem sempre com arrumação metodológica e disciplina científica, pela doutrina e pela jurisprudência, para marcar uma diferença de natureza jurídica entre aquelas duas ordens jurídicas:

— a natureza constitucional dos tratados institutivos das Comunidades;

— e um conjunto vasto e heterogéneo de questões, que se reconduzem à «transferência de poderes soberanos» dos Estados membros em favor das Comunidades e à consequente «limitação da sua soberania».

Vejamos como é que é exposto cada um destes argumentos e pronunciemo-nos sobre a sua procedência.

§ 1.º

A) Os tratados institutivos das Comunidades como tratados - constituições

3. *Enquadramento do problema*

O primeiro argumento — primeiro, não apenas do ponto de vista cronológico como, por vezes, também no plano lógico — que certo sector da doutrina (478) e da jurisprudên-

(477) *Supra,* Parte I, Cap. I, n.º 22.

(478) Para citar apenas a doutrina mais expressiva, v. OPHÜLS, talvez o grande iniciador desta orientação, em, p. ex., *Auslegung,* 279 ss.; *Planungsverfassungen,* 229 ss.; *op. cit.* (n. 15), 387 ss.; e *Tratados,* 247 ss.; PESCATORE, *ops. cits.* (ns. 9, 160, 161 e 163), respectivamente 59 ss., 179, 510-511 e 166 (note-se, porém, que não é absolutamente uniforme o pensamento do A. em todas estas obras, parecendo verificar-se um retrocesso nomeadamente na última delas, onde os tratados comunitários aparecem definidos como «simultaneamente constituição comunitária e vínculo interestadual»); WENGLER, II, 1355 ss.; IPSEN, *ops. cits.* (ns. 4 e 350), respectivamente 64, e 250 e bibl. de n. 6; MATHIJSEN, *op. cit.* (n. 151),

cia(479) tem vindo a utilizar para afastar a ordem jurídica comunitária do Direito Internacional reside na afirmação de que os tratados institutivos das Comunidades não são tratados internacionais, portanto acordos regidos pelo Direito Internacional, mas Constituições, ou a Constituição, das Comunidades. Ou que, sendo tratados internacionais, são-no também, ou sobretudo, a Constituição das Comunidades. Este argumento foi muito trabalhado pela Ciência Jurídica alemã, como consequência directa do facto de ter sido o próprio *Bundestag* a utilizá-lo quando da discussão para aprovação do TCECA, vindo mais tarde a retomar essa orientação, *ipsis verbis,* à data da discussão do TCEE e do TCEEA (480).

Esta corrente exprime-se pela qualificação dos tratados institutivos (qualificação que, note-se, nem sempre retrata com fidelidade o que se pretende com isso afirmar) como *tratados--constituições,* ou *constituições,* ou pela referência a um «poder constituinte» das Comunidades (481). Reconduz-se também a esta orientação, em alguns casos, a simples caracterização dos

---

226; GANSHOF V. D. MEERSCH, *op. cit.* (n. 146), sobretudo 36 ss.; MEDINA, *op. cit.* (n. 179), 146; LASOK-BRIDGE, 23; REUTER, *op. cit.* (n. 271), 72; SIDJANSKI, *op. cit.* (n. 189), 48; IGLESIAS BUIGUES, *op. cit.* (n. 184), 529; L. CONSTANTINESCO, *op. cit.* (n. 52), 8 ss., 29 e bibl. cit.; CAHIER, *op. cit.* (n. 193), 592 ss.; LOUIS, *op. cit.* (n. 147), 41 ss.; WILLIAMS/DE MESTRAL, 54; ROBERTSON, *Law,* 23; KAISER, *Europarecht,* 22; LESGUILLONS, 51 ss.; MONACO, sobretudo *Principes* (1977), 101 ss. e bibl. cit.; AGUILAR NAVARRO, *op. cit.* (n. 10), 110 ss.; HARTLEY, 67 e 70; TIZZANO, 182 ss.; e VON SIMON, *Wachstumsprobleme,* 481 ss.

(479) Tomemos como protótipo o já cit. Ac. do 1.º Senado do Tribunal Constitucional Federal alemão de 18-10-67, que qualifica o TCEE de «Constituição da Comunidade», e a convicta afirmação do Procurador-Geral LAGRANGE, nas suas conclusões no já cit. caso *Fédéchar,* julgado logo no início da vida da CECA, de que o TCECA «se é verdade que foi concluído na forma dos tratados internacionais, e se ele é incontestavelmente isso, não é menos, do ponto de vista material, a Carta da Comunidade, constituindo as regras de Direito que dela decorrem o Direito interno da Comunidade» — 263.

(480) Como no-lo relata OPHÜLS, *Auslegung,* 279 e n. 1.

(481) Da terminologia tradicional nesta matéria afasta-se LESGUILLONS para falar em «tratado-fundação», fazendo-o porém com o mesmo sentido da expressão «tratado-constituição» — *loc. cit.*

tratados comunitários como «tratados constitutivos» ou mesmo «tratados institutivos» das Comunidades (482) (483).

4. *As várias acepções da expressão* tratado-constituição *e apreciação crítica da sua utilização pela tese em apreço*

A expressão tratado-constituição é utilizada quer pelo Direito dos Tratados quer pelo Direito das Organizações Internacionais com vários significados diferentes, a maior parte dos quais é totalmente irrelevante para a questão que neste lugar nos preocupa. Esta infixidez acerca daquele conceito fica a dever alguma coisa ao facto de ainda hoje o tratado-constituição ser muitas vezes esquecido, mesmo pelos mais exaustivos manuais de Direito Internacional, dentro das classificações dos tratados internacionais (484).

Todavia, uma investigação pelo uso muito diversificado que a doutrina e a jurisprudência do Direito Público fazem daquela expressão permite-nos descobrir três grandes acepções de tratado-constituição.

I) *O tratado-constituição como tratado-lei. Crítica*

Numa primeira acepção, o tratado-constituição reconduz-se a uma modalidade do tratado-lei, revelando a diferença específica de a lei por ele criada ser mais geral e apresentar um carácter mais fundamental. Ele disciplina situações que são comuns à

---

(482) P. ex., é o caso por vezes de SIDJANSKI e IGLESIAS BUIGUES, *op. e loc. cits.* (n. 478).

(483) Utilizada neste sentido, a expressão «tratado constitutivo» nada tem a ver com outro entendimento que por vezes lhe é também dado, de tratado que faz nascer um ou mais direitos na esfera jurídica de um ou mais Estados — cfr. CAVARÉ, II, 71. Esse entendimento aproxima o conceito de tratado constitutivo do de *acto administrativo constitutivo de direitos,* conceito de Direito Administrativo, embora neste caso se esteja perante um acto unilateral.

(484) O ex. mais significativo é o de CAVARÉ, II, 70 ss. No *Dicionário Strupp-Schlochauer,* GUGGENHEIM e MAREK não ignoram o conceito, mas nitidamente subestimam-no — 529.

generalidade dos sujeitos, e, por aí, à generalidade da sociedade internacional. Engloba, portanto, as normas convencionais de carácter geral para toda a sociedade internacional.

Por outras palavras, o tratado-constituição é, neste entendimento, repositório de normas que encerram princípios fundamentais sobre os quais se ergue a ordem jurídico-internacional no seu conjunto, ou determinado espaço dessa ordem jurídica.

Note-se que esta ideia não é nova: ela encontraria praticamente a sua primeira formulação em *Santi Romano*, no início deste século (485); pouco depois obteria tratamento científico apurado numa das melhores obras de *Verdross*, através do conceito de «Constituição da Comunidade Internacional» *(«die Verfassung der Völkerrechtsgemeinschaft»)* (486), conceito esse que viria a influenciar muito a doutrina alemã do Direito Público (487); seria logo a seguir desenvolvida por *Scelle* por forma a permitir-lhe falar num «Direito Constitucional Internacional» (488); e, na esteira desse Autor francês, e incentivada sobretudo pelos estudos doutrinários publicados acerca do Pacto da SDN e da Carta da ONU, daria lugar a uma disciplina que se tem vindo a desenvolver nos últimos tempos, sobretudo na Espanha, exactamente sob a designação de *Direito Constitucional Internacional* (489).

Assim, são considerados hoje princípios constitucionais do Direito Internacional, entre outros, os que afirmam a igualdade e a independência dos sujeitos de Direito Internacional, os constantes dos tratados que visam preservar a paz e prevenir a guerra, promover a melhoria das condições económicas e sociais de vida dos povos, etc. Não admira, pois, que o Pacto da SDN, ontem, e a Carta da ONU, hoje, tenham vindo a ser os exemplos mais citados de tratados-constituições. A Carta

---

(485) *Ordinamento*, 52 ss.

(486) Prefácio e *passim*.

(487) MOSLER, *Völkerrecht*, 31 ss.; BLECKMANN, *Grundprobleme*, 260 ss.; e VERDROSS/SIMMA, 71 ss. Mas também na Itália o conceito de Verdross teve seguidores, como se pode ver do estudo de VITTA, *Tema*, 15 ss.

(488) 501.

(489) V., por todos, AGUILAR NAVARRO, *Consideraciones*, 13 ss.

da ONU já foi, aliás, repetidamente qualificada de «Constituição» e base do «Direito Constitucional da ONU» (490). E a tendência é para se alargar progressivamente essa qualificação, nomeadamente aos tratados internacionais sobre direitos do homem e liberdades fundamentais (491).

Não nos interessa discutir neste lugar a aceitabilidade deste sentido dado à expressão tratado-constituição.

Com efeito, se, quando a doutrina e a jurisprudência invocam a natureza constitucional dos tratados comunitários para os afastarem dos tratados de Direito Internacional, estão a utilizar o entendimento de tratado-constituição que acabámos de analisar (492), nesse caso não carece de demonstração demorada que esse resultado não é alcançado. Independentemente dos pormenores do seu tratamento científico, o tratado-constituição, no sentido que aqui estudamos, é um tratado de Direito Internacional, que, aliás, como notámos, se reconduz, embora com particularidades, ao conceito já clássico de tratado-lei. E não encontramos nenhum autor que, por exemplo, pretenda subtrair a Carta da ONU à disciplina do Direito Internacional com o fundamento de ela merecer a definição de tratado-constituição, no sentido em que o acabámos de examinar.

---

(490) V., por todos, Ross, *Constitución,* 32 ss.; Jiménez de Aréchaga, 621. Há mesmo quem vá ainda mais longe e, com base na universalidade da organização, que decorre do art. 2.º n.º 7 da Carta, sugira que ela seja vista, ainda que mantendo a natureza de tratado internacional, como «uma espécie de Constituição da Comunidade mundial» — é o caso dos Professores suíços Müller e Wildhaber, 37.

(491) Sobre esta acepção de tratado-constituição, v., por todos, Monaco, *Cours,* 131 ss. (embora o A. pareça dum modo geral preferir, sobretudo em obras mais recentes, a segunda acepção de tratado-constituição, a que nos referiremos de seguida); e Ganshof V. D. Meersch, *op. cit.* (n. 146), 21 ss. e vasta bibl. cit.

(492) Medina fala em «princípios constitucionais» das Comunidades, no sentido de *princípios fundamentais* da ordem jurídica comunitária — *op. cit.* (n. 179), 105 ss.; Tizzano emprega, sem muita convicção, a expressão «princípios materiais» da Constituição comunitária — 183; Scherer considera o TCEE a «Constituição económica» das Comunidades — 69 ss. Mas nenhum desses As. se serve dessa via para opor os tratados comunitários ao DIP. Posição oposta é a de Ophüls, ao referir-se a uma «Constituição económica europeia» — *Grundzüge,* 31 ss.

II) *O tratado-constituição como acto institutivo de uma organização internacional. Crítica*

Nesta segunda acepção, atribui-se a designação de tratado--constituição, ou até simplesmente constituição, ao acto instituidor duma organização internacional. Estamos por isso no domínio específico do Direito das Organizações Internacionais. É a este entendimento de tratado-constituição que se acolhe a grande maioria dos autores que dele se socorre para definir os tratados comunitários, embora poucas vezes procurem levar longe as consequências jurídicas de tal qualificação.

O recurso aqui à palavra *constituição* fica a dever-se ao facto de o tratado criar uma entidade nova, uma organização internacional, autónoma em relação aos Estados partes nos tratados, dotada de personalidade jurídica própria, com a sua própria ordem jurídica, fixando-lhe também as atribuições, definindo-lhe a estrutura orgânica, e atribuindo aos respectivos órgãos os poderes necessários à prossecução dos fins sociais. Devido ao facto de o tratado ser aqui o acto de fundação da nova organização internacional, *Lesguillons* procurou dar estrutura jurídica ao conceito de «tratado-fundação», testando-o justamente quanto aos tratados comunitários (493).

Ao contrário da primeira acepção de tratado-constituição acima indicada, que o reconduz a uma modalidade do conceito de tratado-lei, esta nova interpretação leva, no pensamento de alguns autores, ainda que não expressamente, a acrescentar à dicotomia *tratado-lei/tratado-contrato* um terceiro tipo, o de *tratado-constituição,* que se definiria exclusivamente pela sua função *institucional,* isto é, como dissemos, por gerar uma nova entidade, absolutamente autónoma, inclusive com o seu próprio «Direito interno», quer dizer, a sua ordem jurídica própria.

Toda a construção do conceito de tratado-constituição nesta sua nova acepção é fruto, como aliás expressamente admitem alguns dos sequazes desta corrente (494), da escola *institucionalista* do Direito Público francês, designadamente através da

(493) *Loc. cit.* (n. 478).
(494) Por todos, Monaco, *op. e loc. cits.* (n. 478) e vasta bibl. cit.

teoria jurídica da instituição de *Maurice Hauriou* [495]. E é justamente dessa teoria que decorre o entendimento de que quer o acto institutivo em si mesmo quer a ordem jurídica com que ele dota a nova organização internacional não são realidades estáticas, antes possuem natureza dinâmica e vão-se sucessiva e gradualmente desenvolvendo por forma a adaptarem-se às exigências postas em cada momento ao funcionamento da nova organização. A evolução do conceito de tratado-constituição ultrapassa, pois, o rígido quadro para o qual ele fora inicialmente pensado: é o que *Monaco* exprime com a afirmação, que lhe é muito cara, de que o tratado-constituição reveste a forma de pacto mas possui a substância de «Constituição material da organização», que não se realiza imediatamente, mas gradualmente, à medida da evolução da organização [496].

A esta concepção progressiva e programática do tratado-constituição chega também, ainda que por caminhos paralelos, o Professor *Ophüls*, quando propõe para os tratados comunitários o conceito de *«Planungsverfassung» («Constituição-Plano»)* para explicar a «natureza dinâmica» da integração europeia [497].

A natureza constitucional do tratado criador duma organização internacional, entendida nestes moldes, e dentro do quadro normativo definido pelas teorias institucionalistas, confere àquele tratado as características da permanência, da estabilidade e do primado sobre os acordos internacionais comuns. Mais uma vez foi ao Professor *Monaco* que se ficou a dever o aprofundamento desses traços do regime jurídico dos tratados institutivos [498].

Perfilham esta acepção de tratado-constituição, quanto à

---

[495] 36. O pensamento de Hauriou nesta matéria encontra-se retratado de modo muito feliz no seguinte passo: «toutes les fois que d'un contrat, d'un pacte, d'un traité, résulte la création d'un corps constitué quelconque, il convient d'admettre qu'une opération de fondation s'est mêlée à l'opération contractuelle».

[496] *Op. cit.*, 101 e 104.

[497] *Op. cit.* (n. 480), 232 ss. O carácter evolutivo da «Constituição-Plano», que lhe permite fotografar o «desenvolvimento dinâmico» das Comunidades, leva Ophüls a afastá-la da Constituição estadual, que para o A. é, por definição, «estática» — 233.

[498] *Op. cit.*, 103 ss., 108.

Carta das Nações Unidas, ainda que sem irem ao pormenor, *Goodrich, Hambro* e *Simons*, quando a definem, não apenas como tratado, como também como constituição (499). E foi também com a invocação expressa deste entendimento que o já citado Acórdão do Tribunal Constitucional Federal alemão, de 18 de Outubro de 1967, qualificou o Tratado CEE como «Constituição da CEE», com a justificação de que «as normas emanadas dos órgãos comunitários no exercício da competência que o tratado lhes confere, o «Direito Comunitário secundário», constituem uma ordem jurídica própria (...)» (500).

Não se torna necessário demorarmo-nos na crítica também a esta nova acepção dada à expressão tratado-constituição (501). Independentemente da procedência, e até mesmo da utilidade, do próprio conceito, também por este caminho os tratados comunitários não poderão ficar à margem do Direito Internacional. Um tratado que institui uma organização internacional rege-se sem dúvida pelo Direito Internacional, ficando submetido, nos termos gerais, ao Direito Comum dos Tratados, salvo no que em contrário dispuser o próprio tratado: é o que estabelece expressamente o art. 5.º CV (502). Por isso, também por este

---

(499) *Comentário Goodrich,* 13. No m. sent., Ross, *Carta,* 108; Kopelmanas, 2, 97, 164 ... *et multis locis.*

(500) Só se discutia nesse processo o Direito Comunitário *secundário.*

(501) Um maior desenvolvimento deste entendimento de tratado-constituição pode ver-se em diversos estudos de Monaco, especialmente *op. cit.* (n. 491), 109 ss.; *Caractère,* 153 ss.; *Limits,* 269 ss.; mas sobretudo *op. e loc. cits.* (n. 478), onde o A. extrai todas as consequências deste sentido de tratado-constituição para o regime jurídico do próprio acto institutivo e da ordem jurídica da organização internacional; e em Guggenheim/Marek, 529; Waelbroeck, *op. cit.* (n. 137), 506 ss.; Hahn, 195 ss.; Bleckmann, *op. cit.* (n. 60), 151; Scheuner, *op. cit.* (n. 46), 230 n. 6; Jenks, *Problems,* 11 ss.; Focsaneanu, 326 ss.; Reuter, *op. e loc. cits.* (n. 478) e, mais recentemente, *Quelques limites,* 492; além das obras já citadas neste número. Uma crítica mais desenvolvida desta acepção encontramo-la em Rideau, 6 ss.

(502) Sobre este ponto, v., mais uma vez, o valioso estudo de Monaco, *op. cit.* (n. 478), 103 ss.. No m. sent., Bernhardt, *op. cit.* (n. 43), 9 ss.; e Rosenne, 21 ss. Contra, Focsaneanu, 315 ss.; e Miehsler, 47 ss. Em consequência do que fica dito no texto, o tratado institutivo duma organização internacional enquadra-se na definição do art. 1.º CV — no m. sent., Bernhardt, *op. e loc. cits.*.

caminho a figura do tratado-constituição não afasta o Direito Comunitário do Direito Internacional.

III) *O tratado-constituição como modalidade de Constituição estadual*

a) *Conteúdo da tese*

Reconduzem-se a uma terceira acepção de tratado-constituição as várias teses que, mais ou menos declaradamente, vêem nele uma modalidade de Constituição estadual, designadamente a Constituição de um Estado federal (503). Quase sempre este novo entendimento de tratado-constituição foi gerado com o intuito específico de explicar a natureza jurídica dos tratados comunitários: por aí, estes são vistos como as Constituições ou, mais vulgarmente, e em termos globais, como a Constituição duma entidade pelo menos assimilável a um Estado, e a um Estado de tipo federal. Note-se porém que praticamente nenhum dos autores que aproximam os tratados comunitários da Constituição dum Estado vai ao ponto de expressa e directamente atribuir natureza estadual às Comunidades, muito embora na sua generalidade não excluam, no todo ou em parte, a aproximação das Comunidades com o Estado, designadamente com o Estado federal.

Esta acepção, sim, a proceder, afastaria o Direito Comunitário do Direito Internacional, porque, fundada numa Constituição de natureza estadual, a ordem jurídica comunitária reconduzir-se-ia ao Direito estadual.

b) *Crítica*

Mas não parece difícil demonstrar-se que os tratados comunitários não são reconduzíveis à Constituição estadual.

---

(503) O grande intérprete desta orientação é OPHÜLS, louvando-se na qualificação feita pelo *Bundestag* dos tratados institutivos das três Comunidades como «uma figura do Direito Constitucional» — *op. cit.* (n. 15), 387 ss. e n. 1.

Para começar, as Comunidades não são assimiláveis ao fenómeno estadual. Já tivemos, aliás, oportunidade de o demonstrar (504). Recordemos aqui que lhes falta, como pessoas jurídicas autónomas, a característica primeira do Estado, que é o poder de auto-organização ou a *Kompetenz-Kompetenz*, e, portanto, também o primeiro corolário desse poder, ou seja, o poder constituinte.

Aliás, para que os tratados comunitários fossem equiparados à Constituição dum Estado não seria suficiente que as Comunidades fossem Estado. De facto, o Direito Internacional e o Direito Constitucional conhecem casos de Estados gerados por tratados de Direito Internacional: foi o caso, designadamente, do Império alemão, que foi criado em 1870-1871 por via de tratados internacionais (505); da Áustria, que, segundo a opinião dominante, após ter desaparecido como Estado soberano com a sua anexação em 13 de Março de 1938 pelo *Deutsches Reich,* só voltou a nascer como «novo Estado soberano» com o *Tratado de Estado («Staatsvertrag»),* assinado em Viena, em 15 de Maio de 1955, entre ela e as quatro potências ocupantes (506).

É por isso que dizemos que para que os tratados comunitários possam ser assimilados à Constituição dum Estado não basta que as Comunidades se vejam reconduzidas ao fenómeno estadual: é também necessário que eles próprios reúnam os requisitos do conceito de Constituição estadual.

Ora, assim como as Comunidades, como mostrámos, não são Estados, também os tratados comunitários se não assimilam à Constituição dum Estado. Debruçar-nos-emos sobre este problema mais adiante (507), mas não deixaremos de demonstrar, desde já, e pelo que neste lugar isso nos interessa, esta nossa afirmação.

Antes de mais, os tratados institutivos das Comunidades foram concluídos pelos Estados, e na forma solene prevista para

---

(504) *Supra,* Parte I, Cap. II, n.º 7.

(505) WAELBROEK, *op. e loc. cits.* (n. 478); BINDSCHEDLER, *op. cit.* (n. 186), 23-24.

(506) KUNZ, 701, e bibl. cit.; ERMACORA, 444; WENGLER, sobretudo II, 1101 ss.; IGLESIAS BUIGUES, *op. cit.* (n. 184), 509.

(507) *Infra,* n.º 10.2, I. Já aflorámos a questão *supra,* Parte I, Cap. II, n.º 4.

os tratados clássicos: ratificação pelos Estados, antecedida de aprovação pelos respectivos parlamentos.

Mas também o sistema de revisão desses tratados assenta na vontade comum dos Estados, ao contrário da revisão das Constituições dos Estados federais, que não depende unicamente da vontade dos Estados que compõem a Federação ou, pelo menos, não exige o seu acordo unânime (508).

É certo que os tratados prevêem, nos arts. 96.º CECA, 236.º CEE e 204.º CEEA, um processo especial para a sua revisão. Mas, não apenas isso consiste numa característica comum a todos os tratados institutivos de organizações internacionais (509), como também a especificidade do processo de revisão aí definida em nada belisca a dependência desta em relação à vontade individual dos Estados. Com efeito, a revisão desses tratados compete a uma conferência diplomática, composta por representantes dos Estados, que, de «comum acordo» (nas palavras do próprio articulado dos tratados), deliberam sobre as modificações a introduzir no respectivo tratado.

Como se vê, dentro da sua especialidade este sistema de revisão é absolutamente clássico (510).

Poder-se-á dizer que alguma originalidade foi trazida pelos pars. 3 e 4 do art. 95.º CECA, que disciplinam aquilo que se convencionou chamar de «pequena revisão» do Tratado CECA; mas nada decorre desses preceitos em desfavor da tese que aqui sustentamos.

Não se ignora que a revisão regulada no art. 95.º pars. 3 e 4 CECA não depende apenas da vontade dos Estados, por si próprios ou através do Conselho, mas encontra-se subordinada também à vontade doutros órgãos da CECA — diríamos mesmo que fora intenção dos autores do TCECA fazer participar no processo todos os órgãos principais da Comunidade: Comissão

---

(508) Cfr. arts. 79.º da Lei Fundamental de Bona, 44.º da Constituição austríaca e V da Constituição dos Estados Unidos.

(509) Como bem recorda MONACO, *op. cit.* (n. 478), 106.

(510) No m. sent., PESCATORE, *op. cit.* (n. 163), 61 ss.. L. CONSTANTINESCO diz o mesmo por outras palavras: o processo de revisão dos tratados comunitários corresponde ao «processo clássico das confederações de Estados» — *op. cit.* (n. 54), 326-327.

(inicialmente chamada de Alta Autoridade), Parlamento Europeu, Conselho e Tribunal; e também é verdade que o «comum acordo» dos Estados, previsto no art. 96.º CECA para a grande revisão ou, por outras palavras, para o processo comum de revisão, é substituído, para a pequena revisão, pela maioria qualificada (argumento que, todavia, se esbate pelo facto de a maioria ser muito qualificada) de oito nonos dos membros do Conselho. Mas é errado atribuir-se à pequena revisão do TCECA alcance maior do que aquele que ela realmente possui, devido às profundas limitações, de fundo e de forma, a que o art. 95.º pars. 3 e 4 na realidade a submete: ela não é uma revisão *normal,* podendo apenas ser utilizada no caso de verificação de «dificuldades imprevistas», ou por imposição duma «alteração profunda das condições económicas ou técnicas que afecte directamente o mercado comum do carvão e do aço»; no domínio da competência, esse processo de revisão encontra-se fortemente limitado por dois controlos políticos (o próprio acordo Comissão--Conselho sobre o âmbito da revisão e, mais tarde, a aprovação pelo Parlamento das alterações introduzidas ([511])) e por um controlo jurisdicional (julgamento pelo Tribunal da legalidade das modificações acordadas entre o Conselho e a Comissão ([512])); e dessa revisão não pode resultar a atribuição à Comissão de

---

(511) Acresce a dificuldade suplementar de o Conselho, nos termos do par. 4 do art. 95.º CECA, ter de outorgar nesse acordo, como dissemos, pela maioria de 8/9 dos seus membros e de o Parlamento ter de deliberar pela maioria de 3/4 dos votos expressos e de 2/3 do número legal dos seus membros. Além disso, parece que a aprovação ou a rejeição pelo Parlamento das modificações tem de ser *global* — no m. sent., P. DE VISSCHER, *op. cit.* (n. 136), 16.

(512) Embora o art. 95.º par. 4 fale em «parecer» do Tribunal, o juízo que este emite sobre a legalidade das modificações propostas ao tratado tem o valor de uma decisão definitiva na matéria, *quando lhes for desfavorável,* porque interrompe o processo de revisão, que só poderá prosseguir com um novo acordo Comissão-Conselho, o qual terá de ser novamente sujeito à aprovação do Tribunal. Isso ficou aliás confirmado por duas vezes: da primeira vez, a revisão do art. 56.º, em 1960, só foi possível porque o processo de revisão foi retomado após o TC haver inicialmente emitido parecer desfavorável (*JO* sem data, 1960, 781); da segunda vez, pouco depois, o parecer negativo do TC impediu definitivamente a alteração do art. 65.º (Parecer n.º 1/61, 514 ss.).

novos poderes, como, ao contrário, pode decorrer do mecanismo previsto no art. 95.º par. 1 CECA (que, todavia, se não confunde com a revisão do tratado e encerra apenas uma autorização concedida pelo tratado para a chamada «*integração de lacunas*» (513)), que, aliás, fica em última análise dependente de voto unânime do Conselho, mas apenas a «adaptação» das regras relativas ao exercício pela Comissão dos poderes que à data *já lhe eram* conferidos.

Por outro lado, há vários factores que ainda mais atenuam a originalidade e o alcance do art. 95.º pars. 3 e 4 CECA.

Para começar, não é inédito um tratado internacional ser revisto com recurso ao princípio da maioria, e sem posterior ratificação pelos Estados: pelo contrário, muitos tratados institutivos de organizações internacionais prevêem esse sistema — é o caso nomeadamente dos tratados que criam a FAO (art. 19.º), a UNESCO (art. 13.º), a Organização Mundial de Meteorologia (art. 28.º) (514).

Depois, o sistema de revisão instituído por aqueles preceitos ficou confinado ao estrito âmbito material da CECA, já que não foi transplantado para os Tratados de Roma.

Por fim, fica nas mãos dos Estados impedir em qualquer momento o funcionamento da pequena revisão, pela modificação do art. 95.º pars. 3 e 4 através do recurso à grande revisão, prevista no artigo seguinte. E pode-se mesmo colocar a questão de saber se os Estados não podem rever o Tratado CECA pela via diplomática ordinária, com postergação do art. 96.º, como aconteceu já, e de modo mais significativo, por duas vezes: quando os arts. 21.º e 28.º daquele Tratado foram emendados em consequência da conclusão do Tratado franco-alemão sobre o Sarre, de 27 de Outubro de 1956, pelo qual o Sarre regressou à República Federal da Alemanha; e quando

---

(513) É a opinião dominante na doutrina — v., p. ex., IPSEN, *op. cit.* (n. 4), 102 e bibl. cit.. Correspondem ao art. 95.º pars. 1 e 2 CECA os arts. 235.º CEE e 203.º CEEA — v. *infra*, n.º 11.5, II. Cfr. também os nossos *Sumários*, 47 ss.

(514) Também a Constituição da OIT dispensa a unanimidade para a sua alteração, embora exija posteriormente a ratificação das modificações por 2/3 dos Estados membros (art. 36.º).

os arts. 21.º e 32.º foram modificados na sequência da assinatura, na mesma data dos Tratados de Roma, ou seja, a 25 de Março de 1957, da já citada COC, que criou uma só Assembleia e um só Tribunal para as três Comunidades (515). Em ambos os casos não foi suscitada a questão da ilegalidade da revisão a que se procedeu. Da nossa parte, porém, somos da opinião de que essa ilegalidade era indiscutível, por infracção clara e expressa do processo especial de revisão previsto no art. 96.º (516) (517).

Mas os tratados comunitários não estão sujeitos à vontade dos Estados apenas no que toca à sua modificação: eles podem também ser ab-rogados por exclusiva vontade dos Estados, pondo-se dessa forma termo à vigência das Comunidades. Para a demonstração do que afirmamos remetemo-nos para o lugar mais oportuno, nesta dissertação (518).

Isto mostra que enquanto num Estado federal a Constituição, por força da sua característica intrínseca da *superioridade*, se impõe ao respeito dos Estados membros, não podendo estes designadamente derrogá-la por comum acordo, nas Comunidades os tratados institutivos encontram-se na dependência exclusiva da vontade dos Estados. Daí o termos vindo a insistir em que nas Comunidades os Estados se mantêm «donos dos tratados», o que é totalmente incompatível com a noção de Constituição dum Estado. E a História fornece-nos um argumento precioso a favor desta nossa posição. De facto, como mais uma vez nos relata o Professor *Mosler*, os juristas que tiveram a seu cargo a redacção final do TCECA excluíram intencionalmente a designação formal desse tratado como «Constituição», como fora proposto nos seus trabalhos preparatórios, com o fundamento

---

(515) V. o desenvolvimento que a esta questão é dada pelo *Comentário CECA*, II, 1346 ss.

(516) Expressamente no m. sent., PESCATORE, *op. cit.* (n. 163), 62-63. Contra, P. DE VISSCHER, *op. cit.* (n. 136), 18.

(517) No seu exaustivo estudo sobre a «pequena revisão» do TCECA o Professor CARSTENS chega às mesmas conclusões que sustentamos no texto, nomeadamente que o sistema daquela revisão em nada altera o princípio de que nas Comunidades são os Estados os «donos dos tratados» — *Kleine Revision*, especialmente 6 e 7.

(518) *Infra*, n.º 10.2, I.

de que aquela definição era inadequada à própria natureza jurídica desse tratado ([519]).

5. *Conclusão*

Os argumentos desenvolvidamente acabados de expor permitem-nos chegar com relativa facilidade à grande conclusão que nos interessa reter neste lugar: os tratados que instituíram as Comunidades são tratados internacionais. Sem dúvida que eles apresentam, na sua interpretação e na sua aplicação, especialidades em relação ao Direito Comum dos Tratados; mas nada disso interfere com o princípio de base de que eles são instrumentos do Direito Internacional e não se confundem designadamente com a Constituição dum Estado. Para chegarmos a essa conclusão foi decisivo o facto de, de harmonia com o Direito Comunitário vigente, os tratados institutivos das Comunidades, que foram concluídos pelos Estados, continuarem subordinados à vontade comum dos Estados membros quer quanto à sua modificação quer quanto à sua ab-rogação ([520]).

Daqui resulta, portanto, que não procede o primeiro argumento utilizado para a separação do DC em relação ao DIP em termos de se afirmar uma antinomia entre os dois.

§ 2.º

B) A «transferência de poderes soberanos» dos Estados membros para as Comunidades e a consequente «limitação da sua soberania»

6. *Enquadramento do problema*

Para a corrente que afasta o DC do DIP, o segundo factor dessa incompatibilidade residiria na «transferência de poderes

---

([519]) *Op. cit.* (n. 20), 383. Cfr. os nossos *Sumários,* 28.

([520]) No m. sent. desta conclusão global, v., por todos, ainda que nem sempre acompanhando na íntegra o nosso raciocínio, WAELBROECK, *op. cit.* (n. 137), 510 ss.; e IPSEN, *op. e loc. cits.* (n. 513).

soberanos» que o Estado membro, pelo simples facto de aderir às Comunidades, realiza a favor delas nos domínios compreendidos pelos tratados, e na consequente «limitação da sua soberania». Para ela, esse facto seria absolutamente irreconduzível ao princípio da mera coordenação de soberanias estaduais, que constitui fundamento do DIP, e que assenta na concepção da indivisibilidade da soberania do Estado. Como se calcula, apelam para esta tese fundamentalmente as doutrinas que, directa ou indirectamente, se servem da supranacionalidade para autonomizar conceptualmente as Comunidades e a sua ordem jurídica.

Com maior ou menor divergência de pormenor, seria essa a *diferentia specifica* que, para esta tese, caracterizaria as Comunidades e que marcaria a distância entre o DC e o DIP. Para alguns, sobretudo para aqueles que não vão para além de um tratamento político da matéria, seria nisso que praticamente se esgotaria a supranacionalidade, à qual se reconduziria toda a essência das Comunidades e do seu Direito, por oposição ao DIP; para outros, designadamente para aqueles que procuram um conceito jurídico para a supranacionalidade através do método descritivo, a transferência de poderes soberanos seria, não o único, mas de qualquer modo o mais marcante e efectivo traço de distinção entre o sistema jurídico comunitário e o DIP.

7. *Transferência de poderes soberanos e limitação da soberania estadual*

Já dissemos atrás que a transferência de poderes soberanos pelos Estados membros para as Comunidades decorre da aplicação às Comunidades Europeias do conceito de supranacionalidade, embora só mais para a frente chegue a altura de nos pronunciarmos sobre se o princípio da supranacionalidade encontra ou não concretização no fenómeno jurídico da integração europeia.

De facto, é da transferência de poderes soberanos, e da sua consequente fusão na titularidade das Comunidades, que nasce o poder supranacional. Já há trinta anos que *Reuter* advertia que a transferência de poderes soberanos pelos Estados membros só interessava ao Direito Comunitário enquanto daí resultava «a fusão parcial dos poderes soberanos nacionais», que dá lugar ao poder político comunitário (521).

Adiantaremos agora que a transferência de poderes soberanos apresenta-nos, como reverso da mesma medalha, aquilo que se convencionou chamar de «limitação da soberania» dos Estados membros, De facto, estamos perante duas realidades jurídicas não apenas não independentes, como até complementares entre si: ao aderir à entidade supranacional cada Estado transfere-lhe os seus poderes soberanos relativos aos interesses tornados comunitários, isto é, ao domínio material das suas atribuições que passam para a Comunidade, e, porque esses poderes soberanos saem (diz-se) da titularidade do Estado — enunciamos assim a questão com toda a neutralidade, sem nos comprometermos por ora pessoalmente quanto às Comunidades Europeias, face quer à natureza jurídica da transferência quer ao título a que ela tem lugar —, produz-se, em medida correspondente ou não (eis aqui um dos pomos de discórdia), uma limitação da soberania do Estado respectivo a favor da Comunidade.

Nem sempre é compreendida esta complementaridade entre a transferência de poderes soberanos e a limitação da soberania dos Estados, o que não raro contribui para dificultar um rigoroso tratamento jurídico da matéria. O próprio Tribunal parece ter levado tempo a assimilar este fenómeno, pois, em 1963, no caso *Van Gend en Loos*, caracterizava a ordem jurídica comunitária com recurso apenas à «limitação de direitos e poderes soberanos dos Estados» (522), para só no caso *Enel*, em 1964, dar o passo em frente e reconhecer que os poderes da

(521) *Op. cit.* (n. 1), 139. De acordo, Ganshof v. d. Meersch, *op. cit.* (n. 146), 197 ss. Estes Autores não aderem, porém, à corrente, encabeçada por Ophüls — *op. cit.* (n. 16), sobretudo 531 ss. —, e que parece ser, pelo menos parcialmente, seguida por Pescatore — *op. cit.* (n. 162), 35 ss. —, segundo a qual daí resultaria o nascimento para as Comunidades de *soberania* própria, *originária* ou *derivada*. Para os fins desta dissertação não nos interessa discutir esta tese, que todavia resultará totalmente contrariada pelas conclusões a que iremos chegar neste trabalho. Se as Comunidades não têm sequer o poder de auto-organização como poderão ser vistas como titulares de soberania própria?

(522) 3 ss.

Comunidade decorrem «de uma limitação de soberania ou de uma transferência de atribuições dos Estados para a Comunidade» ([523]). Embora ainda com terminologia insegura e pouco feliz, já se estava mais perto da compreensão e do alcance exactos da génese do poder supranacional, que se pretendia encontrar nas Comunidades Europeias.

Esta complementaridade entre a transferência de poderes soberanos e a limitação da soberania dos Estados membros vem reforçar a ideia, que já deixámos expendida quando definimos a supranacionalidade, de que o princípio da supranacionalidade leva à rotura do princípio da soberania indivisível, que aliás implicava a negação do próprio ordenamento jurídico-internacional. Não é outra, aliás, a razão por que a doutrina soviética elabora o conceito jurídico de integração económica a partir do pressuposto básico da indivisibilidade da soberania dos Estados, recusando portanto qualquer transferência ou delegação de soberania ou de poderes soberanos dos Estados para as organizações de integração ([524]).

Porque é da realidade *dinâmica* em que consiste a transferência de poderes soberanos, e não da realidade *estática* em que se traduz a limitação da soberania, que nasce directamente o poder supranacional, é a primeira que é invocada como característica da supranacionalidade. Pela mesma razão, é da transferência de poderes soberanos, e não da limitação da soberania, que mais vulgarmente se socorre a corrente que pretende excluir o DC do DIP. Por isso, será sobretudo sobre ela que nos debruçaremos, embora mais tarde, em rubrica especial, venhamos a dar a devida importância ao reverso da mesma medalha, ou seja, à limitação da soberania dos Estados membros.

---

(523) 1143 ss. O Tribunal retomaria mais tarde essa orientação em 1971 e 1972, respectivamente nos casos *Comissão c. República francesa,* 1018, e *Comissão c. República italiana,* 534.

(524) Fiel representante da doutrina soviética nesta matéria é BLISCHTSCHENKO, 83 ss. O A. demonstra aí como é que o COMECON se organizou na base do princípio clássico do Direito Internacional da indivisibilidade da soberania dos Estados, tendo por isso recusado liminarmente a ideia da supranacionalidade (83-84). Este ponto foi desenvolvido, à luz dos pressupostos jurídicos da integração económica do bloco socialista, por RÜSTER, sobretudo 105 ss.; e BYSTRICKY, 107 ss.

8. *Observações de natureza terminológica*

Já se tornou decerto notado que falamos de transferência *de poderes soberanos* e de limitação *de soberania*.

Podemos dizer que este desencontro no campo da terminologia se encontra praticamente generalizado na doutrina e na jurisprudência.

A doutrina de língua francesa contrapõe «transfert *de pouvoirs souverains*» a «limitation *de la souveraineté*», enquanto que a doutrina de língua alemã distingue entre «Übertragung *der Hoheitsrechten*» e «Beschränkung *der Souveränität*».

No que toca à jurisprudência, ainda há pouco citámos o Acórdão proferido pelo Tribunal das Comunidades no caso *Enel*, onde é distinguida a «limitação *de soberania*» da «transferência *de atribuições*» (525). Como então notámos, a terminologia não era muito feliz, mas era sensível a contraposição.

Veremos adiante que esta dessincronização na terminologia utilizada não é casual e tem por detrás de si uma profunda razão de carácter substantivo, que muito nos vai ajudar a compreender a natureza jurídica do Direito Comunitário.

I

A questão da «transferência de poderes soberanos»

9. *A interpretação jurídica da expressão «transferência de poderes soberanos»*

9.1. Teoria da delegação *ou* teoria da transferência *de poderes? A importância teórica da questão*

É justamente quando se procura esclarecer as questões jurídicas que, como esta, tocam no próprio cerne do fenómeno da

(525) *Loc. cit.* (n. 523). Note-se, todavia, que no mesmo Ac. o Tribunal fala logo a seguir em «limitação definitiva *dos seus direitos soberanos*», expressão que retomaria no Ac. proferido no caso *Comissão c. República italiana* — *loc. cit.* (n. 523) (o itálico é nosso).

integração europeia, que mais se faz sentir a ausência dos trabalhos preparatórios dos tratados comunitários. Felizmente que por vezes se consegue atenuar os inconvenientes que daí advêm, através do recurso a depoimentos dos juristas de grande renome que negociaram e redigiram os textos dos tratados.

Isso passa-se também nesta matéria.

Com efeito, o Professor *Mosler,* hoje Juiz no Tribunal de Haia, relata-nos que na preparação do Tratado CECA houve a consciência de que, dentro da organização jurídico-política que se pretendia emprestar à Comunidade a criar, havia que determinar previamente se os poderes em que se a ia investir resultariam de *delegação* ou de *transferência* dos poderes soberanos dos Estados membros. «Delegar ou transferir» — esse foi, pois, em toda a sua simplicidade, o dilema que se colocou aos fundadores da CECA (526).

Mas o dilema, se era simples de enunciar, não era fácil de resolver. E é ainda Mosler a contar-nos que, por não ter sido possível um acordo na matéria, se não adoptou no texto final do Tratado CECA qualquer das expressões em confronto, deixando-se a solução da querela para a astúcia e o saber do intérprete dos tratados (527).

Seria errado pensar-se que se estava perante uma mera questão de palavras: por detrás dela era a própria concepção jurídica da Comunidade que estava em causa.

Os que defendiam a teoria da delegação queriam que a integração europeia assentasse fundamentalmente nos Estados, que conservariam, segundo eles, a *titularidade* dos poderes soberanos, cujo *exercício,* e só ele, concediam à Comunidade. Os poderes da Comunidade seriam, por conseguinte, poderes *deri-*

---

(526) *Op. cit.* (n. 20), 375 ss. Note-se que chegou, em princípio, a ser discutida uma terceira fórmula, que se continha no art. 1.º do documento apresentado pelo Governo francês, e que foi adoptado como base de trabalho pelo Comité Jurídico que negociou e redigiu o tratado. Rezava esse artigo: «Il est institué une Haute Autorité Commune à laquelle les États parties au traité *confient* la mise en commun de leur production de charbon et d'acier (...).» (o itálico é nosso). Todavia, ela foi cedo afastada, porque do ponto de vista jurídico a palavra *confiar* tinha um conteúdo muito menos preciso do que *delegar* ou *transferir* — *op. e loc. cits.*

(527) *Op. e loc. cits.*

vados da soberania dos Estados membros e ficariam *dependentes* destes, ou seja, na sua disponibilidade (528).

Ao contrário, os partidários da teoria da transferência de poderes incluídos na soberania estadual viam na adesão dos Estados à Comunidade um acto de cessão com *renúncia* definitiva da parte dos Estados à própria *titularidade* dos poderes que conferiam à Comunidade, como um primeiro passo para o lento esvaziamento da soberania dos Estados em proveito do poder político da Comunidade. Para esses, os poderes transferidos saíam definitivamente da esfera jurídica dos Estados membros, dando lugar a um poder comunitário *novo* e não *derivado* da soberania dos Estados membros (529).

Embora simplificando um pouco esta oposição, não andaremos longe da verdade se dissermos que em torno da primeira posição se agrupavam todos aqueles que, de algum modo, pretendiam não afastar uma tónica intergovernamental no processo da integração, e, por isso, não só não desejavam retirar aos Estados um papel determinante na condução desse processo, como também colocavam reticências à divisão da soberania dos Estados, vista esta como consequência da cessão *(hoc sensu)*, ainda que parcial, dos poderes soberanos e, portanto, da sua própria titularidade, dos Estados membros em favor das Comunidades.

De modo muito diferente, a teoria da transferência teria por si todos aqueles que, ainda que por formas diversas, haviam optado já por uma solução federalista para a construção europeia, assente na visão, próxima ou remota, da Comunidade como um Estado federal e na consequente limitação progressiva, porventura até ao seu esvaziamento, da soberania dos Estados membros.

---

(528) É também essa a interpretação de OPHÜLS, *op. cit.* (n. 16), 521 ss.; e MOSLER, *op. e loc. cits.*.

(529) V., no m. sent., a interpretação que desta corrente dá MOSLER, *op. e loc. cits.*. Mas cfr. *supra*, n. 521.

9.2. *O verdadeiro alcance da oposição delegação-transferência. O conceito de delegação de poderes no Direito Administrativo e no Direito Constitucional*

a) *Colocação do problema*

Se no plano puramente teórico era nítida a fronteira que separava os institutos da delegação e da transferência de poderes e que distinguia os efeitos jurídicos que uma e outra pretendiam obter, no campo prático essa destrinça era muito mais difícil, o que, como se calcula, emprestava a este problema uma acrescida complexidade.

As dificuldades provinham sobretudo da nebulosidade do conceito de delegação de competência.

Quando os autores do Tratado CECA discutiam a teoria da delegação e a sua eventual aplicação àquela Comunidade é de crer que se estivessem a socorrer do conceito de delegação de poderes que lhes era fornecida pelo Direito Público interno dos Estados fundadores da CECA, designadamente daqueles onde o Direito Constitucional e sobretudo o Direito Administrativo haviam alcançado um maior grau de desenvolvimento, ou seja, a França, a Alemanha e a Itália (530). Ora, na ordem jurídica de qualquer destes países o conceito de delegação fazia parte, já então, dos temas mais controversos.

---

(530) A propósito doutras matérias JOHN BRIDGE, 357, louvando-se em DAVID e BRIERLEY, 99, sustenta que tanto os tratados comunitários como o Direito Comunitário secundário reflectem a tradição jurídica dos Estados que criaram as Comunidades. E, concretamente no que diz respeito p. ex. ao contencioso comunitário, o Juiz MERTENS DE WILMARS demonstra como é que ele sofreu a influência de conceitos e sistemas extraídos do Direito Público dos Estados fundadores — *Annulation,* 283 ss. Especificamente sobre o recurso da parte do DC ao conceito de «delegação de poderes soberanos» garantem-nos HUMMER, *Gleichgewicht,* 460 ss., e SCHWEITZER/HUMMER, 185-187, que os autores dos tratados comunitários se foram inspirar, para o efeito, na noção da delegação de poderes do Direito Administrativo dos Estados membros. No m. sent., cfr. os nossos *Sumários,* 35-37, 70, 101-102. Por aqui se vê que o estudo do Direito Comunitário aconselha o conhecimento prévio dos principais institutos do Direito Público dos Estados membros através do método comparativo.

A delegação é um dos muitos institutos que o Direito Romano legou ao Direito Civil dos sistemas jurídicos europeus. Entrou no Direito Público muito mais tarde, pela mão do Direito Administrativo, vindo a conhecer neste ramo de Direito um conteúdo e um regime profundamente diferentes dos do Direito Privado.

Na generalidade dos países ainda se está, porém, muito longe de um esclarecimento completo do conceito de delegação de poderes no Direito Administrativo. Para tal concorre o facto de ser diverso o tratamento que lhe é dado pela ordem jurídica dos diferentes países, o de a doutrina não lhe conceder a importância que ele merece e divergir bastante na sua caracterização, e o de a jurisprudência, mesmo a do Conselho de Estado francês, ter levado tempo a acertar ideias nesta matéria (531).

A posterior absorção do conceito, nalguns países, também pelo Direito Constitucional, sobretudo através da chamada *delegação legislativa,* viria a tornar ainda mais nebulosos os contornos do conceito e a acentuar ainda mais a dificuldade do seu tratamento científico.

Como se isso não bastasse, o Direito Público dos três Estados a que nos referimos tem vindo a rejeitar, no plano prático, a rigidez da dicotomia delegação-transferência, através da penetração da teoria da transferência de poderes no próprio conceito de delegação de competência, de cuja definição passa nesse caso a fazer parte. Vejamos rapidamente como isso acontece.

b) *A delegação no Direito Administrativo francês*

Na França o Direito Administrativo, nesta matéria, parte da distinção entre a *delegação de assinatura* e a *delegação de poderes.*

Na primeira, o acto da delegação não priva o delegante do exercício da competência que delegou, pelo que, após a delegação, os poderes delegados podem ser simultaneamente exercidos pelo órgão delegante e pelo órgão delegado. Neste caso, portanto,

(531) Como o mostra entre nós Gonçalves Pereira, *Delegação,* 6. Para um levantamento mais recente do estado do Direito Administrativo português na matéria (embora ele seja irrelevante para o que se estuda

a delegação dá lugar a um sistema de competência *cumulativa* ou *concorrente* entre o órgão delegante e o órgão delegado.

Ao contrário, na delegação de poderes o acto de delegação produz uma modificação no sistema de atribuição de competência definido na lei, porque os poderes delegados saem da capacidade jurídica de exercício do delegante, visto serem *transferidos* para o delegado. Por conseguinte, enquanto durar a delegação (que é, por natureza, revogável), só o delegado pode exercer os poderes que ela abrange. Daí resulta que durante a vigência da delegação é o delegado quem tem o *exclusivo* do exercício dos poderes delegados, actuando então como se exercesse sua competência própria, pelo que os actos praticados por ele por delegação se consideram para todos os efeitos, nomeadamente para efeitos contenciosos, como actos do órgão delegado e não do órgão delegante (532). Como desenvolvidamente mostram *Auby* e *Drago*, é esta a noção de delegação que se encontra hoje pacificamente consagrada na lei e na doutrina, e para a qual vão tendendo a jurisprudência do Conselho de Estado francês e a prática administrativa (533).

Note-se que em França a delegação administrativa é tratada ainda quase exclusivamente no âmbito da relação hierárquica, o que corresponde aliás à forma clássica de a conceber, já que o conceito de delegação nasceu no Direito Administrativo dentro dos estritos limites da hierarquia, como uma forma de desconcentração de competência. Sendo assim, o titular do

---

no texto) v. MARCELLO CAETANO/FREITAS DO AMARAL, I, 226 ss.; SÉRVULO CORREIA, sobretudo 215 ss.; ESTEVES DE OLIVEIRA, 268 ss.; e, já em fase adiantada de composição tipográfica desta dissertação, FREITAS DO AMARAL, II, 96 ss. V. também *infra*, n. 552-A.

(532) Neste sent., por todos, AUBY/DRAGO, II, 275 ss.; VEDEL, 190 ss.; RIVERO, *Droit administratif*, 256-257; LAUBADÈRE, I, 294 ss., e bibl. e jurisp. aí cits., e DUEZ-DEBEYRE, 120-121. Mas já era essa a posição que há muito mais de um século aparecia defendida no *Dictionnaire général d'Administration*, ed. por ALFRED BLANCHE, vol. Comm.-Du., Paris, 1857, expressão *Délégation de pouvoir*.

(533) *Loc. cit.*, com referência aos Acórdãos mais significativos do Conselho de Estado nesse sentido. Para uma síntese actualíssima do estado actual do Direito Administrativo francês na matéria, inclusive na jurisprudência, v. o Curso de EISENMANN, II, 66 ss.

órgão delegante é sempre superior hierárquico do titular do órgão delegado.

c) *A delegação no Direito Administrativo alemão*

Não são muito diferentes os resultados a que chega o Direito Administrativo da Alemanha.

Toda a construção jurídica do conceito de delegação busca aí, ainda hoje, os seus fundamentos no tratamento profundo e sistemático que lhe foi dado por *Triepel* numa obra publicada em plena guerra e que ficou célebre pelo impacto que obteve na Ciência Jurídica não só do seu país como também de muitos outros (534).

Triepel distingue aí *delegação* e *mandato*. Neste último não existe qualquer transferência de poderes, porque um órgão, o mandante, habilitado a isso por lei, apenas «encarrega e autoriza» outro, o mandatário, a exercer os poderes *do mandante* e *em nome deste*. O mandato resume-se, pois, a um simples acto de autorização, e não provoca qualquer limitação na competência do mandante nem na sua capacidade de exercício (535).

Diferentemente, o acto de delegação, quando previsto e autorizado por lei, tem como efeito uma verdadeira «transferência» *(«Übertragung»)* de certos e determinados poderes de um órgão para outro, «simultaneamente uma renúncia *(«Abschiebung»)* e uma alienação *(«Zuschiebung»)* da competência» do delegante para o delegado, que aquele só recuperará com a cessação da delegação. Por conseguinte, o aumento de poderes na esfera jurídica do delegado tem como correspondência quantitativa uma diminuição de poderes da parte do delegante (536).

Interpretando fielmente Triepel e seguindo o seu pensamento, a doutrina administrativista alemã considera já um dado adquirido que só se pode falar de delegação administrativa quando dela decorrer a *transferência* do poder de decisão do delegante para o delegado, ficando o delegante privado do

---

(534) *Delegation.*
(535) *Op. cit.*, especialmente 51, 54, 58.
(536) *Op. e loc. cits.*.

exercício dos poderes transferidos até que cesse a delegação ([537]). Também a jurisprudência do Tribunal Administrativo Federal se tem pronunciado expressamente nesse sentido ([538]). E o próprio legislador cedo aderiu à distinção entre delegação e mandato nos termos propostos por Triepel ([539]).

É certo, porém, que Triepel não ignorava que à data da sua obra o Direito positivo alemão configurava como de delegação certas relações em que o delegante mantinha com o delegado uma competência cumulativa ou concorrente nos domínios a que a delegação se referia. Mas para isso criou ele a distinção entre a delegação *autêntica* («*echte*») *ou em sentido próprio*, a que nos acabámos de referir, e a delegação *não autêntica* («*unechte*») *ou em sentido impróprio*, que vale como uma simples autorização do exercício aos poderes delegados e que, portanto, produz para o delegante uma simples «*perda da exclusividade*» («*Verlust der Ausschliesslichkeit*») da competência delegada ([540]).

Também na Alemanha, por conseguinte, a delegação de poderes coloca-se exclusivamente no campo do Direito Administrativo. A delegação legislativa, nomeadamente do Parlamento no Governo, que Triepel não rejeitava no plano doutrinário ([541]), entende-se hoje unanimemente que é proibida pelo princípio da divisão e separação de poderes. A excepção do art. 119.º da Lei Fundamental de Bona não tem grande importância em virtude de se tratar de uma disposição transitória ([542]).

d) *A delegação no Direito Administrativo e no Direito Constitucional italianos*

Na Itália não se chega nesta matéria a resultados sensivelmente diferentes dos obtidos na França ou na Alemanha, mas

---

(537) V., por todos, Wolff/Bachof, II, 23 ss., e bibl. cit. especialmente a pg. 26; Ossenbühl, 73; e *Dicionário Jurídico Creifelds*, 260-261.

(538) É lapidar o Ac. de 28-9-61, 341, com anotação favorável de Spanner.

(539) Cfr. Wolff/Bachof, 26.

(540) Triepel, *op. cit.*, 51 ss.

(541) *Op. cit.*, 58.

(542) Sobre a proibição da delegação legislativa na Alemanha, e no sentido do texto, v., por todos, Konrad Hesse, 211 ss.

a problemática da delegação torna-se aí ainda mais complexa. Por um lado, são numerosíssimos os casos em que a lei italiana prevê e autoriza a delegação, reconduzindo-se eles a variados modelos, e estando por lei sujeitos a regimes distintos, que dificultam praticamente a adopção de um conceito unitário de delegação; por outro lado, e muito diferentemente do que se passa na França e na Alemanha, ganha aqui enorme importância a delegação legislativa, que é objecto de tratamento muito profundo da parte quer da doutrina quer da jurisprudência do Direito Constitucional.

Para nos circunscrevermos apenas ao que nos interessa nesta dissertação, diremos que o Direito Público italiano conhece fundamentalmente quatro modalidades de delegação:

1 — a *delegação intra-orgânica* (543), que tem lugar entre titulares dum mesmo órgão: por exemplo, a delegação dum Ministro num Secretário ou num Subsecretário de Estado (todos eles membros de um mesmo órgão, o Governo, órgão do Estado);

2 — a *delegação interorgânica,* que se processa entre dois órgãos ou serviços da mesma hierarquia pertencentes à mesma pessoa colectiva;

3 — a *delegação intersubjectiva,* na qual uma pessoa colectiva de âmbito maior (isto é: que prossegue um Bem Comum de dimensão maior) delega os seus poderes numa outra de âmbito menor (544). Esta categoria de actos de delegação é criada pela doutrina italiana para englobar sobretudo a delegação do Estado nas regiões, nomeadamente a delegação por via legislativa, quer de poderes legislativos quer de poderes administrativos, prevista respectivamente nos arts. 117.º n.º 2 e 118.º n.º 2 da Constituição; e

4 — a *delegação legislativa,* a que expressamente se refere o art. 76.º da Constituição, segundo o qual o Parlamento pode delegar no Governo, dentro das condições aí fixadas, o «exercício da função legislativa».

---

(543) Delegação «interna» chama-lhe COLZI, 352.

(544) GIANNINI designa-as respectivamente de pessoas colectivas «maior» e «menor», e a sua relação neste tipo de delegação caracteriza-se pelo facto de não existir entre as duas qualquer relação hierárquica — 302-303.

Como se vê, o instituto da delegação ultrapassa aqui largamente os acanhados limites da hierarquia administrativa que lhe são fixados no Direito Administrativo francês e mesmo no Direito Administrativo alemão. Por outro lado, o acto de delegação, se nas hipóteses 1, 2 e 3 consiste num acto administrativo (a doutrina dominante entende que na hipótese 3, quando estamos perante o caso concreto da delegação do Estado nas regiões, a lei que simultaneamente autoriza e efectua a delegação é do ponto de vista *material* um acto administrativo ([545])), na hipótese 4 traduz-se numa Lei do Parlamento. Aliás, na hipótese 3, e quanto à delegação do Estado nas regiões, o fenómeno da delegação passa para segundo plano, como mero corolário da verdadeira descentralização das funções do Estado que nessa relação se opera a favor das regiões, e que, como demonstrámos em estudo anterior, ultrapassa o âmbito do que comummente a doutrina designa de descentralização política ([546]).

Não admira que perante um tão diversificado uso do instituto da delegação a doutrina se esgrima acerca do seu regime e dos seus efeitos jurídicos. Pode-se dizer, porém, que também aqui prepondera a tese da aplicação à delegação da teoria da transferência de poderes, e isto por influência sobretudo do ensinamento de *Franchini* ([547]), que apareceu na Itália como fiel seguidor do pensamento de *Triepel*, que ainda há pouco descrevemos.

A teoria de Franchini não conseguiu obter adesão total e uniforme. Mas, mesmo assim, podemos afirmar sem hesitação que desde então prevalece na Itália a corrente que, muito embora sublinhe que a natureza jurídica do acto de delegação é antes de tudo uma questão de interpretação da lei que a autoriza, sustenta *de jure condendo* que o acto de delegação deve ser visto sempre como um acto *dispositivo,* um acto *transmissivo* da competência própria do delegante *(«trasferimento de competenza»),* e não como um mero acto de autorização do seu exercício ([548]).

---

(545) No m. sent., COLZI, 354.

(546) A nossa monografia *Descentralização,* sobretudo 53 ss.

(547) 34.

(548) Isso só não acontece assim com a *delegação de assinatura,* que se traduz numa «simples forma de desconcentração de competência»,

Todavia, a raiz desses poderes, a sua «titularidade nua», para empregarmos a expressão de *Paladin* (549), mantém-se no delegante, que, por isso, conserva sempre o poder de revogar o acto de delegação e de, caso a relação de delegação coincida com a relação hierárquica (o que pode não acontecer), emitir directivas sobre o exercício dos poderes delegados. Por isso, a competência do delegado, que nos surge sempre como sua *competência própria,* tem de ser vista necessariamente como competência *derivada* da do delegante, e nunca como sua competência *originária* (550).

Não deixa de merecer realce o facto de a doutrina dominante manter a teoria da transferência de poderes em relação à natureza jurídica do acto de delegação mesmo quanto à delegação legislativa do Parlamento no Governo, prevista no art. 76.° da Constituição, e não obstante esse preceito se referir à «transferência» para o Governo do mero «*exercício*» do poder legislativo, bem como em relação à modalidade da delegação do Estado nas regiões, prevista no art. 118.° n.° 2 da Constituição, e apesar de também esse preceito falar apenas na transferência por lei do «*exercício*» de tarefas administrativas. Concretamente quanto à delegação legislativa do Parlamento no Governo, sublinha a doutrina que o Governo responde pelo exercício dos poderes delegados, nos termos aliás do referido art. 76.° da Constituição, não porém por força do mecanismo da delegação, mas graças apenas ao funcionamento das regras que num sistema parlamentar presidem às relações entre o Parlamento e o Governo (551)

---

equivalendo a «um mero acto instrumental do processo administrativo», não produzindo «transferência de competência» — GIANNINI, 305.

(549) 294. Contudo, é duvidoso que o A. adira à orientação que se refere no texto.

(550) Por todos, G. MIELE, 909 e 914; ALESSI, *Principi,* I, 110 ss., e *Sistema,* 114; e GIANNINI, 304, embora a posição deste A. nesta matéria não seja muito clara. Quanto à delegação intra-orgânica, nomeadamente à delegação do Ministro no Secretário ou Subsecretário de Estado, existe, porém, uma forte resistência à aceitação de que os actos do delegado são praticados *nomine proprio* — por todos, COLZI, 355.

(551) PALADIN, 293-294 e bibl. aí cit.; COLZI, 354-355; CERVATI, 942. Os itálicos são nossos.

Para terminar, haverá a notar que para a doutrina italiana toda a delegação é revogável, mesmo quando não sujeita a prazo, como pode acontecer com a delegação administrativa. E, na prática, o acto de revogação pode ter um de dois conteúdos, embora de idêntico efeito: pode consistir ou numa simples cessação dos efeitos do acto da delegação, ou numa expressa avocação dos poderes delegados (552) (552-A).

e) *Conclusão*

Da sumária reflexão que fizemos sobre o tratamento dado ao conceito de delegação de poderes no Direito Público dos mais importantes Estados fundadores da CECA parece ser legítimo tirar-se duas importantes conclusões.

A penetração, graças sobretudo a *Triepel* e a *Franchini*, da teoria da transferência de poderes na elaboração do conceito de delegação de poderes veio, por um lado, mostrar-nos que a opção que verdadeiramente se colocava aos fundadores da CECA no binómio *delegar ou transferir* era menos rígida e menos radical do que inicialmente se poderia julgar, nomeadamente face à

---

(552) G. MIELE, 911.

(552-A) Refira-se, como curiosidade, que a nossa jurisprudência administrativa concebe a delegação de poderes de modo diferente daquele que, como vimos, preside ao Direito Administrativo na França, na Alemanha e na Itália. De facto, o nosso Supremo Tribunal Administrativo tem recusado a teoria da transferência na definição do conceito de delegação de poderes, ao sustentar que esta dá lugar a competência cumulativa ou concorrente entre delegante e delegado. Expoente máximo dessa orientação jurisprudencial pode ser considerado o Ac. da 1.ª Secção, de 15-12-83, no caso de *Inês Elias da Fonseca,* onde o Tribunal sustentou que o órgão delegante «*autoriza*» o órgão delegado a exercer os seus poderes, mas em termos tais que a partir do momento do acto de delegação «tanto é competente para decidir o delegante como o delegado», com a única diferença de que «o delegante *pode* exercer a competência delegada e a entidade delegada tem o *dever* de a exercer». O Tribunal fundamenta este seu raciocínio no Decreto-Lei n.º 4805, de 23-11-67 — pgs. 453, 457-458. Não muito antes, esta jurisprudência, que é largamente dominante em Portugal, fora afirmada nos casos de *Guilherme Vinagre de Silva* e *Hernâni Lourenço,* julgados, respectivamente, pela 1.ª Secção do STA e por este funcionando em Pleno, em 18-1-79, 721 ss., e 5-4-79, 629 ss.

descrição que *Mosler* nos dá dos trabalhos jurídicos que prepararam o tratado que instituiu aquela Comunidade.

Mas, por outro lado, veio também dar maior realce ao que passou a ser o único traço verdadeiramente distintivo entre os dois conceitos: enquanto que na transferência de poderes há uma *alienação* desses poderes da parte de quem até então era — e deixa de ser — seu titular, na delegação a *raiz*, a *titularidade nua* dos poderes delegados conserva-se no órgão ou no sujeito delegante. Daqui resulta, como importante consequência, que, enquanto *transferir* significa *ceder* definitivamente os respectivos poderes, para nunca mais se poder reavê-los, *delegar* tem o sentido de o delegante não poder exercer, enquanto durar a delegação, os poderes delegados, mas de se conservar no sujeito *a quo* a titularidade dos poderes respectivos e, portanto, a faculdade de, cessada a delegação (nomeadamente pela sua revogação), recuperar automaticamente o pleno exercício dos poderes delegados.

Veremos da importância de que esta conclusão se reveste para o prosseguimento da nossa investigação.

10. *A nossa opinião: A) delegação, e não transferência, de poderes soberanos dos Estados membros nas Comunidades*

10.1. *Introdução*

Em nosso entender, um estudo profundo e objectivo do ordenamento jurídico das Comunidades, nomeadamente do sistema que decorre dos tratados, conduz-nos sem dificuldade, ainda que após uma caminhada árdua, à conclusão de que a relação jurídica que intercede entre os Estados membros e as Comunidades é uma relação de delegação e não de transferência de poderes. Queremos com isto dizer que o poder político das Comunidades nasce duma delegação de poderes soberanos realizada pelos Estados em benefício das Comunidades, e com o sentido que acima demos ao conceito de delegação, ou seja, com o entendimento de que os Estados membros não podem, enquanto durar a delegação, exercer os poderes que confiaram às Comunidades, mas não perdem a titularidade, a raiz, desses poderes e, consequentemente, conservam o direito de em qualquer altura, e por si só, isto é, sem a possibilidade de as Comunidades a isso se oporem, revogar a delegação e, por via disso, recuperar o pleno exercício dos poderes delegados. Por força disso, podemos dizer, como adiante veremos, que em rigor os Estados membros não vêem a sua soberania limitada, dado que os poderes delegados nas Comunidades se conservam sempre sob a sua disponibilidade. Isto, insiste-se, no estado actual do Direito Comunitário e na fase actual da integração europeia.

Como dissemos, essa conclusão resulta essencialmente do próprio sistema dos tratados comunitários. Mas ela é confirmada por dados históricos ligados à formação das Comunidades e pela interpretação do Direito Constitucional dos Estados membros.

Sabemos que existem correntes doutrinárias que confluem para uma posição inversa nesta matéria. Precisamente por isso iremos alicerçar o nosso pensamento numa fundamentação que, dentro dos limites duma obra desta índole, seja sólida e pormenorizada.

10.2. *A delegação à face dos tratados comunitários*

Parece-nos resultar com clareza dos tratados institutivos das Comunidades que eles conceberam a relação entre os Estados membros e as Comunidades pelo figurino da delegação e não da transferência de poderes, no sentido que acima demos aos dois conceitos.

Com efeito, é porque para os tratados a titularidade dos poderes soberanos conferidos às Comunidades se conserva nos Estados membros que nada neles impede que os Estados revoguem a delegação e recuperem a plenitude dos poderes delegados sem falar na cessação da delegação por decurso do seu prazo, quando se tratar de delegação sujeita a prazo. E podem fazê-lo de duas formas: ou ab-rogando os tratados e, consequentemente, dissolvendo as Comunidades; ou apenas modificando os tratados de tal forma que sejam eliminados deles todos os traços através dos quais se manifesta a delegação de poderes soberanos pelos Estados nas Comunidades, bem como todos os seus corolários.

I) *O direito de os Estados membros dissolverem as Comunidades: seu fundamento jurídico*

a) *Preliminares*

Saber-se se os Estados membros das Comunidades podem por comum acordo fazer cessar a vigência dos tratados que as instituíram e, por via disso, extinguir as Comunidades é um dos tais problemas do Direito Comunitário que surpreendentemente encontramos esquecidos em muitas obras da especialidade, mesmo de carácter geral. E parece que esse silêncio não pode ser interpretado como sintoma da facilidade desta questão, muito menos como expressão duma unanimidade de pontos de vista sobre o seu tratamento jurídico (553).

Caso curioso, muitas das vezes em que a doutrina se lembra de estudar a dissolubilidade das Comunidades fá-lo apenas por arrastamento duma questão diferente, mas que é analisada com referência às mesmas disposições dos tratados comunitários onde se pretende ver regulada a matéria da dissolubilidade: referimo-nos ao problema do recesso dos tratados comunitários, sobre o qual, aliás, existe um maior consenso (554).

Ao prosseguimento desta nossa dissertação não interessa, porém, o debate das várias teses sustentadas em relação à dis-

---

(553) Como no-lo demonstram, por exemplo, HILF, em comentário ao art. 240.º CEE, in *Comentário Groeben,* II, 823 ss.; BENTIVOGLIO, a idêntico propósito, in *Comentário Quadri,* III, 1741 ss.; DAGTOLOU, 77 ss., neste caso com exame demorado das várias correntes doutrinárias que se têm formado na matéria.

(554) O estudo da possibilidade da denúncia dos tratados comunitários tornou-se numa questão quente do Direito das Comunidades em consequência da declaração feita pelo Partido Trabalhista britânico, logo a seguir à adesão do Reino Unido às Comunidades, em 1973, da sua intenção de renegociar a adesão e de suspender o processo de integração comunitária até o termo dessa renegociação. Por isso, não causa surpresa que três dos mais citados estudos jurídicos sobre essa matéria tragam a data de 1974: DAGTOLOU; MEIER, *Beendigung,* 391 ss.; e GAULAND. Já alguns anos antes, porém, SOLDATOS havia-nos dado um panorama completo de todos os meandros do problema, sem mesmo se esquecer das suas implicações políticas e económicas — *Durée,* 259 ss. Mas v. *infra,* n. 592.

solubilidade das Comunidades, e no qual mais uma vez o principal factor de oposição provém da concepção dos tratados comunitários, para uns, como a Constituição dum Estado, e, para outros, apenas, ou pelo menos fundamentalmente, como tratados de Direito Internacional. Por isso limitar-nos-emos a enunciar a nossa posição na matéria, ainda que, para o fazermos, muitas vezes tenhamos que nos debruçar sobre outras orientações propostas.

Nós entendemos que se encontra consagrada nos tratados institutivos a possibilidade de os Estados membros os ab-rogarem e, desse modo, dissolverem as Comunidades, façam-no através de um *actus contrarius*, isto é, de um acordo unânime que vise exclusivamente a extinção dos tratados institutivos, ou através duma *novatio*, quer dizer, da conclusão de novo ou novos tratados que regulem o mesmo domínio material de maneira incompatível com os tratados comunitários.

Vejamos quais são os fundamentos jurídicos desta nossa posição. Encontramos quatro razões para reconhecermos aos Estados membros o direito de, por consentimento mútuo, dissolverem as Comunidades.

b) *A História dos tratados comunitários*

Desde logo, é a própria História dos tratados comunitários que nos fornece argumentos nesse sentido.

E, logo para começar, a História dos arts. 240.º CEE e 208.º CEEA, cuja redacção é exactamente igual.

Como acertadamente nota o Professor *Meinhard Hilf* em desenvolvido comentário ao art. 240.º CEE (555), a redacção encontrada para este preceito (daqui em diante esqueceremos o art. 208.º CEEA) representou uma solução de compromisso entre as várias propostas, de alcance diferente e por vezes oposto, que foram apresentadas na fase da preparação do Tratado CEE. A fórmula que ficou consagrada, e que estabelece uma «duração

(555) *Op. e loc. cits.*

ilimitada» para o *tratado* (556), situa-se muito aquém de algumas propostas dadas a conhecer naquela altura e que foram formalmente rejeitadas na fase das negociações, como as que pretendiam afirmar expressamente o carácter «indissolúvel» ou «perpétuo» *da própria Comunidade* e não apenas do tratado. Esse facto, completado pela própria interpretação directa do art. 240.º CEE, permite-nos afirmar que o seu dispositivo não pode ser confundido com o princípio da indissolubilidade da Comunidade.

Por outro lado, e em reforço do que acabámos de dizer, quando os autores dos tratados quiseram dispor expressamente no sentido da indissolubilidade da Comunidade não deixaram de o fazer. Era assim que o já referido projecto do Tratado da malograda Comunidade Política Europeia que estruturava a referida Comunidade segundo um figurino estadual, rezava no seu art. 1.º que *a Comunidade,* ela própria, era «indissolúvel» (557).

c) *A aplicação aos tratados comunitários do Direito Comum dos Tratados*

A segunda razão que nos leva a aceitar a dissolubilidade das Comunidades é a que decorre do facto de os tratados comunitários, como temos vindo a demonstrar ao longo desta dissertação, serem, antes de mais, tratados internacionais e, por conseguinte, estarem sujeitos ao Direito Internacional. Nessa conformidade, os tratados comunitários podem ver a sua vigência cessada designadamente por um acto de vontade unânime das partes, nos termos previstos na Convenção de Viena sobre o Direito dos Tratados, de 23 de Maio de 1969, ou seja, como há pouco observámos, quer esse acto se traduza juridicamente na concretização do princípio do *actus contrarius* (art. 54.º *b* CV) quer, por aplicação da regra *lex posterior,* consista na conclusão de novo ou novos tratados que regulem as mesmas matérias de

---

(556) Repare-se que duração *ilimitada* é muito mais do que duração simplesmente *indeterminada.* No m. sent., Hilf, *op. e loc. cits.*; Louis, *op. cit.* (n. 147), 42.

(557) V. o texto, p. ex., em *Chronique de Politique Étrangère* 1953-3.

forma incompatível com o ou os tratados anteriores (art. 59.° n.° 1 CV) (558).

Para que os tratados comunitários não estivessem sujeitos ao regime geral de ab-rogação dos tratados de Direito Internacional seria necessário que contivessem norma expressa nesse sentido, que concretamente postulasse a sua indissolubilidade e, portanto, a sua perpetuidade (559). Ora isso não acontece, e nomeadamente não é essa, como veremos, a *ratio* do art. 240.° CEE. Como ainda há pouco dissemos, a interpretação deste preceito com recurso ao elemento histórico permite-nos afirmar desde já que ele não contém a proibição da ab-rogação do Tratado CEE e, por conseguinte, não consagra a indissolubilidade da Comunidade.

Aliás, ao dispor apenas que o Tratado CEE vigora por «tempo indeterminado», o art. 240.°, de harmonia com os princípios gerais do Direito Internacional, nem inova nem era necessário.

Não inova, na medida em que já era conhecida pela teoria geral dos tratados a possibilidade de estes serem concluídos por período de tempo ilimitado, de tal forma que já muito antes das Comunidades Europeias uma organização internacional clássica, portanto de tipo intergovernamental, previra expressamente a sua duração por tempo indeterminado, aqui no sentido de tempo ilimitado: a União Postal Universal (560).

Mas o art. 240.° CEE, com a redacção e o sentido que possui, também não era necessário. Queremos com isto dizer que, mesmo que as cláusulas dos arts. 240.° CEE e 208.° CEEA não constassem dos tratados institutivos das respectivas Comunidades, do consequente silêncio destes sobre o prazo da sua vigência teria o intérprete necessariamente de concluir pela duração das

---

(558) Expressamente no m. sent., L. CONSTANTINESCO, *op. cit.* (n. 54), 179-180.

(559) Quando falamos aqui em tratados perpétuos não nos interessa saber se na prática eles podem ou não sê-lo, ou seja, se na prática internacional se pode conceber a existência de tratados aos quais os Estados se vinculem *in aeternum*, embora se nos afigure mais razoável entender a chamada perpetuidade dos tratados apenas como uma *vocação* — cfr. WENGLER, *op. cit.* (n. 48), I, 235.

(560) Neste sent., HILF, *op. cit.* (n. 553), 824.

Comunidades por tempo ilimitado. E seria assim por força da norma consuetudinária do Direito dos Tratados (561) de harmonia com a qual quando o próprio tratado não contém nenhuma disposição sobre o período da sua vigência, nem este resulta da interpretação do tratado, se presume que ele foi concluído para vigorar por tempo ilimitado (562). Prova-o o facto de a doutrina largamente dominante entender que as organizações internacionais cujos tratados institutivos são omissos sobre o tempo da sua vigência vigoram por período ilimitado: para só darmos exemplos recentes, foi o caso da OECE (quando se sabia que a sua função nuclear, de gerir o Plano Marshall, era, por definição, transitória) e é hoje o caso da OCDE, da EFTA e do Conselho da Europa (563). E também aqui tem sido pacificamente sustentado que duração ilimitada não significa que os Estados se encontrem vinculados aos respectivos tratados *in aeternum* (564).

d) *O art. 240.º do Tratado CEE*

A terceira razão pela qual reconhecemos aos Estados membros o direito de dissolverem as Comunidades prende-se com a interpretação directa do próprio art. 240.º CEE, para a qual se deverá atender à sua própria *ratio*.

E aí diremos, desde logo, que o entendimento que a hermenêutica dele fornece corrobora o sentido que a História do preceito lhe atribui.

É certo que há nomes muito prestigiados na doutrina que, da fixação por aquele preceito de «uma duração ilimitada»

---

(561) A vigência das normas consuetudinárias do Direito dos Tratados para além da entrada em vigor da CV, sempre que regulem matérias que não sejam objecto daquela Convenção, encontra-se expressamente ressalvada pelo art. 8.º e último considerando do preâmbulo da própria CV.

(562) Expressamente neste sent., WENGLER, *op. e loc. cits.*; DAGTOLOU, 78 e bibl. cit.; HILF, *op. cit.*, 826; e AKEHURST, *Withdrawal*, 151.

(563) Lídimo representante desta corrente é BINDSCHEDLER, *op. cit.* (n. 186), 135 ss., 177 ss,, e bibl. cit.

(564) No m. sent., GIRAUD, *Modification*, 73; e SOLDATOS, *op. cit.* (n. 554), 257-258.

para o tratado, extraem a definição da indissolubilidade da Comunidade (565). Essa interpretação é, porém, forçada e não encontra correspondência na *ratio* do art. 240.º CEE.

Em nosso entender, por «duração ilimitada» os autores do Tratado CEE pretenderam afirmar a indissolubilidade da Comunidade apenas *em razão do tempo* (566), o que aliás está mais de harmonia não só com a História do preceito, a que atrás aludimos, como também com a própria terminologia utilizada, sobretudo no texto alemão (*«auf unbegrenzte Zeit», «por tempo ilimitado»*).

Constitui, pois, uma lacuna do Tratado saber-se se ele pode ou não extinguir-se por razões diferentes da do decurso do tempo, designadamente por vontade unânime dos Estados contratantes. E a integração dessa lacuna deve, em nossa opinião, ser realizada em sentido favorável à dissolubilidade do Tratado. A essa conclusão, que, como há pouco vimos, resulta dos trabalhos preparatórios do art. 240.º CEE e é confirmada pelas normas consuetudinárias e convencionais do Direito Internacional aplicáveis aos tratados comunitários, conduzem-nos tanto o Direito Internacional Público e o Direito Constitucional Comparado como os princípios fundamentais do Direito e da Economia da integração europeia.

Para começar, o DIP e o Direito Constitucional Comparado mostram-nos que a perpetuidade e a irrevocabilidade duma convenção internacional não se presumem, devendo resultar de uma vontade clara e expressamente manifestada nesse sentido (567). Temos nos nossos dias um exemplo disso no já citado art. 1.º do projecto do Tratado da malograda Comunidade Política Europeia; mas já antes o comprovavam o art. V da Acta Final de Viena, de 15 de Maio de 1820, que criava a *Deutscher Bund* como uma «associação indissolúvel»; o preâmbulo da Constituição do *Reich*, de 16 de Abril de 1871, que falava

(565) P. ex., é o caso de GANSHOF V. D. MEERSCH, *op. cit.* (n. 146), 201 ss. Tirando todas as consequências desse seu pensamento, o A. parte aí da indissolubilidade das Comunidades para a *definitividade* da *transferência* de poderes dos Estados membros para as Comunidades.

(566) No m. sent., HILF, *op. cit.*, 825.

(567) É esse o espírito da CV, como no-lo revela REUTER, *Introduction*, 155-156.

numa «união perpétua» («*ewig*»); os *Acts of Union* entre a Inglaterra e a Escócia, de 1706-1707, e entre a Grã-Bretanha e a Irlanda, de 1800, que repetidamente afirmavam que vigoravam para todo o sempre («*for ever after*», «*in all time coming*»); e as Constituições dos Estados federados norte-americanos, que expressamente se referem a uma «*perpetual league*» ou a uma «*perpetual union*» (568).

Ao contrário de tudo isso, os tratados comunitários não dispuseram expressamente no sentido da sua eternidade e, portanto, da sua irrevocabilidade. E é mesmo legítimo interrogarmo-nos sobre se em 1957, conscientes da novidade da sua experiência, desanimados com o insucesso dos propósitos enunciados no Congresso Europeu de 1948, e que desembocou na criação da CECA como comunidade sectorial e, depois, com o malogro da CED e da ComPE, e possuindo a noção exacta de que a «união cada vez mais estreita entre os povos europeus», de que fala o preâmbulo do TCEE, não poderia ser alcançada através de Comunidades meramente sectoriais — é legítimo interrogarmo-nos, dizíamos, sobre se os Estados fundadores da CEE e da CEEA ambicionavam, ou mesmo tinham interesse em aceitar, um compromisso irrevogável, traduzido na perpetuidade dos respectivos tratados institutivos. E parece não ser difícil concluir-se pela negativa (569).

Mas a lacuna do art. 240.º CEE sobre a dissolubilidade ou não da Comunidade por vontade das partes deve ser integrada em sentido positivo também por uma outra razão, e esta decorrente dos próprios princípios básicos de índole jurídico-económica sobre os quais assenta toda a concepção da integração europeia.

Já afirmámos atrás que as três Comunidades representam modelos não coincidentes de integração no campo exclusiva-

---

(568) No m. sent., DAGTOLOU, 79-80, e bibl. cit. Contra, no sent. de que em Direito Internacional se presume a «perpetuidade» e a irrevocabilidade dum tratado na falta de cláusula expressa sobre a sua vigência temporal, ROUSSEAU, *Principes*, 586 n. 1, sem que, porém, se encontre a mesma opinião nas suas obras mais recentes.

(569) Em sent. aproximado, SOLDATOS, 258; e DAGTOLOU, 80.

mente económico, levada a cabo segundo um critério sectorial ou funcional (570). Mostrámos então que esse panorama actual da integração europeia se ficou a dever ao fracasso, em dois momentos, da tentativa de se criar uma única Comunidade que representasse a integração económica e política global da Europa: isso ocorreu, primeiro, quando o Reino Unido não permitiu que, na sequência do Congresso Europeu de 1948, se elaborasse uma Constituição Europeia; e, mais tarde, quando do fiasco do projecto da instituição da Comunidade Política Europeia. De ambas as vezes, porém, não houve renúncia ao projecto da criação duma Federação Europeia. Já o dissera expressamente *Schuman* quanto à CECA, logo na sua Declaração de 9 de Maio de 1950, ao conceber esta Comunidade simplesmente como a «primeira etapa concreta de uma Federação europeia»; mais recentemente, confirmou-o a Cimeira de Haia de Dezembro de 1969 (571); reafirmaram-no depois, de forma solene, as Cimeiras de Paris, de Outubro de 1972, e de Copenhaga, de Dezembro de 1973, ao reforçarem a intenção das Comunidades de alcançar a «União Europeia» ainda na década de 1970 (572); já nos nossos dias repetiram-no, primeiro, um dos documentos mais importantes da História das Comunidades, o *Relatório dos «Três Sábios»*, ainda que parecendo não se querer comprometer com o conteúdo do conceito de «União Europeia» ou «Europa Unida» (573); e, depois, o *Plano Genscher-Colombo*

(570) *Supra*, Parte I, Cap. II, n.º 8.

(571) Ponto 4 do comunicado final.

(572) Respectivamente, pontos 16 e 2 dos comunicados finais das duas Cimeiras.

(573) *Rapport sur les Institutions Européennes, présenté au Conseil européen par le Comité des Trois*, ed. das CE, Outubro de 1979, sobretudo 105 ss. Quando nos textos jurídicos ou políticos da integração europeia se fala em «União Europeia» ou «Europa Unida», a estas expressões tem sido atribuído tradicionalmente o sentido de Federação Europeia, um pouco na linha já da Declaração de Schuman de 9 de Maio de 1950. Este relatório, porém, refere-se à União Europeia «quelle qu'en soit la définition», o que parece querer reanimar uma velha polémica sobre o figurino jurídico-político do objectivo final da integração europeia. Uma apreciação crítica desenvolvida do Relatório dos «Três Sábios» pode ver-se em WEINSTOCK, 174 ss.

para o relançamento da União Europeia, englobando um projecto de uma nova «Acta Europeia» ([574]).

Isto mostra que as Comunidades actuais foram concebidas de facto como um ponto intermédio na evolução contínua da integração europeia para a União Política, como um meio de prossecução do objectivo último que é a criação de um Estado federal europeu, sendo por isso que, como também já referimos, quer a Economia Comunitária quer o Direito Comunitário acentuam o seu próprio carácter inacabado, como fruto natural da progressividade que é conatural, como temos vindo a insistir, à integração, e que ficou consagrada de modo expresso nos tratados ([575]). Ora desse carácter evolutivo da integração não poderia deixar de resultar, como seu corolário, a natureza provisória das actuais Comunidades.

De facto, a projectada União Europeia não se poderá alcançar na base das actuais Comunidades sectoriais e, portanto, dos actuais tratados institutivos, e nem mesmo através da possibilidade, por eles prevista, da sua revisão, por maior que seja a amplitude desta, já que nenhuma revisão dos tratados comunitários poderá transformar três Comunidades sectoriais numa Comunidade global. Esse ponto foi, aliás, reconhecido de modo enfático pelo *Projecto de Acta europeia* contido no Plano Genscher-Colombo, sobretudo na 1.ª parte («Princípios»), n.os 2 e 3, na 2.ª parte («Órgãos»), n.os 2 e 3, e na 3.ª parte («Perspectivas»), n.º 2, e teve efeito determinante na própria gestação da ideia de uma «Acta europeia» ([576]).

Por isso, a evolução da integração europeia rumo à União não só permitirá, como dentro da sua lógica normal até imporá a dissolução dos actuais três tratados comunitários e a sua substituição por um novo e único tratado, que institua uma Comunidade com o conteúdo e os objectivos da malograda Comunidade Política Europeia ([577]).

([574]) *Bull. CE* 1981, 95 ss. (sobretudo último considerando do preâmbulo).

([575]) Arts. 5.º, 11.º, 219.º e 234.º par. 3 CEE.

([576]) *Loc. cit.*

([577]) A legalidade face ao Direito Comunitário da substituição dos actuais três tratados institutivos das três Comunidades por um novo tratado que crie a União Europeia, mesmo que ela ocorra totalmente

Portanto, admitir-se a indissolubilidade dos tratados CEE e CEEA com fundamento diferente do do puro decurso do tempo equivaleria a subordinar a evolução da integração europeia ao limite máximo por eles hoje consentido. Ora esse limite máximo, mesmo se alcançado através do total aproveitamento dos instrumentos jurídicos que os tratados facultam, porventura até alargados pelo recurso aos arts. 95.º CECA e 235.º CEE e ao processo de revisão dos tratados, seria sempre definido pelo respeito pelo âmbito sectorial ou funcional de qualquer das Comunidades. Aliás, mesmo que fosse possível, nem seria exequível a *globalização* simultânea de três Comunidades sectoriais que incidem sobre diferentes domínios materiais. Daí que o salto para a União Europeia não possa ser um salto meramente *quantitativo,* resultante do aumento de profundidade dos três tratados, mas tenha de ser um salto *qualitativo,* traduzido, pelo menos na forma como os fundadores das Comunidades sempre o anteviram e como as Comunidades actuais o concebem, na criação de uma Comunidade Política de âmbito global, portanto na instituição de um Estado multinacional assente numa Constituição, que virá tomar o lugar dos actuais três tratados institutivos (578) (579).

à margem do processo de revisão regulado no art. 236.º CEE, é aceite também por Hilf, com a condição, cujo respeito está sem dúvida pressuposto, de isso «não vir a afectar o grau de integração já alcançado» — *op. cit.* (n. 553), 827. A confirmação do que dizemos no texto acaba, aliás, de ser dada pelo Parlamento Europeu através de Resolução aprovada em Fevereiro passado — *supra,* n. 362-A.

(578) Embora esta visão evolutiva dos tratados comunitários, definida nestes termos, nos pareça de importância vital para o futuro da integração europeia e para a própria sobrevivência do projecto dos que a idealizaram e a iniciaram, e não obstante ela ser indispensável à explicação de muitos fenómenos da ordem jurídica comunitária, entre os quais, como acabámos de mostrar, a própria dissolubilidade das Comunidades, não vemos vulgarmente o problema analisado sob a óptica que adoptámos. Ainda quem o aborda numa perspectiva aproximada da nossa é Louis, *op. cit.* (n. 147), 41-42; Teitgen, *Objectifs,* sobretudo 15-17; e Soldatos, *op. cit.* (n. 554), 258. Ao mesmo resultado, mas por um caminho paralelo, chega também Dagtolou, 79-80.

(579) Foi esta mesma a filosofia que presidiu ao *Plano Tindemans,* de 1975 (*Rapport de Leo Tindemans au Conseil Européen sur «l'Union Européenne»,* in *Bull. CE,* suppl. 1/76, pg. 19), ao citado *Projecto de Acta*

Vários factos da História do Direito Comunitário e das Comunidades confirmam, aliás, esta nossa opinião.

Antes de mais, as próprias circunstâncias em que se haveria de concretizar a criação duma indissolúvel Comunidade Política Europeia, nos inícios do ano 50, caso o seu aparecimento não se tivesse frustrado. Se ela tivesse entrado em vigor, teriam desaparecido simultaneamente, por absorção por aquela, não só a CECA, como também a CED (580), cuja criação estava prevista para data anterior à entrada em vigor da Comunidade Política Europeia, e não se justificaria o aparecimento posterior da CEE e da CEEA (581).

Por outro lado, mais recentemente, documentos importantes do Direito Comunitário e textos oficiais de indesmentível valor político têm vindo a pôr de novo o acento tónico na União Europeia como objectivo final do processo da integração europeia, e a sublinhar uma vez mais o carácter provisório e instrumental das actuais Comunidades em relação a essa finalidade última.

É o caso, para começar, da Declaração Final da Cimeira de Copenhaga de 1973: enquanto que no ponto 16 da Declaração da Cimeira de Paris, que se reunira em Outubro do ano anterior, e à qual já nos referimos, os Chefes de Estado e de Governo se impunham a si próprios a consecução da «União Europeia» «antes do termo desta década» (portanto, dos anos 70),

---

Europeia do *Plano Genscher-Colombo* — *loc. cit.* (n. 574) e à Resolução sobre a União Europeia aprovada pelo Parlamento Europeu em Fevereiro de 1984, *cit.* (n. 362-A). Cfr. *infra*, n. 586. Para uma apreciação crítica do *Plano Tindemans*, v. PINTUS, 585 ss., e SCHEUNER, *Perspektiven*, 193 ss.

(580) Já estudámos isto com maior desenvolvimento *supra*, Parte I, Cap. II, n.º 8.6.

(581) No caso concreto da CECA, note-se que nessa hipótese ela ter-se-ia extinto muito antes de decorridos os 50 anos que o art. 97.º CECA estabelece como prazo para a sua vigência, sem que alguém na doutrina, saliente-se, tivesse contestado a possibilidade de isso acontecer, invocando o fundamento da indissolubilidade daquela Comunidade, o que confirma a ideia que defendemos no texto, ou seja, que os tratados comunitários actuais e as três Comunidades são apenas instrumentos transitórios em relação ao objectivo final da União Europeia, assente num tratado internacional com força e valor de Constituição estadual.

para o que haveria necessidade de «transformar o conjunto das relações dos Estados membros numa União Europeia, *com absoluto respeito pelos tratados já concluídos»* (582), no ponto 2 da Declaração Final da Cimeira de Copenhaga repete-se o mesmo propósito mas com exclusão da referência à necessidade de manutenção dos tratados em vigor, o que deve ser interpretado como reconhecimento do carácter instrumental desses tratados em relação à almejada Comunidade Política e, portanto, da sua provisoriedade e da sua consequente dissolubilidade (583).

Mais tarde, seria a mesma a orientação que viria a ser adoptada no «Relatótio apresentado sobre a União Europeia» por *Leo Tindemans,* em fins de Dezembro de 1975, ao Conselho Europeu (584), no desempenho do encargo que este lhe cometera na Cimeira de Paris de Dezembro de 1974, e que seria mais tarde aprovado, nos seus princípios gerais, na Cimeira de Haia de 29 e 30 de Novembro de 1976 (585). Aí, Tindemans antevia a União Europeia como «uma mudança qualitativa», e não apenas quantitativa, das Comunidades actuais (586).

Também o recente Plano Genscher-Colombo, como ainda há pouco dissemos, defende a necessidade de, para se fazer progredir a integração europeia, se substituir os tratados comunitários existentes por uma «Acta europeia», com o sentido de uma «Constituição Europeia» (587). E essa mesma ideia ficou consagrada na Resolução relativa ao projecto de tratado que cria a União Europeia, aprovada pelo Parlamento Europeu, como se pode ver desde logo no ponto B do seu preâmbulo (587-A).

---

(582) Cfr. o ponto 7 da citada Declaração.

(583) A mesma interpretação é expressamente adoptada por MEIER, *op. cit.* (n. 554), 392; e HILF, *op. cit.* (n. 553), 827.

(584) *Loc. cit.* (n. 579).

(585) *Rapport annuel 1977 sur l'Union Européenne,* in *Bull. CE, suppl.* 8/77.

(586) Sobre o Relatório Tindemans v. CEREXHE, *op. cit.* (n. 5), 28-29; e IPSEN, *Perspektiven,* 194-198.

(587) Concordantemente, uma das poucas apreciações de fundo deste Plano — LEVI, 154 ss.

(587-A) Portanto, um documento vindo à luz já depois de concluída esta dissertação — *supra,* n. 362-A.

Concluímos, portanto, sustentando que o entendimento que se extrai do art. 240.º CEE é o que já nos fora proposto pela sua História e pelos trabalhos preparatórios dos tratados comunitários, e o que melhor se adapta aos princípios jurídicos, económicos e políticos que presidem ao conceito e à evolução da integração europeia: ou seja, o de que os tratados comunitários são susceptíveis de ser ab-rogados por vontade comum das partes, levando assim à dissolução das Comunidades. Poderemos portanto dizer que aquela norma do Tratado CEE assim como o art. 208.º CEEA encerram uma *cláusula de permanência* mas não uma *cláusula de perpetuidade,* e que a característica da permanência faz situar os tratados comunitários a meio-termo entre os tratados temporários, sujeitos a termo fixo, e os tratados perpétuos ou, talvez melhor, com vocação para a perpetuidade (588).

Não cremos que se possa ir mais longe na interpretação daqueles preceitos, não só considerando o estado actual da evolução do Direito Comunitário, que, como repetidamente temos vindo a dizer (e esta matéria mais uma vez o confirma), é ainda dominado pelo princípio, de raiz confederal (589), de que são ainda os Estados os «donos dos tratados», como também atendendo à vontade política das Comunidades, expressa de modo formal e solene, de alcançar a União Europeia.

Daqui não deve concluir-se, porém, pela irrelevância do art. 240.º CEE, com a redacção que possui, e apesar das suas lacunas, para a problemática da irrevocabilidade das Comunidades Europeias. Ele possui um inegável alcance político, do qual não nos podemos abstrair ao estudarmos o significado jurídico do preceito. E esse alcance político traduz-se, como acertadamente observa *Hilf,* no facto de aquela cláusula consagrar o «princípio programático» da indissolubilidade da Comunidade: por seu intermédio os Estados assumem o compromisso político de, em caso de conflito entre os seus interesses e os da Comunidade, fazerem uso dos direitos e dos poderes que os tratados lhes conferem em favor do progresso da integração — como decorre da filosofia de todo o Tratado CEE, desde logo do seu preâmbulo —, e não no sentido do seu retrocesso,

---

(588) No m. sent., Akehurst, *op. cit.* (n. 562), 151-152.
(589) Taylor, 336 ss.

muito menos da sua destruição (590). Isso, claro, e repisamo-lo, dentro do quadro das exigências que forem colocadas pela prossecução da União Europeia (591) (592).

---

(590) *Op. cit.* (n. 553), 826. Em sent. aproximado, BENTIVOGLIO, *op. cit.* (n. 553), 1743.

(591) Também no sentido de que o art. 240.º CEE e os preceitos correspondentes dos TCECA e TCEEA não impõem a indissolubilidade das Comunidades, v. sobretudo, além das obras já citadas nesse sent., BENTIVOGLIO, *op. e loc. cits.;* L. CONSTANTINESCO, *op. cit.* (n. 54), 179-180, embora mais reticentemente dois anos depois, em *Nature,* 170 ss.; DAHM, II, 661 e 682; ZEMANEK, *op. cit.* (n. 402), 896; CATALANO, *op. cit.* (n. 34), 117 ss., 623 ss.; SOLDATOS, *Supranationale Institutionen,* sobretudo 259; HAY, *European,* 680; JERUSALEM, 13-14, tendo sido aliás dos primeiros autores a pronunciar-se sobre o assunto; P. DE VISSCHER, *op. cit.* (n. 136), 17; AKEHURST, *loc. cit.* (n. 588); CARSTENS, *op. cit.* (n. 517), 8 ss., com a particularidade de os últimos três terem em vista apenas a CECA.

(592) Os arts. 97.º CECA, 240.º CEE e 208.º CEEA, se não impedem a ab-rogação dos tratados, obstam todavia, segundo a doutrina dominante, e de harmonia aliás com a vontade expressa nesse sentido nos trabalhos preparatórios sobretudo do TCEE (neste sent., HILF, *op. cit.,* 824), à sua denúncia unilateral que, quando muito, só em casos excepcionais e muito restritos é admitida. Mas, se convergem na conclusão, os As. divergem nos fundamentos: uns invocam para o efeito a aproximação das Comunidades em relação ao Estado federal; outros, numa linha diferente, o Direito Internacional clássico, designadamente o art. 56.º n.º 1 CV.; outros ainda, a simples ideia de *permanência,* que decorreria daqueles preceitos e que se oporia à *perpetuidade.* Por outro lado, alguns notam que a visão jurídica e a visão política do problema podem não conduzir a resultados coincidentes. Cfr., por todos, com o traço comum de não admitirem a denúncia, GANSHOF V. D. MEERSCH, *op. cit.* (n. 146), 202; ALDER, 117-118; AKEHURST, *op. cit.* (n. 562), 150 ss.; MEIER e, em reforço dos seus argumentos, GAULAND, *ops. e loc. cits.* (n. 554); L. CONSTANTINESCO, *op. cit.* (n. 54), 180-182, e *op. cit.* (n. 402), 169-170; KOROWICZ, *op. cit.* (n. 93), 289; LOUIS, *op. cit.* (n. 147), 41-42; CATALANO, *op. e loc. cits.;* LESGUILLONS, 83 ss. e 100 ss.; e SOLDATOS, que aliás sente a necessidade de subdistinguir três hipóteses diferentes de *denúncia* — *op. cit.,* 259 n. 14. E cremos ser também esta a posição, pelo menos recentemente, de PESCATORE, para quem a «irreversibilidade» das Comunidades proíbe a denúncia, não a ab-rogação dos tratados — *Aspects judiciaires,* 622 ss. Parece ser razoável entender que também o TC pensava na proibição da denúncia unilateral (e não de dissolução) quando no Ac. proferido no caso *ENEL* afirmava que contra a «limitação definitiva» de direitos soberanos pelos Estados em favor das Comunidades «não poderá prevalecer qualquer *acto unilateral* ulterior incompatível com a noção de Comunidade» (é essa também a interpretação de LOUIS, *op. e loc. cits.;* SOLDATOS, *op. cit.,* 263; e PES-

e) *A revisão dos tratados comunitários*

A quarta e última razão pela qual vemos reconhecido aos Estados membros no sistema dos tratados o direito de dissolverem as Comunidades reside no facto de a isso poder conduzir a «revisão» («*révision*», no texto francês) ou a «modificação» («*Änderung*», na versão alemã) dos tratados.

Já nos debruçámos, a outro título, e numa primeira abordagem da matéria, sobre a revisão dos tratados comunitários ([593]). Ela encontra-se prevista expressamente nos arts. 96.º CECA, 236.º CEE e 204.º CEEA, que no essencial contêm redacção idêntica: a única diferença, a de pelo art. 96.º CECA o Conselho ter de emitir o seu parecer por maioria de 2/3, enquanto que os arts. 236.º CEE e 204.º CEEA não indicam qual o sistema de votação para apuramento desse parecer (do que se pode deduzir que se contentam com a maioria simples), não releva para aquilo que nesta dissertação se discute. Note-se porém que, para além do processo geral ou comum de revisão dos tratados aí regulado ([594]), pode-se chegar à revisão também por via da admissão dum novo Estado, nos termos dos arts. 237.º CEE, 98.º CECA e 205.º CEEA ([595]), ou através das várias cláusulas especiais dos tratados que, em diversas matérias, conferem ao Conselho competência para levar a cabo as chamadas *revisões autónomas dos tratados* ([596]).

CATORE, *op. e loc. cits.*), e quando logo a seguir acrescentava que «todos os Estados aderiram ao tratado nas mesmas condições, *definitivamente* e sem outra reserva que as constantes dos protocolos adicionais» — pg. 1160 (os itálicos são nossos). Por sinal, um dos mais completos e profundos estudos dedicados a esta questão conclui pela defesa do recesso dos tratados comunitários, louvando-se aliás em nomes como, entre outros, Oppenheim — Lauterpacht e Giraud: referimo-nos a DAGTOLOU, sobretudo 82 ss. Mas mesmo dentro da doutrina dominante há quem aceite o recesso dos tratados comunitários quando obtido o prévio acordo dos outros Estados partes no respectivo tratado — MEIER, *op. cit.*, 394.

(593) *Supra*, n.º 4, III, b.

(594) No m. sent., VON ARNIM, em anotação ao art. 236.º CEE no *Comentário Groeben*, II, 797.

(595) BERNHARDT, *op. cit.* (n. 2), 79, e VON ARNIM, *op. cit.*. 799.

(596) Para só falar do TCEE (dos outros tratados institutivos haveria que mencionar especialmente a «pequena revisão» do TCECA, à qual já dedicámos atenção atrás, neste Capítulo, no n.º 4, III, *b*), é o caso dos

Atendo-nos agora apenas às cláusulas gerais de revisão dos tratados e, dentro destas, somente à constante do art. 236.º CEE, pensamos que a revisão aí prevista engloba a possibilidade de dissolução das Comunidades (597). E isso por duas razões.

Para começar, a revisão dos tratados comunitários tem lugar através dum processo que se reconduz à forma clássica de concertação internacional.

É verdade que aqueles preceitos criaram um processo específico para a revisão dos tratados, o que deve ser interpretado como significando a renúncia a todo e qualquer outro processo (598). Mas isso em nada afecta o carácter puramente interestadual (e, nesse sentido, conforme com os processos clássicos de contratação internacional) da revisão dos tratados comunitários (599).

Com efeito, desde logo, e não obstante o art. 236.º conferir à Comissão competência, ao lado dos governos dos Estados, para apresentar projectos de revisão, fica à discricionaridade do Conselho dar-lhes ou não seguimento e, por essa via, desencadear ou não o processo de revisão. É certo que para o efeito tem de ouvir o Parlamento ou a Comissão, conforme os casos; mas o texto do artigo não deixa dúvidas de que esse parecer não vincula, embora possa ter algum peso político.

Se o Conselho se pronunciar pela revisão, essa sua deliberação obriga o Presidente do Conselho a convocar uma confe-

---

arts. 14.º n.º 7, 33.º n.º 8, 165.º par. 4.º, e 166.º par. 3.º CEE, e do art. 10.º n.º 1 par. 2.º do TF, que veio substituir o art. 157 n.º 1 par. 2.º CEE. Também se afastam do processo de revisão dos tratados regulado no art. 236.º CEE as alterações previstas no art. 201.º par. 3.º e 237.º par. 2.º Uma lista exaustiva dos preceitos em questão pode ver-se p. ex. em IPSEN, *op. cit.* (n. 4), 102.

(597) No m. sent., especialmente HILF, *op. cit.* (n. 553), 825. Mesmo pelas obras mais recentes, pode ver-se que é esta a posição dominante na doutrina: por todos, MENG, 120-121; TIZZANO, 200; ZULEEG, *Bestand*, sobretudo 71; embora com algumas hesitações, BERNHARDT, *op. cit.*, 78 ss. Contra, mas sem argumentos convincentes, JACOT-GUILLARMOD, 11 ss.

(598) Todavia, algumas alterações ao TCECA foram introduzidas por simples tratado internacional, o que, como já defendemos, é frontalmente contrário aos tratados — *supra*, n.º 4, III, *b*. No m. sent., BERNHARDT, *op. e loc. cits.*; contra, JERUSALEM, 17, e *Comentário Wohlfarth*, 611.

(599) V. outra vez *supra*, n.º 4, III, *b*, e n. 510,

rência de representantes dos governos dos Estados membros para deliberarem sobre a revisão.

Portanto, quem procede à revisão do tratado é uma conferência internacional, porque de autêntica conferência internacional se trata, onde os Estados votam por unanimidade (600). Mesmo assim, o texto aprovado naquela conferência só entrará em vigor depois de obtida a ratificação unânime daqueles Estados (601).

Decorrendo, pois, a revisão dos tratados, ainda que de harmonia com trâmites especiais, segundo os princípios clássicos que informam a negociação internacional, não faz sentido que se a subtraia ao Direito Comum dos Tratados no que respeita à possibilidade de os Estados partes nos tratados, em sede de revisão dos tratados, os ab-rogarem e, por via disso, dissolverem as Comunidades.

Por outro lado — e esta é a segunda razão em que assentamos a nossa asserção —, nada no sistema jurídico dos tratados comunitários obsta a que o processo de revisão previsto no art. 236.º CEE seja levado ao extremo da dissolução dos tratados. Pelo contrário: a interpretação desse preceito no seu contexto, nomeadamente por confronto com o art. 240.º, situado tal como ele dentro das «disposições gerais e finais» do Tratado, mostra-nos que este não exclui tal hipótese.

E mesmo aqueles que atribuem natureza «constitucional» aos tratados comunitários, pretendendo com isso aproximá-los da Constituição dum Estado, não poderão deixar de admitir que na revisão dos tratados está incluída a possibilidade da sua dissolução. De facto, para os defensores desta corrente o processo de revisão constitucional só não poderia conduzir à dissolução das Comunidades caso a sua indissolubilidade constituísse um limite material à revisão prevista no art. 236.º Ora a verdade é que nenhuma disposição de qualquer dos três tratados fixa limites materiais à sua revisão.

A conclusão a que chegámos sobre a possibilidade de a revisão do tratado, prevista no art. 236.º, poder traduzir-se na

---

(600) Sobre conferência internacional, v. o nosso artigo na *Pólis,* I, 1081.

(601) Em sent. idêntico, Von Arnim, *loc. cit.* (n. 594), e *Comentário Wohlfarth,* 610-611.

dissolução das Comunidades, encontra também correspondência no plano político. Enquanto a Comunidade não tiver atingido a estadualidade («*die Staatlichkeit*», «*die Staatsqualität*», na doutrina alemã), e, por conseguinte, enquanto os seus tratados institutivos não se reconduzirem à Constituição dum Estado, a revisão dos tratados não poderá ser assimilada à revisão duma Constituição estadual, e deverá ser entendida como simples modificação de um tratado internacional, a levar a cabo de harmonia com o Direito Comum dos Tratados (602).

II) *A possibilidade de os Estados membros reverem os tratados por forma a ser eliminada deles a figura da delegação de poderes soberanos*

Os Estados membros podem, porém, revogar a delegação e recuperar a plenitude dos direitos delegados também por uma outra via que não a da ab-rogação dos tratados: a da revisão dos tratados de tal forma que deles seja eliminada a construção das relações entre os Estados membros e as Comunidades segundo o modelo jurídico da delegação de poderes soberanos, no sentido específico que nesta dissertação temos dado a esta expressão.

Para tanto bastará, designadamente, que sejam eliminadas dos tratados todas as normas que materializam a passagem de alguns poderes soberanos dos Estados para as Comunidades e que, consequentemente, constituem o fundamento do seu exercício pelas Comunidades. Por outras palavras, será suficiente que na revisão dos tratados, ainda que não dissolvendo as Comunidades, os Estados modifiquem o seu estatuto jurídico de tal forma que as transformem em meras organizações internacionais de tipo clássico, de natureza intergovernamental, e portanto assentes na pura e simples cooperação entre Estados e não na superioridade da Comunidade sobre os Estados ou sobre os seus sujeitos internos.

---

(602) No m. sent., HILF, *op. cit.,* 826-827. Raciocínio idêntico ao que seguimos no texto expende-o também PAUL DE VISSCHER, mas a partir do art. 96.º CECA — *op. cit.* (n. 136), 13 ss.

É idóneo para conduzir a tal resultado o processo de revisão previsto nos arts. 96.º CECA, 236.º CEE e 204.º CEEA, ao qual ainda há pouco nos referimos uma vez mais.

10.3. *Confirmação da tese da delegação na História do Direito Comunitário e no Direito Constitucional dos Estados membros*

I) *Na História do Direito Comunitário*

Já afirmámos atrás que a distinção entre a delegação e a transferência de poderes soberanos não esteve ausente dos trabalhos preparatórios dos tratados comunitários. E se é certo que, como oportunamente demonstrámos, na fase de negociação do Tratado CECA o Comité Jurídico *ad hoc* que o elaborou não foi capaz de chegar a consenso sobre essa querela, deixando o seu esclarecimento para o intérprete, também é verdade que no processo de vinculação dos Estados ao Tratado CEE houve oportunidade de os próprios Estados tomarem posição sobre essa matéria.

Foi o que aconteceu com a França quando da ratificação daquele Tratado.

Com efeito, para fundamentar o projecto de lei apresentado à Assembleia Nacional francesa com vista à aprovação do Tratado CEE para ratificação pelo Presidente da República, o seu autor, *A. Savary*, concretamente quando explicava a natureza jurídica e o fundamento do regulamento como acto legislativo no Direito Comunitário, escrevia textualmente: «Há, portanto, nos domínios em que se prevê o poder de emitir regulamentos, uma possível e verdadeira *delegação de soberania* dos Estados membros na CEE» («une possible et véritable délégation de souveraineté des États membres au bénéfice de la CEE») (603). Parece-nos evidente que, até prova em contrário, se tem de entender que se fala aqui em «delegação» em sentido rigoroso, que o Direito francês, como mostrámos, conhece em

---

(603) *Assemblée Nationale, Session ordinaire* 1956-57, *séance du* 26-6-57, *annexe n*° 5266, pg. 2365.

apurado grau. Aliás, o contexto em que aquela expressão se encontra empregue confirma que para aquele projecto de lei se estava aqui perante uma verdadeira delegação e não uma transferência de poderes.

Existe aqui, portanto, e logo com referência à mais importante fonte do Direito Comunitário a seguir aos tratados comunitários, uma definição clara da relação entre os Estados membros e as Comunidades como sendo uma relação de delegação. E quer pela natureza do documento em causa quer pelo confronto do trecho transcrito com o seu contexto, como dissemos, não faz dúvida que o termo delegação se encontra aí empregue em sentido rigoroso do ponto de vista jurídico, não sendo passível de confusão com a cessão definitiva dos respectivos poderes.

II) *No Direito Constitucional dos Estados membros*

Também as Constituições de alguns Estados membros constroem as relações entre eles e as Comunidades como relações de delegação e não de transferência.

É certo que a Lei Fundamental de Bona (art. 24.° n.° 1) e as Constituições holandesa (art. 67.°), dinamarquesa (§ 20) e grega (art. 28.°) autorizam a «transferência de poderes soberanos» para organizações internacionais. Falam, porém, em transferir *poderes soberanos* e não *soberania,* o que exclui qualquer cessão definitiva de parcelas de soberania. Mais adiante veremos a importância desta distinção.

Por seu lado, a Constituição italiana apenas «consente (...) nas limitações de soberania» (art. 11.°), o que é perfeitamente adequado à teoria da delegação.

Ainda melhor, para o nosso ponto de vista, se nos afigura a redacção do § 1 da Constituição dinamarquesa, que, na versão que lhe foi dada pela revisão de 1953, dispõe que as «atribuições» do Reino «podem ser delegadas» em «autoridades internacionais».

Mas mais expressivas que todas, no sentido que defendemos, são, porém, as Constituições belga, e, sobretudo, luxemburguesa.

A Constituição belga estabelece, no seu art. 25.° bis, que «o exercício de poderes soberanos pode ser transferido por um tratado ou por lei para instituições de Direito Internacional Público».

A Constituição luxemburguesa vai ainda mais longe no sentido por nós pretendido, porque, referindo-se também apenas ao «exercício» de «atribuições», permite que ele seja transferido para organizações internacionais apenas «temporariamente» (art. 49.º bis).

A Constituição francesa empola, quer no seu preâmbulo quer nos arts. 4.º, 5.º e 16.º, os princípios da soberania e da independência nacional. Mas mesmo aí, e graças sobretudo ao Conselho Constitucional, como veremos adiante, não se nos afigura afastada a tese da delegação, tal como a sustentamos.

A Constituição irlandesa não se pronuncia sobre esta matéria.

Daqui se vê, portanto, que quase todas as Constituições dos Estados membros ou dão guarida à teoria da delegação ou, pelo menos, não a contrariam. Retomaremos na devida altura esta conclusão.

10.4. *A delegação e o adquirido comunitário*

10.4.1. *Introdução*

Temos consciência de que a posição que temos vindo a sustentar e, concretamente, a nossa adesão à tese da delegação (no sentido que lhe demos) para explicarmos tanto a relação jurídico-política que intercede entre os Estados membros e as Comunidades como a génese do poder político comunitário pode porventura suscitar a seguinte dúvida: não é a tese da delegação incompatível com o chamado adquirido comunitário?

Comecemos por dizer, num breve parênteses, que, tal como já prevenimos em trabalho anterior ([604]), a expressão *adquirido comunitário* não nos parece reunir todas as virtualidades que encerra a expressão original francesa *acquis communautaire*, que, por isso mesmo, entrou na terminologia inglesa e alemã do Direito Comunitário. Empregamo-la, por isso, com as devidas reservas, e dentro do espírito, que deixámos expresso logo nas linhas iniciais desta dissertação, de tentarmos ajudar à criação

---

([604]) *Op. cit.* (n. 3), 15 ss.

duma terminologia própria da Ciência do Direito das Comunidades Europeias em língua portuguesa. Mesmo assim, parece-nos preferível falar em adquirido comunitário do que, como na língua espanhola, em *acervo comunitário* (605), porque por *acervo* os dicionários de língua portuguesa querem significar simplesmente *aglomerado, acumulação,* o que não exprime o carácter dinâmico que a expressão francesa encerra no seu conteúdo e que quadra melhor com a própria essência do que se pretende descrever.

Para encontrarmos resposta para a questão que colocámos temos, antes de mais, que definir, na medida em que isso interessa a esta dissertação, o conteúdo e os limites do princípio do adquirido comunitário — outra questão nuclear que tem sido negligenciada na elaboração dogmática do DC.

10.4.2. *O conteúdo do princípio do adquirido comunitário*

Não encontramos em nenhum texto jurídico do DC referência expressa ao princípio do adquirido comunitário. E foi só durante as negociações que conduziram ao primeiro alargamento das Comunidades que se tomou consciência da necessidade de se afirmar a existência de um «acquis communautaire».

Quando nessa altura, em 30 de Junho de 1970, no Luxemburgo, defendeu acesamente a «aceitação do adquirido comunitário» da parte dos candidatos à adesão, o ministro *Pierre Harmel,* presidente do Conselho das Comunidades à data da abertura das negociações para adesão com o Reino Unido, a Noruega, a Dinamarca e a Irlanda, queria dizer que os candidatos tinham a obrigação de se sujeitar «aos tratados, às suas finalidades políticas, a todo o tipo de decisões tomadas após a entrada em vigor dos tratados e às opções já realizadas» (606). Esse pensamento seria mais tarde acolhido no parecer da Comissão, que traz a data de 19 de Janeiro de 1972, sobre o pedido de adesão

---

(605) P. ex., PESCATORE, *Aspectos judiciales,* 331 ss. Trata-se da tradução espanhola dum artigo em língua francesa já cit. (n. 592).

(606) Cit. por OLMI, *Aspects,* 80; v. também a nossa *op. cit.* (n. 3), 15-16.

daqueles Estados. Aí se dizia, de facto, que «(...) ao tornarem-se membros das Comunidades, os Estados aderentes aceitam, sem reserva, os tratados e as suas finalidades políticas, as decisões de qualquer natureza tomadas depois da entrada em vigor dos tratados e as opções feitas no domínio do desenvolvimento e do reforço das Comunidades; (...)».

A preocupação subjacente a estas afirmações consistia em querer-se evitar que os novos membros viessem a pôr em causa os resultados já alcançados pelo movimento da integração. Por isso, o princípio veio a ser consagrado no art. 1.º n.º 1 do Tratado de adesão daqueles Estados e nos arts. 2.º, 3.º n.º 1 e 4.º n.ºs 1 e 2 do Acto relativo às condições de adesão, ambos de 22 de Janeiro de 1972. Mais tarde, proceder-se-ia exactamente da mesma maneira com a Grécia: os arts. 2.º, 3.º n.º 1 e 4.º n.ºs 1 e 2 do Acto relativo às condições de adesão desse Estado com as Comunidades têm o mesmo conteúdo que os correspondentes preceitos do Acto de adesão da Dinamarca, da Irlanda, da Noruega e do Reino Unido.

Formulado dessa forma, o princípio da aceitação do adquirido comunitário apresenta uma natureza essencialmente política e é no plano puramente político que encontra plena expansão e desenvolvimento: por seu intermédio, os Estados aderentes comprometem-se a respeitar, nos termos que ficarem definidos no respectivo tratado de adesão, os tratados comunitários e o Direito deles derivado e a não pôr em causa o que, por essa via, tiver sido alcançado pelo movimento da integração europeia (607). No fundo, estamos perante mais uma expressão do próprio carácter gradual, evolutivo e progressivo da integração, ao qual já fizemos repetidas vezes referência, e que mostrámos ter ficado definido como regra de oiro para a construção europeia logo na Declaração de *Schuman* de 1950.

Se quisermos encontrar uma projecção *jurídica* para o princípio *político* do adquirido comunitário teremos de ter consciên-

---

(607) No m. sent., PUISSOCHET, que comete todavia a imprecisão de sustentar que os Estados aderentes se encontram sujeitos ao DC, na sua íntegra, «desde a adesão», o que não corresponde à verdade, pois o próprio regime da adesão consente na existência de períodos de transição para a plena aplicação àqueles Estados das normas do DC — 45.

cia das limitações que lhe são trazidas pelo sistema global do Direito Comunitário.

Entendemos que, encarado sob uma perspectiva jurídica, o princípio da aceitação do adquirido comunitário apresenta como *dimensão material máxima* a que é dada pelo próprio domínio material dos tratados comunitários. Na fixação do conteúdo do domínio material dos tratados teremos que atender, obviamente, ao desenvolvimento que lhes é dado pelo Direito derivado, pela jurisprudência do Tribunal e pelos acordos internacionais concluídos pelas Comunidades, bem como pelos próprios mecanismos dos tratados que permitem um alargamento dos poderes dos órgãos das Comunidades; mas é evidente que, como melhor veremos adiante, não se poderá exceder por esse caminho os limites impostos pelos tratados e que, aliás, fixam as grandes balizas da própria competência dos órgãos das Comunidades e, por aí, são o garante do respeito pelo *princípio da legalidade* no DC. É justamente nesse sentido que deve ser interpretada, a nosso ver, uma passagem do referido parecer da Comissão sobre a adesão da Dinamarca, da Irlanda, da Noruega e do Reino Unido, onde se acentua que os Estados aderentes ficam vinculados à «ordem jurídica criada pelos tratados institutivos das Comunidades».

Isto significa, portanto, que o adquirido comunitário não exige nem dos Estados nem das Comunidades mais do que os tratados o fazem, ainda que numa interpretação teleológica e dinâmica. Por outras palavras: o adquirido comunitário resulta da sedimentação do conjunto de regras e princípios constantes dos tratados, do Direito derivado, dos acordos internacionais concluídos pelas Comunidades, ou criados pela jurisprudência do Tribunal, mas onde os tratados continuam a ser não apenas a base e o fundamento, ou seja, a primeira fonte, como também a moldura legal para além do qual o adquirido comunitário não pode extravasar.

Daqui resulta, designadamente, que o adquirido comunitário não impõe aos Estados a indissolubilidade das Comunidades por comum acordo, pela simples razão de que ela não decorre do sistema dos tratados, como desenvolvidamente demonstrámos.

É certo que alguns autores incluem no adquirido comunitário aquilo que designam de «irreversibilidade dos compromissos comunitários»: era o que ainda há pouco fazia o Professor *Pescatore* (608). Mas uma leitura atenta do estudo em questão daquele Juiz do Tribunal de Luxemburgo mostra-nos que com aquela expressão ele quer incluir no «acquis communautaire» a proibição da denúncia (*«retrait unilatéral»*) dos tratados, mas não a sua indissolubilidade por vontade unânime dos Estados. É dentro desse espírito que o Autor aceita a própria denúncia dos tratados por um Estado membro, desde que levada a cabo «com o acordo mútuo» (609). E a própria jurisprudência do Tribunal em que o Autor fundamenta a sua tese confirma este entendimento, pois os acórdãos aí citados — e que são fundamentalmente os proferidos nos casos *Enel* (610), *San Michele* (611) e *Comissão c. República francesa* (612) — rejeitam «um acto unilateral ulterior incompatível com a noção de Comunidade» (613), o qual só poderia ter lugar «por força de uma disposição expressa do tratado» (614). Interpretação diferente apenas se poderia extrair talvez do Acórdão lavrado no caso *Simmenthal,* quando o Tribunal se refere aos «compromissos incondicional e irrevogavelmente assumidos pelos Estados membros por força do tratado» e cujo desrespeito poria em causa «as próprias bases da Comunidade» (615). Mas nem esta fórmula vaga nos permite apreender com rigor o pensamento do Tribunal nesta matéria, nem uma interpretação no sentido da indissolubilidade dos tratados comunitários seria, a nosso ver, e por tudo o que atrás demonstrámos, compatível com a redacção actual dos tratados e com o estado actual da evolução do Direito Comunitário.

Mas acontece, porém, que o próprio sistema dos tratados não consagra a vigência plena e absoluta, no campo jurídico, do princípio da aceitação do adquirido comunitário.

Vejamos, para começar, o que se passa com a adesão de cada novo Estado às Comunidades.

---

(608) *Op. cit.* (n. 592), 622 ss.
(609) *Op. cit.,* 622.
(610) Ac. de 15-7-64, 1141.
(611) Ac. de 22-6-65, 35.
(612) Ac. de 14-12-71, 1003.
(613) Caso *Enel, loc. cit.*.
(614) Caso *Comissão c. República francesa, loc. cit.*.
(615) Ac. de 9-3-78, 629.

Como já notámos, não é verdade que o Estado aderente se encontre subordinado, desde a adesão, ao DC *na sua íntegra,* ou que desde essa data ele esteja obrigado a respeitar *na sua totalidade* as «conquistas da integração» ou «as bases da Comunidade». A adesão consome-se na data da entrada em vigor do respectivo tratado, mas durante um maior ou menor período de transição, para o qual nem os tratados nem o Direito derivado fixam qualquer limite temporal (e que, portanto, resultará unicamente das negociações do tratado de adesão), não se aplicará ao Estado em causa, nas matérias respectivas, total ou parcialmente, o DC, incluindo, muito provavelmente, alguns dos seus princípios *fundamentais,* como sejam os que dão corpo às «quatro liberdades», que constituem o núcleo central do sistema jurídico-económico da integração. Mas, porque as negociações pré-adesão conduzirão fatalmente à consagração bilateral do período de transição, durante a vigência deste nem o Estado aderente se encontrará subordinado ao DC nas matérias em questão e nos termos definidos no respectivo tratado, nem os Estados já membros terão que respeitar, também nas matérias indicadas no tratado de adesão e nas condições aí especificadas, o DC nas suas relações com o Estado que adere.

Também se traduzem num desvio importante à consolidação do adquirido comunitário as *cláusulas de salvaguarda.* Elas permitem que os Estados membros, em certas circunstâncias, especificadas nos tratados, possam temporariamente ignorar as obrigações que estes lhes impõem, desde que para o efeito estejam autorizados pelos órgãos comunitários.

As medidas *de protecção* ou *de salvaguarda,* para empregarmos a própria terminologia dos tratados (respectivamente, por exemplo, arts. 73.º n.º 1 e 109.º n.º 1 CEE), consistem em excepções ao princípio das «quatro liberdades», a todas em conjunto ou só a alguma ou algumas delas.

O TCEE não foi cerimonioso na admissão das cláusulas de salvaguarda: umas são permitidas exclusivamente durante o período de transição (arts. 26.º, 115.º par. 2 e 226.º), mas outras, em matéria económica, são invocáveis também após o termo desse período (arts. 73.º, 103.º n.os 2 e 4, 108.º e 109.º), assim como as que se fundamentam na ordem, na segurança e na saúde públicas (arts. 36.º, 48.º, 56.º, 66.º, 223.º e 224.º). Enquanto que no *Relatório Spaak* se previa que fosse a Comissão a fiscalizar directamente a adopção pelos Estados das medidas de salvaguarda, o texto do TCEE conferiu esse poder ao Conselho, o que funcionou mal no mais importante caso em que até hoje foi invocada uma cláusula de salvaguarda — a crise da balança de pagamentos francesa, no Verão de 1968 —, porque o Conselho fugiu a entrar em conflito com o governo dum Estado membro, no caso a França.

Merece também destaque a cláusula de salvaguarda contida no art. 135.º do tratado de adesão da Dinamarca, da Irlanda, da Noruega e do Reino Unido, e que podia ser invocada até 31 de Dezembro de 1977. Nos termos desse artigo, aquela cláusula, que no seu conteúdo se aproxima da do art. 226.º CEE, era susceptível de ser invocada pelo Estado aderente em relação a *todos* os membros originários, mas só podia ser oposta por um Estado originário em relação a *um ou mais* dos Estados aderentes (616).

Parece não restarem dúvidas de que as cláusula de salvaguarda não apenas marcam uma travagem no processo de integração como também conduzem à ignorância, ainda que temporariamente, do adquirido comunitário, e justamente na matéria que se reconduz ao cerne do sistema jurídico-económico da integração, isto é, o domínio das «quatro liberdades».

10.4.3. *Idem: em especial, os* Acordos de Luxemburgo *e o adquirido comunitário*

Mas para além das limitações trazidas ao princípio da aceitação do adquirido comunitário pelo próprio sistema dos tratados, também através da simples prática comunitária já foi possível chegar-se a uma profunda infracção àquele princípio. Estamos a pensar nos chamados *Acordos de Luxemburgo*, igualmente conhecidos por *compromisso de Luxemburgo* ou *compromisso constitucional de Luxemburgo* (617). Já nos referimos esparsamente a eles e ainda teremos que, mais demoradamente,

---

(616) Sobre as cláusulas de salvaguarda, v. especialmente KAPTEYN/ /VERLOREN VAN THEMAAT, 227 ss., 393; BLECKMANN, *op. cit.* (n. 5), 441 ss.; NICOLAYSEN, sobretudo 175; e bibl. e jurisp. cits. nessas obras.

(617) Texto em *Bull. CEE* 1966, n.º 3.

voltar a debruçar-nos sobre o assunto ([618]). Agora veremos apenas aquilo que especificamente interessa à matéria em apreço.

Os *Acordos de Luxemburgo,* concluídos pelos Ministros dos Negócios Estrangeiros dos Seis em 29 de Janeiro de 1966, representaram a única saída que se encontrou para a crise aberta em Janeiro de 1965 pelo Governo francês com a chamada política da «cadeira vazia». Esta crise tinha um carácter eminentemente político, dado que traduzia a oposição entre a concepção confederal da Europa, alimentada pelo General *De Gaulle,* e a concepção duma Europa assente na limitação da soberania dos Estados e desejosa de esgotar os passos definidos nos tratados rumo à integração europeia, concepção essa que era defendida pela Comissão, nessa altura presidida por um homem dinâmico e decidido: *Walter Hallstein* ([619]). Não o escondeu, aliás, o próprio De Gaulle quando, dias depois, para justificar aqueles Acordos, sustentou que «a aplicação imediata da regra dita «da maioria» e o correspondente alargamento dos poderes da Comissão ameaçavam substituir esta prática razoável (da intervenção dos Estados) por uma usurpação permanente da soberania» ([620]). Dessa forma, a França conseguia a consagração, num texto escrito, da sua ameaça, várias vezes expressa por via oral, de impedir a substituição da regra da unanimidade, no funcionamento do Conselho, pela regra da maioria, prevista pelos tratados (arts. 148.º CEE e 118.º CEEA) para entrar em vigor em 1 de Janeiro de 1966, como um dos mais importantes passos para a integração europeia.

Não vamos discutir aqui a natureza jurídica dos *Acordos de Luxemburgo,* nem mesmo aprofundar se eles podem de facto ser imputados ao Conselho, como órgão da CEE, o que foi posto em dúvida sobretudo por *Bellanger* ([621]). Mas parece-nos haver razões para aceitarmos aqui, ao menos como suficiente hipótese de trabalho, o ponto de vista da doutrina dominante, de que eles se podem considerar como verdadeiros actos do

---

(618) *Infra,* n.º 11.5, IV.

(619) KAISER, *op. cit.* (n. 478), 11-12; KRANZ, 409.

(620) Conferência de imprensa de 21-2-66, in *Documentation française, Textes et documents,* 1966, pg. 42.

(621) 181 ss.

Conselho, antes de mais pelo simples facto de o seu texto indicar expressamente, no n.º V, que «os membros do Conselho se propõem (...)» (622).

Independentemente da sua natureza, pensamos não fazer dúvida que os *Acordos de Luxemburgo,* consciente ou inconscientemente, levaram a cabo uma revisão, ainda que tácita, do Tratado CEE (deixemos mais uma vez de lado a CEEA). Sendo assim, e porque não obedeceram ao disposto para o efeito no art. 236.º, eram ilegais. A Comissão (e não os Estados membros, já que estes subscreveram os Acordos) dispunha de três meios para arguir a sua ilegalidade: pedir ao TC um parecer sobre a sua conformidade com o DC, por aplicação analógica do art. 228.º n.º 1 par. 2 (não obstante esses Acordos não caberem na previsão do n.º 1 par. 1 desse preceito, a *ratio* dessa norma — prevenir a conclusão de um acordo internacional que leve à revisão do tratado com desrespeito pelo processo especial de revisão do art. 236.º — encontrava-se preenchida no caso em exame (623)); interpor para o TC recurso de anulação da deliberação do Conselho que aprovou esses Acordos, nos termos do art. 173.º par. 1; e instaurar contra os Estados membros o processo por incumprimento, previsto nos arts. 169.º a 171.º CEE. Mas a Comissão não lançou mão de nenhum desses instrumentos e, portanto, os *Acordos de Luxemburgo* passaram a ser respeitados e cumpridos pelos Estados membros.

Da nossa parte cremos que, não obstante a sua ilegalidade inicial, aqueles Acordos cedo passaram a fazer parte do Direito Comunitário de raiz consuetudinária pela via do *costume contra legem.*

É certo que, como o demonstra em estudo recente o académico polaco *Kranz* (624), sobretudo a partir da Cimeira de Paris de Dezembro de 1974 o Conselho passou a renunciar algumas vezes a votar por unanimidade e, portanto, a restringir o número de vezes em que aos seus membros era reconhe-

---

(622) V. sobretudo as *ops. cits.* por BELLANGER, 182 n. 7.

(623) No m. sent., HABICHT, in *Comentário Groeben,* II, 701, louvando-se no Ac. proferido pelo TC no caso *Haegeman II.*

(624) 416 ss.

cido o direito de veto. Mas, como esse mesmo Autor reconhece, isso ficou a dever-se apenas a uma maior flexibilidade na interpretação do conceito nuclear do *compromisso de Luxemburgo*, o conceito de «interesses muito importantes» dos Estados (625), não a qualquer quebra do princípio fundamental consagrado por aqueles Acordos, de que, quando estivesse em jogo algum «interesse muito importante» de algum Estado membro, o Conselho deveria deliberar por unanimidade (626). Os Acordos passaram a vigorar como Direito Consuetudinário pela simples razão de que os membros do Conselho começaram a aceitar como obrigatória, nas suas deliberações, a regra da votação por unanimidade *sempre que estivessem preenchidos os requisitos dos Acordos de Luxemburgo*, isto é, todas as vezes em que estivessem em questão «interesses muito importantes» de um ou mais deles (627).

Em 1973, porém, os *Acordos de Luxemburgo* deixaram de constituir Direito Comunitário consuetudinário para passarem a Direito Comunitário convencional, com a sua inclusão no Tratado de adesão à CEE e à CEEA da Dinamarca, da Irlanda, da Noruega e do Reino Unido.

---

(625) A noção de *interesses vitais* ou *essenciais* dos Estados é conhecida há muito em Direito Internacional, desde os tempos da Santa Aliança. Nos últimos cem anos, teve particular relevância nos estatutos da Comissão Internacional do rio Elba, na elaboração da cláusula *rebus sic stantibus* e na ordem jurídica de algumas organizações internacionais — cfr. CHARLES DE VISSCHER, *op. cit.* (n. 371), 375 ss.; D. CARREAU e o., 117 ss.; e sobretudo KRANZ, 414 ss. e bibl. cit.

(626) Mesmo com essa redução de votações por unanimidade, a doutrina entende que o recurso pelo Conselho àquela regra é maior do que foi desejado pelos preconizadores daqueles Acordos: já em 1981, o Presidente da Comissão, GASTON THORN, em entrevista ao *Le Monde* de 5 de Maio, pg. 21, notava que «o General De Gaulle (...) pensava que esta regra (da unanimidade) seria utilizada três ou quatro vezes por ano. Hoje, o Conselho utiliza-a dezassete vezes por ano (...)».

(627) Confirmam-no, com dados concretos, E. GAZZO, 152, e KRANZ, 417-418. De nada vale, pois, esgrimir, contra a evidência dos factos, com recurso ao Ac. proferido pelo TC em 14-12-71 no caso da *Euratom* (1003 ss.), como o faz KRANZ, 412 n. 36, segundo o qual «não se presume» o desuso das disposições dos tratados: no caso em apreço estávamos objectivamente perante um uso dotado de *opinio juris* — tanto bastava para que se tivesse de ver formado aí um costume.

De facto, segundo o art. 3.º n.º 3 do Acto relativo às condições de adesão daqueles Estados, os Estados aderentes ficavam «na mesma situação que os Estados membros originários em relação às *declarações, resoluções e outras tomadas de posição do Conselho,* bem como às *relativas às Comunidades Europeias que foram aprovadas por comum acordo dos Estados membros* (...)» (628). Pensamos que esta fórmula, ampla e clara, abrange sem dúvida os *Acordos de Luxemburgo:* mesmo aqueles que hesitem em os incluir na primeira parte dessa previsão legal, por colocarem reticências à qualificação daqueles Acordos como actos do Conselho, não porão obstáculos à sua integração pelo menos na segunda parte daquele *Tatbestand.* Comungamos, pois, da opinião que sobre este ponto expendeu *Puissochet* (629).

E se, mesmo assim, continuassem a persistir dúvidas acerca da inclusão dos *Acordos de Luxemburgo* no art. 3.º n.º 3 do Acto de adesão — dúvidas que, a nosso ver, e pelo que acabámos de dizer, seriam absolutamente infundadas —, elas ficariam removidas pelos três factos interpretativos daquele preceito que a seguir se indicam.

Em primeiro lugar, ainda antes da adesão do Reino Unido, o Governo de Londres havia exigido oficialmente, como condição da sua própria adesão, que «as decisões do Conselho fossem tomadas na prática por comum acordo quando estivessem em causa interesses nacionais vitais de um ou mais Estados» (630). De imediato, o Presidente da República francesa assegurou ao Governo de Sua Majestade que aquela condição seria aceite, na sequência aliás do que vinha sendo prática das Comunidades desde 1966 (631). Nenhum outro Estado se opôs à exigência britânica ou à promessa francesa.

---

(628) Os itálicos são nossos.

(629) 45 46 e 185. Contra, por todos, KAPTEYN/VERLOREN VAN THEMAAT, 38.

(630) «Decisions should in pratice be taken by unanimous agreement when vital national interests of anyone or more members are at stake» — *The Statement of M. Heath before the House of Commons on May 24, 1971,* e *The United Kingdom and the European Communities. White Paper of the British Government of July 1971,* in *CMLRev.* 1971, 379 e 545.

(631) Entrevista televisiva do Presidente *Pompidou* reproduzida em *EA* 1971, D 341 e D 275-279.

Quase simultaneamente — e este é o segundo facto —, o Governo e o *Folketing* (Parlamento) da Dinamarca concluíam um acordo formal no sentido de o Reino da Dinamarca só aderir à CEE com a condição de «não poder ser posto em minoria» no Conselho de Ministros da Comunidade (632).

A redacção do citado art. 3.º n.º 3 do Acto de adesão dos dois Estados — Reino Unido e Dinamarca — não podia, pois, ignorar estes dois factos, que na prática levavam à aceitação, da sua parte, dos *Acordos de Luxemburgo* como Direito obrigatório para os Estados aderentes.

Mas ainda mais expressivo nos parece ser o terceiro facto, ocorrido mais recentemente.

Em 18 de Maio de 1982, e pela primeira vez desde que existe a política agrícola comum, o Conselho aprovou por maioria qualificada os preços agrícolas para o ano de 1982-83. Três Estados recusaram-se a participar na votação: o Reino Unido, invocando o facto de o *compromisso de Luxemburgo* impedir o Conselho de deliberar por maioria numa matéria como essa, em que, segundo ele, estavam em causa «interesses nacionais vitais» de Estados membros; e a Dinamarca e a Grécia, apoiando a tese britânica. Os outros sete Estados furtaram-se a essa discussão doutrinária e, invocando apenas uma razão de carácter pragmático — o ano agrícola anterior estava prestes a terminar, pelo que era essa a última oportunidade de o Conselho fixar os preços para o novo ano agrícola antes de expirar a vigência dos preços em vigor —, aprovaram os novos preços, perfazendo exactamente os 45 votos exigidos pela ponderação do art. 148.º n.º 2 CEE (633).

Das reacções dos Estados a esta deliberação merecem destaque três.

---

(632) Cit. por Kranz, n. 43.

(633) Com uma única excepção, a dos Países Baixos, que afirmaram estarem conscientes de que aquela votação contrariava os *Acordos de Luxemburgo*, mas que o art. 43.º CEE, aplicável, segundo eles, ao caso concreto, permitia deliberações por maioria. V. relato pormenorizado desta sessão do Conselho, bem como das reacções dos vários Estados, em *Europe*, boletim diário da Agence Internationale d'Information pour la Presse (Luxemburgo-Bruxelas), de 19-5-82, completado pelos números de 20-5-82 e 24/25-5-82, inclusive os editoriais de Emanuele Gazzo. Cfr. *Bull. CE* 1982-5, pontos 1.1.1 a 1.1.3.

A França, que votou os novos preços, declarou através do seu Ministro dos Negócios Estrangeiros que *não estava em causa a vigência dos Acordos de Luxemburgo,* mas que não se podia protelar a paralisia do Conselho na fixação dos novos preços agrícolas (634).

A Dinamarca, através também do seu Ministro dos Negócios Estrangeiros, afirmou peremptoriamente que «a existência do *compromisso de Luxemburgo* fora um elemento importante na decisão do seu país de aderir à Comunidade» e que considera, por isso, esse compromisso abrangido pelo referido art. 3.º n.º 3 e do Acto de adesão (635).

Por sua vez, o Reino Unido foi quem reagiu mais duramente à deliberação tomada: o Primeiro-Ministro, *Margaret Thatcher,* e o Ministro dos Negócios Estrangeiros, *Pym,* qualificaram a votação de «ilegal», «sem precedentes» e «politicamente injustificada» e, porque afectava «interesses nacionais vitais» do seus país, contrária aos *Acordos de Luxemburgo,* cuja vigência nesta matéria era «indiscutível» (636) (636-A).

Todos estes três factos confirmam, pois, a interpretação que resulta, a nosso ver com clareza, do art. 3.º n.º 3 do Acto de adesão. E não deixa de ser sintomático que, apesar da querela que já então se suscitava à volta da sua interpretação, este preceito tenha sido mantido, com a mesma redacção, no Tratado de adesão com a Grécia. Aliás a prática comunitária não deixa de o reconhecer, ao menos implicitamente, quando a Comissão, repetidamente, quando o *Relatório Vedel,* quando o *Relatório Tindemans,* quando o *Plano Genscher-Colombo* (para falar apenas das tentativas mais assinaláveis) sentem a necessidade de

---

(634) *Europe* de 19-5-82, pg. 6. O presidente MITTERAND confirmou no dia seguinte esta posição — *Europe* de 20-5-82, pg. 6.

(635) *Europe* de 24/25-5-82, pg. 3.

(636) *Europe* de 20-5-82, pg. 6, e de 24/25-5-82, pg. 3.

(636-A) A interpretação que damos aos acontecimentos de 18 de Maio de 1982 com relação aos *Acordos de Luxemburgo* não é contrariada pela apreciação que dela faz, do ponto de vista jurídico, a própria Comissão. Note-se especialmente que ela admite que daqueles Acordos nasceu uma «prática da unanimidade» — *Seizième Rapport général sur l'activité des Communautés européennes 1982,* ponto 819.

propor expressamente «o regresso à regra da maioria» (637), e quando o *Relatório dos «Três Sábios»* reconhece que nas Comunidades «o voto não pode ser utilizado para obrigar um Estado membro numa matéria que ele considera como sendo de interesse muito importante para si» (638); e, acima de tudo, confirma-o o facto notório de o Conselho continuar a impor a si próprio a regra da unanimidade, mesmo fora dos casos em que os tratados institutivos a exigiam para além do período de transição.

Isto permite-nos, pois, reafirmar que os *Acordos de Luxemburgo* continuam em vigor como Direito Comunitário convencional, fazendo, portanto, hoje parte integrante do Direito Comunitário. Mas, se é assim, temos de concluir forçosamente que eles marcaram um retrocesso em relação ao disposto no Tratado CEE, e logo numa zona — passagem da regra da unanimidade para a regra da maioria na votação do órgão legislativo, o Conselho — que era vital para a própria construção jurídica da supranacionalidade e, por aí, para o progresso da integração europeia.

10.4.4. *Conclusão*

Das observações que acabámos de produzir ao longo de todo este número 10.4 há que extrair agora duas conclusões importantes para o que está em causa nesta dissertação.

A primeira é a de que o princípio da aceitação do adquirido comunitário vale sobretudo pelo seu conteúdo político, de carácter programático, exprimindo o compromisso dos Estados de não fazerem retroceder a integração europeia, ou seja, de não porem em causa os passos já conquistados pelo movimento da integração. Transposto para o domínio do Direito, ele perde, porém, muito do seu significado e do seu alcance, não apenas porque não pode exigir dos Estados mais do que o limite máximo consentido ou imposto pelos tratados, como também porque o próprio sistema dos tratados admite importantes brechas

(637) Um levantamento de todas essas tentativas, nacionais e comunitárias, pode ver-se em KRANZ, 419 ss.
(638) *Cit. supra* (n. 573), 45.

naquele princípio. Para além disso, o DC já aceitou práticas hostis ao adquirido comunitário e em domínios vitais para a integração.

A segunda conclusão, que decorre aliás da anterior, e que diz directamente respeito à matéria sobre a qual nos debruçámos nesta parte da nossa dissertação, consiste em que, desenhando os tratados a relação entre os Estados e as Comunidades pelo modelo da delegação e não da transferência, não pode o adquirido comunitário impedir nesse domínio o que os tratados permitem. Por conseguinte, todos os corolários jurídicos da tese da delegação, tal como atrás a construímos, porque aceites pelos tratados, como então demonstrámos, têm de ser vistos como absolutamente compatíveis com o princípio da aceitação do adquirido comunitário.

10.5. *Conclusão. Em especial, o caso dos «acordos mistos»*

Ficou demonstrado nas páginas anteriores que o poder político comunitário resulta duma simples delegação precária e revogável, realizada pelos Estados membros em benefício das Comunidades, dos seus poderes soberanos relativos ao domínio material coberto pelos tratados. Não se pode, pois, falar numa transferência definitiva desses poderes. Fomos conduzidos a essa conclusão pelo próprio Direito Comunitário, tendo depois verificado que o Direito Constitucional dos Estados membros confirma os resultados que por essa via obtivemos.

Mas a impossibilidade de se ver na génese do fenómeno comunitário uma transferência definitiva de poderes soberanos da parte dos Estados para as Comunidades obsta, só por si, a que caracterizemos o poder político das Comunidades como um poder supranacional. Por outras palavras, a circunstância de os poderes soberanos que os Estados membros colocam ao dispor das Comunidades o serem a mero título de delegação, e não de transferência definitiva, impede-nos que consideremos verificados dois elementos do conceito de supranacionalidade que adoptámos: quer a génese do poder supranacional na renúncia pelos Estados aos poderes soberanos transferidos quer a consequente autonomia do poder supranacional.

Isto quer dizer, em palavras mais simples, que o estudo da origem do poder político das Comunidades nos mostra que, logo por este requisito, ele não pode ser definido juridicamente como poder supranacional. Desde logo por aqui não encontramos, pois, concretizado o princípio da supranacionalidade nas Comunidades Europeias.

Uma nota final.

A tese de que pela delegação segundo a teoria da transferência de poderes os Estados se vêem privados do exercício dos poderes que delegam às Comunidades tem de ser entendida em termos hábeis nas matérias em que se verifica uma *competência cumulativa* das Comunidades e dos Estados membros. É o caso dos chamados «acordos mistos», isto é, dos acordos internacionais concluídos conjuntamente pela Comunidade e pelos Estados membros, por um lado, e um Estado terceiro, por outro: a Comissão negoceia-o, com ou sem participação dos Estados membros; o Parlamento Europeu é ouvido se se trata de um acordo de associação, previsto no art. 238.º CEE; o Conselho assina o acordo em nome da Comunidade; os Estados ratificam-no de harmonia com as suas normas constitucionais.

Nesses casos deve entender-se que os Estados só delegam nas Comunidades os poderes incluídos na competência comunitária relativa a essas matérias, conservando na sua soberania os poderes relativos à competência que, quanto a elas, eles próprios mantêm. A intervenção dos Estados nos «acordos mistos» justifica-se, pois, exactamente na medida em que eles incidem sobre matérias que *parcialmente* continuam a caber na competência dos Estados.

Exemplos típicos de «acordos mistos» são, no quadro da CEE, os acordos de associação previstos no art. 238.º CEE e, no quadro da CEEA, os acordos regulados no art. 102.º CEEA (639).

---

(639) Sobre os «acordos mistos» v., por todos, BLECKMANN, *Der gemischte Vertrag*, 301 ss.; SCHERMERS, *Relations*, 246 ss.; LOUIS, *op. cit.* (n. 147), 63; CEREXHE, *op. cit.* (n. 5), 113 e 124 e bibl. cit.; REUTER, *op. cit.* (n. 567), 149, e *op. cit.* (n. 501), 502 (onde demonstra a relevância dos «acordos mistos» para a teoria geral das organizações internacionais); BEBR, *Agreements*, n. 18; e, a propósito da Convenção de Lomé, MEESSEN, *Abkommen von Lomé*, 36 ss. V. também *infra*, Cap. II, n.º 14.2, e especialmente n. 1196.

11. *Idem: B) são os Estados membros que exercem a nível comunitário, e segundo um critério extraído, pelo menos predominantemente, da sua soberania individual, os poderes soberanos que delegam nas Comunidades*

11.1. *Enquadramento do problema*

Acabámos de mostrar que o poder político das Comunidades Europeias não nasce duma transferência, mas sim duma simples delegação, de poderes soberanos dos Estados membros nas Comunidades. Iremos agora completar esta nossa construção com a afirmação de que os poderes soberanos delegados são exercidos a nível comunitário pelos Estados membros como Estados, isto é, actuando na base do individualismo internacional, e não pelas próprias Comunidades como expoentes do fenómeno global da integração.

Note-se que, se conseguirmos provar isso, será o próprio conteúdo que definimos para o princípio da supranacionalidade que se terá de entender que não se encontra preenchido no fenómeno da integração do modo como ele se encontra consubstanciado no sistema jurídico das Comunidades Europeias.

Com efeito, deixámos dito em devido tempo (640) que o conceito jurídico de supranacionalidade impõe, para além do mais, que o poder supranacional seja *autónomo* e *independente* em relação ao poder estadual, isto é, que não se confunda com este, designadamente que não se encontre na titularidade dos Estados nem seja por eles exercido, e que à sua concretização prática presida, exclusiva ou pelo menos predominantemente, o interesse integrado da Comunidade e não os interesses individualistas dos Estados, expressos pela sua soberania. Ora, se forem os próprios Estados a exercer, segundo a óptica individualista da sua soberania, os poderes que eles delegam nas Comunidades, será fácil concluir que também por aqui é a própria supranacionalidade, na sua acepção jurídica, que é posta em causa.

---

(640) *Supra*, Parte I, Cap. II, n.º 11.5 *c*) e *d*).

11.2. *Integração e estadualidade*

Qualquer processo de integração jurídico-política é caracterizado pela existência permanente de conflitos, potenciais ou actuais, entre os interesses do todo integrado ou a integrar (os interesses comunitários ou que se vão comunitarizando) e os interesses das comunidades menores (interesses estaduais, no caso de essas comunidades serem Estados), entre o movimento da integração propriamente dita e a resistência que lhe opõem essas comunidades menores, no caso de elas serem Estados, as soberanias dos Estados.

Perante este fenómeno a ordem jurídica da integração pode *em teoria* adoptar uma de duas posições: ou afirmar a exclusividade dos factores de integração, eliminando logo à nascença a ponderação dos interesses das comunidades menores, que nesse caso se diluirão totalmente no interesse comunitário; ou, concretamente no caso de as comunidades menores serem Estados, aceitar a coexistência entre a integração e a estadualidade, dando aos interesses estaduais autonomia dentro do processo de integração.

11.3. *A integração europeia e a tensão dialéctica entre o supranacional e o estadual*

O Direito da integração europeia optou pela segunda das vias possíveis.

Não foi decerto uma opção fácil porque, como veremos, o Plano Schuman privilegiava o primeiro dos dois métodos enunciados. Mas o Comité Jurídico que redigiu o TCECA inclinou-se pela estrutura dualista do processo de integração, afirmando a coexistência entre a integração e a estadualidade. Não se fazer a integração sem os Estados e muito menos contra os Estados — tal foi a regra de oiro que então se definiu para a integração europeia.

E pode-se dizer que o traço jurídico-político mais característico e original da integração europeia e do seu sistema jurídico consiste justamente no facto de o fenómeno comunitário se desdobrar em dois elementos, em duas componentes: o supranacional, com o sentido mais rigoroso, que atrás lhe demos, de sobreestadual (e sem ainda discutirmos aqui se nas Comunidades Europeias a supranacionalidade se verifica ou não, para além do que já escrevemos sobre isso), e o estadual, ou interestadual, no sentido vulgar de intergovernamental. É o que *L. Constantinesco* designa, com muita felicidade, de «bivalência» das Comunidades Europeias ou «fundamento dualista» da Constituição económica europeia (641).

Qualquer retrato da integração europeia que não leve em conta ambos esses elementos dar-nos-á uma imagem apenas parcial, e portanto deturpada, da realidade, antes de mais da realidade jurídica. A componente supranacional abre caminho para a integração, enquanto que o elemento estadual dá satisgação à necessidade de, como se disse, não se proceder à integração europeia sem a colaboração e a participação dos Estados (642) e à exigência de no processo de integração se tomar em atenção os interesses nacionais (643).

Toda a dinâmica da integração europeia — e já chamámos a atenção para o facto de qualquer integração económica ou política ser, por natureza, um processo dinâmico ou evolutivo — é, pois, alimentada por essa tensão dialéctica (644) entre a supranacionalidade e a interestadualidade. E são os próprios tratados institutivos das Comunidades que constroem o fenómeno da integração como o somatório das duas componentes, dos dois domínios, o domínio da integração propriamente dita e o domínio da simples cooperação, embora, como veremos, possam adoptar quanto a eles perspectivas jurídico-políticas não coincidentes e graduações relativas diferentes.

Levando como matriz a mancha geral do DC que nos é dada pelo Direito da CEE, podemos dizer que esta bivalência se

---

(641) Respectivamente *op. cit.* (n. 54), 333 ss. e 363 ss., e *Constitution économique,* 278 ss.

(642) Já nos referimos atrás à afirmação de HALLSTEIN de que o adjectivo «supranacional», utilizado no art. 9.º CECA, não queria significar que o processo da integração europeia pretendesse «destruir as Nações» — n. 398.

(643) Neste sent., L. CONSTANTINESCO, *op. cit.* (n. 641), 278-279.

(644) De «tensão dialéctica» fala o Professor de Viena ZEMANEK, *op. cit.* (n. 591), 897.

reflecte, em termos jurídicos, fundamentalmente (mas não apenas), e com interesse directo para esta dissertação, na regulamentação por eles trazida para o processo de expressão da vontade global da Comunidade, sobretudo para o processo legislativo, entendido como processo de criação de Direito *novo*. Aí, como bem nota, num excelente estudo, *Annette Mathias*, e adiante nós próprios o confirmaremos, verifica-se um «cruzamento», uma «interpenetração» de vontades, a «vontade comunitária», que dá expressão ao «interesse comunitário», e a «vontade estadual», que reflecte os «interesses estaduais», donde resulta, como «vontade complexa», a «vontade integrada» (645).

Portanto, são os próprios tratados que utilizam a dialéctica entre as duas vontades como meio técnico-jurídico para se alcançar a integração, para se progredir rumo à comunidade (para se obter a «*Gemeinschaftswerdung*», na expressão da citada A. Mathias (646)).

A nosso ver, dessa tensão dialéctica entre a supranacionalidade e a estadualidade não resulta, em princípio, qualquer dano à integração. Antes pelo contrário: à construção do poder político comunitário é necessária, e não apenas conveniente, a ponderação dos interesses nacionais envolvidos na integração, o que se obtém por excelência através da componente internacional, ou interestadual, do fenómeno comunitário.

Mas se a simples coexistência, e, mais do que isso, o simples diálogo permanente entre os dois elementos, supranacional e estadual, não prejudica a integração, esta requer, para poder progredir de harmonia com o seu próprio carácter de processo dinâmico e evolutivo, que o seu sistema jurídico defina os mecanismos necessários à afirmação gradual da superioridade do interesse comunitário sobre os interesses nacionais particulares, ou, o que é o mesmo, da superioridade da integração sobre a resistência que lhe opõe a soberania individual dos Estados. Por outras palavras: tanto o Direito Comunitário como a prática que à sua sombra se veio a formar deveriam consagrar e impor um sistema de tal ordem que a balança entre os dois pólos,

---

(645) 86 ss.
(646) 88.

supranacional e estadual, fosse pendendo para uma progressiva supremacia do elemento supranacional, ainda que sem nunca eliminar a componente estadual. A integração só pode, portanto, progredir e desenvolver-se se e na medida em que se for reforçando o elemento supranacional, o elemento comunitário, isto é, se e na medida em que o elemento comunitário for ganhando progressivamente, pelo normal desenvolvimento do quadro jurídico que rege a integração, designadamente dos tratados, prevalência sobre o elemento estadual.

Para que a integração não desapareça pela sua diluição na interestadualidade clássica (por oposição à sobreestadualidade) e, por conseguinte, para que a Comunidade não se desnature num simples processo de cooperação intergovernamental, baseado no modelo clássico de coordenação entre as soberanias estaduais, é, pois, indispensável que a dialéctica se decida sempre, e gradualmente, cada vez mais, a favor do elemento supranacional. Daí decorrem duas exigências, uma no campo político, outra no domínio do Direito.

Em termos políticos tornar-se-á necessário que o poder de definir a política comunitária compita fundamentalmente ([647]) ao órgão que simbolize a supranacionalidade.

No plano jurídico, será preciso que o poder legislativo, isto é, o poder de conceber e criar («*die Rechtsetzungsbefugnis*», na terminologia alemã) o Direito da integração, ou seja, a ordem jurídica das Comunidades, caiba preponderantemente, decisivamente ([648]), em termos de vontade final, ao órgão que representa o elemento supranacional e interpreta o interesse comunitário.

Vamos examinar em que medida é que estes princípios encontram ou não concretização na ordem jurídica das Comunidades Europeias.

([647]) Dizemos *fundamentalmente* e não *exclusivamente,* por confronto com o órgão que represente o elemento estadual, já que, conforme defendemos no texto, consideramos conatural à integração europeia a bivalência das Comunidades e da sua ordem jurídica, no sentido que demos à expressão.

([648]) Falamos aqui em *preponderantemente* e *decisivamente* com o mesmo entendimento que damos na nota anterior ao adjectivo *fundamentalmente.*

11.4. *Observações de natureza terminológica: «poder de decisão», «poder normativo», «poder legislativo»*

Antes disso, porém, abriremos aqui um parênteses para proceder a uma nova precisão de ordem terminológica, tendo em conta não só, e mais uma vez, que ainda se encontra por criar a terminologia portuguesa do Direito Comunitário Europeu, como também que neste domínio, como em tantos outros, a doutrina estrangeira deste ramo de Direito nem sempre se tem preocupado em adaptar a terminologia às exigências da Ciência.

Com efeito, para se designar em globo a competência dos órgãos comunitários tem-se vindo a falar genericamente em *poder de decisão* ou *processo de tomada de decisões*. Correspondentemente, é vulgar qualificar-se o Conselho e a Comissão, genérica e globalmente, de *órgãos de decisão* das Comunidades (649).

Não descobrimos outra razão para a utilização na ordem jurídica comunitária da palavra *decisão* com um sentido tão vasto e ambicioso que não seja a da transposição para ela da expressão *decision-making power,* com que tradicionalmente se tem caracterizado, de forma global, os poderes funcionais dos órgãos das organizações internacionais de tipo clássico, que, todavia, não possuem um poder legislativo, com o entendimento com que disso se pode falar nas Comunidades.

Como há muitos anos prevenia *Maurice Lagrange,* ainda que sem ter apresentado propostas convincentes para se ultrapassar a dificuldade, a palavra «decisão» é extremamente equívoca no DC, a começar pelo uso muito diversificado que dela fazem os próprios tratados (650). Bastará comparar-se, a título de exemplo, os arts. 14.º e 33.º CECA e 189.º CEE: neste último preceito, «decisão» quer significar um acto administrativo definitivo e executório (no sentido que a este conceito é dado nos sistemas administrativos de tipo francês), de conteúdo individual, o que não acontece em algumas das cláusulas citadas do TCECA, pois nos arts. 14.º e 33.º par. 1 CECA «decisão» quer

(649) P. ex., CEREXHE, *op. cit.* (n. 5), 126 ss.; e TEITGEN, *Décision,* 606 ss.

(650) 51 ss.

dizer «decisão geral», que é um acto legislativo, e corresponde ao «regulamento», dos arts. 189.º CEE e 161.º CEEA, mas no art. 33.º par. 2 CECA «decisão» já quer dizer «decisão individual», e corresponde à «decisão» dos arts. 189.º CEE e 161.º CEEA (650-A). Convirá, por isso, que a essa palavra seja atribuída na terminologia do DC um entendimento menos vago e mais exacto.

Por *decisão* quere-se significar em Direito Público, e inclusive no Direito Público português, um acto de natureza executiva, um acto de aplicação do Direito legislado a um caso concreto, seja por via administrativa, seja por via judicial. Designadamente em Direito Administrativo, a palavra decisão é reservada essencialmente para os actos definitivos, ou seja, para os actos que, pela aplicação da lei a um caso concreto, definem a situação jurídica dos particulares face à Administração, sejam ou não executórios (651) (652). É bom que este rigor conceptual seja preservado, não apenas como contributo para um maior enriquecimento da exactidão da terminologia do DC como também para uma melhor compreensão da competência e da função que a cada órgão está efectivamente reservada no conjunto orgânico das Comunidades. Por isso, em regra só falaremos em *decisão* ou *poder de decisão* (fora dos casos em que os próprios tratados empregam essas expressões) para nos referirmos a actos executivos ou ao poder executivo dos órgãos comunitários, ainda que excepcionalmente, por razões de comodidade e brevidade, possamos servir-nos delas para nos referirmos, global e unitariamente, ao poder de expressão duma vontade jurídica da parte das Comunidades. Para designarmos o poder de criar regras gerais e abstractas com a característica

---

(650-A) No m. sent., *Comentário Groeben*, anotação ao art. 189.º, II, 323.

(651) Falamos aqui de *decisão* em sentido lato, para englobar tanto as decisões provindas de órgãos singulares como as *deliberações* emanadas de órgãos colegiais — v. Marcello Caetano/Freitas do Amaral, I, 443.

(652) Cfr. Marcello Caetano/Freitas do Amaral, I, 207 ss., 427 ss., 443 ss.; Garcia de Enterría/Fernández, I, 453 ss.; Rivero, 91 ss., 220 ss., 244; Forsthoff, 412; Erichsen/Martens, sobretudo 158 ss.; Sandulli, 272; e Stassinopoulos, 75 ss.

da *novidade*, algumas das quais, pela sua afinidade com a lei estadual em sentido material, são mesmo qualificadas de «*leis comunitárias*» (653), empregaremos a expressão *poder legislativo*.

Também aqui a terminologia na doutrina nacional e comunitária não é unívoca, e tem-se vulgarizado talvez mais a expressão *poder normativo* do que *poder legislativo*.

O conceito de *poder normativo* (e as noções correlativas de *facto normativo* e *acto normativo*) é, porém, ainda um conceito equívoco: se é certo que começou por se referir apenas aos actos legislativos, mais tarde, sobretudo por influência de *Santi Romano* (654), alargou-se de tal forma que veio a abranger, para além dos actos legislativos, também o costume, os actos jurídicos negociais, os actos administrativos e até algumas figuras híbridas que se situam na fronteira entre a categoria dos actos legislativos e a dos actos executivos. Ganhou, assim, em extensão o que veio a perder em compreensão, passando a designar todo o poder de gerar normas ou regras de conduta social, se não mesmo todas as formas de revelação das normas de Direito, portanto em sinonímia com o conceito formal de fontes de Direito (655).

Parece-nos, porém, que para nos referirmos ao poder de criar regras jurídicas gerais e abstractas, dotadas de *novidade* (isto é, caracterizadas por trazerem uma qualquer modificação à ordem jurídica, ou legislando sobre o que não estava regulado, ou modificando o que já estava legislado ou revogando leis anteriores), portanto a um *símile* das leis estaduais em sentido material, temos de falar em *poder legislativo*.

A utilização da «teoria da novidade» como característica específica da norma de «criação de direitos e obrigações», no sentido de norma geral e abstracta que cria Direito *novo*, teve origem na doutrina juspublicista germânica do século passado

---

(653) PESCATORE qualifica o «regulamento de base», da competência do Conselho, de «lei comunitária» — *Exécutif communautaire*, 387. Cfr. também os nossos *Sumários*, 79.

(654) *Corso*, 228.

(655) *Enciclopedia del diritto*, vol. IV, expressão *Atto normativo*, 238 ss., 240 ss.; entre nós, OLIVEIRA ASCENSÃO, 41-42, 326, 370 ss., 390.

e inícios deste século ([656]), mas especialmente em *Laband* ([657]). Foi introduzida entre nós através do ensino do Professor *Marcello Caetano* ([658]) e mais tarde seguida, no essencial, por *Franco Modugno* na Itália ([659]).

Hoje, a expressão *poder legislativo,* para designar o que pretendemos referir, consiste na tradução fiel da palavra alemã *Rechtsetzungsbefugnis,* de elevadíssima precisão científica no Direito Público germânico ([660]). E não há nenhum inconveniente em que a transplantemos para o campo do Direito Comunitário, como o fazem, por exemplo, os Professores *Scheuner* ([661]) e *Zemanek* ([662]), desde que tomemos em consideração que, como temos vindo a prevenir ao longo desta dissertação, com isso não se pretende estabelecer um completo *símile* entre as Comunidades e os Estados, nem mesmo no domínio da divisão e separação de poderes ([663]).

Feitas estas prevenções de índole terminológica estamos em condições de prosseguir na nossa investigação.

---

(656) JELLINEK, *Gesetz,* 348 ss.; e MEYER, 25 n. 2.

(657) *Staatsrecht,* 168.

(658) 163-164.

(659) *Enciclopedia del diritto,* vol. XXVIII, expressão *Norma giuridica,* especialmente 370 ss.

(660) Por todos, *Dicionário Jurídico Creifelds,* vocábulos *Rechtsetzungsbefugnis* e *Gesetzgebung.* Estas duas palavras são utilizadas aí em sinonímia.

(661) *Op. cit.* (n. 46), epígrafe e *passim.*

(662) O A. fala em «*Normsetzungsbefugnis*» ou «*Normsetzung*» no mesmo sentido de *Rechtsetzungsbefugnis* para Scheuner — *op. cit.* (n. 591), 895.

(663) Fala em DC de *poder normativo* no sentido de *poder legislativo,* p. ex., CEREXHE, *op. cit.* (n. 5), 283 ss. Como nós (v. os nossos *Sumários,* 55), também qualificam expressamente o poder do Conselho de criar normas gerais, abstractas e inovadoras, de *poder legislativo,* além dos autores que adiante citaremos, HAY, *op. cit.* (n. 20), 10 ss.; e WILLIAMS/ /DE MESTRAL, 60 ss.

11.5. *O crescente predomínio dado pelo Direito Comunitário ao elemento interestadual sobre o elemento supranacional no processo da integração europeia*

Se a ordem normal das coisas imporia que no processo da integração europeia fosse dada gradualmente predominância ao elemento supranacional, foi diverso o comportamento escolhido pela ordem jurídica das Comunidades Europeias.

Como ainda há pouco dissemos, no plano jurídico a relação entre a supranacionalidade e a estadualidade afere-se, por excelência, pela titularidade do poder de criar o Direito da integração (estamos a pensar aqui, obviamente, apenas no Direito Comunitário derivado, porque do Direito Comunitário originário já nos ocupámos no devido lugar). Isto quer dizer que a tensão dialéctica entre o domínio da integração e o domínio da interestadualidade se expressa no seio das Comunidades pelo sistema de repartição de poderes entre a Comissão, símbolo da supranacionalidade, e que, por isso, é o órgão comunitário por excelência, e o Conselho, que representa a coordenação das soberanias estaduais e, por isso, se nos aparece como órgão intergovernamental, porque se encontra enformado pelo princípio da interestadualidade. No plano do Direito caminhar-se-á para a integração se o poder legislativo couber preponderantemente ao órgão supranacional; ao contrário, estaremos a afastar-nos da integração e a recuar para a interestadualidade se esse poder couber preponderantemente ao órgão que interpreta o elemento internacional.

Por tudo isso, acompanhar-se a evolução, na ordem jurídica comunitária, da tensão entre o supranacional e o internacional equivale essencialmente a retratar o modo como o Direito Comunitário tem vindo a regular a titularidade do poder legislativo nas Comunidades e, concretamente, as relações entre aqueles dois órgãos no conjunto orgânico das Comunidades.

I) *A CECA*

a) *O Plano Schuman e a preparação do Tratado*

A proposta francesa para a criação da CECA, apresentada em 24 de Junho de 1950, na sequência do Plano Schuman, limitava a orgânica daquela Comunidade à Alta Autoridade e ao Parlamento. Não se previa aí a existência nem do Conselho de Ministros nem do Tribunal, e os litígios deveriam ser resolvidos por um árbitro singular *ad hoc*. Concretamente quanto ao Conselho de Ministros, a interpretação que a doutrina dava ao Plano Schuman ia mesmo no sentido de considerar que a criação de um órgão de cooperação interestadual ao lado da Alta Autoridade iria contrariar a filosofia jurídico-política daquele documento(664).

Como ao Parlamento estava destinado um papel apagado, com competência meramente consultiva, a Alta Autoridade emergia do documento francês (665), não apenas como a trave-mestra, mas praticamente como o único pilar do edifício institucional proposto para a CECA. Ela seria o expoente perfeito da ideia da supranacionalidade, inclusive no aspecto da sua composição, já que os lugares que a compunham, e que no documento francês seriam em número de cinco, não se veriam repartidos pelos Estados, pelo que podia acontecer que um determinado Estado não tivesse qualquer cidadão seu entre as «personalidades independentes» que viriam a ser membros da Alta Autoridade — e teria de acontecer assim com pelo menos um Estado, já que o número de membros da Alta Autoridade era inferior em um ao dos Estados membros. Quer dizer: a fonte dos poderes da Alta Autoridade seria, desde o início, *colectiva* e *comunitária*, e não ligada à soberania individual dos Estados. Esse objectivo era conscientemente desejado pelos autores da proposta francesa, como o afirmaria expressamente *Jean Monnet* quando da apresentação daquele documento (666).

Se o modelo institucional idealizado pela França para a CECA tivesse, pois, ido para a frente, veríamos logo à partida afastado do processo da integração europeia o diálogo entre a supranacionalidade e a estadualidade, já que a proposta francesa adoptava claramente na matéria a univalência ou o monismo da supranacionalidade (667).

---

(664) LAGRANGE, 55.

(665) Em RACINE, 25 ss.

(666) V. pormenores em RACINE, 136, e nas Memórias do próprio JEAN MONNET, 438 ss.

(667) Sobre os aspectos aqui referidos da proposta francesa, v., além das obras citadas, OPHÜLS, *op. cit.* (n. 15), 390 ss.

Todavia, por exigência sobretudo da Alemanha, a proposta da França no concernente à orgânica da CECA sofreu importantes alterações.

A contraproposta do governo alemão, secundada depois pelos Países Baixos, partia do princípio fundamental da inaceitabilidade da Alta Autoridade como único órgão deliberativo da Comunidade. Para tanto, propunha-se, entre outras coisas (como a criação dum tribunal), a participação no poder legislativo de um Conselho de Ministros e de uma Assembleia Parlamentar. Pretendendo transplantar para a CECA o parlamentarismo estadual, ao que não seria alheio o facto de todos os Estados participantes nas negociações do Tratado CECA possuírem na altura sistemas de governo de tipo parlamentar, a Alemanha propunha que essa participação tivesse lugar pelo funcionamento conjunto da Assembleia Parlamentar e do Conselho como Congresso da CECA, que serviria de contrapartida à lata competência da Alta Autoridade (668).

b) *O Tratado CECA*

O texto final do Tratado CECA resultou sobretudo de uma ponderação, levada a cabo pelo Comité jurídico encarregado de o redigir, da proposta francesa, da contraproposta alemã, de contribuições avulsas fornecidas sobretudo pela delegação holandesa, e da manifesta influência que nos trabalhos preparatórios exerceu o sistema constitucional dos Estados Unidos (669). A Alta Autoridade apareceria nele como o principal órgão da Comunidade e como o verdadeiro símbolo da supranacionalidade.

Quatro traços muito nítidos marcavam o acentuado carácter supranacional da Alta Autoridade.

---

(668) Exposição pormenorizada da contraproposta alemã pode ver-se em OPHÜLS, *op. cit.* (n. 15), 390 ss., e *op. cit.* (n. 5), 159 ss.; e MOSLER, *op. cit.* (n. 20), 377 ss.

(669) MOSLER, *op. e loc. cits.* A importância dada ao sistema constitucional dos Estados Unidos já foi por nós abordada *supra*, Parte I, Cap. II, n.º 8.3.

Para começar, e na sequência do que vimos ter sido defendido na proposta do governo francês, a designação dos seus membros tinha raiz comunitária, pois o TCECA não impunha que os lugares de membros daquele órgão fossem repartidos pelos Estados e, portanto, que se estabelecesse uma ligação entre os membros do órgão e os Estados de que eram nacionais, ao contrário do que propunha o Plano Schuman ([670]), para o qual as «personalidades independentes» que deveriam compor a Alta Autoridade seriam nomeadas «pelos governos» dos seis Estados membros «numa base de igualdade», ou seja, uma por cada Estado. De facto, o par. 4 do art. 9.º CECA proibia que a Alta Autoridade tivesse mais de dois nacionais da mesma nacionalidade, mas não exigia, nem ele nem qualquer outro preceito do Tratado, que cada Estado tivesse necessariamente um seu nacional investido na qualidade de membro da Alta Autoridade. Esta interpretação mais força ganha pelo confronto daquele preceito com o art. 10.º n.º 1 par. 4 TF, que o veio substituir, e onde à proibição de cada Estado ter na Comissão mais de dois nacionais se acrescentou a exigência de ela compreender «pelo menos um nacional de cada Estado membro».

O segundo traço da supranacionalidade da Alta Autoridade provinha do facto de o art. 9.º CECA, na sua redacção inicial, impor que a escolha dos seus membros fosse determinada por um critério de competência e de absoluta independência no exercício das suas funções, ficando os Estados membros obrigados a respeitar o carácter «supranacional» — já vimos que este adjectivo nasceu precisamente por esta via para a terminologia do Direito Comunitário — dessas funções.

Depois, o artigo seguinte, o art. 10.º, estabelecia um sistema muito complexo de composição daquele órgão, de harmonia com o qual logo de início um dos seus nove membros seria designado por cooptação dos outros oito escolhidos pelos Estados, de modo a que ao fim de doze anos a relação entre os membros escolhidos pelos Estados e cooptados por estes fosse de cinco para quatro. Consideramos este recurso à cooptação de importância muito especial para o princípio da supranacio-

---

(670) Racine, 136 ss.

nalidade, porque ele parece estar mais de acordo com o carácter supranacional do órgão (671).

Por fim — e este é o quarto traço —, não podia deixar de contribuir para um reforço da independência dos membros da Alta Autoridade a circunstância de o seu mandato, *ex vi* do par. 1 do mesmo art. 9.º, ser de longa duração: seis anos.

Mesmo assim, porém, parecia não se coadunar muito bem com esse grau, bastante avançado, de supranacionalidade o facto de ser o Conselho, órgão de representação dos Estados, quem detinha a competência para fixar as remunerações dos membros da Alta Autoridade (art. 29.º CECA).

Da proposta alemã o Tratado reteve, como ponto de particular importância, a criação dum «Conselho especial de Ministros». Todavia, ele deveria funcionar, não em colaboração estreita com a Assembleia e num *tête-à-tête* com a Alta Autoridade, como pretendia a Alemanha, nem como instância de recurso contra os actos da Alta Autoridade, como fora proposto pelos Países Baixos, mas sim em colaboração com esta, ou seja, como elo de articulação entre a actuação da Alta Autoridade e a das autoridades estaduais. E seria isso que viria a ficar expressamente consagrado no art. 26.º par. 1 CECA. Esse Conselho era composto de «representantes dos Estados membros», mas aparecia-nos moldado pelo figurino da segunda câmara do Congresso norte-americano e, por isso, os seus membros não dependiam nem de ordens nem de instruções dos governos nacionais (672).

c) *A supremacia do elemento supranacional sobre o elemento interestadual no Tratado CECA*

Todavia, como dissemos, o órgão motor da integração na CECA era a Alta Autoridade, que, com o TF, se viu substituída, no domínio da sua competência própria, pela Comissão única.

Quando se estuda a forma de repartição de poderes nas Comunidades Europeias, não é lícito, como já prevenimos,

---

(671) No m. sent., L. CONSTANTINESCO, *op. cit.* (n. 54), 373.

(672) No m. sent., MOSLER, *op. cit.*, 378; OPHÜLS, *op. cit.* (n. 15), 390 ss., especialmente 395. V. *supra*, Parte I, Cap. II, n.º 8.3.

estabelecer-se um *símile* com o sistema de divisão de poderes nos Estados, não só porque os fundadores das Comunidades o não desejaram, como também porque, repetidamente temos vindo a recordá-lo, as Comunidades não se reconduzem ao fenómeno estadual (673). Mas, ainda que sem a preocupação de decalcar o figurino do Estado, os tratados comunitários orientam-se pelo princípio da divisão de poderes, que na prática se traduz num sistema de pesos e contrapesos, o que, ligado ao controlo jurisdicional do Tribunal, tem praticamente o mesmo efeito da separação de poderes no Direito interno dos Estados. É para designar a relação entre os órgãos das Comunidades, decorrente da adopção do princípio da divisão e separação de poderes, que a doutrina fala no «equilíbrio institucional» das Comunidades (674). Alguns autores chegam mesmo a ver nele um «princípio constitucional» ou «estrutural» das Comunidades e, em conformidade, procuram encontrar-lhe uma fundamentação dogmática (675). E o próprio Tribunal não se tem furtado a extrair desse princípio as consequências jurídicas que entende necessárias, quer no campo intracomunitário quer no das relações com terceiros Estados (676).

Ora todo o equilíbrio institucional na CECA foi obtido em torno da Alta Autoridade. Se nos abstrairmos do poder

---

(673) Este princípio metodológico é expressamente adoptado por PETZOLD na sua exaustiva dissertação sobre a matéria, 37 ss.; e também seguido, entre outros, por MONACO, *Principes (Fs. Wengler)*, 305 ss.; SIDJANSKI, *op. cit.* (n. 189), 40 ss.; MÜNCH, *Systematik*, 340 ss.

(674) Tem manifestado particular atenção pelo assunto CEREXHE (que aliás se vem dedicando intensamente à problemática institucional das Comunidades) — sobretudo *op. cit.* (n. 142), 118 e 126 ss., *Implicações*, 128-129, *Problématique*, 284 ss., e, muito recentemente, a sua proposta oficial para a reforma institucional das Comunidades na perspectiva do terceiro alargamento, *Rapport, passim.* Também MONACO, *CEE*, in *NvssDI*, 1128, e excelente bibl. aí cit.

(675) É designadamente o caso de HUMMER, para quem o equilíbrio institucional constitui, antes de tudo, uma «determinante estrutural» das Comunidades, resultante da «*divisão vertical de poderes*» e da «*divisão horizontal de poderes*», que os tratados definem para as Comunidades — *Gleichgewicht*, 459-461.

(676) Especialmente caso *Kramer*, 1279 ss., e Pareceres n.os 1/75 e 1/76, emitidos ao abrigo do art. 228.º n.º 1 par. 2 CEE. V. mais jurisprudência no m. sent. em HUMMER, *op. cit.*, 461.

judicial, que foi confiado pelo TCECA ao Tribunal, e do poder de fiscalização política, que o art. 24.º conferiu à Assembleia, podemos dizer que todos os demais poderes ficaram concentrados pelo Tratado na Alta Autoridade, o que decorre com clareza, desde logo, do seu art. 8.º, que lhe comete o encargo genérico de «assegurar a realização dos objectivos» definidos no Tratado. De facto, podemos dizer que à Alta Autoridade foi atribuída vastíssima competência, nomeadamente o poder legislativo e o poder executivo.

Isto quer dizer que a filosofia que presidiu à inserção do Conselho no conjunto orgânico da CECA, e particularmente à disciplina das suas relações com a Alta Autoridade, não foi no sentido de lhe atribuir participação no poder legislativo ao lado da Alta Autoridade, mas simplesmente de o tornar, como representante dos interesses estaduais, num mero contrapeso em relação aos vastos poderes desta, à qual presta, na expressão rigorosa de *Georg Dahm*, uma «colaboração fiscalizadora» (*«ein kontrollierende Mitwirkung»*) (677). É com esse alcance que deve ser interpretado o único poder relevante do Conselho em relação ao poder legislativo da Alta Autoridade, o de *nalguns casos* muito específicos as «decisões gerais» da Alta Autoridade, que são actos legislativos, dependerem de seu prévio parecer (por exemplo, arts. 61.º, 66.º n.ºs 1 e 4, e 73.º n.º 2 CECA) ou mesmo de parecer conforme (678) (arts. 28.º pars. 2.º e 3.º, 54.º par. 2, 55.º n.º 2 al. *c*) e 58.º n.º 1) (679).

Podemos, pois, dizer, e em resumo, que na CECA o Conselho possui em geral um estatuto bastante limitado: ele des-

---

(677) II, 679.

(678) Numa anterior dissertação universitária estudámos o conceito, o conteúdo e o regime jurídico do *parecer conforme* em Direito Administrativo. O que então dissemos tem aplicação aqui, com as devidas adaptações — *Conselhos de Disciplina*, 246 ss.

(679) Em nada se modifica o panorama das relações entre a Comissão CECA e o Conselho, do modo como o retratámos, pelo facto de, em casos raros, o Conselho ter competência para decidir sob proposta da Comissão (p. ex., art. 59.º n.º 2, 72.º par. 1, e 78.º *septimo*), ou mesmo por sua exclusiva iniciativa (p. ex., arts. 81.º e 98.º, embora neste último caso sob parecer da Comissão). De entre esses casos o único, aliás, com significado especial é o do pedido de adesão de novos Estados (art. 98.º, já citado).

tina-se, de modo específico, a servir, nos casos muito concretos indicados no Tratado, de factor de ponderação dos interesses nacionais envolvidos no processo comunitário de criação de Direito. É isso o que resulta do preceito-chave nesta matéria, o já citado art. 26.º CECA, ao dispor, no seu par. 1.º, que a actividade do Conselho se tem de nortear pelo objectivo de «harmonizar a acção da Alta Autoridade e a dos governos responsáveis pela política económica geral do seu país».

Por tudo isto, não é difícil convirmos na conclusão — e é este o ponto que nos interessa reter para a nossa investigação — de que no Tratado CECA a dialéctica entre os valores da supranacionalidade e da interestadualidade era e continua a ser resolvida pelo forte predomínio concedido à componente supranacional do processo de integração. Isto equivale a dizer que, com fidelidade aliás pelos princípios que mostrámos deverem presidir a qualquer processo de integração, a ordem jurídica da CECA dava corpo à clara afirmação da superioridade do princípio comunitário sobre o princípio da mera cooperação entre as soberanias dos Estados.

II) *A CEE e a CEEA*

a) *Antecedentes dos Tratados de Roma*

Com o fracasso dos projectos de criação da Comunidade Europeia de Defesa e da Comunidade Política Europeia, ao qual já nos referimos atrás (680), deu-se um sensível arrefecimento do *élan* comunitário. A Europa acabava de mostrar que não estava preparada para acompanhar o ritmo com que se pretendia dar satisfação ao ímpeto das concepções supranacionais em que, poucos anos antes, políticos, juristas e economistas haviam posto as mais fagueiras esperanças e o mais vivo entusiasmo. Os insucessos experimentados pelo movimento da unificação após a conclusão do Tratado de Paris aconselhavam a que momentaneamente se procedesse, não apenas a uma desa-

---

(680) *Supra,* Parte I, Cap. II, n.º 8.6.

celeração ou a uma travagem, como mesmo a uma marcha-a-ré no processo da integração. Sentia-se que era vantajoso, face à experiência recente, descer dois degraus para voltar a mobilizar energias e a redefinir a estratégia a adoptar na integração.

Como consequência fundamentalmente disso, o elemento supranacional iria ceder, no processo integrador, o passo ao elemento interestadual, ou seja, no processo da construção europeia iria recuperar terreno a concepção do individualismo internacional dos Estados ou, o que é o mesmo, da soberania estadual (681).

Note-se, porém, que a recuperação da interestadualidade na CEE e na CEEA, por confronto com a CECA, não ficou a dever-se unicamente ao malogro das tentativas para a criação da CED e da ComPE. Face à História da integração seria um erro pensar-se assim: houve duas outras razões adjuvantes que conduziram ao mesmo resultado.

Em primeiro lugar, a própria maior extensão material da integração procurada pela CEE. Enquanto que a CECA se esgotava no sector carbo-siderúrgico, a CEE visava o objectivo muito mais ambicioso de alcançar a integração de toda a economia (embora só da economia) dos Estados membros. Os fundadores da CEE cedo tomaram consciência de que tão ambicioso desiderato não seria alcançável sem uma participação dos Estados mais estreita e mais activa do que na CECA. E só o conseguiriam se se aumentasse o peso do elemento estadual no processo da integração.

Por outro lado, também um argumento de natureza política jogava a favor da atenuação da supranacionalidade. A ideia da supranacionalidade, que arrastava consigo o princípio da limitação da soberania estadual, dividia já profundamente juristas e políticos e, consequentemente, começavam já a degladiar-se os que, fiéis ao Plano Schuman, defendiam a tese da Federação Europeia, e aqueles que só desejavam uma Confederação entre Estados europeus plenamente soberanos, como meta última a atingir. Entendeu-se por isso que, face a essas

---

(681) No m. sent., as observações muito lúcidas de DAHM, II, 677 ss.

hesitações, melhor seria recuar-se e deixar sedimentar os resultados já alcançados, para só mais tarde se progredir na integração (682).

b) *Os Tratados CEE e CEEA: o recuo da componente supranacional em relação à componente interestadual*

A instituição da CEE, mais ainda do que a da CEEA, trouxe, pois, ao processo da construção europeia o facto, sem dúvida auspicioso, da restauração e do relançamento da integração após seis longos e difíceis anos terem já decorrido sobre a assinatura do Tratado de Paris; mas, em contrapartida, introduziu naquele processo uma fase, que em 1950 não se previa nem se desejava, de recuperação da soberania estadual, por confronto com a CECA e, ainda mais, com os projectos dos Tratados CED e ComPE.

Tudo isso se vai reflectir por excelência nas relações entre os elementos supranacional e internacional. E, por sua vez, de novo a tensão dialéctica entre um e outro vai ser aferida pelo modelo institucional, isto é, pelas relações interorgânicas que os tratados vão adoptar para as duas novas Comunidades.

Metendo-nos por esse caminho, diremos, antes de mais, que o elemento supranacional nos surge na CEE e na CEEA mais esbatido do que no Tratado de Paris, logo para começar, num domínio meramente formal, mas sintomático: a Alta Autoridade é substituída por um órgão com a designação, bem modesta, de Comissão; e, mesmo assim, enquanto que o TCECA referia, entre os órgãos da CECA, em primeiro lugar a Alta Autoridade e só em terceiro lugar o Conselho de Ministros (art. 7.º), o TCEE e o TCEEA regulam primeiro a Assembleia, depois o Conselho e só em terceiro lugar a Comissão (arts. 137.º e seguintes CEE e 107.º e seguintes CEEA).

Mas esse esbatimento sobressai ainda mais na definição do estatuto do órgão supranacional, a Comissão, por confronto com a Alta Autoridade. Os Tratados de Roma não assimilaram

(682) No m. sent., LAGRANGE, 62.

para as respectivas Comissões nenhum dos traços que de modo mais marcante concretizavam o princípio da supranacionalidade na composição e na caracterização das funções da Alta Autoridade: a definição do carácter supranacional das funções dos membros da Alta Autoridade (ainda que se ressalve a independência dos membros da Comissão — confrontar o art. 9.º CECA com os arts. 157.º CEE e 126.º CEEA), a cooptação como meio de designação de parte dos seus membros (comparar os arts. 10.º CECA com os arts. 158.º CEE e 127.º CEEA) e o seu longo mandato (que de seis anos na Alta Autoridade foi encurtado para quatro anos nas duas Comissões — ver o art. 9.º CECA e os arts. 158.º CEE e 127.º CEEA). Nesse domínio, os Tratados CEE e CEEA, na sua redacção original, conservaram da Alta Autoridade um único índice importante da supranacionalidade, qual seja, a raiz comunitária da designação dos membros das duas Comissões, decorrente do facto de não haver ligação entre eles e os Estados de que eram nacionais, pelo simples facto de não se exigir que cada Estado tivesse necessariamente um cidadão seu na Comissão (comparar o art. 9.º par. 4 CECA com os arts. 157.º n.º 1 par. 4 CEE e 126.º n.º 1 par. 4 CEEA) (683).

Portanto, embora a Comissão da CEE e da CEEA tenha sido criada na orgânica dessas Comunidades como representante do elemento supranacional da integração, há que deixar dito, desde já, que logo no regime da sua composição e no estatuto dos seus membros a intensidade da supranacionalidade nos aparecia nelas mais atenuada do que na CECA.

Todavia, esse aspecto, sendo muito relevante, não é o mais importante para a nossa dissertação: para apreciarmos a relação recíproca entre os elementos comunitário e interestadual nos Tratados CEE e CEEA interessam-nos, muito mais do que aquilo que acabámos de ver, as relações que entre aque-

(683) Os Tratados CEE e CEEA conservaram também do TCECA a competência do Conselho para fixar as remunerações da Comissão, ainda que neles o Conselho deliberasse para o efeito por maioria qualificada, enquanto que no TCECA o fazia por maioria simples — cfr. os arts. 28.º e 29.º CECA com os arts. 154.º CEE e 123.º CEEA, na sua redacção original.

les dois elementos se estabelecem no domínio orgânico ou institucional, isto é, da repartição de poderes entre os órgãos que representam por excelência essas duas componentes do processo da integração, quais sejam, a Comissão e o Conselho.

E aí torna-se claro que, enquanto que o equilíbrio institucional na CECA era obtido, como vimos, através do claro ascendente da Alta Autoridade na orgânica da Comunidade, e designadamente, pelo que aqui nos interessa, sobre o Conselho, no Tratado CEE (e deixemos agora de lado a CEEA não só devido à sua menor importância, como também porque no domínio institucional os dois Tratados de Roma são, pelo menos no essencial, praticamente coincidentes) caminhar-se-ia para uma supremacia do Conselho sobre a Comissão, pelas razões já apontadas.

c) *Idem: a verdadeira dimensão do «diálogo» Conselho-Comissão*

Para largo sector da doutrina a relação entre o Conselho e a Comissão e, portanto, entre as componentes interestadual e supranacional da integração, encontra-se desenhada no TCEE em termos de maior ou menor nivelamento. Para se chegar a essa conclusão parte-se em regra da constatação dum «diálogo Comissão-Conselho» ou «Conselho-Comissão», o que, para esses autores (684), quereria significar, antes de tudo, um peso igual dos dois órgãos no processo de integração no quadro daquela Comunidade, inclusive, pelo que nos interessa, na criação do Direito Comunitário.

Em nosso entender, essa interpretação conduz a um retrato defeituoso do sistema de repartição de poderes na CEE, tal como ele se encontra de facto regulado no respectivo tratado.

Do simples «diálogo» entre aqueles dois órgãos nenhuma conclusão se pode extrair para a posição relativa dum ou doutro face à integração e, portanto, para a importância relativa dos elementos estadual e supranacional naquela Comunidade. Esse diálogo constitui apenas uma manifestação do princípio geral do Direito Comunitário segundo o qual nas Comunida-

---

(684) P. ex., Cerexhe, *Implicações*, 125.

des Europeias, e particularmente na CEE, os tratados privilegiaram a prática de actos por um daqueles órgãos com a participação do outro. Trata-se, aliás, de mais uma manifestação do dualismo da construção comunitária. Quer dizer: no exercício do poder legislativo e do poder executivo, o DC optou predominantemente por uma colaboração entre os dois órgãos, o Conselho e a Comissão, um a título de órgão *activo,* outro a título de órgão *de iniciativa,* em vez de reconhecer, como *a priori* podia ter feito (e bastava que se recordasse da proposta francesa para a CECA, que ainda há pouco examinámos), ao órgão activo, o Conselho, competência para deliberar por si só, sem respeito pela prévia iniciativa da Comissão.

Restringindo-nos mais uma vez à CEE, essa colaboração encontra-se retratada em vários preceitos do seu Tratado (685), está consagrada a nível mais geral no art. 152.° e viria a ser depois reforçada pelo princípio enunciado no art. 15.° TF. O cruzamento, a interpenetração das duas vontades está, porém, prevista e disciplinada no art. 149.° (que corresponde ao art. 119.° CEEA).

Os Tratados CEE e CEEA privilegiaram assim, em maior grau do que o havia feito o TCECA, o diálogo ao monólogo do Conselho. Mais não fizeram, porém, do que projectar no sistema de repartição de poderes a bivalência da integração e da sua ordem jurídica, que conduz a que em regra intervenham no processo quer legislativo quer executivo ambos os órgãos que representam, um, o elemento interestadual, e, outro, a supranacionalidade.

Do facto de em regra o Conselho só legislar ou decidir sob proposta da Comissão não se pode, pois, concluir precipitadamente pelo nivelamento dos dois órgãos no sistema institucional da Comunidade ou pela sua igual competência na criação do Direito Comunitário. Vamos demonstrar que, ao contrá-

---

(685) Arts. 7.° par. 2, 8.° n.° 5, 14.° n.° 2 al. *c*), n.° 5 e 7, 20.° par. 3, 21.° n.° 1, 25.° n.° 1, 28.°, 33.° n.os 5 e 8, 38.° n.° 3, 43.° n.° 2 4.° n.os 3, 4 e 6, 49.° par. 1, 51.°, 54.° n.os 1 e 2, 55.° par. 2, 56.° n.° 2, 57 n.os 1 e 2, 59.° par. 2, 63.° n.os 1 e 2, 69.°, 70.° n.os 1 e 2, 75.° n.° 1, 79.° n. 3, 87.° n.° 1, 92.° n.° 3 al. *d*), 94.°, 98.°, 100.°, 101.°, par. 2, 103.° n.os 2 e 3, 112.° n.° 1, 127.°, 128.°, 223.° n.° 3, e 235.°

rio, e como já dissemos, se verifica uma supremacia do Conselho sobre a Comissão. Mas, para lá chegarmos, temos que vencer previamente um obstáculo suplementar.

Com efeito, se a definição do poder judicial, atribuído ao Tribunal, e do poder de fiscalização política, conferido ao Parlamento em relação à Comissão, e não quanto ao Conselho, como daqui a pouco demonstraremos (686), não levanta problemas de maior, pelo menos no âmbito do objecto desta dissertação, já a repartição de poderes e de funções entre o Conselho e a Comissão suscita as maiores dúvidas e divide profundamente a doutrina. E por este estado de coisas é em grande parte responsável o Tratado, já que no único preceito cuja intenção parece ser a de regular a competência genérica dos dois órgãos, o art. 189.º, esse objectivo acaba por não ser de modo algum atingido, pois que, por um lado, os poderes dum e doutro aparecem referidos em conjunto, não se definindo, portanto, a linha que separa e distingue a competência de cada um deles, e, por outro lado, parece querer-se aí criar no intérprete a ideia de que na repartição de poderes no sistema da CEE os dois órgãos se encontram em pé de igualdade, o que já dissemos, e adiante demonstraremos, não corresponder à verdade.

Por tudo isso, só através do exame das disposições específicas do Tratado acerca das diversas matérias nele reguladas é que poderemos apreender a verdadeira competência dos órgãos da Comunidade, designadamente a repartição de poderes entre o órgão supranacional e o órgão interestadual (687). Será por aí, e tomando também em consideração a filosofia global do Tratado no tocante à tensão entre o supranacional e o interestadual que retrataremos a verdadeira posição relativa do Conselho e da Comissão entre si.

E é justamente desse esforço de exegese que somos conduzidos à conclusão da supremacia do Conselho sobre a Comissão no quadro da orgânica das Comunidades. Isso, repetimos, *à face da própria letra dos tratados,* já que — como mostraremos mais adiante — à margem dos tratados, ou até em violação flagrante

---

(686) *Infra,* n. 728. Diferentemente, De Thomasis, 386 ss.
(687) Bleckmann, *op. cit.* (n. 5), 9.

da sua letra e do seu espírito, se viria a reforçar ainda mais, e muito acentuadamente, essa superioridade do Conselho sobre a Comissão, donde resultaria a subversão do equilíbrio institucional (no sentido que atrás demos a esta expressão), tal como os tratados tão laboriosamente o haviam modelado (688).

d) *Idem: a prevalência do elemento interestadual no sistema institucional*

— *Preliminares*

Para demonstrarmos a supremacia do Conselho sobre a Comissão no sistema institucional do TCEE (repetimos que tomaremos como base do nosso trabalho a CEE e que, portanto, só levaremos em conta a CEEA quando ela apresentar especificidades que impliquem alterações substanciais quanto ao que dizemos em relação àquela) temos de começar por ver como é que este define o equilíbrio institucional, isto é, como é

(688) Na voz autorizada do TC, constitui corolário essencial do equilíbrio institucional, definido pelos tratados, que «nenhum órgão pode ser privado da competência que os tratados lhe conferem, em benefício dum outro órgão, previsto ou não nos tratados», e que «no exercício da sua competência, os órgãos das Comunidades devem conservar o lugar e o papel que reciprocamente lhes são confiados pelo sistema do respectivo tratado» — Ac. de 17-9-70, caso *Köster*, 1161. O respeito por este princípio encontra-se garantido pelo mais severo meio contencioso que o TCEE prevê, o contencioso de anulação, previsto no art. 173.º par. 1, e segundo o qual aquele Tribunal tem competência para julgar recursos interpostos por um Estado membro, pelo Conselho ou pela Comissão, com fundamento em incompetência, vício de forma, violação do Tratado ou desvio de poder. Resulta daí que a Comissão ou o Conselho (deixemos agora de lado o Estado membro) podem requerer ao TC a anulação de qualquer acto dum outro órgão de entre eles, com o fundamento de esse órgão haver infringido alguma norma do Tratado sobre atribuição de competência. Aliás, foi nesses termos que o TC foi chamado a intervir num dos processos mais célebres que por ele passaram, o caso *AETR*, e onde ele rejeitou um recurso da Comissão, relativo à competência para a conclusão de um Acordo Europeu em matéria de transportes rodoviários — cfr. MONACO, *op. cit.* (n. 673), 324 n. 8, e bibl. cit.

que se encontram repartidos os poderes no seio daquela Comunidade.

Várias têm sido as classificações propostas para o efeito, todas elas dando como assente que, como por mais de uma vez já acentuámos, não há que buscar aqui um paralelismo com o Estado (689): uns, como *Cerexhe* (690), distinguem cinco poderes; outros, como *Pescatore* (691) e *Monaco* (692), falam em «quadripartismo» das Comunidades, embora não em termos coincidentes; outros, por fim, dentro dos quais se destacam *Hay* (693) e *Erades* (694), classificam em três os poderes das Comunidades, ainda que as respectivas classificações possam divergir entre si.

Não interessa, porém, a esta dissertação o debate das várias classificações propostas. Limitar-nos-emos apenas, e somente na medida em que isso for necessário ao objectivo que aqui prosseguimos, a referir qual a classificação que pessoalmente adoptamos dos poderes da CEE, e que, por sinal, não coincide com qualquer outra que conhecemos.

A filosofia do Tratado de Roma parece ser a de definir a competência do Conselho por exclusão de partes. E entendemos que ela se quadra bem com a interpretação global do sistema do Tratado, que conduz, como dissemos, à supremacia do Conselho na orgânica da Comunidade.

Com efeito, o TCEE atribuiu à Comissão um poder essencialmente executivo; ao Parlamento Europeu um poder essencialmente de fiscalização política; ao Tribunal, o poder judicial; e deixou ao Conselho uma gama diversificada de poderes, que se reconduzem à participação no poder constituinte (embora este tenha sido deixado directamente aos Estados) (695), ao poder legislativo, e a um vasto poder governativo, que abrange nomea-

---

(689) MONACO, *op. cit.*, 311.

(690) *Problématique*, 282-284. Mais recentemente, porém, o A. parece aderir à tese de PESCATORE, dos quatro poderes, cit. na n. seguinte — CEREXHE, *Institutions*, 248.

(691) *Op. e loc. cits.* (n. 653).

(692) *Op. e loc. cits.* (n. 689); *op. cit.* (n. 8), 77 ss.

(693) *Op. cit.* (n. 20), 10-11.

(694) 117 ss.

(695) A expressão *poder constituinte* tem de ser interpretada aqui com as devidas reservas, pelo facto de as Comunidades não se equipararem ao fenómeno estadual.

damente o poder de coordenar as políticas nacionais no domínio material coberto pelo Tratado e o poder de representação externa, incluindo o de ratificar os tratados. Esta classificação atende aos poderes dominantemente reservados a cada órgão, já que, com excepção do Tribunal, ao qual praticamente só foi reservado o poder judicial, e em exclusivo, os outros órgãos participam do exercício de poderes diferentes. Recordemo-nos, por exemplo, de que a Comissão e o Parlamento participam do exercício do poder legislativo, aquela através do seu direito de iniciativa, este a título consultivo, e que o próprio Conselho é também titular de competência executiva própria ([696]).

— *A competência do Conselho*

Começando pelo Conselho, vèmos que ele é, antes de mais, o titular do poder legislativo, que se aproxima do poder legislativo dos Estados, enquanto consiste na faculdade de elaborar regras gerais, abstractas e inovadoras. Esse poder exerce-o o Conselho pela aprovação de regulamentos e directivas.

Pelo art. 189.º, tanto o Conselho como a Comissão têm competência para aprovar regulamentos. Mas só o Conselho é competente para aprovar regulamentos gerais e abstractos, a a que o Professor *Louis* chama «regulamentos de base» ([697]). Só a esses regulamentos se aplica a qualificação, que *Pescatore* e o Tribunal das Comunidades lhes dão, de «leis comunitárias» ([698]), ou «legislação comunitária», ou «actos de carácter essencialmente normativo» (estando o adjectivo «normativo» utilizado aqui claramente no sentido de «legislativo») ([699]), aproximando-os das leis em sentido formal do Direito interno dos Estados. Aliás, já na preparação do TCEE houvera, da parte do Parlamento francês, o cuidado de trazer o regulamento, quando geral e abstracto, para perto da lei formal dos Estados ([700]).

---

(696) Nossos *Sumários*, 55, 60, 64.
(697) *Op. cit.* (n. 147), 53.
(698) *Loc. cit.* (n. 653).
(699) V. jurisprudência nesse sent. cit. por Louis, *op. cit.*, 50 ss.
(700) *Loc. cit.* (n. 603).

Ao contrário, os regulamentos da Comissão são «regulamentos de execução», por ela aprovados ao abrigo do art. 155.º CEE, no exercício de poderes que para o efeito são nela delegados pelo Conselho (701).

O poder legislativo, com o sentido que atrás definimos para esta expressão, cabe, pois, na CEE exclusivamente ao Conselho, ao contrário da CECA, em que ele cabia exclusivamente à Alta Autoridade, embora nalguns casos sob parecer do Conselho de Ministros, ainda que a supremacia do Conselho sobre a Comissão na CEE e na CEEA seja menos acentuada, como mostrámos, do que a supremacia da Comissão sobre o Conselho na CECA (702).

É certo que os tratados subordinam o exercício desse poder legislativo à iniciativa da Comissão e à intervenção do Parlamento a título consultivo.

Pondo agora de lado, pela sua pequena relevância no processo legislativo, o parecer do Parlamento Europeu, que nunca tem efeito vinculante, embora a sua preterição, quando ele seja imposto por lei, leve à nulidade do acto legislativo final, a proposta da Comissão não se confunde com a deliberação do Conselho, nem a substitui. O acto legislativo final, como acto gerador de normas jurídicas gerais, abstractas e inovadoras, compete ao Conselho e *só a ele*, e em relação a esse acto a proposta da Comissão, à semelhança do que acontece no Direito Administrativo, é um mero acto preparatório (703), ainda que — mas então estamos a situar-nos noutra perspectiva — com forte peso político.

Isso é assim, mesmo quando o Conselho concorda com a proposta da Comissão e a aprova, para o que, face à letra do art. 148.º n.º 1 CEE, basta que vote por maioria; mas é-o tam-

---

(701) No m. sent., Louis, *op. cit.*, 53. O próprio TC já reconheceu ao Conselho competência para aprovar regulamentos para execução dos seus próprios regulamentos legislativos, e a estes hierarquicamente subordinados: casos *Köster*, 1172, e *Tradax*, 155.

(702) No m. sent., Monaco, *op. cit.*, 313, que se ocupa desta matéria de forma notavelmente clara e incisiva.

(703) Expressamente nesse sent., Monaco, *op. cit.*, 320. A proposta como acto preparatório no processo administrativo gracioso foi por nós estudada na *op. cit.* (n. 678), 218 ss.

bém, e por maioria de razão, quando o Conselho discorda da proposta e, por conseguinte, a modifica por unanimidade, como manda o art. 149.º CEE. Em qualquer desses casos, insistimos, o acto legislativo, criador de normas gerais, abstractas e inovadoras, é imputável ao Conselho e só a ele. É o Conselho, em suma, quem, pelos tratados, exprime a «vontade definitiva» (704) da Comunidade no processo legislativo.

E a Comissão nem mesmo fica com o poder de paralisar o poder legislativo do Conselho, porque, se no caso concreto o Tratado exigir prévia proposta da Comissão, e esta não exercer o seu direito de iniciativa mas o Conselho for da opinião que tem necessidade de legislar sobre a matéria, ele pode, num primeiro momento, utilizar a faculdade que lhe confere o art. 152.º, isto é, solicitar à Comissão «que lhe apresente qualquer proposta apropriada»; se por essa via não conseguir demover a Comissão, então pode interpor para o TC um recurso por omissão (*«recours en carence»*) contra a passividade da Comissão, a fim de que aquele Tribunal supra a abstenção desta de agir. Note-se, aliás, que também a Comissão pode interpor idêntico recurso da passividade do Conselho perante as suas propostas, quando aquele persista em não dar seguimento às propostas da Comissão (705). Isso mostra, por conseguinte, que tanto o direito de o Conse-

---

(704) MONACO, *op. cit.*, 313.

(705) O recurso contencioso por omissão constitui um dos institutos mais específicos do Direito Comunitário, encontrando-se regulado em termos muito diferentes no TCECA, por um lado, e nos Tratados de Roma, por outro (para só citarmos os preceitos de carácter geral: arts. 35.º CECA, 175.º CEE e 148.º CEEA). As obras dedicadas ao contencioso comunitário, aliás não muitas sobre esta questão, e a própria jurisprudência do Tribunal (v. especialmente os casos das *Indústrias siderúrgicas do Luxemburgo*, que julgamos ter sido o primeiro processo da jurisprudência comunitária sobre esta matéria, *Eridania* e *Chevalley*) hesitam em defini-lo como um recurso autónomo e *sui generis*, ou como uma modalidade do recurso de anulação, o que tem muito a ver com a dúvida, também generalizada, sobre a natureza do objecto desse recurso: um acto tácito (no sentido do acto tácito do Direito Administrativo, ou seja, o silêncio da Administração), um acto implícito, ou um acto administrativo *sui generis*. Sobre o recurso por omissão no DC v., por todos, MONACO, *op. cit.* (n. 673), 317 ss.; BEBR, *Recours,* 309 ss.; e, sobretudo, VANDERSANDEN/BARAV, 222 ss., e JOLIET, *Contentieux,* 143 ss.

lho legislar como o direito de iniciativa da Comissão são verdadeiros direitos subjectivos, garantidos por via judicial.

A atribuição do poder legislativo ao Conselho assume particular importância no âmbito do art. 235.º CEE, que consiste num preceito-chave do sistema daquele Tratado.

Pela importância de que se reveste para o desenvolvimento do DC, já houve quem chamasse ao poder aí conferido ao Conselho «poder quase-constituinte» (706).

Para os fins visados pela nossa investigação não nos interessa discutir neste lugar se o art. 235.º cria um processo especial de revisão do tratado, ou se prevê apenas uma sua «pequena revisão», análoga, embora de conteúdo diferente, da regulada no art. 95.º pars. 2 e 3 CECA (707), ou se ele contém simplesmente uma norma de integração de lacunas (*«Lückenklausel»*). Da nossa parte, inclinamo-nos para a última interpretação, ou seja, entendemos que o art. 235.º inclui uma autorização (*«Ermächtigung»*) dada explicitamente ao Conselho para criar, por via legislativa, os poderes que se tornem necessários à prossecução de um dos objectivos *definidos no Tratado*. Esses poderes não se encontram previstos de modo expresso no Tratado, mas a sua necessidade faz-se sentir, por imposição da progressividade da integração (designadamente através do recurso à interpretação teleológica), para se alcançar um objectivo que está, repetimos, contemplado no Tratado. O art. 235.º autoriza, pois, o Conselho a legislar sobre o alargamento da competência dos órgãos da Comunidade, mas com respeito pelos objectivos fixados pelo Tratado: o Conselho não pode, portanto, socorrer-se desse preceito para modificar os fins, as atribuições, apontadas à Comunidade no Tratado. A alteração dos objectivos da Comunidade só poderá ter lugar através do recurso ao art. 236.º (708) (709).

---

e bibl. aí cit.. Caso curioso, um A. de nomeada nega a existência deste recurso no DC: SOLDATOS, *Introduction,* 313 ss.

(706) EHRING, in *Comentário Groeben,* II, 748 ss.

(707) V. *supra,* este Cap., n.º 4. III *b*). Sem embargo disso, o preceito que o TCECA corresponde ao art. 235.º CEE é o art. 95.º par 1.

(708) Assim, por todos, o estudo recente do Director-Geral Adjunto do Serviço Jurídico da Comissão das Comunidades Europeias, G. OLMI, *Place,* 285, 288-289; e também os nossos *Sumários,* 47 ss.

(709) A versão francesa do art. 235.º CEE impõe, comon ma das

Também o poder de legislar nesta importantíssima matéria foi, pois, atribuído ao órgão que representa a interestadualidade, embora o seu exercício esteja dependente, como é regra, de proposta da Comissão e de parecer prévio do Parlamento (710) (711).

O Conselho desempenha também um papel decisivo e determinante em matéria de exercício do poder constituinte. Como já mostrámos, o poder constituinte cabe aos Estados e não às Comunidades: a revisão dos tratados comunitários foi deixada pelos tratados à competência dos Estados membros (712). Mas o exercício por estes do poder de rever os tratados depende em absoluto de parecer favorável do Conselho à reunião de uma conferência internacional de representantes dos Estados membros.

Portanto, de harmonia com o art. 236.º CEE, o processo de revisão do Tratado encontra-se juridicamente na total depen-

---

condições do recurso a ele, que seja necessário realizar um dos «objectos» (*«objets»*) da Comunidade, mas em todas as outras línguas nacionais essa palavra aparece-nos substituída pelo substantivo «objectivos» (p. ex., na versão alemã, *«Ziele»*).

(710) Entre a melhor bibliografia sobre o art. 235.º CEE v. a exaustiva anotação, *cit.*, no *Comentário Groeben;* Louis, *op. cit.* (n. 147), sobretudo 33-34; Nicolaysen, *Theorie,* 129 ss.; Von Meibom, 2165 ss.; Dahm, II, 682; e Olmi, *op. cit.*, 279 ss.

(711) A acrescentar às dificuldades que dele próprio resultam, o art. 235.º levanta um outro importante problema, que tem vindo a atrair de modo crescente as atenções da doutrina e da jurisprudência, mas sem que se adivinhe um fácil consenso quanto aos seus aspectos fundamentais: referimo-nos à aceitabilidade da *teoria dos poderes implícitos* no DC — por todos, Nicolaysen, *op. e loc. cits.*, para quem aquela teoria não se esgota no art. 235.º; e Olmi, *op. cit.*, 280, que sustenta que aquele preceito tornou, em parte, desnecessária a teoria dos poderes implícitos no TCEE, no que foi seguido por Lagrange, 57. Sobre as questões gerais da teoria dos poderes implícitos no Direito Comunitário, v., ainda, *Comentário Groeben,* anotação *cit.* ao art. 235.º CEE; Kaiser, *op. cit.* (n. 279); Tizzano, *Sviluppo,* 140 ss. (contendo, ambas essas obras, jurisprudência do TC sobre a matéria), e Hilf, *Organisationsstruktur,* 297 ss. Concretamente sobre a teoria dos poderes implícitos na CECA, anotação do *Comentário CECA* ao art. 95.º CECA, 1326 ss. Cfr. também os nossos *Sumários,* 50.

(712) V. *supra,* Parte I, Cap. II, n.º 4, e este Cap., n.º 10.2, I *e*).

dência da vontade estadual, e em três momentos: é o Conselho (como órgão de representação dos Estados membros) que delibera discricionariamente sobre a oportunidade da revisão; se ele optar pela afirmativa, são os Estados membros que, numa clássica conferência internacional, definem soberanamente a amplitude e o conteúdo da revisão; por fim, são ainda os Estados que, através do processo clássico de ratificação dos tratados, detêm nas suas mãos a faculdade de pôr em vigor as emendas aprovadas, desde que todos eles as ratifiquem. Daqui se vê que são os Estados, como tais ou através do Conselho, a optar tanto sobre o *se* como sobre o *conteúdo* da revisão.

É correcto, portanto, afirmar-se que o processo de revisão do Tratado passa praticamente à margem do órgão supranacional, a Comissão. Ela pode, é certo, nos termos do par. 1 do art. 236.°, apresentar um projecto de revisão; e também é verdade que o Conselho, para se pronunciar sobre a oportunidade da revisão, tem de colher obrigatoriamente parecer do Parlamento e da Comissão (neste último caso, apenas se o projecto de revisão não tiver sido apresentado por esta); mas também aqui a liberdade de o Conselho decidir sobre a conveniência ou a oportunidade da revisão em nada fica *juridicamente* afectada, quer num caso quer noutro (713) (714).

Tudo isto quer dizer que o Direito Comunitário primário é, todo ele, como temos vindo a salientar ao longo desta dissertação, de criação estadual: foram os Estados que concluíram os tratados segundo as regras clássicas da diplomacia; são ainda os Estados quem tem competência exclusiva para os modificar.

---

(713) Toda esta nossa interpretação do art. 236.° CEE está conforme com a anotação de Von Armin àquele preceito, no *Comentário Groeben*, II, 796 ss.

(714) Note-se que a igual conclusão nos conduz o mais importante processo especial de revisão do Tratado, previsto no art. 237.° CEE: trata-se da revisão decorrente da admissão de novos membros na Comunidade. A intervenção da Comissão resume-se aí à emissão dum parecer sobre o pedido de adesão do candidato, parecer que, mais uma vez, não tem efeito vinculante. É o Conselho que delibera a final sobre esse pedido e são os Estados membros que negoceiam directamente com o candidato o tratado de adesão e as consequentes alterações a introduzir no TCEE. Assim, Caspari/Nass, anotação ao art. 237.° CEE no *Comentário Groeben*, II, especialmente 807.

E o jurista tem de demonstrar possuir a necessária sensibilidade para dar a devida importância ao facto de os tratados, neste ponto importante para a criação da ordem jurídica comunitária que é o poder constituinte, ou seja, o poder de os rever, terem deixado aos Estados, não apenas a palavra decisiva, mas também uma autonomia e uma liberdade quase totais. É aí, mais do que em qualquer outra matéria, que ganha alcance e dimensão os Estados membros continuarem a ser os «donos dos tratados» (715).

Mas para além de ser titular do poder legislativo e de condicionar, nos termos a que aludimos, o exercício do poder constituinte, o Conselho também tem um amplo poder governativo.

Mesmo antes de, como veremos, se constituir em Conselho Europeu, altura em que passou a, como tal, definir a política geral das Comunidades, o Conselho, já à luz dos tratados, tinha o encargo de coordenar as políticas dos Estados membros (arts. 145.º CEE e 115.º CEEA). Mas, para o objecto desta nossa dissertação interessa-nos mais o poder de representação externa que cabe ao Conselho quer no domínio das relações externas em geral (art. 228.º) quer no dos acordos de associação (art. 238.º) como no das relações com o novo candidato à adesão (art. 237.º) e no domínio da política comercial comum (arts. 111.º a 114.º CEE), que se reveste de capital importância para a integração. A nós interessa-nos sobretudo este último aspecto, porque é nessa matéria, da política comercial comum, que mais se destaca o poder do Conselho de representar externamente a Comunidade e de exercer o seu *jus contrahendi*.

O processo de vinculação da Comunidade nas relações comerciais externas obedece aos seguintes trâmites: há uma proposta da Comissão dirigida ao Conselho para a abertura das negociações (art. 113.º n.º 3 par. 1); o Conselho delibera, por maioria qualificada, no sentido de autorizar a Comissão a abrir as negociações, de designar o Comité consultivo previsto no

---

(715) Expressamente assim, *Comentário Wohlfarth*, 610. Cfr., por último, o Juiz EVERLING, *Sind die Mitgliedstaaten*, 173 ss.

art. 113.º n.º 3 par. 2, e contendo essa deliberação *eventualmente* as directivas que a Comissão deve respeitar nas negociações (art. 113.º n.º 3 pars. 1 e 2, e n.º 4); as negociações são conduzidas pela Comissão, junto da qual funciona o referido Comité consultivo (art. 113.º n.º 3 par. 2); o Conselho delibera, por maioria qualificada, sobre se aprova ou não o acordo negociado pela Comissão, e, em caso afirmativo, assina-o. Essa assinatura vale também como *ratificação* (art. 114.º) ([716]). E em todas estas fases há que respeitar os princípios fundamentais da política comercial comum, definidos livremente pelo Conselho, ainda que sob proposta da Comissão (art. 113.º n.º 2). Quer dizer, os acordos concluídos pela Comunidade no âmbito da política comercial comum são o espelho dos interesses dos Estados: é o Conselho quem julga da oportunidade das negociações; a Comissão negoceia com subordinação às directivas que eventualmente o Conselho, se assim o entender, tiver fornecido para o efeito; mesmo assim, é o Conselho quem tem o poder de aprovar ou rejeitar o acordo negociado pela Comissão; e, por fim, é o Conselho quem ratifica o acordo e, por essa via, vincula a Comunidade.

Ao Conselho não cabe, pois, como pretende *Cerexhe* ([717]), apenas a «principal responsabilidade» no domínio das relações externas e, concretamente, no campo da política comercial comum: ele é praticamente o único interlocutor com terceiros Estados e demais sujeitos ([718]).

Ao Conselho cabe também um poder executivo próprio, nas matérias mais importantes. Mas este ponto pouco interesse tem para esta dissertação ([719]).

([716]) Findo todo este processo, pode haver lugar à intervenção do Tribunal para a apreciação da legalidade do acordo concluído, de harmonia com o art. 228.º n.º 1 par. 2 CEE, que é aqui aplicável. No m. sent., Ernst/Beseler, em anotação ao art. 114.º CEE no *Comentário Groeben*, I, 1546; e Bot, 1440.

([717]) *Op. cit.* (n. 690), 283.

([718]) Assim, Costonis, 438.

([719]) V., p. ex., Cerexhe, *op. cit.* (n. 5), 132 n. 5.

— *A competência da Comissão*

À Comissão, representante do elemento comunitário no processo de integração, cabe, para além do poder de participar no processo legislativo da Comunidade, em «diálogo» com o Conselho, mas com o estrito sentido e alcance que a isso demos atrás, uma gama diversificada de poderes, que se reconduzem, no seu conjunto, a uma vasta competência de conteúdo essencialmente executivo.

Nesta matéria, o preceito-chave é o art. 155.º, que define a competência executiva da Comissão de harmonia com o objectivo muito genérico de «assegurar o funcionamento e o desenvolvimento do Mercado Comum». Nesse sentido, esse preceito confere à Comissão quatro poderes da maior importância, que nós enunciaremos pela ordem da sua importância, que não coincide com a ordem utilizada naquele artigo: zelar pela aplicação do Tratado e do Direito derivado (é o que se exprime pela já consagrada expressão francesa: «*La Commission, gardienne des Traités*»), podendo, para o efeito, inclusivamente, instaurar contra o Estado membro que não respeite as obrigações que o DC lhe imponha, um *processo por incumprimento*, regulado no art. 169.º CEE, e que tem uma fase graciosa (art. 169.º par. 1) e depois, eventualmente, uma fase contenciosa (art. 169.º par. 2) (720), ou aplicar ela própria sanções, como, por exemplo, às empresas que infrinjam as regras de concorrência (arts. 15.º e 16.º do Regulamento n.º 17); executar, por delegação do Conselho, as normas legisladas por este, através dos *regulamentos de execução;* desenvolver, através de recomendações e pareceres, os preceitos do Tratado, sempre que for caso disso; e exercer um poder de decisão próprio e autónomo, traduzido em faculdades de natureza administrativa, e que lhe é reconhecido por diversas normas específicas do Tratado CEE: 17.º n.º 4,

(720) O art. 170.º disciplina o processo por incumprimento instaurado por um Estado contra outro, e que também tem uma fase graciosa (art. 170.º pars. 2 e 3) e uma eventual fase contenciosa (art. 170.º pars. 1 e 4). Todavia, quer o processo por incumprimento seja instaurado pela Comissão quer por um Estado membro é dispensada a fase graciosa na hipótese excepcional do art. 225.º par. 2.

25.º n.ºˢ 1 e 2, 26.º, 44.º, 46.º, 47.º, 54.º n.º 3, 73.º, 80.º, 89.º, 91.º n.º 1, 93.º n.º 2, 107.º n.º 2, 108.º n.º 3, 115.º pars. 2 e 3. Além disso, cabe-lhe também a gestão dos diferentes Fundos comunitários: Fundo Europeu de Desenvolvimento, Fundo Social Europeu, Fundo Europeu de Orientação e de Garantia Agrícola e Fundo Europeu de Desenvolvimento Regional (721).

Note-se, porém, que, fora os casos acabados de referir, em que lhe é conferida competência executiva própria e autónoma, a Comissão participa também do exercício da competência executiva própria do Conselho. Também aqui a actuação da Comissão traduz-se no exercício de um direito de iniciativa, portanto, na formulação duma proposta, que depois será sujeita a decisão final do Conselho, actuando este agora no exercício do seu poder executivo próprio.

À Comissão não é, pois, reconhecido, no quadro dos Tratados CEE e CEEA, competência própria de carácter legislativo (entenda-se: em termos de ser ela a ter a vontade definitiva na criação de Direito geral, abstracto e inovador), salvo em casos muito excepcionais, como os dos arts. 10.º n.º 2, 13.º, 22.º, 33.º n.º 7, 45.º n.º 2 par. 4 e 91.º n.º 2 CEE e 9.º n.º 1 e 15.º CEEA, e mesmo então com subordinação à actividade legislativa do Conselho (722). E a intenção de afastar a Comissão do poder legislativo vai ao ponto de se interpretar à letra a al. 4 do art. 155.º CEE e de, por conseguinte, se considerar ilegal a delegação de poderes do Conselho na Comissão que não tenha por objecto apenas poderes de «*execução*» («poderes (...) para a execução das regras criadas por ele», o Conselho) (723). Foi o que o TC sustentou, logo em 1958, e de forma inequívoca, no caso *Meroni* (724).

---

(721) Um levantamento exaustivo e esquemático da competência da Comissão no quadro da CEE encontramo-lo em Cerexhe, *op. cit.*, 136 ss.

(722) O que é expressamente imposto, p. ex., pelo art. 13.º n.º 2 CEE.

(723) O itálico é nosso.

(724) 9. Concordantemente, Cerexhe, *op. cit.*, 136-137; Louis, *op. cit.* (n. 147), 6, 45-46; e anotação de Haedrich ao art. 155.º no *Comentário Groeben*, II, 125 ss. Em parte, a doutrina expendida pelo TC, nesta

— *A competência do Parlamento Europeu*

O estatuto do Parlamento Europeu só indirectamente releva para aquilo que temos vindo a fazer aqui: o confronto do peso relativo, na orgânica da CEE, do elemento interestadual, representado pelo Conselho, com o do elemento supranacional, representado pela Comissão, em termos de averiguarmos qual dos dois predomina na criação da ordem jurídica comunitária.

Em si mesmo, e face aos tratados, o Parlamento Europeu apaga-se na orgânica comunitária. É certo que, como regra, lhe é conferida intervenção, desde logo, no processo legislativo, e que essa intervenção, quando prevista nos tratados, deve ser considerada formalidade essencial do processo legislativo, cuja preterição afecta, por conseguinte, a validade do acto legislativo final; mas ela esgota-se na emissão dum parecer de conteúdo político (por oposição ao parecer técnico do Comité Económico e Social), que pode ter, conforme as circunstâncias, maior ou menor peso político, mas que de qualquer forma nunca vincula o Conselho.

Sem nos esquecermos do seu poder próprio e autónomo em matéria orçamental (725), de cuja importância ele próprio só tomou consciência quando, no seu exercício, recusou pela primeira vez, em 1979, o orçamento proposto pelo Conselho para 1980 (726), não é exagerado afirmarmos que o seu mais

---

matéria, no caso *Meroni* foi retomada mais recentemente, no Parecer n.º 1/76, emitido em 26-4-77 no caso do *Fundo europeu de imobilização da navegação interior*, 741 ss. Cfr. os nossos *Sumários*, 54-55 e 60-61.

(725) Que lhe foi conferido pelo Tratado de Luxemburgo, de 22-4-70, e pelo Tratado de Bruxelas, de 22-7-75, que modificaram nessa matéria os tratados institutivos. V. Cerexhe, *op. cit.*, 151-152; e os nossos *Sumários*, 64.

(726) O alcance político dessa atitude do PE não pode ser dissociado do facto de ter sido essa a primeira vez que ele teve de deliberar sobre o orçamento comunitário após a sua primeira eleição por sufrágio directo e universal. Situando-nos no plano jurídico, é de notar, porém, e com base no que pormenorizadamente dispõe na matéria sobretudo o art. 203.º CEE, que, se é relativamente fácil ao PE rejeitar *globalmente* o projecto de orçamento, já se lhe afigura muito difícil, pelas condições aí exigidas para o efeito, *modificar* aquele projecto — v., por todos, Cerexhe, *op. e loc. cits.*

importante poder, de entre os que o TCEE lhe confere no art. 137.º, consiste no de julgar da responsabilidade política da Comissão, podendo destituí-la pela aprovação duma moção de censura, nos termos do art. 144.º CEE (727). Mas o próprio funcionamento do mecanismo previsto nesse preceito acaba por, na prática, conduzir indirectamente a uma nova acentuação da componente estadual do processo de integração no quadro da CEE. E por duas vias.

Antes de mais, a sujeição só da Comissão, e não do Conselho, à fiscalização política do Parlamento Europeu, que introduziu um elemento federal no tratado, só por si vem reforçar o papel do Conselho como órgão de representação estadual (728).

Por outro lado — e isso quase que desvirtua o significado político da faculdade que o art. 144.º confere ao Parlamento Europeu —, nada impede que os Estados, após a Comissão ter sido destituída de harmonia com esse preceito, designem como novos Comissários os mesmos cidadãos que compunham a Comissão à data da destituição (729). Dir-se-ia que, nessa hipó-

---

(727) Nossos *Sumários*, 63-64.

(728) No m. sent., Pöhle, em anotação ao art. 144.º no *Comentário Groeben*, II, 64. Os autores do TCEE aceitaram conscientemente que os membros do Conselho, porque representantes dos Estados, não respondiam politicamente perante o PE e encontravam-se sujeitos unicamente à fiscalização política definida no respectivo Direito Constitucional interno. E, mesmo em relação ao «direito de interpelação» que o art. 140.º CEE reconhece ao Parlamento Europeu, enquanto que a Comissão se encontra inexoravelmente, *por imposição expressa desse preceito*, sujeita a essa interpelação, por via escrita ou oral (par. 3), o Conselho só o estará *se o aceitar*, isto é, só o estará «nas condições» que o seu (do Conselho) regimento interno definir (par. 4). E, como bem observa Pöhle, no *Comentário Groeben*, II, 53, foi só por consentimento tácito do Conselho que, na prática, os arts. 45.º a 47.º do Regimento interno do Parlamento Europeu vieram conceder a este a faculdade de dirigir também ao Conselho questões escritas ou orais, assim como é também só por sua anuência tácita, que não por imposição de qualquer dever jurídico, que o Conselho se tem disposto a responder a essas questões, No m. sent., o mesmo A. também sobre o art. 144.º CEE, *op. cit.*, II, 64; em sentido diverso, De Thomasis, *loc. cit.* (n. 686).

(729) Assim, *Comentário Groeben*, II, 63-64.

tese, uma situação de conflito entre o Parlamento e a Comissão ainda mais fazia sobressair o papel dos Estados no processo da integração europeia.

Todavia, devido ao seu fraco peso político no conjunto orgânico das Comunidades, e devido à sua inclinação para se tornar num aliado natural da Comissão contra o órgão que detém o poder legislativo e o mais importante poder decisório — o Conselho —, o Parlamento Europeu nunca encontrou ambiente propício para exercer efectivamente a faculdade que lhe é conferida pelo art. 144.º CEE, o que já de si é difícil pelo simples facto de aquele preceito exigir uma dupla maioria, que não é fácil de se obter, como se viu das duas únicas vezes em que foram votadas moções de censura contra a Comissão (730).

Após a sua eleição por sufrágio directo e universal, que aliás se encontrava prevista desde o Congresso de Haia, de 1948 (731), parece que se encontravam reunidas as condições para se fazer deslocar a representação da supranacionalidade da Comissão para o Parlamento. Isso permitiria eventualmente repensar todo o processo da tensão dialéctica que preside à integração e, portanto, também à estruturação da ordem jurídica comunitária. Mas ninguém tem ilusões de que o Parlamento não poderá assumir esse papel de modo relevante e eficaz para o

---

(730) Aconteceu isso em 1976 e 1977: da primeira vez, a moção foi proposta pelo grupo conservador e incidia sobre o problema dos excedentes de leite; da segunda vez, foi proposta pelos gaullistas e tinha como causa a venda de manteiga, a preços excepcionalmente baixos, à União Soviética. Em Dezembro de 1972 fora proposta a primeira moção de censura contra a Comissão, apresentada em nome individual pelo Presidente da Comissão de Finanças do Parlamento Europeu, o socialista GEORGES SPENALE. A moção não chegou, porém, a ser votada, pois Spenale acedeu em retirá-la, a pedido da sua bancada, já que o Presidente da Comissão era também um socialista, SICCO MANSHOLT. Pormenores em BURBAN/GINESTET, 81 ss. A irrelevância prática que tem advindo para o poder que o art. 144.º CEE confere ao Parlamento Europeu faz sobressair uma forma secundária de controlo de que ele dispõe sobre a actividade da Comissão: a discussão do relatório anual que esta lhe apresenta — assim, BLECKMANN, *op. cit.* (n. 5), 46.

(731) REUTER, *op. cit.* (n. 73), 571; e BURBAN/GINESTET, 13 ss., onde se faz uma concisa história do processo.

progresso da integração sem um reforço dos seus poderes, designadamente da sua intervenção no processo legislativo, que, para alguns, o poderia mesmo converter no órgão legislativo por excelência das Comunidades. Ora isso reclama, num primeiro momento, uma reflexão profunda e desinibida sobre o papel que lhe deve caber no sistema institucional das Comunidades, e, num momento posterior, a revisão dos tratados, o que, face ao art. 236.º, exige o consenso unânime dos Estados. Mas o facto de os Estados, isoladamente ou através do Conselho, terem «enterrado» todos os projectos até hoje oficialmente apresentados no sentido do reforço dos poderes do Parlamento Europeu — fundamentalmente, o *Plano Vedel*, de 1972, o *Plano Tindemans*, de 1975, e o *Relatório dos «Três Sábios»*, de 1979 (sendo ainda cedo para se falar do destino do *Plano Genscher-Colombo* (732) e da Resolução aprovada, já em Fevereiro de 1984, pelo Parlamento Europeu sobre o Projecto de Tratado que institua uma União Europeia (732-A) (733)) — não augura um consenso fácil nesta matéria (734). É sobretudo deste ponto de vista que temos, infelizmente, de aceitar que existe, na realidade, uma distância entre o «idealismo» e o «realismo» na integração europeia (735).

Por ora, o reforço da legitimidade democrática do Parlamento Europeu, que sem dúvida lhe adveio da sua eleição

---

(732) O significado concreto das alterações propostas por esse Plano quanto ao Parlamento Europeu pode apreender-se do recentíssimo estudo de PAULINE NEVILLE-JONES, 671 ss.

(732-A) V. *supra*, n. 362-A.

(733) Assim como ainda não se podem considerar abandonados dois outros importantes projectos de reforma institucional das Comunidades apresentados nos últimos anos: o relatório do Professor CEREXHE para a Association des Instituts d'Études Européennes, onde a reforma institucional das Comunidades é proposta concretamente na perspectiva do alargamento — *Rapport*, cit. *supra*, n. 674 — e o projecto de Constituição Europeia, visando a criação dum Estado Federal Europeu, elaborado pelo PPE — *loc. cit.* (n. 362-A).

(734) Uma muito recente apreciação global das medidas propostas para a reforma institucional das Comunidades nesses projectos pode ver-se em LEVI, sobretudo 133 ss. Antes, SCHEUNER, *op. cit.* (n. 15), 35.

(735) As palavras são de SCHWED, 379 ss. Concordantemente, BURBAN/GINESTET, 112-113.

por sufrágio directo e universal, quando muito estimula-o a esgotar a plenitude dos poderes que os tratados actualmente lhe conferem: foi isso que aconteceu quando, fazendo uso do poder que lhe é atribuído pelo art. 203.º CEE, ele, como dissemos, rejeitou em 1979 o orçamento proposto para 1980 pelo Conselho.

— *Conclusão*

Vê-se, do que ficou dito — e repetimos que tratámos aqui apenas dos aspectos institucionais que interessam directamente à questão sobre a qual estamos neste lugar debruçados —, que, ao contrário da CECA, onde o Conselho, símbolo da cooperação interestadual, ocupa um papel secundário por confronto com a Alta Autoridade, designadamente sendo esta que detém o poder legislativo, na CEE e na CEEA, embora à partida pareça querer-se afirmar uma situação de nivelamento ou equilíbrio entre o Conselho e a Comissão, por exemplo, da forma como se encontra redigido o art. 189.º CEE (e chamámos a atenção para o facto de ser nesse sentido que grande parte da doutrina se refere ao «diálogo» Conselho-Comissão), acaba por se reconhecer, através do exame minucioso dos vários preceitos específicos dos respectivos Tratados, atributivos de competência, que o Conselho detém uma supremacia real sobre a Comissão, porque é a ele que cabe a última palavra no exercício da função legislativa (e é esta que nos interessa nesta dissertação), mas também no desempenho do poder executivo e dum poder que, por algum *símile* com o Estado, designámos de poder governativo.

A tudo isto acresce que o Conselho se encontra nestas duas Comunidades muito mais vinculado aos Estados e aos seus interesses individuais do que na CECA.

De facto, como já tivemos oportunidade de afirmar nesta dissertação, os autores do Tratado CECA tomaram como modelo o federalismo norte-americano, enquanto que os Tratados CEE e CEEA foram negociados sob a inspiração do sistema federal criado pela Lei Fundamental de Bona, de 1949, que já provara bem nos alguns anos que já tinha de vigência. Num e noutro caso a influência desses dois sistemas federais faz-se sentir, de modo particular, na estruturação do Conselho como «órgão federal», isto é, como órgão de representação dos Estados.

Por conseguinte, o Conselho da CEE e da CEEA ([736]) foi expressamente moldado segundo o figurino do *Bundesrat* (Conselho Federal) da Lei Fundamental de Bona, enquanto que o Conselho da CECA havia sido criado sob a inspiração directa do Senado dos Estados Unidos. A diferença que aqui nos interessa entre o estatuto dos membros do Senado norte-americano e o dos membros do *Bundesrat* é que os primeiros não se encontram vinculados às instruções dos governos dos Estados federados, enquanto que o contrário se passa com os representantes dos *Länder* na Câmara Alta alemã federal.

Por isso, embora o Conselho no quadro de qualquer das três Comunidades se componha de «representantes» dos Estados membros (art. 2.º TF, mas já era assim pela redacção inicial dos três Tratados: arts. 27.º CECA, 146.º CEE e 116.º CEEA), melhor: «delegados» dos *governos* dos Estados, porque são os governos que designam os membros do Conselho (na mesma, o art. 2.º TF), estes, como membros do Conselho CECA, não estão sujeitos a instruções, designadamente sobre o sentido de voto, dos governos que representam, enquanto que, como membros do Conselho CEE ou CEEA, estão-no. Esta caracterização do Conselho das duas Comunidades criadas em 1957 foi clara e conscientemente assumida pelos seus fundadores ([737]).

([736]) Ao falarmos no *Conselho da CEE* e no *Conselho da CEEA,* ou no *Conselho CEE* e no *Conselho CEEA,* não nos esquecemos de que após o Tratado de fusão só existe um Conselho, mas queremos apenas realçar, mais uma vez, que em cada Comunidade o Conselho actua com o estatuto, e designadamente com os poderes que especificamente o respectivo Tratado lhe confere, e que são diferentes dos que constam dos tratados que instituíram as outras Comunidades. Sobre este ponto v. desenvolvidamente Bleckmann, *op. cit.* (n. 5), 7 ss.

([737]) Exaustivamente sobre este ponto, o Professor Ophüls, com a autoridade que lhe advém do facto de, como já sublinhámos, ter tido papel de destaque na negociação dos três tratados institutivos — *op. cit.* (n. 15), 397 ss. e 405 ss., com indicação de bibl. concordante, e também Mosler, *op. e loc. cits.* (n. 672). A influência do Direito Constitucional

Este aspecto concreto do estatuto jurídico do Conselho CEE e CEEA prende-o de modo particularmente íntimo aos Estados e aos seus governos e faz dele, na orgânica comunitária, o delegado dos interesses individualistas dos Estados e o representante das respectivas soberanias.

Isto significa que — e sem embargo de mais adiante, a título conclusivo geral, termos de retomar esta questão —, para além de todas as três Comunidades exercerem um poder político que nasce de uma simples delegação dos Estados membros, e de em todas elas o Direito primário se encontrar na disponibilidade dos Estados, na CEE e na CEEA o Direito secundário *novo,* isto é, legislado, é criado por um processo em que a última palavra, a «vontade definitiva» (servindo-nos outra vez das palavras de Monaco ([738])), cabe ao órgão intergovernamental, ou seja, ao órgão que representa directamente e é mandatário dos governos dos Estados membros, não podendo ele, por isso, deixar de reflectir a concepção confederal das relações interestaduais em detrimento dos valores da integração e do interesse comunitário ([739]).

III) *O Tratado de fusão*

Como corolário lógico do método funcional, que, como vimos, presidiu ao aparecimento das três Comunidades que

---

norte-americano e alemão na elaboração respectivamente dos Tratados CECA, por um lado, e CEE e CEEA, por outro, e as razões que estão por detrás dela já foram por nós estudadas *supra,* Parte I, Cap. II, n.os 8.5 e 8.6. Confirmando o ponto concreto que está em causa acerca do Senado norte-americano e do Conselho Federal alemão, v., quanto ao primeiro, p. ex., ANDRÉ TUNC/SUZANNE TUNC, II, 52, 60; e, quanto ao segundo, MAUNZ/DÜRIG, anotação ao art. 50.º da Lei Fundamental de Bona, e MAUNZ, 219, segundo o qual os «delegados» dos *Länder* no *Bundesrat* recebem «instruções exactas», «até ao último detalhe», dos respectivos governos para exprimirem a «vontade» do respectivo Estado federado. Para um confronto nesta matéria entre a solução do Senado norte-americano e a do *Bundesrat* alemão, v. MAUNZ-DÜRIG, *loc. cit.,* e GREWE-LEYMARIE, 33.

(738) *Loc. cit.* (n. 703).

(739) Dos estudos mais recentes, e sem prejuízo de ulterior indicação de mais vasta bibl., v., no m. sent., HARTMANN, 242.

temos, cada uma delas possui autonomia e personalidade próprias. Levando este princípio até às suas últimas consequências, resultaria daí que cada uma delas teria os seus próprios órgãos. Mas ainda na fase de preparação dos Tratados de Roma se viu que era necessário sacrificar a lógica ao realismo e ao bom-senso: três Comissões, três Conselhos, três Parlamentos e três Tribunais para três Comunidades traduzir-se-iam num aparelho demasiado pesado e dispendioso.

Por isso, simultaneamente com os Tratados de Roma era assinada, em 25 de Março de 1957, a já citada *Convenção relativa a certos órgãos comuns às Comunidades Europeias* (COC), que entrou em vigor na mesma data dos tratados institutivos da CEE e da CEEA.

Essa Convenção procedeu a uma fusão dos órgãos com funções de controlo, portanto, a Assembleia (art. 1.º) e o Tribunal (art. 3.º) (740), pelo que consistiu, em rigor, no primeiro tratado de fusão de órgãos comunitários (741).

Cada Comunidade mantinha, porém, como órgãos próprios, a Comissão (Alta Autoridade, na CECA) e o Conselho (Conselho especial de Ministros, na CECA). A fusão desses órgãos veio a ocorrer por força do também já citado *Tratado de fusão,* assinado em 8 de Abril de 1965, e que entrou em vigor em 1 de Julho de 1967. Como a sua própria designação indica, o TF criou um único Conselho (art. 1.º) e uma só Comissão (art. 9.º) para as três Comunidades Europeias (742).

Tivemos já oportunidade de sublinhar, logo no início desta dissertação, que tanto a COC como o TF procederam a uma

---

(740) O art. 5.º COC fundiu também o Comité Económico e Social, que existia apenas no TCEE (art. 193.º) e no TCEEA (art. 165.º). Na CECA esse Comité era em parte substituído pelo Comité Consultivo, previsto no art. 18.º, que sobreviveu.

(741) Neste sent., os nossos *Sumários,* 21.

(742) Entre outras vantagens, a fusão dos três Conselhos e das três Comissões determinou uma racionalização do aparelho administrativo das Comunidades, pôs termo à existência de serviços duplicados e permitiu uma melhor especialização dos funcionários das Comunidades — L. Constantinesco, *op. cit.* (n. 54), 392 ss.

fusão meramente orgânica ou administrativa das Comunidades, sem tocar na competência específica que cada um dos três tratados institutivos atribuía aos órgãos antes da fusão (743). Isto significa, repetimos, que pode ser diferente, e é-o sobretudo no caso da Comissão e do Conselho, a competência de cada órgão conforme o tratado institutivo à luz do qual actue; mas significa também que cada acto emanado de um órgão se imputa apenas à Comunidade (ou às Comunidades, se assim for) em cujo quadro ele *nesse caso concreto* esteja a agir (744). Num caso e noutro, estamos perante duas simples consequências do facto de os três tratados institutivos das Comunidades conservarem a sua individualidade própria e a sua autonomia, e de, por conseguinte, a fusão orgânica não ter implicado a fusão material das três Comunidades (745), sem que com isso se queira afirmar que os três tratados vivem entre si isolados em compartimentos estanques, já que em razão da «unidade fundamental» que lhes é subjacente, na expressão feliz do Professor *Louis* (746), e à qual também já nos referimos (747), se

(743) Introdução, n.º 1.

(744) Esta interpretação é pacificamente aceite pela doutrina — v., por todos, o exaustivo livro de IPSEN, *Fusionsverfassung, passim;* e MONACO, *CECA,* 1111 e bibl. cit.

(745) O entendimento de que continuamos a ter três Comunidades juridicamente autónomas e distintas entre si é largamente maioritário na doutrina: v. especialmente MONACO, *op. e loc. cits.;* REUTER, *Rapports,* 81 ss., e *Institutions,* 315; TEITGEN, *op. e loc. cits.* (n. 578); WILLIAMS/ /DE MESTRAL, 57-58; L. CONSTANTINESCO, *op. cit.* (n. 54), 355; LOUIS, *op. cit.* (n. 147), 5-7; BLECKMANN, *op. cit.* (n. 5), 7 ss., onde, não obstante isso, o A. sustenta, como já o fizera nas *ops. e locs. cits. supra,* n. 19), que o DC é um só; e MIAJA DE LA MUELA, *op. cit.* (n. 183), 515, para quem também, apesar disso, há só um DC «unitário» para as três Comunidades. Contra, sobretudo OPHÜLS, para quem «na sua essência as Comunidades Europeias são agora (após o TF) manifestações de uma e única Comunidade e de uma e única ordem jurídica» — *ops. cits.* (ns. 15 e 16), respectivamente 387 e 540; SCHEUNER, *op. cit.* (n. 15), 32 n. 1; CAMPBELL, I, 2; e MEDINA, *op. e loc. cits.* (n. 17). Note-se, porém, que o próprio Parlamento Europeu, ao adoptar, numa resolução que já citámos (*supra,* Introdução, n.º 1), uma «denominação única para a Comunidade», ressalvou expressamente a autonomia entre as três Comunidades (*supra,* n. 12).

(746) *Op. cit.,* 6.

(747) *Supra,* Introdução, n.º 1.

torna indispensável interpretar cada um deles à luz dos outros dois ([748]).

Ao fundir as três Comissões e os três Conselhos, o TF tomou como padrão o estatuto desses órgãos na CEE e na CEEA. É importante notá-lo porque, como demonstrámos, as regras que disciplinavam a composição da Alta Autoridade concediam aos seus membros uma maior independência do que as normas correspondentes dos TCEE e TCEEA quanto à Comissão. Ora, o TF veio definir para a Comissão única, resultante da fusão das três Comissões anteriores, um regime de composição quase coincidente com o das Comissões da CEE e da CEEA e profundamente diferente do da Alta Autoridade da CECA. E dizemos *quase coincidente,* porque só num único ponto o regime de composição da Comissão única não seguiu o que nos TCEE e TCEEA se dispunha quanto às respectivas Comissões, e por sinal com vista a ainda mais se esbater a supranacionalidade daquele órgão.

Com efeito, como já mostrámos, os arts. 157.º n.º 1 par. 4 CEE e 126.º n.º 1 par. 4 CEEA haviam conseguido respeitar quanto às Comissões CEE e CEEA o sistema comunitário de designação que caracterizava a Alta Autoridade, e que decorria da não repartição dos lugares de membros daqueles órgãos pelos Estados e da consequente não ligação dos membros das Comissões aos Estados de que eram nacionais. Isso traduzia-se no simples facto de aqueles preceitos dos Tratados CEE e CEEA não exigirem que cada Estado tivesse menos um nacional seu nas respectivas Comissões.

Ora o TF veio dar nesta matéria um passo atrás, ao revogar, no seu art. 19.º, aqueles dois preceitos e ao substituí-los pelo seu art. 10.º n.º 1 par. 4, onde se introduziu, como elemento novo, a necessidade de doravante a Comissão única abranger pelo menos um nacional de cada Estado.

Isso significa portanto que, se, por força do TF, a Comissão única perdeu, em relação à Alta Autoridade da CECA, designadamente quer a qualificação expressa do carácter supra-

---

([748]) Assim o entendeu também o TC no já cit. caso *Meroni, loc. cit.* (n. 18).

nacional das suas funções (arts. 9.º CECA e 10.º TF) quer a designação de parte significativa dos seus membros por cooptação (arts. 10.º CECA e 11.º TF) quer, ainda, o mandato de seis anos (arts. 9.º CECA e 11.º TF), ela perdeu também, em relação à Comissão CEE e CEEA, a base comunitária, e não estadual, de designação dos seus membros (artigos citados). Devemos pois extrair daqui, em termos jurídicos, a conclusão de que o TF apagou dos tratados institutivos alguns dos mais expressivos índices do princípio da integração que aqueles haviam deixado no regime de composição do órgão supranacional, a Comissão. Daí que, em globo, a integração tenha sofrido então um novo retrocesso por confronto com a interestadualidade (749). Em lugar de aproveitar a oportunidade para pelos menos generalizar os traços da supranacionalidade que caracterizavam a CECA e de, por aí, reforçar a integração, o TF fez novas e importantes concessões à componente interestadual do fenómeno comunitário.

Em termos políticos, pode-se dizer que, ao fazê-lo, o TF se inseriu na linha geral de diluição da integração, que, como temos vindo a demonstrar ao longo desta dissertação, vem desde o insucesso da CDE e da ComPE, e que havia tido como última expressão importante, antes do TF, o fracasso em 1962 do *Plano Fouchet* (750).

---

(749) No m. sent., L. CONSTANTINESCO, *op. cit.* (n. 54), 373.

(750) O *Plano Fouchet* para a «União Política Europeia» fora elaborado pela *Comissão Fouchet,* mais tarde *Comissão Cattani* (do nome dos dois embaixadores que sucessivamente a presidiram), que havia sido encarregada em 1961, pelos Chefes de Estado e de Governo dos Seis, de apresentar «propostas sobre os meios que permitam dar um carácter estatutário à união dos seus povos» (comunicado final da reunião de Bona, de 19-7-61). Entendia-se que havia urgentemente que clarificar as posições dos Estados em relação ao futuro da integração, depois da perturbante proposta apresentada pela França através do seu Primeiro-Ministro, Michel Débré, em 15-1-59, e que ficou consubstanciada na fórmula da «Europa das Pátrias», sobre a qual já nos debruçámos atrás (n. 400). Mas, como se disse, o *Plano Fouchet* malogrou-se, porque a França insistia em dar à União Europeia uma estrutura intergovernamental, que se reflectia sobretudo no estatuto do Conselho e da Comissão, enquanto que os outros cinco membros só aceitavam o princípio federalista. E não houve conciliação possível entre a proposta confederal da França e o projecto

IV) *Os* Acordos de Luxemburgo

Se os Tratados de Roma haviam marcado um passo atrás no processo de integração, pela sua recuperação do elemento interestadual em relação ao princípio comunitário, por confronto com o Tratado de Paris; se o Tratado de fusão acentuara essa orientação, ao apagar alguns dos traços mais marcantes da supranacionalidade que perduravam na CECA — os *Acordos de Luxemburgo* representaram, pelo seu conteúdo, pelas suas implicações jurídicas e pelo seu alcance político, o mais rude golpe vibrado contra a supranacionalidade na História da integração europeia. Não exagera muito o Professor *Kaiser* quando lhe chama «acto de desintegração», o primeiro duma série de três actos de efeito similar levados a cabo até hoje no processo da integração europeia (751).

Já nos debruçámos, a outro propósito, sobre esta matéria (752).

Os *Acordos de Luxemburgo* consistem em rigor numa deliberação aprovada pelo Conselho das Comunidades em 29 de Janeiro de 1966, sob uma proposta apresentada em 18 do mesmo mês àquele órgão pelo Governo francês (753). O espírito que presidia a essa proposta, e cuja causa imediata residira numa grave divergência da França com a política agrícola da Comunidade, que a levara a recusar-se a participar nas sessões do

---

federal que da União Europeia conservavam os seus parceiros. Mais pormenores em Di Stefano, 521 ss.; Erler, *op. cit.* (n. 289), 3 ss. No m. sent. da nossa apreciação, Cerexhe, *op. cit.* (n. 5), 25.

(751) *Ops. cits.* (ns. 478 e 279), respectivamente 23 ss. e 99. Veremos daqui a pouco quais foram para o A. os outros dois «actos de desintegração» das Comunidades.

(752) *Supra,* n.º 10.4.3.

(753) De facto, e como já escrevemos no *loc. cit,* na n. anterior, para nós os *Acordos de Luxemburgo* são imputáveis *ao Conselho* como órgão das Comunidades e não apenas *aos Estados,* através dos seus representantes, reunidos à margem do Conselho. E a razão desta nossa afirmação reside no facto de os próprios Acordos se afirmarem como actos *do Conselho.* De qualquer modo, para o que pretendemos demonstrar neste lugar, no texto, esta querela perde importância porque, duma forma ou doutra, os *Acordos de Luxemburgo* consistem numa criação do elemento intergovernamental da integração europeia.

Conselho, era o de pôr termo, ou pelo menos atenuar, o desentendimento que separava os Estados membros quanto a saber que deliberações do Conselho deviam, por força dos tratados, ser tomadas por maioria findo o período de transição. O que estava verdadeiramente em causa era, porém, uma questão de natureza puramente política: o papel da Comissão nas Comunidades e, muito concretamente, o seu poder de iniciativa no processo de decisão. O governo francês propunha que, quanto às deliberações do Conselho que fossem tomadas sob proposta da Comissão, sem se renunciar em princípio à regra da maioria, esta fosse substituída pela regra da unanimidade «sempre que estivessem em causa interesses muito importantes de um ou mais Estados membros» das Comunidades (754).

Os outros cinco membros cedo tomaram consciência da ilegalidade e, simultaneamente, da inconveniência política da proposta francesa.

A proposta era, para começar, e no puro plano do Direito, claramente ilegal (755).

Era ilegal, antes de mais, porque infringia os tratados comunitários, designadamente os arts. 148.º n.º 1 CEE e 118.º n.º 1 CEEA (também aqui deixaremos agora de lado a CEEA para pensarmos apenas na CEE). Não estava em causa o Tratado CECA, já que face a esse tratado é a Comissão, e não o Conselho, quem geralmente tem o poder de exprimir a vontade final da Comunidade, como mostrámos.

Mas ela era ilegal também porque a sua aprovação implicaria uma revisão dos tratados sem que fosse observado o processo especial de revisão, regulado no art. 236.º CEE (756).

Além disso, porém, a proposta francesa era também politicamente inconveniente.

---

(754) *Loc. cit.* (n. 617).

(755) Haedrich, in *Comentário Groeben,* anotação ao art. 148.º CEE, II, 94 ss.

(756) Pela ilegalidade dos *Acordos de Luxemburgo* manifesta-se quase a unanimidade da doutrina — por todos, v., para além dos As. já cits. ou a citar neste número, Ganshof V. D. Meersch, *op. cit.* (n. 146), 243 ss. e bibl. cit.; Cerexhe, *op. cit.* (n. 684), 130; Pescatore, *op. cit.* (n. 163), 155; Bellanger, 179 ss.; Dewost, 292 ss.; Scheuing, 560. Contra, especialmente Lassalle, 1002 ss.

De facto, a atribuição aos Estados, no funcionamento do Conselho, órgão que nos TCEE e TCEEA era o condutor da integração, dado que detinha o poder de emitir a vontade final da Comunidade, sobretudo (porque é isso que mais releva) no domínio legislativo, do direito de veto em casos não previstos nos tratados, significava um considerável reforço, na estrutura bivalente do fenómeno da integração, do princípio da soberania dos Estados e um ainda maior apagamento do princípio comunitário.

Como dissemos, os outros cinco membros das Comunidades tinham consciência disto tudo. Mas, mesmo assim, aprovaram a proposta francesa.

Numa apreciação rápida do que para o processo da unificação europeia representou o *compromisso de Luxemburgo,* e tanto quanto isso nos interessa à nossa investigação, podemos dizer, antes de mais, que ele trouxe uma profunda ruptura no equilíbrio institucional da CEE, tal como este se encontrava definido no Tratado, a paralisia do poder de decisão na Comunidade e um grande apagamento da Comissão.

Com efeito, e para começar, o sistema de repartição de poderes na CEE assentava no poder de decisão final do Conselho, nomeadamente (porque, voltamos a sublinhá-lo, é isso que mais nos interessa nesta dissertação) no exercício do poder legislativo. Preceitos específicos do Tratado submetiam o exercício pelo Conselho desse poder de decisão final a prévia proposta da Comissão (esqueçamos aqui o muito vulgarmente exigido parecer do Parlamento Europeu). É verdade que se não pode esquecer, na valoração global do sistema das relações entre o Conselho e a Comissão, que o Conselho pode em princípio, pela própria filosofia do Tratado, e segundo o seu próprio articulado, exercer muitas vezes esse poder de exprimir a vontade definitiva da Comunidade sem carecer de proposta prévia da Comissão, ou seja, sem ter que aguardar a iniciativa desta; mas não menos certo é que do sistema do Tratado resulta que o regime-regra consiste no inverso, ou seja, em regra o Conselho só poder actuar sob proposta da Comissão. É nestes termos, aliás, que deve ser interpretado, logo na sua letra, o art. 149.º CEE.

Mesmo assim, a atribuição ao Conselho do poder de exprimir a vontade final da Comunidade, designadamente no domínio legislativo, ainda que sob prévia proposta da Comissão, representava já, como repetidamente temos sustentado, um retrocesso em relação ao sistema da CECA, onde aquele poder compete por excelência ao órgão supranacional, a Comissão. Em contrapartida, na CEE ele ficara entregue ao órgão que simboliza o elemento intergovernamental, o Conselho.

Apesar disso, o sistema definido nos arts. 148.º e 149.º CEE tinha a sua lógica.

De facto, quando o Conselho, concretamente no exercício do seu poder legislativo, deliberava por maioria sobre proposta da Comissão, esta reconduzia-se a uma «proposta de lei» e ganhava no processo legislativo essa importância. Ao exercer o seu direito de iniciativa e, portanto, ao apresentar a sua proposta, a Comissão, como representante do elemento comunitário no processo da integração, indicava aos Estados as exigências que o interesse comunitário lhes colocava naquele domínio concreto e guiava os Estados até à satisfação daquele interesse. Se o Conselho deliberava por maioria, ele fazia sua a proposta da Comissão, e, portanto, o acto legislativo final, embora fosse para todos os efeitos um acto jurídico *do Conselho,* dava expressão externa ao interesse comunitário manifestado pela Comissão, sem que com ele coincidisse o interesse ditado pela soberania dos Estados, já que a deliberação do Conselho não havia obtido a adesão dos Estados colocados em minoria na votação. Quer dizer: nessa hipótese, o acto legislativo do Conselho coincidia com o interesse comunitário sem coincidir com o interesse estadual.

E essa importante relevância prática da proposta da Comissão e, portanto, do interesse comunitário que ela exprimia, beneficiava de um importante efeito psicológico: o Conselho sabia que era mais fácil a sua aprovação, para o que bastava a maioria, do que a sua modificação, que exigia a unanimidade. Isso estimulava, na prática, o Conselho a aceitar a proposta da Comissão, o que dava como consequência que a vontade que exprimia o interesse supranacional (representado pela Comissão) ganhava ainda maior relevo na formação da vontade comunitária final, sem embargo de, juridicamente, ser ao Conselho que competia exprimir essa vontade.

Com os *Acordos de Luxemburgo* este esquema, tão laboriosa e engenhosamente vazado no art. 149.º CEE, subverteu-se por completo.

O Conselho reconduziu-se a uma mera conferência diplomática, e a proposta da Comissão viu-se transformada na sua natureza, aparecendo-nos como um mero documento de trabalho para penosas e demoradas negociações. De facto, com o Conselho a deliberar geralmente por unanimidade, foram criadas as condições para a inversão das posições definidas nos tratados: é a Comissão que agora tem de afanosamente assegurar previamente o consenso dos Estados membros, se de facto pretende ver aprovada a sua proposta, procurando antecipadamente encontrar um compromisso que se limite a ser o menor denominador comum entre as posições dos Estados membros.

Quer dizer que a Comissão deixou de ser um órgão de iniciativa para passar a ser um órgão de mediação ou de composição dos interesses dos Estados. Antes dos *Acordos de Luxemburgo* era a Comissão que impunha o caminho da supranacionalidade aos Estados; hoje, se não quer ver paralisado o processo de decisão das Comunidades, não lhe resta, dum modo geral, outra solução que não seja a de resignadamente seguir o rumo intergovernamental que os Estados, e os interesses estaduais, lhe apontam.

Por outro lado, e como explicámos, antes dos *Acordos de Luxemburgo* havia uma possibilidade de na criação do Direito Comunitário legislado a supranacionalidade prevalecer sobre a interestadualidade: quando o Conselho deliberava por maioria sob proposta da Comissão a vontade ditada pelo elemento supranacional era reflectida integralmente na vontade final do Conselho, prevalecendo sobre o interesse estadual dos Estados colocados em minoria na votação neste órgão. Com esses Acordos deixou de assim poder acontecer porque, aceite ou altere a proposta da Comissão, o Conselho exprime sempre uma vontade consensual e só nessas condições — que se identificam com o clássico modo de vinculação dos Estados no Direito Internacional — é válida a sua deliberação.

Numa fase ainda atrasada da integração em que se ia em 1966, talvez não repugnasse muito que se exigisse o voto unânime do Conselho em deliberações em que estivessem verdadeiramente em questão interesses «muito importantes» de um ou de mais Estados (757). Mais: quer-nos mesmo parecer que, em função tanto do desejo sempre manifestado de não se proceder à integração europeia sem os Estados nem contra os Estados, como da bivalência estrutural que, em consequência disso, se atribuiu ao processo da integração (como já demonstrámos), a integração europeia aceitará sempre, em qualquer fase da sua evolução, que um núcleo de interesses essenciais dos Estados fique dependente de acordo unânime entre eles e, portanto, na disponibilidade exclusiva da sua vontade soberana, sobretudo se como tais foram considerados apenas os interesses verdadeiramente *essenciais* ou *vitais* (758) dos Estados e se chegar à descoberta de um critério que permita na prática o preenchimento tanto quanto possível *objectivo* desse conceito (759).

Mas no caso do *compromisso de Luxemburgo* estávamos perante uma situação muito diferente: tal como havia sido assumido, ele deixava à discricionaridade de cada Estado o determinar-se quais eram esses «interesses muito importantes» seus ou dos seus parceiros. Ora isso entregava ao arbítrio dos Estados a exigência ou não da unanimidade nas deliberações do Conselho, ao mesmo tempo que dificultava a fiscalização da sua legalidade (designadamente para os efeitos do art. 173.°) e permitia constantes flutuações na interpretação da já diluída relação entre o comunitário e o internacional. Como no fundo os *Acordos de Luxemburgo* não deixavam de agradar aos interesses egoístas dos Estados, havia o risco de se generalizar o recurso à unanimidade, à custa justamente da previsão vaga da ideia nuclear daqueles Acordos, ou seja, a ideia de «interesses muito importantes». E foi isso o que infelizmente veio

(757) EHLERMANN, *Problèmes*, 261.

(758) V. *supra*, n. 625.

(759) Parece-nos que a este propósito poderemos utilizar a expressão «uma espécie de reserva de soberania», de que, pensando nos *Acordos de Luxemburgo*, se serve o Director-Geral do Serviço Jurídico do Conselho das Comunidades, DEWOST, 293.

a acontecer, não obstante os esforços levados a cabo a partir da Cimeira de Paris de 1974 no sentido de conter os abusos (760).

Por outro lado, não custava em 1966 a prever que o consenso no Conselho não era fácil de se obter. E assim veio a suceder, tendo-se a situação agravado com a adesão de novos Estados à Comunidade. Daí que a procura da unanimidade consuma hoje horas e horas de difíceis negociações, enquanto que as propostas da Comissão se vão acumulando à espera da deliberação final. Isto quer dizer — sabido como é que na CEE é o Conselho quem conduz a integração — que o *compromisso de Luxemburgo* veio afectar a eficiência tanto do poder legislativo como do poder executivo da Comunidade, gerando por essa via, diversas vezes, a paralisia do seu poder de decisão e, portanto, o vazio do seu poder político (761).

Os *Acordos de Luxemburgo* adulteraram, pois, significativamente as relações entre o Conselho e a Comissão, tais como o Tratado CEE as regulava no quadro global da repartição de poderes que consagrava, tendo conduzido directamente à subversão do papel da Comissão no processo comunitário de decisão e ao seu apagamento no «diálogo» com o Conselho.

Concluindo, decorre de tudo o que acabámos de escrever que os *Acordos de Luxemburgo* assinalaram um sensível retrocesso no processo de integração, porque determinaram uma grande concessão ao seu elemento interestadual em prejuízo da supranacionalidade. Até então, como dissemos, a superiori-

---

(760) V. *supra*, n. 626. Na prática, o Conselho raramente delibera em casos importantes por maioria, com a agravante de se generalizar a tendência para se considerar todos os interesses «muito importantes»: o óleo de mamíferos marinhos assim como a introdução de um imposto sobre a margarina já foram considerados interesses «muito importantes» para certo ou certos Estados ... — cfr. *Comentário Groeben*, II, 95; e DEWOST, 293.

(761) No m. sent., L. CONSTANTINESCO, *op. cit.* (n. 54), 431 ss.; CEREXHE, *op. e loc. cits.* (n. 756); EHLERMANN, *op. cit.* (n. 757), 258, que atribui, e bem, essa paralisia também a outras causas, como a recusa do Conselho em delegar parte da sua competência na Comissão; BLECKMANN, *op. e loc. cits* (n. 687), e bibl. aí cit.; e nós próprios, in *Conferência Inteuropa*, comentário às comunicações de E. CEREXHE e M. REBELO DE SOUSA, 159.

dade do Conselho sobre a Comissão na orgânica da CEE e da CEEA achava-se limitada pela regra da maioria nas deliberações daquele órgão, sobretudo quando a deliberação por maioria exprimia a concordância do Conselho com anterior proposta da Comissão. Mas a partir desses Acordos o Conselho diluiu-se numa simples conferência internacional, praticamente num órgão intergovernamental clássico, passando a sua vontade final, que exprime na CEE e na CEEA a vontade definitiva das Comunidades, designadamente no campo legiferante, a coincidir com a vontade unânime dos Estados membros, isto é, com a vontade representada exclusivamente pela componente interestadual do processo da integração. Se a isso somarmos o correspondente apagamento da Comissão que daí resultou, como há pouco indicámos, teremos apreendido na sua verdadeira dimensão o profundo desequilíbrio que, a favor da interestadualidade, os *Acordos de Luxemburgo* vieram introduzir na bivalência estrutural que caracteriza a integração europeia. No fundo, era a supranacionalidade a desnaturar-se, ela própria, num processo de negociação intergovernamental clássica; era o processo da integração europeia, há que ter a coragem de o reconhecer, a retroceder para bem perto do modelo clássico de cooperação entre Estados soberanos; era o próprio DC a dissolver-se num ordenamento jurídico próximo do Direito tradicional de coordenação de soberanias estaduais (762).

Não obstante a gravidade desta situação, aqueles Acordos persistem em vigorar e em ser respeitados. Dá-se, aliás, o caso curioso de praticamente ninguém os defender formalmente, e de ninguém os desejar, mas de todos darem mostras de, pelo menos tacitamente, com eles se conformar (763). Doutra forma

(762) No m. sent., expressamente L. CONSTANTINESCO, *op. e loc. cits.;* especificamente quanto ao que fica dito em relação ao DC, KAISER, *op. cit.* (n. 478), 4 ss.

(763) Consideramos paradigmático deste comportamento o comunicado final da referida Cimeira de Paris, de 1974. Não obstante se tenha deliberado aí um mais frequente recurso à regra da maioria da parte do Conselho, fugiu-se a condenar os *Acordos de Luxemburgo:* aquela deliberação foi tomada pela razão pragmática de «melhorar o funcionamento do Conselho da Comunidade», mas «qualquer que possa ser a posição respectiva (dos Estados) quanto à deliberação tomada no Luxemburgo em 29 de Janeiro de 1966» — *Bull. CE* 1974, n.º 12, pg. 8.

não se explica que nunca a Comissão tenha lançado mão dos meios de que dispunha para pôr termo à sua vigência, e que já atrás indicámos (764). Que os Estados membros não o tenham feito compreende-se, porque todos eles se encontram comprometidos juridicamente com esses Acordos, e alguns deles não hesitam em afirmar que sem esses Acordos não seriam membros da Comunidade (765); mas que a Comissão, a grande prejudicada com esses Acordos, a quem compete ser a «guardiã dos Tratados», por força do princípio geral do art. 155.° alínea 1 CEE, também tenha optado pela passividade não pode deixar de espantar e de amargurar quer os defensores da legalidade comunitária quer os que ainda crêem na possibilidade da União Europeia.

V) *O Conselho Europeu. A cooperação política europeia*

a) *Legalidade da criação do Conselho Europeu*

A Conferência dos Chefes de Estado e de Governo dos Estados membros das Comunidades de Dezembro de 1974, reunida em Paris em 9 e 10 desse mês, e à qual ainda há pouco fizemos referência, criou uma realidade institucional nova, que passou a ser designada por «Conselho Europeu». Assim se dava satisfação ao apelo da Cimeira reunida um ano antes, em 14 e 15 de Dezembro, em Copenhaga, onde os Chefes de Governo dos Nove haviam manifestado o seu interesse em se encontrarem mais frequentemente, para debaterem as grandes linhas da política comunitária (766).

Nos termos do comunicado final da citada Cimeira de 1974, «os Chefes de Governo deliberaram reunir-se três vezes por ano, para além das vezes que for necessário, acompanhados dos seus Ministros dos Negócios Estrangeiros, constituindo-se

(764) *Supra*, n.° 10.4.3.
(765) *Supra, ibidem.*
(766) Sobretudo ponto n.° 3 do comunicado final.

em Conselho das Comunidades e no quadro da cooperação política europeia» (767).

Desde logo se apontavam, portanto, duas funções distintas ao Conselho Europeu: actuar como Conselho das Comunidades, isto é, como órgão das Comunidades; e, para além disso, funcionar como mera conferência internacional, de modo a servir de enquadramento institucional à cooperação política europeia (CPE).

Com a criação do Conselho Europeu institucionalizaram-se as *Cimeiras,* ou seja, as Conferências de Chefes de Estado e de Governo dos Estados membros.

As primeiras Cimeiras tiveram lugar em 1961, em Bona, e em 1967, em Roma (768). Não obstante terem sido previamente preparadas, e dotadas de uma formal ordem de trabalhos, consistiram em boa verdade em puras conferências internacionais, no sentido em que este conceito é usado há séculos pelo Direito Internacional (portanto, em instrumentos directos da diplomacia clássica) (769), que se reuniram sem periodicidade e informalmente. Não tiveram, pois, nada a ver com os órgãos das Comunidades, previstos nos tratados.

Na terceira Cimeira, reunida em Haia, em 1969, e que ficou célebre por, sob o tríptico *achèvement, élargissement, approfondissement,* ter representado a primeira tentativa de relançamento da União Europeia, depois do duro golpe nela desferido pelo *compromisso de Luxemburgo,* e ter dado finalmente luz verde ao primeiro alargamento das Comunidades, acordou-se em que as Cimeiras se reuniriam mais frequentemente, o que nem por isso alterou o seu informalismo nem a sua natureza *ad hoc* em relação aos tratados.

O que a Cimeira de Paris II (a citada Cimeira de Paris de 1974, já que a primeira Cimeira de Paris tivera lugar em

---

(767) Ponto n.º 3, par. 1, do comunicado final.

(768) Neste sent., a monografia de Wessels, 39 ss.. É, pois, errada a informação dada pelo *Dicionário Paxton,* de que a primeira Cimeira foi a de 1969 — vocábulo *Summits,* 234.

(769) No m. sent., L. Constantinesco, *op. cit.* (n. 54), 494 e bibl. cit.; sobre o conceito de *conferência internacional,* v. o nosso artigo sob esse título em *Pólis,* I, col. 1081 ss..

Outubro de 1972) veio pois fazer, ao criar o Conselho Europeu, foi, como dissemos, institucionalizar as Cimeiras (770), que passaram a valer como reuniões do Conselho Europeu, actuando este, repetimos, nuns casos como Conselho das Comunidades, noutros casos como sede institucional da cooperação política europeia (771).

Não obstante o passo transcrito do comunicado final da Cimeira de Paris de 1974 ser seguido da declaração de que «estas disposições em nada afectam as regras e os trâmites definidos nos tratados» (772), tem-se vindo a discutir se a criação do Conselho Europeu, quando ele actua como órgão das Comunidades, se conforma com os tratados ou se ela requeria uma prévia revisão destes, de harmonia com o processo especial de revisão neles definido. A questão nasce porque, pretendendo a deliberação que o criou reconduzi-lo ao Conselho das Comunidades, e dispondo o art. 2.º do TF que o Conselho é formado por membros do Governo, o Conselho Europeu nos surge composto por Chefes dos Governos dos Estados membros, salvo no caso da França, que nele se faz representar pelo Chefe do Estado.

Pensamos que, no seu conjunto, a criação do Conselho Europeu não infringiu os tratados. Visto em globo, e ressalvadas algumas dificuldades colocadas por determinadas situações concretas, não se trata de um novo órgão mas apenas de uma modalidade possível do Conselho das Comunidades, nos termos em que este se encontra previsto nos tratados. Estamos, em suma, perante o Conselho das Comunidades constituído ao mais alto nível, isto é, por Chefes de Estado e de Governo.

A circunstância de nele terem assento Chefes de Governo só por si não viola o art. 2.º TF desde que os Chefes de Governo sejam simultaneamente Primeiros-Ministros, isto é, tenham a seu cargo algum pelouro ministerial. Isso só não acontece com o Chanceler alemão-federal e com o Chefe do Governo holandês. Parece-nos, porém, que a presença de Chefes de Governo

(770) Expressamente neste sent., L. Constantinesco, *op. cit.*, 502.
(771) Nossos *Sumários*, 56.
(772) Ponto n.º 3, últ. par., do comunicado final.

que não são Primeiros-Ministros como membros de pleno direito do Conselho Europeu se encontra, hoje em dia, já coberta por um costume *contra legem*.

Mais difícil parece ser a compatibilização da presença do Chefe do Estado francês, como membro do Conselho Europeu, com o citado art. 2.º TF, já que ele não chefia o Governo. Mas acompanhamos, ainda que com algumas reservas, *L. Constantinesco*, quando defende que a legalidade da participação do Chefe do Estado francês no Conselho Europeu se pode aceitar pelo facto de ele ser o titular da competência governativa no domínio da representação externa (773) (774). Note-se, todavia, que o referido comunicado final da Cimeira de Paris II tem a preocupação de institucionalizar um elo de ligação entre o Conselho Europeu e os governos dos Estados, ao exigir, como sublinhámos, que os Chefes de Estado ou de Governo estejam acompanhados dos respectivos Ministros dos Negócios Estrangeiros. Estes têm, inclusivamente, subscrito, conjuntamente com os seus Chefes de Estado (no caso da França) ou de Governo, alguns dos mais importantes actos políticos emanados do Conselho Europeu: foi o caso, por exemplo, da Declaração aprovada, não há muito, pelo Conselho Europeu, na sua sessão de Veneza, de 12 e 13 de Junho de 1980, sobre o Médio Oriente (775) (776).

---

(773) *Op. e loc. cits.*. O A. acrescenta, e bem, que o problema fica resolvido quando o Chefe do Estado francês for substituído no Conselho Europeu pelo seu Primeiro-Ministro. LEO TINDEMANS, com a autoridade que se lhe reconhece nestas matérias, acha contudo que tal facto degeneraria o Conselho Europeu «numa espécie de mini-Cimeira», com consequências negativas para as Comunidades — 168 n. 14; mas parece-nos não ser esse um argumento jurídico.

(774) Outra interpretação possível é a de que o Chefe do Estado francês não teria de facto assento no Conselho Europeu à luz dos preceitos dos tratados que disciplinam a composição do Conselho, mas que entretanto o art. 2.º TF teria sido alterado por um costume *contra legem*, por forma a aceitar-se também a sua participação no Conselho Europeu.

(775) Texto in *RMC* 1980, 433 ss.

(776) Confirmamos e aperfeiçoamos deste modo a posição que já antes assumíramos sobre a legalidade do Conselho Europeu — *op. cit.* (n. 3), n. 8. No m. sent. da legalidade daquele órgão, CEREXHE, *ops. cits.*

A conclusão de que o Conselho Europeu não é na orgânica comunitária um órgão *ad hoc* mas, na primeira das suas duas formas de actuação, apenas uma fórmula, uma modalidade do Conselho das Comunidades que os tratados prevêem, assume grande relevância no campo jurídico: por um lado, isso autoriza-o a exercer integralmente a competência que os tratados atribuem ao Conselho, designadamente o poder legislativo, e nos termos em que ela se encontra disciplinada no DC primário e secundário (777); e, por outro lado, os actos do Conselho Europeu encontram-se subordinados ao contencioso comunitário nos mesmos termos que os actos do Conselho (778).

E, mesmo do ponto de vista prático, a recondução do Conselho Europeu ao Conselho das Comunidades é muito importante, porque ficam nitidamente diferenciadas, por um lado, as reuniões informais dos Chefes de Estado e de Governo no âmbito da CPE — a segunda forma de actuação do Conselho Europeu — e, por outro lado, as reuniões formais que eles têm no quadro do Conselho das Comunidades, constituído em Conselho Europeu (779).

b) *Função e competência do Conselho Europeu como órgão das Comunidades*

Em que medida é que a criação do Conselho Europeu veio reforçar a componente intergovernamental da integração?

Para o Professor da Universidade de Friburgo *Joseph Kaiser*, a criação do Conselho Europeu representou o segundo «acto de desintegração» das Comunidades logo a seguir ao *compromisso de Luxemburgo* (780).

(ns. 5 e 690), respectivamente 133 e 288; L. CONSTANTINESCO, *op. e loc. cits.* (n. 769); SEIDL-HOHENVELDERN, *op. cit.* (n. 213), 142.

(777) Neste sent., CEREXHE, *op. cit.* (n. 5), 133.

(778) Assim, SEIDL-HOHENVELDERN, *op. cit.*, 189.

(779) E, na realidade prática, essa distinção não é fácil, porque não há nas Cimeiras uma separação física entre as duas qualidades em que os Chefes de Estado e de Governo podem actuar, o que mais faz destacar a importância da sua distinção jurídica.

(780) *Op. cit.* (n. 279), 99.

Para nos podermos pronunciar sobre esta matéria temos que examinar, ainda que rapidamente, a função que ao Conselho Europeu estava reservada no conjunto orgânico das Comunidades.

O Conselho Europeu foi instituído, repetimos, simultaneamente a dois títulos diferentes: como verdadeiro órgão das Comunidades, ainda que não um órgão novo, e também como instrumento da cooperação política entre os Estados membros (781).

Para se compreender o aparecimento do Conselho Europeu, antes de mais, como órgão das Comunidades, é necessário ter presente a situação de grave crise institucional que as Comunidades viviam à data. A quase atrofia trazida ao Conselho pelos *Acordos de Luxemburgo* havia determinado para a CEE, já o dissemos, uma profunda crise na sua capacidade de decisão e, consequentemente, um vazio no seu poder político. A situação agravara-se com a desagregação (*«éclatement»*) do Conselho, provocada por aquilo que mais tarde o *Relatório dos «Três Sábios»* havia de designar apropriadamente de «desintegração horizontal» do Conselho, e que resultava da multiplicação de negociações paralelas no seu seio. Dessa pulverização do Conselho em pequenos grupos de tecnocratas resultou para ele a perda de visão política de conjunto do processo de integração, pelo qual na CEE e na CEEA ele era e é o primeiro responsável.

Num caso e noutro havia, pois, que suprir o vazio da condução política das Comunidades e simultaneamente restabelecer a direcção política central, a fim de se permitir ultrapassar os estrangulamentos trazidos quer pelos *Acordos de Luxemburgo* quer pela hipertecnocracia que se instalou no seio do Conselho, e de restaurar uma visão de conjunto da política comunitária (782).

A ausência de um órgão de decisão que se substituísse ao Conselho não se fez sentir enquanto o processo de integração foi resultando do funcionamento automático dos mecanismos previstos nos tratados; mas assim que se ultrapassou essa fase,

---

(781) Por todos, CHARPENTIER, 768 ss.
(782) TINDEMANS, 167 ss.; DEWOST, 293-294.

com a criação da União Aduaneira e com o progresso da integração em determinados domínios onde foi possível começar-se a definir e a executar uma política comum, tornou-se patente a necessidade de se preencher o lugar deixado em aberto pelo Conselho, ainda que, e este ponto não era objecto de discussão, sem perturbar o sistema institucional nem alterar a orgânica comunitária já vigente.

Foi, pois, neste quadro funesto para a vida das Comunidades, e sobretudo para o seu sistema institucional, bem como para a sua ordem jurídica, que a meio da década de 70 surgiu o Conselho Europeu. Ele tinha, portanto, a incumbência de assegurar a condução da integração na CEE e na CEEA e assumir o poder de decisão que o Conselho abandonara, ainda por cima, como vimos, sem qualquer benefício para a Comissão. Era, aliás, nessa perspectiva que *Jean Monnet*, nas suas *Memórias*, deixava aos Europeus, como testamento, o voto de que o Conselho Europeu fosse o embrião do futuro «Governo europeu» (783).

Pode-se dizer que nesse domínio o balanço da sua actividade tem sido positivo, dado que o Conselho Europeu veio colmatar a brecha resultante da inacção do Conselho no processo de decisão e, em geral, na condução da integração na CEE e na CEEA (784).

Mas a actuação do Conselho Europeu como Conselho das Comunidades não se tem resumido a assegurar o *statu quo* definido nos tratados e a permitir o funcionamento regular dos mecanismos institucionais que eles estabelecem. O seu contributo para o processo de integração tem assumido talvez um relevo ainda maior num outro domínio, em que a sua actuação teve que ser inovadora e corajosa.

De facto, há determinadas matérias e certas políticas que, embora sejam conexas com o processo da integração europeia, não se encontram cobertas directamente nem pela componente comunitária nem pela componente interestadual do processo de integração, tal como ele se encontra definido nos

---

(783) 590. Concordantemente, TINDEMANS, 167.
(784) TINDEMANS, 167 ss.

tratados. Por conseguinte, os tratados nem as incluem nas atribuições das Comunidades nem conferem aos órgãos comunitários competência para a sua prossecução.

Todavia, o carácter dinâmico que faz parte da natureza intrínseca do processo de integração impunha que o domínio material dos tratados fosse alargado a essas matérias e a essas políticas, que se encontravam no limite do domínio material coberto pelos tratados, embora surgisse aí uma nova dificuldade, que consistia em determinar-se quais dessas matérias e quais dessas políticas deviam passar a caber na competência das Comunidades. Ora tem sido o Conselho Europeu quem, embora nem sempre invocando para o efeito o art. 235.º CEE (o que, aliás, desde logo suscita dúvidas sobre a legalidade do seu procedimento), tem vindo, através duma actividade de natureza quase-constituinte, a alargar o domínio da competência dos órgãos das Comunidades a essas «zonas de fronteira» ou «políticas circundantes», na expressão feliz da doutrina alemã («*Grenzzonnen*» ou «*flankierenden Politiken*» (785)), isto é, a matérias e a políticas que confinam imediatamente com o domínio material coberto pelos tratados e acerca das quais, em princípio, se suscitava a dúvida sobre se cabiam ou não nas atribuições das Comunidades ou no âmbito material do Direito Comunitário (786) (787).

---

(785) KAISER, *op. e loc. cits.;* L. CONSTANTINESCO, *op. cit.*, 256.

(786) Que fique, todavia, bem claro que, mesmo quando o Conselho Europeu invoca para o efeito o art. 235.º CEE, este só o autoriza a estender o domínio material do Tratado a essas matérias e a essas políticas enquanto umas e outras são isso mesmo, ou seja, matérias e políticas «de fronteira», isto é, *próximas* e *afins* das matérias e políticas previstas no Tratado. O recurso pelo Conselho Europeu ao art. 235.º será, pois, ilegal quando através dele o Conselho Europeu criar *novas atribuições,* no sentido de *novos domínios materiais* ou *novos fins,* às Comunidades, o que, porque se traduz na prática numa revisão do Tratado, só será possível pelo processo previsto no art. 236.º — essencialmente assim, SEIDL-HOHENVELDERN, *op. cit.* (n. 213), 233-234.

(787) Sobre estas questões, que não há que aprofundar mais nesta dissertação, mas que são simultaneamente das mais actuais e das mais difíceis do DC, v. especialmente os excelentes estudos, cits., de TINDEMANS, 168; L. CONSTANTINESCO, 256 ss.; e KAISER, 105; e, ainda, BLUMANN, 1 ss. Especificamente sobre a importância do art. 235.º para a

c) *O Conselho Europeu e a cooperação política europeia*

Mas, insistimos, o Conselho Europeu foi também criado para se institucionalizar a cooperação política entre os Estados membros, para, nas palavras de *Blumann,* servir de «instrumento privilegiado da CPE» (788): digamos que para funcionar também como Conselho para a cooperação política europeia.

Onde nasceu a figura da cooperação política entre os Estados membros, que não está prevista nos tratados?

A origem remota da CPE residiu no desejo das Comunidades de compensar a eventual diluição da integração que poderia ser trazida pelo primeiro alargamento, de 1973; mas a origem próxima consistiu no *Relatório do Luxemburgo,* designação oficial do *Relatório Davignon,* aprovado em 27 de Outubro de 1970 pelos Ministros dos Negócios Estrangeiros dos Seis (789) na sequência do mandato que lhes havia sido conferido pela Cimeira de Haia de Dezembro de 1969, mesmo se a CPE não se institucionalizou nos exactos termos daquele relatório, como veremos. Note-se, aliás, que o Relatório do Luxemburgo, na sua essência, não era inovador, porque pretendia recuperar o mal sucedido *Plano Fouchet* (790). Aquele Relatório seria depois completado pelo *Relatório de Copenhaga,* de 23 de Julho de 1973 (791), que viria regular o processo de funcionamento da CPE, e finalmente pela já referida Cimeira de Paris de 1974, que, como dissemos, lhe daria um quadro institucional, o Conselho Europeu (792).

---

actividade do Conselho a que nos referimos, v., por todos, LAUWAARS, *Art. 235,* 100 ss.; L. CONSTANTINESCO, *loc. cit.;* e o *Comentário Groeben,* anotação ao art. 235.º, onde particularmente se discute a intervenção das Comunidades, por essa via, no domínio da *protecção do ambiente* — II, 764 ss.

(788) 13.

(789) *Bull. CE* 1970, n.º 11, pg. 9.

(790) V. *supra,* n.º 11.5, III e n. 750; e também EHLERMANN, *op. cit.* (n. 757), 270, e CHARPENTIER, 753 ss.

(791) *Bull. CE* 1973, n.º 9, pg. 1201.

(792) Sobre as origens da CPE v., por todos, os estudos de CHARPENTIER, *loc. cit.;* VON DER GABLENTZ, 684 ss.; e, sobretudo, a monografia exaustiva de SCHOUTHEETE, 17 ss., e vasta bibl. cit.

A CPE prossegue um objectivo muito claro: ela pretende concertar e unificar a política externa dos Estados membros no domínio civil, isto é, excluindo o domínio militar, que se entende que deve continuar, por ora, entregue exclusivamente à NATO (793). Subjacente ao *Relatório Davignon* encontrava-se, pois, o propósito de pôr a Comunidade e os Estados a falar «com uma só voz» com terceiros Estados.

Nas suas relações externas, isso reforçaria a dimensão internacional da Comunidade e exprimiria o verdadeiro papel activo que a Comunidade desejava desempenhar na política internacional; mas a nível intracomunitário (e, numa primeira fase, era esse que fundamentalmente se visava) resultaria daí um poderoso contributo para a União Europeia, já que a CPE era vista como parte integrante do processo da União Política Europeia (794).

Não nos interessa nesta dissertação fazer um estudo exaustivo da CPE. Mas parece não ser difícil reconhecermos hoje a importância dos seus resultados para o reforço da solidariedade política no seio da Comunidade.

É certo que alguns Estados e a própria doutrina juspublicista tiveram no início alguma dificuldade em aceitar a CPE: os Estados, aqueles a quem a CPE não convinha, invocavam a seu favor o argumento de ela, como dissemos, não se encontrar prevista nos tratados (795); a doutrina, porque lhe custou

---

(793) Nesse sent. se pronunciou expressamente o *Documento sobre a identidade europeia,* aprovado pela Cimeira de Copenhaga de 1973 — v. V. D. GABLENTZ, 697-698; uma imagem mais recente e muito completa das relações da Comunidade e da CPE com a NATO é-nos dada pelo Comissário TUGENDHAT, 7-8.

(794) A concepção da CPE como «parte integrante» da Comunidade e a sua repercussão no futuro da integração foram desenvolvidas com profundidade pelo Ministro britânico dos Negócios Estrangeiros, LORD CARRINGTON, numa Conferência proferida em Hamburgo em 17-11-80, sob o tema: «Europa: um projecto para os anos 80» — *EA* 1-81, D 21; e também por STEIN, 51 ss.

(795) Já em 27-1-81 o Chefe do Estado francês, GISCARD D'ESTAING, afirmava numa conferência de imprensa que, em virtude de a CPE não ser imposta pelos tratados, «cada Estado é livre de a seguir, conforme o queira ou não» — *EA* 6-81, D 166.

a compreender o facto novo que a CPE representava perante a diplomacia internacional, que assentava ainda no conceito tradicional de Estado nacional. Passada, porém, essa fase inicial, é unânime hoje o entendimento de que a CPE, não obstante não ter ainda fornecido todos os resultados que dela se esperavam, e apesar de ser ainda morosa a sua capacidade de reacção perante acontecimentos críticos que ocorram na cena internacional, consistiu num dos mais importantes passos políticos dados nos anos 70 com vista à recuperação e à dinamização do processo da integração europeia.

Há que reconhecer, porém, que se está ainda longe de uma política externa comum dos Estados da Comunidade. Ela fora entusiasticamente proposta por *Leo Tindemans* no seu Relatório sobre a União Europeia. Dizia ele aí que «os nossos Estados quererão submeter progressivamente o essencial das suas relações externas a um sistema de política comum e aceitarão as limitações que daí lhes advierem» (796). Mas o *Relatório Tindemans* foi arrumado na prateleira pelo Conselho Europeu, na sua reunião de 29 e 30 de Novembro de 1976. Todavia, a orientação da CPE no sentido duma política externa comum dos Estados membros viria a ser um dos três pontos da proposta para a conclusão de um Tratado sobre a União Europeia, proposta essa que, como já vimos, está inserida no *Plano Genscher-Colombo* (797).

Mas se ainda não há uma política externa comum dos Estados membros, é um facto evidente que de há muito se faz já sentir a existência de uma coordenação das suas políticas externas, que nos anos 60 era impensável, e que tem dado já frutos benéficos para a construção europeia (798).

A circunstância de a Comunidade ter passado a ter uma política externa harmonizada deu-lhe, antes de mais, ensejo de apresentar uma imagem unida da Europa no campo das suas

---

(796) *Bull. CE,* suppl. 1/76, pg. 19.

(797) Texto em *loc. cit.* (n. 574), e seu desenvolvimento na conferência de imprensa dada por GENSCHER em Bruxelas, em 18-2-81, in *EA* 6-81, D 172.

(798) Nossos *Sumários,* 56.

relações externas, no domínio da projecção da Comunidade Europeia na Sociedade Internacional, domínio esse que na década de 1970 começou a merecer a devida atenção da parte dos órgãos comunitários. Essa posição conjunta no campo da política externa teve oportunidade de se exprimir já em momentos e circunstâncias difíceis, dentro e fora do quadro das Nações Unidas, em questões como a crise energética, a segurança europeia, o Médio Oriente (incluindo o chamado «diálogo euro-árabe»), as relações Este-Oeste, o Diálogo Norte-Sul, a Namíbia, a crise de Chipre de 1974, os acontecimentos em Angola, em 1975, na Turquia, em 1979, no Afeganistão (799) e no Irão, em 1980, na Polónia, em 1981, no Líbano, desde 1980, as relações no quadro do GATT, as relações com o Japão, as recentes dificuldades nas relações com os Estados Unidos no campo da política comercial e da política monetária, e provou a sua solidez perante desafios difíceis à solidariedade comunitária, como foi sobretudo a crise aberta pela ocupação pela Argentina, em 1982, das ilhas Falkland/Malvinas e na qual um dos contendores era um Estado membro das Comunidades (800) (801).

Mas a CPE produziu também um benéfico efeito no âmbito intracomunitário, porque veio reforçar a coesão entre os seus membros. As divergências entre os Estados no domínio da política externa deixaram em grande medida de ser, como

(799) Não obstante a diferença de atitudes face às sanções económicas adoptadas contra a União Soviética, onde os interesses materiais pesaram sobre os interesses políticos. Mas, no quadro da condenação política levada a cabo pela ONU, os Nove actuaram em uníssono.

(800) Apesar de tudo, será de realçar o domínio da segurança europeia, no qual foi possível chegar-se a um «conceito europeu» para a Conferência sobre Segurança e Cooperação Europeia, em Madrid. Sobre este ponto, e sobre as exigências que a Comunidade e a CPE a si mesmas colocam hoje no campo da política de defesa e de segurança, v. o excelente estudo de TUGENDHAT, especialmente 7.

(801) Já o mesmo se não pode dizer da posição dos Dez perante o derrube, em Agosto de 1983, do avião das linhas aéreas sul-coreanas por um avião militar soviético no Mar do Japão, quanto ao qual as atitudes de reprovação e, designadamente, as sanções aplicadas pelos Dez foram muito diferentes.

o haviam sido até aos anos 70, obstáculo ao prosseguimento da integração. Esse passo ficou a dever-se aos acordos a que se foi chegando no quadro do Conselho Europeu, ou em contactos bilaterais, com vista à harmonização gradual da política externa dos Estados membros.

Não obstante isso, no estado actual do processo de integração e de divisão de funções e repartição de poderes levadas a cabo pelos tratados, a CPE não cobre todo o domínio das relações internacionais, o que em parte se fica a dever ao simples carácter incompleto do processo de integração, e noutra parte nos surge como resultado da divisão de trabalho entre a CPE, os órgãos comunitários, os Estados membros e, como dissemos, no domínio militar, a Aliança Atlântica (802). Neste domínio, temos pois que aguardar, com optimismo mas com prudente realismo, o seguimento que possa vir a ter a declaração contida no já referido projecto do *Tratado sobre a União Europeia* (também conhecido por *Tratado Spinelli*), aprovado em Fevereiro último pelo Parlamento Europeu, e onde se passa a considerar a CPE uma parte componente da «União Europeia» (803).

É, por isso, verdade que, como nota em estudo recente o Professor *Ehlermann*, a CPE «preencheu uma lacuna e enriqueceu a Comunidade» (804). Mas também é verdade que ela não trouxe qualquer contributo para o reforço do princípio jurídico da supranacionalidade. Antes pelo contrário: *Kaiser* vê mesmo na CPE um novo «factor de desintegração», o terceiro e último, depois, como referimos, do *compromisso de Luxemburgo* e da criação do Conselho Europeu (805); e o Professor e Juiz *Everling* acrescenta que ela determinou uma «redução do aprofundamento» da integração (806).

Em nosso entender, o problema não pode ser enfrentado em abstracto: temos que situar a CPE no quadro do Conselho

---

(802) No m. sent., expressamente V. D. GABLENTZ, 697.

(803) Arts. 63.º e segs. V. *supra*, n. 362-A.

(804) *Geschäft*, 354.

(805) *Op. cit.* (n. 279), 100. A ordem, como se vê, não é cronológica, já que a figura da CPE foi criada antes da instituição do Conselho Europeu.

(806) *Zweckverband*, 612.

Europeu, que foi criado, ao lado doutra razão, para servir de seu instrumento.

Vamos ver, pois, esta questão dentro da apreciação global do significado da criação do Conselho Europeu para a tensão entre as duas componentes da bivalência do Direito Comunitário (807).

d) *Conclusão: o reforço da interestadualidade trazido pelo Conselho Europeu e pela CPE no processo da integração europeia*

Se fizermos o balanço geral das circunstâncias em que foi criado e da sua actividade ao longo de já mais de dez anos, podemos dizer, circunscrevendo-nos apenas ao que neste trabalho nos interessa, que, não obstante os inestimáveis serviços que ele tem vindo a prestar ao processo de integração, e que já pusemos em destaque, o Conselho Europeu veio robustecer ainda mais a componente interestadual da integração em detrimento da supranacionalidade.

A circunstância de ele ter vindo ocupar o vazio deixado pelo Conselho em consequência dos *Acordos de Luxemburgo* teve de positivo o efeito de se voltar a assegurar na Comunidade o exercício do poder de decisão e a condução da integração, ainda que ele se tenha deixado contagiar pela desintegração horizontal que, como dissemos, foi minando o Conselho das Comunidades, e que tem vindo a afectar progressivamente a eficácia e a rapidez da capacidade de intervenção também do Conselho Europeu (808); mas produziu também,

---

(807) Sobre o futuro da CPE, v. especialmente SCHOUTHEETE, 163 ss.

(808) A reanimação pelo Conselho Europeu do processo de decisão nas Comunidades após a paralisia que lhe fora trazida pelos *Acordos de Luxemburgo* leva WESSELS a destacar o seu papel «reactivador» — 341 ss.; e é reconhecido também pelo *Relatório dos «Três Sábios»* (*supra*, n. 573), 18. Com efeito, o Conselho das Comunidades conhece hoje quatro planos: o do Conselho Europeu, actuando como órgão das Comunidades, em que os Chefes de Estado e de Governo fixam as grandes linhas de orientação política das Comunidades; logo a seguir, o dos Ministros dos Negócios Estrangeiros, com funções de coordenação e de execução

como consequência negativa, o seu agigantamento dentro da orgânica comunitária, com resultados perniciosos para o equilíbrio institucional, designadamente para a importância do elemento supranacional na bivalência das Comunidades.

Sabendo explorar em seu favor as dúvidas que sobretudo no início se levantaram — como dissemos, sem razão — acerca do seu lugar no conjunto da orgânica das Comunidades, e tirando proveito da indefinição dos tratados em matéria de especificação da competência de cada órgão, nomeadamente nas relações entre a Comissão e o Conselho, de que é expoente máximo o art. 189.º CEE (809), o Conselho Europeu levou à subalternização dos outros órgãos na orgânica das Comunidades. A obcessão, mais implícita do que expressa, de não se ver tolhido no seu poder de decisão, como com tão maus resultados acontecera com o Conselho, levou-o a procurar fugir à teia da burocracia tecnocrática do processo comunitário de decisão, mas fê-lo cair no extremo oposto da recusa de quase toda e qualquer colaboração com os órgãos preexistentes. Estes não são por ele ouvidos; não participam na formação das suas deliberações; e vêem o seu papel limitado ao de meros órgãos de reflexão técnica ou jurídica.

O Conselho Europeu trouxe, pois, o esbatimento dos outros órgãos comunitários: do Conselho das Comunidades,

---

da política geral aí definida; depois, o Conselho «técnico», ou seja, o Conselho «normal» (L. CONSTANTINESCO, *op. cit.* — n. 54 —, 504), isto é, o inicial Conselho das Comunidades, para os assuntos correntes; e, por fim, o COREPER. Isto, obviamente, sem falar no Conselho Europeu actuando como conferência diplomática, isto é, como Conselho Europeu para a cooperação política europeia, circunstância em que ele, como temos vindo a sublinhar, não actua como órgão das Comunidades. Sobre este ponto, v. especialmente L. CONSTANTINESCO, *op. e loc. cits.;* e BLUMANN, 10.

(809) Assim, os nossos *Sumários,* 79. O facto de os arts. 189.º CEE e 161.º CEEA não repartirem a competência do Conselho e da Comissão em função do tipo de actos de Direito derivado que um e outro podem praticar dá ainda mais nas vistas por confronto com o art. 14.º CECA, que procede de modo oposto quanto à Alta Autoridade. No m. sent., BLECKMANN, *op. cit.* (n. 5), 9, que acrescenta que, por isso, a distinção entre a competência da Comissão e a do Conselho na CEE e na CEEA só pode ser extraída de disposições específicas dos tratados.

cuja articulação com ele tem sido por vezes difícil e que tem sido vencido pela tentação de se deixar conduzir para o imobilismo, porque lhe é mais cómodo transferir as suas responsabilidades para o Conselho Europeu; do Parlamento Europeu, cujo poder de intervenção, já reduzido, à face dos tratados, ainda mais tem diminuído, mesmo após a sua eleição por sufrágio directo e universal; mas sobretudo da Comissão, de cujo direito de iniciativa se apropriou o Conselho Europeu, reconduzindo-se ela a um simples órgão de execução ou a um mero órgão de estudo ou de ponderação, que, a pedido do Conselho Europeu, e antes de este deliberar, elabora um relatório ou um documento de trabalho para sua posterior reflexão (810).

De tudo isto interessa-nos reter de modo especial a subalternização da Comissão, cujo poder de iniciativa passou, através do Conselho Europeu, para a mão dos governos nacionais. Basta, aliás, atentar no que sucedeu ainda agora, em 1983, quando toda a Comunidade ficou suspensa das deliberações do Conselho Europeu em domínios vitais para o futuro da integração: a reforma das políticas agrícola e orçamental e o terceiro alargamento, a Portugal e à Espanha. E nenhum outro órgão, designadamente a Comissão, pôde fazer algo que fosse perante a paralisia e a impotência do Conselho Europeu nesses domínios. E por aí é legítimo dizer-se que o Conselho Europeu trouxe à integração europeia o reforço da sua componente interestadual, não só em termos absolutos, como também em termos relativos quanto à Comissão, como símbolo do elemento supranacional.

Que o Conselho Europeu em si mesmo é um órgão de cooperação interestadual (mais: é, nas palavras dum antigo membro do Serviço Jurídico da Comissão das Comunidades, o Professor *Meinhard Hilf*, «expressão, no mais elevado grau, do princípio da soberania» (811)), parece não fazer dúvida.

---

(810) Para maiores desenvolvimentos, CHARPENTIER, 767 ss.; L. CONSTANTINESCO, *op. cit.*, 502 ss.; TINDEMANS, 170 ss.; BLUMANN, 12; NOËL, 51.

(811) *Elemente*, 21.

Aos traços característicos da interestadualidade que encontramos no Conselho «normal» das Comunidades, designadamente a sua composição por representantes dos Estados actuando em nome e, na CEE e na CEEA, por instrução dos governos respectivos, acresce que ele próprio mais não procura do que uma simples concertação ou coordenação entre os Estados, entre as suas soberanias. Esse facto, que é ajudado pela circunstância de o Conselho Europeu tender para a consideração sobretudo dos aspectos políticos das questões sobre as quais têm de decidir, em detrimento dos seus aspectos técnicos (812), é, em grande medida, consequência lógica e natural da circunstância por nós ainda há pouco referida, de ele ter nascido da institucionalização das Cimeiras dos Chefes de Estado e de Governo, que a doutrina, pacificamente, sempre considerou puras e verdadeiras conferências internacionais (813).

O próprio Conselho Europeu tem, aliás, admitido, de forma expressa, essa sua função intergovernamental.

Tomemos, como primeiro exemplo, o comunicado final da Cimeira de Haia, de 29 e 30 de Novembro de 1976, à qual ainda há pouco nos referimos como tendo marcado a passagem ao esquecimento (814) do *Relatório Tindemans.* Esse comunicado final não escondia uma série de contradições sobre o modo como os Nove pensavam alcançar a União Europeia. Assim, ao mesmo tempo que aí se afirmava que «o Conselho Europeu demonstrou o maior interesse *pelas análises e pelas propostas formuladas por Tindemans*» e que «a realização da União económica e monetária é fundamental para a consolidação da *solidariedade comunitária* e para a prossecução da União europeia», punha-se o acento tónico na exigência de que «a construção europeia deve também tirar o *melhor partido das possibilidades de cooperação* entre os nove Governos nos domínios

---

(812) Como bem observa TINDEMANS, 171.

(813) No sentido de que o Conselho Europeu é um órgão de cooperação intergovernamental v., além das obras já cits. neste número, expressamente CHARPENTIER, *loc. cit.*

(814) L. CONSTANTINESCO, *op. cit.,* 506, prefere falar de «enterro».

em que os Estados estão dispostos a *exercer a sua soberania de modo progressivamente convergente*» e sublinhava-se que os Nove «confirmam o *papel de direcção do Conselho Europeu*» ([815]).

Viremo-nos agora para um exemplo mais recente.

Na Cimeira, já citada, de Veneza, de 12 e 13 de Junho de 1980, os Chefes de Estado e de Governo apelavam para o reforço da cooperação internacional a fim de combater a recessão económica. Dias depois, em 16 do mesmo mês, o jornal francês *Le Monde* comentava assim o comunicado final: «(...) os Nove estão decididos a refugiar-se momentaneamente na grande diplomacia, para melhor fugir aos grandes problemas europeus de hoje e de amanhã ([816]).

Para a definição da natureza jurídica do DC o aparecimento do Conselho Europeu pouco adianta *directamente*. Com efeito, ou ele actua como Conselho «normal» das Comunidades, ocupando-se apenas de específicos problemas de índole técnica, e nesse caso nada há a acrescentar ao que se disse já em relação a este; ou, o que acontece muito mais frequentemente, ele age como órgão que superiormente define as linhas gerais da política comunitária, e nessa medida não tem poder de decisão em sentido jurídico, e a concretização dessas linhas gerais fica para a competência jurídica do Conselho e da Comissão no processo de decisão normal das Comunidades ([817]).

Mas *indirectamente* o Conselho Europeu influi no processo de criação de Direito nas Comunidades, já que o processo legislativo comunitário retrata necessariamente as opções funda-

---

(815) N.os 2, 3, 4 e 5 do comunicado final, sendo os itálicos nossos. Também o *Relatório dos «Três Sábios»*, cit., propõe como «programa de prioridade» o «papel de direcção do Conselho Europeu» — 19-20. No m. sent. da nossa interpretação, L. CONSTANTINESCO, *loc. cit.*, e, no essencial, WESSELS, 196-197, que, todavia, encontra uma desculpa para o facto de nesta Cimeira se ter ligado tão pouca importância ao *Relatório Tindemans*: «infelizmente ele apareceu numa fase de recessão económica», citando as palavras do Primeiro-Ministro holandês de então, DEN UYL.

(816) *Le Monde* de 16-6-80, pgs. 1 e 2.

(817) No m. sent., L. CONSTANTINESCO, *op. cit.*, 503.

mentais e as orientações gerais por ele encontradas numa base intergovernamental, e que os órgãos que posteriormente intervêm no processo legislativo têm necessariamente de respeitar.

Todavia, se do ponto de vista do Direito Comunitário o aparecimento do Conselho Europeu só releva por essa via indirecta, ainda que também incisiva, no plano político ele trouxe um novo factor de desequilíbrio, contrário ao interesse comunitário, entre a interestadualidade e a supranacionalidade, porque traduziu o reforço do papel dos Estados no processo de integração.

A conclusão similar se chega quando nos debruçamos sobre o Conselho Europeu pelo ângulo da CPE.

Já dissemos atrás, e mais do que uma vez, que por definição a CPE não pretende ser mais do que uma forma de concertação da política externa dos Estados membros. Do ponto de vista formal, esta concertação não tem lugar no âmbito de conferências diplomáticas informais, como resultaria do *Relatório Davignon,* mas no do Conselho Europeu. De qualquer modo, o Conselho Europeu para a CPE aparece-nos como um mero centro de simples coordenação de políticas estaduais, definidas pelos respectivos Estados no exercício pleno da sua soberania. Isso seria expressamente proclamado logo, no já referido *Relatório de Copenhaga,* ao afirmar-se que «a cooperação política (...) trata *no plano intergovernamental* de problemas de política internacional»; e mais tarde voltaria a ser admitido no comunicado final da já citada Cimeira de Paris de 1974, onde os Chefes de Governo «reforçaram a sua determinação de, em todos os domínios da política internacional, descobrir crescentemente pontos de vista comuns e levar a cabo uma *diplomacia concertada*» (818). E o carácter intergovernamental da CPE encontra-se comprovado pelo facto de as deliberações tomadas no seu âmbito o serem por unanimidade (819), não valerem mais do que simples tomadas de posição conjunta

---

(818) N.º 4 do comunicado final. No m. sent. da nossa interpretação, L. Constantinesco, 505 n. 277, e Wessels, 109 ss. Os itálicos são nossos.

(819) Para a França esse princípio parecia ser ainda há pouco indiscutível, a avaliar pelas palavras do Presidente Giscard — *loc. cit.* (*supra,* n. 795).

sobre questões de política internacional e, por conseguinte, não vincularem nem os Estados nem as Comunidades ([820]).

Também a CPE assinala pois, vista em si mesma, e não obstante o inegável contributo político que forneceu para o processo de integração, a exaltação da componente interestadual deste, na medida em que, como a própria expressão o diz, consubstancia uma simples cooperação entre Estados soberanos no domínio da política externa. Quer a vejamos com autonomia quer através do Conselho Europeu, que lhe serve de enquadramento, também ela marca, pois, o reforço dos métodos intergovernamentais, em prejuízo da supranacionalidade, na bivalência do fenómeno comunitário. Tinham razão, pois, *Kaiser* e *Everling*, cada um a seu modo ([821]).

Todavia, a CPE, em si mesma, praticamente nenhuma influência exerce na caracterização da natureza jurídica do Direito das Comunidades Europeias, porque ela se esgota, repete-se, numa mera cooperação política entre os Estados, e concretiza-se através de actos *políticos* e não de actos *jurídicos*. Essa era justamente uma das ideias que estavam subjacentes à afirmação do já citado *Relatório de Copenhaga*, segundo a qual «a cooperação política, que se ocupa no plano intergovernamental de questões de política internacional, é distinta da actividade comunitária, que resulta de compromissos jurídicos subscritos pelos Estados membros no Tratado de Roma, e soma-se a ela».

11.6. *Conclusão*

De todo este n.º 11, que se revestirá de grande importância para as conclusões finais desta dissertação, é possível chegar-se aos seguintes resultados.

---

(820) No m. sent., antes de mais, CHARPENTIER, 755-756 e 762 ss.; e também V. D. GABLENTZ, 698; EHLERMANN, *op. cit.* (n. 804), 353; L. CONSTANTINESCO, *op. cit.*, 505. Este último equipara mesmo as declarações do Conselho Europeu no domínio da CPE às resoluções das Nações Unidas, quanto à sua força vinculatória.

(821) V. *supra*, ns. 805 e 806. Um dos balanços mais recentes da CPE conclui no mesmo sentido — HARTMANN, 246.

a) *É o Conselho, como representante do elemento interestadual da integração, que exerce os poderes delegados pelos Estados nas Comunidades.*

Como já demonstrámos ([822]), a maior originalidade da integração europeia e do seu sistema jurídico consiste na bivalência ou no dualismo do processo de integração, traduzidos no facto de este se desenvolver à custa de uma tensão dialéctica entre dois elementos: um elemento, ou domínio, supranacional, enformado pelo princípio da solidariedade comunitária, e um elemento, ou domínio, interestadual, a que dá corpo o princípio do individualismo internacional dos Estados e, portanto, da coordenação das suas soberanias.

Pela filosofia que inspirou o *Plano Schuman,* a estratégia que deveria orientar essa tensão dialéctica só poderia ser uma: dar-se crescente predominância no processo de integração ao elemento comunitário sobre a componente intergovernamental, embora sem nunca eliminar esta, como consequência da intenção, várias vezes repetida, de não se fazer a integração sem os Estados nem contra os Estados ([823]).

([822]) *Supra,* n.º 11.3. Às obras básicas então cits., especialmente de L. Constantinesco e A. Matthias, acrescentaremos as de Hartmann, 245 ss., que fala no «dualismo institucional» na Comunidade; Gaudet, *Juez nacional,* 61 ss.; Barav, *op. cit.* (n. 314), 431 ss. (as duas últimas obras no quadro do estudo do art. 177.º CEE); e Meessen, *Theorie,* 283 ss. Note-se que seria um erro julgar-se que a bivalência do processo de integração só se manifesta no «equilíbrio institucional» no seio das Comunidades, isto é, no sistema de repartição de poderes entre os órgãos das Comunidades (embora seja essa a manifestação da bivalência que nos interessa nesta dissertação): ela manifesta-se também, por exemplo, no regime jurídico dos actos de Direito derivado, previstos no art. 189.º CEE, segundo o qual o regulamento é um acto de integração, e por isso «directamente aplicável» na ordem interna dos Estados membros (tal como a decisão que se dirige aos indivíduos ou às empresas), e a directiva é, ao contrário, um acto interestadual, e por isso só se dirige a Estados (tal como a decisão que tem um ou mais Estados como destinatários) — assim, os nossos *Sumários,* 99-100.

([823]) Esta intenção continua a ser vivida pela grande maioria dos cidadãos dos Estados membros, como o prova um inquérito levado a cabo há pouco pelo Instituto de Demoscopia de Allensbach, na Alemanha — *EA* 1982-1, 9 ss.

A CECA parecia ter aberto boas perspectivas à adopção dessa metodologia, ao atribuir o poder de decisão, e designadamente o poder legislativo, à Alta Autoridade, embora não se possa exagerar o alcance e a dimensão dessa atribuição, já pelo âmbito restrito do domínio material do respectivo tratado, já pelo carácter detalhado das regras do TCECA (ao contrário dos Tratados CEE e CEEA), que não deixam margem à expansão dos poderes conferidos àquele órgão. De qualquer modo, e estando o poder legislativo na CECA conferido ao órgão supranacional, o Direito Comunitário derivado não pode deixar de ser visto, *nela,* como expressão do interesse comunitário. Mesmo então, porém, o facto de o poder legislativo da Comissão CECA se encontrar subordinado às linhas gerais de política comunitária definidas pelo Conselho Europeu atenua a projecção do interesse comunitário na criação de Direito novo no quadro da CECA.

Fundamentalmente — embora, como mostrámos, não só — por se terem frustrado os projectos de criação da CED e da ComPE, a integração europeia fez, porém, depois, marcha-a-ré, e isso ficou fielmente traduzido nos Tratados de Roma. O órgão que representava o elemento supranacional, a Comissão, para além de ter visto essa supranacionalidade atenuada tanto no domínio do modo de designação dos seus membros como no das garantias de independência que lhes são asseguradas no desempenho dos seus cargos, isto por confronto com o que a versão inicial do TCECA dispunha numa e noutra matéria (tudo isso ficou devidamente explicado atrás), era pelos novos tratados o elemento motor da integração (dado que na CEE e na CEEA a Comissão tinha o poder de iniciativa, nas condições acima estudadas), mas não era que criava Direito *novo,* não era ela que exprimia a vontade final, definitiva, das Comunidades em termos legislativos. Esse poder ficou, na CEE e na CEEA, reservado para o Conselho, que na orgânica daquelas Comunidades, tal como já sucedia na CECA, representa a componente interestadual do processo de integração, ou seja, é, na estrutura dualista da integração, símbolo da cooperação internacional clássica, baseada na soberania individual dos Estados.

Para sintetizar ideias, podemos, pois, afirmar que é o Conselho o órgão ao qual, na orgânica das três Comunidades, está atribuída a representação do elemento intergovernamental, na bivalência do processo de integração, bivalência essa que foi intencionalmente pensada como princípio estrutural básico para as Comunidades e para a sua ordem jurídica; que ele é composto por membros dos governos dos Estados, por força do preceituado no art. 2.º TF; que os membros do Conselho CEE e CEEA se encontram sujeitos, no exercício das suas funções, às instruções dos governos de que são delegados (824); e, por fim, e com particular importância para esta dissertação, que na CEE e na CEEA é o Conselho quem legisla, isto é, é ele quem cria Direito *novo*, ou seja, regras gerais, abstractas e inovadoras (825).

Este facto, de ser o Conselho a legislar na CEE e na CEEA, levando em conta o que antes se disse sobre o modo de constituição deste órgão e sobre o estatuto dos seus membros, quer significar que naquelas Comunidades o Direito Comunitário reflecte exteriormente o interesse dos Estados e não o interesse comunitário.

Como oportunamente, e já por mais de uma vez se disse, não era isso que estava nos projectos dos fundadores das Comunidades, nem no espírito e na letra do *Plano Schuman* nem no texto do TCECA. Mas, por razões que por mais de uma vez já desenvolvemos, o que na realidade ficou consagrado nos Tratados CEE e CEEA foi que o poder de legislar (para além, e de um modo geral, do mais importante poder de decisão) ficou entregue, não ao órgão representante do elemento supranacional da integração, mas, num manifesto paradoxo, ao órgão que simboliza a componente interestadual, a coordenação das soberanias estaduais, ou seja, o elemento que serve de contraponto necessário à integração mas que em si mesmo a contraria.

---

(824) *Supra*, n. 737, e *infra*, n. 835.

(825) Assim, por todos, porque desenvolvem esta questão, PETZOLD, 125 ss., 128 ss., 163 ss., 183 ss., 235 ss. (o Conselho tem «poder legislativo», «competência legislativa», «é o Conselho que legisla, não a Comissão»); MEDINA, *op. cit.* (n. 179), 91 ss.; NICOLAS, 492 ss.; MÜLLER/WILDHABER, 197.

Por isso, quando hoje generalizadamente se afirma que a integração europeia se encontra em crise (inclusive na sua faceta jurídica); quando, como afirmavam os «Três Sábios» logo na primeira página do seu Relatório, procuramos descobrir «os motivos das queixas, dos insucessos, das omissões e das inadaptações no funcionamento da Comunidade» (825-A), frustrando desse modo as esperanças e os sonhos de tantos que a idealizaram e por ela afanosamente trabalharam — a causa dessa crise e desses fracassos deve buscar-se, antes de tudo, nessa inversão de valores na dialéctica supranacional-interestadual, em que vimos consumir-se a integração, inversão de valores que é na prática bem mais acentuada do que parece, porque mesmo na CECA, onde é a Comissão que legisla, as grandes linhas de actuação da Comunidade, às quais acaba por estar submetido e condicionado o próprio poder legislativo, são definidas pelo Conselho Europeu, que, como mostrámos, é por excelência um órgão intergovernamental. É, pois, nesse fenómeno de raiz estrutural que se deve começar por descobrir a razão dos insucessos, das delongas e dos compassos de espera com que nos nossos dias penosamente se debate a construção europeia, e do que as últimas Cimeiras têm dado inequívoco testemunho. Há, sem dúvida, circunstâncias conjunturais que ajudam ao agravamento da crise; mas bem menor seria decerto o seu efeito negativo no caminho e no ritmo da integração se as Comunidades antes de mais repusessem no plano dos princípios e das estruturas, inclusive no domínio das formas jurídicas, a pureza e a autenticidade dos valores jurídico-políticos em que nasceram.

b) *O «desdobramento de funções» do Conselho. Interesse comunitário e interesse estadual. O Conselho como representante do interesse estadual*

Para alguns autores, o Conselho, embora seja composto por representantes *dos Estados* membros, não actuaria como símbolo *dos interesses nacionais* dos Estados, porque, sendo um «órgão

---

(825-A) Cit. *supra* (n. 573), 1. V. o comentário de Duff, 237 ss.

das Comunidades», devia necessariamente prosseguir a satisfação dos fins da integração, os fins das Comunidades (826).

Esta corrente parece afastar-se da tese do «desdobramento de funções» ou «duplicação de funções» (*«dédoublement fonctionnel», «funktionelle Verdoppelung»*), construída no DIP por *Georges Scelle* (827), e mais tarde transposta para o DC pelo *Comentário Quadri* (828) e por *Ipsen* (829), e que, aplicada ao Conselho, quer significar que este é *simultaneamente* órgão das Comunidades e órgão de representação dos interesses dos Estados na orgânica comunitária.

A corrente que pretende negar a função de representação dos interesses dos Estados da parte do Conselho com o fundamento de ele ser órgão *das Comunidades* e de, por conseguinte, existir uma incompatibilidade entre essas duas funções, não procede, e a vários títulos.

Não está em causa, como facilmente se imagina, que o Conselho seja um órgão das Comunidades: ele é-o pelo simples facto de preceitos dos tratados assim disporem (arts. 7.º CECA, 4.º CEE e 3.º CEEA). Por isso, e de harmonia com as regras gerais sobre a formação da vontade de uma pessoa colectiva, a vontade jurídica por ele expressa imputa-se às Comunidades (melhor: à Comunidade em cujo quadro ele em cada caso concreto actua).

Mas o facto de ele ser órgão das Comunidades em nada impede que a sua função específica na orgânica das Comunidades seja justamente a de representar os interesses dos Estados membros.

Como por mais de uma vez já salientámos ao longo desta dissertação, foi assim que ele foi idealizado pelos fundadores das Comunidades, quando o conceberam como seu «órgão

---

(826) Parece ser esse, por exemplo, o pensamento de PESCATORE, pelo menos em *Communautés*, 110, sem que, um tanto paradoxalmente, deixe de qualificar o Conselho de órgão «intergovernamental».

(827) *Manuel*, 21; *Phénomène*, sobretudo 333 ss.

(828) I, anotação ao art. 5.º

(829) *Op. cit.* (n. 4), 215 e bibl. cit. Embora louvando-se em Ipsen, PETZOLD prefere falar no Conselho como «órgão duplo» (*«Doppelorgan»*) das Comunidades — 179.

federal», pela aplicação formal dum princípio análogo ao da *lei de participação* dos Estados federais ([830]). Revelam-no os próprios negociadores dos tratados ([831]).

Por outro lado, a circunstância de o Conselho dar expressão aos interesses dos Estados membros é um corolário da própria estrutura dualista ou bivalente do processo de integração, à qual temos vindo repetidamente a referir-nos. Por aí, o estatuto do Conselho face ao Direito Comunitário faz prendê-lo directamente à satisfação dos interesses dos Estados ([832]).

Mas, além disso, e como bem nota o Professor *Seidl-Hohenveldern,* a própria teoria geral das organizações internacionais aceita que um órgão que representa na organização os Estados membros exprima uma vontade *oposta* à vontade comum da organização ou à vontade de um outro órgão da organização, ao qual esteja confiado o encargo de exprimir a vontade comum da organização ([833]).

A representação dos interesses individuais dos Estados pelo Conselho na orgânica das Comunidades é, por fim, imposta pelo próprio estatuto dos membros do Conselho face aos respectivos Estados.

Já dissemos várias vezes que o Conselho CECA foi moldado pelo figurino do Senado norte-americano. Por isso, os

---

([830]) Sobre a *lei de participação* nos Estados federais, v. JORGE MIRANDA, *Federação,* e o nosso estudo *Descentralização,* 47, e bibl. aí cit..

([831]) É o caso de MOSLER e de REUTER, dois dos mais renomados juristas que negociaram os tratados institutivos, que, a propósito do Tratado CECA, nos asseveram, respectivamente, que o Conselho veio dar guarida e representar os «interesses nacionais dos Estados membros individualmente considerados» — *op. cit.* (n. 20), 383-384 —, e que ele foi criado como uma «segunda câmara, segundo a lógica própria do federalismo» — *op. cit.* (n. 73), 571. E, segundo nos narra PETZOLD, 179 n. 640, também se exprimiram nesse sentido KONRAD ADENAUER, WALTER HALLSTEIN e JEAN MONNET.

([832]) Por todos, as excelentes reflexões de A. MATTHIAS, no desenvolvimento da sua construção que expusemos atrás, no n.º 11.3. e ns. 645 e 646, e onde a A. se louva, para o efeito, em concepções filosóficas de ARISTÓTELES — sobretudo, 89-90.

([833]) *Op. cit.* (n. 215), 136. Note-se que este ponto específico não o encontramos tratado em qualquer outra obra.

seus membros não dependiam nem dependem de ordens ou instruções dos respectivos governos nacionais, e, portanto, também não estão sujeitos à fiscalização política dos respectivos parlamentos ([834]). Sendo assim, na CECA esbate-se a vinculação do Conselho aos interesses estaduais, sem que isso de algum modo afecte o princípio jurídico daquela representação.

Ao contrário, o Conselho CEE e CEEA tomou como padrão o *Bundesrat* alemão. Este distingue-se claramente das segundas câmaras do tipo Senado pelo facto de, em lugar de ser composto por membros eleitos por sufrágio directo ou que emanam dos parlamentos federados, engloba *delegados dos governos* dos *Länder*, que exprimem assim, directamente, a vontade do governo do respectivo Estado federado. Estes delegados estão, pois, vinculados aos respectivos governos por um mandato imperativo, ou seja, votam conforme as instruções que recebam do respectivo governo e, consequentemente, respondem politicamente perante os respectivos parlamentos estaduais ([835]). Ora, como é fácil de compreender, quer essas ordens ou instruções dos respectivos governos quer aquela fiscalização política reflectem, específica e exclusivamente, o inte-

---

([834]) *Ops. e locs. cits.* (ns. 672 e 737).

([835]) Neste sent., Ophüls, Mosler e Grewe-Leymarie, cits. *supra*, n. 737; e também, por todos, *Comentário Groeben*, anotação aos arts. 145.° a 154.°; Sidjanski, *op. cit.* (n. 189), 40 ss.; Louis, *op. cit.* (n. 147), 15; Cerexhe, sobretudo *op. cit.* (n. 690), 284; Bleckmann, *op. cit.* (n. 5), 21, 26-28; L. Constantinesco, *op. cit.* (n. 54), 366; Hilf, *op. e loc. cits.* (n. 811); Diez de Velasco, II, 335; Pescatore, *op. cit.* (n. 9), 75, e *op. cit.* (n. 826), 110; Hay, *op. cit.* (n. 20), 10 ss.; Schweitzer/Hummer, 187; Scheuner, *op. cit.* (n. 15), 35, 52, 54; Calogeropoulos-Stratis, 342; Charpentier, 767; Williams/De Mestral, 60 ss.; e Maunz-Dürig, *loc. cit.* (n. 737), onde se explica fundamentadamente por que é que a Lei Fundamental de Bona preferiu à «solução do Senado» a «solução do Conselho Federal (*«Bundesrat»*)» e quais as consequências que advêm dessa opção. O facto de os membros do Conselho estarem sujeitos, *enquanto delegados dos respectivos governos*, à fiscalização política dos respectivos parlamentos nacionais não briga com a circunstância, a que já fizemos referência, de o Conselho se encontrar, *enquanto órgão das Comunidades*, submetido à fiscalização contenciosa da parte do Tribunal das Comunidades, *ex vi* do art. 173.° CEE. Este regime só confirma o «desdobramento de funções» da parte do Conselho — assim, L. Constantinesco, *loc. cit.;* e Sidjanski, *op. cit.* (n. 189), 58-59.

resse do Estado em questão, por outras palavras, são determinadas exclusivamente em função dos pontos de vista estaduais.

É verdade que, como aliás já tivemos oportunidade de a outro título demonstrar, de um ponto de vista puramente prático se poderia ver uma maior manifestação do interesse comunitário na actuação do Conselho antes da aprovação do *compromisso de Luxemburgo,* e por duas razões: quando o Conselho, nos termos do art. 149.º, concordava com a proposta da Comissão, o acto legislativo final do Conselho exteriorizava o interesse comunitário defendido na proposta da Comissão; e, por outro lado, podendo nessa hipótese o Conselho deliberar por maioria, quando o fazia o interesse dos Estados colocados em minoria na votação cedia face ao interesse comunitário transmitido pela proposta da Comissão e que o Conselho chamava a si. Isso sem prejuízo de o acto juridicamente ser imputável ao Conselho.

Com os *Acordos de Luxemburgo,* porém, esta situação alterou-se profundamente, e num sentido ainda mais favorável aos interesses dos Estados.

O Conselho, concorde ou não com a proposta da Comissão, vota sempre por unanimidade, o que significa que na sua actuação, designadamente, pelo que nos interessa, no exercício do poder legislativo, ganham expressão permanente os interesses próprios dos Estados, extraídos da soberania individual de cada um deles ([836]).

Por outro lado, porque ao Conselho se apresenta tão difícil obter a unanimidade necessária à aprovação como à modificação duma proposta da Comissão, ele já não é estimulado a aprovar uma «proposta de lei» apresentada pela Comissão, que representa as exigências do interesse comunitário (e não dos interesses nacionais) no caso concreto. Antes pelo contrário: é a Comissão que tem de previamente negociar a sua proposta de lei com os Estados, a fim de a compor com os interesses estaduais, se quer ver a sua proposta aprovada. Ora este pro-

---

([836]) Ainda que na prática os interesses estaduais possam ter menor expressão quantitativa, porque o Conselho não tem *quorum* — BLECKMANN, *op. cit.,* 21.

cesso não pode deixar de conduzir à diluição do interesse comunitário, expresso na proposta da Comissão, na amálgama ou panóplia dos interesses individuais dos vários Estados membros — se não mesmo à total transfiguração daquele interesse —, donde resultará que mais uma vez a deliberação do Conselho dará expressão jurídica às exigências da soberania dos Estados ([837]).

Isto mostra-nos que os *Acordos de Luxemburgo* vieram tornar extremamente remota a possibilidade, que antes da sua conclusão já não era muito grande, de o acto legislativo saído do Conselho dar expressão ao interesse comunitário, portanto ao interesse integrado da Comunidade. E isto porque o ponto de vista da supranacionalidade se passou a esbater quase completamente perante o ponto de vista ditado pelas soberanias estaduais, como consequência natural da dificuldade que a Comissão passou a enfrentar para fazer triunfar a sua proposta, nos termos em que atrás nos referimos. Muito diferentemente do que a própria natureza do processo de integração, e a sua progressividade, impunham, e do que o sistema dos tratados concebera, o processo legislativo das Comunidades foi-se, pois, aproximando cada vez mais da clássica negociação diplomática.

Recapitulando, diremos, portanto, que nada há que impeça a aceitação da construção do «desdobramento de funções» do Conselho, entre a função de órgão comunitário e a de órgão de representação dos interesses dos Estados. Pelo contrário: trata-se duma construção que o sistema dos tratados previu e desejou.

Mas daí decorre também a aceitação, no processo de integração, da oposição interesse comunitário-interesse estadual, oposição essa que se resolve, e sobretudo após o *compromisso de Luxemburgo,* a favor do segundo.

Mesmo após o *compromisso de Luxemburgo* não cessou, aliás, de se acentuar o predomínio do interesse estadual na integração europeia.

([837]) Aproximadamente, Bleckmann, *op. e loc. cits.*

Já em 1971, o *Plano Werner,* precursor do Sistema Monetário Europeu (SME), assumia a forma de uma resolução do Conselho e de representantes dos governos dos Estados membros, portanto um acto misto, mas que, pelas duas vias, reflectia os interesses dos Estados (838). O Tribunal diria, pouco depois, isso mesmo, ou seja, que ele exprimia, na sua essência, a vontade política dos Estados (839). E, por isso, não causou espanto que, em 1972, o *Relatório Vedel* denunciasse «uma certa desnaturação» da integração por práticas intergovernamentais (840), que era extensiva ao domínio das relações externas, onde iam aumentando o número e a importância dos «acordos mistos» (841).

O *Relatório Tindemans* foi para muitos uma fonte de esperança na recuperação do princípio comunitário e na dinamização da União Europeia; mas o seu fracasso precoce levou-o ao quase total esquecimento, como já dissemos (842).

Por tudo isso, foi com certa naturalidade que a opinião pública europeia aceitou que o *Relatório dos Três Sábios,* ao interpretar a situação institucional das Comunidades, e particularmente do Conselho, apontasse a este «um estilo de negociação que se tornou rigorosamente nacional» (843).

Note-se, a terminar, que, com esta metodologia, a oposição interesse comunitário-interesse estadual é pouco estudada pela doutrina (844), embora recentemente tenha ganho rele-

---

(838) Resolução de 22-3-71, *JOCE* C 28/1, de 27-3-71.

(839) Caso *Schlüter,* 1135 ss.

(840) *Bull. CE, Suppl.* 4/72, 26 ss.

(841) Assim, Charpentier, 773 ss.

(842) No m. sent., Hilf, *op. cit.* (n. 811), n. 3.

(843) 31. Concordantemente, o testemunho do Secretário-Geral do Conselho das Comunidades, Weinstock, que chama a atenção para a importância do COREPER na actuação do Conselho, para referir que o COREPER se encontra «directamente subordinado aos interesses dos Estados» — 179 ss. Era a propósito idêntico que o Presidente da Comissão, Roy Jenkins, prevenia perante o Parlamento Europeu, em 18-6-80, após a Cimeira de Veneza, de 12 e 13 do mesmo mês, que «a manutenção dos interesses ou das políticas nacionais (no seio das Comunidades) traria o perigo da desintegração (das Comunidades)» — *EA* 14-80, D 389.

(844) Bleckmann, *op. e loc. cits.;* Seidl-Hohenveldern, *op. cit.* (n. 213), 55-56; Scheuing, 560; Charpentier, 767 ss.; e Ehlermann, em estudo recente — *Parlament,* 186.

vância especial no Direito Penal Comunitário (845). E o próprio TC já lhe aludiu num dos muitos Acórdãos proferidos no domínio das pescas (845-A).

c) *São os Estados que exercem os poderes que eles delegam nas Comunidades*

Porque o Conselho é composto por «representantes» dos Estados; porque, na CEE e na CEEA, é ele que exerce os poderes delegados pelos Estados nas Comunidades, designadamente o poder legislativo; porque ele actua, na CEE e na CEEA, subordinado às imposições dos interesses estaduais e não do interesse comunitário — por todas estas razões, não é forçado afirmar-se que, na CEE e na CEEA, são os Estados que exercem, a nível das Comunidades, os poderes que eles próprios delegam nas Comunidades, e que o fazem segundo a perspectiva dos seus interesses nacionais.

No que concretamente concerne à natureza do Direito Comunitário, resulta daí que o Direito Comunitário derivado é expressão dos interesses estaduais e não do interesse comunitário.

Por palavras mais simples: são os Estados que delegam nas Comunidades os seus poderes soberanos de cuja fusão nasce o poder político das Comunidades; mas, depois disso, são ainda os Estados que, a nível comunitário, exercem os poderes que eles próprios delegaram, e que o fazem pela óptica e segundo as necessidades dos seus interesses individuais e não em função do interesse global e integrado da Comunidade. Ou seja, os Estados *fecham o círculo:* delegam nas Comunidades os poderes soberanos que logo a seguir vão recuperar no seio das Comunidades e que vão exercer segundo os seus interesses nacionais. No fundo, não se trata senão de levar até às suas últimas consequências a afirmação, por nós já repetidamente sustentada,

---

(845) HARDING, 236 ss.

(845-A) P. ex., caso *Comissão CEE c. Reino Unido,* Proc.º 804/79, julgado em 5-5-81, com anotação de CARTOU — in *Recueil Dalloz Sirey-Jurisprudence* 1982, 333 ss.

de que, no estado actual de integração, os Estados continuam a ser os «*Herren der Verträge*» (846).

Isto significa que o poder político comunitário, para além de não existir de per si, de não ser autónomo em relação ao poder político dos Estados (porque estes podem em qualquer altura revogar a delegação de poderes soberanos nas Comunidades), também não é independente dos Estados, no duplo sentido de que é exercido, em termos de manifestação da vontade final das Comunidades, pelo órgão que no processo de integração traduz a sua componente interestadual, e por consideração pelos interesses ditados pelo princípio da soberania.

Para qualquer jurista estudioso da integração europeia que, como nós, aceita e defende a ideia duma Europa solidária, coesa e unida, trata-se sem dúvida de uma conclusão frustrante; mas é a única que, em nossa opinião, o estado actual da ordem jurídica comunitária consente. E o trabalho do jurista deve mais uma vez ser conduzido com objectividade, sabendo afastar as sugestões do sentimento, por mais atraentes que elas sejam, e tendo a coragem de descrever o sistema jurídico comunitário tal como ele na realidade hoje é.

12. *Conclusão*

Acerca da questão da chamada «transferência de poderes soberanos», temos, pois, de concluir que, em rigor, não há transferência de poderes soberanos dos Estados membros para as Comunidades, no sentido de cessão ou alienação definitiva dos respectivos poderes. O que há é delegação, ainda que moldada pela figura da transferência de poderes. Para além disso, na CEE e na CEEA são os próprios Estados que recuperam nas Comunidades e exercem, na perspectiva dos seus interesses individuais, os poderes por eles delegados, já que é o Conselho o órgão de decisão, designadamente é ele o órgão legislativo.

(846) No mais recente estudo acabado de se publicar sobre esta questão, não consegue negá-lo, apesar de todas as dúvidas que exprime, o Juiz EVERLING, *op. cit.* (n. 715), 173 ss.

Portanto, o DC secundário, tal como já mostráramos suceder com o DC primário, reflecte, exterioriza os interesses estaduais e não o interesse comunitário.

Completaremos agora esta ideia com a análise da questão da «limitação de soberania».

II

A questão da «limitação da soberania»

13. *Razão de ordem*

Como na altura devida dissemos (847), embora os autores que procuram afastar o Direito Comunitário do Direito Internacional pela supranacionalidade se sirvam basicamente da ideia da «transferência de poderes soberanos» não deixam de adjuvantemente apelar para a noção complementar de «limitação da soberania» dos Estados para chegarem ao mesmo destino: a afirmação de que o Direito Internacional Público assentaria na soberania indivisível dos Estados (848), enquanto que a ordem jurídica comunitária teria como fundamento a limitação da sua soberania, através daquilo que *Pescatore* designa de «reordenamento das soberanias» entre a Comunidade e os Estados membros (849), e que exprimiria um dos traços característicos do Direito da integração europeia.

É essencialmente nisso que reside aquilo que a doutrina

---

(847) *Supra*, n.º 7.

(848) Talvez tenha sido Ophüls o expoente máximo desta posição: para ele a transferência de poderes soberanos dos Estados para as Comunidades (ou, numa outra obra — *op. cit.* (n. 16), sobretudo 561 ss. —, o aparecimento duma soberania «originária» das Comunidades, tese que, todavia, o A. enuncia de forma interrogativa) assinala o fim da concepção da «indivisibilidade da soberania» estadual; por isso, a integração europeia implica o abandono do carácter «absoluto, uno e indivisível» da soberania dos Estados — *op. cit.* (n. 5), 152 e n. 13.

(849) *Op. cit.* (n. 162), 31 ss.

alemã, na esteira de *Ipsen*, tem designado de «questão da soberania» (*«Souveränitäts-Frage»*) nas Comunidades Europeias (850).

Não faz sentido que nos ocupemos aqui desta complexa e difícil questão, e muito menos se espere que nos debrucemos sobre a teoria da soberania, como fenómeno quer da Teoria do Estado quer do Direito Internacional (851). A esta dissertação só interessa o problema de saber se pela via da «limitação da soberania» dos Estados se consegue o que já vimos não se obter através da ideia da chamada «transferência» dos seus poderes soberanos para as Comunidades: afirmar uma antinomia entre a natureza jurídica do Direito Comunitário e a do Direito Internacional.

14. *Improcedência do argumento da «limitação da soberania» para afastar o Direito Comunitário do Direito Internacional*

14.1. *Introdução*

Diremos desde já que também pela via da limitação da soberania dos Estados não será possível afastar o Direito Comunitário do Direito Internacional, e por duas razões.

Em primeiro lugar, não é verdade que o Direito Comunitário, no seu actual estado de evolução, postergue a soberania dos Estados.

---

(850) *Op. cit.* (n. 4), 227 ss. Um dos domínios em que a integração europeia produziu maior impacto no campo da Ciência Jurídica foi justamente o da definição do conceito de soberania. Esta questão foi objecto dum debate profundo num Colóquio realizado em 1978, no Sarre — v. *Colóquio Sarre,* especialmente a Introdução do Professor GEORG RESS, 11 s.; antes, KOPPENSTEINER, 3 ss.

(851) Sobre a soberania na Teoria do Estado uma das mais exaustivas obras continua a ser a dissertação de QUARITSCH. Pouco antes, ela fora objecto de um estudo profundo na óptica da Ciência do Direito, da parte do Professor VON SIMON — *Souveränität.* Cfr. também a *op. cit.* de OPHÜLS (n. 16), 520 ss. Sobre a soberania em Direito Internacional v., por todos, KOROWICZ, *Present aspects,* e CARRILLO SALCEDO; entre nós, JORGE MIRANDA, *Manual,* III, 150 ss. e bibl. seleccionada aí cit.

Por outro lado, e antes pelo contrário, é verdade que o Direito Internacional, no seu actual estado de elaboração, já não assenta necessariamente na soberania dos Estados.

Cabe-nos agora, em breves palavras, demonstrá-lo.

14.2. *Conceitos* qualitativo *e* quantitativo *de soberania*

A razão fundamental desta querela reside em grande parte no facto de se lidar simultaneamente com duas facetas distintas do conceito de soberania.

As diversas noções jurídicas de soberania, cuja equivocidade foi posta em destaque por *Kelsen* (852), têm de comum entre si esta ideia: ela representa o poder supremo (a *summa potestas*) na ordem interna e independente na ordem externa. Este conceito de soberania, nomeadamente o entendimento de que ela se move nessas «duas direcções distintas», a «interna» e «a externa» ou «de Direito Internacional», parece ter sido gerado por *Duguit* (853), *Jellinek* (854) e *Carré de Malberg* (855), mas continua a merecer a adesão dos juspublicistas (856) e já foi consagrado na jurisprudência internacional (857).

Independentemente disso, porém, quase nunca se repara que, tal como muito especialmente o sistema jurídico das Comunidades Europeias veio demonstrar, o conceito de soberania é susceptível de revestir dois aspectos diferentes.

O primeiro aspecto é o da soberania como susceptibilidade, como *aptidão* para se afirmar como poder supremo e

---

(852) *Souveränität*, 278 ss.
(853) 81 ss.
(854) *Staatslehre*, 474 ss.
(855) 57, 80.
(856) V., por todos, GUGGENHEIM, *op. cit.* (n. 188), 174; ROUSSEAU, que substitui *soberania externa* por *independência*, *op. cit.* (n. 84), III, 68 ss.; BINDSCHEDLER, *op. cit.* (n. 186), 69, e *Betrachtungen*, 167 ss.; mais recentemente, RUDOLF, 179; e HILF, *op. cit.* (n. 811), 32. Entre nós, já era essa a definição de soberania que adoptava MARCELLO CAETANO, 132, onde uma vez mais se notava a influência que DUGUIT exerceu no ensino daquele Professor, como já observámos na nossa *Geschichte*, 165-166.
(857) Especialmente no caso *Wimbledon*, julgado pelo TPJI em 1923 — 25 ss. V. pormenores em KOROWICZ, *op. cit.*, 9-11.

independente, como *raiz,* como *fundamento,* como *essência* ou *conteúdo essencial («Wesensgehalt»),* ou então, numa expressão muito cara ao Professor *Ipsen,* como *«substância da soberania»* (858). Surge-nos daí um conceito *qualitativo* de soberania — qualitativo porque, repetimos, exprime uma mera *susceptibilidade* e é alheia a qualquer quantificação. Quando falarmos apenas em *soberania* será este o sentido em que estaremos a pensar.

O outro aspecto é o da soberania como soma de *poderes soberanos,* isto é, como medida, como *quantum* de todas as faculdades em que se traduz o poder supremo e independente. Por aqui chegamos a um conceito *quantitativo* de soberania.

Há um grande paralelismo entre esta divisão do conceito de soberania e a distinção que a Ciência do Direito leva a cabo entre *personalidade jurídica,* como susceptibilidade de se ser titular de direitos e suporte de obrigações, e *capacidade jurídica,* como medida dos direitos e das obrigações de que se é susceptível de ser titular (capacidade de gozo) ou que se é susceptível de exercer (capacidade de exercício).

Também tal como acontece nas relações entre personalidade e capacidade jurídicas, a soberania qualitativa é um pressuposto lógico da soberania quantitativa, mas esta pode ser *maior* ou *menor, mais ou menos limitada,* sem ser imperioso que com isso se belisque na soberania como qualidade: em princípio, parece que só se beliscará nela quando a limitação da soberania quantitativa for ao ponto de esvaziar completamente o *quantum* dos poderes soberanos.

Por isso, quando se fala simplesmente em soberania dos Estados, ou quando se afirma simplesmente que o DIP assenta na soberania dos Estados, está-se a pensar ou numa coincidência entre a soberania qualitativa e a plenitude da soberania quantitativa (veremos se e quando isso é hoje possível) ou apenas na soberania qualitativa, a soberania propriamente dita.

Note-se que *Carré de Malberg,* ainda que partindo do princípio errado de que «soberania» e «poder estadual» se confundiam (859), admitia, no próprio plano puramente intra-esta-

---

(858) *Op. cit.* (n. 289), 6-7; depois, *op. cit.* (n. 4), 229-231.

(859) Ao contrário de Jellinek, para quem a soberania não era característica essencial do Estado — *op. cit.,* 486 ss. É este, aliás, o entendi-

dual, que o Estado podia repartir os seus poderes com outras colectividades internas, conservando ele o fundamento desses poderes enquanto se mantivesse nele o «poder de dominação», isto é, o «poder de decisão final» (860).

Dos poucos autores que se debruçam sobre esta matéria alguns aceitam expressamente esta distinção entre soberania qualitativa e soberania quantitativa (861). Ela foi também admitida pelo Tribunal Permanente de Justiça Internacional nos casos do *Estatuto da Carélia Oriental* (862) e *Lotus* (863). O mesmo não acontece com a doutrina soviética, que a considera, depreciativamente, como uma emanação da «escola do normativismo» e a rejeita pela simples razão de que nega a possibilidade de limitação da soberania dos Estados (864). Todavia, um dos mais recentes estudos onde se aceita aquela distinção pertence ao polaco *Guzek*, e justamente a propósito da integração económica (865).

A aceitação da distinção entre a soberania qualitativa e a soberania quantitativa tem como corolário importante a admissão da divisibilidade dos poderes soberanos, isto é, da soberania ainda que só quantitativa, o que, como veremos, hoje não é posto em causa, mas não era aceite pela doutrina clássica do Direito Constitucional e da Teoria do Estado dos inícios do século, bem representada aqui por *Duguit* (866) e *Jellinek* (867).

---

mento hoje largamente dominante. V., sobre esta querela, KELSEN, *op. e loc. cits.* (n. 852).

(860) 73 e 247, louvando-se em LABAND. Cfr. a nossa *Descentralização*, 13 ss.

(861) Além dos As. estrangeiros citados nas ns. ants., KOROWICZ, *op. cit.*, 58; BLECKMANN, *Position*, 309-310; e, sobretudo, CONSTANTOPOULOS, 96, que para o efeito se louva em ARISTÓTELES, S. TOMÁS DE AQUINO e BODIN, entre outros.

(862) 27.

(863) 18.

(864) BLISCHTSCHENKO, 84. Um balanço dos princípios fundamentais da doutrina soviética do DIP pode ver-se em TUNKIN, 177 ss.

(865) 111.

(866) 85, onde o A. enuncia a sua célebre fórmula: a soberania é «una, indivisível, inalienável e imprescritível».

(867) 496 ss. Mas o A. admitia a divisão da soberânia nos Estados federais — 165 e 502 ss.

14.3. *A integração europeia não afecta a soberania qualitativa dos Estados membros das Comunidades*

Dissemos atrás que a limitação da soberania dos Estados membros não é um factor de distinção entre a natureza jurídica do Direito Comunitário e do Direito Internacional Público porque, antes de mais, no actual estádio da sua evolução a integração europeia não retira a soberania aos Estados membros.

Liguemos agora esta nossa afirmação com a distinção entre os conceitos qualitativo e quantitativo de soberania, tendo presente a construção que, conforme a nossa opinião atrás expressa, o Direito Comunitário hoje consente da noção de «transferência de poderes soberanos». Resulta daí que a adesão de um Estado às Comunidades faz diminuir a sua soberania *quantitativa* mas não afecta a sua soberania *qualitativa*. Numa palavra: retira-lhe alguns poderes soberanos, mas não toca na sua soberania propriamente dita. De facto, na medida em que ao aderir às Comunidades o Estado delega (com o sentido que demos a esta palavra) nelas parte dos seus poderes soberanos, correspondentes aos domínios cobertos pela integração, ele vê a sua soberania, no aspecto quantitativo, limitada na medida dessa delegação, mas conserva intacta a sua soberania no sentido qualitativo.

E várias são as razões por que entendemos que a soberania dos Estados, no aspecto qualitativo, não é afectada pela sua adesão às Comunidades.

Para começar, a delegação de poderes soberanos da parte dos Estados tem sempre como suporte a sua vontade individual. Porque de uma delegação se trata, e não de uma transferência, a raiz dos poderes conserva-se nos Estados, podendo eles em qualquer momento recuperá-los, no condicionalismo já descrito nesta dissertação. Isto resulta do princípio, já largamente referido, de os Estados ainda hoje serem, na integração europeia, os «donos dos tratados». Daí decorrem, como vimos, dois corolários importantes: os Estados podem, por comum acordo, dissolver as Comunidades e podem também, através da revisão dos tratados, revogar a delegação de poderes soberanos e, por essa via, recuperar na sua plenitude os poderes delegados.

Note-se que parece aderir a esta orientação o Professor *Ipsen,* quando observa que a «repartição de funções» entre as Comunidades e os Estados, no estado actual da integração europeia, deverá respeitar a ideia de que a «comunitarização» (*«Vergemeinschaftung»*) «em princípio não afecta *na sua substância* (...) a responsabilidade pública dos Estados membros pela política externa, defesa, Administração interna, Segurança e Paz, Cultura e Bem-Estar» ([868]) ([869]).

Em segundo lugar, só assim se compreende que ao longo destes trinta anos não tenha merecido qualquer reparo, nem mesmo da parte do Tribunal, o facto de as Constituições de alguns dos Estados membros, não obstante autorizarem a «transferência de poderes soberanos» ou a «limitação da soberania» dos Estados, continuarem a qualificar os respectivos Estados de soberanos. Isso tem, aliás, de se ligar com o facto, já por nós demonstrado ([870]), de, mesmo do ponto de vista literal, as Constituições de muitos dos Estados caracterizarem a relação entre o poder estadual e o poder comunitário como relação de delegação e não como relação de transferência de poderes. Mesmo na Alemanha, cuja Lei Fundamental é a que mais expressivamente fala em «transferir (*«übertragen»*) (...) os poderes soberanos», parece não pôr-se em causa que a República Federal seja, pelo menos por aqui, um Estado soberano ([871]).

Particularmente expressiva parece-nos ser a fórmula encontrada pelas Constituições belga (art. 25.º bis) e luxemburguesa

---

([868]) *Locs. cits.* (n. 858).

([869]) Por razões similares aceitam que os Estados membros das Comunidades conservam a soberania *qualitativa,* embora vejam limitada a sua soberania *quantitativa,* VON LINDEINER-WILDAU, 137 ss.; IGLESIAS BUIGUES, *op. cit.* (n. 378); e os As. cits. *infra,* n. 881.

([870]) *Supra,* n.º 10.3, II.

([871]) MAUNZ-DÜRIG, anotação aos arts. 20.º e 24.º, onde se afirma que a República Federal só «transfere» os seus «poderes soberanos» (*«Hoheitsrechten», «Regalien»).* Para estes As., porém, a grande razão do art. 24.º n.º 1 da Lei Fundamental é a de, ainda que sem implicar a perda da soberania da parte da República Federal, autorizar a *cumulação* no seu território de actos de soberania daquela República e de actos de autoridade das organizações supranacionais — ponto 5 da anotação ao art. 24.º Aí faz-se também notar, com interesse directo para o que se diz no texto, que, nos termos do art. 24.º, a «transferência» é operada por um acto de vontade — lei formal do Parlamento — e que esse preceito não contém qualquer limite material à revisão da Constituição.

(art. 49.º bis), que, como já demonstrámos, autorizam unicamente a «transferência» do «*exercício* de poderes» (872). Ainda que se mantenha o uso incorrecto da palavra transferência, ele fica atenuado pela sua restrição ao *exercício* dos poderes, e, no caso do Luxemburgo, com a ressalva suplementar de que essa transferência é temporária — o que mostra que para aquelas Constituições a *titularidade*, a *raiz* dos respectivos poderes não pode ser alienada pelos Estados (872-A).

Também a Constituição francesa da V República se orienta no sentido doutrinário que aqui defendemos. Logo no seu preâmbulo, ela afirma que «o povo francês proclama solenemente a sua vinculação aos (...) princípios da soberania nacional» (873). Depois, o art. 4.º impõe aos partidos políticos o respeito por esse princípio; e os arts. 5.º e 16.º extraem como corolário do princípio da soberania nacional o da independência nacional (874).

Por fidelidade a esta concepção de soberania nacional, e consciente de que foi intenção dos autores da Constituição, *De Gaulle* e *Michel Débré*, converter em excepção o que na Constituição de 1946 era a regra — as limitações de soberania —, o Conselho Constitucional entende que a Constituição consente em «*limitações* («*limitations*») *à soberania*», ainda que só «sob reserva de reciprocidade» e enquanto forem «necessárias à organização e à defesa da paz», mas não na «*transferência* («*transfert*»)

---

(872) O itálico é nosso.

(872-A) Expressamente neste sent., e quanto à Constituição belga, o comentário de STEXHE, sobretudo 235. Para o A., a redacção encontrada para o art. 25.º bis teve exactamente como fim afastar a ideia do «abandono definitivo de soberania ou de poderes».

(873) O que mais faz sobressair o contraste com o preâmbulo da Constituição de 1946, que admitia expressamente limitações à soberania nacional, ainda que «sob reserva de reciprocidade» e só se «necessárias à organização e à defesa da paz». Esta mudança tão acentuada de posição parece dever-se à atitude hostil de DE GAULLE para com as Comunidades Europeias. Aliás, ele invocaria expressamente o art. 3.º n.º 1 da Constituição, segundo o qual «a soberania nacional pertence ao povo (...)», para se opor, em 1965, aos preceitos do Tratado de Roma que permitiriam ao Conselho passar a deliberar por maioria. Daí os *Acordos de Luxemburgo* — v. *supra*, n.º 10.4.3.

(874) LUCHAIRE, 250 ss.

de poderes soberanos». Este entendimento foi afirmado por aquele Conselho no seu Acórdão de 30 de Dezembro de 1976, proferido no caso da *Compatibilidade da Decisão do Conselho, de 20 de Setembro de 1976, sobre a eleição directa do Parlamento Europeu com a Constituição francesa,* e onde se discutia a constitucionalidade da eleição do Parlamento Europeu por sufrágio directo e universal. Conhecido na doutrina francesa como «a Carta da soberania nacional» ([875]), aquele Acórdão argumenta que a *transferência* tem como efeito «uma alienação da soberania» a favor de um terceiro, que retiraria à França a soberania, isto é, o «poder de decisão final» num domínio concreto, o que seria inconstitucional, enquanto que a simples *limitação da soberania,* para além de ter de ser sujeita à reciprocidade, não determinaria a cessão da soberania a um terceiro.

Também o Tribunal Constitucional federal alemão, no chamado caso *Solange,* foi da opinião que a Lei Fundamental não consente na transferência dos poderes soberanos que digam respeito aos «elementos constitutivos da ordem constitucional», isto é, à «identidade da Constituição» ([876]). E é de realçar que o Tribunal fundamenta expressamente essa sua conclusão num factor temporal, o do estado actual do processo da integração europeia.

Mas o próprio Tribunal das Comunidades parece reconhecer a possibilidade de uma quantificação da soberania estadual, ao falar, no Parecer n.º 1/78, caso da *Agência Internacional de Energia Atómica,* na «esfera da soberania estadual» ([877]).

Por outro lado, o Tribunal também dá achegas à estruturação de um conceito quantitativo de soberania quando afirma a *correspondência quantitativa* entre a autolimitação da soberania dos Estados e o montante, o acervo, dos poderes «transferidos» por eles para as Comunidades. Tomemos como exemplo o caso *Neumann,* onde o TC foi da opinião que os Estados «conferiram» aos órgãos comunitários o poder de tomar decisões no campo fiscal (estava em causa o Regulamento n.º 22) «sub-

---

(875) Jacqué, in *Colóquio Sarre,* 72 e mais bibl. aí cit.
(876) 279 ss.
(877) 2171.

metendo assim os seus poderes soberanos a uma limitação *correspondente*» (878).

É por tudo isto que não podemos seguir *Pescatore* quando defende que o fenómeno da integração faz com que hoje os Estados conservem apenas uma soberania residual, se com isso ele pretende significar, como parece ser o caso, que é a própria soberania qualitativa, isto é, a própria titularidade dos poderes soberanos que é afectada pela integração (879).

A tese que aqui defendemos, de que os Estados membros conservam a sua soberania, ainda que privando-se do exercício de parte dos poderes soberanos que a integram, permite-nos explicar cabalmente a construção, que mostrámos ser conforme com o estado actual do DC, de que com a sua adesão às Comunidades os Estados delegam nas Comunidades os poderes soberanos *correspondentes às matérias abrangidas* pela integração, mantendo contudo a sua titularidade, a sua raiz, e podendo, portanto, segundo os mecanismos expostos, recuperar os poderes delegados.

É apenas este o alcance da aplicação ao fenómeno comunitário da divisão do conceito de soberania nos seus aspectos qualitativo e quantitativo. Designadamente, ela não será de modo algum passível da crítica de que com ela se pretende defender o carácter absoluto, intangível e arbitrário da soberania dos Estados membros das Comunidades.

Não se defende aqui o carácter absoluto e intangível da soberania dos Estados membros, antes de mais, porque hoje ele não é aceite nem pela doutrina, nem pela jurisprudência, nem pela prática internacional, e o próprio DIP, como veremos, não o impõe hoje como seu fundamento necessário. Depois, porque sustentar-se a divisão do conceito de soberania nos seus aspectos qualitativo e quantitativo tem como objectivo principal justamente, e como já se demonstrou, aceitar-se a *divisibilidade da soberania quantitativa* e, por conseguinte, admitir-se a delegação de parte dos poderes soberanos que compõem a soberania quantitativa e que dão expressão à soberania qualitativa (880).

---

(878) 589. O itálico é nosso.
(879) *Op. cit.* (n. 162), 31 ss.
(880) A divisibilidade da soberania estadual como base da cons-

Mas com a divisão do conceito de soberania nos moldes a que aludimos também não se pretende salvaguardar um poder arbitrário dos Estados membros de porem em causa irresponsavelmente a sua vinculação aos tratados comunitários e reaverem os poderes delegados às Comunidades. Já dissemos em que casos é que os Estados o podem fazer: pela ab-rogação dos tratados comunitários ou pela eliminação, através da sua revisão, das características de integração que eles possuem. Nomeadamente, excluímos o poder de os Estados se desvincularem unilateralmente dos tratados, pelo menos *ad nutum*. E o reconhecimento de que os Estados, nas condições a que nos referimos, podem reaver os poderes delegados decorre, não do reconhecimento da nossa parte de um poder arbitrário aos Estados, mas do facto de a isso conduzir o DC no estado actual da sua evolução, designadamente os tratados comunitários. De arbítrio, mesmo assim, nunca se poderia falar, porque, como oportunamente demonstrámos, os Estados só poderão exercer essa faculdade no respeito escrupuloso pelas disposições dos tratados — doutra forma não podia ser, atento o *princípio da legalidade*, que constitui um dos princípios fundamentais sobre que repousa todo o ordenamento jurídico comunitário (881).

14.4. *O próprio Direito Internacional Público não tem hoje como fundamento necessário o princípio da soberania indivisível dos Estados*

a) *Preliminares*

Mesmo, porém, para a corrente que afasta o Direito Comunitário do DIP através do argumento de que o primeiro assenta

---

trução dogmática do Direito Comunitário (com um levantamento doutrinário nesse domínio) encontramos desenvolvidamente tratada em PESCATORE, *op. cit.* (n. 161), 502 ss.

(881) «Ninguém põe em causa que os Estados membros continuam a ser soberanos para o Direito Internacional», opina ALDER, 311, e bibl. cit. Também IPSEN parece andar próximo da nossa orientação quando conclui que a soberania *(«Souveränität»)*, na sua «substância», permanece nos Estados, enquanto que eles «transferem» para as Comunidades ape-

na cessão parcial da soberania dos Estados, a antinomia entre as duas ordens jurídicas terá de se esbater pela via do reconhecimento de que o Direito Internacional moderno, ao contrário do DIP chamado «clássico» ou «tradicional» (e veremos daqui a pouco que existe hoje um DIP «novo» ou «moderno»), já não tem como fundamento e pressuposto necessário a soberania externa dos Estados.

Será exagerado afirmar-se que o DIP deixou de assentar, pelo menos como princípio, na soberania dos Estados (882). Mas uma caracterização rigorosa da ordem jurídico-internacional, no estado actual da sua evolução, impõe que se reconheça duas coisas: primeiro, que, mesmo quando tem como fundamento a soberania dos Estados, o DIP vai abandonando a acepção absoluta da soberania estadual, que nos revela esta como um poder exclusivo e independente do Estado em questões externas (só está aqui em causa a soberania externa dos Estados), limitado apenas na medida em que o próprio Estado o aceitar, e essencialmente pela via dos tratados, entendidos estes como meras fontes de direitos e de obrigações recíprocos entre as partes; em segundo lugar, que, em domínios concretos, o DIP deixou de ser necessariamente uma ordem jurídica de coordenação de soberanias estaduais, que repouse única ou mesmo principalmente no individualismo internacional dos Estados e na sua igualdade soberana, que tenha por objecto única ou mesmo principalmente os interesses dos Estados, e que, portanto, se esgote necessariamente no clássico Direito dos conflitos entre Estados soberanos, ou seja, no clássico Direito da Paz e da Guerra, que busca a sua origem e a sua inspiração em Grócio. Só a doutrina soviética do Direito Internacional continua amarrada às concepções clássicas nesta matéria, sustentando ainda hoje que o princípio da soberania «indivisível» e «inalienável» dos Estados, bem como o da «igualdade soberana» (consagrado no art. 2.º da Carta da ONU) são princípios gerais

---

nas os seus «poderes soberanos» (*«Hoheitsrechte»*). No m. sent., VERDROSS, *op. cit.* (n. 203), 280; SCHWANTES, 16; HAY, *op. cit.* (n. 20), 83; DAGTOLOU, 78 ss.; por último, e no essencial, HILF, *op. cit.* (n. 811), 21 ss.

(882) Por isso, vai longe demais JENKS, para quem a «interdependência» *substituiu* a soberania como fundamento básico do «Direito Internacional contemporâneo» — *Interdependence,* 147 ss.

e imperativos (portanto, *ius cogens*) para os efeitos do art. 53.º CV (883). Para o comum da doutrina, porém, e designadamente para os autores norte-americanos e europeus ocidentais, o único problema que caberá aqui discutir será o de se saber se a soberania estadual é hoje o fundamento principal ou secundário do moderno DIP, assente como está que não é já o seu fundamento necessário. Todavia, a resposta a essa interrogação dependerá, como dissemos, do domínio em que nos situarmos.

Vamos de seguida examinar exactamente os domínios em que mais visivelmente o DIP clássico se tem vindo a afastar da soberania absoluta e indivisível dos Estados ou a tem vindo a dispensar.

Já tivemos oportunidade de abordar sumariamente este assunto em reflexões anteriores (884); agora vamo-nos deter sobre ele um pouco mais demoradamente, ainda que dentro das limitadas exigências desta dissertação.

b) A existência de sujeitos de DIP que não são soberanos ou em relação aos quais se não coloca a questão da soberania

O primeiro índice de não indispensabilidade do conceito de soberania estadual para o Direito Internacional moderno reside no facto de, após um longo período em que o Estado soberano foi praticamente o único sujeito de Direito Internacional, este atribuir hoje personalidade jurídica a diversas outras entidades para além do Estado soberano.

Encontram-se nessas condições, em primeiro lugar, os Estados designados de «semi-soberanos», que são sujeitos de Direito Internacional, embora com capacidade limitada: é o caso dos Estados protegidos, dos Estados vassalos, dos Estados exíguos, dos Estados confederados quando não permanecem

---

(883) Por todos, BLISCHTCHENKO, *op. e loc. cits.* (n. 864), e ainda a resenha bibliográfica feita por VALTICOS, *Droit International du Travail*, 124 n. 9. V., todavia, *infra*, n. 1006.

(884) Nota Introdutória à nossa tradução da Carta da ONU e do Estatuto do TIJ, 20.

plenamente soberanos [885], dos Estados federados em algumas Federações (por exemplo, os cantões suíços e algumas repúblicas da União Soviética), e dos territórios sob mandato ou sob tutela [886]. A circunstância de em todos estes casos a limitação de soberania ser voluntária em nada releva para aquilo de que estamos aqui a tratar.

Mas encontram-se também nessas condições sujeitos de Direito Internacional quanto aos quais a questão da soberania não faz sequer sentido colocar-se: pensemos na Santa Sé, nas organizações internacionais, no indivíduo, nos insurrectos, nos beligerantes, etc. O simples facto de o DIP reconhecer *em princípio* estas entidades como seus sujeitos quer dizer que não considera a soberania estadual como fundamento necessário do ordenamento jurídico-internacional.

c) *O moderno Direito Internacional do Trabalho*

O segundo índice de que o DIP moderno não assenta necessariamente na soberania dos Estados é-nos dado por um importante domínio material do DIP: o Direito Internacional do Trabalho.

Contrariamente à Carta das Nações Unidas que, na esteira do Pacto da SDN, pelo menos no campo dogmático respeita a soberania dos Estados, ao escolher o princípio da igualdade soberana dos Estados para um dos seus princípios básicos (art. 2.º n.º 1), a Constituição da Organização Internacional do Trabalho (OIT), criada já em 1919 pelo Tratado de Versalhes, ultrapassou a soberania estadual.

Não obstante algumas propostas mais radicais apresentadas em sentido diferente na fase da sua concepção, a Organização conserva, em princípio, o respeito pela soberania dos Estados membros, na medida em que as convenções por ela aprovadas só vinculam os Estados através da sua ratificação — res-

---

(885) O que depende exclusivamente do que dispuser o *pactum confoederationis*.

(886) Assim, VERZIJL, II, 121; KELSEN, *op. cit.* (n. 216), 253, com bibl. e jurisprudência concordante; e, em parte, GONÇALVES PEREIRA, *op. cit.* (n. 133), 230 e 256 ss., e JORGE MIRANDA, *op. cit.* (n. 851), 153.

peitando-se assim a emanação do essencial do princípio da soberania estadual na ordem jurídica internacional, de harmonia com o qual as obrigações internacionais só podem resultar de consentimento expresso da parte dos Estados interessados. Todavia, o conteúdo do Direito Internacional que se sedimentou por essa via permite-nos afirmar que essas convenções têm natureza quase-legislativa e não apenas natureza convencional (887). Se não, atente-se nos seguintes pontos mais marcantes: elas contêm uma regulamentação sistemática de matérias que até então se encontravam entregues, sem discussão, à competência exclusiva dos Estados; são aprovadas por maioria, por uma assembleia onde não têm assento apenas representantes dos Estados, e onde, portanto, pode acontecer o Estado interessado ficar em minoria; existe um sistema de controle independente dos Estados, com a obrigação para estes de cooperarem com os órgãos disso encarregados; os Estados têm de prestar sistematicamente contas do cumprimento das obrigações assumidas, nomeadamente no campo da liberdade sindical, e mesmo no caso de não haverem ainda ratificado as respectivas convenções. Estes elementos, e outros que poderiam ser referidos, dão-nos uma imagem clara das limitações que são trazidas à soberania dos Estados membros da OIT (888).

Mais importante ainda que estas concretizações da limitação da soberania estadual é o princípio de base que as gera, e que assinalou na época uma autêntica revolução no Direito Internacional Público.

De facto, o DIP clássico assenta — e, como se disse, o DIP moderno não exclui, em princípio, esta posição — no princípio do individualismo internacional dos Estados, ou seja, na concepção da Comunidade Internacional como sociedade, na classificação de *Tönnies,* isto é, como soma dos interesses egoístas, e potencialmente em conflito, dos Estados soberanos. Totalmente ao contrário, neste domínio concreto da actividade social que é o do trabalho, os Estados membros da OIT logo na fase da gestação da organização aperceberam-se de que era

---

(887) No m. sent., Valticos, *op. cit.,* 124 ss. e bibl. cit.

(888) Mais desenvolvidamente, Valticos, *op. cit.,* 126 ss., e *Système,* 311 ss.; mais recentemente, Thierry e o., 461.

necessário cultivar um espírito de solidariedade em torno de interesses que já não eram individuais dos Estados, e portanto divergentes entre si, mas que se apresentavam como comuns à colectividade dos Estados: ora, a soberania, no sentido clássico de vontade individual do Estado e expressão dos interesses individualistas do Estado, não é compatível com os princípios do *interesse da Comunidade* ou da *interdependência,* com o princípio da *solidariedade* (889). Os Estados membros da OIT cedo tomaram consciência disso e aceitaram as suas consequências (890).

d) *O moderno Direito Internacional dos Direitos do Homem*

O espírito de solidariedade, e o consequente sentimento de interdependência que no domínio do Trabalho penetrou após a 1.ª Guerra mundial na ordem jurídica internacional, vai-se espalhando nos nossos dias a outras zonas muito importantes do DIP.

A primeira é a da protecção internacional dos Direitos do Homem.

O Direito Internacional dos Direitos do Homem, que tem a sua primeira fonte na Declaração Universal dos Direitos do Homem, das Nações Unidas, de 10 de Dezembro de 1948 (891), continua essencialmente fundado na soberania dos Estados. E por duas razões.

Desde logo, a vigência dos tratados internacionais sobre Direitos do Homem na ordem interna dos Estados depende do Direito Constitucional de cada Estado signatário, mas com as duas seguintes ressalvas: se o respectivo sistema constitucional adoptar o monismo nas relações entre o DIP e o Direito interno, aqueles tratados conservam na ordem interna a sua natureza internacional, e serão interpretados e aplicados como tais; se o monismo adoptado conceder o primado ao DIP, esses tratados estarão hierarquicamente subordinados à Constituição mas

(889) JESSUP, 41.
(890) Para mais pormenores, VALTICOS, *op. cit.,* 123 e bibl. cit.
(891) CASSIN, 321 ss.; VASAK, *Droit international,* 343 ss.

acima da lei ordinária, o que gerará a ineficácia das leis ordinárias, mesmo posteriores, que os contrariem ([892]).

Em segundo lugar, mesmo nos casos em que ao cidadão do Estado signatário é reconhecido o direito de queixa ou petição individual contra o Estado de que é nacional, a intervenção dos órgãos de controle ou o exercício por eles do seu poder de fiscalização fica dependente da vontade ou da iniciativa do respectivo Estado, inclusivamente nos casos em que há lugar a procedimento jurisdicional ou quase-jurisdicional ([893]).

---

(892) No m. sent., acerca da relevância da Convenção Europeia dos Direitos do Homem (CEDH) no ordenamento jurídico português, MOURA RAMOS, 163.

(893) Alguns exemplos. O art. 41.º do Pacto Internacional de Direitos Cívicos e Políticos da ONU, de 16-12-66, e o art. 46.º da CEDH contêm cláusulas facultativas de jurisdição obrigatória em relação, respectivamente, ao Comité dos Direitos do Homem e ao Tribunal Europeu dos Direitos do Homem. O art. 25.º da CEDH dispõe que o cidadão de um Estado que tiver ratificado aquela Convenção só pode dirigir uma queixa à Comissão se o respectivo Estado tiver aceite a competência da Comissão. O cidadão que se queixa à Comissão Europeia dos Direitos do Homem nunca pode ser parte, ele próprio, no respectivo processo perante o Tribunal Europeu dos Direitos do Homem. Se o Comité de Ministros delibera, sob relatório da Comissão Europeia, que houve violação da CEDH, e o Estado infractor insiste no seu comportamento, a única sanção que lhe pode ser aplicada é ... a publicação do Relatório da Comissão! Mesmo a Carta Social Europeia, que completou a CEDH e entrou em vigor em 1965, e que aprofundou bastante o Direito Europeu dos Direitos do Homem no domínio social, especialmente do trabalho, fica, na sua aplicação e no controle do seu cumprimento, na disponibilidade dos Estados, o que não é prejudicado pelo facto de os Estados signatários terem *voluntariamente* acedido a, mesmo antes da ratificação da Carta, dar consagração nos respectivos Direitos nacionais aos direitos nela reconhecidos. Segundo a Resolução 1503 do Conselho Económico e Social da ONU, de 25-5-70, a Comissão dos Direitos do Homem da Organização pode apreciar participações de cidadãos dos Estados membros mas apenas sob prévio consentimento expresso do respectivo Estado — v., por todos, THIERRY e o., 460 ss.; KOROWICZ, *op. cit.* (n. 93), 292; JIMÉNEZ DE ARECHAGA, *International Law*, 175; CARRILLO SALCEDO, 45 ss.; MAC BRIDE, 386 ss.; MARKS, 436 ss.; SCHREIBER, 223; DREYFUS, 307 ss.; DENISE BINDSCHEDLER-ROBERT, 608; e, por último, BERNHARDT, hoje Juiz no TEDH, *Schutz*, 68, 70. Especificamente quanto à Carta Social Europeia, WASESCHA, 44 ss., 271 ss.; WIEBRINGHAUS, sobretudo 299.

Todavia, é manifesto que também aqui o princípio da soberania individual dos Estados sofre limitações que as concepções clássicas do DIP não conseguem explicar.

Antes de tudo, parece que, por força das obrigações impostas aos Estados pelas disposições específicas dos arts. 55.º e 56.º da Carta da ONU — duas expressões do novo *princípio da solidariedade internacional* na Carta, no seguimento do seu art. 1.º n.º 3) —, a questão dos Direitos do Homem não deve ser considerada matéria do domínio reservado dos Estados, para os efeitos do art. 2.º n.º 7 da Carta. Assim o entendeu já o TIJ no Parecer de 1950 sobre a *Namíbia* (894), contrariando o que fora sustentado antes, pelo TPJI, no caso dos *decretos tunisinos e marroquinos* (895) e por si mesmo, no caso dos *tratados de paz com a Bulgária, a Hungria e a Roménia* (896).

Por outro lado, tem-se vindo a acentuar o esforço da doutrina no sentido de generalizar a atribuição de efeito directo (897) às disposições dos tratados internacionais sobre Direitos do Homem. A atenção dos autores tem-se concentrado, para esse efeito, muito especialmente (mas não só) na Carta Social Europeia (898). É certo que, como bem nota *Ganshof Van Der Meersch* a propósito da CEDH, a atribuição de efeito directo a um tratado internacional sobre Direitos do Homem não escapa aos critérios específicos adoptados pelo Direito Constitucional de cada Estado para dar relevância ao Direito Internacional convencional na sua ordem interna. Como se imagina, foi com esse enquadramento jurídico que o carácter *self executing* fora já admitido em 1928 pelo TPJI, no caso da *competência dos*

---

(894) 133.

(895) 24.

(896) 70. Cfr. JIMÉNEZ DE ARECHAGA, *op. cit.*, 176-177.

(897) *Efeito directo* e *aplicabilidade directa* são para nós, em DIP, ao contrário do que sucede no DC, a mesma coisa — v. *infra*, Cap. II, n.º 11 b).

(898) Exaustivo levantamento das propostas apresentadas com esse objectivo pode ver-se em WASESCHA, 153 ss. e 273 ss. Mas que a questão é muito controversa ficou demonstrado no Colóquio organizado em 1976 pelo Instituto de Estudos Europeus da Universidade Livre de Bruxelas sobre os 10 anos de aplicação da Carta Social Europeia — in *EuR* 1977, 89.

tribunais de Dantzig (898-A). Todavia, o mesmo Autor observa também que, mesmo nessas condições, a penetração mais rápida daqueles tratados que o seu efeito directo tem propiciado na ordem interna conduz a regras uniformes de interpretação daquela Convenção na ordem interna dos Estados membros e a uma harmonização dos critérios constitucionais de que os diversos Estados lançam mão para dar relevância na sua ordem interna aos tratados sobre Direitos do Homem (899). Já mais tarde, no Colóquio de Antuérpia, de 1981, esse Autor dispor-se-ia, porém, a ir mais longe e, em nome da «crescente internacionalização do mundo» e da «cada vez mais justificada consciência da necessidade de protecção dos Direitos do Homem», proporia a presunção de aplicabilidade directa das normas do Direito Internacional dos Direitos do Homem (899-A). Nessa mesma ocasião, *Bossuyt* alcançaria o máximo até hoje admitido pela doutrina, isto é, proporia a pura e simples identificação da aplicabilidade directa de uma norma do DIP com a aplicabilidade directa de uma norma do DC (899-B).

E, neste aspecto, não se pode esquecer o carácter pioneiro da jurisprudência belga, sem dúvida por influência de *Ganshof Van Der Meersch,* ao conceder efeito directo a disposições sobretudo da CEDH, dando-lhes mesmo prevalência sobre as disposições constitucionais internas em matéria de direitos, liberdades e garantias (899-C).

Por isso, já não parece demasiado ousada a previsão de *Jiménez de Arechaga* de que o efeito directo daqueles tratados e, portanto, a invocação pelo cidadão de uma sua cláusula contra o seu próprio Estado poderá, pelo menos em certas condições,

---

(898-A) 17-18; v. THIERRY e o., 273, e JIMÉNEZ DE ARECHAGA, *op. cit.,* 173.

(899) *Aspects,* 197 ss. Cfr. *infra,* Cap. II, n.º 11 b. Merece destaque especial neste aspecto a Carta Social Europeia, cujo efeito directo é vivamente discutido na doutrina — p. ex., discorda dele WIEBRINGHAUS, 299 —, mas quanto à qual não se pode negar a enorme relevância prática da harmonização levada a cabo pelos Estados nos termos descritos *supra,* n. 893.

(899-A) *Règle,* sobretudo 115-116.

(899-B) Especialmente 103-105.

(899-C) VELU, 294 ss.

não tardar a deixar de estar dependente das Constituições dos Estados (900). Pelo que mostrámos ser o estado actual da doutrina e da jurisprudência parece estarmos não muito longe desse ponto de viragem. Mas será necessário que se opere mesmo uma verdadeira viragem no DIP. Este ver-se-á obrigado a um tão profundo salto qualitativo nas suas relações com o Direito estadual em nome da necessidade de *humanizar* e *democratizar* as relações internacionais (901), transformando-se a protecção dos Direitos do Homem em principal fundamento do DIP, o que começaria pela atribuição da natureza de *ius cogens* às normas internacionais que os tivessem por objecto, embora para tanto fosse necessário que previamente se esbatessem as profundas diferenças de base que os dois blocos mantêm sobre os Direitos Humanos e a sua protecção internacional (902).

Daqui se vê, portanto, que também no domínio do Direito Internacional dos Direitos do Homem a cooperação e a solidariedade, impostas pela necessidade de assegurar uma maior protecção da dignidade da Pessoa Humana, ainda que numa fase embrionária e incipiente, têm vindo a substituir-se ao individualismo internacional clássico dos Estados e a trazer limitações aos interesses ditados pela soberania estadual (903). Era nessa perspectiva que logo depois da 2.ª Guerra, em 1947, *Charles de Visscher* via no Direito Internacional dos Direitos do Homem uma base da «renovação» do Direito Internacional (903-A).

---

(900) *Op. cit.*, 172 e 176.

(901) Vasak fala em «personalização do Direito Internacional dos Direitos do Homem» — *op. cit.*, 388 ss. Cfr. Bernhardt, *op. cit.*, 68 ss.

(902) Carrillo Salcedo, 48, 52, 255 ss., 284. Para um levantamento recente do estado actual do Direito Internacional dos Direitos do Homem, quer a nível pára-universal quer a nível regional, e no sent. das nossas observações, Bernhardt, *op. cit.*, 67 ss.

(903) Aproximadamente, Vasak, *op. cit.*, 403.

(903-A) *Droits fondamentaux*, epígrafe, 2 ss. e 152 ss.. O A. retomaria o tema mais tarde, *op. cit.* (n. 371), 153 ss. e 191 ss.

e) *A Nova Ordem Económica Internacional (NOEI)*

Outro domínio importante onde se nota que o Direito Internacional Público moderno não assenta necessariamente, e aqui nem mesmo principalmente, na soberania indivisível dos Estados e no consequente individualismo dos Estados nas relações internacionais é o da chamada Nova Ordem Económica Internacional (NOEI). Trata-se dum domínio que só há pouco a Ciência Jurídica descobriu, mas em cuja elaboração ela desempenha um papel insubstituível (904), como ficou expressamente reconhecido por *Tinbergen* no seu Relatório ao Clube de Roma (905), e como ainda há pouco foi mostrado por *Norbert Horn* (906).

Por Ordem Económica querem significar os manuais de Economia Política o conjunto de princípios de organização, normas, mecanismos de decisão, instituições e regras de comportamento que regulam a actividade económica de uma dada sociedade. É o Direito que cria parte importante desses princípios, dessas normas, dessas regras; noutra parte, o Direito aceita-os e modela-os tais como eles lhe são fornecidos pela Economia Política. A relação entre o Direito e a Economia a nível da Economia Mundial não apresenta, porém, o carácter unitário que se nos depara normalmente quando colocamos a questão ao puro nível da Economia Política dum Estado, razão pela qual devemos utilizar muita cautela ao falarmos unitariamente em «Ordem Económica Internacional», mesmo quando nos contivermos apenas dentro dos limites do Direito Internacional Público (907).

---

(904) Demonstram-no os estudos altamente especializados levados a cabo na Holanda pelas Escolas de Utreque e Leyden, sob a direcção do Professor VERLOREN VAN THEMAAT — v. deste A. o exaustivo estudo *Aufgabe*, 632 ss. e bibl. cit.

(905) 3 ss.

(906) Sobretudo 338, 346 ss.

(907) No m. sent., KAPTEYN, 218; KIMMINICH, 3. Para este último A., a diversidade do conceito de OEI traduz-se também no facto de o quadro jurídico das relações em que ela se exprime ser regulado por uma variedade de normas estaduais, de Direito Internacional Público e de Direito Internacional Privado. No m. sent., CARREAU e o., que por isso

Já em 1758 *Eméric de Vattel* invocava o *princípio da solidariedade* para fundar o «dever natural» dos Estados de ajudar outros Estados em caso de fome ou outras calamidades, até ao limite da sua própria existência. Esse dever teria como contrapartida, na titularidade dos Estados necessitados, um «direito incompleto» ou «imperfeito» (908). Tratara-se, porém, de uma voz isolada: a preocupação de formalmente se criar uma NOEI, baseada num corpo de princípios que se aproximassem daquele espírito, só se manifestaria no fim da 1.ª Guerra Mundial, que em tão mau estado deixara a Economia de muitos Estados europeus.

Até então, como já dissemos, o DIP dirigira-se quase exclusivamente a Estados soberanos. No campo económico isso traduzira-se na consagração do livre-cambismo entre os Estados, como expressão do liberalismo clássico. A guerra, porém, destruíra a crença no automatismo que, como força geradora da paz, era atribuída ao livre-cambismo. Daí, a necessidade de se alterar o próprio quadro jurídico em que se processavam as relações económicas entre os Estados.

Também neste domínio, portanto, o DIP vai deixar de continuar moldado apenas pelas concepções clássicas de teor individualista, para procurar satisfazer também a ideia de solidariedade. Para além da paz, também a solidariedade será, pois, conceito nuclear da NOEI (909).

Tem razão, portanto, o Professor *Kimminich* quando sustenta que com a criação da NOEI, também com ela, se operou uma «transformação do Direito Internacional Público», que foi determinada pelos seguintes factores: ele deixou, como dissemos, de ter como fundamento exclusivo o princípio do individualismo dos Estados para se basear também, e mesmo

---

falam em «pluridisciplinaridade» do Direito Internacional Económico — 11 ss.

(908) Cap. 1, § 2.

(909) No m. sent., VERWEY, 59 ss.; e, sobretudo, KIMMINICH, 6. Este A. fala em «paz e cooperação», mas utiliza esta última palavra, como se vê das pgs. que se seguem, com o sentido de «solidariedade». E a palavra «solidariedade», como mostram aqueles dois As., parece-nos apresentar um conteúdo jurídico mais rico do que a de «interdependência», conceito de que se servem CARREAU e o. para exprimir a mesma realidade — 16.

sobretudo (910), no «princípio da solidariedade internacional»; matérias que tradicionalmente se encontravam reservadas à soberania dos Estados passaram a situar-se na primeira linha das preocupações imediatas do DIP, como sejam os direitos dos indivíduos e grupos sociais, a situação das minorias, a protecção do ambiente, de tal modo que há quem por aqui descubra que o DIP, quando tem por objecto a NOEI, apresenta, ao lado dos sujeitos «tradicionais», sujeitos «novos», que seriam os indivíduos, as empresas, designadamente as empresas multinacionais, e outros indiferenciados organismos não governamentais e porventura até não públicos (911); e mesmo algumas questões herdadas do DIP clássico tiveram que ser revistas e reformuladas: foi o caso das relações entre o DIP e o Direito interno (912). É considerando toda esta evolução, onde ocupa lugar determinante o facto de o indivíduo e pessoas colectivas privadas terem deixado de ser objectos mediatos do DIP para passarem a ser seus sujeitos, ou pelo menos seus «participantes directos», que se pode dizer que o DIP da NOEI passou a dirigir-se mais a uma *comunidade de povos* do que a uma *sociedade de Estados* (913). E é essa a ideia que preside à construção de *Wolfgang Friedmann*, quando, pensando fundamentalmente na NOEI, fala na «alteração da estrutura do Direito Internacional» dum clássico «Direito Internacional da coexistência» para um novo «Direito Internacional da cooperação» (914), ou à de *Wolfgang Benedek*, que para o efeito tenta elaborar o conceito novo de «Direito Internacional do desenvolvimento» (915).

No que concretamente concerne ao *princípio da solidariedade internacional*, que no fundo se traduz na pedra angular de toda esta transformação, que, também pela via da NOEI, foi

---

(910) É a opinião de Carreau e o., *loc. cit.*

(911) Carreau e o., 9 ss. V. também *infra*, n. 997.

(912) Kimminich, 11.

(913) Kimminich, *loc. cit.*

(914) *General course*, 91 ss.; e *op. cit.* (n. 289), 1 ss.

(915) 881 ss.. No mesmo ano, a Academia de Direito Internacional promoveria um excelente colóquio sobre o Direito Internacional do desenvolvimento, cujas Actas foram eds. por Dupuy in *RC* 1979, merecendo destaque especial as comunicações de pgs. 99 ss. e 121 ss. V. também Thierry e o., 601 ss.; e nós próprios, *cit.* (n. 884).

trazida ao DIP ([916]), há autores ([917]) que consideram que ele faz já parte daquilo que *Mosler* designa de «ordem pública da Comunidade Internacional» *(«public order of the international community»)* ([918]). Através desse conceito Mosler quis exprimir o conjunto de princípios e regras que são vitais para a subsistência da Comunidade Internacional e para a preservação da sua ordem jurídica, de tal modo que se impõem a toda a actuação unilateral ou convencional dos Estados ([919]).

O princípio da solidariedade internacional não era ignorado em algumas obras antigas ([920]), mas foi sem dúvida redescoberto e desenvolvido como princípio fundamental da ordem jurídico-económica da NOEI ([921]). Por isso, todas as obras que no estudo da NOEI não cometam o erro de ignorar o seu enquadramento jurídico e os problemas jurídicos que ela coloca, bem como o valioso contributo que sobretudo o DIP tem dado à sua elaboração dogmática — ainda que porventura com um tratamento não convergente da parte da doutrina ([922]) —, situam aquele princípio no topo da lista das grandes normas que dão corpo jurídico à NOEI, e que geram um ordenamento que aparece designado normalmente por *Direito Internacional Econó-*

([916]) Encontramos em VERLOREN VAN THEMAAT, *op. cit.* (n. 904), 640-641, a construção jurídica do princípio da solidariedade internacional.

([917]) Por todos, KIMMINICH, 13.

([918]) *International society,* 33. Neste estudo, MOSLER retoma ideias que pouco antes JAENICKE, *Frage,* 81, e ele próprio, *op. cit.* (n. 7), 372 ss., haviam descoberto para a doutrina alemã.

([919]) *Op. cit.,* 33 ss. Como aí expressamente o demonstra, MOSLER não confunde este conceito de «ordem pública da Comunidade Internacional» com o de *ius cogens* — 35 ss.

([920]) Demonstram-no, p. ex., CHENERY, 242 ss.; ZIEBURA, 167 ss.; TINBERGEN, *passim;* FRITSCH, 357 ss.

([921]) V., por todos, HORN, *loc. cit.* (n. 906); e, ainda mais recentemente, as Actas do Colóquio organizado em Caracas, de 7 a 9-4-83, pelo Institut International Jacques Maritain sob o tema *Justice sociale internationale,* in *Notes et documents* (Itália), nova série, n.º 2/3, 26 ss., 33 ss. e 149 ss.

([922]) Cfr. VERLOREN VAN THEMAAT, *op. cit.,* 632 ss., e *Legal Issues,* 509 ss.; BECHER, 66 ss.; BENDER, *loc. cit.;* HOSSAIN, 3 ss.; KAPTEYN, 217 ss.; MAKARCZYK, 217 ss.; MARTIN, 502 ss.; MC WHINEY, *Law-making-process,* 57 ss.

mico (923), embora sobretudo alguns autores alemães prefiram qualificá-lo, de modo diferente, de «*Direito Económico Internacional*» («*Weltwirtschaftsrecht*») (924) (925) (926).

Embora ainda durante a 2.ª Guerra e no período imediatamente posterior ao seu termo tenham de ser vistas como emanações do princípio da solidariedade internacional no campo económico acontecimentos tão importantes como os Acordos de Bretton-Woods e o Plano Marshall, é sobretudo em sede das Nações Unidas que se tem lutado por uma NOEI (927). O Direito Internacional das Nações Unidas tem, assim, conciliado o fim da preservação da paz e da segurança internacionais com o da criação e do desenvolvimento de uma Ordem Económica Internacional baseada na solidariedade e na interdependência entre os povos, especialmente a partir do momento em que o início da descolonização do pós-guerra pôs a descoberto um grande fosso entre os Estados ocidentais, quase todos

---

(923) Entre as obras clássicas sobre a construção dogmática do Direito Internacional Económico numa perspectiva juspublicista, portanto como Direito Internacional Público da Economia, há que destacar especialmente os estudos de SCHWARZENBERGER, *Province,* ERLER, *Grundprobleme,* e PICONE. Mas merece também referência especial a obra dum renomado economista, RÖPKE, que, de modo muito original, mas também muito apropriado, demonstra o «aspecto económico do Direito Internacional», ou seja, a existência de «uma conexão íntima entre o Direito Internacional e os factos e problemas das relações económicas internacionais tais como os economistas os vêem», e elabora a noção de «interesse convergente da Ciência do Direito Internacional e da Ciência Económica na relação entre a Ordem Económica e o Direito Internacional» — sobretudo 208 ss. e 212 ss.

(924) Para citar apenas as melhores de entre essas obras, v. KIMMINICH, 13; RHEIN, 9 ss.; WÄLDE, 3 ss.; WELLENSTEIN, 222 ss.; COX, 257 ss.; HOHMANN, 82 ss.; e KAPTEYN, 217 ss.

(925) Nesta última designação, o adjectivo *internacional* deve ser entendido como sinónimo de *mundial,* para exprimir uma fiel tradução da expressão alemã.

(926) Todavia, CARREAU e o. servem-se em sinonímia das duas expressões para significarem o «Direito da ordem internacional económica» — 3 ss.

(927) VERWEY, 59 ss. O A. estuda a criação do GATT, do FMI, do grupo da Banca Mundial e da UNCTAD, entre outros organismos, no quadro do princípio jurídico da solidariedade internacional como «pedra angular» da NOEI.

altamente industrializados e com elevado nível de vida, e o resto do Mundo, nomeadamente os novos Estados da África e da Ásia, São várias as resoluções que a Assembleia Geral das Nações Unidas tem aprovado na matéria, a partir daquela que o comum da doutrina considera o primeiro documento saído das Nações Unidas neste domínio: a *Declaração sobre a garantia de independência aos territórios e povos coloniais,* aprovada pela Resolução da Assembleia Geral n.º 1514 (XV), de 14 de Dezembro de 1960 (928). De entre todas elas merece especial realce a *Carta dos direitos e deveres económicos dos Estados,* aprovada pela Resolução da Assembleia Geral n.º 3281 (XXIX), de 12 de Dezembro de 1974. E isso por duas ordens de razões: primeiro, pela própria importância do seu conteúdo para a dinamização de relações económicas justas entre os Estados (o que a Assembleia Geral já deixara antever na sua *Declaração sobre a criação de uma NOEI,* aprovada meses antes, pela Resolução n.º 3201, de 1 de Maio de 1974), importância que *Verloren Van Themaat* põe em destaque quando a considera um esboço duma «Constituição económica internacional» (929); depois — e é isto que nos interessa sublinhar aqui — porque, contrariando o espírito que presidira a todas as outras resoluções da Assembleia Geral na matéria da NOEI e o sentido da evolução do Direito Internacional Económico, essa Carta, não obstante acolher o princípio da solidariedade e da justiça social internacional, subestima-o e coloca-o na dependência do princípio da soberania estadual (sobretudo da soberania económica), princípio esse que ela, para além de conservar, reforça quase nos mesmos termos do DIP clássico, ainda que não o levando ao extremo do *ius ad bellum* do tradicional Direito da Paz e da Guerra (930).

---

(928) Um rol actualizado dessas resoluções encontramo-lo em KIMMINICH, 8-9.

(929) *Op. cit.* (n. 904), 643.

(930) De facto, se é certo que o art. 1.º da Carta procura obter um equilíbrio entre os princípios do «respeito pelos Direitos do Homem e pelas liberdades fundamentais», da «promoção da justiça social internacional», da «cooperação internacional com vista ao desenvolvimento», por um lado, e da «soberania», da «igualdade soberana de todos os Estados», da «coexistência pacífica», por outro, os arts. 2.º e 3.º rompem esse equilíbrio ao «recuperarem» (THIERRY e o., 626) «o direito soberano e

Pode-se, portanto, dizer, tanto quanto isso nos interessa neste lugar da nossa dissertação, que também no domínio da NOEI o DIP deixou de se fundar apenas na soberania dos Estados e, reflexamente, no seu individualismo internacional, para o fazer também, e até sobretudo, apesar da *Carta dos direitos e deveres económicos dos Estados,* na solidariedade *entre os povos* e *entre os cidadãos* do Mundo. Juntamente com o Direito Internacional do Trabalho e com o Direito Internacional dos Direitos do Homem (931), mas mais ainda do que eles, o ordenamento jurídico da NOEI passou para segundo plano os interesses egoístas dos Estados, que se traduzem na projecção da sua soberania individual, para construir as relações internacionais na base da solidariedade e da justiça social entre os povos (932), que impõem limitações à soberania dos Estados. Por outras palavras: no caso concreto da NOEI, e não obstante o retrocesso trazido pela *Carta dos direitos e deveres económicos dos Estados,* o fim último do DIP, como bem observa o Professor *Verloren Van Themaat,* deixou de ser ditado, «ao menos predominantemente», pelos interesses dos Estados para o passar a ser pelos interesses dos

---

inalienável de escolher o seu (do Estado) sistema económico» (art. 2.º) e a «soberania inteira e permanente sobre todas as riquezas, recursos naturais e actividades económicas» (art. 3.º) e, pior do que isso, ao subtraírem ao DIP, para colocarem na exclusiva alçada do Direito estadual, os actos coercivos sobre investimentos estrangeiros ou sobre actividades de empresas multinacionais, bem como os actos de nacionalização, expropriação ou «transferência» de propriedade sobre bens estrangeiros, e, em termos dúbios, quanto ao respectivo regime indemnizatório — no m. sent. do nosso pensamento, KIMMINICH, 14, que fala em «sobreacentuação» da soberania dos Estados, ao pensar sobretudo nos arts. 2.º e 3.º; KAPTEYN, 220; VERLOREN VAN THEMAAT, *op. cit.,* 643 ss.; THIERRY e o., 619 e 626 ss.; e sobretudo FEUER, 284 ss. e 289 ss., e JIMÉNEZ DE ARECHAGA, *op. cit.* (n. 893), 300 ss.

(931) Como há pouco dissemos, o sentido amplo da NOEI engloba a própria protecção dos Direitos do Homem — é o que, aliás, dispõe, como vimos, o art. 1.º da *Carta dos direitos e deveres económicos dos Estados.* Todavia, a NOEI não esgota o Direito Internacional dos Direitos do Homem, designadamente para os fins que aqui prosseguimos, pelo que autonomizámos as duas matérias.

(932) Para TOMUSCHAT, *Weltwirtschaftsordnung,* 97, a NOEI leva, na fundamentação do DIP, à «substituição» do «egoísmo» pela «solidariedade».

povos e dos indivíduos (933). É nesta base que se compreende que tenha sido sobretudo pela via da NOEI que a doutrina tenha começado a falar num Direito Internacional «novo» (934), num DIP «da cooperação» e «da solidariedade» e não apenas «da coordenação» e «da coexistência» (935), melhor, um DIP «do desenvolvimento» (936) (937).

f) *O novo Direito do Mar*

Talvez o domínio do DIP que mais recentemente se deixou penetrar pelo princípio da solidariedade e pela ideia de comunidade, por oposição à concepção societária do tradicional Direito Internacional de coordenação das soberanias estaduais, foi o do Direito do Mar (expressão que na Ciência Jurídica e na prática internacional ocupa um espaço mais vasto do que o clássico Direito Internacional Marítimo), após a assinatura, por 117 Estados (incluindo Portugal), em 10 de Dezembro de 1982, em Montego Bay, na Jamaica, da *Convenção das Nações Unidas sobre o Direito do Mar,* que, todavia, ainda não entrou em vigor, o que, por força do seu art. 308.º n.º 1, só acontecerá decorridos que estejam doze meses após o depósito do 60.º instrumento de ratificação ou adesão (938).

A problemática do Direito do Mar tem aparecido geralmente incluída na questão mais global da NOEI. De facto, sobretudo os novos Estados saídos da descolonização do pós-guerra têm integrado a exigência de uma mais equitativa dis-

---

(933) *Op. cit.*, 645.

(934) Sem embargo de retomarmos mais adiante esta questão, v., das obs. já cits., por todos, Horn, 344, e Tomuschat, *op. cit.,* 97.

(935) Por todos, Tomuschat, *op. cit.,* 99.

(936) Por todos, Kimminich, 11 ss.; Thierry e o., 601; Verdross/ /Simma, sobretudo 60 e bibl. cit.; Flory, 37 ss. e 325 ss. V. também as Actas do Colóquio *cit.* na n. 915 e as nossas reflexões sobre a matéria, *loc. cit.* (n. 884).

(937) Dada a índole desta dissertação, ocupámo-nos obviamente da perspectiva jurídica, concretamente jurídico-política ou juspublicista da NOEI. Para um balanço actualíssimo das questões económicas, sociais e políticas da NOEI, v. McCulloch, 19 ss.

(938) Texto em Treves, 79 ss.

tribuição dos recursos marinhos na lista das reivindicações por uma NOEI [939]. Todavia, a profundidade com que aquela Convenção se socorreu das ideias de solidariedade e comunidade, mesmo por confronto com o ordenamento jurídico comum ou geral da NOEI, justifica que autonomizemos a evolução do Direito do Mar.

Em que medida se pode afirmar, como o faz *Tullio Treves* [940], que a Convenção de 1982 lançou os fundamentos do *novo* Direito do Mar, por oposição ao *velho* Direito do Mar, criado pelas Convenções de Genebra de 1958?

A Convenção de 1982 repousa sobre quatro pilares fundamentais: o reconhecimento dos interesses dos Estados costeiros através do reforço dos seus poderes «soberanos» sobre os mares adjacentes (mediante, sobretudo, a permissão do alargamento do mar territorial até 12 milhas — art. 3.º); a consagração do «interesse comum» da Comunidade Internacional na preservação do ambiente marinho e na fruição dos vastos e ricos recursos minerais do fundo do mar, que se encontram fora da área da soberania estadual; a salvaguarda do princípio da liberdade dos mares; e a adopção de um sistema institucionalizado e obrigatório de solução de litígios, através do Tribunal Internacional do Mar [941].

Merecem destaque especial os primeiros dois vectores: o primeiro traduz-se numa clara contrapartida dada à soberania estadual em troca da subordinação do segundo vector ao interesse comum da Comunidade Internacional. E este último representa, de facto, a grande inovação de fundo da nova Convenção, ou seja, a ideia de que no Direito do Mar passa a existir um «património comum da Humanidade» (art. 136.º), embora o princípio, em si mesmo, já venha da Resolução 2749-XXV, de 1970, da Assembleia Geral das Nações Unidas [942]. Esse património comum da Humanidade será administrado por uma Autoridade internacional dos fundos marinhos (arts. 146.º e seguintes) [943].

---

(939) TREVES, 3.

(940) 1 ss.

(941) TREVES, 9 ss., 19 ss., 47 ss., 63 ss. e 75 ss.

(942) WOLFRUM, 312 ss.; TREVES, 53.

(943) A Autoridade, que simboliza o interesse da Comunidade

O *princípio do património comum da Humanidade,* para o qual entretanto *Wolfrum* procurou um conteúdo doutrinário (944), constitui, pois, a grande conquista dogmática do novo Direito do Mar, enquanto inocula no DIP o conceito de um *interesse integrado,* o *interesse comum* da Comunidade Internacional nos fundos marinhos, e enquanto se deixa penetrar pela ideia de que, havendo um mar costeiro sob a soberania dos Estados, existem também fundos marinhos que pertencem a toda a Comunidade Internacional (945). Por outro lado, a relação que se estabelece entre a Autoridade, como representante do interesse integrado da Comunidade Internacional, e o Conselho, que exprime o interesse dos Estados, denota uma clara inspiração no figurino jurídico das Comunidades Europeias.

Cabe uma referência final ao sistema de jurisdição obrigatória definido para a resolução dos litígios, nos arts. 287.º e seguintes, o que coloca o novo Direito do Mar em estado muito mais avançado do que o Direito das Nações Unidas e o Direito Internacional dos Direitos do Homem, e também por aqui o aproxima do Direito das Comunidades Europeias (946) (947).

g) *O Direito das Nações Unidas*

Na análise a que estamos a proceder neste número deixamos para o fim o Direito das Nações Unidas. Cronologicamente, a Carta da ONU precede a alguns dos domínios jurídicos que estudámos nas alíneas anteriores; mas entendemos que naqueles é mais sensível, ou assume maior repercussão, o abandono pelo

---

Internacional, é coadjuvada pela Empresa e pela Assembleia, havendo ainda um Conselho, que reflecte a ideia de protecção dos interesses particulares dos Estados, e um Secretariado — TREVES, 54, 57 ss.

(944) *Loc. cit.*

(945) TREVES, 53 ss.

(946) TREVES, 75 ss.; e JAENICKE, *Dispute Settlement,* 813 ss. Sobre o Tribunal Internacional do Mar, WEDEL, 634 ss.

(947) Resenha abreviada dos aspectos mais importantes da Convenção de 1982 pode ver-se em *ONU Chronique* 1982-6, 3 ss. Sobre o Direito do Mar anterior à Convenção de 1982, v. MONACO, *Manuale,* 366 ss., e DIEZ DE VELASCO, I, 273 ss.

DIP da soberania como seu fundamento necessário, e foi por isso que nos ocupámos deles antes.

É certo que algumas das matérias referidas nas alíneas anteriores integram-se num lato Direito das Nações Unidas ou, pelo menos, prendem-se, de modo directo ou indirecto, como vimos, com a actividade daquela Organização: pensemos na actuação da ONU no domínio da protecção e da garantia dos Direitos do Homem; no seu contributo activo para a NOEI (948); na circunstância de o novo Direito do Mar se consubstanciar numa Convenção aprovada sob os seus auspícios. Mas nesta alínea só nos debruçaremos sobre o que, em sentido estrito, a Carta da ONU e o seu sistema jurídico nos fornecem com relevância para a matéria que neste lugar nos interessa.

Desde logo, significa o repúdio pela concepção clássica que o DIP tinha da soberania dos Estados a adopção pela Carta do princípio da maioria.

É certo que este argumento vê a sua importância diminuída em relação à Assembleia Geral, cujas deliberações não têm na prática efeito vinculante para os Estados, antes de mais porque esse efeito lhes foi recusado na Conferência de S. Francisco (949).

Todavia, o mesmo não acontece quanto ao Conselho de Segurança, melhor, quanto às suas «decisões» obrigatórias. Aí, o Estado em questão, ou por, sendo membro do Conselho, ter ficado em minoria na votação, e a moção tenha sido aprovada, ou por nem sequer ser membro do Conselho, e a moção tenha, na mesma, sido aprovada, tem de acatar e cumprir a deliberação do Conselho de Segurança *contra a sua vontade*. Isto é válido, concretamente, para as medidas previstas nos arts. 41.º e 42.º da Carta, em relação às quais, por constarem do seu Capítulo VII, excepcionalmente não procederá a invocação da excepção do domínio reservado (art. 2.º n.º 7 *in fine*) (950).

---

(948) V. a nossa Nota Introdutória, *cit.* (n. 884), 8-10; e RUCZ, 283 ss.

(949) Pormenores em CARRILLO SALCEDO, 370, com indicação de bibl. complementar.

(950) Assim, VON LINDEINER-WILDAU, 95 ss. Sobre as «decisões» obrigatórias do Conselho de Segurança v., por todas, a recente obra de CONFORTI, *Nazioni Unite*, 251 ss., com bom levantamento doutrinário. O TIJ pronunciou-se expressamente sobre o carácter vinculante para os

Mas há outros domínios do Direito das Nações Unidas onde este se não dirige à soberania dos Estados.

Já nos referimos atrás, e por isso não insistiremos nisso, ao caso dos arts. 55.º e 56.º da Carta, com o apoio da jurisprudência do TIJ.

Agora debruçar-nos-emos sobre a questão da administração *directa* pela ONU de territórios não autónomos, questão essa que aparece muito negligenciada pela doutrina.

Pela resolução 2248 (S-V), de 19 de Maio de 1967, a Assembleia Geral criou o *Conselho das Nações Unidas para a Namíbia,* como corolário lógico da declaração de cessação do mandato exercido pela União Sul-Africana e da assunção de uma responsabilidade directa da parte da ONU pela administração do território. Esse Conselho tinha competência legislativa e administrativa directa sobre o território da Namíbia, substancialmente próxima dos poderes que o Direito estadual reconhece a um Estado sobre o seu território (951), embora sujeita a dois limites: ele tinha de prestar contas do exercício dos seus poderes à Assembleia Geral, de quem os recebera por delegação, e existia um limite temporal ao seu exercício, que era dado pela independência do território.

O fundamento desse órgão na Carta da ONU era evidente: ele fora criado ao abrigo do seu art. 22.º, tendo as suas funções sido definidas em conformidade com as disposições conjugadas dos arts. 10.º, 1.º n.º 2 e 14.º do mesmo Tratado. E note-se que nenhum Estado contestou à data a legalidade da criação desse Conselho (952).

A especificidade deste caso em nada fica prejudicada pelo facto de, *na prática,* esse órgão não ter podido até hoje exercer o seu poder efectivo sobre o respectivo território, em virtude de, ao contrário do previsto quando da sua criação, não haver conseguido ter a sua base operacional no território a adminis-

---

Estados das «decisões» do Conselho de Segurança, no qu[illegible]ro da disposição geral do art. 25.º da Carta da ONU, no Parecer de 21-6-[illegible] sobre a *Namíbia,* 52 ss.

(951) Como o reconhece o único estudo que enc[illegible]trámos sobre o assunto — BARSOTTI, 54.

(952) BARSOTTI, 58.

trar, porque o governo sul-africano a isso se tem oposto. É essa, aliás, a única diferença entre o Conselho das Nações Unidas para a Namíbia e a *Autoridade Executiva Transitória das Nações Unidas (United Nations Temporary Executive Authority)*, à qual foi confiada a administração do Território da Papua: esta pôde cumprir integralmente as suas obrigações como autoridade *de jure* e *de facto* sobre o território respectivo, em virtude da cooperação nesse sentido prestada pelos dois Estados interessados, os Países Baixos e a Indonésia.

Mesmo assim, e apesar da falta de efectividade do seu poder administrante, o Conselho para a Namíbia, sob permissão expressa da citada Resolução n.º 2248 da Assembleia Geral, criou normas legislativas dirigidas à população do território (embora não aplicadas *de facto*); praticou actos administrativos *hoc sensu* (ainda que não executados no território), como a aprovação de programas de educação e formação profissional; exerceu competência financeira quanto aos habitantes do território, como foi o caso da gestão do financiamento obtido da OUA para a criação de postos de trabalho para os namibianos; concluiu acordos internacionais em relação a estes, como, por exemplo, em matéria de documentos de viagem e de identidade; etc. ([953]).

Esta administração directa dum território e dos seus habitantes exercida pelas Nações Unidas não se explica dentro dos parâmetros clássicos do DIP, em que aquela Organização se deveria confinar à coordenação das soberanias dos Estados membros, tendo por objecto apenas estes e não directamente os indivíduos ([954]).

Interpretação oposta retira da Carta da ONU a doutrina soviética, para a qual ela assenta unicamente no *princípio da soberania ilimitada do Estado*, que extrai do art. 2.º n.º 1 da Carta e, complementarmente, da *Declaração das Nações Unidas sobre*

([953]) Mais desenvolvidamente, BARSOTTI, 60 ss., 74.

([954]) Assim, BARSOTTI, 53 ss. Note-se que este fenómeno da administração directa pela ONU de um território sob tutela influenciou decisivamente VERDROSS na criação do conceito de *Direito interno das organizações internacionais* — *supra*, n. 201. Interpretação idêntica à que sustentámos no texto dá-nos SUZANNE BASTID, *op. cit.* (n. 87), 494, quanto ao citado caso da Papua, embora sublinhando o carácter excepcional da situação dentro do Direito das Nações Unidas.

os princípios de Direito Internacional relativos a relações de amizade e cooperação entre Estados, aprovada pela Assembleia Geral pela Resolução n.º 2625 (XXV), no 25.º aniversário da Organização (955). Note-se que esta tese soviética influenciou no essencial a Acta Final de Helsínquia, assinada em 1975, onde houve a preocupação de se acentuar a soberania dos Estados (956).

h) *Observação final*

Não foi nossa intenção esgotar nas alíneas anteriores os domínios onde o DIP não tem como fundamento necessário a soberania dos Estados, mas tão-somente referir as principais áreas do ordenamento jurídico-internacional onde isso acontece. Assim, por exemplo, deixamos de lado, por o seu domínio material ser bastante mais restrito, a EUROCONTROL, criada pela Convenção Internacional sobre Cooperação para a Segurança do Tráfego Aéreo, assinada em 13 de Dezembro de 1960, e quanto à qual o *Bundesverwaltungsgericht* (Tribunal Administrativo federal) alemão já entendeu (957), face à competência que aquela Convenção confere aos órgãos da Organização, que a República Federal alemã procedera a seu favor, através da Lei aprovada pelo *Bundestag* em 14 de Dezembro de 1962 (958), a uma «transferência de poderes soberanos», autorizada pelo art. 24.º n.º 1 da Lei Fundamental de Bona, em termos análogos à realizada em favor das Comunidades (959) (959-A).

---

(955) V. *supra*, n. 883.

(956) Assim, MOSLER, *op. cit.* (n. 487), n. 18.

(957) No caso *EUROCONTROL*, julgado em 16-9-77 — 1759. O Tribunal Administrativo do *Land* de Bad-Würtenberg confirmaria essa doutrina no seu Acórdão de 7-8-79, e o mesmo fá-lo-ia outra vez o Tribunal Constitucional federal no seu Ac. de 23-6-81. Sobre este último Ac. v. a anotação de TORSTEN STEIN, in *ZaöRV* 1982, 596 ss.

(958) *BGBl* de 20-12-62, 2273 ss.

(959) Parece que as alterações trazidas à Convenção pelo Protocolo de 12-2-81, assinado, curiosamente, pelos sete signatários daquela Convenção e por Portugal, não modificaram, pelo menos no essencial, os «poderes supranacionais» da EUROCONTROL — no m. sent., MOUSSÉ, especialmente 35, e bibl. cit.; e T. STEIN, anotação cit., 596 ss.

(959-A) Entre os domínios que deixámos de lado figuram alguns espaços regionais onde já há tribunais internacionais de jurisdição obri-

Mas, pelo exame dos domínios sobre os quais recaiu a nossa investigação — que a doutrina não põe em causa que pertencem, quer dogmática quer cientificamente, ao DIP —, ficou, julgamos nós, suficientemente claro que o DIP, no estado actual da sua evolução, não se dirige unicamente aos Estados soberanos e aos seus interesses e não tem como fundamento necessário a soberania dos Estados.

15. *Conclusão global deste § 2.º*

Julgamos ter demonstrado, com desenvolvimento suficiente, que, de harmonia com a ordem jurídica comunitária vigente, portanto, conforme o actual estádio de elaboração e de evolução do Direito Comunitário, também por esta via se não pode estabelecer uma incompatibilidade, uma antinomia entre o Direito das Comunidades Europeias e o DIP, com o fundamento de que aquele repousa numa «transferência definitiva de poderes soberanos» dos Estados membros para as Comunidades e, por conseguinte, numa «limitação da sua soberania» em benefício das Comunidades.

Sem o intuito de nos repetirmos, vamos agora compendiar em três pontos tudo o que escrevemos ao longo deste § 2.º

Para começar, em nosso entender a relação que se estabelece entre os Estados membros e as Comunidades, e que leva à génese do poder político comunitário, não se consubstancia, para falarmos com rigor jurídico, numa relação de transferência de poderes, mas numa relação de delegação de poderes, ainda que moldada pela teoria da transferência, com o entendimento que demos a este conceito à luz do Direito Administrativo Comparado e também, acessoriamente, do Direito Constitucional Comparado.

Não havendo uma transferência de poderes, não se verifica da parte dos Estados um acto de disposição ou alienação, uma cessão definitiva dos seus poderes soberanos em benefício das Comunidades. E porque há uma simples delegação de poderes,

---

gatória — v. RUDOLF BERNHARDT (ed.), *Enciclopedia of Public International Law*, t. I (1981) — *Judicial Settlement of International Disputes*, 126-127.

embora estruturada segundo a teoria da transferência, os Estados conservam a *raiz*, a *titularidade nua*, o *fundamento*, a *substância* ou a *essência* («*Wesensgehalt*») desses poderes, podendo, em consequência, em qualquer altura, e por sua exclusiva vontade, revogar a delegação e recuperar o pleno exercício dos poderes delegados. Fá-lo-ão por duas vias, como mostrámos: ou ab-rogando os tratados institutivos, ou revendo-os de tal forma que deles seja eliminada a construção das relações entre os Estados membros e as Comunidades segundo o modelo jurídico da delegação pela teoria da transferência de poderes. Demonstrámos que não existe nos tratados nada que impeça uma ou outra coisa.

Daqui resulta que o poder político comunitário, para além de dever ser visto como um poder político *derivado* da soberania dos Estados, e não como um poder político *originário* (o que se não modificaria se entendêssemos que ele nascia duma transferência definitiva de parcelas da soberania dos Estados membros), como acontece com os Estados que compõem uma federação, é também um poder não-autónomo, no sentido específico em que a sua subsistência fica dependente da vontade dos Estados membros.

Tudo isto — quer a construção das relações entre os Estados membros e as Comunidades pela delegação estruturada pela teoria da transferência quer a consequente não autonomia do poder político comunitário — representa, do ponto de vista jurídico, apenas um corolário do princípio fundamental do sistema jurídico comunitário, segundo o qual, na fase actual da evolução do Direito Comunitário, continuam os Estados a ser os «donos dos tratados».

Mas — e agora passamos ao segundo dos três pontos desta conclusão —, para além de o poder político comunitário nascer de uma delegação de poderes soberanos da parte dos Estados membros, acontece que estes poderes soberanos são recuperados pelos Estados a nível comunitário, porque é o Conselho, como expoente do elemento intergovernamental da integração, isto é, como expressão dos interesses estaduais e, portanto, da soberania dos Estados membros, que, salvo na CECA, detém o poder de decisão final no exercício do poder político das Comunidades (com excepção do poder judicial).

Desse poder de decisão final do Conselho interessa-nos destacar, com interesse directo para esta dissertação, o poder legislativo, na medida em que é através dele que o Conselho vai gerar o Direito Comunitário *novo,* como conjunto de regras gerais, abstractas e inovadoras para a ordem jurídica comunitária, em subordinação directa aos tratados. Isto significa, portanto, que o poder de criação de Direito *novo* é exercido nas Comunidades pela óptica dos interesses estaduais e não do interesse comunitário. Isto em nada é afectado, como também demonstrámos, pela circunstância de o Conselho ser um órgão das Comunidades e de, por esse facto, a vontade por ele expressa ser juridicamente imputável às Comunidades — melhor: à Comunidade em cujo quadro actua em cada caso concreto —, de harmonia com a teoria geral da personalidade colectiva.

Como já advertimos, é certo que esta análise não reflecte a relação entre o elemento internacional e o elemento supranacional no Direito da CECA, onde é a Comissão que detém o poder final de decidir (incluindo o de legislar). Mas a caracterização em geral da ordem jurídica comunitária e, nomeadamente, das relações que intercedem entre o elemento interestadual e o elemento comunitário tem de tomar como critério comum, como padrão, a sua mancha geral, que nos é dada pelo Direito da CEE, pelo simples facto de ser esta a mais importante Comunidade, o que decorre, antes de tudo, do facto de ela englobar o conjunto da actividade económica (960). Isso explica, aliás, por que tantas vezes, até do ponto de vista didáctico, se fala em Direito Comunitário a pensar apenas no Direito da CEE.

O terceiro e último ponto que, à guisa de conclusão, decorre das páginas anteriores é que também não se pode invocar a «limitação da soberania» dos Estados membros, resultante da «transferência» por estes de poderes soberanos para as Comunidades, como factor de uma antinomia entre o Direito Comunitário e o Direito Internacional. E esta afirmação tem de ser dividida em duas ideias.

(960) Como oportunamente salientámos, a CEE não deixa, porém, de ser uma Comunidade *sectorial* ou *funcional,* porque, embora cubra toda a actividade económica, só abarca a actividade económica. V. *supra,* Parte I, Cap. II, n.º 8.6.

Por um lado, no estádio actual da integração europeia os Estados membros das Comunidades, como há pouco recordávamos, não vêem afectada a sua soberania como *qualidade,* como *substância,* como *raiz* — é o conceito qualitativo de soberania que propusemos para o efeito. Apenas lhes fica diminuída a sua soberania *quantitativa,* ou seja, eles apenas se vêem desprovidos de alguns dos poderes soberanos em que a soberania qualitativa se exprime (como consequência da aceitação da divisibilidade da soberania), nos domínios já abrangidos pela integração, e mesmo assim a título revogável, através da construção que demos à noção da «transferência de poderes soberanos», isto é, através da figura da delegação de poderes.

Mas, por outro lado, também a soberania indivisível dos Estados deixou de ser fundamento *necessário* do Direito Internacional moderno. Por outras palavras, o DIP deixou de ter como sujeitos praticamente apenas Estados soberanos, deixou de ter como objecto praticamente apenas a definição de direitos e obrigações recíprocos entre Estados soberanos.

Foi sobretudo a partir da 1.ª Grande Guerra que o Direito Internacional Público sofreu uma transformação profunda, que fez com que ele deixasse de se nos apresentar necessariamente como o clássico *ius belli ac pacis,* de Grócio, isto é, como uma ordem jurídica de coordenação das soberanias estaduais, que repousava unicamente no individualismo internacional dos Estados e que, por isso, repetimos, tinha estes como seus únicos sujeitos: a partir daí, e sobretudo no domínio da NOEI e em matéria de Direito Internacional do Trabalho, mas também no Direito Internacional dos Direitos do Homem e no próprio Direito das Nações Unidas, o Direito Internacional Público tem vindo paulatinamente, nuns domínios com maior intensidade do que noutros, a aceitar limitações à soberania dos Estados em nome dos princípios da interdependência e da solidariedade entre os povos e da justiça social internacional, que engloba o princípio do respeito e da salvaguarda da dignidade da Pessoa Humana. A prová-lo está o facto de aqueles princípios já possuírem elaborado tratamento dogmático como princípios fundamentais do DIP em domínios concretos [961].

---

(961) V. *ops. cits. supra,* a propósito sobretudo do n.º 14.4 e).

Por todas estas razões, que desenvolvemos ao longo deste §, compreende-se agora melhor por que nos recusámos a qualificar a ordem jurídica comunitária de Direito supranacional (962). De facto, a investigação a que procedemos ao longo das páginas não só deste § como, de um modo geral, de todo o presente capítulo, e os resultados a que ela nos conduziu, mostram-nos que no Direito das Comunidades Europeias não encontramos nenhum dos elementos do conceito jurídico de supranacionalidade que na devida altura adoptámos (963).

E isto porque o DC não resulta duma transferência (portanto, definitiva e irrevogável) de poderes soberanos dos Estados (com a qual, como oportunamente afirmámos, tantas vezes aparece identificada a supranacionalidade), mas sim duma simples delegação, ainda que moldada pela teoria da transferência; consequentemente, o poder político comunitário não possui autonomia em relação ao poder político dos Estados, já que, pela via da delegação, ele fica na disponibilidade dos Estados membros, podendo estes inclusivamente, por sua exclusiva vontade, dissolver as Comunidades, e, assim, pôr fim ao poder político comunitário e, por via disso, à ordem jurídica comunitária, sem que os tratados comunitários a isso se oponham; também se não encontra preenchido o requisito da independência no exercício do poder comunitário por confronto com os interesses dos Estados, justamente porque o poder legislativo — e dissemos por que é que é este que mais nos interessa nesta dissertação — se encontra atribuído na CEE e na CEEA ao Conselho, como representante dos interesses estaduais no processo da integração europeia e a eles directamente subordinado.

Isto significa que, depois de na devida altura termos demonstrado que o Direito Comunitário não é equiparável à ordem jurídica estadual, nem é reconduzível ao Direito federal, nem se enquadra nos parâmetros clássicos do Direito Internacional, que assenta na soberania indivisível dos Estados, nem é uma ordem jurídica *sui generis,* antes de mais porque não se sabe em que é que isso consiste, chegamos à conclusão de que ele também

---

(962) *Supra,* Parte I, Cap. II, § 3.º e remissão do n.º 12 desse capítulo.
(963) *Supra, ibidem,* n.º 11.

não pode ser caracterizado através do recurso ao princípio jurídico da supranacionalidade, não obstante ser essa a via que mais vulgarmente a doutrina utiliza, em muitos casos (como vimos na Parte I, Capítulo I, § 1.º) apenas por tradição ou por comodidade, para definir a natureza jurídica das Comunidades Europeias e (quando ela sobre isso se debruça) do Direito Comunitário.

CAPÍTULO II

Conclusões gerais e finais

§ 1.º

Resultados da investigação

1. *Introdução: proximidade, e não antinomia, de normas entre o Direito Comunitário e o Direito Internacional Público*

Os resultados da nossa investigação, e concretamente a fundamentação das várias componentes em que analiticamente se divide a posição que adoptámos quanto ao objecto desta dissertação, isto é, quanto à natureza jurídica do Direito Comunitário face ao Direito Internacional, ficaram já em grande parte adquiridos através das conclusões parcelares que fomos extraindo ao longo do capítulo anterior, à medida em que íamos apreciando os argumentos aduzidos pelas teses contrárias e, a propósito disso, desenvolvendo e justificando a nossa própria posição acerca da matéria. Cabe-nos agora estabelecer o traço lógico de união entre essas várias conclusões parcelares e propor a síntese final.

Da longa investigação que levámos a cabo para fundamentar a nossa posição própria acerca da natureza jurídica do Direito Comunitário parece ter ficado claro que, no estado actual da evolução quer do Direito Comunitário quer do Direito Internacional, não é possível afirmar-se uma antinomia, uma incompatibilidade de essência entre as duas ordens jurídicas.

Antes pelo contrário, o que decorre da investigação que aqui terminamos é que se está a verificar uma dupla e convergente aproximação entre uma e outra: não só o Direito Comunitário ainda não ultrapassou a fase da *interestadualização*, que lhe permita atingir o ponto de viragem definitiva (no sentido da expressão britânica de *point of no return*, tão cara a um jurista germânico como o Professor *L. Constantinesco* (964)) rumo à integração, como também o Direito Internacional vai deixando de se fundamentar exclusivamente na soberania dos Estados e desde há muito que tem vindo a deixar-se *comunitarizar*, para o que, aliás, conforme demonstrou num notável estudo o Professor *Pescatore*, tem recebido um forte contributo da própria elaboração do DC (965) (966).

Por outras palavras, em vez de dois pólos extremados e separados por uma diferença de carácter *essencial* ou *qualitativo*, que se traduzam na existência, dum lado, de um Direito integrado, de tipo estadual (vocacionalmente federal), e, doutro, de um Direito de mera coordenação de soberanias, portanto, fundado exclusivamente no individualismo internacional dos Estados, em suma, um simples «Direito de Estados soberanos», para nos servirmos de uma expressão muito utilizada para o efeito por *Schwarzenberger* (966-A), temos, no momento actual,

---

(964) *Op. cit.* (n. 591), 170.

(965) *Op. cit.* (n. 161), 501 ss. Esse contributo resume-se, no pensamento daquele Juiz do Tribunal das Comunidades, a quatro ideias: a crença na divisibilidade da soberania (502 ss.), a nova concepção estrutural da sociedade internacional (511 ss.), a nova concepção quanto aos modos de criação de Direito (514 ss.) e a nova concepção quanto ao exercício da função jurisdicional no plano internacional (517 ss.). Não cabe aqui a apreciação desta tese; basta-nos referir a questão.

(966) Chegámos a pensar inicialmente em incluir no plano desta dissertação, para o tratarmos *ex professo*, o problema do contributo dado pelo DC para a elaboração dogmática e a evolução do DIP nestas últimas três décadas, problema esse ao qual a doutrina infelizmente quase não tem atribuído importância. Mudámos, porém, de ideias, dado que não se trata duma questão essencial ao tratamento do tema deste livro e porque, além disso, corríamos com isso o risco de afectar o equilíbrio desta dissertação. V., sobre o assunto, PESCATORE, *op. e loc. cits.*; BALEKJIAN, 345 ss.; CUSIMANO, 205 ss.; e DE VALK, *loc. cit.* (n. 159).

(966-A) *Op. cit.* (n. 128), 57 e 312-313.

duas situações distantes desses extremos, e, portanto, mais próximas entre si, duas situações que se distinguem entre si não pela sua *essência*, pela sua *substância*, mas apenas pela sua *intensidade*, por um critério *quantitativo*, situações que consistem, de um lado, numa ordem jurídica que, sendo pelo menos teologicamente de *solidariedade*, é-o também, e hoje ainda preponderantemente, expressão dos interesses estaduais e, portanto, se nos apresenta hoje, ainda predominantemente, como uma ordem jurídica que repousa na *soberania* dos Estados e, doutro lado, numa ordem jurídica que, sendo em princípio *societária*, isto é, assentando basicamente no individualismo internacional expresso pela soberania dos Estados, é actualmente também *comunitária*, ou seja, ao lado do princípio individualista deixa hoje penetrar na sua estruturação também o princípio da solidariedade.

Acerca dessas duas ideias, que para nós são complementares, vamos rapidamente extrair a síntese de tudo o que a seu respeito já ficou em devido tempo dito.

2. *A relevância do elemento interestadual no sistema jurídico comunitário: a bivalência do Direito das Comunidades Europeias*

Por várias vezes, ao longo desta dissertação, pusemos o acento tónico no facto de uma das maiores originalidades das Comunidades Europeias e do seu sistema jurídico consistir na sua bivalência ou no seu dualismo, isto é, na circunstância de o processo da integração europeia se encontrar, por força dos tratados, desdobrado em dois pólos, em dois elementos, a cuja tensão dialéctica ele vai buscar a sua própria dinâmica: o elemento supranacional e o elemento estadual ou internacional ou, melhor, interestadual.

Também já dissemos que a relatividade desses dois elementos entre si tem tido tratamento diferente ao longo da construção do Direito Comunitário. De facto, o TCECA consagrou logo de início a supremacia do elemento da integração sobre o elemento intergovernamental e o Tratado da Comunidade Política Europeia teria reforçado essa supremacia; mas principalmente (embora não só) o fracasso da CDE e, consequentemente, a inviabilização da Comunidade Política Europeia, ao mostrarem que os Estados não estavam ainda preparados para optarem pelo federalismo, obrigaram a que os Tratados de Roma invertessem a relação relativa entre o elemento da integração e o elemento internacional, dando predominância a este sobre aquele (967). E o desenvolvimento dos tratados bem como a evolução posterior do Direito Comunitário acentuaram ainda mais, como mostrámos, essa superioridade da componente intergovernamental do processo de integração.

3. *A falta de autonomia da ordem jurídica comunitária em relação à vontade dos Estados membros*

Ficou claro, ao longo desta dissertação, que a ordem jurídica comunitária, no estado actual de evolução da integração europeia, se encontra na disponibilidade dos Estados membros.

Isso decorre, desde logo, do facto de o poder político das Comunidades Europeias nascer duma delegação de poderes soberanos dos Estados membros nas Comunidades. É certo que essa delegação é moldada pela teoria da transferência de poderes, no entendimento que pormenorizadamente lhe demos; mas nem por isso ela deixa de consistir, antes de tudo, numa delegação.

Como delegação que é, ela é revogável. E essa revogação pode ter lugar através da simples revisão dos tratados que lhe ponha termo, ou, de forma mais radical, pela ab-rogação dos tratados institutivos e pela consequente dissolução das Comunidades.

No fundo, a circunstância de a ordem jurídica comunitária se encontrar na disponibilidade dos Estados membros é um corolário do princípio fundamental que preside ao estado actual da sua elaboração, segundo o qual os Estados continuam a ser os «donos dos tratados».

---

(967) A referência aqui a esta inversão tem de ser entendida em termos hábeis, já que, como oportunamente demonstrámos, a supremacia do Conselho sobre a Comissão nos Tratados de Roma (que, aliás, não é rigorosamente igual nesses dois Tratados) mostra-se, do ponto de vista jurídico, menos acentuada do que a supremacia que a Comissão detém sobre o Conselho na CECA, sobretudo face ao texto original deste tratado.

Toda esta construção encontra guarida no texto dos tratados, não é contrariada pela História do Direito Comunitário, nem briga, antes pelo contrário, com o que o Direito Constitucional dos Estados membros (nuns casos de modo mais claro do que noutros) dispõe sobre a relação entre o poder estadual e o poder comunitário.

Foi neste quadro que sustentámos que a relação entre os Estados membros e as Comunidades assentava numa limitação de *poderes soberanos* dos primeiros mas não beliscava a sua *soberania* (no sentido de soberania qualitativa).

A própria existência da ordem jurídica das Comunidades repousa, pois, na vontade soberana dos Estados. E daí que tenhamos que insistir nestas duas conclusões: por um lado, o Direito Comunitário não possui autonomia em relação às ordens jurídicas estaduais, *neste sentido* em que a sobrevivência do poder político comunitário fica a depender da vontade dos Estados membros (968); por outro lado, e como consequência disso, a ordem jurídica comunitária não é, como vimos, e logo por aí, um Direito supranacional, já que, desde logo, um dos elementos do conceito jurídico de supranacionalidade tem de ser, como oportunamente mostrámos, o da existência autónoma do poder supranacional por confronto com o poder político dos Estados membros. A investigação *jurídica* não consente, no estado actual da elaboração do Direito Comunitário, resultados diferentes ou conclusões mais ambiciosas, por mais que isso custe à vocação *política* da integração europeia.

4. *O critério decisivo da soberania dos Estados na criação do Direito Comunitário*

O DC originário é obra dos Estados, dado que ele se materializa em tratados internacionais. Mas também o DC derivado acaba por dar expressão às soberanias estaduais.

---

(968) Isto significa que não pomos em causa que o Direito Comunitário possua autonomia em relação ao Direito estadual no sentido em que usualmente os manuais falam disso, ou seja, no sentido em que ele se traduz na ordem jurídica dum sujeito novo, as Comunidades, possui fontes próprias e regras próprias de interpretação e aplicação,

De facto, além de o poder político comunitário não possuir autonomia em relação ao poder político dos Estados membros, como mostrámos, são estes que exercem, a nível das Comunidades, os poderes soberanos que nelas delegam. Isso não acontece na CECA mas sucede na CEE e na CEEA, onde o poder de criação da regra de Direito, o poder de criação do Direito *novo,* ou seja, o poder legislativo, está entregue ao Conselho, composto por *«delegados»* dos governos dos Estados membros (969). Os membros do Conselho representam os interesses dos respectivos Estados e não o interesse comunitário. A vinculação dos membros do Conselho aos interesses estaduais foi consciente e deliberadamente desejada pelos autores dos Tratados CEE e CEEA, ao erigirem o Conselho pelo modelo da segunda câmara do sistema federal alemão, definido na Lei Fundamental de Bona, de 1949, e não pelo figurino do Senado norte-americano, como acontecera com a CECA. Ora, uma das especificidades do federalismo alemão reside justamente no facto de os membros do *Bundesrat* não apenas serem representantes dos respectivos *Länder* como também, e mais do que isso, estarem investidos num mandado imperativo dos respectivos governos, estando, por isso, vinculados às instruções que deles recebam, inclusive quanto ao sentido do voto, e, nessas condições, estarem sujeitos também à fiscalização política dos respectivos parlamentos estaduais.

Isto quer dizer, portanto, que o critério que preside à actividade legislativa do Conselho CEE e CEEA, isto é, à criação por ele do Direito Comunitário derivado *inovador,* não é o do apuramento duma vontade *comunitária,* que reflicta o interesse das Comunidades como tais, mas o do apuramento da vontade *dos Estados,* como expressão dos seus interesses individualistas; por outras palavras, quer dizer que a vontade expressa pelo Conselho CEE e CEEA traduz a composição dos

---

(969) Ao Conselho estão entregues também outros poderes, para além do poder legislativo, como tivemos oportunidade de demonstrar em devido tempo nesta dissertação. Mas para o estudo da natureza jurídica do Direito Comunitário (concretamente e aqui, do DC derivado) interessa-nos sobretudo o poder legislativo, como poder de *criação* da regra de Direito, dotada da característica da *novidade,* para além da generalidade e da abstracção.

diversos interesses estaduais e não exprime uma verdadeira vontade integrada [970]. Este fenómeno acentuou-se ainda mais a partir dos *Acordos de Luxemburgo* de Janeiro de 1966, que, infringindo a letra expressa dos tratados, impuseram ao Conselho a regra da unanimidade mesmo para além do período de transição. A regra da unanimidade veio reforçar o carácter intergovernamental do Conselho, que, num primeiro momento, lhe advinha do simples facto de ele ter sido pensado, em todas as três Comunidades, como o seu «órgão federal», e, num segundo momento, decorria para o Conselho CEE e CEEA da circunstância referida de os seus membros terem por função exprimir os interesses próprios dos respectivos Estados membros.

Sendo, portanto, o Conselho CEE e CEEA o órgão de coordenação das soberanias estaduais e não o órgão de integração, o Direito criado por ele reflecte necessariamente os interesses dos Estados e não o interesse comunitário.

Não se nega que a rigidez desta conclusão tem de ser atenuada pela constatação de que, nos termos dos arts. 149.º CEE e 119.º CEEA, a Comissão em regra participa do processo legislativo da CEE e da CEEA através do seu direito de iniciativa, que se exerce mediante a apresentação duma proposta — como também não se nega que naqueles preceitos esse direito de iniciativa se encontra reforçado pela exigência da unanimidade na votação do Conselho no caso de este entender não dever seguir a proposta da Comissão. Essa participação da Comissão, desta forma regulada nos tratados, tem como efeito a penetração do interesse comunitário, por ela representado, na formação da vontade das Comunidades através do Conselho [971]. Todavia, se daí resulta que o processo de formação da vontade legislativa daquelas Comunidades não atende unicamente ao interesse dos Estados, e que também nesse domínio se projecta a tensão dialéctica entre a integração e a interestadualidade, não deixa nem por isso de ficar claro que na formação do acto legislativo (que o sistema

---

(970) Isto sem embargo de, como na devida altura mostrámos, o Conselho ser um órgão *das Comunidades* e de, portanto, a vontade por ele expressa se imputar juridicamente às Comunidades, melhor, à Comunidade no âmbito de cujo tratado ele concretamente actua.

(971) Como bem o notam IPSEN, *op. cit.* (n. 4), 500 ss., e HEINZ HAEDRICH no *Comentário Groeben*, II, 97, em anotação ao art. 149.º

dos tratados concebeu como acto final do Conselho e, portanto, em termos de Direito Administrativo, como *acto simples*, e não como *acto complexo* ou *acto união*, o que só aconteceria se a proposta da Comissão tivesse efeito vinculante em relação ao Conselho, o que não sucede) acabam por exercer papel decisivo e determinante a vontade dos Estados e, portanto, os interesses estaduais como expressão da sua soberania.

Mesmo face ao texto dos tratados era já essa a conclusão a que tinha de se chegar, como atrás, no lugar próprio, prevenimos.

Com efeito, quer o Conselho deliberasse por maioria, no caso de concordar com a proposta da Comissão, quer o fizesse por unanimidade, na hipótese de dela se afastar — de harmonia com o preceituado nos citados arts. 149.º CEE e 119.º CEEA, integrados no contexto dos respectivos Tratados —, *juridicamente* a vontade legislativa era sempre imputável ao Conselho. E se já no caso de o Conselho concordar com a proposta da Comissão não era possível confundir-se *juridicamente* o acto legislativo final do Conselho com o simples acto preparatório da Comissão, a pretexto de os dois terem idêntico conteúdo, muito menos compreensível era essa confusão quando o Conselho divergisse, por unanimidade, da proposta da Comissão: nesse caso, para além de o próprio conteúdo do acto final ser distinto do da proposta da Comissão, aquele emanara de uma votação unânime dos membros do Conselho, portanto, era a expressão por excelência da vontade soberana dos Estados (972).

Mas o peso da vontade soberana dos Estados na formação da vontade legislativa do Conselho acentuou-se ainda mais após os *Acordos de Luxemburgo*.

De facto, tendo o acto legislativo do Conselho passado a ser apurado generalizadamente de harmonia com a regra da unanimidade, mesmo quando coincidia com a proposta da Comissão, ele tem vindo a exprimir, *em todos esses casos*, a

---

(972) O peso dos interesses individualistas dos Estados na formação do acto legislativo do Conselho ainda aumenta mais se aceitarmos a afirmação de Haedrich de que a unanimidade exigida na parte final do art. 149.º se compadece com abstenções, pelo que é possível acontecer, como o próprio A. expressamente admite, que uma alteração à proposta da Comissão seja aprovada pelo Conselho, por exemplo, com um voto a favor e nove abstenções — *ibidem*, 98.

composição dos diversos interesses nacionais que na deliberação se confrontam. Os *Acordos de Luxemburgo* vieram, pois, e como na devida altura sustentámos com desenvolvimento, reforçar no processo legislativo comunitário o elemento internacional e esbater ainda mais o elemento da integração, que, segundo os tratados, ganhava destaque na votação do Conselho por maioria no caso em que ele aceitava o conteúdo da proposta da Comissão.

Concluiremos, portanto, com a afirmação de que, atendendo ao critério da formação da regra *nova* de Direito, isto é, ao critério do modo de produção do acto legislativo, o Direito Comunitário é, desde logo face aos tratados, essencialmente um produto do exercício pelos Estados, através do Conselho, dos poderes soberanos que eles delegam nas Comunidades. Pelas razões expostas, o Conselho traduz-se na expressão jurídica da representação dos Estados e dos seus interesses na orgânica das Comunidades. Por isso, pode-se dizer que, para além de delegarem (e não transferirem) poderes nas Comunidades, os Estados vão recuperar nelas, através do Conselho, esses mesmos poderes, que eles próprios voluntariamente delegaram. Essa larga predominância do elemento internacional no processo de criação de Direito *novo* nas Comunidades reforçou-se ainda mais com a adopção pelos *Acordos de Luxemburgo* da regra da unanimidade nas votações do Conselho. Sobretudo a partir daí, e dado que o Conselho passou a legislar praticamente sempre por unanimidade, o critério decisivo e determinante da criação de *novo* Direito Comunitário derivado é ditado generalizadamente pela soberania dos Estados, isto é, pelos seus interesses individuais e não pelo interesse comunitário. Somando-se isto ao que há pouco se dissera quanto ao Direito Comunitário originário temos o suficiente para afirmar que, *qualitativamente*, isto é, atendendo ao seu fundamento, o DC, no seu conjunto, não vive em situação de antinomia com o DIP.

5. *Direito Internacional* novo *ou* moderno *v. Direito Internacional* clássico: *Direito Internacional* da solidariedade *v. Direito Internacional* da coexistência pacífica

Acontece porém que, como observámos logo no início desta conclusão final, não é só o Direito das Comunidades

Europeias que não se afasta na sua substância do DIP: é também este que, num movimento de sinal contrário, se tem vindo a aproximar gradualmente daquele.

Atendendo ao processo de criação da norma comunitária, o Direito Comunitário, repetimo-lo, continua a ser predominantemente expressão dos interesses estaduais e a traduzir-se fundamentalmente num produto da vontade soberana dos Estados, sem embargo de na sua elaboração se ter deixado penetrar também, e em grau acentuado, pelo princípio da solidariedade e, consequentemente, pelo elemento da integração: é a tal bivalência da ordem jurídica comunitária, à qual temos vindo a dedicar a devida atenção ao longo desta dissertação.

Simultaneamente, porém, existe hoje um Direito Internacional Público *moderno* ou *novo* (973), que, ao contrário do DIP *clássico* ou *tradicional,* o qual tinha como fundamento necessário e exclusivo a soberania indivisível dos Estados, não se dirige unicamente à soberania dos Estados, não tem como sujeitos apenas os Estados soberanos, não se esgota numa ordem jurídica moldada pelo princípio do individualismo internacional e, portanto, não se resume a um Direito de mera *coordenação* das soberanias estaduais, para se nos apresentar como muito mais, como um Direito de *cooperação* e *interdependência* e, mais do que isso, *solidariedade* não só entre Estados como também entre povos. O clássico Direito Internacional da simples *coexistência pacífica* entre Estados soberanos, exclusivamente *Direito da Paz e da Guerra,* que consistia na única forma de se encarar o DIP até à 1.ª Grande Guerra, e que, por isso mesmo, por não ter conseguido evitar a guerra, falhou por completo na sua função, cede, por conseguinte, o seu lugar ao novo Direito Internacional da *solidariedade internacional,* onde a problemática

---

(973) As duas expressões são muito caras a DE VALK, talvez o A. que mais aprofunda a contraposição entre o DIP «clássico» ou «tradicional» e o DIP «moderno» ou «novo», justamente a propósito da integração europeia — 11 ss. Mas já antes, no próprio quadro das Nações Unidas, se falara em «Direito Internacional moderno» por oposição às suas «noções tradicionais», quando dos trabalhos de codificação da Comissão de Direito Internacional — *Examen d'ensemble du droit international en vue des travaux de codification de la Commission du Droit International — mémorandum du Sécrétaire Général,* UN Doc. A/CN/Rev. 1, de 10-2-49, 23 ss.

da paz e da guerra, da coexistência pacífica, não é esquecida, mas que está longe de o esgotar ou sequer de ser o seu mais importante domínio. Já expusemos atrás em que termos isso se verificava e qual o alcance desta nossa afirmação. Agora é chegada a altura de nos debruçarmos um pouco mais sobre o significado e a importância dessa transformação, ainda que sem prejuízo do carácter conclusivo destas páginas finais.

6. *Do Direito Internacional* clássico *ao Direito Internacional* novo *ou* moderno: *os factores determinantes da sua evolução*

Vejamos, para começar, quais os factores que determinaram a transformação do Direito Internacional *velho* num Direito Internacional *novo*.

É sabido que o DIP clássico se reconduzia ao DIP da Paz e da Guerra, cujos fundamentos jurídicos foram lançados pelo holandês *Hugo Grotius*. A definição de Estado soberano de que Grotius se servia era a que se inspirava desde o século XII no Direito Romano. O texto fundamental, extraído do Livro 8.º de *Próculo*, consta do Digesto: «Um povo só é livre quando não está submetido a qualquer outro povo» (974). Foi sobre esta máxima que Grócio ergueu o conceito de soberania estadual absoluta e indivisível, que adoptou como pedra angular de toda a construção dogmática do Direito Internacional da Paz e da Guerra. Não é outra a interpretação a dar à sua obra clássica, quando reconhece como conatural ao Estado soberano um ilimitado direito à guerra (975).

Todavia, mostrámos já que essa fase clássica do DIP termina com o findar da 1.ª Guerra Mundial.

Antes de mais, vai-se nesse período eliminar, por etapas sucessivas, o direito dos Estados à guerra.

---

(974) D 49,15,7: «Liber autem populus est is, qui nullius alterius populi est subiectus». Cfr. a obra escrita há um século por Mommsen, III, parte 1.ª, 655 n. 1, 656 n. 1 e 851.

(975) *De iure belli ac pacis*, L. I, cap. 3, par. 21,4. Grotius lida aí também com o conceito dos «liberi populi» de Pomponius, D 49,15,5,2. Cfr. sobre esta matéria Van Kleffens, 16, e Guggenheim, *Souveraineté*, 134 ss.

Primeiro, foi o Pacto da SDN que veio impor uma proibição parcial do *ius ad bellum.*

Depois, seria o Pacto Briand-Kellog a estabelecer uma proibição geral da guerra.

Por fim, a Carta das Nações Unidas transformaria essa proibição numa interdição geral do uso da força nas relações internacionais, com o que se desmantelava totalmente o *ius ad bellum* de Grotius (976) (977).

Mas se é certo que a eliminação do direito à guerra foi determinante na evolução do DIP clássico para o DIP novo, enquanto aquele concebia o direito dos Estados à guerra como manifestação absoluta da soberania estadual na ordem jurídico-internacional (978), não deixa de ser menos verdade que houve um segundo factor que pesou ainda mais profundamente nessa modificação estrutural do DIP: foi a transposição para o plano internacional da concepção do Estado-Providência do Direito interno.

Porque era um Direito de mera coexistência pacífica o Direito Internacional clássico apresentava-se-nos como uma ordem jurídica *passiva,* isto é, reflectia simplesmente a composição *por abstenção* dos interesses soberanos divergentes dos Estados. Esgotava-se, pois, num Direito de coordenação das soberanias individuais dos Estados, que partia da igualdade formal entre eles.

O período de crises e de dificuldades que se seguiu à 1.ª Guerra veio exigir, porém, um DIP *activo,* inspirado por uma filosofia intervencionista, que lhe permitisse promover o Bem-Estar dos povos e instaurar uma ordem social internacional inspirada nos valores da solidariedade e da justiça social. O DIP não podia ter mais por objecto uma Sociedade Internacional *(sociedade,* no sentido de *Tönnies),* que assistia, como espectadora, a uma composição (obtida, repetimos, através de comportamentos *passivos*) dos interesses individuais, pelo menos potencial-

---

(976) Salvo, evidentemente, nos casos excepcionais de autotutela, de entre os quais a Carta privilegia expressamente a legítima defesa (art. 51.º) — assim, JORGE MIRANDA, *op. cit.* (n. 851), 150-151.

(977) V. GUGGENHEIM, *op. e loc. cits.*

(978) No m. sent., e com grande desenvolvimento, SAUER, 42 ss.

mente divergentes, dos Estados (composição que, aliás, a 1.ª Guerra Mundial mostrou não ser de fácil obtenção); teria de passar a dirigir-se a uma Comunidade Internacional (*comunidade*, também na acepção de *Tönnies*), que prosseguisse de modo *activo*, isto é, por sua *iniciativa*, a dignificação da condição humana, numa primeira fase sobretudo no domínio do trabalho, e, por aí, lutasse pela solidariedade e pela justiça social entre os povos e os indivíduos. Dá-se, portanto, no plano internacional uma evolução similar à que na ordem jurídica interna levou à substituição do Estado-Polícia pelo Estado-Providência (979) e, reflexamente, a absorção pela Comunidade Internacional de tarefas que até então constituíam monopólio do Estado (980).

Como fica claro, esta evolução apresenta uma natureza *qualitativa, estrutural, essencial:* o DIP deixa de ser apenas *societário*, deixa de ter por objecto apenas a soberania individual dos Estados, deixa de assentar no princípio nuclear de que o que separava os Estados (por força do individualismo internacional projectado pela soberania dos Estados) era mais forte do que o que os unia (se, no apogeu da fase clássica do DIP, alguma coisa os unia), para passar a ser também comunitário, ainda que lentamente e em domínios concretos, fundado na prossecução de ideias e valores como a promoção da Pessoa Humana e a melhoria das condições de vida dos povos, e disposto, por isso, a valorizar o que une os Estados (mais do que isso: os povos e os indivíduos) em detrimento daquilo que os separa (981).

Como mostrámos, a ordem jurídica da Organização Internacional do Trabalho constituiu a primeira manifestação desse novo DIP, o primeiro índice dessa metamorfose no DIP. O espírito que presidiu às transformações trazidas pelo Direito Inter-

---

(979) Em sent. aproximado, W. FRIEDMANN, *op. cit.* (n. 289), 5 ss.; e DE VALK, sobretudo 11 ss.

(980) É aquilo que MOSLER designa, apropriadamente, de «internacionalização organizada de atribuições estaduais» — *op. cit.* (n. 487), 15.

(981) No m. sent., ALEJANDRO ALVAREZ, 409-410; KIMMINICH, 12; DE VALK, 12 n. 1; e os nossos *Sumários*, 31 ponto 39. Nesta corrente doutrinária, é, não raro, sensível a influência da Filosofia do Direito, sobretudo de RADBRUCH, 386 ss.

nacional do Trabalho após a 1.ª Guerra norteou-se por estas duas ideias: primeiro, como decorria das preocupações insistentemente expressas pela Constituição daquela Organização, era imperioso criar-se com urgência as condições necessárias para que no domínio do trabalho não se mantivessem, a nível internacional, os factores de injustiça, de ameaça à paz e de desarmonia entre os homens; em segundo lugar, a OIT trouxe pela primeira vez à estrutura clássica das organizações internacionais o princípio do *tripartismo,* pelo qual se quebrou a regra tradicional do exclusivo do Estado como participante no DIP, porque postulava a participação directa também de grupos sociais, interiores ao Estado, em organizações internacionais (982).

Mais tarde, outros dois domínios vieram a marcar a mesma evolução do DIP.

Primeiro, foi o do Direito Internacional dos Direitos do Homem. Como reflexo do facto de o conceito, o âmbito, o sistema e o grau de protecção dos Direitos do Homem ainda divergirem bastante entre os Estados (sendo sensível aí uma fronteira entre as democracias ocidentais europeias e do continente norte-americano, por um lado, e todo o resto do Mundo, por outro), o que ficou recentemente provado pela impossibilidade experimentada pela Conferência sobre a Segurança e Cooperação Europeia de aprofundar, nas suas sessões de Belgrado, em 1978, e de Madrid, de 1980 a 1983, o que de forma extremamente vaga e muito pouco inovadora ficara disposto na Acta Final de Helsínquia, o Direito Internacional dos Direitos do Homem continua ainda hoje, em princípio, assente na soberania dos Estados. Mas seria incorrecto ignorar os progressos que, mesmo assim, se têm produzido, a partir da 2.ª Grande Guerra, nesta matéria altamente sensível para a soberania dos Estados, desde logo as inovações que lhe foram trazidas pela própria Carta da ONU, como mostrámos, e que não encontram justificação à luz do DIP clássico. Seria também errado subestimar o contributo valioso que a doutrina e a jurisprudência têm vindo a dar para que também nesta área do DIP o princípio da

(982) Cfr. W. Friedmann, *op. cit.* (n. 914), 93 ss., especialmente 95-96 e 120 ss.

soberania estadual ceda face aos valores da solidariedade e da justiça social.

Mais profunda do que nessa área parece ser a evolução que se verificou num dos mais recentes domínios do DIP, o da NOEI, não obstante essa evolução tenha sido assinalada por algumas travagens. E tem sido a propósito dele, como mostrámos, que maior labor doutrinário se tem verificado no sentido de dar elaboração dogmática ao DIP novo.

Noutras zonas, como o próprio Direito das Nações Unidas e o recentíssimo «novo» Direito do Mar, se tem concretizado também o abandono pelo DIP do fundamento necessário na soberania individual dos Estados, em favor do princípio da solidariedade e da justiça social internacional.

7. *O contributo da doutrina para o aparecimento do Direito Internacional* novo

Para que o DIP evoluísse no sentido dum DIP da solidariedade internacional e deixasse de se dirigir apenas a Estados soberanos, por outras palavras, para que se acentuasse o segundo dos factores a que acabámos de aludir e o DIP passasse a assumir também a representação do que *Kimminich* chama o «princípio comunitário da solidariedade entre os povos» ([983]), contribuiu muito a preocupação de *humanizar* e *democratizar* o DIP. Por isso, a injecção do princípio da solidariedade na elaboração dogmática do DIP vai-se traduzir na valorização do estatuto do indivíduo perante o ordenamento jurídico-internacional. E aí a evolução do DIP contou com um contributo decisivo da parte da doutrina.

Um dos fenómenos mais marcantes da evolução da Ciência Jurídica neste século tem sido justamente a afirmação crescente da situação jurídica do indivíduo na ordem jurídica internacional, que fez passar de mero objecto a sujeito da norma de DIP e que, como tal, obrigou o DIP a se ocupar directamente dos seus interesses, sem a mediação do Estado e da sua ordem jurídica. Esse movimento ajudou de forma determinante a que

---

(983) 13.

o DIP deixasse de ser apenas um Direito de coordenação interestadual para vir também a impor deveres aos Estados, por exigência do respeito pela dignidade da Pessoa Humana, como expressão mais directa do princípio da solidariedade e da justiça social.

A corrente doutrinária que impulsionou decisivamente o DIP para essa evolução foi o jusnaturalismo, ao defender que o respeito pelos Direitos do Homem e, dum modo geral, e por via disso, a promoção do Bem-Estar entre os povos pelo DIP eram-lhe impostos por uma norma superior. Foram quatro os grandes nomes da doutrina que encarnaram esta corrente: *Viktor Bruns, Charles de Visscher, Wilfred Jenks* e *Hermann Mosler.*

Bruns, o grande artífice da reconstrução dogmática da Ciência do Direito Internacional no período que mediou entre as duas guerras, defendia que a relação jurídico-internacional deveria ter como sujeito normal, ao lado do Estado, também o indivíduo (984).

O desenvolvimento e a fundamentação filosófica dessa tese constituiriam a questão nuclear do relatório sobre Direitos Humanos que *Charles de Visscher* apresentou em 1947 ao Instituto de Direito Internacional. Dizia aí aquele Autor que «a ideia de que a Pessoa Humana representa a razão de ser e o objectivo último de todo o Direito positivo surge-nos intimamente ligada à evolução do Direito Natural e do Direito Internacional Público» (985).

A conexão entre a protecção do indivíduo pelo DIP e uma nova concepção de solidariedade entre os Estados como informadora da nova Filosofia do Direito Internacional seria mais especificamente alcançada por *Jenks,* quando sustentava que «o interesse comum da Humanidade, que representa o fim último do DIP, inclui a protecção da dignidade da Pessoa Humana». Só pela satisfação do «Bem-Comum entre os cidadãos de cada Estado» seria possível, para o Autor, que o DIP

---

(984) Especialmente 3-4. Uma pormenorizada apreciação do pensamento de BRUNS pode ver-se em MOSLER, *op. cit.,* 15 ss.

(985) *Droits fondamentaux,* 3.

atingisse o objectivo último da criação de uma Comunidade a nível internacional, que abrangesse toda a Humanidade (986).

Mosler retomaria tanto os postulados de Bruns como as grandes conclusões de Jenks, para lhes dar um mais profundo tratamento dogmático no quadro da reelaboração do próprio conceito de DIP como ordem jurídica.

Num notável artigo que escreveu em 1976 na revista do Instituto Max-Planck para o Direito Público Comparado e o Direito Internacional Público, de Heidelberga, e onde se debruçou exclusivamente sobre a caracterização do DIP como ordem jurídica nos tempos actuais, aquele Professor, há muitos anos Juiz no TIJ, em Haia, tenta encontrar um enquadramento jurídico para o alargamento, especialmente a partir do termo da 2.ª Grande Guerra, do elenco dos sujeitos de Direito Internacional para além dos Estados de «igualdade soberana», a que se referia o Pacto da SDN e hoje se refere a Carta da ONU (987). Para este Autor, a consideração dos Direitos do Homem pelo DIP é imposta por uma norma que lhe é superior. E as normas do DIP que garantem esses direitos pertencem, segundo ele, àquele mínimo de regras que compõem a *ordem pública internacional* ou a *ordem pública da Comunidade Internacional.* Para Mosler, uma das normas mais importantes de entre essas é a constante do art. 60.º n.º 5 CV, que, todavia, em seu entender (988), aliás tal como no de *Schwelb* (989), não é suficiente

(986) *New World of Law*, 3; *Common Law*, 17. Já recentissimamente esta ideia do «interesse comum da Humanidade» foi retomada pelo já cit. TOURET, com interpretação não muito diferente, mas numa perspectiva original, que consiste em «partir da biologia para o Direito», de modo a chegar-se a uma «noção biojurídica» daquele interesse — 192 ss., 209.

(987) *Op. cit.* (n. 487), especialmente 15 ss.

(988) *Op. cit.*, 30-31. O A. vê concretizada esta corrente na Acta Final de Helsínquia onde, não obstante ter havido a preocupação de se acentuar a preservação da soberania dos Estados, se deixou prescrito que «Eles (os Estados participantes na Conferência) reconhecem o direito do indivíduo a conhecer e a exercer os seus direitos e deveres no domínio dos direitos e das liberdades fundamentais referidos nos capítulos anteriores» (n.º VII, Cap. 8 da Declaração de Princípios, que regem as relações entre os Estados membros participantes na Conferência).

(989) 14-16.

para, só por si, se afirmar a personalidade jurídico-internacional do indivíduo (990).

8. *O Direito Internacional* novo: *seu conteúdo*

A transformação do DIP de *clássico* em *moderno* ou *novo* ficou, pois, a dever-se à acção conjugada de dois factores complementares: a eliminação total, como regra, do direito à guerra, enquanto expressão por excelência de uma soberania ilimitada e indivisível no campo externo (e só essa interessa ao DIP) e a penetração profunda, na sua elaboração jurídica, do princípio da solidariedade internacional entre os povos e, como seu corolário, do princípio da interdependência e da cooperação entre os Estados. Não custa, porém, a compreender, como dissemos, que o efeito deste princípio da solidariedade, antes de mais porque se afirmou pela positiva, tenha sido muito mais profundo e determinante do que o da proibição do direito à guerra.

Mas qual é o exacto conteúdo desse *novo* DIP?

Recapitulando ideias que já exprimimos, insistiremos em que o DIP clássico se apresentava com um conteúdo *passivo* ou *negativo:* ele consistia num conjunto de normas de *non facere,* de normas, na expressão feliz de *Wolfgang Friedmann,* «de abstenção, ajustamento e delimitação entre soberanias estaduais independentes e diferentes» (991). Era, pois, um ordenamento jurídico de raiz societária, um simples Direito de conflitos de interesses entre soberanias individuais e divergentes e, por isso, pelo menos potencialmente conflituantes. Em suma, esgotava-se num Direito Internacional de mera coexistência pacífica entre Estados soberanos individualmente considerados.

Mas, finda a 1.ª Grande Guerra, o desafio da sobrevivência e do Bem-Estar dos povos, e sobretudo a vontade de evitar novos flagelos como a guerra que terminara, criou áreas ao

---

(990) Sem se afirmarem de forma clara partidários dos postulados do Direito Natural na matéria, mas seguindo uma linha de raciocínio próxima da dos Autores referidos, e tendo tido, como tal, grande impacto na doutrina, estão BOURQUIN, 359 ss., e W. FRIEDMANN, *Some Impacts,* 507.

(991) *Op. cit.* (n. 914), 92.

nível internacional onde era necessária uma *cooperação* e *intervenção activas* (e não já apenas uma *coexistência passiva*) entre os Estados. E, com o termo da 2.ª Guerra, essas áreas alargaram-se, de tal modo que fizeram evoluir ainda mais o DIP de um conjunto de normas *negativas*, de *abstenção*, para um conjunto de regras *positivas*, de *intervenção*, visando a *cooperação* e a *interdependência* entre os Estados.

Pode-se, pois, dizer, como já o fizemos várias vezes neste Capítulo, que o termo da 1.ª Grande Guerra assinala o fim da era clássica do DIP, como DIP da *coexistência pacífica*, da *coordenação de soberanias*, e o início da época do *novo* ou *moderno* DIP, o DIP da *cooperação*, melhor, da *solidariedade*. O findar da 2.ª Grande Guerra consolidaria esta mudança, com a proibição pela Carta da ONU, como regra, do *ius ad bellum*, e o alargamento dos domínios do DIP da solidariedade.

É certo que ainda antes do fim da 1.ª Guerra já encontrávamos esse espírito de cooperação a presidir às relações interestaduais em determinadas matérias de natureza técnica, nomeadamente em matéria de transportes e comunicações internacionais. Como exemplos elucidativos disso têm sido apontados a *União Postal Universal*, criada pela Conferência Postal Universal de 1874; a *Comissão Europeia do Danúbio*, instituída em 1856 pelo Tratado de Paz de Paris, pelo qual foram estendidos ao Danúbio os princípios definidos pela Acta do Congresso de Viena de 1815 sobre a navegação dos rios internacionais, isto é, os rios que separam ou atravessam vários Estados; a *União Aduaneira alemã*, mais conhecida por *Zollverein*, criada em 1834 e reformulada em 1867; a *Comissão Internacional do Açúcar*, também conhecida por *União Açucareira*, fundada pela Convenção sobre o regime do açúcar, assinada em Bruxelas em 1902; a *Comissão Internacional da Navegação Aérea*, criada pela Convenção sobre a navegação aérea, em 1919, e colocada já sob a autoridade da SDN; e a *Comissão de Governo do Território da Bacia do Sarre*, instituída pela Conferência de Paz de Versalhes (992).

---

(992) No m. sent., por todos, W. Friedmann, *op. cit.*, 95, e sobretudo V. Lindeiner-Wildau, 64 ss., com profusa citação de bibliografia. Não nos interessa discutir aqui se, como faz este último A., essas enti-

Assim como é verdade que já em 1929 o TPJI, no caso da *jurisdição internacional da Comissão Internacional do Rio Oder,* admitia o princípio da «*comunidade de interesses* e igualdade de direitos» na utilização das vias marítimas internacionais (993).

Em todos esses casos estávamos, porém, perante manifestações excepcionais e muito tímidas, no quadro dum Direito Internacional que continuava como regra a dirigir-se apenas a Estados soberanos e a dar expressão somente aos seus interesses individuais. Seria só após a 1.ª Guerra — repetimos —, e concretamente com a criação da OIT, que a transformação do DIP da coexistência pacífica num DIP da solidariedade corresponderia a uma consciente e profunda mutação estrutural do DIP e ultrapassaria o âmbito meramente técnico para abarcar também, com grandes implicações jurídico-políticas, os domínios económico e social das relações internacionais.

Só então se começaria a colocar perante os olhos do estudioso o contraste entre o DIP tradicional e o DIP moderno, ambos descritos nos moldes em que o fizemos.

Hoje, os Estados já não viram as costas uns aos outros, por exigência do individualismo internacional, ditado pela consideração da individualidade e intangibilidade das suas soberanias, mas aceitam adoptar recíproca e conjugadamente uma acção concertada de cooperação nas áreas a que nos temos referido, visando sobretudo promover a dignidade da Pessoa Humana e o desenvolvimento económico e o Bem-Estar dos povos, nomeadamente dos menos desenvolvidos. É disso testemunho expresso e inequívoco, para nos ficarmos pelo exemplo mais recente, o novo Direito do Mar, assente na Convenção de Dezembro de 1982, e que examinámos atrás,

Do ponto de vista jurídico, diremos, com *Charles de Visscher,* que, em síntese, o DIP deixa de ser apenas *individualista* para se transformar em também, e sobretudo, *organicista* e *instituciona-*

---

dades, todas ou algumas, podiam ser vistas como a primeira manifestação da supranacionalidade, tal como esta palavra foi mais tarde utilizada em relação às Comunidades Europeias.

(993) 27 ss. O itálico é nosso.

lista (994). E o próprio TIJ não tem ficado insensível a estes propósitos (995).

Por isso pode-se dizer que enquanto o DIP clássico tem uma projecção exclusivamente internacional, regulando relações entre Estados que vivem lado-a-lado (e que por isso eram tratados formalmente como iguais), o DIP novo possui também, e nalguns domínios sobretudo, uma projecção vertical: a cooperação, que lhe serve de fundamento, afecta a vida e os interesses de indivíduos e de grupos sociais no interior dos Estados. Trata-se de matérias que até então constituíam monopólio do Estado e, por isso, estavam excluídas da regulamentação internacional (996).

É verdade que em todos esses domínios, dum modo geral, é ainda o Estado quem vincula os seus cidadãos; mas nem ele é hoje, como mostrámos, o único sujeito de DIP, nem deixa de haver correntes no sentido de atribuir um estatuto de pelo menos *quase-personalidade jurídica* a entidades privadas estrangeiras que contratam com o Estado e de, por conseguinte, conferir a natureza de *quase-tratados internacionais* a determinados acordos internacionais entre Estados e particulares, como, por exemplo, a alguns acordos entre governos estaduais e investidores privados estrangeiros (997).

---

(994) *Op. cit.* (n. 371), 38 ss.

(995) Como adiante veremos, o TIJ (como, em parte, já o próprio TPJI) tem adoptado, em certas condições, o método teleológico de interpretação dos tratados como meio de fazer triunfar nas relações internacionais os valores da justiça e da liberdade — *v. infra*, n.º 11 c).

(996) Mais uma vez, FRIEDMANN, *op. cit.*, 93.

(997) Uma história dos acordos concluídos entre Estados e empresas estrangeiras desde aquele que vinculou o *Deutsch Reich* e o consórcio sueco Kreuger, em 1929, e em relação aos quais se têm vindo a discutir se têm a natureza jurídica de vulgares contratos de Direito Privado ou de *quase-tratados,* nalguns casos sujeitos à teoria geral dos tratados (o problema tem sido colocado sobretudo quanto a acordos de fornecimento e de investimento), pode ver-se em WEBER/WEDEL, 93-94. As próprias Nações Unidas já forneceram um forte argumento a favor da segunda tese quando a Resolução n.º 1803 (XVII) da Assembleia Geral, sobre «Soberania permanente sobre recursos nacionais», veio dispor, no seu n.º 8, que «Os acordos de investimento estrangeiro concluídos livremente por ou entre Estados soberanos serão cumpridos de boa fé». A doutrina tem entendido que esta Resolução quis simultaneamente

Note-se, porém, que a mudança do DIP clássico em DIP moderno não tem acarretado necessariamente a atribuição de personalidade jurídica ao indivíduo nos domínios em que se dá a transformação, se entendermos, com a doutrina dominante, que o indivíduo só é sujeito de DIP quando pode fazer valer perante alguma instância internacional, e contra o próprio Estado de que é nacional, os direitos que normas de DIP lhe conferem, não sendo, contudo, necessário que os possa fazer valer por via jurisdicional (997-A). Mas pensamos que para que essa transformação do DIP venha a assumir toda a dimensão e produza todas as suas consequências é necessário que envolva, nos domínios em questão, a atribuição de personalidade jurídica ao indivíduo e, porventura, ainda que sob especiais condições, a grupos sociais, como já acontece no DC.

Apesar disso, e como súmula de tudo o que temos vindo a dizer, a diferença entre o DIP clássico e o DIP moderno é de ordem *substantiva*, de cariz *qualitativo*, e não de índole meramente *formal* ou *quantitativa*.

De facto, à exclusividade do interesse individualista no DIP clássico *substitui-se* a sua conformação com o interesse comunitário, embora a dialéctica entre os dois interesses se estabeleça de modo diferente conforme as zonas de incidência das normas e de harmonia também com um critério de ordem temporal. O DIP deixou de ser apenas societário para passar a ser também *vocacionalmente comunitário* (*vocacionalmente*, porque, mesmo nas zonas onde o DIP assumiu a representação do princípio comunitário da solidariedade internacional, ele está longe de se nos apresentar como um Direito *integrado* e a Sociedade Internacional longe de se nos revelar como uma comunidade

---

pôr o acento tónico na soberania estadual e sujeitar o comportamento de sujeitos privados à disciplina directa do DIP, embora os autores divirjam sobre se se pode extrair daí a personalidade desses sujeitos face ao DIP. Trata-se de uma questão que obviamente está deslocada no contexto desta dissertação — v., sobre ela, especialmente BÖCKSTIEGEL; WENGLER, *Aspekte;* e, muito recentemente, quanto a investidores estrangeiros, STOLL, e bibl. cit.; quanto a empresas multinacionais, GREWLICH e IJALAYE, e vasta documentação e bibl. cit.

(997-A) Especialmente, SEIDL-HOHENVELDERN, *op. cit.* (n. 215), 173-174.

integrada): a distinção entre o DIP clássico e o DIP moderno exprime vocacionalmente a dicotomia sociedade-comunidade de *Tönnies*, que *Schwarzenberger* transpôs para o Direito Internacional (998). E esse espírito comunitário traduziu-se na assunção pelo DIP do fundamento da solidariedade internacional. O princípio da solidariedade internacional tornou-se, pois, em parte integrante da nova ordem jurídico-internacional. E o DIP deixou de apenas regular relações internacionais (e de, consequentemente, apenas atribuir direitos e impor obrigações a Estados soberanos) para, nas palavras de *Mosler* (999) e *Kimminich* (1000), passar a apresentar-se como o enquadramento jurídico da nova «ordem pública internacional», moldada justamente, com o sentido amplo que lhe temos dado, pelo princípio da solidariedade internacional, como antítese do princípio do individualismo internacional do DIP clássico.

No essencial tem, pois, razão *De Valk* quando, numa das melhores obras que se escreveram sobre a matéria, defende que o DIP moderno é mesmo *qualitativa e estruturalmente novo* e não consiste numa mera continuação, ou sequência, ou intensificação do DIP tradicional ou clássico (1001). Aliás, o Autor vai mais longe, ao prever a evolução do DIP «para um Direito Comunitário à escala mundial», para um «Direito Internacional da integração». Isso decorrerá, segundo De Valk, do simples facto de a evolução previsível da Sociedade Internacional vir a tornar a «necessidade de solidariedade» cada vez mais premente. Ou, numa outra perspectiva, mas que conduz ao mesmo resultado, o Autor qualifica o DIP moderno de «Direito social da integração», porque ele vem responder «à manifesta insuficiência da distribuição individualista do poder entre Nações» e porque não se ocupa já exclusivamente das relações *políticas* entre Estados, mas procura também alcançar a justiça social *entre os Homens*. Lentamente, pois, o espaço do «puro individualismo» do DIP tradicional será substituído pela concepção

(998) Especialmente *op. cit.* (n. 128), 34 ss. No m. s. t., FRIEDMANN, *op. cit.* (n. 289), 99-100.
(999) *Op. cit.* (n. 918), 33.
(1000) 13.
(1001) 12.

global do DIP como Direito Comunitário [1002]. A integração europeia terá dado para isso um forte contributo e, por essa via, terá condicionado a própria evolução futura do DIP. «É esse, por excelência, o significado histórico e primordial da integração europeia», remata o Autor, com fidelidade aliás à própria epígrafe da sua monografia [1003].

Só o tempo dirá se tão ambiciosas previsões se confirmam. Por nós, pensamos que a um trabalho jurídico, como este, apenas interessa retratar a realidade jurídica hodierna, e isso fizemo-lo com detença [1004].

9. Soberania *e* solidariedade *no Direito Internacional* novo: *coexistência, e não exclusão recíproca, dos dois princípios*

A evolução do DIP clássico para o DIP novo consistiu, portanto, no abandono da soberania como único princípio sobre o qual assentava a ordem jurídico-internacional e na sua fundamentação também no princípio da solidariedade internacional. O DIP não deixou de regular relações entre Estados soberanos mas passou a preocupar-se com muito mais: com a solidariedade e a justiça social entre os Homens e os Povos. Por outras palavras, o DIP não deixou de assentar na soberania dos Estados mas passou a considerá-la numa relação de recíproca limitação com o princípio da solidariedade internacional, particularmente nos domínios que indicámos. Em suma, o DIP não abandonou na sua substância os princípios sobre os quais se baseava na sua fase clássica, mas reviu-os e transformou-os, de modo a se adaptarem aos novos valores que passaram também a compor a sua elaboração dogmática, e que se conjugam no princípio da solidariedade internacional, quer a doutrina o trate ou não conjuntamente com o princípio da justiça social internacional.

(1002) Por isso, para o A. há só um DIP, ainda que com manifestações regionais diferentes — 54.

(1003) 12 ss., especialmente 13 e 15, 19 ss., sobretudo 20-22, e 54 ss.

(1004) Em sent. que parece aproximado ao nosso nesta matéria, ARMANDO MARQUES GUEDES, *Lições,* de 80-81, 260 ss., sobretudo 262.

De qualquer modo, porém, o DIP clássico, que assentava no velho Estado nacional de raiz autárquica, e se nos apresentava como apenas um DIP da Paz e de Guerra, esse, foi abandonado, desde logo pela eliminação do *ius ad bellum*, mas também porque os esquemas jurídicos em que nascera e se desenvolvera já não explicavam os novos valores que exprimiam uma nova visão das relações humanas e, concretamente, não satisfazia as novas aspirações dos Estados e dos Povos (1005).

Aliás, a relação relativa entre o princípio da soberania e o princípio da solidariedade constitui a pedra angular deste novo DIP. Pondo de lado a doutrina soviética, para a qual, como vimos, o DIP continua a ser rigorosamente um mero Direito da coexistência pacífica, fundado na soberania indivisível dos Estados (1006), a construção dogmática do DIP moderno representa um equilíbrio constante entre o que *Mc Whinney* chama a «estabilidade» e a «mudança», isto é, entre a soberania e a solidariedade. E como o mesmo Autor sublinha, estamos numa era que tem de se considerar «de transição», sendo difícil prever a evolução futura, não obstante a indesmentível tendência para a solidariedade internacional (1007).

Já em 1954, numa dissertação apresentada na Universidade de Göttingen, *Ernst Sauer* tentara aquilo que designou de «síntese» ou «união sintética entre soberania e solidariedade» (1008).

(1005) Com a mesma abordagem metodológica, KIMMINICH, 13; e CUSIMANO, 205 ss.

(1006) Isso não impediu, porém, a doutrina soviética do Direito Internacional de, contraditoriamente, construir a chamada *doutrina Brezhnew sobre soberania limitada*, criada para justificar a intervenção das Forças Armadas do Pacto de Varsóvia na Hungria, em 1956, e na Checoslováquia, em 1968, e de harmonia com a qual a União Soviética tem o direito de utilizar as suas Forças Armadas para manter no poder governos comunistas, nos Estados membros daquele Pacto — v. a nova versão alargada desta doutrina, que, a propósito da intervenção das Forças Armadas da URSS no Afeganistão em 1980, permite essa intervenção para ajudar comunistas a tomar o poder em zonas que se situam mesmo fora das fronteiras do Pacto de Varsóvia, em *The Economist* de 19 a 25-4-80, pg. 11.

(1007) *Antinomies,* 409. Parece concordar KIMMINICH, 12.

(1008) 165 ss.

Para Sauer, que se indigna pelo facto de *Kelsen* ainda em 1944 ter defendido que o DIP assentava apenas na igualdade soberana dos Estados ([1009]), o DIP posterior à 1.ª Guerra deixou-se, sobretudo após a 2.ª Guerra, penetrar pela concepção jusnaturalista do Bem-Comum da Humanidade *(bonum commune humanitatis)*, que foi erguido também a seu objectivo último. Isso significou que o DIP, a partir dessa altura, passou a ter de atender a uma «escala de valores» que o DIP clássico ignorava. E o Autor enumera-os: o problema dos Direitos Humanos no quadro das Nações Unidas e, num plano mais ideológico, a liberdade humana, a Democracia e o Estado de Direito ([1010]).

Tudo isso determinou, reconhece aquele Autor, uma «transformação do conceito de soberania», que foi sendo aceite mesmo por muitas Constituições estaduais, ao imporem limitações de vária ordem à soberania dos respectivos Estados. Tratava-se, no fundo, de uma consagração, diz Sauer, atrasada alguns séculos no tempo, da filosofia tomista em matéria de soberania do Estado, que sobretudo neste século fora sendo adoptada por nomes importantes da doutrina do Direito Natural tanto no domínio do Direito Constitucional como do no Direito Internacional ([1011]).

A «síntese» procurada pelo Autor, à qual fizemos referência acima, visa, pois, obter uma plataforma de existência comum entre a soberania estadual e o «interesse comunitário», exprima-se este a nível universal ou a nível regional, já que para o Autor o DIP, através do seu elemento da solidariedade, move-se simultaneamente numa dupla direcção: rumo a uma Comunidade *(hoc sensu)* Internacional e a várias pequenas Comunidades regionais. Para se atingir essa síntese, esse equilíbrio entre os conceitos jurídicos da soberania e da solidariedade, é impres-

---

([1009]) A obra de Kelsen em questão é *Peace,* 34 ss. Esta posição de Kelsen é criticada por *Sauer,* 144, de modo especial porque já em 1920 parecia que Kelsen, numa das primeiras obras a darem-lhe celebridade, e perante o que já se via estar a ser a evolução do DIP, escrevia: «É necessário eliminar radicalmente (...) o conceito de soberania (em DIP). É urgente proceder-se a essa revolução na consciência cultural (dos povos)!» — *Problem,* 320.

([1010]) 165-167. É sensível aqui a aproximação com Ch. de Visscher, *loc. cit.* (n. 985).

([1011]) V. a bibl. cit. nas ns. de pg. 167.

cindível que a Comunidade em questão se dote com um tribunal, que ponha termo aos conflitos que possam surgir entre aqueles dois pólos (1012).

Esse equilíbrio a que Sauer se refere vem pôr em destaque este facto deveras importante para a concretização do hodierno ordenamento jurídico-internacional: o DIP clássico era uma massa homogénea, justamente porque se nos apresentava, todo ele, como um uniforme Direito da Paz e da Guerra, fundado, por igual, na soberania intangível dos Estados. A *unidade* e a *uniformidade* eram, pois, suas características intrínsecas.

De modo diferente, o DIP novo, gerado, como se disse, no quadro duma dialéctica entre a soberania e a solidariedade, apresenta, por isso mesmo, um conteúdo *diversificado* e *heterogéneo*. A sua diversidade não reveste tanto um cariz geográfico, como pretende Sauer, quando fala em Comunidade Internacional e Comunidades regionais, mas sim uma natureza material, derivada da própria graduação relativa do fundamento jurídico em que concretamente se baseia. De facto, passou a haver domínios do DIP que se fundamentam mais no princípio da solidariedade, enquanto que outros se baseiam mais no princípio da soberania e, por aí, estão mais próximos do DIP clássico. Note-se, porém, que o que separa essas zonas diversificadas do DIP *novo* entre si é apenas isso, uma diversa *graduação relativa* entre soberania e solidariedade, não um fenómeno de raiz *estrutural* ou *substantiva* — sem prejuízo de, como ficou dito, a diferença entre o DIP *clássico* e o DIP *novo* ser de natureza *substantiva*.

Aliás, essa simples evolução dum DIP unitário para um DIP diversificado confirma o carácter dinâmico da ordem jurídica internacional (1013).

10. *Resultado final: o Direito das Comunidades Europeias é um estádio superior da evolução do Direito Internacional Público*

Ficou, portanto, demonstrado que entre o Direito das Comunidades Europeias e o DIP não existe uma antinomia,

---

(1012) 167-168.
(1013) Por todos, CUSIMANO, *loc. cit.*

uma separação qualitativa, uma diferença de substância ou de essência.

Não procede, pois, pelas razões que desenvolvemos atrás, a tentativa de afastar os dois ordenamentos jurídicos com recurso à oposição entre os princípios jurídicos da soberania e da solidariedade, o que, como na devida altura vimos, é desejado por parte considerável da doutrina que se debruça sobre esta matéria.

A nossa investigação mostrou, ao contrário, que nem o princípio da solidariedade e da integração substituiu ainda a soberania como critério decisivo e principalmente determinante na produção da norma do DC, nem a soberania estadual constitui hoje o único fundamento do DIP, já que este também conhece, nos nossos dias, o princípio da solidariedade na sua fundamentação.

É verdade que o princípio da solidariedade penetrou mais profundamente na formação e na elaboração do sistema jurídico comunitário (1014), ao ponto de se encontrar formalmente institucionalizado, pelo próprio sistema dos tratados, no elemento da integração, um dos dois elementos em que se divide a própria estrutura do aparelho jurídico-político da integração e, por aí, do próprio processo de integração. Ou seja, o DC deu muito maior, e formal, acolhimento ao princípio comunitário da vida social, tal como (mostrámo-lo na devida altura) *Tönnies* o construiu e *Schwarzenberger* o transplantou para o domínio das relações internacionais. Em contrapartida, o DIP não chegou tão longe, não apenas porque o princípio da solidariedade, como seu fundamento efectivo, só cobre até agora áreas demarcadas dentro do seu domínio material como também porque, mesmo nessas áreas, ele ainda não foi erguido como componente estrutural das relações internacionais ao lado do princípio da soberania, nos termos institucionais em que isso acontece na bivalência do DC.

Estamos, porém, aí perante uma mera diferença *de grau* ou *de intensidade*, uma simples distinção *quantitativa*. De facto,

---

(1014) O princípio da solidariedade está enfaticamente sublinhado logo no preâmbulo dos três tratados institutivos. A força jurídica do preâmbulo do TCEE segundo a doutrina e a jurisprudência foi analisada recentemente por SCHEPERS, 356 ss.

as duas ordens jurídicas aceitam os princípios da soberania e da solidariedade, ainda que com intensidade e importância relativas diferentes,

No que toca ao DIP, ele, a partir da 1.ª Grande Guerra, e ainda mais com a abolição do *ius ad bellum* dos Estados, deixou de ser unicamente um Direito de coordenação de soberanias para se deixar penetrar também, numas zonas mais do que noutras, pelo princípio da solidariedade. Se é certo que no domínio da defesa e da segurança ainda prepondera o princípio da soberania dos Estados, noutros domínios, não só naqueles a que nos referimos expressamente, como também, por exemplo, no da exploração conjunta do espaço, no da repressão internacional dos crimes e do terrorismo, etc., o princípio da soberania vai cedendo perante o princípio da solidariedade internacional, de tal modo que não é difícil prever-se a evolução decisiva, ainda que lenta e gradual, do DIP, visto em globo, de DIP ainda preponderantemente de raiz societária, para um *Direito das Gentes* ou *dos Povos* (na terminologia alemã, sempre designado, aliás, de «*Völkerrecht*») (1015).

Quanto à ordem jurídica das Comunidades Europeias, podemos dizer que ela é, estruturalmente, *mais intensamente comunitária,* porque o elemento supranacional consiste numa das componentes estruturais da própria dialéctica que faz mover o processo de integração, mas, em contrapartida, *não abandona o critério da soberania* na produção da regra de Direito, quer enquanto os Estados continuam a ser os «donos dos tratados» quer na medida em que o DC secundário é legislado pela óptica dos interesses individualistas dos Estados, ainda mais acentuadamente após os *Acordos de Luxemburgo,* que, em nosso entender, e pelos argumentos jurídicos que na devida altura invocámos, constituem parte integrante do Direito Comunitário. Existe sem dúvida um pelo menos aparente paradoxo neste sistema

(1015) Há um novo «Direito das Gentes», diz, por isso, DE VALK, que, como já referimos, entende precisamente que a integração europeia contribuiu decisivamente para o «desenvolvimento do Direito Internacional moderno» e prevê a evolução deste para um «Direito Internacional da integração», um «Direito Internacional Comunitário» ou «Direito Comunitário mundial» — sobretudo, 12-13. Cfr. *supra,* ns. 1002 e 1003. Aproximadamente, BALLADORE PALLIERI, *Diritto internazionale,* 597.

pelo que optou a ordem jurídica comunitária, embora ele apareça, no confronto com o DIP, suavizado pelo facto de se ter de reconhecer que hoje o DIP não absolutiza a soberania dos Estados, e a concebe como soberania limitada ou, na expressão de *Del Vecchio,* «soberania constitucional» ([1016]), justamente pela influência que, na ordem externa, sobre ela exerce o princípio da solidariedade internacional, tal como atrás o definimos. Esse paradoxo do DC não nos leva, porém, a sentirmos a necessidade de qualificarmos o DC de realidade «híbrida», ou sistema jurídico *sui generis,* ou ordem jurídica situada a «meio termo» entre o DIP e o Direito estadual. Pensamos que, em consequência do facto, que provámos, de o *critério decisivo* de criação e produção do DC ser o critério do interesse estadual e não o do interesse integrado da Comunidade, em rigor não o podemos, *substancialmente,* situar fora do firmamento do DIP, que *essencialmente* continua a basear-se na soberania dos Estados, ainda que, repetimos, esta seja hoje concebida pelo DIP como soberania limitada pelo princípio da solidariedade internacional, pelo menos em zonas localizadas.

É claro que se as Comunidades Europeias ainda querem cumprir o testamento de *Schuman* e rumar para a Federação e se, reflexamente, se quiser transformar o DC num Direito federal, será necessário uma *ruptura qualitativa* com o sistema actual, que terá de pôr termo ao actual paradoxo, isto é, terá de consistir essencialmente no abandono do critério da soberania na produção da regra de Direito, concretamente, pelo que ao Direito secundário diz respeito, na criação de Direito novo pela óptica do interesse comunitário e não pela do interesse estadual ([1017]). Aliás, essa ruptura qualitativa já era vivamente defendida pelo *Relatório Tindemans* ([1018]), foi proposta pelo *Relatório dos Três Sábios* ([1019]) e pelo *Plano Genscher-Colombo* ([1020]) e está consubstanciada no projecto do «*Tratado*

(1016) 382.

(1017) Assim não acontece, como vimos, no Direito da CECA, mas acontece no Direito da CEE e da CEEA.

(1018) *Supra,* n. 586.

(1019) *Supra,* n. 573.

(1020) *Supra,* n. 587.

Spinelli»[1021] e depende apenas da vontade política de se alcançar a União Política da Europa, sem que com isso se pretenda esquecer (é uma questão que não tem cabimento aprofundar aqui) que mesmo os tratados actuais estão em grande parte por cumprir e que estamos longe do esgotamento dos fins e dos meios que eles proporcionam.

Parece-nos que os dados recolhidos pela nossa investigação nos mostram que não se pode objectivamente atribuir ao DC, no estado actual da sua evolução, uma natureza diferente, designadamente natureza estadual ou federal. Somos contrários à aceitação de que a investigação científica deva atribuir ao DC uma natureza jurídica ditada por ideias preconcebidas ou por concepções filosófico-políticas pré-determinadas ou apriorísticas[1022]; por isso, somos também contrários a que se abra, dentro dos próprios cultores do DC, uma distinção entre os «internacionalistas» e os «comunitaristas», com o sentido de se pretender significar que existiria na doutrina quem *a priori* fosse adepto da atribuição ao DC de natureza confederal ou federal (e, às vezes, para se adjectivar pejorativamente os primeiros). Pensamos que este método de actuação não se conforma com as exigências da Ciência do Direito. Designadamente, há que pedir ao cientista que saiba não confundir a natureza do ordenamento jurídico comunitário *no estado actual da sua evolução histórica,* tal como ela resulta objectivamente, antes de mais, dos tratados, com os objectivos últimos, jurídicos e políticos, visados pelo processo de integração. Há que ter a humildade e o realismo de reconhecer que, no fundo, o estado actual de evolução do DC não pode deixar de reflectir o próprio curso histórico do processo da integração europeia, onde se vive ainda uma fase de transição para a união económica. Correspondentemente, é acertado dizer-se que o DC é ainda um ordenamento jurídico «inacabado». Mas, precisamente porque assim é, não deve custar a aceitar que o DC ainda não tenha, também ele, alcançado o ponto de viragem para um Direito

---

(1021) *Supra,* n. 362-A.

(1022) Já há vinte e cinco anos, portanto, logo no início da vida da CEE e da CEEA, o prevenia o Professor MATHIJSEN, *op. cit.* (n. 150), 8 ss. e 145.

estadual, designadamente de tipo federal, embora se possa lamentar que o caminho que a isso conduz venha a ser percorrido demasiado lentamente e com excessivas hesitações. Da nossa parte, como cidadão, também a nós nos custa que o DC ainda não tenha ultrapassado o *point of no return* para a União Europeia; mas, como jurista e universitário, não podemos ir além das conclusões atrás enunciadas, ou seja, não encontramos razões para, do ponto de vista *substantivo,* o caracterizar como ordem jurídica situada fora do domínio do DIP.

Não o qualificaremos, porém, como alguns autores que indicámos no Capítulo I da Parte I o fazem, simplesmente como Direito Internacional «derivado», «especial» ou «particular»; preferimos designá-lo de um grau *superior* ou *avançado* na evolução do DIP (para aproveitarmos a sugestão deixada por *Meng* para a caracterização global do Direito das Organizações Internacionais dentro do DIP), ou como uma *manifestação particularmente avançada do DIP novo ou moderno,* um DIP já sensível ao princípio comunitário (como, ainda que por caminhos nem sempre coincidentes com o nosso, vimos ser feito por *De Valk*) (1022-A). A qualificação nestes termos do DC, em vez da sua simples definição como um DIP «especial», «particular» ou «derivado», apresenta a vantagem concreta de retratar o carácter progressivo da integração europeia e, portanto, da sua ordem jurídica, e a natureza também dinâmica do próprio DIP; de, por outras palavras, situar o DC numa fase de pronunciada evolução do DIP e de, por conseguinte, destacar, como temos vindo a sublinhar, que a distinção entre o DC e o DIP consiste essencialmente numa distinção de *intensidade,* de *grau de evolução* do DIP.

Note-se por fim, e para completar o nosso pensamento, que uma coisa é a classificação do DC no plano vertical das estruturas jurídicas (onde o situamos na área do DIP), outra é a elaboração *dogmática* do DC, no plano horizontal, por princípios, conceitos e regras do Direito interno. Já vimos que há autores que confundem as duas coisas (1023), mas sem razão:

(1022-A) Respectivamente, MENG, sobretudo subtítulo da obra e 209 ss.; e DE VALK, *loc. cits.* (*supra,* § 1.º deste Cap.).

(1023) Sobretudo FAUSTO POCAR, *loc. cit.* (n. 111).

no plano horizontal, o DC, quer no domínio chamado «institucional» quer no domínio designado de «material» ou «substantivo», viu o seu conteúdo preenchido e elaborado por conceitos e regras do Direito interno (que, aliás, tem uma maior densidade dogmática do que o DIP) (1024), sem prejuízo da sua inserção, no plano vertical, no domínio do DIP.

11. *Continuação: remoção de obstáculos à procedência da conclusão proposta*

Mas é possível explicar, na base de uma distinção que separa o DC do DIP apenas pela *intensidade*, os quatro principais traços estruturais que caracterizam o Direito Comunitário e que, para a doutrina que estabelece uma antinomia entre ele e o DIP, consistem justamente nos fundamentos da sua tese: o primado do Direito Comunitário sobre o Direito interno, a aplicabilidade directa do Direito Comunitário na ordem interna dos Estados, a interpretação teleológica da norma comunitária e a competência do Tribunal das Comunidades?

(1024) O que torna, p. ex., muito sensível a influência do Direito Administrativo francês e alemão em matérias essenciais do Direito Comunitário como, *verbi gratia*, o contencioso comunitário, o Direito da concorrência e vastas áreas do chamado Direito «institucional», a começar pela teoria dos actos jurídicos comunitários — assim, por todos, e desenvolvidamente, IPSEN, *op. cit.* (n. 4), sobretudo 7-8 e 91, com a autoridade que lhe advém do facto de ser o Autor do mais vasto Manual de Direito Comunitário devido a autoria singular, depois de ter ensinado durante muitas décadas Direito Administrativo. Aliás, esta questão sobre a qual nos estamos a debruçar, levada às suas últimas consequências, colocaria mesmo, como já tivemos oportunidade de prevenir, o problema de saber se o DC tem autonomia científica — problema esse que, todavia, seria deslocado discutir aqui, mas que daria um interessante tema para debate nas Universidades dum país, como o nosso, em vésperas de adesão às Comunidades. A importância do Direito Administrativo para a elaboração dogmática do DC, inclusive para a actuação do Tribunal das Comunidades, ficou ainda há pouco demonstrada num Colóquio cuja Actas foram editadas por JÜRGEN SCHWARZE e o. sob o título *Europäisches Verwaltungsrecht im Werden*, Baden-Baden, 1982 — v. especialmente as comunições do próprio SCHWARZE e de HILF.

Entendemos que a resposta a essa interrogação é afirmativa (sem embargo das dificuldades que nalguns casos se terá que ultrapassar) sobretudo se a qualquer desses quatro princípios estruturais não pedirmos mais do que aquilo que eles estão em condições de fornecer *no estado actual* da evolução e da elaboração do Direito Comunitário.

a) *O primado do Direito Comunitário*

No que toca ao primado (1025) do DC sobre as ordens jurídicas estaduais, há que sublinhar, desde já, que ele consiste na questão nuclear do complexo problema das relações entre a ordem jurídica comunitária e os Direitos dos Estados membros. Por sua vez, este problema tem sido tratado quer pela doutrina (1026) quer pela jurisprudência (1027) por referência necessária à concepção que previamente se tiver adoptado acerca da natureza jurídica das Comunidades Europeias ou, quando é o caso, da sua ordem jurídica, quando esta questão não fica no esquecimento. Se é certo que este relacionamento forçado tem a vantagem de atestar que a opção que se fizer no domínio do primado e, dum modo geral, das relações entre o Direito Comunitário e as ordens jurídicas estaduais, tem de ser o reflexo coerente da opção que porventura haja sido feita, num momento *logicamente* anterior, quanto à natureza jurídica das Comunidades e da sua ordem jurídica, tem porém o inconveniente, que se sente de modo generalizado na doutrina e na jurisprudência, e com graves prejuízos para a elaboração dogmática do princípio

---

(1025) Não obstante a possibilidade de confusão com o problema, estruturalmente diferente, do *primado do DIP sobre o Direito interno*, continuaremos a falar de *primado* do DC por entendermos que essa palavra tem mais conteúdo jurídico do que *prevalência* ou *primazia* ou *preeminência* ou *superioridade* ou mesmo, como propõe MIAJA DE LA MUELA, *supremacia* (*op. cit.* — n. 183 —, 516). Cfr. os nossos *Sumários*, 93 ss.

(1026) V., por todos, o panorama recentemente traçado por KOVAR, *Rapports*, 118 ss.; e BEBR, *Development of Judicial Control*, 614 ss.

(1027) Tome-se como paradigma o Ac. proferido no caso *ENEL*, 1158. Um levantamento da mais significativa jurisprudência, nacional e comunitária, na matéria, pode ser visto, por todos, em KOVAR e BEBR, *locs. cits.*, e em LOUIS, *op. cit.* (n. 147), 90.

do primado, de colocar a questão num plano de excessiva abstracção teórica, o que conduz tantas vezes a conclusões que o Direito Comunitário, na fase actual da sua evolução, designadamente os tratados, não consentem.

Como por diversas vezes temos vindo a insistir, é indispensável, porém, assegurar ao Direito Comunitário um tratamento dogmático uniforme e coerente e há também, como já por mais de uma vez acentuámos, que erguer a construção da ordem jurídica comunitária sobre as exactas coordenadas jurídicas que os tratados, na sua letra e no seu espírito actuais (sem descurar obviamente os resultados da interpretação teleológica), fornecem.

Transponhamos agora esta linha de raciocínio para o domínio do primado do DC. Somos, por aí, e pelo que estritamente nos interessa neste lugar, levados às seguintes conclusões.

Para começar, não se nega que, como dissemos, *estruturalmente* o *primado do DIP sobre o Direito interno* e o *primado do DC sobre o Direito estadual* são dois princípios diferentes.

O primado do DIP sobre o Direito interno pressupõe a rejeição da visão dualista das relações entre o DIP e o Direito interno (dado que, face a esta construção, a norma internacional, após ter sido transformada em norma interna, vigora na ordem jurídica interna *como tal* e não como norma de DIP) e também da visão monista daquelas relações que concede o primado ao Direito interno (enquanto esta construção conduz, na prática, à negação do DIP). Ele só se compadece, portanto, com a construção das relações entre o DIP e o Direito estadual segundo a concepção monista que dê primado ao DIP (1028).

Mas, mesmo então, o primado do DIP sobre o Direito interno resulta duma outorga do sistema adoptado pela Constituição do Estado respectivo para conceder relevância ao DIP na ordem interna. Está, portanto, dependente desse filtro da Constituição estadual.

Ao contrário, o primado do DC é visto por este como uma «exigência existencial» da ordem jurídica comunitária, na expres-

---

(1028) Já assim o entendia KELSEN, independentemente da sua *«Stufenbau»*, na sua obra sobre a Teoria Pura do Direito — *Reine Rechtslehre*, 324, 336-337; no m. sent., entre nós, ANDRÉ GONÇALVES PEREIRA, *Novas considerações*, 23.

são feliz de *Pescatore* (1029), ou, o que é o mesmo, numa formulação rigorosa de *Alder* (1030), depois desenvolvida por *Ipsen* (1031), como emanação do *princípio da capacidade funcional*, ou da *capacidade para o cumprimento da função, («Funktionsfähigkeit») das Comunidades,* ou seja, o princípio que assegura a própria existência e a eficácia das Comunidades e da integração, como tais. Por isso, o primado é «essencial, absoluto e incondicional» (1032) e, por isso, não está dependente dos critérios constitucionais dos Estados sobre a relevância do DIP na ordem interna.

Isso não significa, porém, que o primado do DC não se encontre na dependência da vontade dos Estados membros.

Na realidade, o primado do DC é um corolário — o primeiro corolário — da delegação de poderes soberanos pelos Estados nas Comunidades. Ou seja, ao delegarem nas Comunidades seus poderes soberanos, os Estados aceitam, nas matérias a que aqueles poderes soberanos dizem respeito, o primado da ordem jurídica das Comunidades sobre os Direitos estaduais. Mas, porque duma delegação se trata, e, portanto, porque os Estados podem reaver os poderes delegados, nos termos a que desenvolvidamente fizemos referência, eles podem também, com isso, fazer cessar o primado do DC sobre as respectivas ordens jurídicas internas. Portanto, em suma, os Estados ao porem termo à delegação dos poderes soberanos farão cessar também o primado do DC sobre o Direito estadual.

Além disso — e esta é uma outra conclusão a que queremos chegar, e que reforça a conclusão anterior — o primado do DC afirma a superioridade sobre a norma estadual duma norma (a comunitária) em cuja produção (salvo, como vimos, o Direito

(1029) *Op. cit.* (n. 163), 227.

(1030) 147.

(1031) *Op. cit.* (n. 4), sobretudo 200. Cfr. KOVAR, *loc. cit.,* e os nossos *Sumários,* 93.

(1032) É o que decorre, em termos de súmula, da jurisprudência do TC na matéria — v. KOVAR, *loc. cit.,* e os nossos *Sumários,* 94. Além disso, o primado do DC resulta directamente dos tratados, tanto do princípio geral da *lealdade comunitária,* do art. 5.º CEE, como da atribuição específica de aplicabilidade directa (no sentido que adiante daremos a esta expressão) ao regulamento, no art. 189.º, na medida em que ela constitui um corolário do primado.

derivado da CECA) tem carácter decisivo a expressão da soberania estadual, dos interesses nacionais dos Estados.

Isto quer dizer que, correspondentemente com o grau de integração que em globo já foi alcançado pela ordem jurídica comunitária, também no domínio do primado o DC não deu ainda o salto *qualitativo* do modelo confederal para a estadualização ou para o federalismo. A prova disso reside, muito simplesmente, no facto de a sanção do primado não consistir na nulidade da norma estadual mas apenas na sua inaplicabilidade. Ou seja, essa sanção coloca-se no plano da *eficácia* da norma estadual, não no plano da sua *validade* (1033).

O primado consubstancia-se, portanto, numa novidade de carácter *formal* em relação ao DIP, na medida em que não depende do critério constitucional dos Estados sobre a relevância do DIP na ordem interna, mas não deixa de ficar na dependência, na disponibilidade da vontade dos Estados nem exprime um interesse antinómico em relação ao interesse dos Estados. Do ponto de vista *substantivo* não há, portanto, uma incompatibilidade entre o primado do DC e a soberania dos Estados, pelo que a estrutura do primado do DC não contraria a conclusão a que chegámos sobre a natureza do DC face ao DIP.

b) *A aplicabilidade directa do Direito Comunitário*

Também não constitui obstáculo a essa conclusão o facto de algumas normas do DC derivado gozarem da chamada aplicabilidade «directa». Iremos demorar-nos mais nesta questão do que na do primado porque se tem tentado extrair mais argumentos da aplicabilidade directa do que do primado para afirmar uma separação *essencial* entre o DC e o DIP, embora a aplicabilidade directa do DC, no sentido que verdadeiramente lhe cabe, e que adiante exporemos, consista num corolário do primado (1034).

As origens da noção de aplicabilidade directa duma regra de Direito parecem remontar ao Acórdão que o Supremo

---

(1033) V. *supra*, Parte I, Cap. II, n.º 7.
(1034) Nossos *Sumários*, 98.

Tribunal dos Estados Unidos proferiu em 1829, no caso *Foster and Elane*, fundando-se no art. VI n.º 2 da Constituição dos Estados Unidos, quando afirma que os tratados «constituem o direito supremo do país» (1035) (1036).

Todavia, após o Tribunal de Cassação belga ter em 1925 considerado «directamente aplicável» uma disposição do Tratado de Versalhes de 25 de Junho de 1919 (1037), o DIP só viria a acolher essa ideia através do Parecer votado pelo TPJI, em 3 de Março de 1928, no caso da *competência dos tribunais da Cidade Livre de Dantzig* (1038). Aí foram rejeitadas, de modo formal e expresso, as doutrinas de *Triepel* e *Anzilotti* (sendo este à data o Presidente daquele Tribunal), invocadas a favor da sua tese pela delegação da Polónia, segundo as quais só os Estados eram, em princípio, sujeitos de DIP e, portanto, um acto de DIP, como é o caso de um tratado, só podia disciplinar relações jurídicas entre Estados soberanos, pelo que não lhe era possível conferir direitos ou impor obrigações directamente a indivíduos (1039).

Pode-se dizer, porém, que só com a conclusão dos tratados comunitários, e designadamente do Tratado CEE, é que os tratados *self-executing*, ou as suas disposições *self-executing* — expressão que, por fidelidade à origem norte-americana do conceito, designa os tratados, ou as suas normas, com aplicabilidade directa (sem que seja ainda altura de definirmos esta noção) —, começaram a ser objecto de vasto e pormenorizado tratamento

---

(1035) No m. sent., RUSSOTTO, 3 ss.; GANSHOF V. D. MEERSCH, *op. cit.* (n. 146), 248; CHOFFAT, 23; VERHOEVEN, 15; extractos do Acórdão e anotação em EVANS, 178 ss.

(1036) Os tribunais americanos têm reafirmado em todas as oportunidades aquela doutrina, como se vê pelo exame da sua jurisprudência ainda do século passado em JOLIET, *Institutions*, 294 ss. Nos nossos dias, o mais expressivo Acórdão foi o proferido pelo Tribunal do Estado da Califórnia, em 1950, no caso *Fujii*, *cit.* em CHOFFAT, n. 44. Cfr. RUSSOTTO, *loc. cit.*

(1037) BOSSUYT, 102.

(1038) 17 ss.

(1039) No m. sent., CHOFFAT, *loc. cit.*; VERHOEVEN, 15-17, e JOLIET, *op. cit.*, 296, estas duas últimas obras com excertos do Acórdão. V. a História dos tratados *self-executing* em JOUTSAMO, *op. cit.* (n. 229), 210 ss.

doutrinário ([1040]), onde, aliás, até por consideração para com o Direito Comunitário derivado, passou a suscitar-se a questão da aplicabilidade directa em relação também a normas de fonte não convencional ([1041]).

Mas não é fácil encontrarmos, nas obras a isso consagradas, um conceito unívoco de aplicabilidade directa dos tratados internacionais, facto a que não deve ser alheia a própria circunstância de, como adiante mostraremos, ser enganoso falar-se aqui em aplicabilidade *directa* no sentido de aplicabilidade *imediata* ou *automática* na ordem interna dos Estados ([1042]). Mesmo assim, é-nos possível descobrir, nas diversas definições utilizadas, uma ideia nuclear comum ou, se preferirmos, um denominador comum.

De harmonia com essa ideia nuclear, a aplicabilidade directa traduz-se na aptidão de uma regra de Direito Internacional para, de per si, atribuir direitos ou impor obrigações a particulares, que, por isso, a podem invocar directamente nos tribunais dos respectivos Estados, sem que para o efeito seja necessária qualquer medida de Direito interno que previamente complete ou desenvolva o seu conteúdo.

Assim definida, a aplicabilidade directa rompe com a concepção clássica segundo a qual as normas de DIP só impõem direitos e obrigações recíprocas aos Estados, e, portanto, só o fazem em relação aos particulares através da mediação do Estado (*«bloss mittelbare Verpflichtung und Berechtigung durch das Völkerrecht»*, na célebre expressão de *Kelsen* ([1043])), e vem assegurar à norma relevância contenciosa (e não junto da Administração) para o efeito de o particular interessado poder fazer valer em tribunal um direito (não se põe o problema de ter

(1040) V. sobretudo WENGLER, I, 442; WINKLER; BLECKMANN, *Begriff;* KOLLER; L. CONSTANTINESCO, *Applicabilité directe;* LUZATTO; WINTER; DUMON; WAELBROECK, *Traités internationaux;* CHOFFAT, *op. cit.;* VERHOEVEN (este, um dos mais recentes trabalhos sobre a matéria, e onde o A. consegue arrumar ideias num domínio caracterizado por uma grande incerteza, para não falar em confusão, doutrinária).

(1041) Cfr. VERHOEVEN, 6 ss.; BLECKMANN, *Applicabilité directe,* 89 ss.

(1042) Como o demonstram BLECKMANN, *op. cit.* (n. 1040), passim; e DUMON, 370 ss.

(1043) *Op. cit.* (n. 1028), 325.

interesse em fazer valer uma situação jurídica passiva, um dever ou uma obrigação) que a norma lhe confere, sem que seja necessária para isso qualquer intervenção, de carácter legislativo, regulamentar ou administrativo, da parte do respectivo Estado (1044) (1045).

O fundamento da aplicabilidade directa é simples de apreender: ela vem assegurar que, em caso de conflito entre uma norma internacional e uma norma estadual — e só nesse caso é que se coloca a questão da aplicabilidade directa —, o DIP prime sobre o Direito estadual, dando-se execução à regra já consagrada pelo DIP (art. 27.º CV e, com maior subtileza no que toca às normas constitucionais, art. 46.º CV) segundo a qual nenhum Estado pode invocar as suas normas internas para se eximir ao cumprimento das suas obrigações internacionais. A aplicabilidade directa vem precisamente permitir ao juiz nacional assegurar o respeito por essa regra elementar do DIP. No caso concreto dos tratados internacionais, a aplicabilidade directa limita-se a garantir o cumprimento do princípio *pacta sunt servanda* (1046).

(1044) Parece-nos, todavia, que uma simples medida de execução, nomeadamente de carácter meramente processual ou burocrático, não prejudica a aplicabilidade directa da norma — assim, Ganshof V. D. Meersch, *Règle*, n. 18; Bleckmann, *op. cit.* (n. 1041), 91; e Choffat, 27; contra, Verhoeven, 6 ss.

(1045) Sobre esta acepção de norma *self-executing*, v., além das *ops. cits.* nas ns. anteriores, também Meessen, *Application*, 493-494; Zuleeg, *Andwendbarkeit*, 341 ss.; e Dumon, 370 ss.

(1046) Ganshof V. D. Meersch, *op. cit.*, 108; Bossuyt, 102 ss. Segundo os tribunais belgas, uma norma de DIP convencional dotada de aplicabilidade directa prima sobre qualquer norma interna, anterior ou posterior. O expoente máximo dessa jurisprudência é o Ac. proferido pelo Tribunal de Cassação, em 27-5-71, no caso *Le Ski* (472 ss. e conclusões do Ministério Público). Ganshof V. D. Meersch aproxima esta corrente da tese similar que o TC sustentou no caso *Simmenthal*, 629, segundo a qual as disposições dos tratados e os actos de Direito derivado com efeito directo «têm por efeito impedir a formação válida de *novos actos legislativos nacionais* na medida em que sejam incompatíveis com as normas comunitárias» — 108 n. 1 e 110, sendo o itálico nosso. Cfr. os nossos *Sumários*, 95. Essa aproximação não pode, porém, ir tão longe que se esqueça de que no primeiro caso estamos perante a aplicabilidade directa do DIP, que em princípio se encontra subordinada ao Direito Constitucional dos Estados interessados, o que não acontece com o DC.

De qualquer modo, e queremos deixar este ponto bem claro, a aplicabilidade directa não pode ser confundida com os mecanismos que dão relevância ou vigência *(«Geltung»)* a uma norma internacional na ordem interna dos Estados, nem tão-pouco os evita ou dispensa.

Por outras palavras, a aplicabilidade directa de uma regra de DIP encontra-se subordinada e condicionada às exigências do Direito Constitucional do respectivo Estado. Quer isto dizer que uma coisa é a aplicabilidade directa de uma norma de DIP, que, de harmonia com a corrente subjectivista, que predomina na doutrina, deve ser resolvida basicamente através da interpretação da vontade do autor ou dos autores da norma (1047); outra coisa diferente, mas que limita e condiciona a primeira, é a do sistema consagrado no Direito Constitucional do respectivo Estado para dar validade e eficácia na sua ordem jurídica àquela regra, ou seja, a opção que para o efeito ele faça na querela monismo-dualismo (1048). Tudo isso decorre do facto de a primeira questão, a da aplicabilidade directa, ser uma questão exclusivamente de DIP, e a segunda, a do modo por que a norma obtém relevância na ordem interna, uma questão exclusivamente do Direito Constitucional dos Estados interessados (1049).

Daqui decorrem, contudo, duas conclusões distintas.

Por um lado, a disciplina pelo Direito Constitucional de um Estado do sistema de relevância do DIP na ordem interna

---

(1047) Por todos, e com a definição dos critérios para essa interpretação, Oppenheim-Lauterpacht, I, 924; Dumon, 371; P. de Visscher, *Tendances,* 559; Verhoeven, 18, onde se indica que é este o método adoptado pela jurisprudência belga; Meessen, *op. e loc. cits.;* Koller, 81; e, sobretudo, Jacot-Guillarmod, 114 ss. e bibl. cit., Choffat, 24 ss., Bleckmann, *op. cit.,* 92 ss., e, por último, Joliet, *op. cit.,* 291 ss.

(1048) Assim, Choffat, 20 ss.; Ganshof V. D. Meersch, *op. cit.,* 108 e 112 ss.; Bossuyt, 80-81; e, sobretudo, Verhoeven, 9, 11, 13-14 e 17-18 e bibl. cit.

(1049) Verhoeven, 17 ss., louvando-se, para fundamentar a primeira asserção, no já cit. Parecer do TPJI no caso *Dantzig;* Koller, 121; e Bleckmann, *Position,* 314, embora o A. defenda posição contrária em *op. cit.* (n. 1041), 90 ss., ao que não é alheio o facto de entretanto ele ter abraçado o dualismo nas relações entre o DIP e o Direito interno, inclusivamente com reflexos na sua concepção das relações entre o DC e o Direito estadual.

segundo postulados dualistas conduz à negação da aplicabilidade directa da norma internacional, desde logo porque daqueles postulados resulta a *transformação* da norma internacional em norma de Direito interno, e, consequentemente, a sua vigência na ordem estadual *como norma interna* e não como norma internacional (1050).

Por outro lado, a vigência na ordem interna da norma directamente aplicável, *mesmo quando construída apenas de harmonia com o monismo com primado do DIP,* mostra-nos que é incorrecto falar-se aqui, como já prevenimos, de aplicabilidade *directa,* porque ela não quer dizer *aplicação imediata* ou *automática,* ao contrário do que etimologicamente se parece querer dar a entender. Aquilo que tradicionalmente se convencionou chamar de aplicabilidade directa de uma norma internacional significa, pois, como mostrámos, que um particular pode invocar perante um tribunal estadual um direito que aquela norma lhe confere e que, por conseguinte, esse tribunal a pode aplicar sem necessidade de qualquer medida concreta de desenvolvimento ou execução da parte dos Estados (1050-A); mas não significa que o possa ser sem respeito pelas condições livremente impostas pelo Direito Constitucional dos Estados para que o DIP ganhe relevância na sua ordem interna. A aplicabilidade directa do DIP não se confunde, pois, com a sua *imediatividade,* que, essa, a norma de DIP não conhece, em princípio, na ordem interna dos Estados, não obstante todos os esforços que sector importante da doutrina, e a jurisprudência de alguns países, especialmente a da Bélgica, vêm promovendo no sentido de conceder às disposições convencionais internacionais em maté-

---

(1050) KOLLER, 126 ss.; e CHOFFAT, 22. No m. sent., Ac. proferido pelo Tribunal Fiscal (*«Finanzgericht»)* de Hamburgo, em 29-10-69, no caso das *maçãs chilenas* — 91, com anotação concordante de RIESENFELD, 548 ss.

(1050-A) Neste sentido, a aplicabilidade directa é um instituto comum ao próprio Direito estadual: veja-se, p. ex., que o art. 18.º n.º 1 da Constituição Portuguesa vigente considera «directamente aplicáveis» os preceitos constitucionais sobre direitos, liberdades e garantias — cfr. JORGE MIRANDA, *Manual,* vol. I-t. II, 536 ss.; e VIEIRA DE ANDRADE, 254 (onde, todavia, se fala, menos propriamente, e contra a letra da Constituição, em «aplicabilidade directa e *imediata*» — o itálico é nosso).

ria de Direitos do Homem um regime próximo do chamado *efeito directo* no Direito das Comunidades Europeias (1051).

Por conseguinte, como bem observam *Verhoeven* (1052) e *Ganshof V. D. Meersch* (1053), *ontologicamente* a aplicabilidade directa do DC não se distingue da aplicabilidade directa do DIP, *enquanto e na medida em que esta é, como mostrámos, uma questão do DIP*. Nem mesmo se distingue dela enquanto também a aplicabilidade directa do DC é uma questão do DC (dos tratados ou da interpretação que lhe dão a jurisprudência e a doutrina) e não do Direito estadual: só assim é que se compreende que o Tribunal das Comunidades possa pronunciar-se sobre ela pelo mecanismo do art. 177.° CEE, já que este preceito não autoriza o Tribunal a interpretar o Direito nacional (1054). A necessidade de estabelecermos uma distinção entre uma e outra só nos surge, em princípio, no domínio da posição relativa do Direito estadual face à norma comunitária directamente aplicável por confronto com a posição que ele adopta perante a norma internacional directamente aplicável. Aí, como manifestação da componente comunitária do processo da integração, alguns (não todos) actos de Direito derivado gozam de aplicabilidade directa, aqui no sentido de *aplicabilidade imediata* ou *automática* (1055), ou simplesmente de *imediatividade,* na ordem interna dos Estados membros, independentemente da posição, monista ou dualista, que o seu Direito Constitucional adopte acerca da relevância do DC na ordem interna, ou seja, independentemente do sistema que o seu Direito Constitucional defina para atribuir ao DC vigência na ordem interna dos Estados.

Dentro desta orientação, por confronto com a aplicabilidade directa no DIP, cujo regime acabámos de descrever, é desnecessário distinguir-se, no DC, entre aplicabilidade directa e efeito directo: uma e outro não estão dependentes dos critérios constitucionais que os Estados membros fixem em matéria de relevância do DC na ordem interna, o que os faz, logo por aí, afastarem-se da aplicabilidade directa no DIP.

(1051) Demonstrámo-lo *supra,* Cap. anterior, n.° 14.4 *d*).
(1052) 18-19.
(1053) 421 ss.
(1054) V. *supra,* Parte I, Cap. II, n.° 7.
(1055) No m. sent., VERHOEVEN, 7.

Em si mesmo, porém, quer conceptualmente quer quanto ao seu regime jurídico, e tanto quanto isso nos interessa neste lugar, a aplicabilidade directa e o efeito directo são no DC realidades diferentes. Já o afirmámos em trabalho anterior ([1056]) e continuamos a pensar do mesmo modo, embora contra a doutrina dominante (que, todavia, manifesta, para com a distinção, mais uma insensibilidade do que uma oposição).

Como então sustentámos, a *aplicabilidade directa* do DC encontra-se expressamente prevista no art. 189.º CEE e consiste na entrada em vigor imediata (respeitados que sejam os requisitos fixados para o efeito no art. 191.º), isto é, na executoriedade imediata do regulamento na ordem interna dos Estados ([1057]) ([1057-A]), que, portanto, não fica dependente de qualquer acto legislativo ou administrativo de recepção da parte destes (a sua publicação na ordem estadual, mesmo se necessária, não será *constitutiva*) nem pode ser evitada, de alguma forma, por eles, designadamente com invocação das suas regras constitucionais (foi o que o TC respondeu ao Governo holandês, que defendia tese oposta, no caso *Van Gend* ([1057-B])). Aqui, portanto, repetimo-lo, *aplicabilidade directa* é sinónimo de *imediatividade*.

Para além dos regulamentos, também são directamente aplicáveis as decisões (art. 189.º par. 4) dirigidas a particulares.

Diferentemente, o *efeito directo* consiste na possibilidade de os particulares invocarem em tribunais nacionais, se «a natureza, a economia e os termos» da norma ou do acto o permitirem, uma disposição dos tratados comunitários ([1057-C]) ou um acto de Direito derivado que não beneficie de aplicabilidade directa

---

(1056) *Sumários*, 97 ss.

(1057) Nos casos *Oeuvres d'art II*, 296 ss., e *Simmenthal*, 629 ss., o TC acrescenta: «(...) e na sua vigência na ordem interna *durante todo o período da sua validade*». O itálico é nosso.

(1057-A) Note-se, porém, que as várias versões do TCEE não são absolutamente uniformes no texto do art. 189.º par. 2: a versão francesa diz «*est directement applicable*», a versão inglesa «*shall be (...) directly applicable*» e a versão alemã «*gilt unmittelbar*».

(1057-B) 1 ss.

(1057-C) As disposições dos tratados comunitários têm *efeito directo* e não aplicabilidade directa — no m. sent., VERHOEVEN, 14. É o caso, p. ex., das normas sobre concorrência, constantes dos arts. 85.º e seguintes CEE: neste sent., MESTMÄCKER, 1 ss.

(isto é, as directivas e as decisões dirigidas a Estados), para afastarem a aplicação de uma norma estadual, apesar de essa norma ou esse acto de DC, repetimos, não gozarem de aplicabilidade directa, nem terem visto ainda o seu conteúdo transposto para qualquer acto de Direito interno, legislativo ou administrativo.

O efeito directo não se encontra, ao contrário da aplicabilidade directa, previsto nos tratados, mas foi uma criação da jurisprudência do TC, com apoio da doutrina, antes de tudo em relação a certas disposições dos tratados, mas sobretudo em relação às directivas, como consequência directa do facto de o art. 189.º recusar claramente a aplicabilidade directa à directiva pelo confronto da regulamentação que dá a esta e ao regulamento. O que se pretende com o efeito directo é assegurar o primado do DC sobre a ordem jurídica estadual e, dum modo geral, garantir a uniformidade na aplicação do DC.

O primeiro Acórdão em que o TC se pronunciou sobre o efeito directo foi o proferido no caso *Van Gend,* em que estava em causa o *efeito directo* (e não a *aplicabilidade directa,* pelas razões acima expostas) do art. 12.º CEE. Todavia, ao sustentar que a «norma comunitária directamente aplicável» era aquela que «produz efeitos imediatos e cria direitos individuais que os tribunais internos devem salvaguardar» (1058), aquele Acórdão parecia querer abranger cumulativamente a aplicabilidade directa e o efeito directo. E, em maior ou menor grau, essa infixidez de conteúdo, pelo menos essa confusão terminológica, perdurou noutros Acórdãos importantes sobre a matéria (1059), como muito recentemente demonstrou *Pierre Pescatore* (1060), embora haja um argumento importante que nos leva a afirmar que o TC não nega em absoluto a distinção entre os dois conceitos: quando se refere aos regulamentos o Tribunal mostra uma tendência para falar em «aplicabilidade directa» e não em «efeito directo», enquanto que se inclina para esta expressão quando estão em causa disposições dos tratados ou de directivas (1060-A).

(1058) 25.

(1059) Casos *Salgoil,* 673; *Lütticke,* 302-304; *Molkerei,* 226 e 232; *Fink Frucht,* 327; *Reyners,* 631; *Rewe,* 200; e *Tasca,* 308. Cfr. BEBR, *Dispositions,* 9 e 14; PARRY/HARDY, 143 ss.; e KOVAR, *Intégrité,* 151.

(1060) *Doctrine of «direct effect»,* 156 ss.

(1060-A) Reconhece-o KOVAR, *op. e loc. cits.*

Mas as pedras angulares de toda a construção jurisprudencial do efeito directo são os Acórdãos proferidos pelo TC no caso *Grad* — com a particularidade de neste processo a distinção entre a aplicabilidade directa e o efeito directo ter sido formalmente aceite, e nos termos em que a traçámos, pela própria Comissão das Comunidades(1061) — e, sobretudo, no caso *Van Duyn* (1062).

Na doutrina, repetimos, é minoritária (como dissemos, mais por insensibilidade ou por indiferença face à distinção do que por oposição a ela) a corrente que, como nós, sente a necessidade de distinguir a aplicabilidade directa e o efeito directo, embora ela agrupe nomes muito importantes (1063). A esta dissertação não interessa, porém, aprofundar esta questão mais do que o fizemos (1064).

(1061) 825 ss. Cfr. KOVAR, *op. cit.,* 152.

(1062) 1349.

(1063) Especialmente, ainda que porventura com critérios de distinção nem sempre coincidentes entre si, EASSON (que, com razão, como pouco depois faria KOVAR, *op. cit.,* 151 ss., atribui parte da infixidez terminológica nesta matéria ao desajustamento linguístico que tem havido, neste como em alguns outros domínios, da parte das várias versões linguísticas dos tratados, dos actos de Direito derivado e da jurisprudência do TC), 320 ss.; LAUWAARS, *Lawfulness,* 32 ss., 48 ss.; HARTLEY, 176 ss.; 185 ss.; WYATT/DASHWOOD, 25 ss.; DASHWOOD, 229 ss.; WINTER, 425 ss. PLENDER/USHER, 60 ss. (com confronto com jurisprudência do TC); BRINKHORST/SCHERMERS, 127 ss., 141; KAPTEYN/VERLOREN VAN THEMAAT, 27 ss.; já após o encerramento desta dissertação, GAUTRON, 101 ss.; e, ainda que de modo menos seguro, SCHERMERS, *op. cit.* (n. 154), 86 ss., e *Comentário Groeben,* anotação ao art. 189.º, sobretudo 342 ss.. KOVAR, no mesmo ano, de 1981, aceitava num estudo a distinção, ainda que com «correcções» — *op. cit.* (n. 1059), sobretudo 152 (e onde se pode ver um bom levantamento do estado actual da questão) —, para, noutro, dar a entender que a abandonava — *op. cit.* (n. 1026), 146 ss.

(1064) Um dos problemas que, por esse motivo, ficam em suspenso, e que só vemos tratado em EASSON, *op. e loc. cits.,* é o de saber se, sendo certo que há normas e actos com efeito directo mas sem aplicabilidade directa, também os pode haver com aplicabilidade directa mas sem efeito directo; por outras palavras, se a aplicabilidade directa arrasta ou não, necessariamente, o efeito directo — problema que tem grandes implicações, designadamente em matéria de contencioso comunitário. Diremos, porém, rapidamente qual é a nossa opinião nesta matéria, no estado actual do nosso pensamento. Sem nos afastarmos no essencial da posição daquele Autor, pensamos que o facto de uma

Em suma, e retomando o fio do nosso raciocínio em relação ao que está aqui em causa, diremos que, enquanto se fala da aplicabilidade *directa* propriamente dita, não existe uma distinção *ontológica* entre o DIP e o DC; mas, mesmo enquanto por aplicabilidade directa se quer significar aplicabilidade *imediata*, a separação entre o DIP e o DC esbate-se na medida em que, ainda que em termos excepcionais, também o DIP conhece hoje a aplicabilidade directa das suas normas: para darmos apenas exemplos já aqui referidos, é o que se tem passado com a administração directa pela ONU de territórios não-autónomos ([1065]), e é o caso também de decisões de algumas organizações internacionais, como as do Conselho de Segurança da ONU, nos termos já indicados ([1066]) ([1067]).

Além disso, e como já vimos, tem-se registado, sobretudo nos últimos anos, nalguns sectores da doutrina, e, mais particularmente ainda, na jurisprudência belga, um intenso labor doutrinário no sentido de se generalizar a atribuição de «efeito directo» ou «aplicabilidade directa» (como há pouco dissemos, nesta matéria a distinção entre os dois conceitos é irrelevante) aos tratados internacionais, ou pelo menos às suas disposições, que tenham por objecto os Direitos do Homem, e em algumas dessas propostas aquelas expressões são utilizadas tendencialmente com o sentido de aplicabilidade imediata ou automática — o que, em benefício duma profunda democratização e humanização das relações internacionais, traria uma acentuada evolução, quase que diríamos uma revolução, no DIP ([1068]).

---

norma não gozar na prática de efeito directo, e portanto não poder ser directamente invocável em tribunal ou não poder ser levada em conta por este, em virtude de não ser «incondicional, suficientemente clara, e completa em si mesmo» (as três condições de que no caso *Van Gend* o TC fez depender o efeito directo de uma norma do Tratado), não prejudica, só por si, a sua aplicabilidade directa, se o art. 189.º lha atribuir, isto é, não impede a sua vigência imediata na ordem interna, independentemente dos critérios para o efeito definidos no Direito interno — cfr. *infra*, n. 1182.

(1065) V. *supra*, Cap. anterior, n.º 14.4 *g*).

(1066) *Ibidem*.

(1067) No m. sent. do que dizemos no texto, e para maiores desenvolvimentos, CHOFFAT, 44; e VERHOEVEN, 14.

(1068) V. o que sobre isso se disse *supra*, Cap. anterior, 14.4 *d*). De entre os trabalhos mais recentes sobre a matéria, v. VELU, 55 ss.,

Daqui pode-se, pois, concluir que a aplicabilidade directa é hoje pacificamente aceite como característica normal da norma de DIP, especialmente da norma convencional, e que, mesmo no sentido de aplicabilidade imediata ou automática, que se traduz numa característica essencial de actos importantes do Direito Comunitário derivado (sem prejuízo do efeito directo reconhecido a vários preceitos dos tratados institutivos e a alguns actos do Direito derivado que não gozam de aplicabilidade directa), ela não é desconhecida pelo DIP, ainda que neste, no seu estado actual de evolução, ela nos apareça em casos ainda verdadeiramente excepcionais.

Mas, mesmo assim, a distância que aí separa o DIP do DC fica ainda mais encurtada pelo facto de, como vimos acontecer com o problema do primado do DC, a norma comunitária directamente aplicável (que é por excelência o *regulamento de base,* como acto legislativo, da competência do Conselho) por um lado extrair a sua aplicabilidade directa dos tratados, que estão na disponibilidade da vontade dos Estados, e, por outro, ser expressão predominantemente dos interesses estaduais, o que atenua o impacto e o alcance da aplicabilidade directa do DC na ordem jurídica nacional.

Por aqui se vê, portanto, e para concluir, que também pelo lado da aplicabilidade directa o que distingue o DC do DIP é uma questão de *intensidade,* de *grau* ou *fase de evolução,* não de *substância,* de *essência.*

c) *A interpretação teleológica do Direito Comunitário*

Também o recurso pelo DC à interpretação teleológica ou finalista, que para muitos autores constitui um dos traços essencialmente distintivos do DC em confronto com o DIP, não é contrariado pela posição que adoptámos acerca da natureza jurídica do Direito das Comunidades Europeias.

---

com referência especial à posição particularmente avançada dos tribunais belgas nesse domínio, 77-78, e ao carácter pioneiro do Ac. do Tribunal Europeu dos Direitos do Homem, de 18-1-78, no caso *Irlanda c. Reino Unido.* V. também *ops. e locs. cits. supra,* ns. 899-A e 899-B.

Para começar, não é verdade que o DC se distinga do DIP por este recusar a interpretação teleológica. Para esta corrente, o DIP seria, ao contrário do DC, uma ordem jurídica estática e não dinâmica ou evolutiva, pelo que, pela sua própria natureza, as normas de DIP não poderiam ser objecto de interpretação teleológica.

Acontece, porém, que a primeira premissa é errada: o DIP não pode ser definido como uma ordem estática, para se o opor ao DC.

Desde logo, nenhuma ordem jurídica é estática. Postula-o, para começar, o brocardo *ubi societas ibi jus*: com ele quere-se dizer não só que toda a sociedade politicamente organizada tem necessariamente a sua ordem jurídica como também que a evolução da respectiva ordem jurídica acompanha a dinâmica do seu substrato social, sob pena de se verificar um pernicioso desfasamento entre o grau de evolução do agrupamento social e o do seu ordenamento jurídico e de, consequentemente, este deixar de dar satisfação às necessidades e às exigências do grupo social que lhe está subjacente.

Além disso, e concretamente quanto ao DIP, parece não ser legítimo pôr-se em causa o seu carácter evolutivo e dinâmico, que acompanha a evolução da Sociedade Internacional. Foi, aliás, no pressuposto da admissão dessa evolução, que ainda há pouco retratámos a transformação do Direito Internacional clássico no Direito Internacional novo. E o carácter evolutivo do DIP foi já reconhecido expressamente nos trabalhos de codificação da Comissão de Direito Internacional a que nos referimos atrás ([1069]), assim como é sublinhada por nomes ilustres da doutrina, sobretudo de língua alemã ([1070]).

Em consequência de o DIP não deixar de ser, tal como o DC, embora porventura com intensidade e alcance diferentes, uma ordem jurídica evolutiva ou dinâmica, também ele conhece, portanto, o método teleológico de interpretação. Di-lo expressamente o art. 31.º CV, quando manda interpretar os tratados de harmonia também com o seu fim.

(1069) *Supra*, n. 973.

(1070) Por todos, v. ZEMANEK, *op. cit.* (n. 468), 3-4; e MOSLER, *op. cit.* (n. 487), 7 ss., louvando-se mais uma vez em BRUNS, *op. e loc. cits.* (n. 984).

Note-se, aliás, que há muito que se encontra posta de lado a concepção herdada da Revolução Francesa segundo a qual o juiz se resignaria a ser a «*bouche de la loi*», limitando-se a aplicar automaticamente, quase mecanicamente, a estatuição da norma, assim que se certificasse de que o caso concreto se enquadrava na sua previsão. Hoje entende-se que a actividade do juiz tem sempre algo de criador: ao interpretar a lei ele está a desempenhar um papel activo, de opção entre várias soluções possíveis para o caso concreto que tem de julgar ([1071]). Este carácter inovador, que é conatural à actividade do juiz, permite-nos compreender que em toda a hermenêutica jurídica existe algo mais do que uma simples reprodução do entendimento que decorre da letra da lei e que, na descoberta do sentido a dar à lei no caso concreto, vai ocupar lugar de relevo o fim que ela prossegue.

Tanto o DIP como o DC se servem, pois, do princípio, definido por *Savigny*, dos quatro métodos de interpretação: o método histórico, o método gramatical, o método sistemático e o método dinâmico ou teleológico ([1072]). O primeiro é de índole subjectiva, na medida em que pretende descobrir a vontade inicial do autor da norma, a *mens legislatoris*, e os outros três apresentam natureza objectiva.

No que toca ao DC, o método teleológico é o mais importante método de interpretação por ele utilizado. Por seu intermédio procura-se garantir que as normas de Direito Comunitário — e não apenas as constantes dos tratados ([1073]) — venham a ser eficazes em relação ao seu fim último, que é o de dar satis-

---

(1071) V. WAELBROECK, *Rôle*, 347.

(1072) Cit. por BERNHARDT, *Auslegung*, 17. No essencial concordamos, portanto, com dois dos mais recentes estudos que tratam exaustivamente do assunto: JOUTSAMO, *Aspects*, 79 ss.; e BLECKMANN, *Auslegungsmethoden*, 1178 ss. Todavia, há quem hoje proponha novos métodos: v. Bernhardt, *op. e loc. cits.*

(1073) Embora seja suscitado fundamentalmente em relação às disposições constantes dos tratados, o método teleológico aplica-se à interpretação quer dos tratados quer doutras fontes de DC, p. ex., dos regulamentos: já deliberou assim o TC no caso *Amsterdam Bulb*, 137 ss. Todavia, tem razão BLECKMANN quando afirma que, vista a questão em globo, na interpretação do DC secundário o Tribunal privilegia o método subjectivo de interpretação — *op. cit.*, 1178.

fação às exigências da integração europeia (1074). É a própria ideia de progressividade, que é conatural ao fenómeno da integração, que impõe o princípio da interpretação dinâmica e evolutiva (1075).

O Tribunal das Comunidades tem feito largo uso deste método de interpretação e tem sido graças a ele que o Tribunal, sobretudo no exercício dos poderes que lhe confere o art. 177.º CEE, tem vindo a levar a cabo a sua meritória tarefa de dar elaboração e densidade dogmáticas, na base dos tratados, aos vários domínios da ordem jurídica das Comunidades Europeias (1076), no desempenho duma actividade que *Joutsamo* sente a tentação de apelidar de «legislativa» (1077). Demonstrou-o, aliás, há poucos meses, o Professor *Waelbroeck* (1078).

É também no quadro da interpretação teleológica que o Tribunal aplica a *teoria do efeito útil* ou da *eficácia mínima das normas,* que conseguiu no DC importância e utilidade bem superiores às que obteve quer no DIP quer no Direito interno (1079).

O princípio da interpretação teleológica subalterniza a interpretação histórica da norma (que atende à vontade do seu autor no momento ou antes da elaboração da norma, no caso de normas não convencionais, ou à vontade das partes no momento ou antes da conclusão dos tratados), que, aliás, sabe-se que oferece grande dificuldade no Direito Comunitário devido à ausência

---

(1074) Por isso lhe chamámos também interpretação *finalista* — nossos *Sumários,* 26 e 88. Cfr. também PESCATORE, *Objectifs,* especialmente 354.

(1075) PESCATORE, *op. cit.* (n. 163), 176 ss.

(1076) Logo no início da integração reconheciam-no BEBR, *Development of Community Law,* 845 ss.; e OPHÜLS, *op. cit.* (n. 478), 279.

(1077) *Op. cit.,* 80.

(1078) De facto, para este A. todo o «carácter evolutivo» da jurisprudência do Tribunal fica a dever-se à «interpretação dinâmica ou teleológica» que ele faz dos tratados, pelo facto de ele, por essa via, dar a maior extensão possível aos domínios de aplicação *material, subjectiva* e *geográfica* dos tratados — *op. cit.,* 348 ss.

(1079) V. MONACO, *Principes d'interprétation,* 224, e BLECKMANN, *op. e loc. cits.* (n. 1072), ambos com indicação de jurisprudência; e HAY, *op. cit.* (n. 20), 186 e bibl. cit. O significado do princípio do *efeito útil* para o DIP, inclusive para a jurisprudência internacional, pode ver-se na obra de BERNHARDT, *cit.* (n. 1072), 143 ss.

deliberada de trabalhos preparatórios dos tratados institutivos [1080], e serve-se dos objectivos visados por aqueles tratados tais como eles se encontram definidos nos seus preâmbulos e nas suas disposições iniciais [1081]. Mas a interpretação teleológica não impõe que o Direito Comunitário postergue o elemento literal da interpretação, nem mesmo que o intérprete opte sempre pelo sentido teleológico da norma quando ele não coincidir com o seu sentido literal.

De facto, o Tribunal já foi da opinião, ainda que episodicamente, no caso *Gabriel Simon*, apreciado em 1961, que quando não se conseguisse apreender em dada matéria o objectivo visado pelos tratados devia prevalecer o sentido literal da norma [1082].

Ainda mais significativo para o efeito foi, porém, o Acórdão proferido em 1977 no caso *Bozzone*. Estava aí em causa a definição do campo material de aplicação do Regulamento n.º 1408/71, que disciplina a segurança social dos trabalhadores migrantes na área da Comunidade. Ao contrário do que sucede geralmente, em que o Tribunal se socorre dos objectivos visados pelos tratados para obter uma interpretação extensiva das normas em questão, o Tribunal verificou que neste caso a intertação teleológica restringia o domínio material de aplicação daquele Regulamento enquanto que a interpretação literal o alargava: tanto bastou para que, em nome do carácter dinâmico e progressivo da integração, ele afastasse o método teleológico e se ativesse ao sentido literal das normas em questão [1083].

(1080) V. os nossos *Sumários*, 23. Como já por mais de uma vez dissemos ao longo desta dissertação, para efeitos históricos os trabalhos preparatórios têm, todavia, sido substituídos por relatos e estudos escritos sobre as negociações dos Tratados por alguns dos juristas que nelas participaram e pelos processos nacionais de ratificação dos tratados comunitários.

(1081) Os tratados não definem, porém, um critério de prioridade entre os objectivos dos tratados, pelo que o Tribunal, ao substituir-se nesse domínio aos tratados, e ao graduar os fins apontados por eles, está a actuar, não como um órgão jurisdicional, mas como um órgão político — no m. sent., BLECKMANN, *Teleologie*, 247-248.

(1082) 244. Isso decorre aliás do facto de, como bem observa DEGAN, a base de toda a interpretação em DC ser o texto literal da norma — 224.

(1083) 696.

Note-se que esta posição não difere da do Direito Comum dos Tratados, onde vigora o princípio, pelo qual a Comissão de Direito Internacional optou na elaboração da Convenção de Viena de 1969, após um debate de várias posições entre si divergentes, de que «a interpretação deve começar pela elucidação do sentido do texto, não pela investigação *ab initio* das intenções das partes» (1084).

Contudo, no célebre caso *Continental Can,* sobre o qual se pronunciou em 1973, e no qual talvez mais longe levou o método teleológico de interpretação, o TC havia sido de opinião diferente: que os objectivos enunciados no art. 3.º CEE deviam prevalecer sobre a letra do art. 86.º CEE em caso de conflito (1085). Parece-nos, todavia, que esta regra de interpretação não deve ser praticada sem as devidas cautelas, evitando-se confundir os juízes com os legisladores, que eles não são nem devem ser, antes de mais por respeito pelo princípio da divisão e separação de poderes, que já vimos ser muito caro ao sistema jurídico comunitário, como principal emanação do *princípio da legalidade* no Direito Comunitário (1086). O recurso ao método teleológico da parte do intérprete da norma do DC deve ser estimulado, como meio importante de fazer progredir a própria integração, mas tem de respeitar, como seu limite máximo, a letra do preceito, de tal modo que nunca seja possível atribuir-se à norma um entendimento incompatível com o seu sentido literal (1087).

Isso não significa que, em caso de dúvida, mais do que de conflito, o método dinâmico ou teleológico não deva conduzir à adopção pelo intérprete da regra *in dubio pro communitate* ou, quando estejam em causa direitos fundamentais ou alguma das «quatro liberdades», da máxima *in dubio pro libertate* (1088).

(1084) *Yearbook of International Law Commission* 1966, vol. II, 220, em comentário ao art. 31.º CV. Concordantemente, Jiménez de Arechaga, *op. cit.* (n. 893), 43.

(1085) 216.

(1086) No m. sent., e a propósito do mesmo caso, Bleckmann, *op. cit.* (n. 1072), 1178.

(1087) No m. sent., Monaco, *op. cit.,* 220.

(1088) No m. sent., por todos, Ipsen, *op. cit.* (n. 4), 132; e Bleckmann, *op. cit.* (n. 1072), 1180.

Este «sentido comunitário» que a interpretação teleológica, tal como o DC a utiliza, fornece à norma em causa conduz, designadamente, à recusa da interpretação restritiva em benefício da soberania dos Estados, concretamente da interpretação *contra proferentem,* e à adopção mais generosa da interpretação extensiva (1089).

Este é, pois, o panorama geral do recurso pelo DC à interpretação teleológica (1090).

Mas, ainda que em moldes diversos, também o DIP se serve do método teleológico de interpretação.

É certo que o Tribunal Internacional de Justiça não aderiu à orientação proposta, logo a seguir à sua entrada em funções, por dois dos seus juízes, *Alvarez* e *Azevedo,* no sentido de passar a interpretar os tratados internacionais de harmonia com a sua «função geral», isto é, os seus objectivos gerais, «mesmo correndo o risco de assim trair a intenção das partes contratantes» (1091). Em três acórdãos sucessivos o Tribunal insistiria em que, se procedesse dessa forma, estaria «não a interpretar os tratados mas a revê-los» (1092).

Todavia, quer o TPJI quer o TIJ cedo reconheceram a necessidade de se servirem do método teleológico ou, como também lhe chamaram, «funcional» de interpretação sempre que houvesse a necessidade de integrar lacunas nos tratados institutivos de organizações internacionais. Em casos desse género, o Tribunal de Haia não tem hesitado em fazer apelo aos objectivos gerais do respectivo tratado, com o intuito *imediato* de interpretar as suas cláusulas e com o fim *mediato* de acolher nas relações internacionais valores caros ao Direito Internacional moderno, como sejam, já o vimos, os da liberdade e da justiça (1093).

(1089) No m. sent., Degan, 214, 225-226.

(1090) Para o domínio exaustivo do estado actual da questão, v. as *ops. cits.* de Bleckmann (sobretudo na n. 1072) e de Bernhardt, e bibl. aí cit.

(1091) Conforme relato de Degan, 222.

(1092) Pareceres de 28-5-48, sobre as *condições de admissão de um Estado como membro das Nações Unidas,* 61; 18-7-50, sobre a *interpretação dos tratados de paz,* 229; e 27-8-52, sobre os *direitos dos cidadãos norte-americanos em Marrocos,* 196.

(1093) Concordantemente, Degan, *loc. cit.*

Também o princípio do *efeito útil*, entendido como corolário do princípio da interpretação teleológica, foi sendo adoptado pelo TIJ, especialmente no caso *Bernadotte* (1094).

É possível que o recurso pelo DIP ao método teleológico de interpretação se vá alargando em função da evolução atrás descrita desse ramo do Direito e da eficácia que, nesses termos, e por essa razão, será necessário assegurar às suas normas. Aliás, é nesse sentido que, já de há muito, a doutrina internacionalista vem desenvolvendo a ideia da *interpretação efectiva* de normas do DIP (1095).

De tudo isto pode-se, pois, concluir que nada há que faça, por natureza, bulir o DIP com o método da interpretação teleológica e que, consequentemente, aquele não rejeita este método de interpretação — isso, independentemente do argumento mais radical, que já atrás utilizámos, segundo o qual o princípio da interpretação teleológica se traduz numa regra geral de interpretação jurídica, embora possam variar os termos em que ela é empregue e a dimensão que lhe é reconhecida nos vários domínios do Direito (1096).

d) *A competência do Tribunal das Comunidades*

Poder-se-á perguntar, por fim, se a caracterização do DC como um estádio mais avançado na evolução do DIP e, portanto, de qualquer modo, a sua inserção dentro do DIP, não briga com a competência que os tratados comunitários conferem ao Tribunal das Comunidades Europeias.

Também aqui a nossa resposta vai ser negativa, e julgamos

(1094) 179.

(1095) As linhas básicas dessa doutrina encontram-se expostas por LAUTERPACHT, *Interpretation*, 76.

(1096) Mostrar que o DIP e o DC não se incompatibilizam em função dos métodos de interpretação de que se socorrem é intenção também de BLECKMANN, *op. e loc. cits.* (n. 1072), que o A alcança em absoluto. Ao mesmo resultado chega BERNHARDT, *op. ci* , sobretudo 21, para quem a diferença reside apenas na «intensidade» ɔm que um e outro se servem das regras clássicas de interpretação. Especialmente sobre a prática de interpretação no seio do Tribunal Europeu dos Direitos do Homem, v. especialmente DEGAN, 225.

que de modo conclusivo, sem escondermos que, para tanto, teremos que ultrapassar dificuldades maiores do que as que são suscitadas pelas outras matérias que examinámos neste número. E, para o demonstrarmos, iremos directamente ao encontro das questões que neste lugar nos interessa enfrentar e resolver, sem nos embrenharmos, o que aqui seria deslocado, pelos vastos e complexos problemas que a originalidade do Tribunal coloca aos estudiosos do Direito Público, através das suas diversas especialidades.

O Tribunal das Comunidades Europeias tem tido um papel ímpar na dinamização da integração europeia e na elaboração dogmática do Direito Comunitário. Essa sua actividade, que faz dele talvez o órgão mais fiel aos objectivos dos tratados e aos propósitos dos fundadores das Comunidades, ganha um especial destaque pelo contraste com a menor eficácia prática, quando não com a paralisia, de que, como vimos atrás, enfermam os órgãos políticos de decisão das Comunidades, o Conselho e a Comissão. Essa ineficácia e essa paralisia têm projectado ainda mais o Tribunal para uma posição central na orgânica das Comunidades (1097). O contributo do TC para a construção jurídico-política da integração europeia seria cedo reconhecido por nomes importantes dos primórdios do Direito Comunitário, como *Schlochauer* (1098) e *Hallstein* (1099), mais tarde realçado pelos antigos presidentes daquele Tribunal, *Robert Lecourt* (1100) e *Mertens de Wilmars* (1101), ao verem nele o decisivo «factor de integração» da Europa, e elogiado de forma curiosa e expressiva pelo Professor *Carstens,* quando sustentava o papel insubstituível do TC para que à Comunidade Económica se acrescentasse na CEE uma «Comunidade Jurídica» (1102).

(1097) Confirma-o JOUTSAMO, que vai mais longe: na prática, o Conselho tem sido substituído pelo Tribunal na sua competência para promover a integração negativa — *op. cit.* (n. 1072), 76.

(1098) *Op. cit.* (n. 252), epígrafe e 432.

(1099) *Probleme,* 9.

(1100) 19 ss.

(1101) *Jurisprudence,* 135 ss.; e, mais recentemente, *op. cit.* (n. 313), 116 ss. V. também o que nós próprios sobre isso escrevemos, *Sumários,* 67.

(1102) *Op. cit.* (n. 303), 1723 ss., louvando-se parcialmente em HALLSTEIN, *Europäische Gemeinschaft,* 31 ss. Cfr. HALLSTEIN, *op. cit.* (n. 40), 341 ss.

Pode-se dizer, sem exagero, que o sistema jurisdicional das Comunidades Europeias se traduz, pelo menos do ponto de vista formal, na mais acentuada originalidade que as Comunidades apresentam face aos cânones clássicos do DIP. Para nos apercebermos disso basta compararmos a competência do TC com a do TIJ (que, como é sabido, herdou praticamente na íntegra a competência do TPJI).

De facto, a jurisdição do TC é obrigatória pelo simples facto da entrada em vigor dos tratados, enquanto que a do TIJ é facultativa (art. 36.º n.º 1 do seu Estatuto), não obstante o correctivo da cláusula facultativa de jurisdição obrigatória, prevista no art. 36.º n.º 2 do Estatuto do TIJ; a competência do TC não pode ser objecto de qualquer reserva, designadamente da excepção do domínio reservado, que não é admissível nas relações intracomunitárias, enquanto que as partes que subscreverem a cláusula facultativa da jurisdição obrigatória do TIJ podem, por uma reserva, excluir determinados litígios que querem que continuem sob a jurisdição exclusiva dos Estados; a competência do TC é permanente, enquanto que a declaração de aceitação da jurisdição obrigatória do TIJ pode ser dada por tempo limitado (art. 36.º n.º 3 do seu Estatuto); a jurisdição do TC é exclusiva, por força do art. 219.º CEE, o que pode não acontecer no TIJ, se os Estados, ao declararem aceitar a sua jurisdição, excluírem, como dissemos, por uma reserva determinados litígios; a iniciativa da intervenção do TC, ao contrário do que se passa no TIJ, não é deixada exclusivamente aos Estados, porque também têm capacidade judiciária activa a Comissão e, ainda que apenas em casos bem demarcados, os particulares (pessoas singulares ou colectivas); e as sentenças do TC que condenem empresas ao pagamento de penas pecuniárias são executórias de pleno direito em relação às empresas destinatárias, sem necessidade de *exequatur* das autoridades estaduais, estando os poderes destas confinados à verificação da autenticidade do título executivo (1103).

(1103) Nesta sistematização seguimos de perto JOLIET, *Contentieux,* 20 ss., com citação de jurisprudência; e LOUIS, *op. cit.* (n. 147), 22. Note-se que nem todas as características apontadas ao TC se verificam de modo igual no quadro de cada uma das três Comunidades, mas as diferenças não nos interessam aqui — v., todavia, JOLIET, *op. cit.,* especialmente 22 ss.

Para além disso, porém, o TC possui uma competência muito vasta e diversificada, que nesse aspecto não encontra paralelo em qualquer outro tribunal, internacional ou estadual, a não ser no Tribunal da Benelux e no Tribunal do Pacto Andino, este criado pelo Tratado de Cartagena, de 28 de Maio de 1979, como um órgão do Mercado Comum Andino, e cujos fundadores em larga medida se inspiraram no Tribunal das Comunidades Europeias (1103-A). Fora a competência consultiva, a competência arbitral e a competência contenciosa em matéria de função pública comunitária, que lhe é conferida respectivamente pelos arts. 228.º, 181.º e 179.º CEE, e que não nos interessa neste lugar, são quatro os tipos de processos para os quais os tratados comunitários conferem competência ao TC: recurso para declaração ou constatação de qualquer infracção da parte dos Estados membros às obrigações impostas pelos tratados (o *recours en constatation de manquement*, que poderíamos designar, de maneira breve, por *recurso por incumprimento* — arts. 169.º a 171.º CEE); processo de fiscalização da legalidade de actos do Conselho ou da Comissão, com uma pluralidade de formas e uma variedade de fins (1104); processo das questões prejudiciais (art. 177.º CEE);

(1103-A) Assim, SCHERMERS, na ed. de 1980 da sua *op. cit.* (n. 153), 333 e 357. V. o Tratado de Cartagena em *CMLRev.* 1979, 529 ss.

(1104) Este recurso aparece vulgarmente designado na doutrina por «recurso de anulação». Mas a fórmula mais genérica que utilizámos permite-nos arrumar conjuntamente, para além do verdadeiro *recurso de anulação* dos arts. 173.º CEE e 33.º CECA, também um recurso que é interposto contra uma conduta negativa ilegal do Conselho ou da Comissão (por isso a doutrina alemã chama-lhe *Untätigkeitsklage* — *Comentário Groeben*, II, 245 ss.), ou seja, o recurso de omissão, interposto do silêncio ou da inércia de qualquer daqueles dois órgãos, designado de *recours en carence*, e que, na forma como está regulado no art. 35.º CECA (que não coincide totalmente com o art. 175.º CEE), tem pontos de aproximação com o recurso de um *acto administrativo tácito*, tal como ele se encontra disciplinado no Direito Administrativo dos Estados membros que possuem um sistema administrativo do tipo francês, como o nota o *Comentário Groeben, loc. cit.* (a recondução do *recours en carence*, nestes termos, a um recurso que tem por objecto pôr termo a uma *situação jurídica ilegal* é realizada da mesma forma por RASMUSSEN, louvando-se em jurisprudência do TC — 90 e n. 74); e também a *excepção de ilegalidade*, dos arts. 184.º CEE e 36.º CECA, que não pressupõe necessariamente a interposição de qualquer recurso. Como é evidente, é dentro do processo de recurso e acção de responsabilidade civil extracontratual (arts. 178.º e 215.º par. 2 CEE e 40.º CECA) (1105).

É com a invocação destes dois factos — distinção clara entre o TC e o TIJ e grande amplitude e diversidade da competência do TC, acrescidas de «estadualidade» de alguns dos seus poderes — que parte considerável da doutrina tem extraído da competência do Tribunal a antinomia entre o DC e o DIP e, indo mais longe, a natureza federal das Comunidades e da sua ordem jurídica. Pode-se mesmo dizer que é este o grande argumento de muitos daqueles que tentam explicar pelo federalismo a natureza jurídica das Comunidades Europeias (1106).

Não têm, porém, razão: um exame profundo e rigoroso da competência do Tribunal, sobretudo à luz do critério que, para o efeito que aqui visamos, nos parece ser o decisivo, isto é, o critério da sua competência em relação ao Direito estadual e das suas relações com os tribunais estaduais, tal como uma e outras se encontram *de facto* reguladas nos tratados, mostra-nos que o Tribunal, sem embargo da sua evidente originalidade, repetimo-lo, não briga, na sua substância ou na sua essência, com o Direito Internacional.

Indo directamente de encontro ao cerne dos argumentos da tese contrária, diremos desde logo que o TC não é um tribunal federal. E isto no duplo sentido de que não tem competência para anular ou declarar a nulidade de uma norma estadual

---

de anulação dos arts. 173.º CEE e 33.º CECA que cabe tanto o processo chamado de fiscalização de «constitucionalidade» pelo TC como o processo de contencioso administrativo de anulação: o Tribunal actua, à sombra daqueles preceitos, como tribunal «constitucional» quando verifica da conformidade das «leis comunitárias», os regulamentos, com os tratados, e actua como tribunal de contencioso administrativo de anulação quando fiscaliza a conformidade dos actos administrativos definitivos e executórios comunitários, as decisões, com os tratados e com o Direito Comunitário derivado com o qual elas se devem conformar.

(1105) Insistimos em que esta classificação da competência do TC, embora a esgote, encontra-se enunciada de harmonia com um critério que se subordina às necessidades da exposição nesta dissertação. Um critério mais didáctico usámo-lo nós nos nossos *Sumários,* 69 ss. Mesmo assim, qualquer das classificações que utilizámos parece-nos ser mais exaustiva que, p. ex., as de JOLIET, *op. cit.* (n. 1103), 10-11; RASMUSSEN, 174 ss.; ou PESCATORE, *Aspects of the Court,* 239 ss.

(1106) Paradigmaticamente, HAY, *op. cit.* (n. 20), 102 ss.

que contrarie uma norma comunitária (como consequência lógica do facto de não vigorar no DC qualquer princípio com o sentido da regra *Bundesrecht bricht Landesrecht* (1107)), e de que não é um

---

(1107) Já o dissemos sucintamente atrás, Parte I, Cap. II, n.º 7, e n. 306. Não nos convence a argumentação aduzida em contrário na monografia do Professor GRABITZ, sobretudo 113 ss.. Toda a sua construção, que conduz à conclusão de que a regra nacional que contrarie a norma comunitária é nula, assenta na ideia de que o princípio *Gemeinschaftsrecht bricht nationales Recht,* que dessa forma aparece reconduzido à regra *Bundesrecht bricht Landesrecht,* se contém numa regra de conflitos (*«Kollisionsnorm»*) para o Direito Comunitário primário, que o A. extrai dos arts. 86.º par. 2 CECA, 5.º par. 2 CEE e 192.º par. 2 CEEA, e numa outra regra de conflitos para o Direito Comunitário secundário, que o A. retira dos arts. 14.º CECA, 189.º CEE e 161.º CEEA. Ora nem o art. 5.º nem o art. 189.º CEE (deixemos agora de lado os preceitos correspondentes aos outros tratados, que dispõem respectivamente o mesmo que aqueles preceitos) fornecem quaisquer argumentos a favor do princípio *Gemeinchaftsrecht bricht nationales Recht* com o sentido de exprimir a superioridade da norma federal sobre a regra estadual. No que toca ao art. 5.º, ele enuncia o princípio jurídico (e não apenas político — neste sent., *Comentário Groeben,* I, 102-103 e sugestiva jurisprudência cit.) da *lealdade comunitária («Gemeinschaftstreue»),* ou da *harmonia comunitária («gemeinschaftsfreundliches Verhalten»),* ou do *dever de colaboração,* que não se reconduz à *«Bundestreue»* (contra, HAY, *op. cit.,* 101). De facto, aquele preceito não pode fornecer base jurídica a qualquer construção federal nas relações entre as Comunidades e os Estados porque, simplificando razões, e para além de argumentos que adiante aduziremos no texto: os tratados são tratados internacionais, como demonstrámos, e não Constituições estaduais federais; como já dissemos, a interpretação teleológica, que o art. 5.º exige como poucos outros preceitos do Tratado, está limitada pelo *domínio material* do Tratado, e este (para o qual apela de modo expresso, por exemplo, o art. 7.º CEE), como esta dissertação demonstrou, antes de mais face ao teor jurídico das relações entre os Estados e as Comunidades, é domínio *não federal,* e não pode ser interpretado, mesmo com recurso ao método teleológico, com infracção do sentido literal que as disposições do Tratado lhe conferem; a violação por um Estado do dever (porque de um dever se trata) enunciado nesse art. 5.º, embora nos pareça que não concede aos outros Estados membros o direito de retorsão contra o Estado infractor, já que quando o DC quer reconhecer esse direito o faz expressamente, como se vê pelo art. 88.º par. 3 al. *b* CECA (em sentido diferente, embora sem negar o carácter excepcional do direito de retorsão no TCECA, MEIER, *op. cit.* — n. 554 —, 393 e n. 37), fá-lo sujeitar-se ao meio contencioso previsto nos arts. 169.º a 171.º CEE (no m. sent., *Comentário Groeben,* I, 105; *Comentário Wohlfarth,* 13; *Comentário Mégret,* I, 20-21; e MEIER, *op. cit.,* 393), que, como

tribunal hierarquicamente superior aos tribunais estaduais. A estrutura das relações que intercedem entre o TC e os tribunais estaduais foi pensada pelos tratados de modo totalmente diferente da estrutura das relações que ligam entre si os tribunais que compõem o sistema judiciário dum Estado federal, porque à integração jurisdicional, que imporia a *hierarquia vertical* entre o TC e os tribunais estaduais, os tratados preferiram o princípio da *cooperação* ou *colaboração horizontal* entre aquele e estes (1108). Não nos alongaremos mais sobre este ponto neste momento, porque já nos debruçámos atrás sobre ele (1109).

Que a competência do TC em relação às ordens jurídicas dos Estados membros e aos tribunais nacionais não está moldada de harmonia com o princípio federal começa-se por compreender desde logo através do exame do mecanismo das questões prejudiciais, regulado no art. 177.º CEE. De facto, e tal como aí mostrámos, o TC, face à letra clara e expressa daquele preceito, pode apenas interpretar *o Tratado* e os actos *de Direito Comunitário derivado* (deixemos agora de lado a al. *c* do art. 177.º) e pronunciar-se sobre a validade dos actos *de Direito Comunitário derivado,* mas não pode nem interpretar a norma nacional nem, por maioria de razão, julgar da sua validade ou legalidade (1110).

---

mostraremos no texto, assimila-se a um meio contencioso clássico do DIP e não consiste num meio federal de repressão de uma infracção à Constituição federal; e, por fim, e pelo que se acabou de dizer, parece demasiado ambicioso extrair-se do art. 5.º seja o que for que tenha a ver com a construção pelo modelo federal quanto às relações entre a Comunidade e os Estados. Também ao art. 189.º Grabitz está a pedir demais quando pretende extrair dele o princípio *Gemeinschaftsrecht bricht nationales Recht,* com o sentido e o alcance que lhe dá, porque aquele preceito se limita a atribuir aplicabilidade directa a certos actos emanados dos órgãos comunitários, *sem definir o regime* da relação entre esses actos e as normas estaduais. Além disso, esse regime não pode deixar de ser extraído do contexto global do Tratado em que esse artigo se integra e que, como a vários títulos temos vindo a demonstrar, não consente uma interpretação no sentido federal.

(1108) Neste sent., e com particular desenvolvimento, ANNETTE MATHIAS, *loc. cit.* (n. 311).

(1109) *Supra,* Parte I, Cap. II, n.º 7 e ns. 309 a 315.

(1110) O art. 177.º fala na al. *b* em *validade* no mesmo sentido em que o art. 173.º par. 1 fala em *legalidade,* sendo os fundamentos da invalidade, para os efeitos do art. 177.º al. *b,* os mesmos quatro vícios do

Este ponto, que nos parece pacífico, foi não há muito, em 1980, sustentado de modo directo e enfático pelo TC no caso *Burgoa,* quando deixou dito que «no quadro do art. 177.º não cabe ao Tribunal pronunciar-se sobre a validade ou interpretação de uma lei nacional», mas apenas «fornecer-lhe (ao tribunal estadual) os elementos *de Direito Comunitário* cuja interpretação se torna necessária para permitir ao tribunal nacional julgar, em conformidade com as regras comunitárias, o litígio que lhe (ao tribunal nacional) foi submetido» (1111).

E compreende-se por que é que no sistema dos tratados o TC não pode interpretar o Direito estadual: é que a subsunção de uma norma estadual numa norma de DC ultrapassaria o domínio da simples interpretação para se traduzir na *aplicação* da referida norma estadual a um caso concreto (1112). Ora, no estado actual da evolução do DC, os tribunais estaduais têm competência para aplicar o DC, como tribunais comuns do contencioso comunitário, mas o TC não tem competência para aplicar o Direito estadual (1113). Isto é consequência, aliás, do facto, por nós já referido, de o TC ser juiz só *do DC* e não dos Direitos nacionais dos Estados membros. O que acabámos de dizer acha-se confirmado pelo confronto do art. 177.º CEE com o art. 100.º da Lei Fundamental de Bona, que parece ter influenciado a criação do mecanismo das questões prejudiciais no Tratado CEE. De facto, naquele art. 100.º confere-se

---

art. 173.º par. 1 — assim, *Comentário Groeben,* II, 267 ss., 270 ss. e abundante jurisprudência do TC aí cit.; TOMUSCHAT, *Vorabentscheidung,* 101 ss., 108 ss. Sistema idêntico ao das questões prejudiciais do art. 177.º CEE encontrava-se já previsto quanto ao Tribunal da Benelux (art. 6.º do seu Estatuto) e está hoje regulado também no Estatuto do Tribunal do Pacto Andino — no m. sent., SCHERMERS, *op. cit.* (n. 1103-A), 357 e 676.

(1111) 2804, com conclusões favoráveis do Procurador-Geral CAPOTORTI, 2813 (o itálico é nosso). V. *supra,* n. 310.

(1112) Aliás, *no puro âmbito do art. 177.º CEE,* o TC nem mesmo pode tirar conclusões, no domínio da aplicação do Direito, da interpretação que fornece, porque isso é da competência exclusiva do tribunal nacional que suscitou a questão prejudicial. Se o TC ultrapassar os limites da interpretação, o tribunal estadual não está vinculado à deliberação do TC sobre a questão prejudicial — no m. sent., por todos, *Comentário Groeben,* II, 265 e 268, e jurisprudência aí cit.; contra, mas sem razões convincentes, *Comentário Wohlfarth,* 498-499.

(1113) V. sobre esta matéria os nossos *Sumários,* 103 ss.

ao Tribunal Constitucional federal competência para julgar da *validade* da norma estadual (isto é, do *Land*) cuja constitucionalidade é fiscalizada ([1114]).

Ao contrário, o sistema previsto nos tratados comunitários é, logo na sua estrutura, um sistema diferente. O Tratado não quis que fosse o TC a, através do art. 177.º, julgar da validade duma norma estadual no termo dum *processo contencioso de anulação* (o que desde logo, adulteraria a natureza do mecanismo das questões prejudiciais aí regulado), o que ele quis foi que a elaboração por um Estado duma norma incompatível com a norma comunitária anterior, ou a manutenção por ele duma norma incompatível com a norma comunitária posterior, apenas dessem lugar ao *processo contencioso por incumprimento*, previsto nos arts. 169.º a 171.º, que, se obtiver provimento, obrigará o Estado à revogação daquela norma. Como se vê, são globalmente duas soluções distintas entre si, que espelham duas formas radicalmente diferentes de encarar as relações entre o DC e o Direito estadual.

O afastamento do TC em relação ao figurino dum tribunal federal tem também lugar por efeito do regime ao qual o TCEE sujeita aquele que é, no sistema dos tratados, o mais importante meio contencioso que lhe é conferido ([1115]): exactamente o ainda há pouco referido recurso para declaração ou constatação de infracção da parte dos Estados membros às obrigações impostas pelos tratados, regulado nos arts. 169.º a 171.º CEE.

De facto, a competência aí conferida ao Tribunal, pelo menos quando a iniciativa do processo cabe ao Estado, aproxima-se da do TIJ de Haia ([1116]). E isto pela razão essencial de

---

(1114) Assim, KONRAD HESSE, 268; e *Comentário Wohlfarth,* 498.

(1115) E isto pela simples razão de que, na feliz expressão do próprio TC, ele «traduz-se na *ultima ratio* que permite fazer prevalecer os interesses comunitários consagrados nos tratados contra a inércia e contra a resistência dos Estados membros» — casos *Tarifs de transport,* 692 e, quase identicamente, *Euratom,* 1021.

(1116) No m. sent., JOLIET, *op. cit.* (n. 1103), 3, 9-10; TEITGEN, *op. cit.* (n. 82), 438; e *Comentário Wohlfarth,* 473, onde a função do TC neste domínio é reconduzida à função de um *«Staatengericht» («tribunal internacional»).* Certa doutrina alemã pretende concluir diferentemente do facto de o processo regulado nos arts. 169.º e 170.º se aproximar do processo que, de harmonia com o art. 93.º n.º 1 da Lei Fundamental de

que, ao actuar à sombra daqueles preceitos, o TC limita-se a *constatar* ou *declarar* a existência da infracção. Por conseguinte, e como se acabou de sublinhar, ele não pode nomeadamente anular a norma ou o acto estadual que viola o DC e que, como tal, motivou o processo previsto nos arts. 169.º a 171.º; pode apenas, se ratificar o parecer da Comssão — parecer que só é dispensado no caso excepcional do art. 225.º par. 2 —, indicar ao Estado a forma como há-de corrigir o seu comportamento, ficando os órgãos do Estado obrigados a levar em conta, nessa medida, o Acórdão do Tribunal (1117). Este entendimento é praticamente pacífico na doutrina (1118) e obteve consagração formal da parte do Tribunal no caso *Humblet* (1119).

Bona, corre perante o Tribunal Constitucional federal para a solução de litígios entre a Federação e os *Länder* ou só entre os *Länder* — p. ex., IPSEN, *op. cit.* (n. 4), 370. Todavia, integrando-se o processo dos arts. 169.º e 170.º CEE no contexto global dos tratados e do sistema jurídico das Comunidades pode-se concluir que, não obstante a proximidade desse processo em relação àquele preceito da Lei Fundamental de Bona, o que releva nesta matéria é a similitude da competência do TC com a do TIJ, que se enquadra no conjunto das relações entre o DC e o DIP. Sobre o processo do cit. art. 93.º n.º 1 da Lei Fundamental de Bona, v. HESSE, 265 ss., e MAUNZ-DÜRIG, anotação àquele preceito.

(1117) Também aqui o TC não tem competência nem mesmo para interpretar a norma estadual, embora neste domínio essa proibição tenha de ser interpretada com maleabilidade, porque, para declarar a infracção ao Tratado, o TC carece de fixar o sentido da norma cuja compatibilidade com o Tratado se discute — neste sent., *Comentário Wohlfarth*, 475.

(1118) Sobretudo, LOUIS, *op. cit.*, 23; L. CONSTANTINESCO, *op. cit.* (n. 54), 880; PLOUVIER, 199 ss.; CAHIER, *Articles*, 27; *Comentário Groeben*, II, 199-200, onde é concedido apoio a uma sentença aí cit., do Tribunal de 1.ª instância de Bruxelas, segundo a qual «só os órgãos legislativos nacionais podem revogar ou modificar as normas julgadas contrárias ao Tratado»; e HAY, com a particularidade de este A., não obstante ser federalista, insistir em que o julgamento proferido pelo TC ao abrigo do art. 171.º é «um mero julgamento declarativo» — *op. cit.*, 161. Contra, *Comentário Wohlfarth*, 485, que entende que o TC tem aí poderes anulatórios, e CAHIER, *op. cit.*, 27, só na medida em que, no extremo oposto, entende que o TC nem mesmo pode indicar ao Estado infractor o modo por que ele deve emendar a sua conduta e repor a legalidade.

(1119) Neste processo o TC considerou-se incompetente para anular qualquer lei dum Estado membro ou um acto administrativo das suas autoridades que contrariassem o DC. O Tribunal extraiu aí essa

Aliás, como muito perspicazmente observa *Robert Kovar*, as obrigações que decorrem para o Estado infractor ao abrigo da sentença proferida pelo TC nos termos do art. 171.º — as de repor a legalidade infringida e de passar a acatar a norma comunitária violada — nada adiantam às que para ele decorriam já das teorias do primado e da aplicabilidade directa ([1120]).

O interesse e o alcance da sentença proferida pelo TC no termo do processo regulado nos arts. 169.º a 171.º praticamente que se esgotarão, por isso, no facto de ela fornecer aos indivíduos e às empresas fundamento para outras acções, nomeadamente a acção de indemnização a propor junto dos tribunais nacionais contra o Estado infractor ([1121]). Todavia, mesmo assim o TC não dispõe de meios para fazer executar o seu acórdão contra o Estado que não acate a parte final do art. 171.º ([1122]), podendo,

---

consequência tanto «do princípio da separação rigorosa entre os poderes dos órgãos comunitários e dos órgãos dos Estados membros», princípio que, segundo ele, inspira o sistema dos tratados, como do próprio art. 171.º, que, no entender do TC, atribui aos acórdãos do Tribunal de constatação de uma infracção apenas efeito declarativo (1135-1146). Embora o caso *Humblet* continue a ser considerado o expoente máximo dessa doutrina, também merecem ser especialmente referidos nesse sent. os Acs. *Aides à la reconversion des régions minières,* 828-829, porque nele o TC invocou o direito de especificar as medidas que o Estado devia adoptar para dar cumprimento ao DC infringido, e *Oeuvres d'Art II,* 534-535, onde o TC, ainda que sem aceitar a tese da anulabilidade da norma nacional cuja incompatibilidade com o DC gerou o processo do art. 169.º, defendeu que a sentença declarativa prevista no art. 171.º implicava para todos os órgãos e agentes do Estado infractor a «proibição de aplicar a norma declarada em contradição com o Tratado (era essa a fonte que estava em causa) e (...) a obrigação de tomar todas as medidas necessárias à realização do pleno efeito do DC». É, por isso, abusivo retirar deste último Ac. consequências no puro domínio da *validade* da norma, como o faz Joliet, *op. cit.* (n. 1103), 20 e 46, quando o TC só entendeu aí afectada a sua *eficácia* e, por isso, a declarou somente *inaplicável* pelo Estado infractor. No sent. da nossa interpretação, Cahier, *op. cit.,* 28; e Pescatore, *op. cit.* (n. 163), 266, e *Responsabilité,* 18.

(1120) Cit. em Joliet, *op. cit.,* 46 n. 77.

(1121) No m. sent., Joliet, *op. cit.,* 46; Louis, *op. cit.,* 23; Cahier, *op. cit.,* 32-33; e o Ac. do TC no caso *Primes à l'abattage des vaches,* 112.

(1122) Dado que, por efeito conjugado dos arts. 187.º e 192.º par. 1 CEE, as sentenças do TC proferidas contra Estados não constituem título executivo.

quando muito, o desrespeito por esse acórdão permitir que se abra novo processo, agora com este fundamento, ao abrigo da previsão dos arts. 169.º ou 170.º. Por isso, também as acções por indemnização não têm conduzido a resultados significativos (1123). Como já referimos, no Tratado CEE nem mesmo se reconhece à Comunidade ou aos Estados prejudicados o poder de retorsão, permitido no art. 88.º CECA (1124).

Os recursos que o Tribunal julga na sua função de contencioso de legalidade dos actos comunitários nada têm a ver com o Direito estadual porque conduzem à fiscalização da legalidade apenas de actos do DC e não de actos do Direito estadual. E isto é assim quer consideremos o recurso de anulação, previsto no art. 173.º, quer o recurso de omissão, regulado no art. 175.º par. 3, dirigido contra uma conduta passiva ilegal do Conselho ou da Comissão. Dissemos atrás por que é que aproximávamos estes dois recursos entre si.

A natureza do recurso de omissão parece não exigir grandes desenvolvimentos, para os fins visados nesta dissertação.

Quanto ao recurso previsto no art. 173.º CEE (ou art. 33.º CEEA), ele leva o TC a julgar da legalidade de actos legislativos ou administrativos emanados do Conselho ou da Comissão (no caso de actos legislativos, apenas do Conselho) e, tratando-se de actos administrativos, configura-se como um vulgar recurso administrativo de anulação dirigido contra *actos administrativos definitivos e executórios* (1125).

(1123) PESCATORE, *op. cit.* (1105), 250 e n. 11.

(1124) Já se pronunciou firmemente nesse sentido o TC, em 13-1-64, no caso *Comissão c. Luxemburgo e Bélgica,* mais conhecido por caso *Dairy-Products,* 1219 ss. Este Ac. teve o apoio de LOUIS, *op. cit.*, 24-25, e *Comentário Wohlfarth,* 485. Cfr. também *supra,* n. 1107. Note-se que também noutro domínio básico o TCECA é mais generoso do que o TCEE ou o TCEEA: enquanto que o art. 89.º CECA atribui competência ao TC para conhecer de qualquer litígio entre os Estados membros relativos à «*aplicação*» (o itálico é nosso) do respectivo tratado (com o condicionalismo aí previsto), os arts. 170.º CEE e 142.º CEEA exigem para o mesmo efeito que tenha havido da parte de um Estado membro uma «*infracção*» («*manquement*») a uma das obrigações do tratado. No m. sent., *Comentário Wohlfarth, loc. cit.*

(1125) No m. sent., VANDERSANDEN/BARAV, 128 ss.; PESCATORE, *op. cit.* (n. 1105), 248-249; JOLIET, *op. cit.*, 58 ss.; *Comentário Wohlfarth,* 473 e 489 ss.

Note-se que se trata do único meio contencioso que concede acesso directo, aliás limitado, aos particulares perante o TC, se não considerarmos as acções a que de seguida nos vamos referir e que são vulgares acções de DIP (1126).

De facto, também as acções para efectivação de responsabilidade civil nada adiantam quanto ao DIP. Como bem observa a propósito o Professor e Juiz *Pescatore,* já no DIP clássico um Estado não pode invocar a sua soberania para fugir à responsabilidade decorrente dos seus actos (1127).

Tudo isto mostra, portanto, que o TC, embora constituindo uma grande inovação face aos princípios clássicos do DIP, e, como dissemos já, sendo a expressão máxima do aspecto mais evoluído do sistema comunitário, que reside no poder judicial das Comunidades, não só pelo âmbito da sua competência, que não conhece paralelo no DIP (salvo os casos excepcionais atrás referidos, e nas condições então indicadas), como também pela natureza dos poderes que lhe estão atribuídos, não quebra, porém, com os princípios essenciais em que assenta o moderno DIP. Designadamente, e de um ponto de vista puramente jurídico, ele não se confunde com um tribunal federal e não é, nem foi idealizado (1128), como um Supremo Tribunal Federal (1129). E mesmo naqueles aspectos em que fosse suscitada a dúvida sobre a sua compatibilidade com os princípios estruturais do moderno DIP ela seria desfeita contra a natureza federal ou estadual do

---

(1126) Cfr. RASMUSSEN, 189 ss., onde se demonstra como é que o TC tem restringido excessivamente a legitimidade dos particulares para poderem lançar mão dos dois meios contenciosos referidos.

(1127) *Op. cit.* (n. 1119), 16. No m. sent., CAHIER, *op. cit.*, 7.

(1128) Por isso, logo nos primórdios da integração, em 1954, JERUSALEM, que acompanhou de perto a elaboração do TCECA, propunha a criação de uma «instância suprema de revisão» dos actos nacionais, que pudesse apreciar a validade dos actos provindos dos Estados membros, porque «era claro» que o Tribunal da CECA não tinha competência para o efeito — 79.

(1129) Eis porque não podemos deixar de expressar a nossa oposição à afirmação contida no *Comentário Groeben,* II, 267, em referência dirigida ao art. 164.º, embora dentro da anotação ao art. 177.º, de que o TC tem competência, *ex vi* do art. 164.º, para *anular* ou *declarar a nulidade* da norma nacional que contrarie a norma comunitária. Antes de mais, essa afirmação colide com o que na mesma obra se afirma em anotação aos arts. 171.º e 177.º — sobretudo pgs. 199 e 260 ss.

TC, na medida em que este tem a sua competência definida pelos tratados institutivos, que, como mostrámos, são tratados internacionais. Designadamente, o exercício e o desenvolvimento dessa competência encontram-se, pois, limitados pelo quadro rígido das atribuições das Comunidades e da competência conferida ao TC, tal como aquelas e esta se encontram expressamente disciplinadas pelos tratados.

De facto, a natureza jurídica dos tratados institutivos como tratados internacionais, que a nosso ver, e pelas razões desenvolvidamente apontadas em devido tempo, é a única tese que o DC consente hoje, na fase actual da sua evolução, não aceita que o Tribunal exerça poderes que não lhe sejam expressamente conferidos pelos tratados ou que não decorram do exercício do mecanismo do art. 235.º CEE ou da aplicação da teoria dos poderes implícitos, quando se entender, como nos parece ser mais correcto (1130), que esta teoria se constrói em DC *à margem* do citado art. 235.º Com efeito, aceitar-se que o Tribunal não é um tribunal federal e que o DC não reúne as características essenciais duma ordem jurídica federal — o que do ponto de vista jurídico deve, a nosso ver, ser dado como incontestável, como mostrámos — e simultaneamente sustentar-se que qualquer órgão das Comunidades, neste caso o Tribunal, pode desenvolver o DC (através do recurso à interpretação teleológica ou não) para além dos poderes que lhe são atribuídos por qualquer das vias há pouco indicadas e até para além das atribuições fixadas às Comunidades nos tratados institutivos (o que é característico dos sistemas federais), é juridicamente um contra-senso. Além disso, essa interpretação da competência do Tribunal infringiria, no que toca à definição do âmbito da competência do órgão, o *princípio da competência de atribuição dos órgãos das Comunidades,* que se encontra enunciado como um dos primeiros princípios fundamentais do Direito Comunitário, especialmente do Direito Administrativo Comunitário, no art. 4.º n.º 1, 2.ª parte CEE, desde logo pelo seu contexto (colocado na Parte I do Tratado, intitulada «Os princípios») (1131).

(1130) *Sumários,* 50. E é a corrente dominante na doutrina: v., por último, BEBR, *op. cit.* (n. 1036), 420 e 480.

(1131) Por todos, IPSEN, *op. cit.* (n. 4), 425 ss.; *Comentário Mégret,* I, 18; e nossos *Sumários,* 46.

Esse princípio da competência de atribuição é, por sua vez, corolário do *princípio da especialidade,* que condiciona e limita a capacidade jurídica das Comunidades Europeias, sem de modo algum pôr em causa a integração, designadamente o seu carácter evolutivo e progressivo (1132). Parece não fazer dúvida que tanto o princípio da especialidade como o da competência de atribuição presidiram conscientemente, respectivamente, à delimitação pelos autores dos tratados das *atribuições das Comunidades* e da *competência dos seus órgãos* (1133). De facto, e para falarmos apenas no TCEE, tanto a capacidade jurídica das Comunidades como a competência dos seus órgãos encontram-se definidas em função da «prossecução dos objectivos do presente tratado», «das matérias objecto do presente tratado», «nas condições previstas no presente tratado», «em função do tratado», ou em função dos poderes «que lhe são conferidos pelo presente tratado» (arts. 3.°, 4.° n.° 3, 5.°, 137.°, 145.°, 155.°, 164.°, 169.°, 170.°, 171.°, 182.° e 189.° CEE) (1134) (1135).

Ambos esses princípios — o da especialidade e o da competência de atribuição — decorrem necessária mas também naturalmente da delegação de poderes soberanos dos Estados nas Comunidades e confirmam a nossa tese, que desenvolvemos no momento oportuno, de que, por a integração impor a mera «transferência» *quantitativa* de poderes soberanos e não a trans-

(1132) A prová-lo está o facto de, como dissemos atrás, se reconhecer generalizadamente que estão longe de se encontrar exauridos os fins apontados às Comunidades no texto *actual* dos três tratados, pelo que para o prosseguimento da integração é necessário, *antes que tudo,* esgotar as atribuições que actualmente estão já confiadas pelos tratados às Comunidades.

(1133) Ganha aqui, portanto, toda a importância a distinção que o Direito Administrativo faz entre *atribuições* da pessoa colectiva e *competência* dos seus órgãos — MARCELLO CAETANO/FREITAS DO AMARAL, I, 202, 211; FREITAS DO AMARAL, II, 27 ss.

(1134) Os preceitos referidos do TCEE encontram correspondência nos arts. 5.°, 8.°, 14.° e 26.° CECA e 2.°, 3.°, 115.°, 124.° e 161.° CEEA.

(1135) Porque os tratados actuais só permitem alcançar os objectivos *aí previstos* e só conferem os poderes *aí contemplados* (inclusive pelo mecanismo do art. 235.°) é que, como por mais de uma vez já dissemos, tem sentido que sucessivas iniciativas tenham tentado dar o salto qualitativo para a União Europeia, como o faz actualmente o Projecto de Tratado sobre a União Europeia — *supra,* n. 362-A.

ferência *qualitativa* da soberania, a gama, o *quantum* dos poderes delegados pelos Estados nas Comunidades é directamente correspondente ao *quantum* dos poderes soberanos que passam a compor o poder político das Comunidades. É pelo facto de os Estados apenas delegarem *aqueles concretos* poderes soberanos e *nas concretas* matérias a que eles se referem que, correspondentemente, as Comunidades só podem prosseguir os fins que lhes são impostos pelos tratados e os seus órgãos apenas podem exercer os poderes que aí lhes são atribuídos ([1136]).

Só aceitando que no DC vigoram os princípios da *especialidade de atribuições* das Comunidades e da *competência de atribuição* dos seus órgãos é que, aliás, tem alguma utilidade o próprio art. 235.º, que pressupõe justamente que os poderes conferidos pelos tratados poderão revelar-se, com a dinâmica da integração, insuficientes para a satisfação dos objectivos por eles visados e, por isso, vem permitir exactamente criar novos poderes para a satisfação das atribuições impostas pelos tratados às Comunidades ([1137]). Por outro lado, o facto de o poder tão amplamente conferido nesse preceito ao Conselho ter como um dos limites a prossecução «no funcionamento do mercado comum, de *um dos objectivos da Comunidade*» ([1138]) mostra que nem mesmo através do poder conferido nesse preceito se pode extravasar das atribuições fixadas nos tratados ([1139]). Uma alteração das atribuições, dos fins dos tratados, concretamente, a criação de novas atribuições para as Comunidades só será, pois, possível, como desenvolvidamente temos vindo a demonstrar nesta dissertação, através do processo especial de revisão do art. 236.º.

([1136]) Sobre a aceitação da vigência do *princípio da especialidade* e, consequentemente, do princípio da *competência atributiva* nas Comunidades Europeias, e sobre a relação entre um e outro nos moldes que defendemos, v. especialmente BLECKMANN, *op. cit.* (n. 5), 56 ss.; IPSEN, *op. cit.* (n. 4), 425 ss.; *Comentário Groeben*, I, 92; *Comentário Wohlfarth*, II; e os nossos *Sumários*, 46.

([1137]) Expressamente neste sent., IPSEN, *op. cit.*, 429; BLECKMANN, *op. cit.*, 144.

([1138]) O itálico é nosso.

([1139]) *Comentário Groeben*, anotação ao art. 235.º CEE, e nossos *Sumários*, 47.

Portanto, se nem mesmo pelo exercício do princípio geral do art. 235.° é possível ultrapassar a barreira dos objectivos fixados pelos tratados (e mesmo nesse preceito a competência para esse efeito está atribuída *ao Conselho,* e só a ele), compreende-se que, por maioria de razão, o não possa o Tribunal no exercício da competência que preceitos específicos dos tratados lhe atribuem. É que, além de tudo o mais, também na regulamentação da competência do TC os tratados respeitaram quer o princípio da especialidade quer o princípio da competência de atribuição: isso acontece, desde logo, no preceito basilar contido no art. 164.°, onde expressamente se limita a competência do TC à «interpretação e aplicação do presente tratado»; mas acontece também noutras disposições (1140).

Aliás, o princípio da especialidade e o princípio da competência de atribuição dos órgãos das Comunidades não se compadecem apenas com o mecanismo de alargamento dos poderes previsto no art. 235.° CEE; eles suportam também a aplicação na ordem jurídica comunitária da teoria dos poderes implícitos.

(1140) Para nos confinarmos ao TCEE, v. os arts. 169.°, 170.°, 171.° e 182.°, citados já *supra,* no texto, que demarcam a competência do TC em razão da violação das *obrigações concretas que os tratados impõem aos Estados* ou da conexão de um litígio interestadual «*com o objecto*» daquele Tratado (o itálico é nosso). Embora porventura esses preceitos não sejam tão expressivos no sentido pretendido como as disposições dos tratados referentes aos outros órgãos, não só é verdade que eles permitem, apesar disso, apreender a competência de atribuição do TC (a limitação dessa competência em função dos limites *do tratado,* desde logo no art. 164.° CEE, parece-nos ser suficientemente elucidativa), como também é necessário não esquecer que também o Tribunal, como órgão das Comunidades, se encontra expressamente abrangido pelo princípio geral da *competência de atribuição,* definido no já citado art. 4.° n.° 1 CEE. Sobre esta questão, e concordantemente, *Comentário Groeben,* II, 158. Note-se que o que temos vindo a dizer, e pelo qual confirmamos o que já atrás sustentáramos, ou seja, que o TC não se pode substituir ao legislador comunitário, que é o Conselho, e muito menos pode modificar os objectivos fixados nos tratados, não briga com o carácter «criador» ou «inovador» da jurisprudência do Tribunal, que já pusemos em destaque, e que tem lugar nos mesmos termos que os tribunais nacionais ao nível dos tribunais de cassação, que o Conselho de Estado francês ou belga ou que, mais no passado do que hoje, o nosso Supremo Tribunal Administrativo. Cfr. LOUIS, *Contribution,* 244.

A extensão da competência dos órgãos comunitários através da aplicação da teoria dos poderes implícitos tem ganho particular importância no tocante à competência externa das Comunidades. Durante muito tempo prevaleceu a interpretação de que o *treaty-making power* das Comunidades estava restrito aos acordos aduaneiros e comerciais a que se refere o art. 113.º CEE e aos acordos de associação previstos no art. 238.º (1141). Essa interpretação fundava-se então no princípio da competência de atribuição definindo, repetimos, no art. 4.º CEE, e no sentido restritivo da letra da previsão do n.º 1 par. 1 do art. 228.º: «*Nos casos* em que as disposições deste Tratado prevejam a conclusão de acordos entre a Comunidade e um ou mais Estados (...)» (1142).

Todavia, no caso *AETR*, por ele apreciado em 1971 (1143), o TC consagrou a doutrina do chamado *paralelismo entre as atribuições internas e as atribuições externas* das Comunidades (1144), de harmonia com o qual, na medida em que as Comunidades tiverem definido num dado domínio material regras comuns, os seus órgãos têm competência nesse domínio também na ordem externa, com exclusão da competência respectiva dos Estados membros. Por outras palavras, a competência dos órgãos das Comunidades (tal como se encontra repartida nos tratados) para conclusão de acordos internacionais com terceiros Estados não é, do ponto de vista material, apenas a definida na letra expressa dos tratados, mas alarga-se *implicitamente* aos domínios em que a Comunidade tenha de actuar para a satisfação de fins *que lhe são impostos pelos tratados* desde que se tenham já alcançado, no respectivo campo interno, regras comuns (1145).

(1141) Já que os tratados de adesão são concluídos entre o Estado candidato e *os Estados membros*, não as Comunidades.

(1142) O itálico é nosso.

(1143) 263.

(1144) Este princípio aparece vulgarmente designado por *princípio do paralelismo entre a competência interna e a competência externa* das Comunidades. Nós próprios o fizemos nos nossos *Sumários*, 50. Mas parece-nos conveniente, também aqui, a bem dum maior rigor terminológico, conservar a distinção, que já dissemos ser tão cara ao Direito Administrativo, entre *atribuições* da pessoa colectiva e *competência* dos seus órgãos.

(1145) Por todos, KRÜCK, que logo na Introdução da sua dissertação — 1 ss. — afirma que a escreveu unicamente para apoiar a doutrina

A doutrina do caso *AETR* viria a ser desenvolvida em jurisprudência posterior do Tribunal das Comunidades ([1146]), mas de modo especial no caso *Kramer* ([1147]) e no Parecer n.º 1/76, caso do *Fundo europeu de imobilização da navegação interior* ([1148]). Nestes dois Acórdãos, o TC deixou claramente estabelecida a doutrina de que, por via do referido paralelismo, as atribuições no respectivo domínio externo cabem em exclusivo às Comunidades, porque um exercício concorrente dessas atribuições da parte dos Estados seria «incompatível com a unicidade do mercado comum e com a aplicação uniforme do Direito Comunitário», dado que poderia levar os Estados «a concluir acordos que contrariassem o Direito Comunitário ou afectassem a sua eficácia» ([1149]). Todavia, enquanto os órgãos comunitários não tiverem exercido essa sua competência exclusiva, os Estados membros mantêm o seu *jus tractuum,* mas sempre no respeito pelo «dever geral de cooperação», imposto pelo art. 5.º CEE e por outras disposições específicas aplicáveis à matéria ([1150]).

O próprio Parlamento Europeu faria sua, em 1978, a doutrina que o TC criou a partir do caso *AETR,* e pode-se dizer que ela é hoje pacificamente aceite pelos autores ([1151]).

---

afirmada pelo TC no caso *AETR,* que diz ter sido sempre a sua; BLECKMANN, *Kompetenz*, 109 ss., com tratamento exaustivo daquele Acórdão e excelente bibl.; e PESCATORE, *op. cit.* (n. 826), 114, e onde, já em 1969, fornecia argumentos a favor da tese que o TC viria a defender no caso *AETR.*

(1146) Resenha em SCHWARZE, n. 21.

(1147) 1279.

(1148) 754. Cfr. os nossos *Sumários,* 50.

(1149) Caso *Kramer* e Parecer 1/76, *locs. cits.*

(1150) Concordando com esta orientação jurisprudencial, TIZZANO, *op. cit.* (n. 711), 205-206.

(1151) V., além das *ops. cits.* de KRÜCK (especialmente 35 e bibl. aí cit.), PESCATORE, BLECKMANN e SCHWARZE, também, e especialmente, a anotação de L. CONSTANTINESCO ao caso *AETR,* in *RTDE* 1971, 796 ss.; KOVAR, *Affaire,* 386 ss., e *op. cit.* (n. 15), 527 ss.; TIZZANO, *Tendenze,* 623 ss.; e FLAESCH-MOUGIN, 167 ss.. Especificamente sobre a *teoria dos poderes implícitos* no DC, por todos, *Comentário CECA,* anotação ao art. 95.º, 1326 ss.; NICOLAYSEN, *op. cit.* (n. 710), 169 ss.; TIZZANO, *op. cit.* (n. 711), 139 ss.; HILF, *op. cit.* (n. 711), 297 ss., independentemente

Todavia, o recurso pelo DC à *teoria dos poderes implícitos* não lhe atribui qualquer especificidade face ao DIP, porque o alargamento da competência de uma organização internacional pela aplicação daquela teoria constitui um princípio geral da teoria das organizações internacionais (1152): reconhecia-o expressamente o TIJ, há 35 anos, quanto à ONU, num dos seus mais célebres acórdãos, o caso da *reparação dos prejuízos sofridos ao serviço das Nações Unidas* (1153).

Tudo isto serve para concluir que também em matéria do princípio da competência de atribuição o TC não bule com o DIP.

Em síntese, e para terminar, diremos que o sistema jurisdicional regulado nos tratados se encontra estruturado de modo *substancialmente* diferente do dum Estado federal. Por isso não admira que, como ficou demonstrado, a competência do TC se afaste muito da competência de um tribunal federal. No essencial, como vimos, o TC é titular de poderes que não se revelam incompatíveis com a noção de um tribunal internacional de DIP. O critério decisivo para o apurarmos foi o da competência do Tribunal das Comunidades em relação às ordens jurídicas estaduais e, portanto, também em relação aos tribunais estaduais. Essa conclusão extrai-se designadamente do mais importante meio contencioso que lhe é facultado para a apreciação das infracções dos Estados aos tratados, e que constitui o instrumento por excelência para se medir a tensão entre a competência do TC e os Direitos estaduais: o meio contencioso regulado nos arts. 169.º a 171.º CEE. Nem mesmo a obrigatoriedade de jurisdição do TC briga hoje com o DIP porque, como oportunamente vimos, se não se verifica no Tribunal de Haia, é todavia conhecida já por domínios concretos do DIP: é, designadamente, o caso da EUROCONTROL e do Tribunal instituído pela Convenção das Nações Unidas de 1982 sobre o novo Direito do Mar.

---

da posição que esses As. adoptem perante essa teoria e, concretamente, quanto às suas relações com o art. 235.º CEE. V. também os nossos *Sumários,* 46 ss.

(1152) V. SCHWARZE, n. 25 e bibl. cit.; e, entre nós, ANDRÉ GONÇALVES PEREIRA, *op. cit.* (n. 133), 331 ss.

(1153) 179 ss. E nos casos posteriores cits. por ANDRÉ GONÇALVES PEREIRA, *op. cit.,* 332.

Para além de tudo isso, porém, o estatuto do TC depara com um limite máximo que o não deixa passar para o domínio da antinomia com o DIP. Esse limite é dado pela natureza internacional dos tratados institutivos e, consequentemente, pelo carácter atributivo dos poderes do TC e pelo princípio da especialidade de atribuições das próprias Comunidades. Trata-se, no fundo, de mais um corolário do facto de o poder político das Comunidades ser um poder *derivado* dos Estados, pela via da *delegação* de poderes soberanos, e não um poder *originário*, como nos Estados federais (1154).

O TC não impõe, pois, uma antinomia entre o DC e o DIP, não obstante, como temos vindo a insistir, a sua originalidade (mesmo se competência próxima da sua já a tinha o Tribunal da Benelux), e apesar de, sem dúvida, ter trazido «novas perspectivas para o poder judicial», nas palavras do Professor *Pierre Pescatore* (1155). Mais uma vez é o estado actual da evolução do DC que nos impede de ir mais longe nesta caracterização e nos proíbe de confundirmos a visão jurídica do problema com a expectativa política que em torno dele se cria.

§ 2.º

Um teste à posição que adoptámos: a aplicação do Direito Internacional Público na ordem jurídica das Comunidades

12. *Razão de ordem*

Pode-se eventualmente vir a colocar o problema de saber qual a relevância *prática* da definição da natureza jurídica do Direito das Comunidades Europeias nos moldes como o fizemos.

Como já observámos na Introdução desta obra, é preciso notar que mesmo se porventura o estudo da natureza jurídica da ordem jurídica comunitária não assumisse, no estado actual da evolução da sua elaboração doutrinária e jurisprudencial,

---

(1154) V. a nossa *Descentralização,* 45.
(1155) *Perspective nouvelle,* 239.

qualquer significado prático, ou não oferecesse qualquer utilidade concreta, nem por isso ficavam de qualquer modo prejudicados quer o estudo teórico da caracterização jurídica do Direito Comunitário quer os resultados a que, após essa investigação, fomos conduzidos.

E isso por duas razões.

Em primeiro lugar, porque, como dissemos logo no início desta dissertação, o estudo de qualquer ramo do Direito, que se quer autónomo, tem de começar, para que a sua própria elaboração conceptual e científica seja possível, pela fixação da sua natureza e do seu objecto.

Em segundo lugar, porque não é raro no domínio da Ciência tardar-se a compreender a relevância prática, a necessidade e a utilidade duma dada construção conceptual ou de certa caracterização dogmática. Ressalvadas as devidas proporções, houve tantas descobertas científicas que, à data da sua criação, pareceram apenas meros exercícios teóricos, desprovidos de qualquer utilidade prática, mas que mais tarde, nalguns casos muitos anos volvidos, vieram revelar-se efectivamente de enorme significado e alcance.

Mas nem é esse o caso em questão neste nosso trabalho.

Independentemente da relevância que a questão possa assumir no futuro, conforme a própria evolução jurídico-política que o movimento da integração europeia vier a seguir, a definição da natureza jurídica do Direito Comunitário por confronto com o Direito Internacional assume já hoje interesse concreto pelo menos num domínio localizado: o da aplicação do DIP na ordem jurídica das Comunidades Europeias.

Pelo que poderá ver-se das páginas que se seguem trata-se duma questão de grande interesse e actualidade na elaboração do DC, mas também de enorme complexidade e dificuldade. Preocupar-nos-emos com ela nesta dissertação apenas na estrita medida em que tal nos interessar para o fim aqui visado.

Façamos, porém, desde já uma importante prevenção.

Dissemos atrás que, graças sobretudo a *Pescatore*, se distingue hoje a *ordem externa* e a *ordem interna* das Comunidades (1155-A). Quando estudamos aqui a aplicação do DIP na

(1155-A) *Supra*, Introdução, n.º 2.3 e n. 32.

ordem jurídica comunitária estamos a pensar obviamente na *ordem interna* de *cada* Comunidade (que engloba o domínio das relações entre os Estados membros, entre eles e a respectiva Comunidade e os seus órgãos, entre os próprios órgãos entre si, *no domínio material do respectivo tratado institutivo*) e não na sua *ordem externa*, ou seja, ao campo da suas relações jurídicas externas, cuja disciplina pelo DIP não suscita quaisquer dificuldades ou especialidades (1155-B).

13. *Enquadramento do problema. Importância e vias de aplicação do Direito Internacional na ordem interna das Comunidades*

É necessário ter-se a noção exacta da importância de que se reveste o problema da aplicação do Direito Internacional às Comunidades Europeias, não só para a elaboração e a evolução do DC como também para a afirmação e o desenvolvimento do próprio fenómeno da integração europeia.

A aplicação do DIP às Comunidades traduz-se num corolário natural da personalidade jurídica de Direito Internacional das Comunidades Europeias. Não faz dúvida que as Comunidades são sujeitos autónomos de Direito Internacional, designadamente em relação aos Estados membros (1156). O próprio Tribunal das Comunidades já por mais de uma vez o sublinhou (1157). Por esse simples facto as Comunidades encontram-se

(1155-B) Sobre a caracterização e a delimitação mais pormenorizadas da *ordem interna* das Comunidades v., além de PESCATORE, *loc. cit.* (n. 32) e *op. cit.* (n. 163), 164, embora aqui com menor profundidade: IGLESIAS BUIGUES, *op. cit.* (n. 184), 519 ss.; LOUIS, *op. cit.* (n. 147), 58 ss.; BOURGEOIS, 4 ss.; KRÜCK, 105 ss.; TIZZANO, *op. cit.* (n. 711), 141 ss.; REUTER, *op. cit.* (n. 501), 507; e BLECKMANN, *op. cit.* (n. 61), 391 ss. e bibl. cit.

(1156) Isso decorre em globo do sistema dos tratados, pelo que não era necessário que o dissessem expressamente os arts. 210.º CEE, 6.º CECA e 184.º CEEA. V., por todos, CALUS, *Rechtspersönlichkeit, passim;* KRÜCK, 7 ss.; IPSEN, *op. cit.* (n. 4), 200 ss.; L. CONSTANTINESCO, *op. cit.* (n. 54), 200 ss.; BOTHE, *Stellung,* 124 ss.; VERDROSS-SIMMA, 216 ss.; SCHERMERS, *op. cit.* (n. 153), II, 622 ss.; PESCATORE, *Relations,* 27 ss., e *op. cit.* (n. 826), 107 ss.; BLECKMANN, *op. cit.* (n. 5), 257 ss. e bibl. cit.; e MEDINA, *op. cit.* (n. 17), 169 ss.

(1157) Por todos, casos *AETR* e *International Fruit III.*

sujeitas ao Direito Internacional. E essa constitui a via básica pela qual o DIP se torna aplicável às Comunidades Europeias.

Mas existem outras vias específicas através das quais ganha importância essa aplicação e que têm a ver com o desenvolvimento das relações externas das Comunidades.

Antes de mais, o próprio incremento do seu *ius tractuum*. Isso aconteceu sobretudo a partir da década de 70, com a conclusão pelas Comunidades de acordos comerciais com os Estados da EFTA, incluindo Portugal, e das Convenções de Lomé I e II com os Estados ACP, e quando se multiplicaram os entendimentos bilaterais com os Estados das mais diversas zonas do globo (1157-A).

A outra via foi a do desenvolvimento da política comercial comum das Comunidades, nascida com o fim do período de transição do TCEE.

Segundo é já jurisprudência firme do Tribunal, essa política encontra-se concebida no art. 113.º CEE «na perspectiva do funcionamento do mercado comum, para a salvaguarda do interesse comum da Comunidade». Por isso, o Tribunal não aceita que na matéria se verifique uma competência concorrente (que ele chama também «competência paralela») dos Estados membros, que lhes permitisse «prosseguir autonomamente os seus próprios interesses nas relações externas» (1158).

A terceira via específica pela qual ganha aplicação na ordem jurídica das Comunidades o DIP é dada pelo princípio do *paralelismo entre as atribuições internas e as atribuições externas* das Comunidades, do qual ainda há pouco nos ocupámos, e que dissemos ter sido criado pela jurisprudência do TC.

Também a quarta e última via específica de aplicação do DIP na ordem jurídica das Comunidades resultou da jurisprudência do Tribunal: concretamente, do tratamento doutrinário

---

(1157-A) Uma muito boa resenha desses acordos e dos problemas jurídicos que eles suscitam pode ver-se em FLAESCH-MOUGIN. A Direcção-Geral das Relações Externas das Comunidades Europeias publica periodicamente uma lista actualizada dos acordos bilaterais que ligam as Comunidades a terceiros Estados. Os acordos que estavam em vigor em Dezembro de 1983 constam da relação publicada por aquela Direcção-Geral em Janeiro de 1984 no doc. I/83/83/F.

(1158) *Maxime* Parecer 1/75, caso das *despesas locais,* 1362.

que por ele foi dado ao regime de aplicação às Comunidades do Acordo Geral de Pautas Aduaneiras e Comércio (GATT) e de alguns acordos de associação concluídos pelas Comunidades. Foram pioneiros dessa jurisprudência, como veremos, no primeiro sentido, o caso *International Fruit III,* e, no segundo sentido, o caso *Haegemann II.* Para os fins que visamos neste lugar serão, aliás, esta forma de aplicação do DIP na ordem jurídica das Comunidades Europeias e esta jurisprudência do Tribunal que mais nos interessarão.

Mas qual é então o problema que se coloca em torno da aplicação do DIP na ordem jurídica comunitária com relevância para a caracterização da natureza jurídica do Direito Comunitário? Por outras palavras: de que maneira da aplicação do DIP na ordem jurídica das Comunidades se vai poder tirar ilações acerca da natureza jurídica do DC em relação ao DIP?

Esta questão enuncia-se de uma forma relativamente simples.

Se o DIP e o DC forem duas ordens jurídicas antinómicas e distintas, então a aplicação do DIP na ordem jurídica comunitária submeter-se-á à querela monismo-dualismo; se, ao contrário, um e outro nos aparecerem como duas ordens jurídicas *amigas* («*Normfreundschaft*») ou *aparentadas,* portanto não separadas por razões de ordem *essencial* ou *substantiva,* nesse caso poder-se-á aceitar a aplicação imediata do DIP na ordem interna das Comunidades Europeias.

Falamos aqui em *aplicação imediata* no sentido que demos à expressão quando, ainda há pouco, confrontámos as disposições *self-executing* do DIP com a aplicabilidade directa no DC: dissemos então que a aplicação directa de normas do DIP na ordem estadual se encontrava condicionada pelas exigências do Direito Constitucional dos Estados (que podiam adoptar neste domínio posições monistas ou dualistas) enquanto que a aplicação directa do Direito Comunitário no Direito interno se confundia com a *imediação,* isto é, não se encontrava sujeita aos critérios constitucionais dos Estados membros. Isto acontece assim nas relações entre certas normas do DC e o Direito estadual, não porque as duas ordens não possuam fundamentos jurídicos distintos, mas porque, sobretudo graças à elaboração dada pela jurisprudência do TC à componente da integração do fenómeno comunitário, o Direito Comunitário penetra e incorpora-se nos

Direitos estaduais, para o que conta essencialmente com dois instrumentos jurídicos: o primado e a aplicabilidade directa.

Nas relações entre o DIP e o DC ninguém sustenta a penetração, nesses moldes, do primeiro no segundo. Por isso, a aplicação imediata do DIP na ordem interna das Comunidades Europeias, a verificar-se, só poderá resultar dum parentesco entre as duas ordens jurídicas, isto é, da ausência duma antinomia entre elas.

Vamos a ver como é que isso se passa na realidade.

14. *A aplicabilidade directa do Direito Internacional na ordem interna das Comunidades*

14.1 *O silêncio dos tratados sobre a relevância do Direito Internacional Público na ordem interna das Comunidades*

Os tratados institutivos das Comunidades não definem o sistema de vigência do DIP na ordem jurídica comunitária. E a ausência de disposições nesse sentido não deixa de ser particularmente notada quando é certo que os três tratados, e particularmente o Tratado CEE, contêm muitas e pormenorizadas normas sobre as relações internacionais das Comunidades (arts. 110.º a 115.º, 228.º a 234.º, 237.º e 238.º CEE).

É certo que o art. 228.º n.º 2 CEE dispõe que «os acordos concluídos nas condições acima fixadas (no n.º 1 desse mesmo artigo) vinculam os órgãos da Comunidade e os Estados membros». Todavia, parece não ter sido intenção desse preceito disciplinar o problema concreto da relevância do DIP na ordem interna das Comunidades. E por duas razões.

Primeiro, a simples interpretação literal desse n.º 2 autoriza-nos a concluir que ele procura muito mais vincular também os Estados membros aos acordos internacionais concluídos pelas Comunidades (o que não aconteceria na ausência de disposição expressa, porque, tendo as Comunidades personalidade jurídica própria, os acordos por elas concluídos em princípio só a elas vinculam (1159)) do que comprometer-se com um dado

---

(1159) Assim, *Comentário Quadri*, anotação ao art. 228.º CEE, III, 1668, sem prejuízo de a pgs. 1670 suscitar um outro problema, que

sistema concreto de relevância do DIP na ordem interna das Comunidades ([1160]).

Depois, entendemos que do próprio articulado daquele n.º 2 do art. 228.º CEE resulta que ele não se dirige integralmente à ordem interna das Comunidades, porque faz parar o efeito vinculante dos acordos *nos Estados membros*, omitindo os sujeitos de Direito Comunitário que se situam no interior daqueles Estados, isto é, ignorando a ordem interna dos Estados membros como importante componente da ordem interna das próprias Comunidades. E essa interpretação tem a seu favor o facto de, como já dissemos ([1161]), no estado actual da evolução do DC este não abranger as ordens jurídicas estaduais, do mesmo modo como a Comunidade não envolve os Estados membros e os sujeitos de DC que se situam na ordem interna dos Estados.

Não estando, pois, o sistema de vigência do DIP no DC regulado no art. 228.º n.º 2 CEE há então que concluir que, como acima dissemos, não se contém nos tratados comunitários qualquer disposição sobre a matéria. E decerto que os tratados a

---

não cabe todavia discutir aqui: o art. 228.º n.º 2 situar-se-ia ao mesmo nível do art. 5.º, porque estenderia a «competência legislativa» das Comunidades a domínios da ordem interna comunitária para os quais porventura elas não possuiriam competência — seria, digamos, o princípio do paralelismo entre as atribuições internas e externas, colocado ao contrário; e SIDJANSKI, *op. cit.* (n. 189), 74.

(1160) Expressamente no m. sent., BLECKMANN, *op. cit.* (n. 5), 120. Não tem, pois, razão KRÜCK, para quem o art. 228.º n.º 2 não teria sentido se as relações entre o DIP e o DC não fossem construídas pelo TCEE conforme o dualismo — 168-169. É claro que se pode perguntar, como o faz o *Comentário Quadri*, III, 1669, qual é o interesse que haveria, do ponto de vista pragmático, em a CEE concluir acordos, como, por exemplo, os acordos aduaneiros e comerciais previstos nos arts. 111.º a 113.º, que não vinculassem os Estados, quando isso seria indispensável à criação do Mercado Comum entre eles e no seio das Comunidades; ou dizer-se, como CHOFFAT, 52, que, se os Estados não estivessem vinculados aos acordos concluídos pelas Comunidades, os co-contratantes das Comunidades ficariam mergulhados numa profunda insegurança jurídica. Todavia, *juridicamente* tem que se aceitar que, tendo a Comunidade personalidade jurídica distinta da dos Estados membros, os acordos concluídos por aquela com outros sujeitos de Direito Internacional são *res inter alios acta* para os Estados e, por isso, não os vinculariam na ausência de disposição expressa.

(1161) *Supra*, Parte I, Cap. II, n.º 4.

teriam incluído se tivessem querido regular a vigência do DIP na ordem interna das Comunidades de harmonia com a querela clássica entre o monismo e o dualismo. Nem pode ser visto como tal o art. 234.º CEE, que visa apenas fazer respeitar, quanto aos acordos pré-comunitários, como mostraremos adiante, o princípio *pacta sunt servanda,* e não tomar posição na querela monismo-dualismo.

É certo que a dicotomia monismo-dualismo foi criada por *Triepel,* ainda no século passado, para explicar as relações entre o DIP e o Direito interno dos Estados ([1162]); e não menos certo é que foi com esse objectivo que ela se desenvolveu e se tornou célebre nos trabalhos sobretudo de *Anzilotti* ([1163]), *Laband* ([1164]) e *Kelsen* ([1165]), entre tantos outros autores, nomeadamente na Alemanha, na Áustria e na Itália ([1166]). Por isso, é duvidoso que seja legítimo proceder-se a uma pura e simples transplantação dessa dicotomia, ou pelo menos do modo como ela tem vindo a ser classicamente aplicada às relações entre o DIP e o Direito interno, para a explicação das relações entre o DIP e o DC. Esta afirmação ganha particular acuidade quando pensamos nos postulados voluntaristas em que repousa o dualismo, e que assentam na concepção da soberania absoluta e indivisível dos Estados, questões que é de todo deslocado colocar-se em relação às Comunidades ([1167]). Eis porque achamos abusivo concluir-se, como *Schermers* ([1168]), no sentido de que o TC concebe as relações entre o DIP e o DC como monistas só porque no caso *ENEL* ([1169]) ele definiu como tais as relações entre o DC *e o Direito estadual.*

Mas, mesmo que num plano doutrinário se chegasse a conclusão diferente, parece certo que, se os tratados partissem

---

(1162) *Völkerrecht, passim.*
(1163) Sobretudo, Cap. I.
(1164) 480 ss.
(1165) *Transformation,* 5 ss.
(1166) Referências bibliográficas complementares encontramo-las actualmente em CHOFFAT, 12 ss.
(1167) No m. sent., SCHERMERS, *Community Law,* 84; e SPERDUTI, *Dualism,* 459 ss., 475.
(1168) *Op cit.,* 84-85.
(1169) 1141 ss.

do reconhecimento de que o DIP e o DC são ordenamentos jurídicos antinómicos e distintos, teriam tido a necessidade de definir o regime (de adopção ou de transformação) pelo qual o DIP obtém relevância na ordem interna das Comunidades. Ao não o fazerem, a interpretação mais rigorosa, e simultaneamente mais natural, é a de que optaram pela recusa em afirmar uma antinomia ou uma separação essencial entre as duas ordens jurídicas.

14.2 *A relevância do Direito Internacional Público na ordem interna das Comunidades segundo o Tribunal das Comunidades*

Conclusão similar extrai-se da análise da jurisprudência do TC nesta matéria.

Com o incremento das relações externas das Comunidades, sobretudo pelo exercício intenso do seu *ius tractuum*, nas condições já por nós referidas, o TC tem sido chamado frequentemente a pronunciar-se sobre se determinados acordos em que elas são partes vigoram ou não na ordem interna das Comunidades e, mais concretamente, sobre o modo da sua vigência nessa ordem interna.

De entre a jurisprudência produzida pelo TC sobre esta matéria há que destacar dois Acórdãos, que constituem dois marcos importantes na afirmação da doutrina em questão: os casos *International Fruit III* e *Haegeman II.*

a) *O caso* International Fruit III

O primeiro processo dessa linha jurisprudencial foi o célebre caso *International Fruit III,* julgado em Dezembro de 1972 (1170). Discutia-se aí se e em que condições um cidadão de um Estado membro podia fazer valer num tribunal nacional que um acto de DC infringia *directamente* o DIP e, portanto, era inválido (na medida em que as Comunidades Europeias,

---

(1170) 1219 ss.

como todos os demais sujeitos de DIP, se lhe encontravam subordinados). O tribunal nacional em questão, um tribunal holandês, solicitou ao TC que, ao abrigo da al. *b*) do art. 177.º CEE, se pronunciasse sobre estas duas questões: se a «validade» a que se refere a primeira parte da citada al. *b*) do art. 177.º tinha de ser aferida com referência também ao DIP ou se apenas em relação ao DC, e, caso a resposta à interrogação anterior fosse afirmativa, se os Regulamentos CEE n.os 459/70, 565/70 e 686/70 eram inválidos por contrariarem o art. XI GATT (1171).

Em resposta a estas questões, o TC foi da opinião que a validade de um acto comunitário ficava sem dúvida afectada se ele infringisse uma norma de DIP; que, por conseguinte, a fórmula ampla do art. 177.º al. *b*) CEE conferia competência ao TC para se pronunciar, a título prejudicial, no sentido da invalidade duma norma comunitária por infringir directamente uma norma internacional. No caso, porém, de a norma de DIP em questão ter origem convencional — o que acontecia neste processo —, a invalidade só poderia ser relevante se se verificassem estas duas condições: a Comunidade estar vinculada pela disposição em causa, e ela ser *self-executing*, isto é, directamente aplicável, no sentido de que ela pode ser invocada directamente pelos particulares em tribunal (1172).

A doutrina que o TC no fundo fixou neste caso foi, pois, que um tratado internacional goza de aplicabilidade imediata, com o entendimento que lhe demos há pouco, na ordem interna das Comunidades desde que se respeite estas duas condições cumulativas: encontrar-se a Comunidade vinculada a esse tratado e ser a norma em causa de aplicabilidade directa. Estas duas condições são, em si mesmo, objectivas e por isso de modo algum se confundem com exigências colocadas em nome de postulados monistas ou dualistas, nem tão-pouco o TC as reconduz a tal: o exigir-se que a Comunidade se encontre vinculada ao tratado significa, muito naturalmente, que só podem vigorar na ordem interna das Comunidades os tratados que não sejam

---

(1171) 1226 ss. e conclusões do Procurador-Geral MAYRAS, 1232.
(1172) Como dissemos atrás, no DIP não tem significado distinguir-se aplicabilidade directa e efeito directo, ao contrário do que sucede no DC.

para estas *res inter alios*, e o impor-se que o tratado seja *self-executing* quer dizer que, para que ele seja suceptível de aplicação imediata na ordem interna das Comunidades, deve reunir os requisitos duma norma de DIP directamente aplicável, isto é, não deve carecer, para que possa ser invocada por um particular em tribunal estadual, de qualquer medida interna que a desenvolva ou a complete. O carácter *self-executing* do tratado fornece, aliás, também a medida da sua aplicabilidade imediata na ordem interna das Comunidades (1173).

Mas, verificadas essas duas condições, diz o TC neste Acórdão, o tratado internacional goza de aplicabilidade imediata na ordem interna das Comunidades *como Direito Comunitário* (1174), sem que para o efeito seja necessário qualquer acto de transformação.

E foi porque dessas duas condições o TC entendeu não verificada *neste caso concreto* a segunda, isto é, o efeito directo do preceito em causa (1175), o art. XI GATT, que ele recusou neste processo a aplicabilidade imediata do DIP em questão na ordem interna das Comunidades. E a razão pela qual o Tribunal concluiu pela ausência de efeito directo do art. XI GATT foi que, atendendo simultaneamente «ao espírito, à economia e aos termos» do GATT, constatou a grande «maleabilidade» de grande parte das suas disposições, o que as torna muito mais voltadas para a composição de interesses interestaduais do que para a criação directa, em termos claros e incisivos, de direitos para os cidadãos dos Estados contratantes, em termos de estes os poderem fazer valer directamente em tribunal (1176).

(1173) Cfr. Riesenfeld, *A pioneer decision*, 505.

(1174) Isto não consta *expressis verbis* da letra do Acórdão, mas resulta sem dúvida do seu espírito. Concorda Riesenfeld, *op. e loc. cits.*

(1175) A dimensão actual do conceito de efeito directo na jurisprudência do TC pode ver-se em Pescatore, *op. cit.* (n. 1060), sobretudo 174-177; e Kovar, *op. cit.* (n. 1059), 152 ss.

(1176) 1228 ss. e, favoravelmente, as conclusões do Procurador-Geral Mayras, 1241. Interpretação concordante em Bourgeois, 24, e Riesenfeld, *op. cit.*, 506-507. Note-se que, por motivos idênticos, o TC já negara anteriormente efeito directo a disposições paralelas ao citado art. XI GATT contidas no TCEE: os arts. 31.º par. 1 e 32.º par. 1 CEE — caso *Salgoil*, 661 ss.

Quanto à primeira das condições enunciadas, o TC sentiu a necessidade de encontrar fundamentação para a sua conclusão de que a Comunidade se encontrava vinculada ao GATT, fundamentação que era tanto mais de desejar quanto era certo que a Comunidade não tinha aderido, nem nunca veio a aderir, a esse tratado. E a fundamentação encontrada pelo TC consistiu no facto de, com o termo do período de transição da aplicação do TCEE, e por força dos seus arts. 111.º a 113.º, a CEE ter sucedido aos Estados membros nos direitos e nas obrigações decorrentes do GATT. O TC é levado a essa conclusão não apenas porque eles transferiram para a CEE os seus poderes em matéria de política aduaneira e comercial, portanto os seus poderes relativos ao domínio material das atribuições cobertas pelo GATT, como também porque adicionalmente encontrava verificados cumulativamente estes quatro elementos: os Estados membros, então seis, eram todos membros do GATT já à data da criação da Comunidade; eles haviam expresso a sua vontade de vincular a Comunidade ao GATT, ao estabelecerem no art. 110.º CEE a adesão da CEE aos fins prosseguidos pelo GATT; os órgãos comunitários actuavam já, e de modo efectivo, no quadro do GATT; e as outras partes contratantes tinham já reconhecido, ao menos tacitamente, a sucessão pela Comunidade nos direitos e nas obrigações que para os Estados membros tinham nascido do GATT (1177). Todavia, para a doutrina, interpretando o pensamento do TC neste Acórdão, a Comunidade não passou a ser parte no GATT mas encontra-se numa situação de «participante» (1178) ou «quase-participante» (1179) (1180).

(1177) 1227-1228. Saber-se se houve no caso concreto um fenómeno de sucessão equiparável à sucessão de Estados em matéria de tratados é questão que não nos interessa aqui — v. SCHERMERS, *op. cit.* (n. 1167), 87; RIESENFELD, *op. cit.*, 508; e MILLARG, anotação ao caso *International Fruit III*, in *EuR* 1973, 143 ss., 150.

(1178) RIESENFELD, *op. e loc. cits.*

(1179) MILLARG, *op. e loc. cits.*

(1180) Sobre o caso *International Fruit III* e as questões que acerca dele aqui discutimos, v. especialmente MILLARG e SCHERMERS, *locs. cits.*, e os vastíssimos elementos doutrinais e jurisprudenciais aí contidos; e PESCATORE, *External relations*, 615 ss., *Rechtsprechung*, 661 ss., e *op. cit.* (n. 1060), 172.

b) *O caso* Haegeman II

Pouco tempo volvido, no Acórdão proferido no caso *Haegeman II,* em 30 de Abril de 1974, o TC reafirmaria a mesma doutrina dispensando, porém, desta vez, como condição da aplicabilidade imediata do DIP na ordem interna das Comunidades, o efeito directo do tratado internacional em questão, que neste processo era o Acordo de associação com a Grécia, de 9 de Julho de 1961 (1181). Induz-se daí que o Tribunal aceitou neste processo a aplicabilidade imediata do DIP convencional mesmo que ele não gozasse de efeito directo — o que constitui uma novidade em relação ao caso *International Fruit III* (1182).

Note-se que também neste caso *Haegeman II* o TC foi chamado a pronunciar-se a título prejudicial, no quadro do art. 177.º CEE. Mas o que há de específico neste processo em relação ao caso *International Fruit III* é que no caso *Haegeman II* tanto o tribunal que suscitou a questão prejudicial — o Tribunal de 1.ª instância de Bruxelas — como o TC desrespeitaram a competência que aquele preceito lhes atribui no domínio do contencioso das questões prejudiciais.

Com efeito, o Tribunal de Bruxelas socorreu-se do art. 177.º porque tinha dúvidas sobre a compatibilidade do art. 9.º par. 3 do Regulamento n.º 816/70 do Conselho, de 28 de Abril de 1970, com o Acordo de associação com a Grécia, por forma a saber-se se a taxa compensatória aí prevista era aplicável aos vinhos gregos importados no território aduaneiro belgo-luxemburguês. O caminho que lhe estava aí reservado era simples e

---

(1181) Cfr. Bourgeois, 23.

(1182) Essa hipótese nada tem de extraordinário: basta que uma norma de DIP, que goza de imediatividade na ordem jurídica comunitária, pelo simples facto de a sua aplicação no seio desta não estar dependente nem de adopção nem de transformação, não seja susceptível de ser invocada directamente perante os tribunais, ou porque, segundo um critério subjectivista, não é a esse resultado que conduz a interpretação da vontade das partes, ou porque, numa concepção objectivista, isso não corresponde «ao espírito, à economia e aos termos» do tratado ou da norma concretamente considerada. Também nas relações entre o DC e o Direito estadual se admite que uma norma comunitária seja dotada de imediatividade apesar de não ter efeito directo — *supra,* n. 1064.

traduzia-se na via clássica de que lançam mão os tribunais estaduais quando deduzem junto do TC as questões prejudiciais do art. 177.º, como acontecera no caso *International Fruit III*: porque não fazia dúvida que o regulamento em questão se enquadrava na previsão da al. *b*) do art. 177.º CEE, quando ela fala em «actos praticados pelos órgãos da Comunidade», o tribunal belga deveria pura e simplesmente ter solicitado ao TC que interpretasse aquela disposição *do referido Regulamento* por confronto com o Acordo de associação, como fonte do DC, de modo a habilitá-lo a resolver a discrepância que encontrara entre aquela e este. O que ele fez foi, porém, exactamente o contrário: requereu ao TC que interpretasse o *Acordo de associação* e não as disposições em causa do citado Regulamento do Conselho (1183).

Não temos dúvidas de que, quando a referida al. *b*) do art. 177.º CEE atribui ao TC competência para interpretar «actos praticados pelos órgãos das Comunidades», está a pensar apenas em *actos unilaterais* dos órgãos das Comunidades, concretamente, nas categorias de actos previstas no art. 189.º CEE, inclusive as recomendações e os pareceres (ou seja, apenas em actos de Direito Comunitário derivado). Por isso, caem fora da sua previsão e, portanto, escapam à competência aí atribuída ao TC para, a título prejudicial, se pronunciar sobre a sua validade ou para os interpretar directamente, os acordos concluídos pelas Comunidades com terceiros Estados ou outros sujeitos de Direito Internacional (1184).

Duas razões nos conduzem a esta conclusão.

Desde logo, e antes de tudo, a simples interpretação literal daquela al. *b*) do art. 177.º. De facto, fala-se aí em «*actos praticados* pelos órgãos das Comunidades». Ora, é evidente que os acordos internacionais concluídos pelas Comunidades não são «praticados» por qualquer órgão comunitário, porque são concluídos por, para além da Comunidade, pelo menos uma outra parte, pelo menos um outro sujeito. Por outras palavras, a circunstância de esses acordos serem concluídos, do lado comuni-

---

(1183) 450.

(1184) No m. sent., *Comentário Groeben*, II, 266-267; e TEITGEN, *op. cit.* (n. 82), 462.

tário, pelo Conselho, de harmonia com os arts. 114.º, 228.º n.º 1 e 238.º par. 2, em nada afecta a natureza convencional (bilateral ou multilateral) dos acordos internacionais a que as Comunidades se vinculam.

Mas há uma outra razão, esta de fundo. Entendemos que o TCEE atribui ao TC competência para fiscalizar preventivamente a legalidade dos acordos internacionais concluídos pela Comunidade através dum sistema totalmente diverso do das questões prejudiciais do art. 177.º: ou seja, pela via da competência consultiva que para o efeito lhe é reconhecida pelo art. 228.º n.º 1 par. 2 (1185). A questão da «validade», contemplada na al. *b*) do art. 177.º, ficará por aí satisfeita; quanto à «interpretação», também aí prevista, haverá que concluir apenas que o TC não tem competência interpretativa *directa* em relação aos acordos internacionais concluídos pelas Comunidades.

Por isso, uma vez colocado perante a questão prejudicial que perante ele foi suscitada pelo Tribunal de Bruxelas, o TC deveria ter-se simplesmente recusado a pronunciar-se sobre ela, invocando incompetência. Mas não: admitiu a questão prejudicial e, não obstante a opinião claramente discordante do Procurador-Geral, *J. P. Warner* (1186), considerou-se competente, face ao art. 177.º al. *b*), para interpretar directamente o acordo internacional em questão, justamente com o fundamento que já rebatemos, o de que o facto de o Acordo de associação ter sido concluído pelo Conselho, de harmonia com o disposto nos arts. 228.º e 238.º, o torna um acto «praticado pelos órgãos da Comunidade», para os efeitos da al. *b*) do art. 177.º (1187) (1188).

(1185) Kovar, *Compétence consultative*, 371 ss.; e Joliet, *op. cit.* (n. 1036), 248 n. 1, que chama a atenção para a semelhança entre este preceito TCEE e o art. 54.º da Constituição francesa de 1958. Esse A. faz também uma resenha dos princípios doutrinários que o TC formulou das três vezes que foi chamado a emitir parecer ao abrigo do art. 228.º n.º 1 par. 2 — casos *despesas locais, Fundo europeu de imobilização da navegação interior* e *caoutchouc*.

(1186) 473.

(1187) 459-460.

(1188) No m. sent. das críticas que aqui dirigimos à aplicação que neste Acórdão o TC fez do art. 177.º al. *b* CEE (salvo no que respeita ao argumento que extraímos do art. 228.º n.º 1 par. 2, que não vemos

Todavia, este desvio da parte do TC em relação ao modo como o art. 177.º define a sua competência interpretativa teve pelo menos a vantagem de permitir mostrar, ainda mais claramente que no caso *International Fruit III*, que o Tribunal considerava o tratado em questão imediatamente aplicável na ordem interna — «parte integrante da ordem jurídica comunitária», diz o Acórdão ([1189]) — logo após a sua entrada em vigor na ordem internacional e por esse simples facto, também aqui sem a necessidade de recorrer aos sistemas de recepção ou de transformação, isto é, à margem da querela monismo-dualismo, e sem mesmo a necessidade de fundamentar em termos desse binómio a doutrina tão ousada que neste processo adoptou ([1190]).

c) *A posterior jurisprudência sobre a matéria*

Houve outros Acórdãos em que o TC reconheceu aplicabilidade imediata ao DIP convencional na ordem interna das Comunidades, seguindo um raciocínio que não se afasta da doutrina sustentada nos casos *International Fruit III* ou *Haegeman II*. De entre eles referir-nos-emos àqueles que se revestem de significado decisivo para a matéria em apreço ([1191]).

Menos de um ano depois de ter sido julgado o caso *International Fruit III*, o TC confirmava integralmente a doutrina aí sustentada no caso *Schlüter*, também perante disposições do GATT — neste processo, concretamente, o art. II GATT ([1192]). E o mesmo aconteceria no caso *Nederlandse Spoorwegen*, julgado a 19 de Novembro de 1975 ([1193]).

---

utilizado na doutrina), v., especialmente, as citadas conclusões neste processo do Procurador-Geral WARNER; JOLIET, *op. cit.* (n. 1103), 101 e 194; e TEITGEN, *op. cit.* (n. 82), 499.

(1189) 449 e 459.

(1190) Tem razão BEBR, *op. cit.* (n. 639), 37, quando afirma que a tese sustentada pelo TC no caso *Haegeman II* já se encontrava embrionariamente esboçada no caso *Schröder*, 125 ss.

(1191) Uma análise mais exaustiva dessa jurisprudência pode ver-se em SCHERMERS, *op. cit.* (n. 1167), 81 ss. e, embora sob metodologia diferente, JOLIET, *op. cit.* (n. 1036), 242 ss.

(1192) 1135 ss. Cfr. BOULOIS/CHEVALIER, 413 ss.

(1193) 1439 ss.

Em Maio de 1974, o TC pronunciava-se sobre o caso *Nold II.* Se quisesse ser coerente com o raciocínio seguido no caso *International Fruit III,* e através do qual concluíra que a Comunidade se encontrava vinculada ao GATT, aquele Tribunal deveria ter sustentado neste processo que a Comunidade também se encontrava sujeita à Convenção Europeia dos Direitos do Homem, que estava em causa neste processo, e da qual eram já partes todos os Estados membros. Mas o TC não foi aqui tão longe: limitou-se a defender que aquela Convenção fornecia pistas para a descoberta do Direito Comunitário (1194).

Em 1976, no caso *Bresciani,* o Tribunal viu-se confrontado com uma questão de direito que, para o que está neste lugar em causa, se aproximava da do caso *Haegeman II.*

De facto, solicitado a pronunciar-se directamente, a título prejudicial, e ao abrigo outra vez da al. *b*) do art. 177.º CEE, sobre a interpretação e a aplicação do art. 2.º n.º 1 da Convenção de Yaoundé, o TC, tal como fizera no caso *Haegeman II,* satisfez esse pedido do tribunal estadual, sem mesmo discutir se tinha competência para o efeito ou se, ao contrário, aquela disposição do TCEE apenas lhe permitia que interpretasse o *acto comunitário* por confronto com aquela Convenção (1195). O Tribunal reincidiu, portanto, no mesmo erro do caso *Haegeman II.*

Todavia, quanto aos sujeitos, os acordos internacionais que se discutiam nos casos *Haegeman II* e *Bresciani* eram diferentes: no caso *Bresciani* o acordo em questão era um acordo misto, isto é, concluído conjuntamente pela Comunidade e pelos Estados membros (1196), enquanto que o Acordo de associação

---

(1194) 493 ss. Cfr. Schermers, *op. cit.,* 82-83.

(1195) 129 ss., e as conclusões do Procurador-Geral Trabucchi, 144 ss.

(1196) Em rigor, o Conselho das Comunidades só aprova o acordo depois de os Estados membros o terem ratificado de harmonia com o respectivo Direito Constitucional. Este regime decorre do art. 102.º CEEA, aplicado analogicamente à CEE. Assim, Bebr, *Agreements,* n. 18; e Schermers, *op. cit.* (n. 639), 246 e bibl. cit. Sobre o fundamento dos acordos mistos que vinculam as Comunidades, v. Louis, *op. cit.* (n. 147), 63, e Cerexhe, *op. e loc. cits.* (n. 639); v. também *supra,* Cap. I, n.º 10.5 e, especialmente, n. 639.

com a Grécia, a que se referia o caso *Haegeman II*, fora concluído unicamente pela Comunidade (1197).

Na questão de fundo, que aqui nos interessa, o TC afastou-se neste processo, num pequeno pormenor, da doutrina do caso *Haegeman II* para se aproximar da do caso *International Fruit III*, quando impôs como condição da aplicabilidade imediata do preceito em causa, do tratado internacional, o seu efeito directo (1198) (1199).

Pouco tempo volvido, o TC repetiu integralmente, no caso *Razanatsimba*, o comportamento que adoptara no caso *Bresciani*. A única diferença nesse processo em relação ao caso *Bresciani*, do ponto de vista da matéria de facto, era de que aí estava em causa não a Convenção de Yaoundé mas a Convenção de Lomé I, que, tal como aquela, consistia num acordo misto (1200).

Dos processos mais recentemente julgados pelo TC na matéria merecem destaque, para começar, os casos *Polydor* e *Kupferberg*. Curiosamente, ambos os processos referiam-se indirectamente a Portugal: no primeiro, discutia-se a aplicabilidade directa dos arts. 14.º e 23.º do Acordo de Comércio Livre concluído em 1972 entre a CEE e Portugal, preceitos esses que têm um conteúdo muito próximo do dos arts. 30.º e 36.º CEE; no segundo, a aplicabilidade directa do art. 21.º desse Acordo, que se não afasta do art. 95.º CEE, e também de preceitos do Acordo congénere concluído com a Espanha.

No caso *Polydor*, os quatro Estados membros que o subscreveram — Reino Unido, Dinamarca, França e Alemanha — sustentaram, fundamentadamente, por que, como princípio, não

---

(1197) Sobre este ponto, JOLIET, *op. cit.* (n. 1103), 194.

(1198) 140 e conclusões, 149 ss.

(1199) Embora sem ligação directa com o que nos interessa aqui, note-se que este caso apresenta uma outra especificidade importante: enquanto que o tribunal de reenvio limitava o círculo de beneficiários da aplicabilidade directa aos «cidadãos da Comunidade» («ressortissants communautaires»), o TC alargou-o aos «particulares» («justiciables»), o que parece que pretende abranger o conjunto dos sujeitos económicos que exercem a sua actividade no território da Comunidade — 140 e 142. Cfr. JACOT-GUILLARMOD, 117.

(1200) 2229 ss. Cfr. JOLIET, *op. cit.* (n. 1103), 194, e a anotação de MORSE, *ELR* 1978, 59 ss.

podiam atribuir a qualquer disposição daquele acordo efeito directo [1201]. O *English Court of Appeal*, que suscitara a questão prejudicial, nos termos do art. 177.º, inclinava-se, ao contrário, pelo seu efeito directo, fortemente impressionado pelo facto de o Conselho ter concluído o Acordo, nos termos do art. 115.º CEE, através de um regulamento: seria este, em seu entender, que asseguraria efeito directo ao Acordo. Pela leitura do pedido do tribunal inglês parecia que ele estava a ver nesse regulamento um acto de transformação do acordo internacional [1202].

O TC, porém, recusou esse raciocínio e reafirmou aqui a doutrina do caso *Haegeman II*, de que aquele Acordo «forma parte integrante da ordem jurídica comunitária», e, tendo interpretado as suas disposições em causa como incondicionais e suficientemente precisas, considerou-as imediatamente aplicáveis na ordem interna das Comunidades [1203].

No caso *Kupferberg*, cujo Acórdão ainda não se encontra publicado, a questão de direito era quase igual, com uma pequena diferença.

De facto, o *Bundesfinanzhof* (Tribunal Fiscal federal) parecia estar, pelo menos implicitamente, a considerar o Regulamento do Conselho, pelo qual este concluíra os Acordos com Portugal e Espanha, um acto de transformação daqueles acordos internacionais em Direito Comunitário. Enquanto poderia ser interpretado como querendo construir as relações entre as duas ordens jurídicas à luz de postulados dualistas, a tese daquele Tribunal, a triunfar, recusaria pura e simplesmente ao acordo internacional aplicabilidade directa na ordem jurídica comunitária. O TC, porém, fugindo mais uma vez à questão teórica da fundamentação da aplicação do DIP na ordem jurídica das Comunidades, considerou os preceitos do Acordo directa e imediatamente aplicáveis no Direito Comunitário, reafirmando, novamente, o princípio de que «o Direito Internacional faz parte integrante da ordem jurídica comunitária» [1204].

(1201) 329 ss. Cfr. PESCATORE, *op. cit.* (n. 1060), 173-174.

(1202) Cfr. BEBR, *op. cit.* (n. 1196), 40-41; JOLIET, *op. cit.* (n. 1036), 244; e PESCATORE, *Rechtsprechung*, 665.

(1203) 690.

(1204) Cfr. PESCATORE, *op. e loc. cits.* (n. 1060); e BEBR, *op. e loc. cits.*

Já ao longo de 1983, o TC confirmou essa sua doutrina em três casos em que o Tribunal de Cassação da Itália lhe pediu que, ao abrigo do art. 177.º CEE, lhe fornecesse interpretação para certas normas do GATT. O TC retomou aí, nalguns pontos *ipsis verbis*, a argumentação que já expendera no processo da *International Fruit III* (1205).

14.3. *Apreciação global da jurisprudência do Tribunal das Comunidades sobre esta matéria*

O exame que acábamos de fazer à jurisprudência do TC parece não deixar dúvidas de que ele dá relevância ao DIP na ordem interna comunitária em termos de aplicabilidade imediata, no sentido que demos atrás a esta expressão. Isto quer dizer que o TC não concebe a relevância do DIP na ordem interna das Comunidades nem em termos monistas nem em termos dualistas (1205-A). Por outras palavras, não a subordina ao filtro do monismo ou do dualismo acerca das relações entre o DIP e o DC. Não tem, por isso, razão *Millarg* (1206) quando, embora não perfilhando essa opinião, interpreta o Acórdão *International Fruit III* como querendo significar a adopção pelo TC, quanto às relações entre o DIP e o Direito Comunitário, da construção monista, nos mesmos termos em que ela foi proposta para as relações entre o DIP e o Direito interno dos Estados.

E não tem razão por dois motivos.

Primeiro, não é isso o que aquele Acórdão afirma, nem expressa nem tacitamente, já que o Tribunal em nenhum passo do Acórdão diz ou sequer insinua que está a construir aí as relações entre o DIP e o DC segundo o monismo. Já sustentámos que o TC aceitou aí a aplicabilidade imediata do DIP no DC à margem do monismo ou do dualismo, mesmo se ele não se pronunciou expressamente sobre o que fora proposto pelo Pro-

---

(1205) Cfr. Pescatore, *op. cit.*, 174.

(1205-A) À mesma conclusão, ainda que por caminho nem sempre coincidente, chega o *Comentário Mégret*, XII, 195 ss.

(1206) *Loc. cit.* (n. 1177), 152.

curador-Geral *Mayras,* que, nas suas conclusões, emitira a opinião, ainda que sem a fundamentar, de que o Tribunal deveria aplicar às relações entre o DIP e o DC a teoria da aplicabilidade directa, no sentido de *imediatividade,* nos mesmos moldes e com o mesmo alcance com que ele a aceitava para as relações entre o Direito Comunitário e o Direito estadual (1207).

Em segundo lugar, como já dissemos, é pelo menos duvidoso que as relações entre o DIP e o DC se possam equiparar às relações entre o DIP e o Direito interno, não só porque entre estes dois se verifica uma diversidade de fundamento jurídico enquanto que o DIP e o DC têm, ambos, o mesmo fundamento (a vontade dos Estados) (1208), como também porque as relações entre o DIP e o Direito estadual foram construídas no pressuposto da soberania dos Estados (mesmo para os não dualistas) enquanto que no DC não se pode pôr o problema da soberania das Comunidades.

Que o TC não constrói as relações entre o DIP e o DC no quadro da querela monismo-dualismo parece-nos não poder ser objecto de dúvida: se o fizesse, ele tê-lo-ia decerto dito, para justificar a aplicabilidade imediata do DIP na ordem jurídica comunitária pelos menos em algum ou alguns dos Acórdãos acima examinados. De facto, como já aqui foi sublinhado, o TC, na esteira e sob a influência directa do Conselho de Estado francês (cujo contencioso influenciou decisivamente a regulamentação do contencioso comunitário(1209)), não perde nenhuma oportunidade de justificar cientificamente as construções jurídicas de que se socorre, para o que tem tirado proveito da profunda preparação científica e grande experiência dos que o têm servido como juízes. É justamente por aí que, como temos vindo a demonstrar, ele tem levado a cabo a elaboração dogmática a que o DC tanto deve. Ao contrário, neste caso o TC, como

---

(1207) 1236.

(1208) Assim, SCHERMERS, *op. e loc. cits.* (n. 154) e *op. cit.* (n. 1167), 84; e VAN PANHUYS, *loc. cit.* (n. 152), que, por isso, considera que um conflito entre uma norma de DIP e outra de DC opõe entre si apenas duas fontes diferentes *de Direito Internacional.*

(1209) Por todos, LAUBADÈRE, *Acts administratifs,* 472 ss.; e *Traits généraux,* 563 ss.; também, BRINKHORST/SCHERMERS, *loc. cit.* (n. 157). V. também os nossos *Sumários,* 70.

vimos, tem-se limitado a afirmar, seca mas enfaticamente, que o DIP (concretamente, os acordos internacionais que têm estado em causa) «faz parte integrante da ordem jurídica comunitária», não sentindo a necessidade de explicar, do ponto de vista doutrinário, o fundamento dessa orientação.

Tão-pouco procederia a alegação, que seria, aliás, verdadeira, de que o monismo com primado do DIP, sobretudo se fosse ao extremo do «monismo radical» que ontem defendeu *Scelle* (1210), ou do «monismo de base» que hoje propõe *Pescatore* (1211), conduz às mesmas consequências que a aplicabilidade imediata: embora os resultados sejam os mesmos, o sistema é, num caso e noutro, *essencialmente* diferente. Na realidade, a aplicabilidade imediata reflecte ou uma penetração duma ordem jurídica noutra, pela via da subordinação (aplicabilidade imediata do DC no Direito estadual), ou um «parentesco» entre duas ordens jurídicas pelo facto de terem, ao menos predominantemente, o mesmo fundamento e serem, portanto, dois ordenamentos jurídicos não *substantivamente* distintos (aplicabilidade imediata do DIP na ordem interna das Comunidades). Num caso e noutro, a aplicabilidade imediata quer, portanto, significar aplicabilidade *automática*, no sentido de que não está dependente de qualquer acto legislativo ou administrativo da ordem jurídica recipienda.

Diferentemente, o monismo implica sempre uma opção *voluntária* da ordem jurídica recipienda, ou através dum preceito constitucional, no caso da cláusula de recepção do DIP na ordem interna, ou, se fosse esse o caso, através do regulamento do Conselho, no caso dos arts. 114.º, 228.º e 238.º CEE quando da recepção do DIP na ordem interna comunitária (1211-A).

Por isso, o Professor e Juiz *Pescatore* tem razão quando sustenta que o TC dá igual solução à relevância do DC na ordem estadual e à do DIP na ordem jurídica comunitária (ou seja, a imediatividade); não a tem, porém, quando defende, o que aliás só o vemos fazer uma vez no conjunto da sua vasta obra,

---

(1210) *Manuel*, 189.

(1211) *Op. cit.* (n. 1060), 177.

(1211-A) Note-se que, como já se disse, o Conselho tanto conclui acordos por regulamento como por decisão, o que mais embaraços coloca às teses dualistas na matéria.

que, quando reconhece aplicabilidade directa ou efeito directo a normas do DC na ordem interna dos Estados, o TC está a lançar mão de concepções monistas (1212). Esta tese contraria toda a teoria do primado e da aplicabilidade directa do DC na ordem interna dos Estados, tal como o próprio TC a tem desde sempre desenvolvido, e que coloca um e outra à margem da disputa monismo-dualismo (1213).

Parece, pois, mais razoável e mais lógico aceitar que o TC consagra a aplicabilidade imediata do DIP (pelo menos do DIP convencional, já que, como veremos, é quase só quanto a este que tem sido suscitada a questão na sua jurisprudência e, portanto, quase não se lhe conhecem acórdãos sobre a relevância na ordem jurídica comunitária do DIP de fonte não convencional) no DC não com base na construção monista das relações entre as duas ordens jurídicas mas porque aceita tacitamente o «parentesco», isto é, a não distinção qualitativa entre as normas do DIP e do DC. Ainda que sem estar fundamentada com este desenvolvimento, é esta a posição de *Mégret*, que, embora apenas no campo doutrinário, defende não ser necessária nenhuma disposição dos tratados para assegurar ao DIP aplicabilidade imediata na ordem jurídica comunitária, incluindo a ordem interna dos Estados membros (1214); de *Choffat*, quando, à margem do monismo, afirma que «o acordo internacional se impõe *ipso jure* no Mercado Comum» (1215); e, ainda que por caminho não idêntico ao nosso, também de *Behr* (1216).

Quando, portanto, o TC sustenta que o DIP se aplica imediatamente na ordem jurídica comunitária como «parte integrante do DC» (1217), isso não significa que ele esteja a aderir ao monismo (a que o Tribunal aliás, e como dissemos, nunca se refere), mas significa apenas que está a dar *aplicação imediata* ao DIP na ordem interna das Comunidades, à margem

---

(1212) *Op. cit.* (n. 163), 151.

(1213) No m. sent., e com razões complementares, JOLIET, *op. cit.* (n. 1036), 268. V. os nossos *Sumários*, 95 e 97-98.

(1214) *Op. cit.* (n. 693), 25-26.

(1215) 50; no m. sent., VAN PANHUYS, *loc. cit.*

(1216) *Op. cit.* (n. 639), 39.

(1217) Casos *Haegeman II*, 449 e 459, *Polydor*, 690, e *Kupferberg*, *loc. cit.* (n. 1204).

das concepções monistas e dualistas e sem fazer uma opção entre elas (1218).

Daqui resulta que o DIP é aplicado na ordem interna das Comunidades *como Direito Internacional* e não como Direito Comunitário, o que só aconteceria se aquela aplicação tivesse lugar através do mecanismo da *transformação*, que é corolário do dualismo (1219). Mas não é este o caminho que o TC trilha: embora os dados fornecidos pela sua jurisprudência ainda sejam neste ponto infixos e pouco claros, parece poder extrair-se argumentos no sentido da opinião que defendemos do facto de nos casos *Polydor* e *Kupferberg*, mas mais ainda naquele do que neste, o TC ter sustentado que as disposições dos acordos internacionais concluídos pelas Comunidades (estava em causa aí o acordo CEE-Portugal, de 1972) não devem *a priori* ser interpretadas no mesmo sentido, nem lhes devem ser atribuídos os mesmos efeitos das disposições «comparáveis» do TCEE (1220).

Mas se é assim, ou seja, se o DIP é aplicado na ordem interna comunitária *como DIP* e não como DC, então ele encontra-se sujeito, na sua aplicação na *ordem interna dos Estados* (que, a nosso ver, não se confunde, como dissemos, com a ordem interna *das Comunidades,* como consequência normal do facto de estas serem sujeitos autónomos em relação aos Estados membros), ao regime que as Constituições dos Estados fixarem para dar relevância na sua ordem interna *ao DIP,* e não ao regime de aplicação *do DC* na ordem interna estadual. Donde, nesses termos, o DIP, pela via da vinculação das Comunidades (pensemos mais uma vez nos acordos internacionais concluídos por elas), não gozaria na ordem interna dos Estados nem de primado nem de imediatividade.

Mas não nos debruçaremos mais longamente sobre esta questão, que não tem significado para aquilo que está em jogo neste capítulo da nossa dissertação.

(1218) Contra, Schermers, *op. cit.* (n. 639), 245.

(1219) Como pretende Bleckmann, após ter abraçado o dualismo, mas sem convencer — *op. cit.* (n. 1049), 310.

(1220) Assim, recentemente, Groux, 226-227.

14.4. *O caso especial dos* acordos pré-comunitários. Acordos pré-comunitários *e* acordos post-comunitários

Quanto aos acordos internacionais que o TC tem considerado directamente aplicáveis na ordem jurídica comunitária, no sentido em que o descrevemos atrás, há que estabelecer uma importante distinção: a que separa os acordos pré-comunitários dos acordos post-comunitários.

Acordos pré-comunitários são aqueles a que se refere o art. 234.º CEE, ou seja, os acordos concluídos entre um ou mais Estados membros, por um lado, e um ou mais terceiros Estados, por outro, antes da entrada em vigor daquele tratado (quanto aos membros originários) ou antes da respectiva adesão (quanto aos membros supervenientes). Quando na jurisprudência do TC se tem falado neste tipo de acordos tem estado em causa sobretudo o GATT, como aliás ainda há pouco vimos.

Diferentemente, acordos post-comunitários são os concluídos pela Comunidade e um terceiro Estado.

De harmonia com o par. 1 do art. 234.º, os acordos pré-comunitários não são afectados pelo Direito Comunitário primário, ressalvado o disposto nos dois parágrafos seguintes desse preceito. O art. 234.º par. 1 contém, pois, uma regra de sucessão de normas no tempo e, assim, define o único caso em que, na hierarquia das fontes do DC, o DIP convencional prevalece sobre o DC primário (1221) (1222). Mas não se pode atribuir relevância especial àquele preceito para a definição de uma norma de hierarquia de fontes do DC, já que o seu único objectivo é o de consagrar o princípio *pacta sunt servanda,* hoje expressamente afirmado no art. 26.º CV. Pela mesma razão, também

---

(1221) A regra, aliás não explícita nos tratados, mas conforme com o seu espírito, consiste em que o DIP, convencional ou não, incluindo os acordos pré-comunitários, cede perante o DC primário mas prevalece sobre o DC derivado — por todos, JOLIET, *op. cit.* (n. 1103), 100-102, 208; *Comentário Mégret,* XII, 181 ss.; MÉGRET, *op. cit.,* 25; PIETRI, 199 ss.; MEESSEN, *op. cit.* (n. 1045), 498 ss. e bibl. cit.; e BLECKMANN, *op. cit.* (n. 61), 392 ss.

(1222) O disposto no art. 234.º par. 1 CEE está de acordo com a regra de aplicação de tratados sucessivos sobre a mesma matéria, definida no art. 30.º n.º 3 CV.

não se pode extrair dele qualquer tomada de posição, face à querela monismo-dualismo, quanto à relevância do DIP na ordem jurídica comunitária.

O TC tem aceite, em princípio, que os acordos pré-comunitários gozam de imediatividade na ordem jurídica comunitária e também aqui sem discutir o fundamento dessa imediatividade ou sem a apreciar em face do monismo ou do dualismo. Isto, porém, não o tem impedido de recusar essa aplicabilidade directa quando, nos casos concretos sujeitos à sua decisão, ele constata que a Comunidade se não encontra vinculada pelo acordo em questão.

Esta matéria foi discutida particularmente no quadro da já vasta jurisprudência em matéria de pescas, e de modo especial no caso *Burgoa* (1223). O TC foi aí do entender, como sustentara o pescador espanhol Juan Burgoa perante o tribunal irlandês que suscitou a questão prejudicial ao abrigo do art. 177.º CEE, que as obrigações assumidas pela Irlanda para com a Espanha no quadro da Convenção de Londres sobre pesca, de 9 de Março de 1964, prevaleciam, por força do art. 234.º par. 1 CEE, e não obstante a posterior adesão da Irlanda ao Tratado de Roma, sobre as normas comunitárias em matéria de pesca que fossem incompatíveis com aquela convenção, e ressalvado quanto a essa incompatibilidade o disposto no par. 2 daquele art. 234.º. Em princípio, portanto, o TC pronunciar-se-ia pela inaplicabilidade, neste caso concreto, das normas comunitárias em questão, isto é, aceitaria a aplicabilidade imediata daquela convenção na ordem interna comunitária.

Só o não fez, porém, por uma razão que nada tem a ver com a questão de direito que aqui se discute, ou seja, porque aquela convenção era *res inter alios* para a Comunidade pelo facto de esta não estar vinculada a ela. E, para chegar a este resultado, o TC, baseando-se, aliás, nas conclusões propostas pelo Procurador-Geral *Capotorti* (1224), aplicou a este caso a matriz por ele adoptada no caso *International Fruit III*, e de harmonia com a qual concluíra aí pela vinculação da CEE ao

(1223) 2788, 2792, 2801 ss., e conclusões do Procurador-Geral Capotorti, 2815-2816.

(1224) *Loc. cit.*

GATT: agora, ao contrário, a Convenção de Londres, embora fosse anterior à adesão da Irlanda, era posterior à criação da CEE; nem os Estados membros nem a Comunidade haviam exprimido a intenção de esta assumir as obrigações decorrentes dessa convenção; os órgãos da CEE não tinham adoptado qualquer conduta susceptível de ser interpretada como cumprimento da convenção; por fim, nenhuma das outras partes contratantes havia reconhecido a sucessão da CEE aos Estados membros no quadro da mesma convenção (1225).

Mas, mesmo que o TC não se tenha pronunciado no caso *Burgoa* pela aplicabilidade imediata do acordo pré-comunitário, pelas razões indicadas, ele não deixa de fornecer aí um importante dado para a matéria que aqui nos interessa: o reconhecimento de que, na aplicação do DIP na ordem interna comunitária, ao abrigo do art. 234.º par. 1, os direitos e as obrigações decorrentes do acordo internacional não mudam de natureza, ou seja, o acordo internacional aplica-se na ordem interna comunitária *como Direito Internacional* (1226). Esta conclusão é contrária à que o TC enunciou, por exemplo, no caso *International Fruit III,* como mostrámos.

Note-se que também nos vários processos em que tem sido suscitado perante o Tribunal o conflito entre disposições do GATT e do Tratado CEE tem estado subjacente, como já demos a entender, um problema de relevância de um acordo pré-comunitário na ordem jurídica interna das Comunidades. E tem sido assim porque todos os Seis já eram partes no GATT antes da entrada em vigor do Tratado de Roma.

Foi o que aconteceu, desde logo, no caso *International Fruit III.*

É certo que não foi por esse lado que o tribunal nacional abordou o problema ao deduzir a questão prejudicial ao abrigo do art. 177.º, já que, como vimos, reconduziu a

---

(1225) V. um pormenorizado levantamento crítico de toda a jurisprudência do TC em matéria de pescas e, concretamente, do caso *Burgoa,* na anotação de CATALDI aos Acórdãos proferidos pelo TC nos Processos 21/81, 269/80, 181/80, 124/80, 804/79, 812/79 e 32/79, in *Foro it.* 1982, 258 ss.; em ANGELA DEL VECCHIO, 572 ss.; e na anotação de RAINER HOFMANN in *ZaöRV* 1981, 808 ss.

(1226) 2788, 2803. V. conclusões de CAPOTORTI, 2812.

questão prejudicial a um caso de interpretação da al. *b*) do art. 177.º CEE. Mas foi em princípio sob esse prisma que se pronunciaram quer as quatro empresas que eram partes no processo que corria os seus termos perante o tribunal holandês, quer a Comissão das Comunidades, e em parte também o governo holandês, quando foram todos ouvidos pelo TC, ao abrigo do art. 20.º do seu Estatuto ([1227]), o que, como vimos já, obrigou o TC a pronunciar-se também sobre este assunto.

Concretamente no que toca à posição da Comissão, ela começou por averiguar se, para os efeitos do art. 234.º par. 1 CEE, havia incompatibilidade entre as disposições em questão do acordo pré-comunitário, ou seja, o GATT, e os actos de Direito Comunitário derivado que estavam em causa, e aos quais nos referimos atrás. Concluiu pela negativa. Aliás, se essa incompatibilidade se verificasse, ela seria resolvida, dizia a Comissão, pelos mecanismos próprios do art. 234.º pars. 2 e 3. A Comissão ultrapassou, porém, o problema de uma forma que não era possível defender no caso *Burgoa:* como então mostrámos, ela sustentou que se devia considerar que a Comunidade se encontrava desde a sua existência vinculada ao GATT, tendo assumido os direitos e as obrigações dos Estados membros nesta organização internacional. Por essa via, a Comissão defendeu que a Comunidade estava obrigada pelo GATT a título idêntico ao dos acordos por ela concluídos ao abrigo do art. 228.º CEE.

O Tribunal, na medida em que aceitou a vinculação da Comunidade ao GATT (o que, como atrás vimos, não esgotava nem a questão prejudicial sucitada pelo tribunal holandês nem a dimensão que o TC resolvera dar àquela questão), seguiu, no essencial, o raciocínio da Comissão.

Os acordos pré-comunitários são, pois, para o TC, imediatamente aplicáveis na ordem jurídica comunitária, ao abrigo do art. 234.º par. 1 CEE. O caso *Burgoa,* mais do que o caso *International Fruit III,* pelas razões apontadas, é paradigma dessa orientação jurisprudencial ([1228]).

(1227) 1224 ss.

(1228) Sobre o art. 234.º par. 1, para além das *ops. cits.*, v. a exaustiva anotação de PETERSMANN a esse artigo no *Comentário Groeben,* II, 736 ss.; e JOLIET, *op. cit.* (n. 1036), 273 ss.

É outra, como vimos atrás, a via pela qual o TC atribui aplicabilidade imediata na ordem interna das Comunidades aos acordos post-comunitários.

Aí, o TC utiliza um outro preceito, o art. 177.º, para, a título prejudicial, ou apreciar a validade dos actos de Direito Comunitário derivado face a normas do Direito Internacional convencional ou fornecer *directamente* a interpretação de normas de DIP — esta última orientação foi a que o Tribunal adoptou, como mostrámos, no caso *Haegeman II,* e com a qual expressámos a nossa discordância.

Discute-se, quanto aos acordos post-comunitários, se não haverá ainda uma outra via para o TC apreciar da sua validade: a do art. 173.º CEE. Foi de opinião afirmativa o parecer que o TC emitiu, em 11 de Novembro de 1975, no caso das *despesas locais* (1229), onde pensamos ter ficado definida a doutrina segundo a qual um acordo internacional contrário aos preceitos do TCEE poderia ser submetido ao seu controle ou ao abrigo do art. 173.º ou por virtude do art. 177.º

Todavia, quer face ao art. 177.º, como já mostrámos, quer à luz do art. 173.º, não é nunca o acordo internacional que pode ser objecto directo da fiscalização do TC, mas sim e apenas o acto unilateral de Direito Comunitário derivado pelo qual o órgão comunitário competente o conclui (1230). Assim o impõe, antes de tudo, a própria interpretação literal daqueles preceitos, que só submetem ao TC, respectivamente, os «actos dos órgãos da Comunidade» e os «actos do Conselho e da Comissão». No caso do art. 173.º, e também no sentido de impossibilitar a anulação pelo TC de um acordo internacional ao abrigo do contencioso de anulação aí regulado, acresce, como bem nota *Kovar,* que o acordo é um acto bilateral, em que a outra parte não se encontra sujeita à jurisdição do Tribunal das Comunidades (1231).

(1229) 1355 ss.

(1230) Assim, por todos, JOLIET, *op. cit.* (n. 1103), 198; MÉGRET, *op. cit.* (n. 693), 26; PIETRI, 208; e VANDERSANDEN/BARAV, 146-147.

(1231) *Accords,* 357. O A. vai mais longe, para entender que o próprio acto do Conselho, um *regulamento* ou uma *decisão,* pelo qual o acordo é concluído, não é sindicável pelo TC ao abrigo do art. 173.º porque ele é «indestacável» do próprio acordo — *loc. cit.*. Um apanhado

Há que esperar, pois, também aqui, que o TC esclareça melhor a sua posição nesta matéria. A doutrina por ele adoptada até agora não nos parece, todavia, de manter, pelos motivos que indicámos.

14.5. *O caso específico da aplicabilidade directa do Direito Internacional Público geral ou comum na ordem interna das Comunidades*

A aplicabilidade directa do DIP na ordem interna das Comunidades foi demonstrada nos números anteriores à custa unicamente do DIP convencional. Parece que para a afirmação do princípio não se torna necessário mais. De qualquer forma, não gostaríamos de concluir sem uma breve referência à questão específica da aplicabilidade do DIP geral ou comum às Comunidades Europeias.

O problema da aplicação do DIP geral ou comum na ordem interna das Comunidades tem muito pequena importância prática, sobretudo se a compararmos com a dimensão que obteve, como vimos, a questão da aplicação na ordem jurídica comunitária dos acordos externos concluídos pelas Comunidades. E isto por duas razões.

Em primeiro lugar, como bem faz notar *Bleckmann* (1232), há poucas normas de DIP geral ou comum que versem sobre relações económicas. Portanto, pela própria natureza das coisas, o DC pode esperar aí muito pouco do DIP. Este fenómeno explica, aliás, que num domínio concreto, o da responsabilidade extracontratual das Comunidades, os arts. 215.º par. 2 CEE e 188.º par. 2 CEEA mandem aplicar os «princípios gerais comuns aos Direitos dos Estados membros». A nosso ver, não se pode tirar destes preceitos qualquer conclusão no plano conceptual ou da caracterização jurídica das Comunidades ou da sua ordem jurídica: eles foram ditados apenas pela razão prag-

---

recente do estado da doutrina e da jurisprudência em matéria de fiscalização *a posteriori* (por oposição ao controle *a priori*, previsto no art. 228.º n.º 1 par. 2) dos acordos internacionais pelo TC pode ver-se em JOLIET, *op. cit.* (n. 1036), 249 ss. V. também *Comentário Mégret*, XII, 184 ss.

(1232) *Op. cit.* (n. 5), 111.

mática de que o DIP tinha *carência de normas* para poder ser um Direito subsidiário na matéria, excluída como estava, logo à partida, a aplicação à integração europeia das normas clássicas, de qualquer modo escassas, em matéria de responsabilidade no DIP da Paz e da Guerra (1233).

Em segundo lugar, os tratados não contêm qualquer norma sobre a matéria, dado que o art. 228.º n.º 2 CEE, mesmo com o alcance restrito que lhe demos, apenas contempla o DIP convencional (1234).

Por tudo isso, não admira que na doutrina e na jurisprudência a questão da aplicabilidade do DIP geral ou comum na ordem interna das Comunidades tenha merecido até agora muito pouca atenção.

A nós, porém, parece-nos errado votar ao esquecimento ou subestimar esta matéria. O problema da aplicabilidade do DIP, convencional ou não, na ordem interna comunitária é suscitado pelo simples facto de os tratados institutivos das Comunidades serem tratados regidos pelo Direito Internacional. Além disso, são eles próprios que, em alguns preceitos, convidam, expressa ou implicitamente, os órgãos encarregados de os aplicar a reportar-se a regras do DIP — é o caso, por exemplo, dos arts. 31.º par. 2 e 33.º n.º 6 CEE (1235).

Ao abordar-se esta matéria há que ter a consciência de que existe aqui, antes de mais, um problema de «protecção» do próprio Direito Comunitário, da sua especificidade e das suas características peculiares.

De facto, o DIP geral ou comum é essencialmente DIP clássico, na oposição DIP clássico-DIP moderno, que atrás desenvolvemos, pelo que não se adapta à natureza intrínseca do processo da integração europeia. Por isso, a introdução do DIP geral ou comum na ordem interna das Comunidades tem de se

---

(1233) Note-se, aliás, que com os sucessivos alargamentos das Comunidades não se vai tornando isenta de dificuldades a tarefa do Direito Comparado de descobrir, como o pressupõem os preceitos citados, «convergências jurídicas» entre os Direitos dos Estados membros (para empregarmos a expressão de PESCATORE, *op. cit.* (n. 163), 172).

(1234) Assim, BLECKMANN, *op. cit.* (n. 1049), 311 ss.; e MEESSEN, *op. cit.* (n. 1045), 499.

(1235) No m. sent., REUTER, *Cour de Justice,* 667-668.

processar com as devidas cautelas, porque a penetração no âmago do DC de critérios de apreciação extraídos do DIP clássico pode levar, como acertadamente previne *Pescatore,* à «desnaturação» da integração ou mesmo à «desintegração» (1236). Note-se, porém, que esta preocupação só deverá existir, como dissemos, quanto à *ordem interna comunitária,* no sentido que atrás demos a esta expressão, isto é, quanto ao domínio das relações intracomunitárias, *enquanto elas se encontram cobertas pelo domínio material dos tratados,* e, portanto, *sujeitas ao DC.* De facto, as relações entre cada Comunidade e os Estados membros, ou entre estes, situadas *fora* do domínio material dos tratados comunitários escapam ao DC e são normais relações de DIP.

Como se passam, então, as coisas quanto à aplicabilidade do DIP geral ou comum na ordem interna comunitária, com as cautelas a que ela tem de estar sujeita?

Tratando-se do DIP imperativo, ou seja, do *ius cogens,* parece que não poderá o TC recusar a sua aplicação às relações intracomunitárias, ainda que, porventura, com adaptações. As Comunidades são sujeitos de Direito Internacional e, como tais, devem obediência àquele Direito, nos termos gerais (1237).

Para além disso, e como critério geral, o TC aceita recorrer ao DIP como fonte de interpretação de normas do próprio DC. Ele procedeu desse modo nos casos *Van Gend* (1238), *Dairy-Products* (1239), *International Fruit III* (1240) e *Van Duyn* (1241), com o aplauso de *Riesenfeld* (1242) e *Schermers* (1243). O TC não discute aí as condições de aplicação do DIP no DC por essa via, apresentando-se, pois, o problema como idêntico ao da aplicabilidade imediata dos acordos internacionais na ordem interna comunitária.

(1236) *Loc. cit.* (n. 163). Assim, também REUTER, *op. e loc. cits..*
(1237) Assim, SCHERMERS, *op. cit.* (n. 1167), 78.
(1238) 22.
(1239) 1232.
(1240) 1229 ss.
(1241) Considerandos 21 a 23.
(1242) *Op. cit.* (n. 1173), 507.
(1243) *Op. cit.,* 78-79.

Parece-nos decisivo nesse sentido o Acórdão proferido no caso *International Fruit III,* que já analisámos em pormenor. Embora estivesse aí em causa a conformidade de um acto do DC derivado com um acordo internacional — o GATT —, o TC deixou aí dito, no considerando 1.º, como então vimos, que «a validade, no sentido do art. 177.º TCEE, dos actos praticados pelos órgãos (comunitários) pode ser apreciada por confronto com uma disposição *do Direito Internacional,* desde que esta disposição vincule a Comunidade e seja apta a conceder aos cidadãos o direito de a invocarem em tribunal» (1244), Isto quer dizer que o TC não distinguiu aí entre o DIP, não limitou a aplicabilidade imediata, com essas duas condições, ao DIP convencional. É por isso que *Millarg* sustenta que a doutrina que o Tribunal aí consagra se aplica não só ao DIP convencional mas a todo o DIP (1245).

Pensamos, porém, que esta afirmação tem de ser entendida com as devidas reservas.

Desde logo, apesar de, na realidade, o TC não discriminar, no passo citado do caso *International Fruit III,* entre o DIP, parece estar pelo menos no espírito daquele Acórdão conferir aplicabilidade directa, com as duas condições referidas, apenas ao DIP *convencional.*

Depois, é duvidoso que uma norma de DIP geral ou comum seja capaz de preencher a segunda daquelas condições, ou seja, ser apta a conceder aos cidadãos o direito de a invocarem em tribunal, desde logo por não carecer de qualquer norma legislativa ou acto administrativo que a desenvolva ou complete.

Por fim, uma tão generosa posição de princípio quanto à aplicabilidade imediata de *todo o DIP geral ou comum* na ordem interna das Comunidades, nos termos em que a defende *Millarg,* desnaturaria a integração e poria em risco a especificidade que o processo da integração europeia apresenta em relação ao DIP clássico.

O TC tem também aplicado na ordem jurídica comunitária normas de DIP pela via dos *princípios gerais de Direito* como fontes do DC. Nesta matéria, o Acórdão mais importante

---

(1244) 1230. O itálico é nosso.
(1245) *Loc. cit.* (n. 1177), 155.

parece-nos ser o proferido no caso da *Internationale Handelsgesellschaft*, onde o Tribunal foi da opinião que a Convenção Europeia dos Direitos do Homem obrigava as Comunidades, mesmo sem a adesão da parte destas àquela Convenção, através dos princípios gerais de Direito ([1246]).

Especial dificuldade coloca a questão de saber se deve ser aceite nas relações intracomunitárias a *retorsão*, como princípio geral de autotutela em DIP. Há duas formas pelas quais a retorsão se pode manifestar: pela recusa pela Comunidade ou por um ou mais Estados em cumprir uma obrigação, imposta pelos tratados, em retaliação contra um outro Estado, que também não cumpre uma obrigação que lhe é imposta pelos tratados, pelo menos na hipótese de incumprimento reiterado, e que assim, com violação do princípio da lealdade comunitária, consagrado no art. 5.º CEE, põe em causa, pela sua conduta, a progressão da integração, quando não a própria sobrevivência das Comunidades; ou por um meio mais radical, que consiste na expulsão pela Comunidade de um Estado membro pelos mesmos motivos.

A admissibilidade da retorsão em DC parece brigar frontalmente com o princípio da solidariedade, que se situa no cerne do conceito de Comunidade, e com uma das suas mais importantes manifestações nos tratados, o referido princípio da lealdade comunitária. Foi assim que o princípio da retorsão foi equacionado pelo TC no já citado caso da *Comissão c. Luxemburgo e Bélgica*, pelo menos quando colocado no contexto das relações entre os próprios Estados membros ([1247]).

Note-se, aliás, que a não aceitação da retorsão com esse fundamento mais não representa do que um corolário do «princípio programático» da indissolubilidade das Comunidades, nos exactos termos em que o atribuímos a *Hilf* e em que nós próprios o defendemos atrás: ou seja, como princípio que exprime o compromisso dos Estados membros de, em caso de conflito entre os seus interesses e os da Comunidade, fazerem uso dos direitos e dos poderes que os tratados lhes conferem em favor

---

([1246]) Assim, JOLIET, *op. cit.* (n. 1103), 101; REUTER, *op. cit.* (n. 75), 263 ss.; e também os nossos *Sumários*, 34-35 e 89 e bibl. cit.

([1247]) *Supra*, n. 1124.

do progresso da integração, e não no sentido do seu retrocesso ou da sua destruição ([1248]).

Mas vamos mais longe, porque entendemos que a retorsão, desde logo, não tem cabimento no sistema dos tratados.

Antes de mais, porque pelos arts. 219.º CEE, 193.º CEEA e 87.º CECA, os Estados membros se comprometem a não resolver os seus diferendos relativos à interpretação ou à aplicação dos tratados por meios não previstos neles. Pensamos que estas disposições têm de ser interpretadas no sentido não só, como sustentam o *Comentário Groeben* ([1249]) e *Pescatore* ([1250]), da renúncia a qualquer outro tribunal que não seja o TC (designadamente, ao Tribunal de Haia) ([1251]), como também com o entendimento, mais amplo, da recusa de todo e qualquer meio de solução de litígios que não se encontre expressamente previsto e institucionalizado nos tratados ([1252]).

Além disso, porém, a admissão da retorsão contraria a própria disciplina trazida pelo sistema geral dos tratados ao incumprimento por um Estado membro das obrigações que os tratados lhe impõem. Ou seja, a filosofia pelo menos dos Tratados CEE e CEEA não se orienta no sentido de resolver pela retorsão o incumprimento por um Estado membro das obrigações que o DC lhe impõe.

De facto, se é a Comunidade a prejudicada pelo incumprimento da parte de um Estado ao tratado, a Comissão pode tomar a iniciativa do *processo por incumprimento,* nos termos dos arts. 169.º CEE e 141.º CEEA.

Se, diferentemente, são os Estados, um ou mais, os preju-

(1248) V. *supra,* n. 590.

(1249) II, 618.

(1250) *Op. cit.* (n. 163), 166.

(1251) Neste sentido o art. 219.º CEE deve ser interpretado conjuntamente com o art. 182.º do mesmo Tratado.

(1252) É neste quadro que encontramos no TCEE um preceito com carácter ainda mais fundamental para a resolução de litígios entre Estados do que o recurso ao TC, e que *logicamente* precede o próprio recurso ao Tribunal: é o art. 224.º, que prevê para o efeito «consultas» entre os Estados, ainda que restritas aos pressupostos aí enunciados — no m. sent., MEIER, *op. cit.* (n. 554), 391.

dicados pela infracção, ele ou eles têm acesso ao mesmo meio, regulado agora nos arts. 170.º CEE e 142.º CEEA (1253).

Portanto, em caso de incumprimento por um Estado das obrigações que os Tratados CEE e CEEA lhe impõem, estes previram um processo gracioso, seguido eventualmente de um processo contencioso junto do TC, para obter a reposição da legalidade. Este processo por incumprimento não prevê, portanto, a retorsão.

No quadro dos Tratados CEE (arts. 169.º a 171º.) e CEEA (arts. 141.º a 143.º) este regime não sofre excepção, pelo que se pode afirmar que aí a retorsão é proibida em absoluto. E, como dissemos, essa proibição encontra correspondência na natureza intrínseca da integração, quer a concebamos como processo quer como estado ou situação (isto é, como *potência* ou como *acto*), como consequência do facto de o princípio da solidariedade e do seu efeito centrípeto pertencerem ao núcleo jurídico do conceito de Comunidade.

O mesmo não acontece, porém, no quadro do TCECA.

De facto, o *processo por incumprimento* da parte de um Estado de uma obrigação imposta por esse tratado está regulado no seu art. 88.º de tal modo que, como aliás já dissemos (1254), dá guarida ao instituto da retorsão. Com efeito, nesse preceito aquele processo encontra-se disciplinado em moldes diferentes dos previstos nas disposições citadas dos Tratados CEE e CEEA, porque tem apenas uma fase graciosa (par. 1 do art. 88.º CECA). Caso o processo gracioso não resulte, a Comissão pode tomar, ela própria, ou autorizar os respectivos Estados a adoptar (conforme, respectivamente, sejam a Comunidade ou os Estados os prejudicados pelo incumprimento) as medidas de retorsão previstas na al. *b*) do par. 3 do mesmo art. 88.º. E o facto de o par. 4 desse preceito facultar ao Estado infractor um recurso de plena jurisdição para o TC contra as medidas de retorsão *já adoptadas* em nada prejudica o princípio

---

(1253) *Por estes artigos* os Estados não têm acesso ao TC antes de, primeiro, se terem queixado à Comissão. Só no caso do art. 225.º par. 2 CEE um Estado pode queixar-se logo, directamente e em primeira mão, ao TC.

(1254) *Supra,* ns. 1107 e 1124.

da aceitação da retorsão no quadro do processo por incumprimento.

Pensamos que esta filosofia do TCECA (curiosamente, como mostrámos com desenvolvimento ao longo desta dissertação, a Comunidade mais integrada das três Comunidades existentes) briga frontalmente com os fundamentos jurídicos da integração. Contra a admissibilidade, em qualquer caso, da retorsão nas relações intracomunitárias milita a mesma razão que leva a jurisprudência do TC, com o apoio da doutrina, a opor-se à denúncia unilateral, pelo menos *ad nutum*, dos tratados comunitários: e essa razão reside na inadmissibilidade de um «acto unilateral» da parte dos Estados «incompatível com a noção de Comunidade» (1255). Por isso, o disposto no art. 88.º par. 3 al. *b*) CECA, porque contraria o conceito jurídico de integração, deve ser entendido como norma excepcional e, por isso, considerado insusceptível de aplicação analógica (1256). E, mesmo no quadro da sua previsão, deve a Comissão, no plano *jurídico*, dar a esse preceito uma interpretação o mais restritiva possível, e, no plano *político*, evitar, sempre que puder, o recurso a ele.

(1255) V. *supra*, n. 592.

(1256) Como dissemos *supra*, n. 1107, Meier, *op. e loc. cits.*, admite esse carácter excepcional do art. 88.º par. 3 al. *b*) CECA, mas, contraditoriamente, aceita também a retorsão, para além desse caso, na forma de expulsão de um Estado membro por infracção reiterada às obrigações dos tratados e, portanto, ao próprio princípio da *lealdade comunitária*, consagrado no art. 5.º CEE.

BIBLIOGRAFIA CONSULTADA

Utilizou-se um sistema simplificado de citação de bibliografia ao longo desta dissertação, por forma a se aligeirar ao máximo as notas de fundo de página. A chave desse sistema consiste no seguinte.

Quando de um determinado autor constar do rol que se segue uma única obra, essa obra encontra-se citada nas páginas anteriores apenas pelo nome do respectivo autor.

Quando, ao contrário, de um determinado autor constar adiante mais do que uma obra, a respectiva obra é citada, da primeira vez, com recurso apenas a uma ou mais das primeiras palavras mais significativas da sua epígrafe; da segunda vez e das vezes seguintes, ela está citada com remissão para a nota da primeira citação.

Se, excepcionalmente, de um mesmo autor tiver sido consultada mais de uma obra com títulos idênticos ou muito aproximados, cada uma delas encontra-se citada, da primeira vez, com a indicação do ano de publicação.

No caso de, na lista que se segue, se indicar de uma obra mais do que uma edição, a citação da obra sem indicação da edição quer significar que se tem em vista a última das edições referidas.

As abreviaturas utilizadas encontram-se arroladas no início desta dissertação.

ACCIOLY, Hildebrando — *Manual de Direito Internacional Público,* 10.ª ed., São Paulo, 1972.
ADAMOVITCH, Ludwig — *Handbuch des österreichischen Verwaltungsrechts,* 2 vols., 5.ª ed., Viena, 1953-54.
AGO, Roberto — *Considerazioni su alcuni sviluppi dell'organizzazione internazionale,* in *CI* 1952, 527 ss.
AGUILAR NAVARRO, Mariano — *Algunas consideraciones sobre el Derecho Constitucional Internacional,* in *Anales de la Universidad Hispalense,* 1957-58, 13 ss.
— *Integración europea y competencia domestica,* in *AHLADI* 1973, 107 ss.
AKEHURST, Michael — *A modern introduction to International Law,* 3.ª ed., Londres, 1977.
— *Withdrawal from International Organizations,* in *CLP* 1979, 143 ss.
AKZIN, Benjamin — *Les sujets du droit international,* in *RDI* 1929, 451 ss.
ALBUQUERQUE MELLO, Celso de — *Curso de Direito Internacional Público,* 6.ª ed., 2 vols., Rio de Janeiro, 1979.
ALDER, Claudius — *Koordination und Integration als Rechtsprinzipien,* Bruges, 1969.
ALESSI, Renato — *Principi di diritto amministrativo,* 2 vols., Milão, 1966.
— *Sistema istituzionale del diritto amministrativo italiano,* 3.ª ed., Milão, 1960.
ALLEN, Florence — *The treaty as an instrument of legislation,* Nova Iorque, 1952.
ALTING VON GEUSAU, Frans — *The External Representation of Plural Interests,* in *JCMS* 1967, 426 ss.
ALVAREZ, Alejandro — *Le Droit International nouveau,* Paris, 1959.
ANZILOTTI, Dionisio — *Corso di diritto internazionale,* 3.ª ed., Roma, 1928.
ARANGIO-RUIZ, Gaetano — *The United Nations Declaration on friendly relations and the system of the sources of International Law,* Alphen a.d. Rijn, 1979.
ARAVENA JIMENEZ, Adda — *El Tratado de Roma frente al Derecho Publico,* Santiago de Chile, 1968.
ARON, Raymond e MARC, Alexandre — *Les principes du fédéralisme,* Paris, 1948.
AUBY, J.-M. e DRAGO, R. — *Traité de contentieux administratif,* 2 tomos, 2.ª ed., Paris, 1975.

BADURA, Peter — *Bewahrung und Veränderung demokratischer und rechtsstaatlicher Verfassungsstruktur in den internationalen Gemeinschaften*, in *VVDStRL* 23 (1966), 34 ss.

BALEKJIAN, Wahé — *Die Relevanz des Europarechts für die Weiterentwicklung des Völkerrechts*, in *Festschrift Verdross 1980*, 345 ss.

BALLADORE PALLIERI, Giorgio — *Diritto internazionale pubblico*, 8.ª ed., Milão, 1962.

— *Le Comunità Europee e gli ordinamenti interni degli Stati membri*, in *DI* 1961, 3 ss.

— *Le droit interne des organisations internationales*, in *RC* 1969-II, 1 ss.

— *Les pouvoirs des organisations économiques européennes à l'intérieur des États membres*, in *ZaöRV* 1963, 473 ss.

BARAV, Ami — *Imbroglio préjudiciel*, in *RTDE* 1982, 431 ss.

BARSOTTI, Roberto — *In tema di amministrazione diretta di territori non autonomi da parte dell'ONU: il caso della Namibia*, in *CS* 1980, 33 ss.

BASTID, Suzanne — *Cours de Droit International Public*, Paris, 1977.

— *Droit International Public — Le Droit des Organisations Internationales*, Paris, 1970.

— *Problèmes juridiques posés par les organisations internationales*, Paris, 1972.

BAUMGARTNER, Dirk — *Institutionelle Aspekte des AKP-EWG-Abkommens von Lomé*, in *EuR* 1978, 105 ss.

BEBR, Gerhard — *Agreements concluded by the Community and their possible Direct Effect: from International Fruit Company to Kupferberg*, in *CMLRev.* 1983, 35 ss.

— *Development of Judicial Control of the European Communities*, Haia, 1981.

— *Les dispositions de Droit Communautaire directement applicables*, in *CDE* 1970, 3 ss.

— *Les recours en annulation et en carence*, in *Les novelles*, 309 ss.

— *The development of a Community Law by the Court of the European Coal and Steel Community*, in *MLR* 1957-58, 845 ss.

BECHER, Karl — *Völkerrechtliche Aspekte einer «Neuen internationalen Wirtschaftsordnung»*, in *DAP* 1978, 66 ss.

BELLANGER, François — *Contribution a l'étude de la nature juridique des «Accords de Luxembourg» du 29 janvier 1966*, in *NedTIR* 1968, 179 ss.

BENEDEK, Wolfgang — *Entwicklungsvölkerrecht — neuer Bereich oder neue Perspektive (Gestaltwandel) im Völkerrecht?*, Graz, 1979.

BERBER, Friedrich — *Lehrbuch des Völkerrechts*, 3 vols., 2.ª ed., Munique 1969-1977.

BERNHARDT, Rudolf — *Das Recht der europäischen Gemeinschaften zwischen Völkerrecht und staatlichem Recht*, in *Festschrift Bindschedler*, 229 ss.

— *Der Abschluss völkerrechtlicher Verträge im Bundesstaat*, Colónia, 1957.

— *Der Schutz der Menschenrechte im Völkerrecht*, in *Max-Planck-Gesellschaft Jahrbuch* 1982, 67 ss.

— *Die Auslegung völkerrechtlicher Verträge, insbesonderes in der neueren Rechtsprechung internationaler Gerichte*, Colónia, 1963.

— *Les sources du Droit Communautaire: la «Constitution» de la Communauté*, in *30 ans*, 73 ss.
— *Qualifikation und Anwendungsbereich des internen Rechts internationaler Organisationen*, in Rudolf Bernhardt e Herbert Miehsler, *Qualifikation und Auwendungsbereich des internen Rechts internationaler Organisationen*, Karlsruhe, 1973, 7 ss.
— *Zur Auslegung des europäischen Gemeinschaftsrechts*, in *Festschrift Kutscher*, 17 ss.

BINDSCHEDLER, Rudolf — *Betrachtungen über die Souveränität*, in *Études Guggenheim*, 167 ss.
— *Internationale Organisationen*, in *Dicionário Strupp-Schlochauer*, t. II, 70 ss.
— *Rechtsfragen der europäischen Einigung*, Basel, 1954.

BINDSCHEDLER-ROBERT, Denise — *La Cour européenne des Droits de l'Homme devant le droit interne*, in *Festschrift Bindschedler*, 597 ss.

BISHOP, William — *General Course of Public International Law*, in *RC* 1965, 147 ss.

BJŒL, Erling — *Le Danemark et la Communauté européenne*, in *RIntegrE* 1978, 25 ss.

BLECKMANN, Albert — *Begriff und Kriterien der innerstaatlichen Anwendbarkeit völkerrechtlicher Verträge*, Berlim, 1970.
— *Der gemischte Vertrag im Europarecht*, in *EuR* 1976, 301 ss.
— *Die Einheit der Europäischen Gemeinschaftsrechtsordnung. Einheit oder Mehrheit der Europäischen Gemeinschaften?*, in *EuR* 1978, 95 ss.
— *Die Kompetenz der europäischen Gemeinschaft zum Abschluss völkerrechtlicher Verträge*, in *EuR* 1977, 109 ss.
— *Die Position des Völkerrechts im inneren Rechtsraum der europäischen Gemeinschaften*, in *JIR* 1975, 300 ss.
— *Die Rechtsnatur des europäischen Gemeinschaftsrechts*, in *DöV* 1978, 391 ss.
— *Europarecht*, 3.ª ed., Colónia, 1980.
— *Grundgesetz und Völkerrecht*, Berlim, 1975.
— *Grundprobleme und Methoden des Völkerrechts*, Munique, 1982.
— *L'applicabilité directe du Droit Communautaire*, in *Colóquio Bruxelas*, 85 ss.
— *Teleologie und dynamische Auslegung des europäischen Gemeinschaftsrechts*, in *EuR* 1979, 239 ss.
— *Zu den Auslegungsmethoden des Europäischen Gerichtshofs*, in *NJW* 1982, 1177 ss.

BLISCHTSCHENKO, Igor — *Souveränität, Integration und die Grundprinzipien der UNO-Charta*, in *VN* 1976, 83 ss.

BLUMANN, Claude — *Le Conseil Européen*, in *RTDE* 1976, 1 ss.

BÖCKSTIEGEL, K.-H. — *Der Staat als Vertragspartner ausländischer Privatunternehmen*, Francoforte, 1971.

BÖRNER, Bodo — *Die Produkthaftung oder das vergessene Gemeinschaftsrecht*, in *Festschrift Kutscher*, 43 ss.

BOSSUYT, Marc — *The direct applicability of international instruments on Human Rights (with special reference to Belgian and U.S. law)*, in *Colóquio Antuérpia*, 79 ss.

BOT, Bernard — *Negotiating Community Agreements: Procedure and Practice*, in *CMLRev* 1970, 286 ss.

BOTHE, Michael — *Die Kompetenzstruktur des modernen Bundesstaates in rechtsvergleichender Sicht*, Berlim, 1977.

— *Die Stellung der europäischen Gemeinschaften im Völkerrecht*, in *ZaöRV* 1977, 121 ss.

BOULOUIS, J. e CHEVALLIER, R.-M. — *Grands arrêts de la Cour de Justice des Communautés Européennes*, t. I, 2.ª ed., Paris, 1978.

BOURGEOIS, J. — *Le GATT et le Traité CEE*, publicação do Serviço Jurídico da Comissão das Comunidades Europeias, JUR/418/75-F, Bruxelas, 1975 (o texto deste estudo foi-nos amavelmente cedido pelo Autor).

BOURQUIN, Maurice — *Pouvoir Scientifique et Droit International*, in *RC* 1947, 331 ss.

BOUZA VIDAL, N. — *Significado y alcance de la armonizacion de legislaciones en la CEE*, in *RIE* 1981, 397 ss.

BOWETT, D. — *The Law of International Institutions*, 4.ª ed., Londres, 1982.

BREDIMAS, Anna — *Methods of Interpretation and Community Law*, Amesterdão, 1978.

BRIDGE, John — *National Legal Tradition and Community Law: Legislative Drafting and Judicial Interpretation in England and the European Community*, in *JCMS* 1981, 351 ss.

BRIERLY, J. L. — *The Law of Nations*, 6.ª ed., Oxford, 1963.

BRIGGS, Herbert — *Unilateral Denunciation of Treaties. The Vienna Convention and the International Court of Justice*, in *AJIL* 1974, 51 ss.

BRINKHORST, L. J. — *European Law as a Legal Reality*, in L. J. Brinkhorst e J. D. B. Mitchell (eds.), *European Law and Institutions*, Edimburgo, 1970, 7 ss.

BRINKHORST, L. J. e SCHERMERS, H. G. — *Judicial Remedies in the European Communities*, 2.ª ed., Deventer, 1977.

BROWNLIE, Ian — *Principles of Public International Law*, 3.ª ed., Oxford, 1979.

BRUNS, Viktor — *Das Völkerrecht als Rechtsordnung*, Parte I, in *ZaöRV* 1929, 1 ss., e Parte II, in *ZaöRV* 1933, 445 ss.

BÜLCK, Hartwig — *Internationale Verwaltungsgemeinschaften*, in *Dicionário Strupp-Schlochauer*, t. III, 564 ss.

BURBAN, Jean-Louis e GINESTET, Pierre — *Le Parlement Européen*, 4.ª ed., Paris, 1981.

BURDEAU, Georges — *Traité de Science Politique*, t. II, 2.ª ed., Paris, 1967.

CAETANO, Marcello — *Manual de Ciência Política e Direito Constitucional*, t. I, 6.ª edição, Coimbra, 1970.

CAETANO, Marcello e FREITAS DO AMARAL, Diogo — *Manual de Direito Administrativo*, t. I, 10.ª ed., t. II, 9.ª ed., Coimbra, 1972-1973.

CAHIER, Philippe — *Le droit interne des organisations internationales*, in *RGDIP* 1963, 563 ss.

— *Les articles 169 et 171 du Traité CEE à travers la pratique de la Commission et la jurisprudence de la Cour*, in *CDE* 1974, 3 ss.

CALOGEROPOULOS-STRATIS, S. — *La nature juridique des institutions européennes*, in *Mélanges Séfériadès*, 335 ss.

CALUS, Andrzej — *Rechtspersönlichkeit der europäischen Gemeinschaften*, Sarre, 1960.

CAMPBELL, Alan — *Common Market Law*, 3 vols., Londres, 1970-1973.

CANSACCHI, Giorgio — *Les éléments fédéraux de la Communauté Économique Européenne*, in *Mélanges Gilbert Gidel*, 91 ss.

CAPPELLETTI, Mauro (ed.) — *New Perspectives for a Common Law of Europe*, Leyden, 1978.

CAPPELLI, Fausto — *Réglementation communautaire et réglementation du GATT*, in *RMC* 1977, 27 ss.

CARREAU, Dominique — *Droit communautaire et droits nationaux: concurrence ou primauté?*, in *RTDE* 1978, 381 ss.

CARREAU, Dominique e o. — *Droit international économique*, 2.ª ed., Paris, 1980.

CARRÉ DE MALBERG, R. — *Contribution à la théorie générale de l'État*, Paris, 1921.

CARRILLO SALCEDO, Juan — *Soberania del Estado y Derecho Internacional*, 2.ª ed., Madrid, 1976.

CARSTENS, Karl — *Das Politische Element in den europäischen Gemeinschaften*, in *Festschrift Hallstein*, 96 ss.

— *Die kleine Revision des EGKS-Vertrages*, in *ZaöRV* 1961, 1 ss.

— *Von der europäischen Wirtschaftsgemeinschaft zur europäischen Rechtsgemeinschaft*, in *NJW* 1978, 1723 ss.

CARTOU, Louis — *Communautés Européennes*, 6.ª ed., Paris, 1979.

— *La Cour de Justice des Communautés Européennes et le Droit Communautaire*, in *Mélanges M. Waline*, t. I, 163 ss.

— *Le Marché Commun et le droit public*, Paris, 1959.

CASSIN, René — *Les droits de l'homme*, in *RC* 1974-IV, 321 ss.

CASTEL, J.-G. — *International Law*, 3.ª ed., Toronto, 1976.

CATALANO, Nicola — *La Comunità economica europea e l'Euratom*, 2.ª ed., Milão, 1959.

— *Les sources du droit de la CECA*, in *Congresso Stresa*, 165 ss.

— *Manuale di Diritto delle Comunità Europee*, 2.ª ed., Milão, 1965.

CAVARÉ, Louis — *Le droit international public positif*, 2 vols., 3.ª ed., Paris, 1967-1969.

CAVIEDES, António — *Consideracion historica del Derecho Internacional*, in *Estudios Luna*, 397 ss.

CEREXHE, Étienne — *A problemática institucional sob a perspectiva do alargamento*, in *PE* n.º 2, 15 ss.

— *Implicações institucionais do alargamento das Comunidades Europeias*, in *Conferência Inteuropa*, 119 ss.

— *La problématique institutionelle des Communautés*, in *RMC* 1980, 282 ss.

— *Le Droit Européen*, 2 vols., Lovaina, 1979 (a não indicação do volume significa que nos estamos a referir ao vol. I).

— *Les institutions communautaires dans les années quatre-vingt*, in *JT* 1982, 248 ss.
— *Los aspectos jurídico-económicos de la integración europea*, in *DerI* 1974, 85 ss.
— *Nouvelles perspectives de l'intégration latino-américaine*, Lovaina, 1980.
— *Rapport sur l'avenir institutionnel des Communautés européennes dans la perspective d'un élargissement*, Bruxelas, 1982.
CERVATI, Angelo — *Legge di delegazione e legge delegata*, in *Enciclopedia del diritto*, t. XXIII, 939 ss.
CHARPENTIER, Jean — *La coopération politique entre les États membres des Communautés Européennes*, in *AFDI* 1979, 753 ss.
CHAUMONT, Charles — *La signification du principe de spécialité des organisations internationales*, in *Mélanges Rolin*, 55 ss.
— *Perspectives d'une théorie du service public à l'usage du droit international contemporaine*, in *Études Scelle*, t. I, 115 ss.
CHEN, Samuel — *The theory and practice of international organization*, ed. revista, Dubuque, 1979.
CHENERY, Hollis — *Restructuring the world economy*, in *FA* 1974, 242 ss.
CHOFFAT, Paul — *L'applicabilité directe de l'Accord de libre-échange du 22 juillet 1972 entre la CEE et la Confédération suisse*, Lausana, 1977.
CITARELLA, Luigi — *Il diritto internazionale nell'ordinamento comunitario*, in *Studi Riccardo Monaco*, 123 ss.
CLEMENS, Adrian — *Der europäische Beamte und sein Disziplinarrecht*, Leyden, 1962.
COING, Helmut — *Gemeines Recht und Gemeinschaftsrecht in Europa*, in *Festschrift Hallstein*, 116 ss.
COING, Helmut e o. — *Textsammlung des übernationalen und internationalen Rechts*, Francoforte, ed. bilingue (alemão-francês), 1954.
COLLIARD, Claude-Albert — *Droit administratif européen*, 3.ª ed., Paris, 1968.
— *Le juge administratif français et le Droit Communautaire*, in *Mélanges M. Waline*, 187 ss.
— *Institutions internationales*, 2.ª ed., Paris, 1963.
— *Les organisations internationales*, Paris, 1976.
— *Organisations européennes*, Paris, 1967.
COLZI, Giorgio — *Delegazione amministrativa*, in *NvssDI*, t. V, 351 ss.
CONFORTI, Benedetto — *Appunti delle lezioni di diritto internazionale*, Nápoles, 1978.
— *Le Nazioni Unite*, Pádua, 1979.
— *Sulla natura giuridica delle Comunità Europee*, in *Scritti Raselli*, 563 ss.
CONSTANTINESCO, Léontin — *Contribution au problème des rapports entre l'ordre juridique de la Communauté et l'ordre juridique interne des États membres*, in *Congresso Stresa*, 211 ss.
— *Das Recht der Europäischen Gemeinschaften*, t. I, Baden-Baden, 1977.
— *Die Eigentümlichkeiten des Europäischen Gemeinschaftsrechts*, in *JuS* 1965, 289 ss. e 340 ss.
— *Fédéralisme-constitutionalisme ou fonctionnalisme?*, in *Mélanges Dehousse*, t. II, 19 ss.
— *L'applicabilité directe du droit de la CEE*, Paris, 1970.

— *La constitution économique de la CEE*, in *RTDE* 1977, 244 ss.
— *La nature juridique des Communautés Européennes*, in *AFDL* 1979, 151 ss.
— *La spécificité du droit communautaire*, in *RTDE* 1966, 1 ss.
CONSTANTINESCO, Vlad — *Note sur l'arrêt 22/70 de la Cour de Justice des Communautés européennes*, in *CDE* 1971, 796 ss.
CONSTANTOPOULOS, Dimitri — *Deux notions fondamentales de la souveraineté*, in *Festschrift Spiropoulos*, 89 ss.
COSTONIS, John — *The Treaty-making Power of the European Economic Community: the Perspective of a Decade*, in *CMLRev.* 1967-68, 421 ss.
COX, Robert — *Ideologies and the New International Economic Order*, in *IO* 1979, 257 ss.
CUSIMANO, Franco — *L'evoluzione del Diritto Internazionale e la C.E.E.*, in *Studi Riccardo Monaco*, 205 ss.
DÄUBLER, Wolfgang — *Die Klage der EWG-Kommission gegen einen Mitgliedstaat*, in *NJW* 1968, 325 ss.
DAGTOLOU, Prodromos — *Recht auf Rücktritt von den Römischen Verträgen?*, in *Festschrift Forsthoff*, 77 ss.
DAHM, Georg — *Völkerrecht*, 3 vols., Estugarda, 1958-1961.
DAIG, H.-W. — *Auslegung und Anwendung von Art. 177 EWG-Vertrag durch den Gerichtshof der europäischen Gemeinschaften*, in *Festschrift Kutscher*, 79 ss.
DASHWOOD, Alan — *The Principle of Direct Effect in European Community Law*, in *JCMS* 1978, 229 ss.
DAVID, R. e BRIERLEY, J. — *Major Legal Systems in the World Today*, Londres, 2.ª ed., 1978.
DEGAN, V. — *Procédés d'interprétation tirés de la jurisprudence de la Cour de Justice des Communautés Européennes*, in *RIDE* 1966, 189 ss.
DE LAPRADELLE, Paul — *Les principes généraux du Droit International*, Paris, 1930.
DELPÉRÉE, Francis — *Droit Constitutionnel*, t. I, Bruxelas, 1980.
DELVAUX, Paul — *Les fondements philosophiques du fédéralisme chez Pierre-Joseph Proudhon*, in *APD* 1979, 307 ss.
DEL VECCHIO, Angela — *Sull'incidenza della normativa comunitaria sui trattati in materia di pesca fra Stati membri della CEE e Stati terzi*, in *RivDI* 1982, 571 ss.
DEL VECCHIO, G. — *Il diritto naturale come fondamento di una società del genere umano*, in *RSPI* 1953, 382 ss.
DE RICHEMONT, Jean — *L'intégration du Droit Communautaire dans l'ordre juridique interne*, Paris, 1975.
DE THOMASIS, Giacinto — *I rapporti fra il Consiglio di Ministri delle Comunità Europee e il Parlamento Europeo*, in *DCSI* 1978, 385 ss.
DE VALK, W. — *La signification de l'intégration européenne pour le developpement du Droit International moderne*, Leyden, 1962.
DE VISSCHER, Charles — *Les droits fondamentaux de l'homme, base d'une restauration du Droit International*, in *AIDI* 1947, 1 ss. e 152 ss.
— *Théories et Réalités en Droit International Public*, 3.ª ed., Paris, 1960.

De Visscher, Paul — *La CECA et les États Membres,* in *Congresso Stresa,* vol. II, 7 ss.

— *Les tendances internationales des constitutions modernes,* in *RC* 1952-I, 512 ss.

Dewost, Jean — *Les relations entre le Conseil et la Commission dans le processus de décision communautaire,* in *RMC* 1980, 289 ss.

Diebold, William — *The Schuman Plan,* Nova Iorque, 1959.

Diez de Velasco, Manuel — *Instituciones de Derecho Internacional Público,* 2 ts., Madrid, 1973-1977.

Di Stefano, Mario — *Europa: confederazione o federazione,* in *RSPI* 1963, 521 ss.

Dominicé, Christian — *Observations sur la définition du droit des gens,* in *Festschrift Bindschedler,* 71 ss.

Donner, André — *Les rapports entre la compétence de la Cour de Justice des Communautés européennes et les tribunaux internes,* in *RC* 1965, 1 ss.

Douin, Claude-Sophie — *Le fédéralisme autrichien,* Paris, 1977.

Dreyfus, Simone — *Droit des relations internationales,* 2.ª ed., Paris, 1981.

Ducci, Roberto — *Sviluppo dell'integrazione politica europea,* in *RSPI* 1963, 171 ss.

Duez, Paul e Debeyre, Guy — *Traité de droit administratif,* Paris, 1952.

Duff, A. — *The report of the Three Wise Men,* in *JCMS* 1981, 237 ss.

Duguit, Léon — *Manuel de droit constitutionnel,* 4.ª ed., Paris, 1923.

Dumon, F. — *La formation des règles de droit dans les Communautés Européennes,* Bruxelas, 1971.

— *La notion de «disposition directement applicable» en droit européen,* in *CDE* 1968, 369 ss.

Dupuy, René-Jean (ed.) — *Le droit au développement au plan international,* Actas do Colóquio organizado em Haia, de 16 a 18-10-79, pela Academia de Direito Internacional, in *RC* 1979.

Dupuy, René-Jean — *Le droit des relations entre les organisations internationales,* in *RC* 1960-II, 461 ss.

— *Organisation internationale et volonté générale,* in *RGDIP* 1957, 551 ss.

Durand, Charles — *L'État fédéral en droit positif,* in Gaston Berger e o., *Le fédéralisme,* Paris, 1956.

Eagleton, Clyde — *International Organization and the Law of Responsability,* in *RC* 1950-I, 319 ss.

Easson, A. — *The «direct effect» of EEC directives,* in *ICLQ* 1979, 319 ss.

Economides, Constantin — *Nature juridique des actes des organisations internationales et leurs effets en droit interne,* in *RHDI* 1970, 225 ss.

Ehlermann, Claus-Dieter — *Das Parlament muss berechenbar sein. Zum Verhältnis von Komission und europäischem Parlament,* in *ZParl* 1982, 185 ss.

— *Das schwierige Geschäft der Kommission,* in *EuR* 1981, 335 ss.

— *Problèmes institutionnels actuels de la Communauté,* in *CDE* 1972, 255 ss.

Eisenmann, Charles — *Cours de droit administratif,* 2 ts., Paris, 1982-1983.

El Erian, Abdullah — *The legal organization of international society,* in *Manual Sœrensen,* 55 ss.

ELLES, Neil — *Community Law trough the cases,* Londres, 1973.
ERADES, L. — *International Law, European Community Law and Municipal Law of Member States,* in *ICLQ* 1966, 117 ss.
ERICHSEN, Hans-Uwe e MARTENS, Wolfgang — *Das Verwaltungshandeln,* in Peter Badura e o., *Allgemeines Verwaltungsrecht,* 4.ª ed., Berlim, 1979, 119 ss.
ERLER, Georg — *Das Grundgesetz und die öffentliche Gewalt internationaler Staatengemeinschaften,* in *VVDStRL* 1960, 1 ss.
— *Die Krise Europäischen Gemeinschaften — Europäischer Bundesstaat oder Europa der Vaterländer?,* Göttingen, 1966.
— *Grundprobleme des internationalen Wirtschaftsrechts,* Berlim, 1956.
ERMACORA, Félix — *La Constitution Autrichienne,* in *Corpus Constitutionnel,* t. I, fasc. 2, Leyden, 1970, 431 ss.
ESTEVES DE OLIVEIRA, Mário — *Direito Administrativo,* vol. I, Coimbra, 1980.
EVANS, A. — *Self-Executing Treaties in the USA,* in *BYIL* 1953, 178 ss.
EVERLING, Ulrich — *Das europäische Gemeinschaftsrecht im Spannungsfeld von Politik undWirtschaft,* in *Festschrift Kutscher,* 155 ss.
— *Possibilities and limits of European integration,* in *JCMS* 1980, 217 ss.
— *Sind die Mitgliedstaaten der Europäischen Gemeinschaft noch Herren der Verträge?,* in *Festschrift Mosler,* 173 ss.
— *Struktur und Funktionieren der erweiterten Gemeinschaft,* in *EuR* 1978, 1 ss.
— *Von Zweckverband zur Europäische Union — Überlegungen zur Struktur der Europäischen Gemeinschaft,* in *Festschrift Ipsen,* 604 ss.
EYSINGA, W. van — *La Commission Centrale pour la Navigation sur le Rhin,* Leyden, 1935.
FAUCHILLE, Paul — *Traité de Droit International Public,* 2 ts., 8.ª ed., Paris, 1921-1926.
FAWCETT, James — *The Law of Nations,* Londres, 1968.
FELD, Werner — *The competence of the European Communities for the conduct of external relations,* in *TLR* 1964-65, 891 ss.
FEUER, Guy — *Réflexions sur la Charte des droits et dévoirs économiques des États,* in *RGDIP* 1975, 273 ss.
FICKER, Hans Claudius — *Bemerkungen zur Rechtsangleichung in der Europäischen Gemeinschaft,* in *Festschrift Aubin,* 58 ss.
FLAESCH-MOUGIN, Catherine — *Les accords externes de la CEE,* Bruxelas, 1979.
FLORY, Maurice — *Droit international du développement,* Paris, 1977.
FOCSANEANU, Lazar — *Le droit interne de l'ONU,* in *AFDI* 1957, 315 ss.
FORSTHOFF, Ernst — *Lehrbuch des Verwaltungsrechts,* 10.ª ed., Munique, 1973.
FRANCHINI, F. — *La delegazione amministrativa,* Milão, 1950.
FREESTONE, David — *The European Court of Justice,* in Juliet Lodge (ed.), *Institutions and Policies of the European Community,* Londres, 1983, 43 ss.
FREITAS DO AMARAL, Diogo — *Direito Administrativo,* Lições aos alunos do curso de Direito, 3 vols., Lisboa, 1983-84.

FRIEDMANN, Wolfgang — *Droit de coexistence et droit de coopération. Quelques observations sur la structure changeante du droit international*, in *RBDI* 1970, 1 ss.
— *General Course in Public International Law*, *RC* 1969-II, 39 ss.
— *Some Impacts of Social Organization on International Law*, in *AJIL* 1956, 475 ss.
— *The Changing Structure of International Law*, Londres, 1964.
FRITSCH, Bruno — *Weltwirtschaft im Spannungsfeld machtpolitischer Realitäten*, in *EA* 1979, 357 ss.
GANSHOF VAN DER MEERSCH, W. J. — *Aspects de la mise en oeuvre d'une sauvegarde collective des droits de l'homme en droit international — la Convention Européenne*, in *Mélanges Déhousse*, t. I, 193 ss.
— *La règle d'application directe*, in *Colóquio Antuérpia*, 107 ss.
— *Le droit communautaire et ses rapports avec les droits des États membres*, in *Les novelles*, 41 ss.
— *Le juge belge et le Droit International*, in *RBDI* 1970, 409 ss.
— *L'ordre juridique des Communautés Européennes et le Droit International*, in *RC* 1975, 1 ss.
— *Les relations extérieures de la C.E.E. dans le domaine des politiques communes*, in *CDE* 1972, 127 ss.
— *Organisations européennes*, t. I, Bruxelas, 1966.
GARCIA-AMADOR, Francisco — *The Andean Legal Order — A new Community Law*, Nova Iorque, 1978.
GARCIA DE ENTERRÍA, Eduardo e FERNÁNDEZ, Tomás-Ramón — *Curso de Derecho Administrativo*, 2 ts., 2.ª ed., Madrid, 1981.
GAUDENZI, Sandro — *La C.E.E. come ente di Governo*, Milão, 1972.
GAUDET, Michel — *El juez nacional y la Comunidad Europea*, in *DerI* 1970-6, 56 ss.
— *La coopération judiciaire, instrument d'édification de l'ordre juridique communautaire*, in *Festschrift Hallstein*, 202 ss.
GAULAND, Alexander — *Noch einmal: Die Beendigung der Mitgliedschaft in der Europäischen Gemeinschaft*, in *NJW* 1974, 1034 ss.
GAUTRON, Jean-Claude — *Droit européen*, 3.ª ed., Paris, 1983.
GAZZO, Emanuele — *La Commission des Communautés européennes et l'élargissement de l'Europe*, 1974.
GENSCHER, Hans-Dietrich — *Europas Rolle in der Weltpolitik*, in *EA* 4-82, 85 ss.
GENZER, W. — *Die Satzung der Europäischen Gemeinschaft*, in *EA* 1953, 5653 ss.
GEORGIADOU, Anna — *L'ordre juridique communautaire en tant qu'ordre juridique autonome*, in *RAlg* 1975, 589 ss.
GIANNINI, Massimo — *Diritto amministrativo*, t. I, Milão, 1970.
GIARDINA, Andrea — *Comunità-organizzazione e collettività degli Stati membri*, in *Scritti Raselli*, 767 ss.
GIRAUD, Emile — *La modification et terminaison des traités collectifs*, in *AIDI* 1961, 69 ss.
— *Le droit international public et la politique*, in *RC* 1963, 419 ss.
GIULIANO, Mario — *Diritto internazionale*, Milão, 1971.

GONÇALVES PEREIRA, André — *Curso de Direito Internacional Público*, 2.ª ed., Lisboa, 1970.
— *Da delegação de poderes em Direito Administrativo*, Coimbra, 1960.
— *Novas considerações sobre a relevância do Direito Internacional na ordem interna portuguesa*, Lisboa, 1969.
GOODRICH, Leland — *The United Nations in a Changing World*, Nova Iorque, 1974.
GORLA, Gino — *Diritto comparato e diritto comune europeo*, Milão, 1981.
GRABITZ, Eberhard — *Gemeinschaftsrecht bricht nationales Recht*, Hamburgo, 1966.
GREIG, D. W. — *International Law*, 2.ª ed., Londres, 1976.
GREWE-LEYMARIE, Constance — *Bilan et perspectives du fédéralisme*, in *Pouvoirs* 1982, 29 ss.
GREWLICH, Klaus — *Transnationale Unternehmen im Völkerrecht der Kooperation*, in *RIW* 1981, 353 ss.
GROUX, Jean — *L'«invocabilité en justice» des accords internationaux des Communautés Européennes*, in *RTDE* 1983, 203 ss.
GUGGENHEIM, Paul — *Droit international général et Droit public européen*, in *SJIR* 1961, 9 ss.
— *La souveraineté dans l'Histoire du Droit des Gens*, in *Mélanges Rolin*, 134 ss.
— *Les principes de Droit International Public*, in *RC* 1952-I, 1 ss.
— *Organisations économiques supranationales et États souverains*, in *CI* 1963, 183 ss.
— *Traité de droit international public*, t. I, 2.ª ed., 1967, e t. II, 1954, Genebra.
GUGGENHEIM, Paul e MAREK, Krystina — *Völkerrechtliche Verträge*, in *Dicionário Strupp-Schlochauer*, t. III, 528 ss.
GUZEK, Marian — *Economic Integration and State Sovereignty*, in *SIA* 1977, 106 ss.
HAAS, Ernst — *The Uniting of Europe*, Londres, 1958.
HACKER, Richard — *The Direct Effect of Community Law*, in *NLJ* 1979, 43 ss.
HAHN, Hugo — *Constitutional limitations in the Law of the European Organizations*, in *RC* 1963-I, 195 ss.
HALLIER, Hans-Joachim — *Die Vertragschliessungsbefugnis der Europäischen Gemeinschaft für Kohle und Stahl*, in *ZaöRV* 1956-57, 428 ss.
HALLSTEIN, Walter — *Der unvollendete Bundesstaat*, Düsseldorf, 1969.
— *Die echten Probleme der europäischen Integration*, Kiel, 1965.
— *Die Einheit der Europäischen Aktion*, in Walter Hallstein, *Europäischen Reden*, Estugarda, 1979, 487 ss.
— *Die Europäische Gemeinschaft*, 1.ª ed., Düsseldorf, 1973.
— *Die EWG-eine Rechtsgemeinschaft*, in Walter Hallstein, *Europäischen Reden*, Estugarda, 1979, 341 ss.
— *La Comunidad Europea: Nuevo Orden Jurídico*, in *Instrumentos Relativos a la Integración Europea*, ed. pelo Instituto Interamericano de Estudios Jurídicos Internacionales, Washington, 1965, 255 ss.

— *Wirtschaftliche Integration als Faktor politischer Einigung,* in *Festgabe Müller-Armack,* 274 ss.

HARDING, C. — *The European Communities and control of criminal business activities,* in *ICLQ* 1982, 246 ss.

HARTLEY, T. — *The Foundations of European Community Law,* Oxford, 1981.

HARTMANN, Jürgen — *Die institutionelle Entwicklung; Grundlage und Perspektiven,* in *ZParl* 1982, 240 ss.

HAURIOU, Maurice — *Droit constitutionnel, théorie de l'institution et de la fondation,* Paris, 1925.

HAY, Peter — *Federal Jurisdiction of the Common Market Court,* in *AJCL* 1963, 21 ss.

— *Federalism and Supranational Organizations,* Urbana, 1966.

— *The European Common Market and the Most-Favored-Nation Clause,* in *UPLR* 1962, 661 ss.

HEFFTER, A. e GEFFCKEN, F. — *Das europäische Völkerrecht der Gegenwart,* 8.ª ed., Berlim, 1888.

HÉRAUD, Guy — *L'inter-étatique, le supra-national et le fédéral,* in *APD* 1961, 179 ss.

— *Les principes du fédéralisme et la Fédération Européenne,* Paris, 1968.

HESSE, Konrad — *Grundzüge des Verfassungsrechts der Bundesrepublik Deutschland,* 11.ª ed., Heidelberga, 1978.

HILF, Meinhard — *Die Organisationsstruktur der europäischen Gemeinschaften,* Berlim, 1982.

— *Völkerrechtliche und gemeinschaftsrechtliche Elemente des Beschlusses vom 20. September 1976 im Lichte des Souveränitätsdenkens in der EG,* in *Colóquio Sarre,* 21 ss.

HOHMANN, Harald — *Justice sociale et développement par le nouvel ordre économique international (NOEI)?,* in *RDI* 1981, 82 ss.

HORN, Norbert — *Normative Problems of a New International Economic Order,* in *JWTL* 1982, 338 ss.

HOSSAIN, Kamal — *Legal Aspects of the New International Economic Order,* Londres, 1980.

HOUBDINE, A.-M. e VERGÈS, J.-R. — *Le Parlement Européen dans la construction de l'Europe des Six,* Paris, 1966.

HUBER, Hans — *Die internationale Quasilegislative,* in *SJIR* 1971, 1 ss.

HUMMER, Waldemar — *Das «institutionelle Gleichgewicht» als Strukturdeterminante der europäischen Gemeinschaften,* in *Festschrift Verdross 1980,* 459 ss.

— *Neueste Entwicklungen im Fortschreitenden Integrationsprozess in Lateinamerika,* in *JöR* 1980, 527 ss.

HUNNINGS, Neville — *The European Communities and Public International Law,* in M. E. Bathurst e o., *Legal Problems of an Enlarged European Community,* Londres, 1972.

IGLESIAS BUIGUES, José Luis — *La nature juridique du Droit Communautaire,* in *CDE* 1968, 501 ss.

— *La nocion de supranacionalidad en las Comunidades Europeas,* in *RIE* 1974, 73 ss.

IJALAYE, David — *The Extension of Corporate Personality in International Law,* Nova Iorque, 1978.
IPSEN, Hans Peter — *Als Bundesstaat in der Gemeinschaft,* in *Festschrift Hallstein,* 248 ss.
— *Das Verhältnis des Rechts der europäischen Gemeinschaften zum nationalen Recht,* in *Aktuelle Fragen des europäischen Gemeinschaftsrechts,* tomo 29 da série *Abhandlungen aus dem gesamten Bürgerlichen Recht, Handelsrecht und Wirtschaftsrecht,* Colónia, 1975.
— *Europäisches Gemeinschaftsrecht,* Tübingen, 1972.
— *Fusionsverfassung der europäischen Gemeinschaften,* Bad Homburg, 1969.
— *Über Supranationalität,* in *Festschrift Scheuner,* 211 ss.
— *Verfassungsperspektiven der europäischen Gemeinschaften,* Berlim, 1970.
JACOT-GUILLARMOD, Olivier — *Droit Communautaire et Droit International Public,* Genebra, 1979.
JAENICKE, Günther — *Das Verhältnis zwischen Gemeinschaftsrecht und nationalem Recht in der Agrarmarktorganisation der Europäischen Wirtschaftsgemeinschaft,* in *ZaöRV* 1963, 485 ss.
— *Dispute Settlement under the Convention on the Law of the Sea,* in *ZaöRV* 1983, 813 ss.
— *Zur Frage des internationalen ordre public,* in *BDGV* 7 (1967), 77 ss.
JALLES, Maria Isabel — *Implicações jurídico-constitucionais da adesão de Portugal às Comunidades Europeias,* Lisboa, 1980.
JELLINEK, Georg — *Allgemeine Staatslehre,* 3.ª ed., reimpressão, Bad Homburg, 1960.
— *Gesetz und Verordnung,* Friburgo, 1887.
JENKS, C. Wilfred — *A new world of law — A study of the creative imagination in International Law,* Londres, 1968.
— *Co-ordination: A New Problem of International Organization. A Preliminary Survey of the Law and Practice of Inter-organizational Relationships,* in *RC* 1950-II, 157 ss.
— *Interdependence as the basic concept of contemporary international law,* in *Mélanges Rolin,* 147 ss.
— *Orthodoxy and innovation in the Law of Nations,* Londres, 1971.
— *Some Constitutional Problems of International Organizations,* in *BYIL* 1945, 11 ss.
— *The Common Law of Mankind,* Londres, 1958.
— *The proper law of international organizations,* Londres, 1962.
JERUSALEM, F. W. — *Das Recht der Montanunion,* Munique, 1954.
JESSUP, Philip — *A Modern Law of Nations,* Nova Iorque, 1950.
JIMÉNEZ DE ARECHAGA, Eduardo — *Derecho Constitucional de las Naciones Unidas,* Madrid, 1958.
— *International Law in the past third of a century,* in *RC* 1978-I, 1 ss.
JOLIET, René — *Le droit institutionnel des Communautés Européennes — le contentieux,* Liège, 1981.
— *Le droit institutionnel des Communautés Européennes — les institutions, les sources, les rapports entre ordres juridiques,* Liège, 1983.

Joutsamo, Kari — *Some aspects of the impact of the Court of Justice on Integration in the European Communities,* in *NTIR* 1981, 75 ss.

— *The role of preliminary rulings in the European Communities,* Helsínquia, 1979.

Kaiser, Joseph — *Das Europarecht in der Krise der Gemeinschaften,* in *EuR* 1966, 4 ss.

— *Grenzen der EG-Zuständigkeit,* in *EuR* 1980, 97 ss.

— *Modi der Integration,* in *Festschrift Hallstein,* 266 ss.

Kapteyn, P. — *The basis of the new international economic order,* in *NILR* 1978, 218 ss.

Kapteyn, P. e Verloren Van Themaat, P. — *Introduction to the Law of the European Communities after the accession of new member States,* Londres, 1973.

Kasme, Badr — *La capacité de l'Organisation des Nations Unies de conclure des traités,* Paris, 1960.

Kaufmann, Erich — *Règles générales du droit de la paix,* in *RC* 1935-IV, 313 ss.

Kelsen, Hans — *Das Problem der Souveränität und die Theorie des Völkerrechts,* Viena, 1920.

— *La transformation du droit international en droit interne,* in *RGDIP* 1936, 5 ss.

— *Peace through Law,* Londres, 1944.

— *Principles of International Law,* 2.ª ed., Nova Iorque, 1967.

— *Reine Rechtslehre,* 2.ª ed., Viena, 1960.

— *Souveränität,* in *Dicionário Strupp-Schlochauer,* t. III, 278 ss.

— *Teoria generale del diritto e dello stato,* Milão, 1952.

— *The Law of the United Nations,* Londres, 1950.

Kimminich, Otto — *Das Völkerrecht und die neue Weltwirtschaftsordnung,* in *AV* 1982, 2 ss.

Kluebber, J. — *Europäisches Völkerrecht,* 2.ª ed., Schaffhausen, 1851.

Knubben, Rolf — *Die Subjekte des Völkerrechts,* Estugarda, 1928.

Koller, Arnold — *Die unmittelbare Anwendbarkeit völkerrechtlicher Verträge und des EWG-Vertrages im innerstaatlichen Bereich,* Berna, 1971.

Kopelmanas, Lazare — *L'Organisation des Nations Unies,* 2 vols., Paris, 1947.

Koppensteiner, Hans — *Die Europäische Integration und das Souveränitätsproblem,* Baden-Baden, 1963.

Korowicz, Marek — *Organisations internationales et souveraineté des États membres,* Paris, 1961.

— *Some present aspects of sovereignty in International Law,* in *RC* 1961-I, 1 ss.

Kovar, Robert — *La compétence consultative de la Cour de Justice et la procédure de conclusion des accords internationaux par la Communauté économique européenne,* in *Mélanges Reuter,* 357 ss.

— *La contribution de la Cour de Justice au développement de la condition internationale de la Communauté Européenne,* in *CDE* 1978, 527 ss.

— *L'intégrité de l'effet direct du droit communautaire selon la jurisprudence de la Cour de Justice de la Communauté*, in *Gedächtnisschrift Sasse*, vol. I, 151 ss.
— *L'affaire de l'AETR devant la Cour de Justice des Communautés européennes et la compétence internationale de la C.E.E.*, in *AFDI* 1971, 386 ss.
— *Les accords liant les Communautés européennes et l'ordre juridique communautaire*, in *RMC* 1974, 347 ss.
— *Rapports entre le droit communautaire et les droits nationaux*, in *30 ans*, 115 ss.
KRANZ, Jerzy — *Le vote dans la pratique du Conseil des ministres des Communautés européennes*, in *RTDE* 1982, 403 ss.
KRAUS, Herbert — *Betrachtungen über die rechtliche Natur der EGKS*, in *Festschrift Smend*, 189 ss.
KRÜCK, Hans — *Völkerrechtliche Verträge im Recht der Europäischen Gemeinschaften*, Berlim, 1977.
KRÜGER, Herbert — *Souveränität und Staatengemeinschaft*, in *Zum Problem der Souveränität*, in *BDGV* 1 (1957), 1 ss.
KUNZ, Josef — *Österreichischer Staatsvertrag vom 15-5-55*, in *Dicionário Strupp-Schlochauer*, t. II, 699 ss.
LABAND, Paul — *Das Staatsrecht des Deutschen Reiches*, t. II, 4.ª ed., Tübingen, 1901.
LAGRANGE, Maurice — *El poder de decisión en las Comunidades Europeas: teoría y realidad*, in *DerI* 1969-5, 51 ss.
LANGEN, Eugen — *Transnationales Recht*, Heidelberga, 1981.
LASOK, D. e BRIDGE, J. W. — *An Introduction to the Law and Institutions of the European Communities*, 2.ª ed., Londres, 1976.
LASSALLE, C. — *Aspects communautaires de certains actes du droit international*, in *RGDIP* 1969, 987 ss.
LAUBADÈRE, André de — *Les actes administratifs*, in *Dix ans de la jurisprudence de la Cour de Justice des Communautés Européennes*, Bruxelas, 1965.
— *Traité de droit administratif*, 4 vols., 3.ª a 7.ª eds., Paris, 1975-1978.
— *Traits généraux du contentieux administratif des Communautés Européennes*, in *RC* 1964, 561 ss.
LAUTERPACHT, Hersch — *Restrictive interpretation and the principle of effectiveness in the interpretation of treaties*, in *BYIL* 1949, 70 ss.
— *The Subjects of the Law of Nations*, in *LQR* 1947, 438 ss.
LAUWAARS, R. — *Art. 235 als Grundlage für die flankierenden Politiken im Rahmen der Wirtschafts- und Währungsunion*, in *EuR* 1976, 100 ss.
— *Lawfulness and legal force of Community decisions*, Leyden, 1973.
LECHELER, Helmut — *«Supranationalität» der Europäischen Gemeinschaften — Rechtliche Beschreibung oder unverbindliche Leerformel?*, in *JuS* 1974, 7 ss.
LECOURT, Robert — *Le rôle de la Cour de Justice dans le développement des Communautés*, in *Ann. Eur.* 1976, 19 ss.
LE FUR, Louis — *État fédéral et confédération d'États*, Paris, 1896.

LEIBHOLZ, Gerhard — *Zum Begriff der Supranationalität,* in *Études Guggenheim,* 814 ss.

LEJEUNE, Yves — *Les Communautés et les régions belges dans les relations internationales,* in *RBDI* 1981-1982, 53 ss.

LESGUILLONS, Henry — *L'application d'un traité-fondation: le traité instituant la CEE,* Paris, 1968.

LETOURNEUR, Maxime — *Le Tribunal Administratif de l'Organisation Internationale du Travail — Quelques aspects de sa jurisprudence,* in *Mélanges M. Waline,* 203 ss.

LEVI, Lucio — *I progetti di riforma delle istituzioni comunitarie,* in *Il Federalista* 1982, 105 ss.

LIPSTEIN, K. — *The Law of the European Economic Community,* Londres, 1974.

LOCKE, John — *Two Treatises of Government,* Cambridge, 1960.

LODGE, Juliet — *The European Community — Bibliographical Excursions,* Londres, 1983.

LÖRCHER, Gino — *Der Abchluss völkerrechtlicher Verträge nach dem Recht der drei europäischen Gemeinschaften,* Bona, 1965.

LOUIS, Jean-Victor — *La contribution du pouvoir judiciaire à l'intégration de la Communauté économique européenne,* in *JT* 1982, 244 ss.

— *L'ordre juridique communautaire,* Bruxelas, 1979.

— *Les règlements de la Communauté économique européenne,* Bruxelas, 1969.

— *Quelques réflexions sur la répartion des compétences entre la Communauté Européenne et ses États membres,* in *RIntegrE* 1979, 355 ss.

LUCHAIRE, François — *Le Conseil Constitutionnel,* Paris, 1980.

LUPINACCI, Julio César — *Federalismo y organizaciones comunitarias de integración económica,* in *RUDI* 1972, 31 ss.

LUZATTO, R. — *La diretta applicabilità nel diritto communitario,* Pádua, 1980.

MAC BRIDE, Sean — *The Enforcement of the International Law of Human Rights,* in *UILR* 1981, 385 ss.

MCCULLOCH, Rachel — *Temas politicos y economicos en el Nuevo Ordem Economico Internacional,* in *ICE* 1982, 19 ss.

MC WHINNEY, Edward — *International Law antinomies of an era of transition,* in *Estudios Miaja de la Muela,* t. I, 403 ss.

— *The International Law-Making-Process and the New International Economic Order, CYIL* 1976, 57 ss.

MÁDL, Ferenc — *The Law of the European Economic Community,* Budapeste, 1978.

MAKARCZYK, Jerzy — *Le rôle du droit international dans l'instauration d'un nouvel ordre économique international,* in *GYIL* 1978, 217 ss.

MARKS, Stephen — *Emerging Human Rights: A New Generation for the 1980s?,* in *RLR* 1980, 435 ss.

MARQUES GUEDES, Armando — *Direito Internacional Público,* Lições ao curso do 4.° ano jurídico, proferidas nos anos lectivos de 1980-81 e 1981-82, Lisboa, respectivamente 1980 e 1981.

Martin-Marchesini, Gualtiero — *El derecho de la integración y la libre circulación de la mano de obra en la futura Comunidad Economica Latinoamericana,* Buenos Aires, 1973.

Mashaw, J. L. — *Ensuring the Observance of Law in the Interpretation and Application of the EEC Treaty: The Role and Functioning of the Renvoi d'Interprétation under Article 177,* in *CMLRev.* 1970, 259 ss. e 423 ss.

Matas, David — *The EEC as a model for Canada,* in *MLJ* 1980, 259 ss.

Mathijsen, Petrus — *A Guide to European Community Law,* Londres, 3.ª ed., 1980.

— *Le Droit de la Communauté Européenne du Charbon et de l'Acier,* Haia, 1958.

Mathias, Annette — *Integrationsprobleme innerhalb des europäischen Gemeinschaftsrechtes,* in *JöR* 1980, 85 ss.

Maunz, Theodor e Dürig, Günter — *Grundgesetz — Kommentar,* 2 vols., Munique, 1966 (com actualização progressiva).

Medina, Manuel — *La Comunidad Europea y sus principios constitucionales,* Madrid, 1975.

— *Las organizaciones internacionales,* Madrid, 2.ª ed., 1979.

Meessen, Karl — *Das Abkommen von Lomé als gemischter Vertrag,* in *EuR* 1980, 36 ss.

— *Der räumliche Anwendungsbereich des EWG-Kartellrechts und das allgemeine Völkerrecht,* in *EuR* 1973, 29 ss.

— *The Application of Rules of Public International Law,* in *CMLRev.* 1976, 485 ss.

— *Zur Theorie allgemeiner Rechtsgrundsätze des internationalen Rechts: Der Nachweis allgemeiner Rechtsgrundsätze des europäischen Gemeinschaftsrechts,* in *JIR* 1974, 283 ss.

Mégret, Jacques — *Conclusion, formes et effets des accords internationaux passés par la C.E.E.,* in *RMC* 1965, 19 ss.

— *La spécificité du droit communautaire,* in *RIDC* 1967, 565 ss.

Meier, Gert — *Die Beendigung der Mitgliedschaft in der europäischen Gemeinschaft,* in *NJW* 1974, 391 ss.

— *Die rechtlichen Grenzen für einen Beitritt zu den europäischen Gemeinschaften,* in *EuR* 1978, 12 ss.

— *Gemeinschaftsrecht und gemeinschaftsverbindliches Völkerrecht,* in *AWD* 1973, 376 ss.

Melchior, M. — *La procédure de conclusion des accords externes de la CEE,* in *RBDI* 1966, 187 ss.

Meng, Werner — *Das Recht der Internationalen Organisationen — eine Entwicklungsstufe des Völkerrechts,* Baden-Baden, 1979.

Mertens de Wilmars, J. — *Annulation et apréciation de validité dans le Traité CEE: convergence ou divergence?,* in *Festschrift Kutscher,* 283 ss.

— *La jurisprudence de la Cour de Justice comme instrument de l'intégration communautaire,* in *CDE* 1976, 135 ss.

— *Le rôle de la Cour de Justice dans l'évolution du droit européen,* in *JT* 1982 115 ss.

Mestmäcker, E.-J. — *Europäisches Wettbewerbsrecht,* Munique, 1974.

Meyer, G. — *Lehrbuch des deutschen Staatsrechtes,* Leipzig, 1905.

MIAJA DE LA MUELA, Adolfo — *Introducción al derecho internacional publico*, 7.ª ed., Madrid, 1979.

— *Un nuevo mundo juridico: el Derecho Comunitario Europeo*, in *Jur.* 1974, 511 ss.

MICKLINGHOFF, Frans — *L'intégration de l'Europe et le fédéralisme*, separata de *ME* 1980, n.º 2, 1 ss.

MIEHSLER, Herbert — *Qualifikation und Anwendungsbereich des internen Rechts internationaler Organisationen*, in Rudolf Bernhardt e Herbert Miehsler, *Qualifikation und Anwendungsbereich des internen Rechts internationaler Organisationen*, Karlsruhe, 1973, 47 ss.

MIELE, Giovanni — *Delega (diritto amministrativo)*, in *Enciclopedia del diritto*, t. XI, 909.

MIELE, Mario — *Diritto internazionale*, Pádua, 1972.

MIRANDA, Jorge — *Federação de Estados*, in *Verbo, Enciclopédia Luso-Brasileira de Cultura*, t. 8.º, cols. 485 ss.

— *Manual de Direito Constitucional*, 2.ª ed., 3 vols., Coimbra, 1982-1983.

MOLÈNES, Charles — *La supranationalité: sens, réalité et applications d'un concept juridique*, in *APD* 1972, 337 ss.

MOLLS, Manfred — *Observaciones europeas sobre la integración latinoamericana*, in *EI* 1980, 401 ss.

MOMMSEN, T. — *Römisches Staatsrecht*, vols. I e II, 3.ª ed., 1887, e III, 1888 (reimpressão em 1963).

MONACO, Riccardo — *CECA*, in *NovssDI*, Apendice (A-COD), 1110 ss.

— *CEE*, in *NovssDI*, Apendice (A-COD), 1116 ss.

— *Comunità Economica Europea*, in *Enciclopedia del diritto*, t. VIII, 319 ss.

— *Coordinamento tra enti internazionali*, in *RivDI* 1957, 181 ss.

— *Cours général de DIP*, in *RC* 1968-III, 93 ss.

— *Diritto delle Comunità europee e diritto interno*, Milão, 1967.

— *La méthode de l'harmonisation normative dans le Marché Commun européen*, in *Scritti di diritto europeo*, 249 ss.

— *L'adeguamento delle legislazioni nazionali nell'ambito del Mercato commune europeo*, in *Scritti di diritto europeo*, 233 ss.

— *Le caractère constitutionnel des actes institutifs d'organisations internationales*, in *Mélanges Rousseau*, 153 ss.

— *Le Comunità sopranazionali nell'ordinamento internazionale*, in *Scritti Orlando*, t. II, 67 ss.

— *Les principes d'interprétation suivis par la Cour de Justice des Communautés Européennes*, in *Mélanges Rolin*, 217 ss.

— *Les principes régissant la structure et le fonctionnement des organisations internationales*, in *RC* 1977-III, 79 ss.

— *Lineamenti di diritto pubblico europeo*, 2.ª ed., Milão, 1975.

— *Manuale di Diritto Internazionale Pubblico*, 2.ª ed., Turim, 1971.

— *Note sull'integrazione giuridica nelle Comunità Europee*, in *Scritti di diritto europeo*, 587 ss.

— *Observations sur la juridiction de la Cour de Justice des Communautés Européennes*, Paris, 1962.

— *Principes régissant les rapports entre les institutions d'organisations internationales*, in *Festschrift Wengler*, 305 ss.

— *Riflessioni sull'adeguamento dell'ordinamento italiano al diritto communitario*, in *Riv. dir. eur.* 1973, 3 ss.
— *The Limits of the European Community Order*, in *ELR* 1976, 269 ss.

MONNET, Jean — *Mémoires*, 2 vols. (ed. Fayard), Paris, 1976.

MONTANÉ DE LA ROQUE, Pierre — *Le fédéralisme de Hamilton*, in *Mélanges Couzinet*, 591 ss.

MORELLI, Gaetano — *Appunti sulla Comunità Europea del Carbone e dell'Acciaio*, in *RivDI* 1954, 3 ss.
— *Appunti sulla Comunità Europea del Carbone e dell'Acciaio*, in *Scritti Orlando*, vol. II, 93 ss.
— *Cours général de Droit International Public*, in *RC* 1956-I, 577 ss.

MOSLER, Hermann — *Der «gemeinschaftliche Ordre Public» in europäischen Gemeinschaften*, in *Estudios Luna*, 372 ss.
— *Der Vertrag über die Europäische Gemeinschaft für Kohle und Stahl*, in *ZaöRV* 1951-52, 1 ss.
— *Die Entstehung des Modells supranationaler und gewaltenteilender Staatenverbindungen in den Verhandlungen über den Schuman-Plan*, in *Festschrift Hallstein*, 355 ss.
— *Die Erweiterung des Kreises der Völkerrechtssubjekte*, in *ZaöRV* 1962, 1 ss.
— *Europarecht — ein neues Fach der Rechtswissenschaft?*, in *Miscellany Fragistas*, 419 ss.
— *The International Society as a Legal Community*, in *RC* 1974-IV, 1 ss.
— *Völkerrecht als Rechtsordnung*, in *ZaöRV* 1976, 6 ss.

MOTA CAMPOS, João — *Direito Comunitário*, vol. I, Lisboa, 1983.

MOURA RAMOS, Rui de — *A Convenção Europeia dos Direitos do Homem — sua posição face ao ordenamento jurídico português*, in *Documentação e Direito Comparado* 1981-5, 95 ss.

MOUSSÉ, Jean — *EUROCONTROL: The changes effected in the International Organisation by the instruments signed on 12 February 1981*, in *Air Law* (Holanda) 1982, 22 ss.

MÜLLER, Jörg e WILDHABER, Luzius — *Praxis des Völkerrechts*, 2.ª ed., Berna, 1982.

MÜNCH, Fritz — *Föderalismus, Völkerrecht und Gemeinschaften*, in *DöV* 1962, 649 ss.
— *Les sources du droit communautaire*, Estrasburgo, 1966.
— *Zur Systematik der Organe der EG*, in *Festschrift Schätzel*, 339 ss.

MUGERWA, Nkambo — *Subjects of International Law*, in *Manual Sœrensen*, 247 ss.

NEUMANN, L. — *Grundriss des heutigen europäischen Völkerrechts*, 2.ª ed., Viena, 1886.

NEVILLE-JONES, Pauline — *The Genscher/Colombo Proposals on European Union*, in *CMLRev.* 1983, 657 ss.

NICOLAS, Jacques — *Le Parlement élu et le processus législatif de la Communauté*, in *RMC* 1981, 491 ss.

NICOLAYSEN, Gert — *Europäisches Gemeinschaftsrecht*, Estugarda, 1979.
— *Zur Theorie von den Implied Powers in den europäischen Gemeinschaften*, in *EuR* 1966, 169 ss.

Noël, Emile — *Les rouages de l'Europe,* Paris, 1976.
O'Connell, Daniel — *International Law,* 2 vols., 2.ª ed., Londres, 1970.
Oliveira Ascensão, José de — *O Direito — Introdução e teoria geral,* 2.ª ed., Lisboa, 1980.
Olmi, G. — *Aspects institutionnels et juridiques de l'élargissement. L'impact sur les institutions et le droit des Communautés Européennes,* in W. Wallace e o., *Une Communauté à douze? L'impact du nouvel élargissement sur les Communautés Européennes,* Bruges, 1978.
— *La place de l'article 235 CEE dans le système des attributions de compétence à la Communauté,* in *Mélanges Déhousse,* t. II, 279 ss.
Ophüls, Carl Friedrich — *Die europäischen Verträge als Planungsverfassungen,* in J. Kaiser (ed.), *Planung,* t. I, Baden-Baden, 1965, 229 ss.
— *Europäischer partieller Bundesstaat,* in *Die Gegenwart* 1951, 25 ss.
— *Grundzüge europäischer Wirtschaftsverfassung,* in *ZHR* 1962, 31 ss.
— *Juristische Gedanken des Schumanplans,* in *NJW* 1951, 191 ss.
— *Los tratados constitutivos de las Comunidades europeas como constitución e como plan,* in *Planificación* 1974, 247 ss.
— *Quellen und Aufbau des Europäischen Gemeinschaftsrechts,* in *NJW* 1963, 1697 ss.
— *Staatshoheit und Gemeinschaftshoheit. Wandlungen des Souveränitätsbegriffs,* in *Festschrift Heymanns,* 519 ss.
— *Über die Auslegung der Europäischen Gemeinschaftsverträge,* in *Festgabe Müller-Armack,* 279 ss.
— *Zur ideengeschichtlichen Herkunft der Gemeinschatsverfassung,* in *Festschrift Hallstein,* 387 ss.
— *Zwischen Völkerrecht und staatlichem Recht — Grundfragen des europäischen Rechts,* in *JJ* 1963-64, 137 ss.
Oppenheim, L. — *The Future of International Law,* Oxford, 1921.
Oppenheim, L. e Lauterpacht, H. — *International Law,* vol. I, 8.ª ed., e vol. II, 2.ª ed., Londres, 1952-1955.
Ossenbühl, Fritz — *Die Quellen des Verwaltungsrechts,* in Peter Badura e o., *Allgemeines Verwaltungsrecht,* 4.ª ed., Berlim, 1979, 55 ss.
Paladin, Livio — *Decreto legislativo,* in *NvssDI,* t. V, 293 ss.
Parry, Anthony e Hardy, Stephen — *EEC Law,* Londres, 1973.
Pelkmans, Jacques — *Economic Theories of Integration Revisited,* in *JCMS* 1980, 333 ss.
Pescatore, Pierre — *Aspectos judiciales del «acervo comunitario»,* in *RIE* 1981, 331 ss.
— *Aspects judiciaires de l'«acquis communautaire»,* in *RTDE* 1981, 617 ss.
— *Aspects of the Court of Justice of the European Communities of Interest from the Point of View of International Law,* in *ZaöRV* 1972, 239 ss.
— *Die Rechtsprechung des EuGH zur innergemeinschaftlichen Wirkung völkerrechtlicher Abkommen,* in *Festschrift Mosler,* 665 ss.
— *External relations in the case-law of the Court of Justice of the European Communities,* in *CMLRev.* 1979, 615 ss.
— *Fédéralisme et intégration: remarques liminaires,* in *Fédéralisme et cours suprêmes et intégration des systèmes juridiques,* Heule, 1973, 8 ss.

— *Gemeinschaftsrecht und staatliches Recht in der Rechtsprechung des Gerichtshofs der Europäischen Gemeinschaften,* in *NJW* 1969, 2065 ss.
— *International Law and Community Law — a comparative analysis,* in *CMLRev.* 1970, 167 ss.
— *L'intégration européenne: perspective nouvelle pour le pouvoir judiciaire,* in *JT* 1975, 237 ss.
— *L'apport du droit communautaire au droit international public,* in *CDE* 1970, 501 ss.
— *Le Droit de l'Intégration,* Leyden, 1972.
— *L'exécutif communautaire: justification du quadripartisme institué par les Traités de Paris et de Rome,* in *CDE* 1978, 387 ss.
— *L'ordre juridique des Communautés Européennes,* 2.ª ed., curso policopiado, Liège, 1973.
— *Le problème des dispositions directement applicables (self-executing) des traités internationaux et son application aux traités instituant les Communautés,* in *Colóquio Haia,* 137 ss.
— *Les aspects fonctionnels de la Communauté Économique Européenne, notamment les sources du droit,* in *Colóquio Liège,* 51 ss.
— *Les Communautés en tant que personnes de Droit International,* in *Les novelles,* 107 ss.
— *Les objectifs de la Communauté européenne comme principes d'interprétation dans la jurisprudence de la Cour de Justice,* in *Miscellanea Ganshof V. D. Meersch,* t. III, 325 ss.
— *Les relations extérieures des Communautés européennes,* in *RC* 1961-II, 9 ss.
— *Responsabilité des États membres en cas de manquement aux règles communautaires,* in *Il Foro Padano* 1972, parte IV, cols. 9 ss.
— *The Doctrine of «Direct Effect»: An Infant Disease of Community Law,* in *ELR* 1983, 155 ss.
PETERSMANN, Ernst — *Auswärtige Gewalt, Völkerrechtspraxis und Völkerrechtsbindungen der Europäischen Wirtschaftsgemeinschaft,* in *ZaöRV* 1975, 213 ss.
PETZOLD, Herbert — *Die Gewaltenteilung in den europäischen Gemeinschaften,* Göttingen, 1966.
PICONE, Paolo — *Diritto internazionale dell'economia e costituzione economica dell'ordinamento internazionale,* in *CS* 1980, 137 ss.
PIETRI, Jean-Paul — *La valeur juridique des accords liant la Communauté économique européenne,* in *RTDE* 1976, 51 ss. e 194 ss.
PINDER, John — *The European Economic Community,* in Evan Luard (ed.), *The evolution of international organizations,* Londres, 1966, 285 ss.
PINTO, Roger — *Le droit des relations internationales,* Paris, 1972.
— *Les organisations européennes,* Paris, 1963.
PINTUS, Mariano — *Riflessioni sull'Unione Europea dopo il Rapporto Tindemans,* in *Studi Riccardo Monaco,* 585 ss.
PITTA E CUNHA, Paulo — *O movimento político europeu e as instituições supranacionais,* Lisboa, 1963.
PLENDER, Richard, e USHER, John — *Cases and Materials on the Law of the European Communities,* Londres, 1979.

PLOUVIER, L. — *Les décisions de la Cour de Justice des Communautés européennes et leurs effets juridiques*, Bruxelas, 1975.
POCAR, Fausto — *Lezioni di diritto delle Comunità Europee*, 1.ª e 2.ª eds., Milão, 1973-1979.
PUISSOCHET, J.-P. — *L'élargissement des Communautés européennes*, Paris, 1974.
QUADRI, Rolando — *Corso di diritto internazionale pubblico*, Nápoles, 1976.
— *Diritto internazionale pubblico*, 1.ª e 4.ª eds., Palermo, 1949-1963.
QUADROS, Fausto de — *A descentralização das funções do Estado nas províncias ultramarinas portuguesas — Estudo de Direito Constitucional e Direito Administrativo*, Braga, 1971.
— *Conferência internacional*, in *Pólis*, t. I, cols. 1081 ss.
— *Direito das Comunidades Europeias*, sumários desenvolvidos de aulas dadas ao 5.º ano do curso de Direito (menção de Ciências Jurídico-Políticas) no ano lectivo de 1982-83, ed. da Associação Académica da Faculdade de Direito de Lisboa, 1983.
— *Geschichte der Verwaltungsrechtswissenschaft in Europa — Stand und Probleme der Forschung: Portugal*, in *Ius Commune* Sonderhefte 18 (1982), Francoforte, 1982, 161 ss.
— *O impacto do alargamento sobre as instituições das Comunidades Europeias. As eleições para o Parlamento Europeu na perspectiva do alargamento*, in *Dem. Lib.* 10(1979), 11 ss.
— *Os Conselhos de Disciplina no Direito Administrativo português*, Lisboa, 1974.
— *Relações Económicas Internacionais*, síntese das lições proferidas ao Curso do 4.º ano de Finanças do Instituto Superior de Economia no ano lectivo de 1972-73, ed. da Associação de Estudantes do Instituto Superior de Economia, Lisboa, 1973.
QUARITSCH, Helmut — *Staat und Souveränität*, Francoforte, 1970.
QUOC DINH, Nguyen, DAILLIER, Patrick e PELLET, Alain — *Droit International Public*, 2.ª ed., Paris, 1980.
RACINE, Raymond — *Vers une Europe nouvelle par le Plan Schuman*, Neuchâtel, 1954.
RADBRUCH, Gustav — *Du droit individualiste au droit social*, in *APD* 1931, 386 ss.
RASMUSSEN, Hjalte — *La Cour de Justice*, in *30 ans*, 159 ss.
RAUX, Jean — *La procédure de conclusion des accords externes de l'Euratom*, in *RGDIP* 1965, 1019 ss.
— *Les relations extérieures de la Communauté économique européenne*, Paris, 1966.
REBELO DE SOUSA, Marcelo — *Direito Constitucional*, Braga, 1979.
RESS, Georg — *Souveränitätsverständnis in den Europäischen Gemeinschaften als Rechtsproblem*, in *Colóquio Sarre*, 11 ss.
REUTER, Paul — *Aux origines du Plan Schuman*, in *Mélanges Dehousse*, t. II, 65 ss.
— *Cours d'organisations européennes*, Paris, 1959-60.
— *Droit international public*, 5.ª ed., Paris, 1976.

— *First Report on the Question of Treaties Concluded between States and International Organizations or between two or more International Organizations*, in *YILC* 1972-II, 171 ss.; *Second Report*, in *YILC* 1973-II, 88 ss.; *Third Report*, in *YILC* 1974-II, 135 ss.; *Fourth Report*, in *YILC* 1975-II, 25 ss.
— *Institutions internationales*, 7.ª ed., Paris, 1972.
— *Introduction au droit des traités*, Paris, 1972.
— *La Communauté Européenne du Charbon et de l'Acier*, Paris, 1953.
— *La Convention de Vienne sur le droit des traités*, Paris, 1970.
— *La Cour de Justice des Communautés européennes et le droit international*, in *Études Guggenheim*, 665 ss.
— *Le droit international comme source du droit communautaire*, in *Les novelles*, 437 ss.
— *Le Plan Schuman*, in *RC* 1952-II, 519 ss.
— *Le recours de la Cour de Justice des Communautés européennes à des principes généraux de droit*, in *Mélanges Rolin*, 263 ss.
— *Organisations européennes*, 2.ª ed., Paris, 1970.
— *Principes de droit international public*, in *RC* 1961-II, 425 ss.
— *Rapports des trois traités avec les autres engagements internationaux souscrits par les États membres*, in *Les novelles*, 89 ss.
— *Rapports des trois traités entre eux*, in *Les novelles*, 81 ss.
— *Sur quelques limites du droit des organisations internationales*, in *Festschrift Bindschedler*, 491 ss.

RHEIN, Eberhard — *Wege und Irrwege zur neuen Weltwirtschaftsordnung*, in *EA* 1979, 9 ss.

RIDEAU, Joel — *Juridictions internationales et contrôle du respect des traités constitutifs des organisations internationales*, Paris, 1969.

RIESENFELD, Stefan — *The Doctrine of Self-Executing Treaties and Community Law: A Pioneer Decision of the Court of Justice of the European Community*, in *AJIL* 1973, 504 ss.
— *The Doctrine of Self-Executing Treaties and GATT: A Notable German Judgment*, in *AJIL* 1971, 548 ss.

RIKLIN, Alois — *Die Europäische Gemeinschaft im System der Staatenverbindungen*, Berna, 1972.

RIVERO, Jean — *Droit administratif*, 10.ª ed., Paris, 1983.
— *Vers un Droit Commun Européen: Nouvelles Perspectives en Droit Administratif*, in Mauro Cappelletti (ed.), *New Perspectives for a Common Law of Europe*, Leyden, 1978, 389 ss.

ROBERTSON, A. H. — *Legal Problems of European Integration*, in *RC* 1957-I, 105 ss.
— *The Law of International Institutions in Europe*, Manchester, 1961.

RÖPKE, Wilhelm — *Economic Order and International Law*, *RC* 1954-II, 203 ss.

ROMANO, Santi — *Corso di diritto amministrativo*, Pádua, 1927.
— *L'ordinamento giuridico*, Pisa, 1917.

ROSENNE, Shabtei — *Is the Constitution of an International Organization an International Treaty?*, in *CS* 1966, 21 ss.

ROSENSTIEL, Francis — *Le principe de «supranationalité», essai sur les rapports de la politique et du droit*, Paris, 1962.

ROSS, Alf — *Constitución de las Naciones Unidas*, trad. de F. Arias Parga, Madrid, 1954.

— *La Carta delle Nazioni Unite è un tratatto o una costituzione?*, in *JG* 1950, 97 ss.

— *Lehrbuch des Völkerrechts*, Estugarda, 1951.

ROUSSEAU, Charles — *Droit international public*, 9.ª ed., Paris (Dalloz), 1979.

— *Droit international public*, 3 ts., 2.ª ed., Paris (Sirey), 1970-77.

— *Principes généraux du droit international public*, vol. I, Paris, 1944.

RUCZ, Claude — *Le principe et les techniques de la coordination dans le système des Nations Unies pour le développement*, in A. Colombeau e o., *Études de doctrine et de droit international du développement*, Paris, 1975.

RUDOLF, Walter — *Der öffentliche Dienst im Staat der Gegenwart*, in *VVDStRL* 37 (1979), 176 ss.

RÜSTER, Lothar — *Funktion und Rechtsstellung internationaler Wirtschaftsorganisationen im Prozess der sozialistischen ökonomischen Integration*, in Wolfgang Seiffert e o., *Sozialistische ökonomische Integration — Rechtsfragen*, Berlim Leste, 1974, 98 ss.

RUSSOTTO, Jean — *L'application des traités self-executing en droit américain*, Lausana, 1969.

SAALFELD, F. — *Grundriss eines Systems des europäischen Völkerrechts*, Göttingen, 1809.

SALMON, Jean — *Les Communautés en tant que personnes de droit interne et leurs privilèges et immunités*, in *Les novelles*, 121 ss.

SANDULLI, Aldo — *Manuale di diritto amministrativo*, 8.ª ed., Nápoles, 1964.

SASSE, Christoph — *The Common Market: between International and Municipal Law*, in *YLJ* 1965-66, 695 ss.

SATTLER, A. — *Das Prinzip der «funktionellen Integration» und die Einigung Europas*, Göttingen, 1967.

SAUER, Ernst — *Souveränität und Solidarität*, Göttingen, 1954.

SCELLE, Georges — *Le droit constitutionnel international*, in *Mélanges Carré de Malberg*, 501 ss.

— *Le phénomème juridique du dédoublement fonctionnel*, in *Festschrift Wehberg*, 324 ss.

— *Manuel de Droit International Public*, Paris, 1943.

SCHEINGOLD, Stuart — *The law in political integration*, Harvard, 1971.

SCHEPERS, Stefan — *The Legal Force of the Preamble of the EEC Treaty*, in *ELR* 1981, 356 ss.

SCHERER, Josef — *Die Wirtschaftsverfassung der EWG*, Baden-Baden, 1970.

SCHERMERS, Henry — *Community Law and International Law*, in *CMLRev.* 1975, 77 ss.

— *International Institutional Law*, 3 vols., Leyden, eds. de 1972-1974 e de 1980.

— *Judicial protection in the European Communities*, 2.ª ed., Deventer, 1979.
— *Les relations de droit international public de la Communauté*, in *30 ans*, 233 ss.
SCHEUING, Dieter — *Integration by Law: The Case of the European Community*, in *TILJ* 1976, 549 ss.
SCHEUNER, Ulrich — *Beitritt der Bundesrepublik zur Europäischen Verteidigungsgemeinschaft und Grundgesetz — Rechtsgutachten*, Bona, 1952.
— *Die Rechtsetzungsbefugnis internationaler Gemeinschaften*, in *Festschrift Verdross 1960*, 229 ss.
— *Perspektiven einer europäischen Union*, in *EuR* 1976, 193 ss.
— *The future of the European Community*, in *YBWA* 1979, 32 ss.
SCHIAVONE, Giuseppe — *Uguaglianza di trattamento e clausola della nazione piú favorita nell'Accordo Generale sulle Tariffe Doganali e sul Commercio (GATT)*, in *RivDI* 1963, 366 ss.
SCHLOCHAUER, Hans-Jürgen — *Das Verhältnis des Rechts der Europäischen Wirtschaftsgemeinschaft zu den nationalen Rechtsordnungen der Mitgliedstaaten*, in *AV* 1963-64, 1 ss.
— *Der Gerichtshof der Europäischen Gemeinschaften als Integrationsfaktor*, in *Festschrift Hallstein*, 431 ss.
— *Der übernationale Charakter der Europäischen Gemeinschaft für Kohle und Stahl*, in *JZ* 1951, 289 ss.
— *Rechtsformen der europäischen Ordnung*, in *AV* 1955-56, 40 ss.
— *Zur Frage der Rechtsnatur der EGKS*, in *Festschrift Wehberg*, 361 ss.
SCHMALZ, T. — *Das europäische Völkerrecht in acht Büchern*, Berlim, 1817.
SCHMEDER, Winfried — *Die Rechtsangleichung als Integrationsmittel der Europäischen Gemeinschaft*, Colónia, 1978.
SCHNEIDER, Johannes Wilhelmus — *Treaty-Making Power of International Organizations*, Genebra, 1959.
SCHOUTHEETE, Philippe de — *La coopération politique européenne*, Paris, 1980.
SCHREIBER, Marc — *Protection internationale des droits de l'homme*, in *Mélanges Déhousse*, t. I, 219 ss.
SCHÜCKING, Walter e WEHBERG, Hans — *Die Satzung des Völkerbundes*, 2.ª ed., Berlim, 1924.
SCHWANTES, Klaus — *Die Supranationalität*, Colónia, 1972.
SCHWARTZ, Ivo — *Zur Konzeption der Rechtsangleichung in der Europäischen Wirtschaftsgemeinschaft*, in *Festschrift Hallstein*, 474 ss.
SCHWARZE, Jürgen — *Die EWG in ihren völkerrechtlichen Beziehungen*, in *NJW* 1979, 456 ss.
SCHWARZENBERGER, Georg e BROWN, E. D. — *A Manual of International Law*, 6.ª ed., Londres, 1976.
— *Power Politics*, 3.ª ed., Londres, 1964.
— *The dynamics of International Law*, Londres, 1976.
— *The frontiers of International Law*, Londres, 1962.
— *The Province and Standards of International Economic Law*, in *ICLQ* 1948, 402 ss.

SCHWED, Jean-Joseph — *Idéalisme et réalisme dans la Communauté européenne*, in *Studia diplomatica* 1978, 379 ss.
SCHWEITZER, Michael e HUMMER, Waldemar — *Europarecht*, Francoforte, 1980.
SCHWELB, E. — *The Law of Treaties and Human Rights*, in *AV* 1973, 1 ss.
SECRETAN, Jacques — *Nations Unies ou fédéralisme?*, Paris, 1958.
SEGRELLES CHILLIDA, Vicente — *Introducción al nuevo derecho europeo*, Madrid, 1962.
SEIDL-HOHENVELDERN, Ignaz — *Das Recht der Internationalen Organisationen einschliesslich der Supranationalen Gemeinschaften*, 3.ª ed., Colónia, 1979.
— *Die völkerrechtliche Haftung für Handlungen internationaler Organisationen im Verhältnis zu Nichtmitgliedstaaten*, in *OZöR* 1961, 497 ss.
— *The Legal Personality of International Organizations*, in *REDI* 1965, 35 ss.
— *Völkerrecht*, 1.ª e 4.ª eds., Colónia, 1965 e 1980.
SEPÚLVEDA, César — *Derecho Internacional*, 8.ª ed., México, 1977.
SERENI, Angelo — *Le organizzazioni internazionali*, 2 vols., Milão, 1959.
SÉRVULO CORREIA, José Manuel — *Noções de Direito Administrativo*, t. I, Lisboa, 1982.
SEYERSTED, Finn — *Objective International Personality of International Organizations*, in *NTIR* 1964, 5 ss.
SIDJANSKI, Dusan — *Dimensions européennes de la Science Politique*, Paris, 1963.
— *Du fédéralisme national au fédéralisme international*, Lausana, 1954.
— *L'originalité des Communautés Européennes et la répartition de leurs pouvoirs*, in *RGDIP* 1961, 40 ss.
SILVA CUNHA, Joaquim — *Direito Internacional Público*, apontamentos de lições, ed. da Universidade Livre do Porto, s.d.
SKUBISZEWSKI, Krzysztof — *Enactment of Law by International Organizations*, in *BYIL* 1968, 198 ss.
SMEND, R. — *Verfassung und Verfassungsrecht*, Munique, 1928.
SOLDATOS, Panayotis — *Durée et dénonciation des Traités de Rome*, in *RDI* 1969, 257 ss.
— *L'introuvable recours en carence devant la Cour de Justice des Communautés Européennes*, in *CDE* 1969, 313 ss.
SŒRENSEN, Max — *Berührungspunkte zwischen der Europäischen Menschenrechtskonvention und dem Recht der Europäischen Gemeinschaften*, in *EGRZ* 1978, 33 ss.
SOUSA FRANCO, António — *Os capitais e a integração económica*, in *RFDUL* 1972, 145 ss.
SPEECKAERT, Georges — *Transnational ou International?*, in *IA* 1972, 225 ss.
SPERDUTI, Giuseppe — *Dualism and Monism: A Confrontation to be overcome*, in *Estudios Miaja de la Muela*, t. I, 459 ss.
— *L'ordinamento italiano e il diritto comunitario*, Pádua, 1981.

— *Natura giuridica della Comunità Europea del Carbone e dell'Acciaio*, in *CI* 1957, 448 ss.

SPIROPOULOS, Jean — *L'individu et le Droit International*, in *RC* 1929-V, 189 ss.

STASSINOPOULOS, Michel — *Traité des actes administratifs*, Atenas, 1954.

STEIN, Eric — *European Political Cooperation (EPC) as a Component of the European Foreign Affairs System*, in *ZaöRV* 1983, 49 ss.

STEIN, Eric e HAY, Peter — *Cases and materials on the law and institutions of the Atlantic Area*, Michigan, 1963.

STEINDORFF, Ernst — *Die Europäischen Gemeinschaften in der Rechtsprechung*, in *AV* 1959-60, 50 ss.

— *Europäische Gemeinschaft für Kohle und Stahl*, in *Dicionário Strupp--Schlochauer*, t. I, 458 ss.

— *Europäische Wirtschaftsgemeinschaft*, in *Dicionário Strupp-Schlochauer*, t. I, 479 ss.

STEXHE, Paul de — *La révision de la Constitution belge 1968-1971*, Namur, 1972.

STOLL, Jutta — *Vereinbarungen zwischen Staat und ausländischem Investor*, Berlim, 1982.

TAMMES, Arnold — *Decisions of International Organs as a Source of International Law*, in *RC* 1958-II, 265 ss.

TAYLOR, Paul — *The Politics of the European Communities: The Confederal Phase*, in *WP* 1974-75, 336 ss.

TEITGEN, Pierre-Henri — *Droit administratif européen*, Paris, 1970.

— *Droit institutionnel communautaire*, curso policopiado, Paris, 1977.

— *La décision dans la Communauté Économique Européenne*, in *RC* 1971--III, 589 ss.

— *Objectifs et principes fondamentaux communs aux trois Communautés*, in *Les novelles*, 15 ss.

TEMPLE LANG, John — *Application of the Law of the European Communities in the Republic of Ireland*, Colónia, 1972.

— *Legal and Constitutional Implications of the Adhesion of Ireland to the EEC Treaty*, in *CMLRev.* 1972, 167 ss.

THIERRY, Hubert e o. — *Droit International Public*, 3.ª ed., Paris, 1981.

TINBERGEN, Jan (ed.) — *Reshaping the International Order (RIO). A Report to the Club of Rome*, Nova Iorque, 1976.

TINDEMANS, Leo — *Le Conseil Européen: un premier bilan, quelques réflexions*, in *Mélanges Dehousse*, t. II, 167 ss.

TIZZANO, Antonio — *Lo sviluppo delle competenze materiali delle Comunità europee*, in *Riv. dir. eur.* 1981, 139 ss.

— *Recenti tendenze in tema di competenza a stipulare della CEE*, in *Festschrift Wengler*, 623 ss.

TOCQUEVILLE, Alexis de — *De la démocratie en Amérique*, vol. I, Paris, 1834.

TOMUSCHAT, Christian — *Die gerichtliche Vorabentscheidung nach den Verträgen über die Europäischen Gemeinschaften*, Colónia, 1964.

— *Die neue Weltwirtschaftsordnung*, in *VN* 1975, 93 ss.

Tönnies, Ferdinand — *Comunidad y sociedad,* trad. espanhola de José Armengol, Buenos Aires, 1947.

Touret, Denis — *L'intérêt de l'Humanité toute entière, une notion biojuridique,* in *RDI* 1983, 192 ss.

Trabucchi, Alberto — *Per una visione sistematica del Diritto Comunitario,* in *Quaderni Ferrara,* t. IX, 1 ss.

Treves, Tullio — *La Convenzione delle Nazioni Unite sul Diritto del Mare del 10 Dicembre 1982,* Milão, 1983.

Triepel, Heinrich — *Delegation und Mandat im öffentlichen Recht,* Estugarda, 1942.

— *Völkerrecht und Landesrecht,* Leipzig, 1899.

Truyol y Serra, António — *Fundamentos de Derecho Internacional Público,* 4.ª ed., Madrid, 1977.

— *La integración europea,* Madrid, 1972.

Tugendhat, Christopher — *Europa braucht Selbstvertrauen,* in *EA* 1-82, 1 ss.

Tunc, André e Tunc, Suzanne — *Le système constitutionnel des États-Unis d'Amérique,* 2 vols., Paris, 1954.

Tunkin, G. — *The Contemporary Soviet Theory of International Law,* in *CLP* 1978, 177 ss.

Tussie, Diana — *Latin America Integration: From LAFTA to LAIA,* in *JWTL* 1982, 399 ss.

Ubertazzi, Giovanni — *Le domaine matériel du droit communautaire,* in *Studi Riccardo Monaco,* 777 ss.

Valenti, Angelo — *Le Comunità Europee come enti ad attuazione progressiva,* in *Studi Riccardo Monaco,* 797 ss.

Vallée, Charles — *Le droit international du développement,* in H. Thierry e o., *Droit international public,* Paris, 1981, 601 ss.

Valticos, Nicolas — *Droit International du Travail et souverainetés étatiques,* in *Mélanges Dehousse,* t. I, 123 ss.

— *Un système de contrôle international: la mise en oeuvre des conventions internationales du travail,* in *RC* 1968-I, 311 ss.

Van Der Elst, R. — *Les instruments du rapprochement des législations dans la CEE,* Bruxelas, 1967.

Vandersanden, G., e Barav, A. — *Contentieux communautaire,* Bruxelas, 1977.

Van Hecke, G. — *La structure institutionnelle de la CECA,* in *JT* 1951, 277 ss.

Van Kleffens, A. — *Sovereignty in International Law,* in *RC* 1953-I, 121 ss.

Van Panhuys, Jonkheer — *Conflicts between the Law of the European Communities and other rules of International Law,* in *CMLRev.* 1965-66, 420 ss.

Vasak, Karel — *Le droit international des droits de l'homme,* in *RC* 1974-IV, 333 ss.

— *Les droits civiles et politiques,* in *Les dimensions internationales des droits de l'homme,* ed. da UNESCO, Paris, 1971, 162 ss.

VATTEL, Eméric de — *Droit des gens ou principes de la loi naturelle appliqués à la conduite et aux affaires des nations et des souverains*, Paris, 1758.

VEDEL, Georges — *Droit administratif*, 5.ª ed., Paris, 1973.

VEDOVATO, Giuseppe — *Mercato Comune et Euratom*, in *RSPI* 1957, 353 ss.

VELU, Jacques — *Les effets directs des instruments internationaux en matière de Droits de l'Homme*, in *Colóquio Antuérpia*, 55 ss.

VERDROSS, Alfred — *Die doppelte Bedeutung des Ausdrucks «Primat des Völkerrechts»*, in *Festschrift Bindschedler*, 261 ss.

— *Die Quellen des universellen Völkerrechts*, Friburgo, 1973.

— *Die Verfassung der Völkerrechtsgemeinschaft*, Viena, 1926.

— *On the concept of International Law*, in *AJIL* 1949, 435 ss.

— *Règles générales du droit international de la paix*, in *RC* 1929-V, 275 ss.

— *Völkerrecht*, 4.ª e 5.ª eds., Viena, 1959-1964.

VERDROSS, Alfredo e SIMMA, Bruno — *Universelles Völkerrecht*, Berlim, 1976.

VERHOEVEN, Joe — *La notion d'«applicabilité directe» du Droit International*, in *Colóquio Antuérpia*, 5 ss.

VERLOREN VAN THEMAAT, Pieter — *Die Aufgabe der Rechtswissenschaft in der Diskussion um eine neue Weltwirtschaftsordnung*, *RabelsZ* 1979, 632 ss.

— *Die Rechtsangleichung als Integrationsinstrument*, in *Festschrift Ophüls*, 243 ss.

— *Some Basic Legal Issues of a New International Economic Order: a Western Point of View*, in *NILR* 1977, 509 ss.

VERWEY, Wil — *The principle of solidarity as a legal cornerstone of a New International Economic Order*, in *HRIR* 1981, 59 ss.

VERZIJL, J. — *International Law in historical perspective*, 9 vols., Leyden, 1968-1979.

VICUÑA, Francesco — *Auf dem Wege zu neuen Formen der Wirtschaftsintegration in Lateinamerika*, in *EA* 1981, 428 ss.

VIEIRA DE ANDRADE, José Carlos — *Os direitos fundamentais na Constituição Portuguesa de 1976*, Coimbra, 1983.

VIRALLY, Michel — *The sources of International Law*, in *Manual Sørensen*, 116 ss.

VITTA, Edoardo — *In tema di norme costituzionali della comunità internazionale*, in *Rass. Dir. Pub.* 1958, 15 ss.

— *L'integrazione europea*, Milão, 1962.

VON DER GABLENTZ, Otto — *Luxembourg revisited or the importance of European Political Cooperation*, in *CMLRev.* 1979, 685 ss.

VON LINDEINER-WILDAU, Klaus — *La supranationalité en tant que principe de droit*, Leyden, 1970.

VON MEIBOM, Hanspeter — *Lückenfüllung bei den europäischen Gemeinschaftsverträgen*, in *NJW* 1968, 2165 ss.

VON SIMON, Werner — *Die Souveränität im rechtlichen Verständnis der Gegenwart*, Berlim, 1965.

— *Wachstumsprobleme einer europäischen Verfassung*, in *Festschrift Kutscher*, 481 ss.

WAELBROECK, Michel — *Contribution à l'étude de la nature juridique des Communautés Européennes,* in *Mélanges Rolin,* 506 ss.
— *L'arrêt AETR et les compétences externes de la Communauté économique européenne,* in *Integration* 1971, 79 ss.
— *Le rôle de la Cour de Justice dans la mise en oeuvre du Traité CEE,* in *CDE* 1982, 347 ss.
— *Traités internationaux et juridictions internes dans les pays du Marché Commun,* Bruxelas, 1969.

WÄLDE, Thomas — *«Neue Weltwirtschaftsordnung» und «Weltwirtschaftsrecht»,* in *Das Parlament* B 20/81, de 16-5-81, 3 ss.

WAGNER, Heinz — *Grundbegriffe des Beschlussrechts der europäischen Gemeinschaften,* Colónia, 1965.

WALDOCK, Humphrey — *General course on Public International Law,* in *RC* 1962-II, 1 ss.

WASESCHA, Luzius — *Le système de contrôle de l'application de la Charte sociale européenne,* Genebra, 1980.

WEBER, Hermann e WEDEL, Henning — *Grundkurs Völkerrecht,* Francoforte, 1977.

WEDEL, Henning — *Der geplante Seegerichtshof der Vereinten Nationen,* in *RIW* 1982, 634 ss.

WEINSTOCK, Ulrich — *Comment améliorer le processus de prise de décision dans la Communauté?,* in *RMC* 1980, 174 ss.

WELLENSTEIN, E. — *The New International Economic Order,* in *NILR* 1978, 222 ss.

WENGLER, Wilhelm — *Neue Aspekte in der Problematik der Verträge zwischen Staat und ausländischen Privatpersonen,* in *Estudios Miaja de la Muela,* 1013 ss.
— *Völkerrecht,* 2 vols., Berlim, 1964.

WESSELS, Wolfgang — *Der Europäische Rat,* Bona, 1980.

WILLIAMS, Sharon e DE MESTRAL, Armand — *An Introduction to International Law,* Toronto, 1979.

WINKLER, Günther — *Zur Frage der unmittelbaren Anwendbarkeit von Staatsverträgen,* in *JB* 1961, 8 ss.

WINTER, J. — *Direct applicability and direct effect, two distinct and different concepts in Community law,* in *CMLRev.* 1972, 425 ss

WOLFF, Hans e BACHOF, Otto — *Verwaltungsrecht,* t. II, 4.ª ed., Munique, 1976.

WOLFRUM, Rüdiger — *The Principle of the Common Heritage of Mankind,* in *ZaöRV* 1983, 312 ss.

WYATT, Derrick — *New Legal Order, or Old?,* in *ELR* 1982, 147 ss.

WYATT, Derrick e DASHWOOD, Alan — *The Substantive Law of the EEC,* Londres, 1980.

ZEMANEK, Karl — *Das Vertragsrecht der Internationalen Organisationen,* Viena, 1957.
— *Die Wiener Konvention über die Staatennachfolge in Verträge,* in *Festschrift Verdross* 1980, 719 ss.
— *Supranationale Institutionen,* in *Staatslexikon,* t. 7, cols. 894 ss.

ZIEBURA, Gilbert — *Neue internationale Wirtschaftsordnung und neue internationale Arbeitsteilung — ein unaufhebbarer Widerspruch?*, in *VN* 1979, 167 ss.

ZIEGER, Gottfried — *Die Stellung des Europäischen Parlamentes*, in *Festschrift Schlochauer*, 947 ss.

ZULEEG, Manfred — *Der Bestand der europäischen Gemeinschaft*, in *Gedächtnisschrift Sasse*, vol. I, 55 ss.

— *Die innerstaatliche Anwendbarkeit völkerrechtlicher Verträge am Beispiel des GATT und der Europäischen Sozialcharta*, in *ZaöRV* 1975, 341 ss.

— *Die Kompetenzen der europäischen Gemeinschaften gegenüber den Mitgliedstaaten*, in *JöR* 1971, 1 ss.

JURISPRUDÊNCIA CITADA

A jurisprudência que foi citada ao longo desta dissertação ficou individualizada pela designação de cada caso em que foi proferida a respectiva sentença, como é, aliás, de tradição no Direito Público português. Nessa hipótese, esses casos encontram-se arrolados, a seguir, por ordem alfabética. Porque as sentenças proferidas por tribunais estaduais não são em regra conhecidas pelos casos a que dizem respeito (pelo menos quando provêm de tribunais que não são de última instância), quanto a elas a lista que se segue atende à data em que os respectivos processos foram decididos.

Tribunais estaduais

a) *Tribunais alemães*

Ac. 28-9-61, Tribunal Administrativo federal, in *DöV* 1962, 340 ss.
Ac. 18-10-67, Tribunal Constitucional federal, in *BVerfGE* n.º 22, 293 ss.
Ac. 4-7-69, Tribunal Constitucional federal, in *BVerfGE* n.º 26, 116 ss.
Ac. 29-10-69, Tribunal Fiscal (*«Finanzgericht»*) de Hamburgo, in *AWD* 1970, 91 ss.
Ac. 18-3-70, Tribunal Administrativo de Francoforte, caso *Internationale Handelsgesellschaft*, in *CMLR* 1970, 294 ss.
Ac. 9-6-70, Tribunal Constitucional federal, in *BVerfGE* n.º 29, 11 ss.
Ac. 9-6-71, Tribunal Constitucional federal, in *BVerfGE* n.º 31, 145 ss.
Ac. 29-1-74, Tribunal Constitucional federal, in *BVerfGE* n.º 36, 342 ss.
Ac. 29-5-74, Tribunal Constitucional federal, caso *Solange*, in *BVerfGE* n.º 37, 271 ss.
Ac. 16-9-77, Tribunal Administrativo federal, caso *EUROCONTROL*, in *NJW* 1978, 1759 ss.
Ac. 7-8-79, Tribunal Administrativo do *Land* de Bad-Würtenberg, in *DVBc* 1980, 127 ss.
Ac. 23-6-81, Tribunal Constitucional federal, caso *EUROCONTROL*, in *BVerfGE* n.º 58, 1 ss.

b) *Tribunais belgas*

Ac. 27-5-71, Cour de Cassation, caso *Le Ski*, in *JT* 1971, 471 ss.

c) *Tribunais dos Estados Unidos da América*

Ac. de 1829 (s.d.), Supremo Tribunal, caso *Foster and Elane*, in A. Evans, 178 ss.

Ac. de 1884 (s.d.), Supremo Tribunal, caso *Head Money*, in Joliet, *op. cit.* (n. 1036), 294.
Ac. de 1888 (s.d.), Supremo Tribunal, caso *Whitney c. Robertson*, in *Joliet, op. cit.*, 296.
Ac. de 1950 (s.d.), Tribunal do Estado da Califórnia, caso *Fujii*, in Choffat, n. 44.

d) *Tribunais franceses*

Ac. 24-5-75, Cour de Cassation, caso *Café Vabre*, in *CDE* 1975, 631 ss.
Ac. 30-12-76, Conselho Constitucional, caso da *Compatibilidade da Decisão do Conselho das Comunidades de 20-9-76 sobre a eleição directa do Parlamento Europeu com a Constituição francesa*, in *Journal Officiel (Lois et Décrets)* 31-12-76, 7651 ss.
Ac. 22-12-78, Conselho de Estado, caso *Cohn-Bendit*, in *DVBl* 1980, 126 ss.

e) *Tribunais ingleses*

Ac. 21-12-79, English Court of Appeal, caso *Patricia O'Brien e outros c. Sim-Chem Ltd.*, in *CMLR* 1980, 555 ss.

f) *Tribunais italianos*

Ac. 27-12-73, Tribunal Constitucional, caso *Italian Frontini*, in *Rass. Dir. Publ.* 1973, 271 ss.
Ac. 22-10-75, Tribunal Constitucional, caso *I.C.I.C. (Industrie Chimiche Italia Centrale)*, in *RTDE* 1976, 396 ss.

g) *Tribunais portugueses*

Ac. 18-1-79, STA-1.ª, caso *Guilherme Vinagre da Silva*, in *Ac. Doutr.* n.º 210, 721 ss.
Ac. 5-4-79, STA-P, caso *Hernâni Lourenço*, in *Ac. Doutr.* n.º 211, 629 ss.
Ac. 15-12-83, STA-1.ª, caso da *Professora Doutora Inês Elias da Fonseca*, in *Ac. Doutr.* n.º 268, 453 ss.

Tribunal das Comunidades Europeias

AETR — Ac. 31-3-71, Proc.º 22/70, *Comissão c. Conselho*, in *Rec.* 1971, 263 ss.
Agência Internacional de Energia Atómica — v. caso *Convenção sobre matérias nucleares*.
Aides à la reconversion des régions minières — Ac. 12-7-73, Proc.º 70/72, *Comissão c. República Federal da Alemanha*, in *Rec.* 1973, 813 ss.

Amsterdam Bulb — Ac. 2-2-77, Proc.º 50/76, *Amsterdam Bulb c. Produktschap voor Siergewassen*, in *Rec.* 1977, 137 ss.
Aubert et Duval — Ac. 26-6-58 do Tribunal CECA, Proc.º 10/57, *Société des anciens établissements Aubert et Duval c. Alta Autoridade*, in *Rec.* 1958, 399 ss.
Becker — Ac. 19-1-82, Proc.º 8/81, *Becker c. Finanzamt Münster-Innenstadt*, in *ELR* 1982-3, 193 ss.
Bönnhoff — Ac. 21-6-58 do Tribunal CECA, Proc.º 13/57, *Wirtschaftsvereinigung Eisen- und Stahlindustrie, Gusstahlwerke Carl Bönnhoff, Gusstahlwerke Witten, Ruhrstahl et Eisenwerke Annahütte Alfred Zeller c. Alta Autoridade*, in *Rec.* 1958, 261 ss.
Bollman — Ac. 18-2-70, Proc.º 40/69, *Hauptzollamt Hamburg-Oberelbe c. Bollman*, in *Rec.* 1970, 69 ss.
Bosch — Ac. 6-4-62, Proc.º 13/61, *Bosch c. de Geus*, in *Rec.* 1962, 89 ss.
Bozzone — Ac. 31-3-77, Proc.º 87/76, in *Rec.* 1977, 687 ss.
Bresciani — Ac. 5-2-76, Proc.º 87/75, *Concerie Bresciani c. Amministrazione italiana delle Finanze*, in *Rec.* 1976, 129 ss.
Burgoa — Ac. 14-10-80, Proc.º 812/79, *Procurador-Geral («Attorney General») da Irlanda c. Juan Burgoa*, in *Rec.* 1980, 2787 ss.
Caoutchouc — Parecer 1/78, *Acordo internacional sobre o caoutchouc natural*, 4-10-79, dado a propósito do art. 228.º n.º 1 par. 2 TCEE, in *Rec.* 1979, 2871 ss.
Centrafarm — Ac. 31-10-74, Proc.º 15/74, *Centrafarm and Adriaan De Peijper c. Sterling Drug*, in *Rec.* 1974, 1147 ss.
Chambre syndicale de la sidérurgie française — Ac. 26-6-58 do Tribunal CECA, Proc.º 9/57, *Ch. synd. de la sid. franç. c. Alta Autoridade*, in *Rec.* 1958, 363 ss.
Chavalley — Ac. 18-11-70, Proc.º 15/70, *Amédéo Chevalley c. Comissão das Comunidades Europeias*, in *Rec.* 1970, 975 ss.
CIbA-Geigy — Ac. 14-7-72, Proc.º 52/69, in *Rec.* 1972, 787 ss.
Comissão c. República francesa — v. caso *Euratom.*
Comissão c. República italiana — Ac. 13-7-72, Proc.º 48/71, in *Rec.* 1972, 534 ss.
Comissão c. República italiana — Ac. 7-2-73, Proc.º 39/72, in *Rec.* 1973, 101 ss.
Comissão c. Luxemburgo e Bélgica — v. caso *Dairy Products.*
Comissão c. Reino Unido — Ac. 5-5-81, Proc.º 804/79, in *Recueil Dalloz Sirey — Jurisprudence* 1981, 333 ss.
Consten — Ac. 13-7-66, Proc.ºs 56 e 58/64, *Consten GMBH e Grundig-Verkaufs-GMBH c. Comissão*, in *Rec.* 1966, 430 ss.
Continental Can — Ac. 21-2-73, Proc.º 6/72, *Europemballage and Continental Can c. Comissão*, in *Rec.* 1973, 215 ss.
Convenção sobre matérias nucleares — Deliberação 1/78, 14-11-78, sobre o art. 103.º n.º 3 do Tratado CECA, in *Rec.* 1978, 2151 ss.
Costa/ENEL — Ac. 15-7-64, Proc.º 6/64, in *Rec.* 1964, 1141 ss.
Da Costa — Ac. 27-3-63, Proc.ºs 28 a 30/62, *Da Costa en Schaake N. V., Jacob Meijer N. V. e Hoechst-Holland N. V. c. Administration Fiscale Néerlandaise*, in *Rec.* 1963, 59 ss.

Dairy-Products — Ac. 13-11-64, Proc.os 90 e 91/63, *Comissão c. Luxemburgo e Bélgica*, in *Rec.* 1964, 1217 ss.
Defrenne I — Ac. 25-5-71, Proc.º 80/70, in *Rec.* 1971, 445 ss.
Defrenne II — Ac. 8-4-76, Proc.º 43/75, in *CMLRev.* 1976, 98 ss.
Despesas locais — Parecer 1/75, *Acordo OCDE sobre despesas locais*, 11-11-75, dado a propósito do art. 228.º n.º 1 par. 2 TCEE, in *Rec.* 1975, 1355 ss.
Deutsche Bakels — Ac. 8-12-70, Proc.º 14/70, *Deutsche Bakels c. Oberfinanzdirektion de Munique*, in *Rec.* 1970, 1001 ss.
Deutsche Grammophon — Ac. 8-6-71, Proc.º 78/80, in *Rec.* 1971, 487 ss.
Dingemans — Ac. 2-12-64, Proc.º 24/64, in *Rec.* 1964, 1263 ss.
Douaneagent — Ac. 12-11-75, Proc.º 38/75, in *Rec.* 1975, 1439 ss.
Eridania — Ac. 10-12-69, Proc.os 10 e 18/68, *Società «Eridania» Zuccherifici Nazionali e outros c. Comissão das Comunidades Europeias e Cooperativa Produttori Bieticoli e outros*, in *Rec.* 1969, 459 ss.
Euratom — Ac. 14-12-71, Proc.º 7/71, *Comissão c. República francesa*, in *Rec.* 1971, 1003 ss.
Fédéchar — Ac. 16-7-56 do Tribunal CECA, Proc.º 8/55, *Fédération charbonnière de Belgique c. Alta Autoridade*, in *Rec.* 1955/56, 199 ss.
Fink-Frucht — Ac. 4-4-68, Proc.º 27/67, *Fink-Frucht c. Hauptzollamt München Landsbergstrasse*, in *Rec.* 1968, 223 ss.
Firma Schwarze — Ac. 1-12-65, Proc.º 16/65, *Firma Schwarze c. Einfuhr- und Vorratstelle für Getreide und Futtermittel*, in *Rec.* 1965, 1081 ss.
Foglia — Ac. 11-2-80, Proc.º 104/79, in *Rec.* 1980, 745 ss.
Fundo europeu de imobilização da navegação interior — Parecer 1/76, 26-4-77, dado a propósito do art. 228.º n.º 1 par. 2 CEE, in *Rec.* 1977, 741 ss.
Gabriel Simon — Ac. 1-6-61, Proc.º 15/60, in *Rec.* 1961, 223 ss.
GATT — v. caso *International Fruit III*.
Governo da República Francesa c. Alta Autoridade — Ac. de 21-12-54 do Tribunal CECA, Proc.º 1/54, in *Rec.* 1954-55, 7 ss.
Governo da República Italiana c. Alta Autoridade — Ac. de 21-12-54 do Tribunal CECA, Proc.º 2/54, in *Rec.* 1954-55, 73 ss.
Governo do Reino da Bélgica — Ac. 14-11-78, Proc.º 1/78, in *Rec.* 1978, 2151 ss.
Governo do Reino dos Países Baixos c. Alta Autoridade — Ac. 21-3-55, do Tribunal CECA, Proc.º 6/54, in *Rec.* 1954-55, 201 ss.
Governo do Reino dos Países Baixos c. Alta Autoridade — Ac. 12-7-62, Proc.º 9/61, in *Rec.* 1962, 413 ss.
Grad — Ac. 6-10-70, Proc.º 9/70, *Franz Grad c. Finanzamt Traunstein*, in *Rec.* 1970, 825 ss.
Grande Ducado do Luxemburgo e Reino da Bélgica — Ac. 13-11-64, Proc.os 90 e 91/63, in *Rec.* 1964, 1217 ss.
Haegeman II — Ac. 30-4-74, Proc.º 181/73, in *Rec.* 1974, 449 ss.
Hansen — Ac. 10-10-78, Proc.º 148/77, *Hansen e Balle*, in *Rec.* 1978, 1806 ss.
Hauts Fourneaux — Ac. 21-6-58, do Tribunal CECA, Proc.º 8/57, *Groupement des hauts fourneaux et aciéries belges c. Alta Autoridade*, in *Rec.* 1958, 223 ss.
Henn e Darby — Ac. 14-12-79, Proc.º 34/79, in *Rec.* 1979, 3795 ss.

Hoffmann-La Roche — Ac. 13-2-79, Proc.º 85/76, in *Rec.* 1976, 461 ss.

Humblet — Ac. 16-12-60, Proc.º 6/60, *Jean Humblet c. État belge,* in *Rec.* 1960, 1125 ss.

Indústrias siderúrgicas do Luxemburgo — Ac. 23-4-56 do Tribunal CECA, Proc.ºs 7 e 9/54, *Groupement des industries sidérurgiques luxembourgeoises c. Alta Autoridade,* in *Rec.* 1955-56, 55 ss.

Interfood — Ac. 26-4-72, Proc.º 92/71, in *Rec.* 1972, 271 ss.

International Chemical Corporation — Ac. 13-5-81, Proc.º 66/80, *International Chemical Corporation SpA c. Italian Finance Administration,* in *Rec.* 1981, 1191 ss.

Internationale Handelsgesellschaft — Ac. 17-12-70, Proc.º 11/70, in *Rec.* 1970, 1125 ss.

International Fruit III — Ac. 12-12-72, Proc.ºs 21 a 24/72, in *Rec.* 1972, 1219 ss.

Kenny — Ac. 28-6-78, Proc.º 1/78, in *Rec.* 1978, 1489 ss.

Kergall — Ac. 19-7-55 do Tribunal CECA, Proc.º 1/55, *Antoine Kergall c. Assemblée Commune de la CECA,* in *Rec.* 1955-56, 9 ss.

Köster — Ac. 17-12-70, Proc.º 25/70, *Einfuhr- und Vorratsstelle für Getreide und Futtermittel c. Köster, Berodt e Co.,* in *Rec.* 1970, 1161 ss.

Kramer — Ac. 14-7-76, Proc.ºs 3, 4 e 6/76, in *Rec.* 1976, 1279 ss.

Kupferberg — Ac. 26-10-82, Proc.º 104/81, ainda não publicado, cit. por Pescatore, *op. e loc. cits.* (n. 1060).

Lâmpadas para receptores radiofónicos — Ac. 27-2-62, Proc.º 10/61, *Comissão CEE c. Governo da República Italiana,* in *Rec.* 1962, 1 ss.

Leonesio — Ac. 17-5-72, Proc.º 93/71, *Leonesio c. Ministro italiano da Agricultura e Florestas,* in *Rec.* 1972, 287 ss.

Lütticke — Ac. 16-6-66, Proc.º 57/65, *Lütticke c. Hauptzollamt de Sarrelouis,* in *Rec.* 1966, 294 ss.

Maizena — v. caso *Roquette e Maizena.*

Merlini — Ac. 21-1-65, Proc.º 108/63, *Officine elettromeccaniche Ing. A. Merlini c. Alta Autoridade,* in *Rec.* 1965, 1 ss.

Meroni — Ac. 13-6-58, Proc.ºs 9 e 10/56, *Meroni et Cie. c. Alta Autoridade,* in *Rec.* 1958, 9 ss.

Molkerei — Ac. 3-4-68, Proc.º 28/67, *Molkerei-Zentrale c. HZA Paderbohn,* in *Rec.* 1968, 211 ss.

National-Panasonic — Ac. 26-6-80, Proc.º 136/79, *National-Panasonic (UK) Limited c. Comissão das Comunidades Europeias,* in *Rec.* 1980, 2033 ss.

Nederlandse Spoorwegen ou *duplicadores xerográficos* — Ac. 19-11-75, Proc.º 38/75, *Nederlandse Spoorwegen c. Inspecteur der invoerrechten en accijuzen,* in *Rec.* 1975, 1439 ss.

Neumann — Ac. 13-12-67, Proc.º 17/67, in *Rec.* 1967, 572 ss.

Nold — Ac. 15-7-60, Proc.ºs 36, 37, 38 e 40/59, in *Rec.* 1960, 857 ss.

Nold II — Ac. 14-5-74, Proc.º 4/73, in *Rec.* 1974, 491 ss.

Oeuvres d'art II — Ac. 13-7-72, Proc.º 48/71, *Comissão c. República Italiana,* in *Rec.* 1972, 296 ss.

Office national de commercialisation des produits vitinicoles (Alger) — Ac. 28-4-83, Proc.º 170/82, ainda não publicado, in *Les activités de la*

Cour de Justice des Communautés Européennes, Semana de 25 a 28 de Abril de 1983, n.º 10/83, 3 ss. (resumo).
Polydor — Ac. 26-10-82, Proc.º 270/80, *Polydor Ltd. c. Harlequin Records Ltd.,* in *Rec.* 1982, 329 ss.
Primes à l'abattage des vaches et à la non-commercialisation du lait — Ac. 7-2-73, Proc.º 39/72, *Comissão c. República Italiana,* in *Rec.* 1973, 101 ss.
Razanatsimba — Ac. 24-11-77, Proc.º 65/77, in *Rec.* 1977, 2229 ss.
Regina — Ac. 14-12-79, Proc.º 34/79, in *CDE* 1980, 438 ss.
Rewe — Ac. 7-7-81, Proc.º 158/80, in *Rec.* 1981, 23 ss.
Reyners — Ac. 21-6-74, Proc.º 2/74, in *Rec.* 1974, 631 ss.
Roquette e Maizena — Acs. 29-10-80, Proc.ºs 138 e 139/79, in *ELR* 1981, 181 ss.
Rutili — Ac. 28-10-75, Proc.º 36/75, in *Rec.* 1975, 1219 ss.
Salgoil — Ac. 19-12-68, Proc.º 13/68, in *Rec.* 1968, 661 ss.
Schlüter — Ac. 24-10-73, Proc.º 9/73, in *Rec.* 1974, 1135 ss.
Schröder — Ac. 7-2-73, Proc.º 40/72, in *Rec.* 1973, 125 ss.
Simmenthal — Ac. 9-3-78, Proc.º 106/77, *Administration des finances de l'État c. SA Simmenthal,* in *Rec.* 1978, 629 ss.
Société d'électro-chimie — Ac. 26-6-58, Proc.º 11/57, in *Rec.* 1958, 435 ss.
Stork — Ac. 4-2-59, Proc.º 1/58, in *Rec.* 1959, 17 ss.
Tarifs de transport — Ac. 15-7-60, Proc.º 20/59, in *Rec.* 1960, 325 ss.
Tasca — Ac. 26-2-76, Proc.º 65/75, in *Rec.* 1976, 308 ss.
Tradax — Ac. 10-3-71, Proc.º 38/70, in *Rec.* 1971, 145 ss.
Unger — Ac. 19-3-64, Proc.º 75/63, in *Rec.* 1964, 347 ss.
Van Binsbergen — Ac. 3-12-74, Proc.º 33/74, in *Rec.* 1974, 1299 ss.
Van der Veen — Ac. 15-7-64, Proc.º 100/63, in *Rec.* 1964, 1105 ss.
Vandeweghe — Ac. 27-11-73, Proc.º 130/73, in *Rec.* 1973, 1329 ss.
Van Duyn — Ac. 4-12-74, Proc.º 41/74, in *Rec.* 1974, 1377 ss.
Van Gend en Loos (também conhecido por caso *Tariefcommissie*) — Ac. 5-2-63, Proc.º 26/62, in *Rec.* 1963, 1 ss.
Walrave — Ac. 12-12-74, Proc.º 26/74, in *Rec.* 1974, 1405 ss.
Watson — Ac. 7-7-76, Proc.º 118/75, in *Rec.* 1976, 1185 ss.
Zuckerfabrik Schöppenstedt — Ac. 2-2-71, Proc.º 5/71, in *Rec.* 1971, 975 ss.

Tribunal Permanente de Justiça Internacional

Competência dos tribunais da Cidade Livre de Dantzig — Parecer 3-3-28, in *Publications de la CPJI,* série B, n.º 15 (1928), 17 ss.
Estatuto da Carélia Oriental — Parecer 23-7-23, in *CPJI, Recueil des avis consultatifs,* série B, n.º 5 (1923), 3 ss.
Jurisdição internacional da Comissão Internacional do Rio Oder — Ac. 15-8-29, in *Publications de la CPJI,* série A, n.º 23 (1929), 5 ss.
Lotus — Ac. 7-9-27, in *Publications de la CPJI,* série A, n.º 10 (1927), 1 ss.
Tratamento dos cidadãos polacos — Parecer 4-2-32, in *CPJI, Recueil des avis consultatifs,* série A, n.º 44 (1932), 2 ss.
Wimbledon — Ac. 17-8-23, in *PCIJ Reports,* série A, n.º 1 (1923), 15 ss.

Tribunal Internacional de Justiça

Barcelona Traction — Ac. 5-2-70, in *ICJ Reports* 1970, 32 ss.
Bernadotte — v. caso *Reparação dos prejuízos.*
Condições de admissão de um Estado como membro das Nações Unidas — Parecer 28-5-48, in *ICJ Reports* 1948, 57 ss.
Direitos dos cidadãos norte-americanos em Marrocos — Ac. 27-8-52, in *ICJ Reports* 1952, 188 ss.
Fisheries Jurisdiction — Ac. 2-2-73, in *ICJ Reports* 1973, 59 ss.
Interpretação dos Tratados de Paz — Parecer 18-7-50, in *ICJ Reports* 1950, 221 ss.
Namíbia — Parecer 11-7-50, *Estatuto Internacional do Sudoeste Africano,* in *ICJ Reports* 1950, 133 ss.
Namíbia — Parecer 21-6-71, *Consequências jurídicas para os Estados da presença contínua da Africa do Sul na Namíbia,* in *ICJ Reports* 1971, 1 ss.
Nottebohm — Ac. 18-11-53, in *ICJ Reports* 1953, 122 ss.
Pescarias — Ac. 18-11-51, in *ICJ Reports* 1951, 131 ss.
Reparação dos prejuízos sofridos ao serviço das Nações Unidas — Parecer 11-4-49, in *ICJ Reports* 1949, 178 ss.
Reservas à Convenção sobre o genocídio de 9-12-48 — Parecer 28-5-51, in *ICJ Reports* 1951, 15 ss.
Sentenças do Tribunal Administrativo da OIT — Parecer 23-10-56, *Rec. des arrêts* 1956, 97 ss.
Tribunal Administrativo das Nações Unidas — Parecer 13-7-54, in *ICJ Reports* 1954, 47 ss.

ÍNDICE

§ 1.º

Na doutrina

§ 2.º

Na jurisprudência

CAPÍTULO II

Apreciação das qualificações propostas

§ 1.º

O Direito Comunitário não é Direito estadual

§ 2.º

O Direito Comunitário não é Direito federal

§ 3.°

O Direito Comunitário não é Direito supranacional

§ 4.º

O Direito Comunitário não é Direito «sui generis»

§ 5.º

O Direito Comunitário não é Direito Internacional Público clássico

PARTE II

POSIÇÃO ADOPTADA: O DIREITO DAS COMUNIDADES EUROPEIAS COMO UM ESTÁDIO SUPERIOR DA EVOLUÇÃO DO DIREITO INTERNACIONAL PÚBLICO

CAPÍTULO I

A afirmação duma antinomia entre o Direito Comunitário e o Direito Internacional Público: os argumentos utilizados e sua apreciação crítica

§ 1.º

A) Os tratados institutivos das Comunidades como tratados-constituições

§ 2.º

B) A «transferência de poderes soberanos» dos Estados membros para as Comunidades e a consequente «limitação da sua soberania»

I

A questão da «transferência de poderes soberanos»

II

A questão da «limitação da soberania»

CAPÍTULO II

Conclusões gerais e finais

§ 1.º

Resultados da investigação

§ 2.º

Um teste à posição que adoptámos: a aplicação do Direito Internacional Público na ordem jurídica das Comunidades